植物病理学

董金皋　康振生　周雪平　主编

科学出版社
北　京

内 容 简 介

本书共分10章，先系统讲述了植物病原物种类、寄主与病原物的互作、侵染性植物病害的发生、流行和预测、植物病害的诊断和防控。后分别讲述了谷类作物病害、薯类作物病害、经济作物病害、蔬菜病害和果树病害。章末附有复习思考题，书末列有相关参考文献。

本书可作为高等农林院校农学、园艺、草业等专业的本科生、研究生及教师的专业基础教材，也可供农业从业人员、植物保护、植物检疫工作者等相关领域技术人员阅读参考。

图书在版编目(CIP)数据

植物病理学/董金皋，康振生，周雪平主编．—北京：科学出版社，2016

ISBN 978-7-03-047241-0

Ⅰ.①植… Ⅱ.①董… ②康… ③周… Ⅲ.①植物病理学-高等学校-教材 Ⅳ.①S432.1

中国版本图书馆CIP数据核字(2016)第012821号

责任编辑：张静秋 / 责任校对：张怡君

责任印制：赵 博 / 封面设计：铭轩堂

科学出版社 出版

北京东黄城根北街16号

邮政编码：100717

http://www.sciencep.com

北京华宇信诺印刷有限公司印刷

科学出版社发行 各地新华书店经销

*

2016年1月第 一 版 开本：787×1092 1/16

2025年12月第十次印刷 印张：24 1/4

字数：618 000

定价：98.00元

(如有印装质量问题，我社负责调换)

《植物病理学》编委会

主　编：董金皋　康振生　周雪平

副主编：陈　捷　段玉玺　侯明生　李向东　马占鸿　潘洪玉　谭万忠　张国珍　周明国　邢继红

参编单位及编者：

安徽农业大学	高智谋　潘月敏
大连民族学院	吕国忠
东北农业大学	文景芝
福建农林大学	王宗华
广西大学	张君成
河北大学	蒋继志
河北农业大学	董金皋　胡同乐　李亚宁　邢继红　陈　乐
河南农业大学	李洪连　袁虹霞
黑龙江八一农垦大学	左豫虎
湖南农业大学	戴良英
华东理工大学	王　伟
华南农业大学	廖金玲　周而勋
华中农业大学	侯明生　蔡　丽
吉林大学	潘洪玉　张世宏
吉林农业大学	刘淑艳
南京农业大学	周明国
内蒙古农业大学	周洪友
青岛农业大学	李保华　李桂华　梁　晨　赵洪海
山东农业大学	李向东　李　壮　朱常香　竺晓平
山西农业大学	郝晓娟　李新凤
上海交通大学	陈　捷　邹丽芳
沈阳农业大学	段玉玺　陈立杰　刘志恒　夏　博　薛春生
四川农业大学	龚国淑　张　敏
西北农林科技大学	康振生　高小宁
西南大学	谭万忠　青　玲　余　洋
云南农业大学	何月秋　何鹏飞　杨艳丽　吴毅歆　李　凡
浙江大学	周雪平　蔡新忠
中国农业大学	张国珍　马占鸿　王海光
中国农业科学院	孔德安　刘文德

前　言

“植物病理学”是研究植物病害发生原因、发生与流行规律、病原物与植物及环境间的相互作用机制以及病害综合控制的一门学科，其研究目的在于提高人们对植物病害的预警和防控能力，减少或杜绝病害造成的作物损失，以满足人类自身发展的需要。植物病理学是一门应用基础学科，涉及的学科范围较为广泛，与生物科学的其他学科存在着密切的联系。

本教材的编写基于“厚基础、宽专业、重应用”的复合型人才培养理念，内容涉及植物病原物，寄主与病原物互作，侵染性植物病害的发生、流行和预测，植物病害的诊断与防控，谷类作物病害，薯类作物病害，经济作物病害，蔬菜病害，果树病害等主要内容。本教材适合作为高等院校农学、园艺学、生物科学类、林学、草业科学等专业本科生教材使用，也可供相关专业研究生和科技工作者参考使用。

2012 年 4 月在河北保定召开了《植物病理学》教材研讨会，来自近 30 所院校的 50 多位专家教授参加了会议，大家畅所欲言，经充分讨论，提出了教材编写的内容和整体框架。本教材由河北农业大学董金皋教授、西北农林科技大学康振生教授和浙江大学周雪平教授担任主编，由来自安徽农业大学、大连民族学院、东北农业大学、福建农林大学、广西大学、河北大学、河北农业大学、河南农业大学、黑龙江八一农垦大学、湖南农业大学、华东理工大学、华南农业大学、华中农业大学、吉林大学、吉林农业大学、南京农业大学、内蒙古农业大学、青岛农业大学、山东农业大学、山西农业大学、上海交通大学、沈阳农业大学、四川农业大学、西北农林科技大学、西南大学、云南农业大学、浙江大学、中国农业大学、中国农业科学院的专家学者共同完成。编写的分工充分考虑到编者所在的地理区域和所从事的研究领域。初稿完成后，董金皋、张国珍、陈捷、马占鸿、周明国、康振生、周雪平、潘洪玉、侯明生、谭万忠分别对第一章至第十章进行了统稿。最后董金皋、康振生、周雪平、李向东对全书进行了审阅。

在本教材完稿之际，编委会对所有参加、关心和帮助本教材编审、出版的单位、领导和专家们致以最诚挚的谢意！

由于编者较多，组稿时间仓促，不足和遗漏之处在所难免，敬请广大读者批评指正，以便再版修订。

《植物病理学》教材编委会

2014 年 3 月

目　　录

第一章 绪 论

民以食为天，植物生产为人类提供了生活所依赖的食物和其他生活必需品，并对改善人类生存的生态环境、维持农业和人类社会的可持续发展起到了重要作用。然而，在植物的生长发育过程中，经常受到各种有害生物和非生物因子的影响，导致产量和品质下降，植被和森林毁坏，严重时引发人类饥荒甚至社会动荡。

第一节 植物病害与植物病理学

当植物受到有害生物侵染或受不良环境持续影响时，其生理和外观上表现出异常，植物就发生了病害。植物病理学是研究植物病害发生原因、发生发展规律、植物与有害生物间的相互作用机制以及病害控制的一门学科，是农业科学或生物科学的一个重要分支，其研究目的在于通过经济有效的防治措施，减轻因病害发生造成的损失，维持良好的生态环境，以满足人们生活生存的需要。植物病理学既是一门理论学科，又是一门应用学科。

一、植物病害的概念和重要性

植物受到有害生物的侵染或不良的非生物因素的持续干扰，其正常的生理和生化功能受到影响，代谢出现紊乱，生长和发育受到阻碍，进而在组织结构上出现种种病理变化，最终表现出各种不正常的状态即病态，甚至死亡，使植物或其产品的质量或产量损失的现象，称为植物病害。

认识植物病害要有生产观点和经济观点。有些植物虽然遭受人为或非生物因素的影响发生了某些畸变，但其观赏或食用价值反而提高了，这种现象不能称为病害。例如，弱光下栽培的韭黄，虽然病态生长，但却提高了其经济价值；茭白受黑粉菌的侵染，茎变得肉质肥厚，成为美味菜肴。植物的这些"病态"均不被认为是病害。

植物病害曾对国民经济和人类社会造成过巨大影响。最著名的是 1845～1846 年爱尔兰暴发的马铃薯晚疫病，造成马铃薯绝产，导致上百万人饿死，150 万人逃荒至美洲。1942 年，孟加拉国的水稻胡麻斑病流行，造成水稻严重歉收，1943 年有 200 余万人被饿死。这种由于植物病害造成严重社会影响的事例还有很多。例如，1880 年，法国波尔多地区葡萄霜霉病的大流行造成酿酒业濒临破产；1910 年，美国佛罗里达州柑橘发生溃疡病，迫使 25 万株成树、300 万株树苗被烧毁，损失 1700 万美元，此病在 1984 年再度发生，病区的所有柑橘被烧毁，损失巨大；1970 年，玉米小斑病在美国大流行，玉米减产 165 亿 kg，损失产值约 10 亿美元等。

植物病害对农业、林业和牧业的影响很大，据联合国粮食及农业组织（Food and Agriculture Organization，FAO）统计，每年由植物病害造成的产量损失达到总产量的 10%～15%。病害所造成的损失除产量的降低外，还使其品质下降。此外，防治植物病害，还会增加人力、药械等方面的投入，以及因施用农药增加了环境污染与公害。

二、病害三角关系

植物病害的发生是特定的植物与病原物在特定的外界条件下长期相互作用的最终结果，植物、病原物和环境条件是构成植物病害和影响其发生发展的基本因素。

1. 寄主植物　为病原物提供必要的营养物质和生存场所，因此称之为寄主或宿主(host)。寄主植物对外界有害因素，无论是病原生物还是非生物因素都有一定的抵抗和忍耐能力，即抗逆性。不同植物间其抗逆性存在差异，即表现出不同的抗病性(resistance)或感病性(susceptibility)。病害发生的基本条件之一是寄主植物必须是感病的。

2. 病原物　影响到植物正常生长发育而引发病害的生物统称为病原物(pathogen)，包括菌物(fungus)、细菌(bacterium)、病毒(virus)、线虫(nematode)、寄生性种子植物(parasitic plant)等。一种病害往往都是由一种病原物中具有毒力的种群(生理小种或株系)所引起的。

3. 环境条件　外界环境条件是指直接或间接影响植物及病原物的一切外界因素。环境对于病害的影响是通过影响植物和病原物双方、改变其实力对比而起作用的。因此，只有当环境条件有利于病原物而不利于寄主植物时，病害才可能发生。

由此可见，植物病害发生的过程涉及植物、病原物和环境三大因素，这三大因素共同作用，构成"病害三角"(disease triangle)关系：在自然条件下，只有当感病的寄主植物、有毒力的病原物和有利于病原物侵染的环境条件都同时存在时，一种植物病害才能发生，三个条件中缺乏任何一个条件病害都不能发生(图 1-1)；所以在作物病害控制中只要所采取的措施能够去除三个条件中的任意一个条件，就能有效地阻止病害的发生。因此，植物病害三角关系是植物病理学中的一个重要的基本概念。

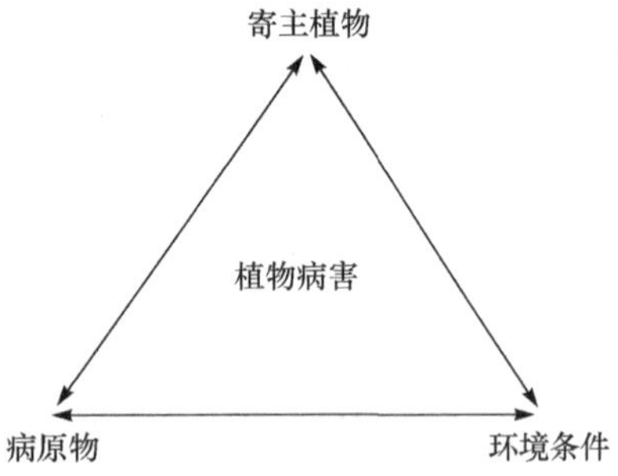

图 1-1　植物病害的三角关系示意图

随着人类社会的进步与发展，人类活动对农业生产的影响越来越重要，因此人类活动与植物病害的发生和流行也越来越密切。品种培育、耕作制度、栽培措施的变化等都会助长或抑制病害的发生和发展。带病种苗的调运，会导致病区迅速扩大。因此，植物病害的发生和流行除了涉及植物、病原物和环境三个自然因素外，还应考虑人的干扰这一重要的社会因素。鉴于此，病害三角关系也拓展为病害"四面体"关系。

三、植物病理学发展简史

人类对植物病害的认识有着悠久的历史。早在公元前 239 年，中国的《吕氏春秋》就有把小麦黑粉病描述为"鬼麦"的记载，这是最早以文字形式记录植物病害发生。在以后的很长时间里，人类对植物病害的认识仅局限于有关病害的描述与记载。直至 18 世纪末，人类才开始注意研究植物病害的本质，并取得了一些重大进步。其中以病原学、病害流行学、病理生理学和病害防治学等分支学科领域的发展最为突出。

1755 年，法国的 Tillet 首次证实小麦腥黑穗病是由一种"黑粉"传染所致，随后，法国的 Provest 在 1807 年证实"黑粉"为真菌(fungus)。1861 年，德国医生 de Bary 提出马铃薯晚疫病由一种疫霉病菌引起，于是 de Bary 提出真菌是造成植物病害的原因，由此建立了植物病原学说。此外，他还提出了锈菌的转主寄生现象，被世人称为植物病理学之父。

继真菌被发现为植物病原之后，其他病原类型也逐渐为人们所认识和发现。1877 年，

Burrill 证明了梨和苹果火疫病的病原为细菌。1895 年，美国的 Smith 将葫芦科、茄科、十字花科细菌性萎蔫病的病原确定为细菌，并首次研究了果树根癌病的解剖学特点，成为植物病原细菌学的奠基人。

1886 年，德国的 Mayer 发现烟草花叶病是一种传染性病害。俄国的 Ivanowski 于 1892 年进一步证明烟草花叶病病株汁液通过细菌过滤器后，仍具有致病力。1898 年，荷兰科学家 Beijerinck 首先提出烟草花叶病的病因是一种“传染性活液”，后来称之为病毒。此后，病毒病害不断被发现。与此同时，人们还认识到了病毒病害与媒介昆虫之间存在着一定关系。美国的 Stanley 于 1935 年获得了烟草花叶病毒的纯结晶，并证明它是一种蛋白质。1936 年，英国的 Bawden 和 Pine 发现烟草花叶病毒中含有核酸(RNA)。1939 年，Kausche 在电子显微镜下看到烟草花叶病毒的颗粒。1956 年，Fraenkel-Conrat 证明该病害的发生与其核酸有关而与蛋白质无关。1968 年，Shenherd 等发现花椰菜花叶病毒是 DNA 病毒。1972 年，Diener 通过对马铃薯纺锤块茎病的研究发现了类病毒。

早在 1743 年，英国的 Needham 首次报道了小麦粒线虫，是植物寄生线虫学的奠基人。我国学者章祖纯于 1916 年报道了北京附近的小麦粒线虫和粟线虫。1940 年，朱凤美研制出小麦粒线虫虫瘿汰除机。

继植物病原真菌、细菌、病毒、线虫被发现之后，1931 年，Stahel 发现一种有鞭毛的原生动物可引起咖啡萎蔫病。1963 年，Vermeulen 进一步证实了具鞭毛的原生动物对咖啡的致病作用。1967 年，日本的土居养二发现了引起植物黄化病的病原为植物类菌原体(MLO)，1992 年改名为植原体(*Phytoplasma*)。1972 年，Davis 在玉米矮化病植株中发现了螺原体(spiroplasma)。人们对植物病害病原生物种类的认识得到了进一步的发展。

在非侵染性病害的病因方面，美国的 McMurtrey 于 1953 年编著了《环境的非侵染性损害》，这是较早而且较系统地描述环境条件与病害关系的一部著作。

20 世纪 70 年代后，生态学迅速发展，促使植物病理学领域相应提出“植物病害系统”的概念，以及“病害综合防治”的科学策略，至此，植物病理学步入成熟发展阶段。近几十年来，生化技术、遗传工程、分子生物学、生物信息学、计算机科学的理论与方法在植物病害研究中广泛应用，促进了寄主与病原物相互识别的分子基础，与病程有关的基因结构、表达和调控机制，以及病害流行等方面的研究。

四、植物病理学及其与其他学科的关系

植物病理学是一门应用基础学科，基于医学微生物学发展而来，涉及的学科范围较为广泛，与植物生理学和微生物学相互渗透而发展。植物病理学的发展也得益于许多相关学科的发展，其与菌物学、细菌学、病毒学、线虫学、植物学、动物学、昆虫学、生物化学、遗传学、气象学、农药学、肥料学、栽培学、土壤学、计算机科学和分子生物学等学科有着密切联系。随着学科的发展，植物病理学已衍生出植物病原学、植物病害流行学、植物病理生理学、植物分子病理学、植物生态病理学、植物病害防治、植物抗病育种以及植物免疫学等重要分支学科。

(董金皋 编写)

第二节　植物病害的病因及症状

一、植物病害的病因

植物病害的病因是引起植物发生病害、表现病变的原因，分为生物病原和非生物病原。生物病原所引起的植物病害具侵染性和传染性，因此也称为侵染性病害或传染性病害（infectious diseases）。非生物病原是各种不适宜的环境因素，所引起的植物病害在植株间不会传染，因此被称为非侵染性病害（non-infectious diseases）。

（一）侵染性病害与植物的生物病原

侵染性病害是由菌物（包括真菌和卵菌）、原核生物、原生动物、病毒、寄生性种子植物、线虫等对植物的侵入而造成危害，对植物有较强的侵染性，在一定气候条件下还具有较强的传播性。由于病原种类的不同，又可分为真菌病害、卵菌病害、细菌性病害、病毒性病害、线虫性病害、寄生性种子植物病害等多种类型。

1. 真菌病害和卵菌病害　占植物病害的70%～80%。真菌和卵菌可穿过植物的角质层和表皮而致病，通常会造成植物的坏死、腐烂、萎蔫等病状。病原物在病部组织上一般会产生出霉状物、丝状物、粉状物或颗粒状物等。例如，小麦黑穗病、玉米黑粉病都是在穗上出现黑色粉粒，即为病原菌的孢子。

2. 细菌病害　植物病原细菌可从植物的气孔、皮孔等自然孔口以及伤口侵入寄主，造成植物的腐烂、坏死、萎蔫等病状，病健交界部位多有水渍状晕圈。显微镜下观察其病健交界处会出现菌溢或菌脓现象。常见的细菌病害有水稻白叶枯病、马铃薯环腐病、白菜软腐病等。

3. 病毒病害　植物病毒是仅次于真菌的重要病原物。病毒病害的病状通常为变色（花叶、斑驳等）、坏死和畸形。病毒颗粒必须用电子显微镜高度放大后才能看到。常见的病毒病害有玉米粗缩病、小麦丛矮病、水稻病毒病、马铃薯病毒病、烟草病毒病、油菜等十字花科蔬菜病毒病等。

4. 线虫病害　线虫大都危害植物地下部分的根和储藏器官，也有危害茎、叶和花的。线虫病害从外观症状上只是表现营养不良，可在局部出现病原线虫，如小麦粒线虫会在病粒中出现白色的颗粒状物，即病原线虫。

5. 寄生性种子植物病害　这类植物多寄生在植物的根部或茎干上，获取寄主植物的无机盐、水分或全部营养物质。常见的寄生性种子植物有菟丝子（寄生于大豆和亚麻等作物）、列当（寄生于瓜类、烟草、向日葵）、桑寄生（寄生于树木）和槲寄生（寄生于树木）等。

除上述病原物种类外，还有一些次要的病原物。例如，放线菌类、藻类、原生动物、微型螨等也可引起植物病害。有关植物的生物病原还要在以后的章节中详细描述。

（二）非侵染性病害与植物的非生物病原

植物在进化过程中，对不利的环境条件具有一定的适应能力，但当不利环境因素连续不断地影响植物，而且强度又超过了植物的忍耐程度时，植物的生理过程和外观就会表现异常，从而产生病害，甚至死亡。这类病害与侵染性病害的区别在于没有病原生物的侵染，在植物不同的个体间不能互相传染，所以称为非传染性病害或生理性病害（physiological disorder）。植物自身遗传因子或先天性缺陷引起的遗传性病害，也属于非侵染性病害范畴。

非生物病原一般属于环境因素，主要包括化学因素和物理因素两大类。物理因素主要包括温度、湿度和光照等气象因素的异常。化学因素主要包括土壤中的养分失调、空气污染和农药等化学物质的毒害等。

1. 温度与光照 高温引起的病害主要表现为灼伤、植物开花和结实的异常，如番茄、辣椒和苹果果实的灼伤，杂交水稻花粉不能正常萌发，降低结实率等。低温危害主要是冷害和冻害。受冷害植株往往表现变色、坏死和表面斑点、芽枯、顶枯，以及结实率下降等。冻害的症状主要是幼茎或幼叶出现水渍状暗褐色的病斑，之后组织逐渐死亡，严重时整株变黑干枯继而死亡。剧烈变温对植物的影响更大，如剧烈的昼夜温差，可以使木本植物的枝干发生灼伤或冻裂。

光照主要通过光强度和光周期对植株造成影响。光照不足，往往导致植物徒长、黄化，组织脆弱，容易发生倒伏或受到病原物的侵染。高光强则可使阴性植物叶片发生银灰色或黄褐色的斑纹。急剧改变作物的光照强度，易引起暂时落叶。光照条件不适宜，会使植物延迟或提早开花和结实。

2. 水分和湿度 干旱情况下，植物常常发生叶片变色、萎蔫、叶缘焦枯，甚至早期落叶、落花、落果等症状。土壤中水分过多，也会造成根部变色或腐烂，地上部叶片变黄、落叶、落花等症状，引起植物的涝害。另外，水分的骤然变化也会引起病害。先旱后涝容易引起浆果类的果实裂果、根菜和甘蓝的组织开裂等。而前期水分充足，后期干旱会造成番茄的果实蒂腐病。

3. 营养失调 植物因营养条件不适宜，如营养缺乏、各种营养间的比例失调，或营养过量等因素，会诱使其表现各种病态，即缺素症(deficiencies)。不同元素的生物学功能以及对植物的影响与作用不同，从而导致的植物病害症状也有所不同。根据症状的特点列出作物缺素症状的检索表如表 1-1 所示。

表 1-1 作物缺素症状检索表

1 症状多发生在老组织上(缺乏 N、P、K、Mg 和 Zn)	
1.1 不易出现斑点	
1.1.1 新叶淡绿，老叶黄化枯焦，早衰……	缺氮
1.1.2 茎叶暗绿或呈紫红色，生育期推迟 ……	缺磷
1.2 容易出现斑点	
1.2.1 叶尖及边缘先枯焦，症状随生育期而加重，早衰……	缺钾
1.2.2 叶小，斑点可能在主脉两侧先出现，生育期推迟……	缺锌
1.2.3 脉间明显失绿，有多种色泽斑点或斑块，但不易出现组织坏死……	缺镁
2 症状多发生在幼嫩组织上(缺乏 B、Ca、Fe、S、Mn、Mo 和 Cu)	
2.1 顶芽容易枯死	
2.1.1 茎叶软弱，发黄焦枯，早衰……	缺钙
2.1.2 茎叶柄变粗、脆，易开裂，开花结果不正常，生育期延长……	缺硼
2.2 顶芽不易枯死	
2.2.1 新叶黄化，失绿均一，生育期延迟……	缺硫
2.2.2 脉间失绿，出现斑点，组织易坏死……	缺锰
2.2.3 脉间失绿，发展至整片叶淡或发白 ……	缺铁
2.2.4 幼叶萎蔫，出现白色斑点，果穗发育不正常……	缺铜
2.2.5 叶片生长畸形，斑点散布在整片叶上 ……	缺钼

4. 环境污染 环境污染主要包括空气、水源、土壤的污染，以及酸雨等。空气污染最主要

的来源是化工行业和内燃机排放的废气，如氟化氢、二氧化硫和二氧化氮等。这些污染物对不同植物的危害程度不同，引起的症状也各异。①臭氧(O_3)：是最具毁灭性的污染物之一。病害症状是叶面斑驳或出现褪绿斑，有的植株矮化，提前落叶。②二氧化硫(SO_2)：与湿气结合形成酸雨，对植物造成危害。豆科作物最敏感，病害症状是生长受抑制、叶片失绿、脉间漂白。③氢氟酸(HF)：病害症状是叶缘(双子叶植物)或叶尖(单子叶植物)黄褐色枯死，并从叶片上脱落，病健交界处有狭长红褐色分界带。④过氧硝酸盐(PAN)：主要导致"银叶"病状，叶色漂白，叶背面出现铜褐色。⑤氮化物(NO_2、NO)：病害症状是幼嫩叶片上叶缘变色(红褐、亮黄褐)。⑥氯化物(Cl_2、HCl)：病害症状是叶色漂白，脉间出现坏死斑，叶缘焦枯，小叶卷曲并提早落叶。⑦乙烯(CH_2CH_2)：病害症状是偏上性生长，叶片早衰，植株矮化，花、果减少等。

5. 药害 农药、化学肥料使用浓度过高或用量过大，或者使用时期不适宜均会对植物造成伤害。有时药害发生快，施药后2～5天即可发生，且症状明显，被称为急性药害，表现的症状常常在叶面上或叶柄基部出现坏死的斑点、条纹、失绿、黄化、畸形、落叶、穿孔和焦灼等，严重时凋萎脱落。有的药害表现较慢，称为慢性药害，主要表现为植物生长缓慢、枝叶稀疏、叶片变黄以致脱落；开花减少，结实延迟，果实变小，籽粒不饱满，品质下降甚至早期落果，种子发芽率降低等。

二、植物病害的症状

植物病害的症状(symptom)是植物与病原相互作用的结果，是植物的一种表型现象。其中寄主植物本身的不正常表现称为病状，病原物在病部的特征表现称为病征。病害症状分为内部症状与外部症状两类，内部症状是植物受病原物侵染后的细胞形态或组织结构的变化。一般可以通过光学显微镜和电子显微镜进行观察，在受害细胞或组织中出现内含体、侵填体和胼胝质等。外部症状是病变出现在植物的组织或器官表面，肉眼或放大镜下就可以识别的外部病态特征。

(一) 病状及其类型

植物上常见的病状通常包括5种类型，即变色、坏死、萎蔫、腐烂和畸形。

1. 变色(discolouration) 是指植物发病后色泽发生改变。一种表现为整个植株、叶片或者叶片的一部分均匀地变色，主要表现为褪绿和黄化。另一种为不均匀变色，病株叶片色泽浓淡不均，主要表现为花叶和斑驳。花叶是叶片上形成不规则的杂色，不同变色部分的轮廓很清楚。当变色部分的轮廓不很清楚时，这种症状就称作斑驳。其他常见的变色类型还有条纹、条斑或条点、脉间花叶、脉带、脉明等。

2. 坏死(necrosis) 是植物细胞和组织的死亡，因受害部位不同而表现各种症状。一般有明显的边缘，形成各种各样的斑点。叶部常表现为叶斑和叶枯。叶枯是指叶片上较大面积的坏死，枯死轮廓不明显。根据病斑的特点、颜色、形态及大小可以有不同的名称，如具轮纹的斑点称作轮斑或环斑，具有不同的颜色称作褐斑、黑斑、紫斑、灰斑等，具有不同的形态及大小的称为角斑、条斑、圆斑、大斑、小斑等。果实和枝条表现疮痂症状，斑点表面粗糙，稍微凸起。果树和树木枝干的组织坏死，表现为溃疡(canker)。幼苗根颈部的坏死，表现猝倒(damping off)或立枯。

3. 腐烂(rot) 是植物细胞和组织较大面积的消解和破坏。腐烂分为干腐、湿腐和软腐。根据腐烂的部位不同，又可分为根腐、基腐、茎腐、果腐、花腐等。

4. 萎蔫(wilt)　是植物局部或整株由于失水而丧失膨压,使枝、叶萎垂的现象。萎蔫分为病理性萎蔫和生理性萎蔫。病理性的萎蔫大多不能恢复,会导致植株死亡。生理性的缺水萎蔫,早晚仍能恢复的,称为暂时性萎蔫;出现后不能恢复的,称为永久性萎蔫。根据受害部位的不同可分为局部性萎蔫和系统性萎蔫。萎蔫病害常无外表的病征。

5. 畸形(malformation)　是指植株受害后而表现异常生长,多数形成各种畸形症状。可分为增大、增生、减生和变态 4 种。①增生(hyperplasia):是指病组织生长发育过度,局部病组织膨大,形成肿瘤或癌肿,如苹果、桃的根癌病等。植物的根、茎、叶上均可形成瘤肿或菌瘿;病株枝条或根部形成丛枝或发根等。②增大(hypertrophy):是指病组织的局部细胞体积增大,但数量并不增多,如根结线虫分泌毒素刺激根部增大而形成巨型细胞,外表略呈瘤状凸起。③减生(hypolasia):是指植物发生抑制性病变,生长发育不良,造成植株的矮缩、矮化、小叶、小果等症状。④变态或变形:如花变叶(phyllody)、叶变花、扁枝和蕨叶(fern-leaf)等,如枣疯病表现的一种症状即为花变叶。

(二) 病征及其类型

病征(sign)是指病原物在植物病部表现的一些特有特征。常见的病征类型有粉状物、霉状物、点状物、颗粒状物、索状物、脓状物等。

1. 粉状物　引起植物病害的某些真菌在病部产生一定量孢子后所表现的特征,包括黑粉状物、白粉状物、锈粉状物等。黑粉状物多着生于被破坏的植物器官、组织及肿瘤的内部,如玉米瘤黑粉病、小麦散黑穗病等。白粉状物多见于植物病部表面,如小麦白粉病、瓜类白粉病等。锈粉状物多在植物表皮下形成,使表皮隆起呈疱状,表皮破裂后散出白色或铁锈色粉状物,如小麦的 3 种锈病、十字花科蔬菜白锈病等。

2. 霉状物　由各种真菌的菌丝、孢子梗及孢子所构成,是植物真菌病害中最常见的病征类型。霉层的颜色、形状、结构、疏密等变化较大。霜霉状物多数为白色,如白菜霜霉病;也有灰色和紫色的,如黄瓜霜霉病。绵霉状物是在高湿情况下产生洁白、均匀的霉层,常伴随腐烂病状,如瓜类绵腐病。毛霉状物的霉层丰厚,初期白色,后转为黑白相间,或表面密生一层黑色球状体。青霉、绿霉多发生于各种果实、块根、块茎的腐烂部位,颜色青绿;灰霉多发生于各种果实、叶片等上,一般为鼠灰色。

3. 点状物　多为许多病原真菌的繁殖器官,褐色或黑色,不同病害所形成的点状物的形状、大小、凸出表面的程度、密集或分散、数量的多少各不相同,如苹果炭疽病、苹果树腐烂病等。

4. 颗粒状物(菌核)　是真菌菌丝交结形成的一种致密的组织结构,呈颗粒状。形状、大小差别很大,初期为淡色,后期多数黑色,常伴随整株或局部的腐烂或坏死产生,此类病害多称为菌核病,如油菜菌核病、水稻小菌核病等。

5. 索状物　是真菌菌丝交结形成的一种致密的组织结构,呈绳索状,又称根状菌索。患病植物的根部表面产生紫色或白色的菌丝索,如苹果紫纹羽病、白纹羽病等。

6. 脓状物　多数细菌性植物病害在病部表面溢出含菌体的液滴或弥散成菌液层,白色或黄色,干涸时成菌胶或菌膜,常带有难闻的异味,如黄瓜细菌性萎蔫病、白菜软腐病等。

植物病害的症状是稳定的。多数情况下,某种植物在发生一种病害后只出现单一症状,如斑点、腐烂、萎蔫或癌肿等。但是,植物病害的症状又是复杂、多变的,如在不同阶段或不同抗性的植物品种上,或者在不同的环境条件下同一病害出现了不同类型的症状。例如,谷子白发病从苗期到成熟期可以分别出现灰背、白尖、枪杆、白发和看谷老(或刺猬头)5种症状;烟草花叶病毒侵染多种植物后都表现为花叶症状,但它在心叶烟或苋色藜上却表现为枯斑(坏死症状);枣疯病在田间往往有叶片变小、变黄、丛枝和花变叶等多种类型。

有的病害在一种植物上可以同时或先后表现两种不同类型的症状,称为综合征(syndrome)。当两种或多种病害同时在一株植物上发生时,可以出现多种不同类型的症状,称为并发症(complex disease)。当两种病害在同一株植物上发生时,可以出现两种各自的症状而互不影响;有时这两种症状在同一部位或同一器官上出现,就可能彼此干扰发生颉颃现象(antagonism)。一种病害的症状出现后,由于环境条件的改变,或者使用农药治疗以后,原有症状逐渐减退直至消失,称为隐症现象(masking of symptom)。

(董金皋　编写)

思考题

1. 什么是植物病害?如何理解植物病害的概念?
2. 什么是侵染性病害和生理性病害?引起两类病害的病因分别有哪些?
3. 什么是植物病害的症状、病状、病征?病状和病征分别有哪些类型?

第二章　植物病原物

引起植物病害的病原物种类很多，但主要有植物病原菌物(包括植物病原真菌和植物病原卵菌)、植物病原原核生物、植物病毒、植物病原线虫、寄生性植物 5 大类别。

第一节　植物病原菌物

根据 1995 年出版的《菌物辞典》(*Ainsworth & Bisby's Dictionary of the Fungi*)第 8 版，传统意义上的真菌不再属于一个真菌界，而分属于真核生物域的 3 个界，即原生动物界(Protozoa)、假菌界(或称藻物界，Chromista)和真菌界(Fungi)。为了与真菌界的真菌相区别，国内有学者主张将归入这 3 个界的真菌(广义概念)统称为菌物，而只有真菌界的生物才称为真菌(狭义概念)。

一、菌物概述

(一) 菌物的营养体

菌物营养生长阶段的结构称为营养体。典型的营养体由丝状或管状的菌丝(hypha)组成。有些菌物的营养体为单细胞，如酵母、低等壶菌，或者是原生质团。

1. 营养体类型及细胞结构　菌丝有两种类型：一类是具有隔膜(septa)的菌丝，称为有隔菌丝；另一类没有隔膜的称为无隔菌丝。菌丝具有吸收、运输、储存养分的功能。

菌丝细胞主要由细胞壁、原生质膜、细胞质、细胞核和细胞器组成。真菌细胞壁的主要成分是几丁质，卵菌细胞壁的主要成分则是纤维素。菌物的细胞核比其他真核生物的细胞核小。细胞器包括线粒体、内质网、核糖体、液泡、泡囊、膜边体、伏鲁宁体、脂体、微体等，以及组成细胞骨架的微管和微丝。

2. 营养体的变化形态　在长期演化和对外界环境条件的适应过程中，菌物形成了多种具有特殊功能的营养结构，其形态也发生了变化，主要有以下几种类型。

(1) 吸器(haustorium)。是由菌丝分化出的一种膨大或分枝状的结构。有丝状、指状、球状、掌状等多种形态(图 2-1A)。活体寄生菌，如白粉菌、锈菌、霜霉一般在寄主细胞内产生吸器。

(2) 附着胞(appressorium)。寄生菌物在侵染过程中产生的一种结构，由孢子萌发产生的芽管或菌丝的顶端膨大而成(图 2-1B)，分泌黏液并产生膨压，以牢固地吸附在寄主表面，其下方产生侵染钉穿透寄主的角质层和表层细胞壁。

(3) 假根(rhizoid)和匍匐菌丝(stolon)。有些真菌产生一种类似植物根系的结构，深入基质内吸收营养，并起固定和支撑作用(图 2-1C)。

(4) 菌环(constricting ring)和菌网(network loop)。捕食性真菌为了捕食线虫等微小动物，常由菌丝分枝特化形成环状或网状的捕食结构，用于套住或粘住虫体，从环上或网上长出菌丝侵入线虫等微小动物体内(图 2-1D)。

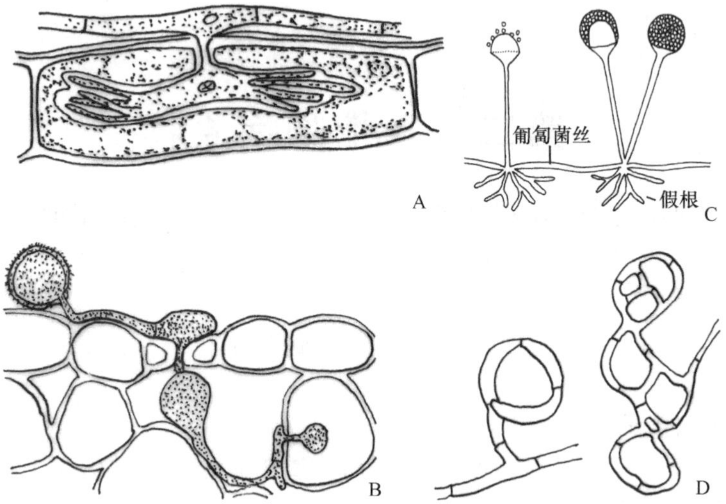

图 2-1　菌物营养体的变化形态
A. 吸器；B. 附着胞；C. 假根；D. 菌环

(5) 附着枝(hyphopodium)。在菌丝体上产生的由一个或两个细胞组成的短小分枝，其形状有头状或短尖状，常见于煤炱菌。附着枝也是真菌附着和吸收养分的特殊结构。

3. 菌组织　为了适应一定的环境条件或抵御不利环境，菌物的菌丝体可密集地纠结在一起，形成特殊化的组织结构，如菌核、子座和菌索。

(1) 菌核(sclerotium)。由菌丝体纠结在一起形成的一种坚硬的菌丝体组织，对高温、低温和干燥等不利环境条件具有很强的抵抗力。菌核的形状、大小、色泽、质地各异。环境条件适宜时，菌核可萌发产生菌丝体或形成产生孢子的结构，如子囊盘。

(2) 子座(stroma)。由菌丝分化形成或是菌丝体与寄主组织结合而形成的一个复杂的营养结构，呈垫状、柱状、棒状、头状等。子座成熟后在其内部或上面形成子实体。子座是真菌的休眠结构和产孢结构，但更重要的是产生孢子的结构。

(3) 菌索(rhizomorph)。一种根状菌组织，由营养菌丝聚集而成，外形与高等植物的根系相似，是营养运输和吸收的组织结构。菌索可抵抗不良环境，在引起树木病害和林木腐烂的高等担子菌中最为常见。

(二) 菌物的繁殖体

菌物生长到一定时期后，可从营养体分化出繁殖结构，并产生各种类型的孢子，构成了菌物的繁殖体。产生孢子的结构统称为子实体(fruiting body)。菌物繁殖体的形态多种多样，是形态分类的重要依据。

1. 无性孢子　经无性繁殖产生的孢子称为无性孢子(asexual spore)或有丝分裂孢子(mitospore)。常见的无性孢子主要有以下几种类型。

(1) 游动孢子(zoospore)。产生在孢子囊内、具有鞭毛、可在水中游动的孢子(图 2-2A)。卵菌和壶菌的无性阶段产生游动孢子。

(2) 孢囊孢子(sporangiospore)。在孢子囊中产生的不运动的无性孢子。孢子囊形状多样，有圆筒形、椭圆形、柠檬形和球形等(图 2-2B)。接合菌无性阶段产生孢囊孢子。

(3) 分生孢子(conidium)。产生在分生孢子梗末端的无性孢子，其形状、大小、颜色、细胞

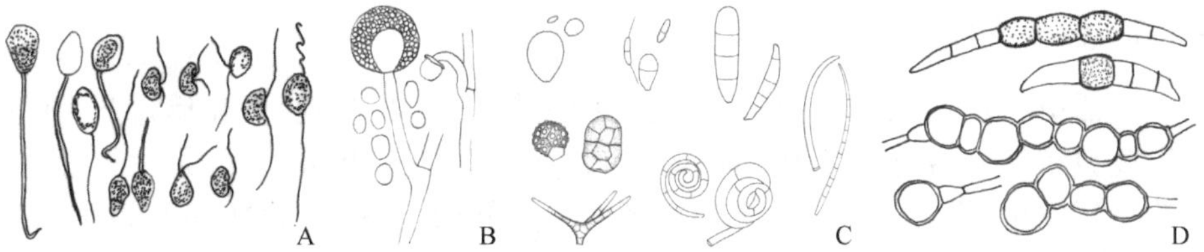

图 2-2　菌物无性孢子的类型

A. 游动孢子；B. 孢子囊和孢囊孢子；C. 分生孢子；D. 厚垣孢子

的数目和排列及孢子产生方式多种多样(图 2-2C)。子囊菌和担子菌的无性阶段、有丝分裂孢子真菌产生分生孢子。产生分生孢子的结构，通常称为载孢体(conidomata)，有分生孢子盘(acervulus)、分生孢子器(pycnidium)以及分子孢子座(sporodochium)等。

(4) 厚垣孢子(chlamydospore)。由菌丝个别细胞膨大，细胞壁增厚形成的无性孢子(图 2-2D)。厚垣孢子是一种休眠孢子，可抵抗不良环境。

2. 有性孢子　菌物在有性生殖阶段，可形成多种类型的有性孢子。菌物的性器官称为配子囊(gametangium)。形态没有区别的配子囊称为同型配子囊，形态不同的配子囊称为异型配子囊。有性孢子的形态特征及其产孢结构是菌物形态分类的重要依据。

(1) 卵孢子(oospore)。由两个形态不同的配子囊(雄器和藏卵器)结合形成，是卵菌的有性孢子(图 2-3A)。一般低等卵菌的卵孢子数目较多，高等卵菌只有一个卵孢子。

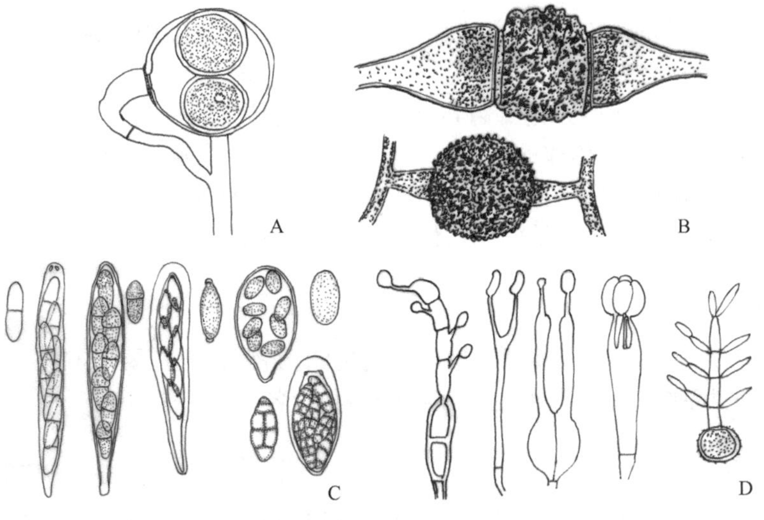

图 2-3　菌物有性孢子的类型

A. 卵孢子；B. 接合孢子；C. 子囊孢子；D. 担孢子

(2) 接合孢子(zygospore)。由两个形态相同或略异的配子囊结合而成，是接合菌的有性孢子(图 2-3B)。

(3) 子囊孢子(ascospore)。在较高等的子囊菌中，由雄器和产囊体两个异型配子囊结合产生在子囊中的孢子，是子囊菌的有性孢子。每个子囊通常有 8 个子囊孢子(图 2-3C)。

(4) 担孢子(basidiospore)。在担子菌中，两性器官退化或没有明显分化，以菌丝结合产生双核菌丝。双核菌丝的顶端膨大为棍棒状的担子(basidium)，在担子上产生外生的担孢子(图 2-3D)。

（三）菌物的生活史

菌物的生活史(life cycle)是指菌物的孢子经过萌发、生长和发育，最后再产生同一种孢子的过程。菌物典型的生活史包括无性阶段和有性阶段。在适宜条件下，无性阶段在其生活史中可以多次重复发生，而且完成一次无性循环所需时间较短，产生无性孢子的数量大，在植物病害的传播、蔓延中起重要作用。有性阶段在生活史中往往只出现一次，一般在营养生长后期、寄主植物休眠期或缺乏养分、条件不适宜的情况下才进行有性生殖和产生有性孢子。菌物并非都具有无性和有性两个阶段。植物病原菌物的有性孢子有助于其度过不良环境，成为翌年病害的初侵染来源。

（四）菌物的交配系统和遗传变异

许多菌物根本不产生有区别的性器官，为了区分其“性别”，通常将其称为“交配型”(mating type)。根据性的亲和性表现，菌物的交配系统主要有同宗配合和异宗配合 2 种。

(1) 同宗配合(homothallic)。同一菌体的雌雄器官可以发生结合，不需要其他菌体就能完成有性生殖的交配方式。

(2) 异宗配合(heterothallic)。两个菌体都是自交不育的，不管其是否为雌雄同体，必须由两个不同交配型的菌株交配才能完成有性生殖的交配方式。

在菌物中，除了正常的有性重组外，异核现象和准性生殖也是菌物发生遗传变异的重要途径。

异核现象(heterokaryosis)。有些真菌的菌丝细胞或部分细胞有两个或多个遗传上不同的细胞核，这种现象称之为异核现象，这类菌丝体称为异核体。

准性生殖(parasexuality)。是真菌异核体内发生遗传重组的过程。其发生主要是由于两个细胞核的融合和一个二倍体核的形成。在少数有丝分裂中，通过染色体交换，使二倍体核恢复单倍体状态，实现遗传物质的重组。对于那些以无性繁殖为主或缺乏有性生殖并大量产生分生孢子的真菌而言，准性生殖是发生遗传变异的有效方式。

二、菌物的分类

菌物种类繁多，形态多样。要想认识形形色色的菌物，首先需要对其进行分类和鉴定，按国际上公认的分类系统对每种菌物进行正确分类和命名。

（一）分类单元和命名

与其他生物一样，对菌物的分类也是按照界(kingdom)、门(phylum)、纲(class)、目(order)、科(family)、属(genus)、种(species)等基础分类单元(taxa)，由高到低依次排列。必要时在两个分类单元之间还增加一个亚单元。属以上的单元都有固定的词尾。

生物学种是基于可交配繁殖的个体。植物病原菌物的种是一个复杂的群体，有时根据其致病性的不同，在种下又划分出专化型和生理小种等。

1. 专化型(forma specialis, f. sp.)　同一种病原菌物对不同属或种的寄主植物具有不同的寄生专化性。

2. 生理小种(physiological race)　同一种病原菌物对不同寄主植物品种的致病性存在差异。因此，根据病原菌物对寄主植物不同品种的致病性差异，一般在种下划分为不同的生理小种，或简称小种(race)。

对菌物进行命名遵循《国际植物命名法规》,采用林奈创立的"双名制命名法"给生物的种命名。以拉丁语双名制命名的种的名称即为种的学名,由两个词组成,第一个词是属名,首字母必须大写,第二个词是种名,小写,最后加上命名人的姓氏或姓名缩写(可省略)。学名应该用斜体,定名人用正体。

(二) 分类系统

林奈的两界系统(1735 年)将生物分为植物界和动物界两个界,真菌归入植物界下的真菌门。Whittaker 1969 年创立了生物五界系统学说,将真菌从植物界中独立出来称为真菌界。后来又有很多分类系统相继出现,其中对形态分类影响较大的是 1973 年 Ainsworth 等的菌物分类系统,该系统易于被初学者掌握和便于入门教学。

随着分子生物学等新技术被应用于菌物分类研究,如基于多基因序列分析而获得的系统发育树,使人们对各类群菌物之间亲缘关系的认识更加深入,以往主要依据形态特征建立的高等级分类单元的传统认识受到极大冲击。从《菌物辞典》(1995 年)第 8 版开始,菌物的分类系统发生了很大变化,所有菌物被划分为原生动物界(Protozoa)、假菌界(或藻物界,Chromista)和真菌界(Fungi)3 个界。过去所说的真菌中的"半知菌"不再作为正式的分类单元,具有有性阶段的分别被归入相应的子囊菌门或担子菌门,目前尚无法归入的暂时称为有丝分裂孢子真菌。

由于不断有新的基因序列分析应用于各类群菌物的系统发育学研究中,因此,关于各类群菌物较高等级分类单元(如门、纲、目、科)的变动较大,或在不断完善之中,目前还没有形成共识。本教材基于目前关于菌物分属 3 个界的共识,只对重要代表性属或种的菌物进行介绍,不涉及纲、目或科等级别的分类单元。

三、植物病原菌物的主要类群

(一) 真菌界主要类群

按照《菌物辞典》第 8 版的分类系统,真菌界下设有 4 个门:壶菌门、接合菌门、子囊菌门和担子菌门,其中子囊菌门和担子菌门有很多种类是重要的植物病原菌。

1. 壶菌代表属及其特征　这里主要介绍油壶菌属、节壶菌属和集壶菌属 3 个属。

(1) 油壶菌属(*Olpidium*)。菌体内生,没有菌丝,整个菌体可转变为孢子囊。常形成薄壁的孢子囊和厚壁的休眠孢子囊,孢子囊光滑。休眠孢子囊萌发时形成游动孢子。芸薹油壶菌(*O. brassicae*)和瓜类油壶菌(*O. radicale*)虽对植物的直接危害性小,但其游动孢子是许多重要经济植物病毒的传播介体。

(2) 节壶菌属(*Physoderma*)。寄生菌,在寄主组织内的菌丝产生大量球形或椭圆形的休眠孢子。休眠孢子萌发产生游动孢子。玉米节壶菌(*P. maydis*)引起玉米褐斑病。

(3) 集壶菌属(*Synchytrium*)。寄生菌,无菌丝体,菌体最初无细胞壁,在水分充足和温度适宜时,发育成有壁的孢子囊;在干旱低温,不利于生长的条件下,形成厚壁的休眠孢子囊。侵染植物造成组织畸形。内生集壶菌(*S. endobioticum*)引起马铃薯癌肿病。

2. 接合菌代表属及其特征　接合菌的营养体大多是发达的无隔菌丝体,少数种类菌丝体不发达,而较高等种类的菌丝体有隔膜。有些种类的菌丝体可以分化形成假根和匍匐菌丝,细胞壁主要组分为几丁质。无性繁殖形成孢囊孢子,有性生殖产生接合孢子。

(1) 根霉属(*Rhizopus*)。菌丝分化出假根和匍匐菌丝。孢囊梗单生或丛生,与假根对生,顶端着生球形或近球形的孢子囊,囊轴明显,基部有囊托(孢子囊壁的残片)。孢子囊成熟后散出大量孢囊孢子。孢囊孢子球形、卵形或不规则形，无色或淡褐色。接合孢子由两个同型配子囊接合形成，表面有瘤状突起，配囊柄上无附属丝。少数根霉对植物具弱寄生性。匍枝根霉（*R. stolonifer*）（图 2-4）引起储藏期甘薯软腐病，还常引起瓜果、蔬菜等运输和储藏中的腐烂。

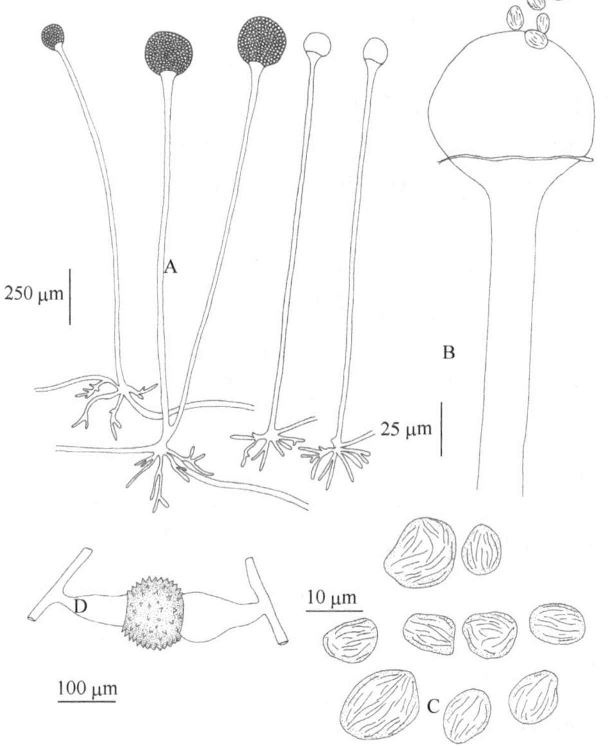

图 2-4　匍枝根霉（*Rhizopus stolonifer*）

A. 孢囊梗；B. 孢子囊；C. 孢囊孢子；D. 接合孢子

（2）毛霉属（*Mucor*）。无假根和匍匐菌丝。孢囊梗直立，单轴或假单轴分枝，顶生球形的孢子囊；有囊轴，无囊托。孢囊孢子球形或椭圆形，表面光滑。接合孢子表面有瘤状突起，配子囊同型。大毛霉（*M. mucedo*）可引起果实、蔬菜、蘑菇等的腐烂。

3. 子囊菌代表属及其特征　子囊菌的营养体多为发达、有隔膜的菌丝体，为单倍体，少数为单细胞，如酵母菌。许多子囊菌的菌丝体可以形成子座和菌核等菌组织。无性繁殖产生分生孢子，有性生殖形成子囊果。子囊果有闭囊壳、子囊壳、子囊盘和子囊座 4 种类型。子囊果内产生子囊和子囊孢子。子囊大多呈圆筒形或棍棒形，少数为卵形或近球形。典型的子囊内有 8 个子囊孢子。子囊孢子形状变化很大，有近球形、椭圆形、腊肠形或线形等。

（1）外囊菌属（*Taphrina*）。菌丝为双核菌丝。大多数外囊菌的双核菌丝在寄主角质层下或表皮细胞下形成一层厚壁的产囊细胞，由产囊细胞发育成子囊，排成栅栏状。子囊长圆筒形，裸生，每个子囊有 8 个子囊孢子。外囊菌均为寄生菌，寄生于高等植物和蕨类植物，被害组织畸形，如叶片皱缩、枝条丛生、果实呈袋状等。

（2）白粉菌属（*Erysiphe*）。菌丝体表生，在寄主植物的表皮细胞内形成吸器。多个子囊成束生于闭囊壳内，每个子囊中含有 2～8 个子囊孢子。子囊孢子无色至浅色。附属丝菌丝状或顶端钩状。过去的叉丝壳属（*Microsphaera*）和钩丝壳属（*Uncinula*）等 9 个属现在被划入白粉菌属。蓼白粉菌（*E. polygoni*）（图 2-5）引起豆类、十字花科植物的白粉病。

(3) 布氏白粉菌属(*Blumeria*)。从白粉菌属中划分出来的一个属。菌丝体表生,在寄主表皮细胞内形成指状吸器。闭囊壳上的附属丝不发达,呈短菌丝状。闭囊壳内含有多个子囊。分生孢子梗基部膨大呈近球形。该属为单种属,即禾布氏白粉菌(*B. graminis*)(图 2-6),引起小麦白粉病。

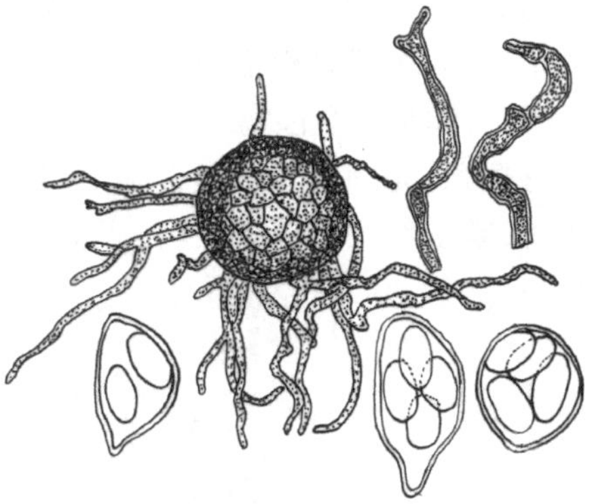

图 2-5 蓼白粉菌(*Erysiphe polygoni*)

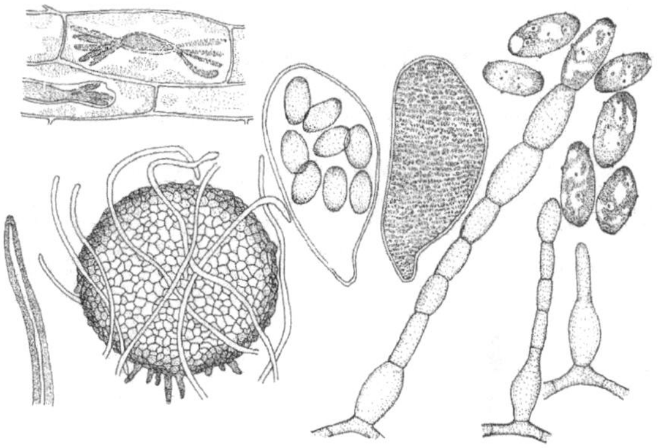

图 2-6 禾布氏白粉菌(*Blumeria graminis*)

(4) 球针壳属(*Phyllactinia*)。菌丝体部分内生。闭囊壳有多个子囊,附属丝刚直,长针状,基部球形膨大。榛球针壳(*P. guttata*)引起桑、梨、柿、核桃等多种树木的白粉病。

(5) 叉丝单囊壳属(*Podosphaera*)。菌丝体表生。每个闭囊壳内产生一个子囊。附属丝生于闭囊壳顶部或"赤道"附近,刚直,顶端为 2～6 次二叉分枝,附属丝全部或下部褐色或浅褐色。白叉丝单囊壳(*P. leucotricha*)引起苹果、豆梨白粉病。原来的单囊壳属(*Sphaerotheca*)现在并入该属。

(6) 赤霉属(*Gibberella*)。子囊壳单生或群生于子座上,子囊壳球形至圆锥形,壳壁蓝色或紫色。子囊棍棒形,有柄,子囊孢子有 2～3 个隔膜,梭形,无色。玉蜀黍赤霉(*G. zeae*)(图 2-7)引起小麦、玉米等作物的赤霉病。

(7) 麦角菌属(*Claviceps*)。在禾本科植物的子房内寄生,后期形成圆柱形至香蕉形黑色或白色菌核。越冬后菌核萌发产生具长柄的头状子座。子囊壳埋生在子座头部的表层内。子囊长筒形,子囊孢子无色,丝状。麦角菌(*C. pururea*)(图 2-8)引起多种禾本科植物的麦角病。

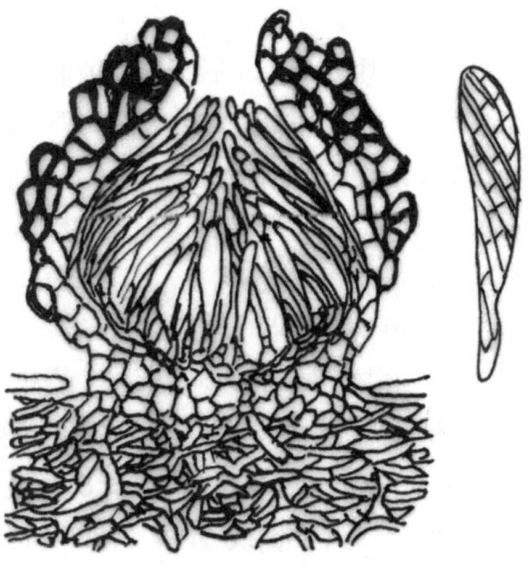

图 2-7 玉蜀黍赤霉(*Gibberella zeae*)

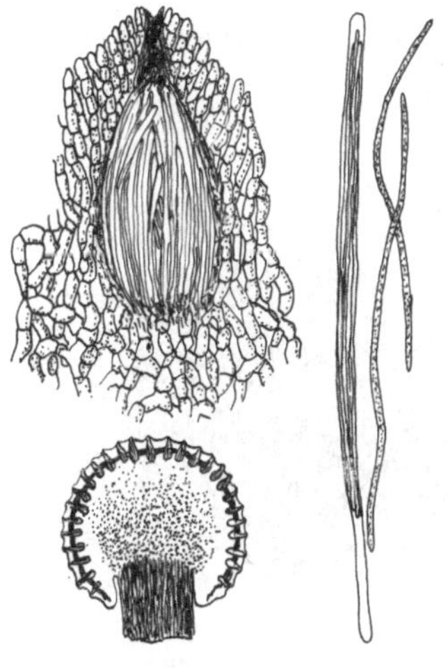

图 2-8 麦角菌(*Claviceps pururea*)

(8) 长喙壳属(*Ceratocystis*)。子囊壳基部膨大呈球形，有细长的颈，颈长为子囊壳直径的数倍，顶端常裂成须状，壳壁暗色。子囊近球形或圆形，不规则散生在子囊壳内，无侧丝，子囊壁早期消解，很难见到完整的子囊。子囊孢子单胞，无色，小型，形状多样。甘薯长喙壳(*C. fimbriata*)(图 2-9)引起甘薯黑斑病和石榴枯萎病。

(9) 顶囊壳属(*Gaeumanomyces*)。子囊壳球形或近球形，黑色，埋生在寄主组织内，初内生，后突出外露，顶端有短的喙状突起。子囊圆筒形至棍棒形，具 8 个子囊孢子，有侧丝。子囊孢子细线状，多细胞，无色至淡黄色。禾顶囊壳(*G. graminis*)引起小麦全蚀病。

(10) 旋孢腔菌属(*Cochliobolus*)。子囊壳球形，黑色，有短颈，无刚毛。子囊棍棒形，含 8 个子囊孢子。子囊孢子丝状，多胞，无色或淡黄色，呈螺旋状紧密纠结在一起。异旋孢腔菌(*C. heterostrophus*)(图 2-10)引起玉米小斑病。

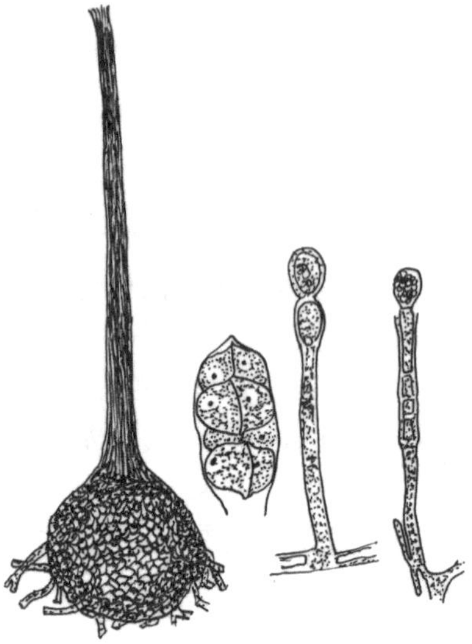

图 2-9　甘薯长喙壳(*Ceratocystis fimbriata*)

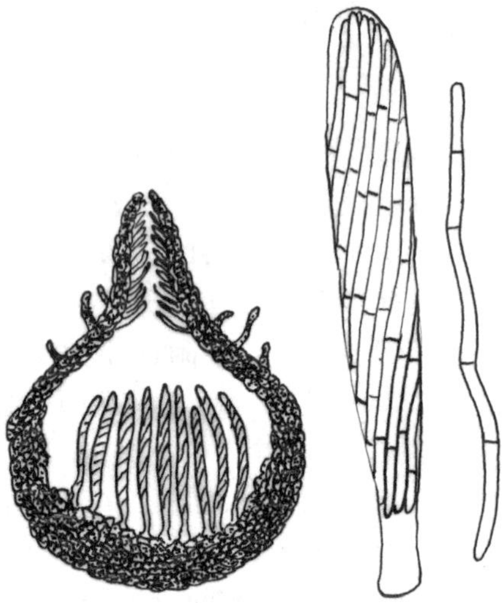

图 2-10　异旋孢腔菌(*Cochliobolus heterostrophus*)

(11) 黑星菌属(*Venturia*)。假囊壳大多在病残余组织的表皮层下形成，周围有黑色、多隔的刚毛，长圆形的子囊平行排列，成熟时伸长；子囊孢子椭圆形，双细胞大小不等。苹果黑星病菌(*V. inaequalis*)(图 2-11)引起苹果黑星病。

(12) 葡萄座腔菌属(*Botryosphaeria*)。子囊坐垫状，黑色，孔口不显著，稍有突起。子囊棍棒形，有短柄，双囊壁，有拟侧丝。子囊孢子卵圆形至椭圆形，无色，单胞。葡萄座腔菌(*B. dothidea*)引起苹果、梨、葡萄、桃、杨树等的干腐病和溃疡病。

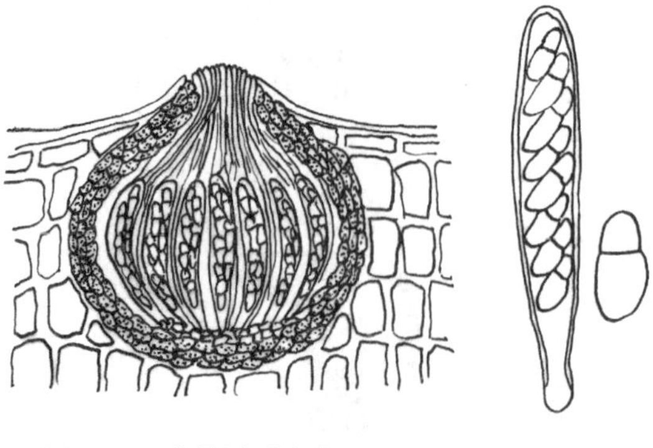

图 2-11　苹果黑星病菌(*Venturia inaequalis*)

(13) 核盘菌属(*Sclerotinia*)。在寄主表面或寄主组织内形成菌核，菌核萌发产生具长柄的子囊盘，盘状或杯状。子囊近圆柱形，平行排列，有侧丝，内含 8 个子囊孢子。子囊孢子椭圆形或纺锤形，单细胞，无色。不产生分生孢子。核盘菌(*S. sclerotiorum*)

(图 2-12)寄主广泛,引起十字花科、豆科、茄科、菊科、蔬菜等的菌核病。

4. 担子菌代表属及其特征 绝大多数担子菌的营养体为发达的有隔菌丝体,具有桶孔隔膜,单倍体。双核菌丝占据生活史的大部分时期。很多担子菌在隔膜处形成锁状联合(clamp connexion)的结构。有性生殖产生担孢子,通常每个担子上生有 4 个担孢子。除锈菌外,一般无特殊分化的性器官。

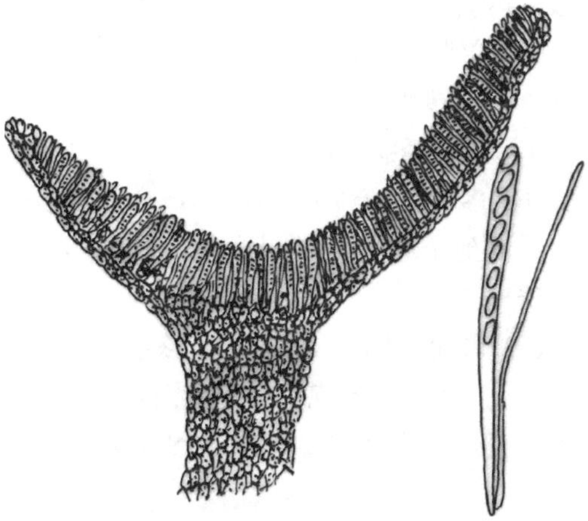

图 2-12 核盘菌(*Sclerotinia sclerotiorum*)

(1) 柄锈菌属(*Puccinia*)。单主寄生或转主寄生。典型的柄锈菌可产生 5 种类型的孢子(图 2-13)。性子器(pycnium)球形,其内产生性孢子(pycniospore)。锈孢子器(aecidium)杯状或筒状,其内产生锈孢子(aecidiospore),锈孢子单细胞,球形或椭圆形,常相互挤压呈多角形。夏孢子堆(uredium)黄色或橙黄色,生于寄主表皮细胞下,夏孢子(urediospore)黄褐色,单细胞,近球形,壁上有小刺,单生,有柄。冬孢子堆(telium)褐色至暗褐色,甚至黑褐色,冬孢子(teliospore)有柄,双细胞,深褐色,椭圆,棒状至柱状。禾柄锈菌(*P. graminis*)引起小麦秆锈病,隐匿柄锈菌(*P. recondita*)引起小麦叶锈病,条形柄锈菌(*P. striiformis*)引起小麦条锈病。

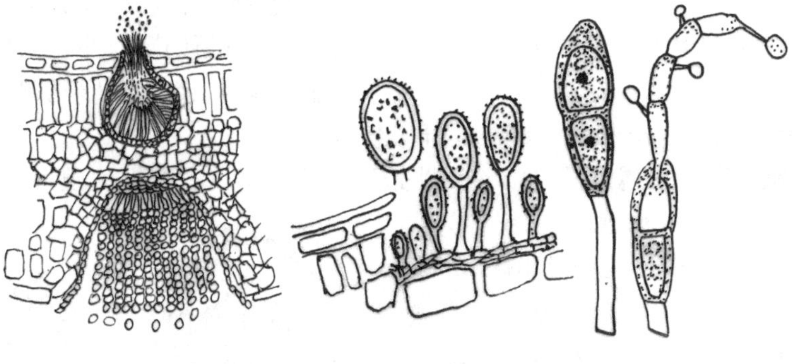

图 2-13 禾柄锈菌(*Puccinia graminis*)

(2) 胶锈菌属(*Gymnosporangium*)。冬孢子双细胞,浅黄色至暗褐色,有长柄,无色,遇水膨胀胶化。性子器球形至扁球形,生于寄主叶片表皮细胞下,初为黄色、橙黄色,渐变为黑色。锈孢子器长管状,锈孢子串生,近球形,黄褐色,壁表面有小的疣状突起,转主寄生,无夏孢子阶段。冬孢子堆舌状或垫状,遇水胶化膨大,近黄色至深褐色。梨胶锈菌(*G. haraeanum*)引起梨、木瓜、山楂等植物的锈病。

(3) 栅锈菌属(*Melampsora*)。冬孢子单胞,棱柱形或椭圆形,无柄,排列成整齐的一层。夏孢子堆橙黄色,粉末状,有头状侧丝混生。夏孢子单生,有柄,球形至椭圆形,表面有刺或疣。性子器圆锥形或半球形,生于寄主表皮细胞下。锈孢子球形或多角形,表面有细刺,串生,有间细胞。该属多为转主寄生,少数是单主寄生。亚麻栅锈菌(*M. lini*)引起亚麻锈病。

(4) 层锈菌属(*Phakopsora*)。冬孢子堆生于寄主叶片表皮细胞下,扁球形,黑褐色。冬孢子单胞,壁光滑,淡褐色,椭圆形或长椭圆形,紧密排列成数层。夏孢子单生于柄上,椭圆形或卵形,黄褐色,表面有小刺。枣层锈菌(*P. ziziphi-vulgaris*)引起枣树锈病。

(5) 单胞锈菌属(*Uromyces*)。冬孢子单胞,有柄,深褐色,顶壁较厚,有一芽孔,夏孢子单胞,黄褐色,单生于柄上,椭圆形或倒卵形,有刺或瘤状突起。疣顶单胞锈菌(*U. appendiculatus*)引起菜豆锈病。

(6) 多胞锈菌(*Phragmidium*)。冬孢子多细胞,壁厚,表明光滑或有疣状突起,柄的基部膨大。夏孢子球形至椭圆形,有刺或瘤,单生于柄上。玫瑰多胞锈菌(*P. rosae-rugosae*)引起玫瑰锈病。

(7) 黑粉菌属(*Ustilago*)。冬孢子堆可生于寄主各个部位,常生于花器,成熟时呈粉状,多数黑褐色至黑色,冬孢子散生,表面有纹饰,萌发时产生有横隔的担子;担子上侧生担孢子,有的萌发直接产生芽管。小麦散黑粉菌(*U. tritici*)(图 2-14)引起大麦和小麦散黑穗病。

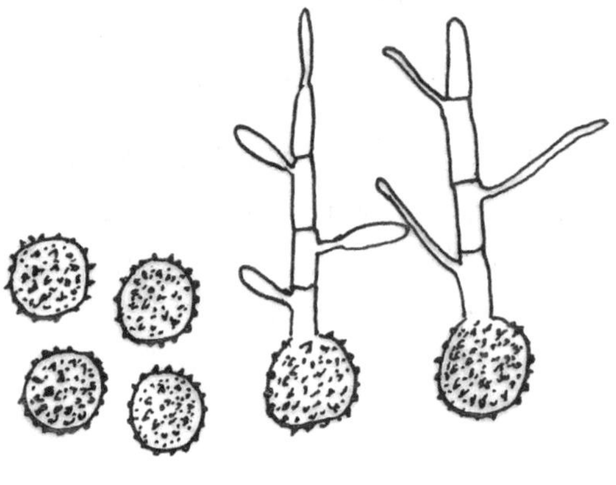

图 2-14 小麦散黑粉菌(*Ustilago tritici*)

(8) 腥黑粉菌属(*Tilletia*)。冬孢子堆大都生于寄主植物的子房内,成熟后呈粉状,常有腥味。冬孢子外围有无色或淡色的胶质鞘,表面有网状或刺状突起,少数光滑。冬孢子萌发产生无隔的先菌丝,顶端产生成束的担孢子,担孢子之间常"H"形结合。小麦网腥黑粉菌(*T. caries*)引起小麦腥黑穗病。

(9) 条黑粉菌属(*Urocystis*)。冬孢子堆生于寄主叶、叶鞘和茎秆表皮下,形成条纹,成熟后常破裂,露出黑色粉状物(冬孢子)。1~3 个冬孢子结合成孢子球,外有无色至浅褐色的不孕细胞包围,冬孢子圆形至卵圆形,表面光滑,褐色。小麦条黑粉菌(*U. tritici*)引起小麦秆黑粉病。

5. 无性繁殖真菌代表属及其特征 无性繁殖真菌是指没有有性生殖,只通过无性繁殖或有丝分裂繁殖产生孢子的真菌,过去统称为半知菌(deuteromycetes)或不完全真菌(imperfect fungi),现在常称为有丝分裂孢子真菌(mitosporic fungi)或无性型真菌(anamorphic fungi)。这类真菌缺少或未发现有性孢子或无性孢子(指无孢类);分生孢子生于孢子梗上,或生于一定的产孢结构上,如孢梗束、分生孢子座、分生孢子器和分生孢子盘(图 2-15)等。实际上,有时将自然条件下有性阶段不常见而无性阶段常见的真菌也归于此类。

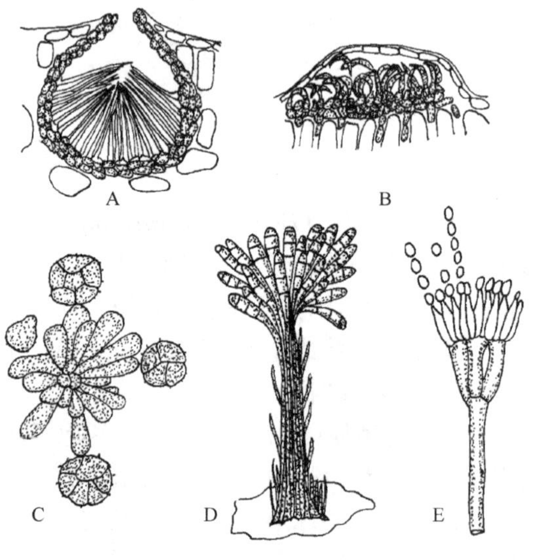

图 2-15 真菌的无性产孢结构

A. 分生孢子器;B. 分生孢子盘;C. 分生孢子座;D. 孢梗束;E. 分生孢子梗

(1) 孢梗束(synnema)。分生孢子梗常在基部紧密聚集在一起形成束状结构,顶端分开或分枝,分生孢子生于其上。

(2) 分生孢子座(sporodochium)。分生孢子梗聚生在呈垫状的菌丝结构上,孢子梗的顶端产生分生孢子。

(3) 分生孢子器(pycnidium)。是由拟薄壁组织形成的球形或瓶状的产孢结构,其内壁排列着分生孢子梗或产孢细胞,上生分生孢子。分生孢子器一般生于基质表面或埋生于基质或子座内,顶端无或有乳状突起,或有长喙。

(4) 分生孢子盘(acervulus)。典型的分生孢子盘呈扁平或浅盘状,其基部成排着生短的分生孢子梗,分生孢子梗从子座状的菌丝垫上生出。在自然界中,分生孢子盘生于植物表皮或角质层下的组织,最终突破植物表皮而外露。有些属在分生孢子盘的周围或中间产生黑色、坚硬的刚毛。

下面简要介绍重要或常见的有丝分裂孢子真菌(或称无性型真菌)属。

(1) 青霉属(*Penicillium*)。分生孢子梗由菌丝垂直生出,一般无足细胞,无色,具分隔,顶端形成1至多次帚状分枝。分枝顶端产生多数瓶状小梗,上生成串的分生孢子。分生孢子单胞,球形或卵圆形,表面光滑或粗糙,无色,有时单个或成团时呈绿色或者其他颜色。有些种产生菌核。该属种类多,大多为腐生,少数侵染果实引起青霉病。扩展青霉(*P. expansum*)(图2-16)引起柑橘青霉病。

(2) 曲霉属(*Aspergillus*)。分生孢子梗从菌丝上的厚壁足细胞生出,直立,多数无隔膜,粗大,顶端膨大呈圆形或椭圆形,上生1～2层放射状分布的瓶状小梗,孢子串生,聚集在分生孢子梗顶端,呈头状。分生孢子单胞,球形、卵圆形、椭圆形,无色或有色,表面光滑或有饰纹。大多腐生。黄曲霉(*A. flavus*)(图2-17)在自然界分布极广,常污染花生、玉米等,代谢产生的黄曲霉毒素是致癌物质。

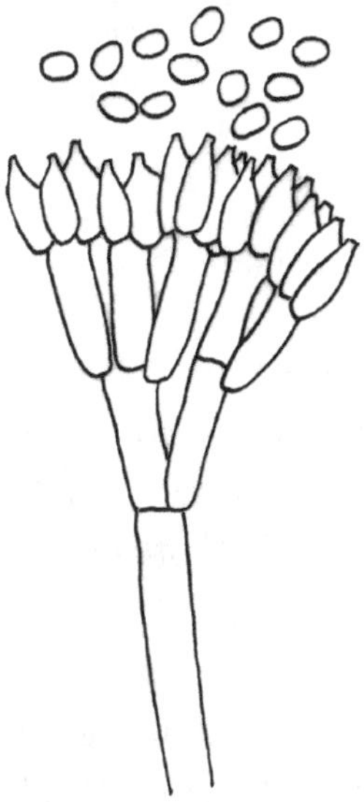

图2-16　扩展青霉(*Penicillium expansum*)

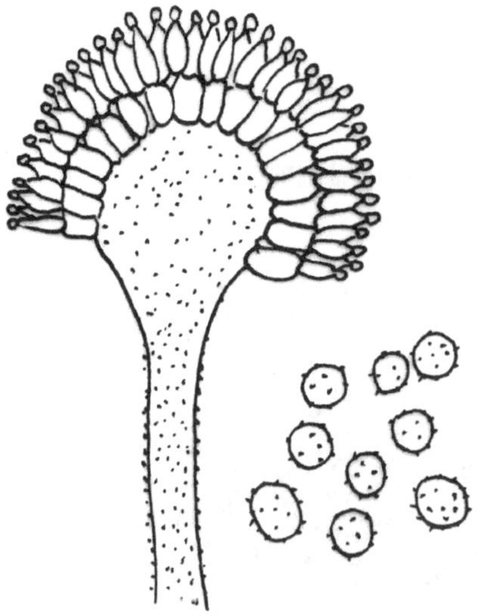

图2-17　黄曲霉(*Aspergillus flavus*)

(3) 轮枝孢属(*Verticillium*)。分生孢子梗直立,无色,具分隔。在主轴上生有多层轮生、对生或互生的分枝。分枝末端及主枝顶端有瓶状产孢细胞,产孢细胞下部膨大,上部渐细,较长。分生孢子单细胞,卵形至椭圆形,无色或淡色,常聚集成球。可侵染多种植物根部引起黄萎病。大丽轮枝菌(*V. dahliae*)引起棉花、茄子等多种植物黄萎病。

(4) 葡萄孢属(*Botrytis*)。分生孢子梗褐色,有分枝,顶端形成膨大的产孢瓶体,上面有许多小梗。分生孢子无色或灰色,单胞,椭圆形,生于小梗上聚集成葡萄穗状。常产生黑色菌核。

灰葡萄孢(*B. cinerea*)(图 2-18)寄主广泛,引起葡萄、番茄、草莓等多种植物灰霉病。

(5) 木霉属(*Trichoderma*)。分生孢子梗产生对生或互生的分枝,分枝再形成 2 级和 3 级分枝,锐角或近直角分枝,分枝末端轮生或对生瓶状小梗(产孢细胞)。从瓶状小梗顶端产生分生孢子,常聚集成孢子球。分生孢子单胞,球形,光滑或具疣突。木霉对食用菌生产危害大,常造成培养料的污染。

(6) 梨孢属(*Pyricularia*)。分生孢子梗无色,细长,不分枝,有隔,单生或簇生,顶端以合轴式产生分生孢子,呈屈膝状。分生孢子无色,梨形至椭圆形,2～3 个细胞。有性型为巨座壳属(*Magnaporthe*)。稻梨孢(*P. oryzae*)(图 2-19)危害水稻等多种禾本科植物,引起水稻的稻瘟病和其他禾本科植物的瘟病。

图 2-18 灰葡萄孢(*Botrytis cinerea*)

图 2-19 稻梨孢(*Pyricularia oryzae*)

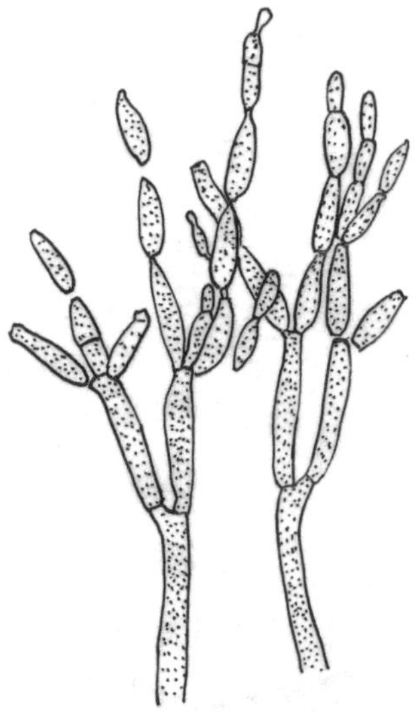

图 2-20 瓜枝孢
(*Cladosporium cucumerinum*)

(7) 枝孢属(*Cladosporium*)。分生孢子梗黑褐色,顶端或中部产生分枝,产孢部分作合轴式延伸。分生孢子0～3个隔膜,黑褐色,圆筒形、卵圆形、柠檬形或不规则形,单生,常芽殖形成短链。瓜枝孢(*C. cucumerinum*)(图 2-20)引起黄瓜和葫芦黑星病。

(8) 内脐蠕孢属(*Drechslera*)。又称凹脐蠕孢属或德氏霉属。分生孢子梗粗壮,有隔,顶部合轴式延伸。分生孢子圆筒形,多细胞,深褐色,脐点内陷于基细胞内。分生孢子萌发时每个细胞均可生出芽管。培养中常生菌核。有性型为核腔菌属(*Pyrenophora*)。禾内脐蠕孢(*D. graminea*)引起大麦条纹病。

(9) 平脐蠕孢属(*Bipolaris*)。又称离蠕孢属。分生孢子梗形态与产孢方式与凹脐蠕孢属相似。分生孢子通常呈长梭形,直或弯曲,深褐色,脐点平截。分生孢子萌发时从两端细胞生出芽管。有性型为旋孢腔菌属(*Cochliobolus*)。

玉蜀黍平脐蠕孢(*B. maydis*)(图 2-21)引起玉米小斑病,稻平脐蠕孢(*B. oryzae*)引起水稻胡麻斑病。

(10) 凸脐蠕孢属(*Exserohilum*)。分生孢子梗形态和产孢方式与凹脐蠕孢属相似。分生孢子梭形至圆筒形或倒棍棒形,直或弯曲,深褐色,脐点突出。分生孢子萌发时两端细胞生出芽管。有性型为刺球腔菌属(*Setosphaeria*)。大斑突脐蠕孢(*E. turcicum*)(图 2-22)引起玉米大斑病。

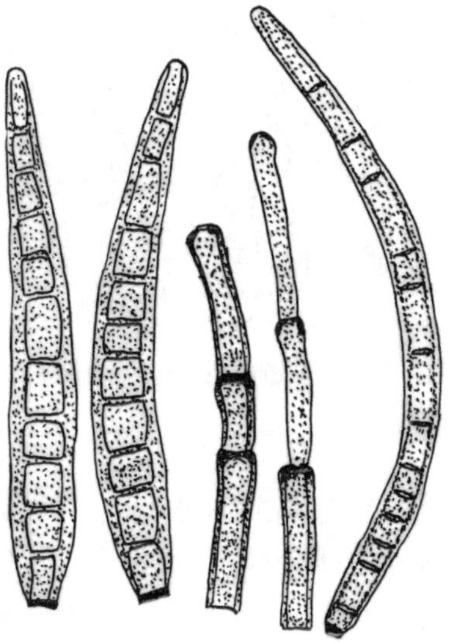

图 2-21 玉蜀黍平脐蠕孢(*Bipolaris maydis*)

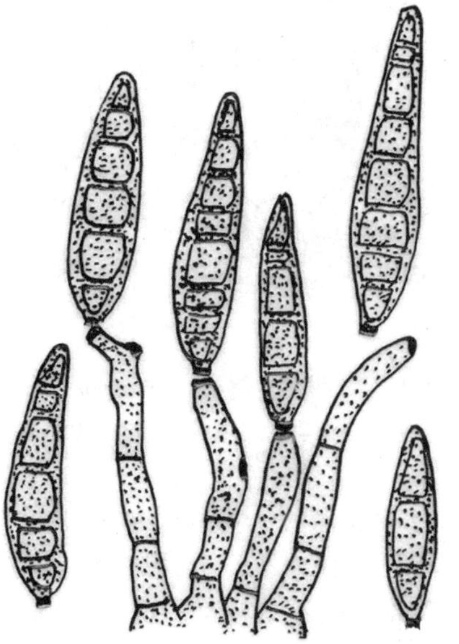

图 2-22 大斑突脐蠕孢(*Exserohilum turcicum*)
(仿白金铠,1975)

(11) 弯孢属(*Curvularia*)。分生孢子梗直或弯,顶部合轴式延伸,常呈屈膝状。分生孢子单生,弯曲,近纺锤形,大多具 3 个隔膜,中间 1～2 个细胞较大且颜色深,两端萌发。有性型也为旋孢腔菌属(*Cochliobolus*)。新月弯孢(*C. lunata*)(图 2-23)引起玉米弯孢霉叶斑病。

(12) 尾孢属(*Cercospora*)。分生孢子梗褐色至橄榄褐色,不分枝,呈屈膝状,孢痕明显加厚。分生孢子针形、倒棒形、鞭形,无色或淡色,多隔膜,基部脐点黑色,加厚明显。甜菜生尾孢(*C. beticola*)(图 2-24)引起甜菜褐斑病。

(13) 链格孢属(*Alternaria*)。又称交链孢属。分生孢子梗暗色,短或长,以合轴式延伸。顶端产生倒棍棒形、椭圆形或卵圆形的分生孢子,褐色,具横、纵或斜隔膜,顶端无喙或有喙,单生或串生。该属种类多,引起多种植物叶斑病,通常称为黑斑病。茄链格孢(*A. solani*)(图 2-25)引起番茄、马铃薯的早疫病,人参链格孢(*A. panax*)引起人参、西洋参、三七等的黑斑病。

图 2-23 新月弯孢(*Curvularia lunata*)
(仿 Ellis,1971)

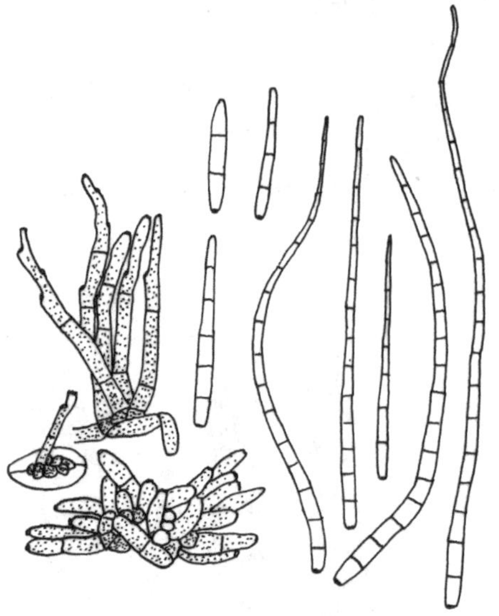

图 2-24　甜菜生尾孢(*Cercospora beticola*)
(仿郭英兰和刘锡进,2005)

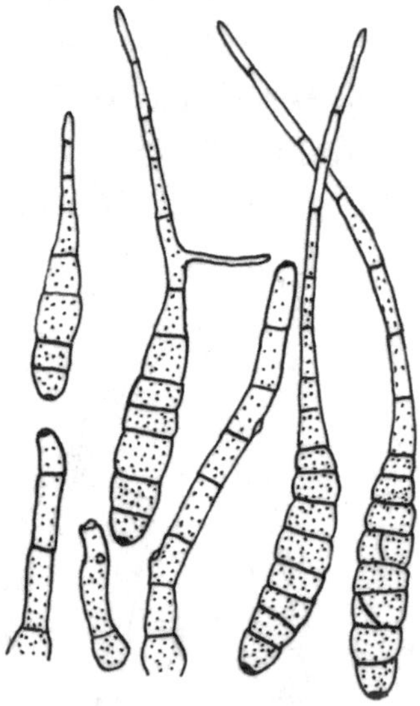

图 2-25　茄链格孢(*Alternaria solani*)

(14) 镰孢属(*Fusarium*)。自然条件下分生孢子梗无色,分隔或不分隔,常下端结合形成分生孢子座。在人工培养条件下,分生孢子梗一般由菌丝直接分枝产生,极少形成分生孢子座。分生孢子梗不分枝至多次分枝,最上端为产孢细胞。一般产生两种类型的分生孢子,大型分生孢子多细胞,镰刀形,无色;小型分生孢子单胞或双胞,椭圆形至卵圆形,无色,单生或串生。该属包括许多重要的经济植物病原菌,主要引起萎蔫、腐烂等症状,刺激寄主细胞分裂和增长、徒长等。尖镰孢(*F. oxysporum*)(图 2-26)引起多种植物的枯萎病。

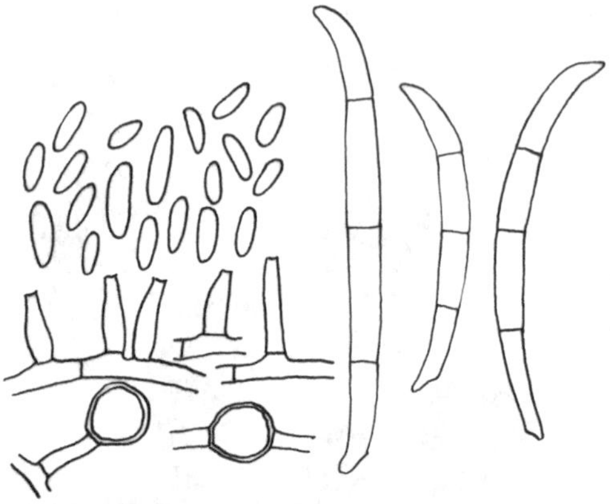

图 2-26　尖镰孢(*Fusarium oxysporum*)

(15) 刺盘孢属(*Colletotrichum*)。分生孢子盘生于寄主植物角质层或表皮下,分散或合生,不规则形开裂;分生孢子盘中有时生有刚毛,褐色至暗褐色,具分隔,表面光滑,至顶端渐尖。分生孢子梗无色至褐色。分生孢子无色,单胞,长椭圆形或新月形。有性型为小丛壳属(*Glomerella*)。盘长孢刺盘孢(*C. gloeosporioides*)(图 2-27)可引起水果、蔬菜、棉花等的炭疽病。

(16) 盘二孢属(*Marssonina*)。分生孢子盘埋生寄主表皮下,后期突破表皮外露。分生孢子梗呈栅栏状排列,棍棒形,不分枝。分生孢子顶生,无色,双胞,上面的细胞较下面的大,顶端钝圆,下部狭细。苹果盘二胞(*M. mali*)引起苹果褐斑病。

(17) 拟盘多毛孢属(*Pestalotiopsis*)。分生孢子盘埋生基质内,杯状,散生或集生,成熟后外露,黑色或暗褐色,不规则开裂。分生孢子梗无色,分隔,不规则分枝;产孢细胞无色,圆柱状。分生孢子纺锤形,直或略弯,6 个细胞,基细胞和顶细胞无色,顶细胞具 2 条至多条附属

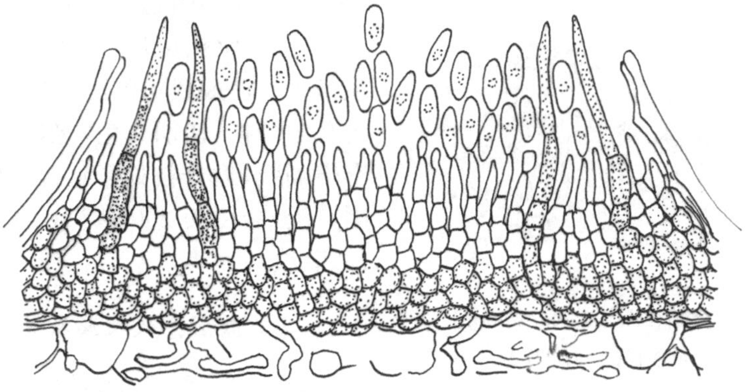

图 2-27 盘长孢刺盘孢(*Colletotrichum gloeosporioides*)

丝。中部 4 细胞褐色,壁厚,表面光滑或具小疣。枯斑拟盘多毛孢(*P. funerea*)(图 2-28)引起枇杷灰斑病。

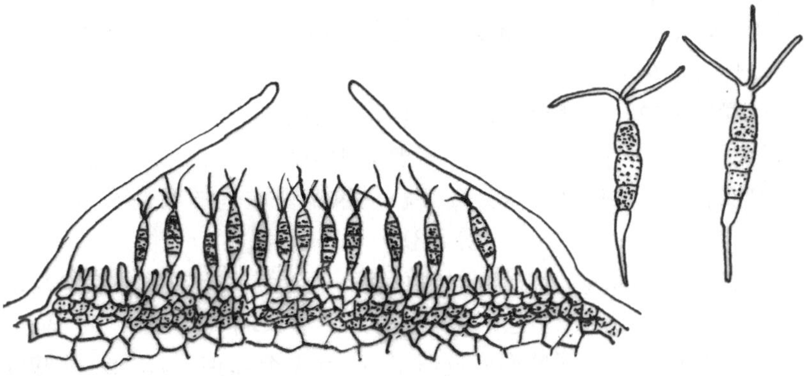

图 2-28 枯斑拟盘多毛孢(*Pestalotiopsis funerea*)

(18) 茎点霉属(*Phoma*)。分生孢子器褐色,球形,分散或集生,埋生或半埋生。分生孢子梗极短。分生孢子单细胞,无色,卵形至椭圆形。芹菜生茎点霉(*P. apiicola*)(图 2-29)引起芹菜黑腐病。

(19) 拟茎点霉属(*Phomopsis*)。分生孢子器内产生两种类型的分生孢子:α 型分生孢子卵圆形至纺锤形,单细胞,能萌发;β 型分生孢子线形,一端弯曲呈钩状,不能萌发。褐纹拟茎点霉(*P. vexans*)引起茄褐纹病。

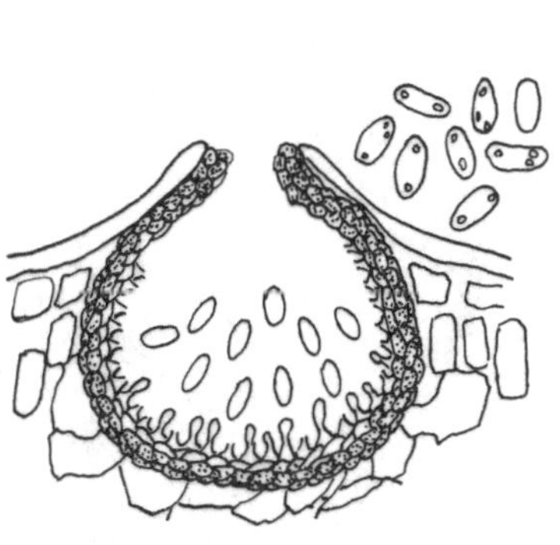

图 2-29 芹菜生茎点霉(*Phoma apiicola*)

(20) 壳色单隔孢属(*Diplodia*)。也称色二孢属。分生孢子器散生或集生,球形,暗褐色至黑色。分生孢子梗无色,分枝,有分隔,表面光滑,圆柱形。分生孢子初时单细胞,无色,椭圆形或卵圆形,成熟后变为双细胞,顶端钝圆,基部平截,深褐色至黑色。玉米壳色单隔孢(*D. zeae*)引起玉米干腐病。

(21) 壳针孢属(*Septoria*)。分生孢子器球形或扁球形,埋生或半埋生在寄生组织中,或者成熟时外露。分生孢子多细胞,细长,筒形、针形或线形,直或微弯,无色。芹菜生壳针孢

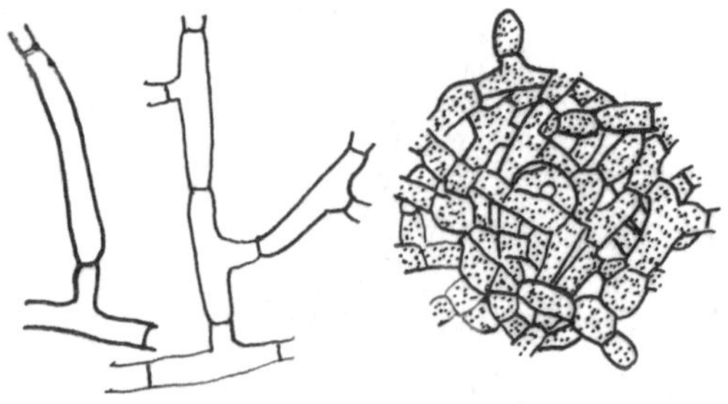

图 2-30　茄丝核菌(*Rhizoctonia solani*)
(仿 Barnett and Hunter,1972)

(*S. apiicola*)引起芹菜斑枯病。

(22) 丝核菌属(*Rhizoctonia*)。不产生分生孢子。形成浅褐色至黑褐色的菌核。菌丝多为直角分枝,初期无色,老龄菌丝褐色,分枝处有横隔膜,近分枝处常缢缩(图 2-30)。寄主范围广泛,能侵染 200 多种植物,引起根腐病、立枯病、纹枯病等。

(二) 假菌界代表属及其特征

假菌界(Chromista)的生物学特性和生活史很像真菌,但在细胞结构上与真菌存在本质区别,所以称之为假菌。在假菌界中引起植物病害的病原菌主要是卵菌。

营养体是发达的无隔菌丝体,为二倍体,少数低等的是有细胞壁的单细胞。细胞壁成分主要为纤维素。无性繁殖是在孢子囊中产生多个具双鞭毛的游动孢子。有性生殖产生卵孢子。

(1) 腐霉属(*Pythium*)。孢囊梗无分化,与菌丝区别不明显。孢子囊形态多样,丝状、裂瓣状、球形或近球形等。孢子囊顶生、间生或侧生。孢子囊成熟后一般不脱落,萌发时形成泡囊,游动孢子在泡囊内形成。藏卵器球形或近球形,表面光滑或有刺或突起。雄器侧生,有柄或无柄。每个藏卵器上有一个或数个雄器,一般只形成一个卵孢子。有些种类寄生于高等植物,引起苗期的猝倒、烂种、根腐和茎部坏死,蔬菜、果实及块茎的腐烂及草坪草的绵腐病等病害,如瓜果腐霉(*P. aphanidermatum*)(图 2-31)。

(2) 疫霉属(*Phytophthora*)。孢囊梗与菌丝有一定差异,不规则分枝、合轴分枝。游动孢子囊卵形、梨形或近球形,生于孢囊梗顶端。有的孢子囊顶端具乳突。孢子囊萌发产生游动孢子,或直接萌发产生芽管。藏卵器球形或近球形,内有 1 个卵孢子,球形,厚壁或薄壁,无色至浅色;雄器围生(包裹在藏卵器的柄上)或侧生(生于藏卵器的侧面)。疫霉的寄主范围很广,可侵染植物的各个部位,引起根和茎部的腐烂,新鲜果实和蔬菜的腐烂、溃疡和梢枯等。疫霉所致植物病害常具有流行性和毁灭性,故称之为疫病。致病疫霉(*P. infestans*)(图 2-32)引起马铃薯和番茄的晚疫病。

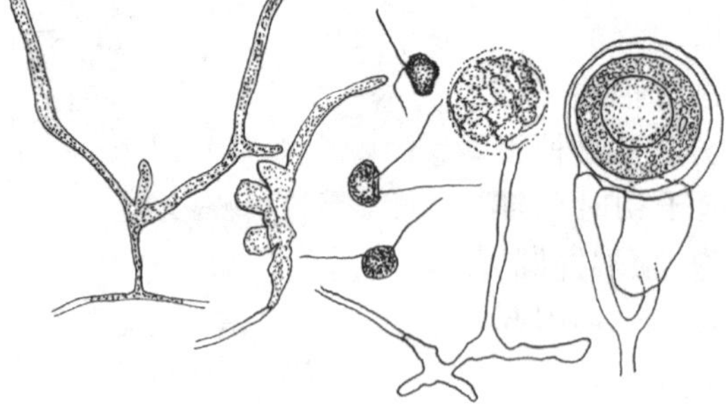

图 2-31　瓜果腐霉(*Pythium aphanidermatum*)
(仿余永年,1998)

图 2-32　致病疫霉(*Phytophthora infestans*)
(仿余永年,1998)

(3) 霜霉属(*Peronospora*)。孢囊梗主轴较粗壮，顶部有多次对称的二叉状分枝，末端分枝的顶端尖锐。孢子囊在末枝顶端同步形成，卵形或椭圆形，无色或有色，无乳突，易脱落。卵孢子球形，壁平滑或具饰纹。霜霉属可侵染很多经济植物，引起霜霉病。寄生霜霉(*P. parasitica*)(图 2-33)引起多种十字花科植物和大豆的霜霉病。

(4) 单轴霉属(*Plasmopara*)。孢囊梗直角或近直角单轴分枝，末枝比较刚直，顶端钝圆或平截。孢子囊较小，球形或卵形，有乳突和短柄，易脱落。卵孢子不常发现，圆形，黄褐色，卵孢子壁与藏卵器不融合。葡萄生单轴霉(*P. viticola*)(图 2-34)引起葡萄霜霉病。

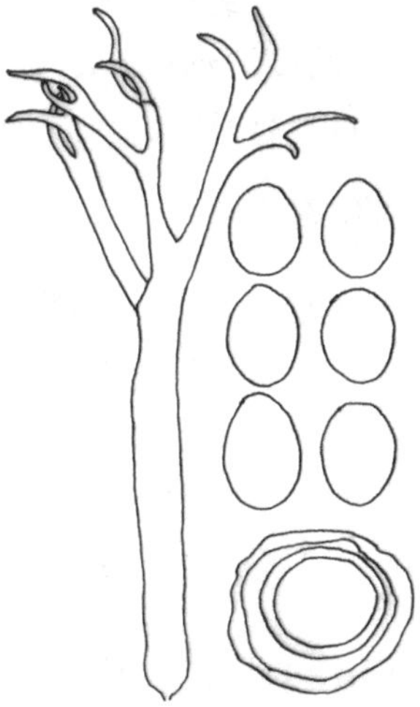

图 2-33　寄生霜霉(*Peronospora parasitica*)
(仿余永年，1998)

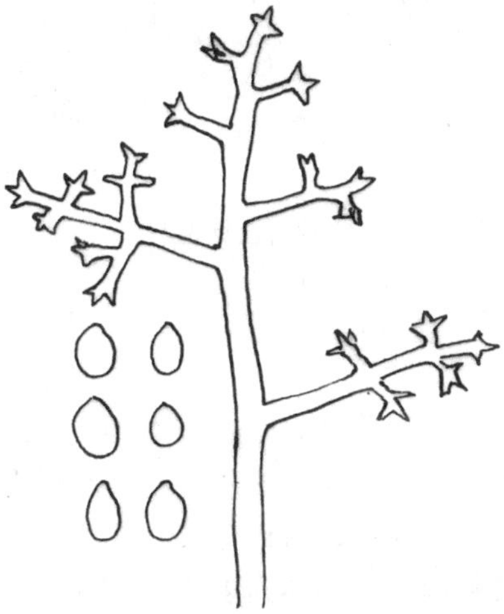

图 2-34　葡萄生单轴霉(*Plasmopara viticola*)
(仿戚佩坤等，1966)

(5) 假霜霉属(*Pseudoperonospora*)。孢囊梗基部稍膨大，主干单轴分枝，然后作 2～3 回不完全对称的二叉状锐角分枝，顶端尖细。孢子囊球形或卵形，有色，有乳突，基部有时具短柄。卵孢子球形，黄褐色。古巴假霜霉(*P. cubensis*)引起瓜类霜霉病。

(6) 盘梗霉属(*Bremia*)。孢囊梗二叉状锐角分枝，末枝顶端膨大呈盘状，边缘生 3～6 个小梗，小梗上单生 1 个孢子囊。孢子囊近球形或卵形，具乳突或不明显，易脱落。卵孢子球形、黄褐色，不满器，外壁光滑，一般情况下卵孢子不常见。莴苣盘梗霉(*B. lactucae*)引起莴苣和菊科植物的霜霉病。

(7) 霜指霉属(*Peronosclerospora*)。孢囊梗常 2～4 枝丛生，二叉状分枝 2～5 次，上部分枝粗短，小梗圆锥形。孢子囊椭圆形、卵圆形或圆柱形。卵孢子球形至近球形，黄色或黄红色，卵孢子壁几乎与藏卵器壁融合。玉蜀黍霜指霉(*P. maydis*)(图 2-35)引起玉米霜霉病。

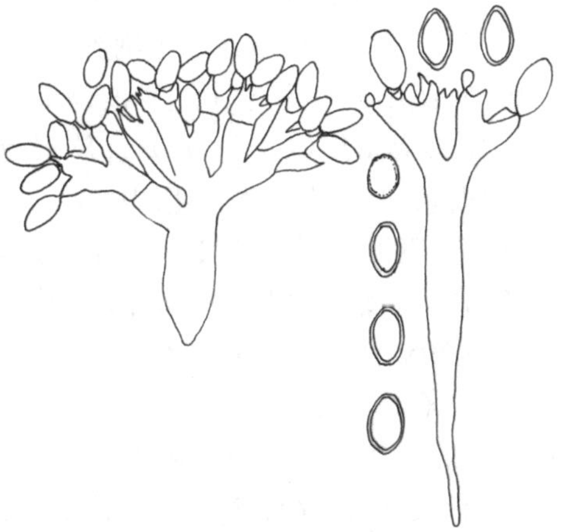

图 2-35　玉蜀黍霜指霉
(*Peronosclerospora maydis*)
(仿戚佩坤等，1966)

(8) 指梗霉属(*Sclerospora*)。孢囊梗主轴粗壮，顶端不规则二叉状分枝，分枝粗短紧密。孢子

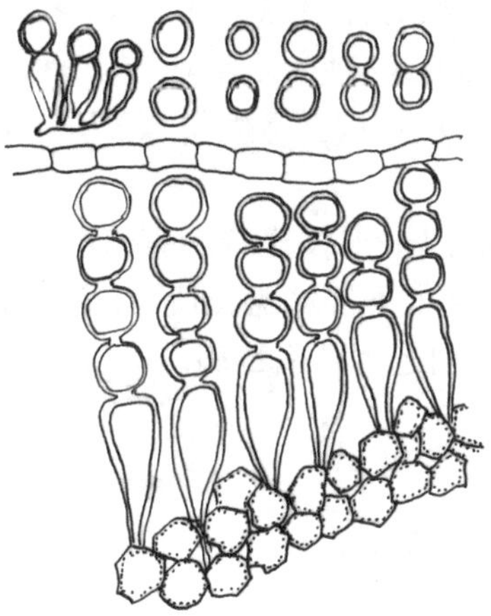

图 2-36　十字花科白锈菌
(*Albugo candida*)
(仿余永年,1998)

囊椭圆形,倒卵形,有乳突。卵孢子圆形,黄色或黄红色,卵孢子壁大部分与藏卵器壁融合。禾生指梗霉(*S. graminicola*)引起谷子白发病。

(9) 白锈菌属(*Albugo*)。白锈菌是高等植物上的活体寄生菌,产生白色疱状或粉状孢子堆,很像锈菌的孢子堆,引起的病害称为白锈病。孢囊梗粗短,棍棒形,不分枝,成排生于寄主表皮下。孢子囊在孢囊梗顶端串生呈链状,圆形或椭圆形。卵孢子球形,壁厚,表面有网状、疣状或脊状突起等纹饰。十字花科白锈菌(*A. candida*)(图 2-36)引起油菜、白菜、萝卜等十字花科植物白锈病。

(三) 原生动物界及其代表属

原生动物界(Protozoa)的营养体为单细胞、原生质团或非常简单的多细胞,营养方式为吞噬。引起植物病害的主要是黏菌和根肿菌。

黏菌的营养体为原生质团,多核,无细胞壁。营养体生长到一定阶段,形成含有休眠孢子的表生子实体。无性繁殖产生具双鞭毛的游动孢子。黏菌并不具有直接的经济重要性,少数黏菌引起草坪草、草莓、蔬菜和食用菌病害。

根肿菌的营养体为多核、无细胞壁的原生质团。与黏菌不同的是它们不能活动,缺乏吞噬食料的能力,全部寄生于寄主的细胞内。无性繁殖产生一个或多个游动孢子囊,具薄膜,游动孢子端生 2 根长短不等的鞭毛。有性生殖产生合子,合子萌发成无壁的原质团,成熟时形成休眠孢子。

在根肿菌中只有为数不多的几个种具有真正的经济意义。通常寄生于高等植物的根或茎细胞内,有时也称为内寄生黏菌。寄生于植物的根部,使受害部位膨大呈瘤状,故称为根肿病。有些根肿菌还是多种植物病毒的传毒介体。

(1) 根肿菌属(*Plasmodiophora*)。营养体为原生质团。原生质团产生游动孢子或休眠孢子。休眠孢子游离分散在寄主细胞内,不联合形成休眠孢子堆,萌发产生游动孢子。芸薹根肿菌(*P. brassicae*)引起十字花科植物根肿病。

(2) 多黏霉属(*Polymyxa*)。休眠孢子堆不规则形,产生在草本植物根表皮细胞内。寄生于植物根系,但不引起寄主组织肿大。禾谷多黏霉(*P. graminis*)寄生于小麦和其他禾本科植物的根部,不引起明显症状。游动孢子是小麦土传花叶病毒(WSBMV)和小麦梭条花叶病毒(WSSMV)等麦类病毒的传播介体,引起禾谷类作物严重病害,并导致严重减产。

(3) 粉痂菌属(*Spongospora*)。休眠孢子堆聚集成多孔的海绵状圆球。休眠孢子球形、椭圆形或多角形,黄色至黄绿色,平滑、壁不很厚,萌发形成一个游动孢子,发展为原生质团或游动孢子囊。原生质团大型,充满寄主细胞内,不规则形,多核,形成一个或多个休眠孢子囊堆。游动孢子囊单生或群生,也产生游动孢子。寄生于植物引起疮痂症状。马铃薯粉痂菌(*S. subterranea*)危害马铃薯块茎的皮层,引起马铃薯粉痂病。该病菌还是马铃薯帚顶病毒(PMTV)等病毒的传播介体。

四、菌物所致病害及其特点

菌物种类和数量繁多，引起的植物病害占植物病害总数的70%以上。病原菌物引起植物病害的症状可表现在植物的各个部位，主要导致植物的坏死、腐烂和枯萎，也可引起畸形和变色，严重时引起植株死亡。菌物不仅在植物生长过程中引发病害，使植物生长不良，影响作物产量，也可在农产品、蔬菜及果品的储运过程中造成霉烂变质。真菌还可以产生真菌毒素，积累在植物及其产品中，对人畜造成毒害。因此，菌物引起的植物病害对农产品的产量和品质都会造成严重影响和重大损失。

菌物所致病害的主要特点是：①一般有比较明显的病征。菌物侵染植物后，经过生长和繁殖，往往在植物病组织的表面产生肉眼可见的锈状物、粒状物、粉状物、霉状物等病征，由菌丝体、菌核、孢子梗、孢子和子实体等形成，这些病征是诊断菌物病害的重要依据。例如，锈菌在植物的叶片、茎秆上产生锈状物，是夏孢子堆破裂后散出的夏孢子。颗粒状物一般为真菌的子实体，如分生孢子器、分生孢子盘、子囊壳、闭囊壳等，其大小、形状、色泽、排列等各不相同。白粉菌类在植物表面产生白色或灰色粉状物，后期会产生黑色小颗粒，为白粉菌的闭囊壳。黑粉菌在病穗的种子或菌瘿中产生黑色粉状物，为黑粉菌的冬孢子。在湿度比较高的条件下，菌物可在植物被侵染的叶、茎、花和果实上产生各种霉层，如霜霉、黑霉、灰霉、青霉、绿霉等，由菌丝体和子实体组成。②具传染性，多数菌物病害发生再侵染。菌物主要靠孢子进行繁殖和传播，病部产生的孢子可随风、雨、农事操作、介体等进行传播，在同一地块由发病中心向周围植株扩散传播或向新的地块传播。在一个生长季中，可发生多次再侵染，条件合适时引起病害流行。

（张国珍　吕国忠　编写）

第二节　植物病原原核生物

一、原核生物概述

1. 概念　原核生物(prokaryotes)是一类含有原核结构，无真正细胞核的单细胞生物，多以裂殖方式进行繁殖，异养型，遗传物质(DNA)游离在细胞质中，没有核膜包围，仅形成一个圆形或椭圆形的核区。细胞质中含有小分子的核蛋白体(70 S)，但没有内质网、线粒体和叶绿体。原核生物界的成员很多，包括细菌、放线菌、植原体、螺原体和菌原体以及耐极端环境的原核生物等，通常以细菌作为原核生物的代表。

2. 形态　细菌的形态一般为球状、杆状和螺旋状(图2-37)。植物病原细菌大多为杆状，大小一般为0.5～0.8 μm×1～3 μm。

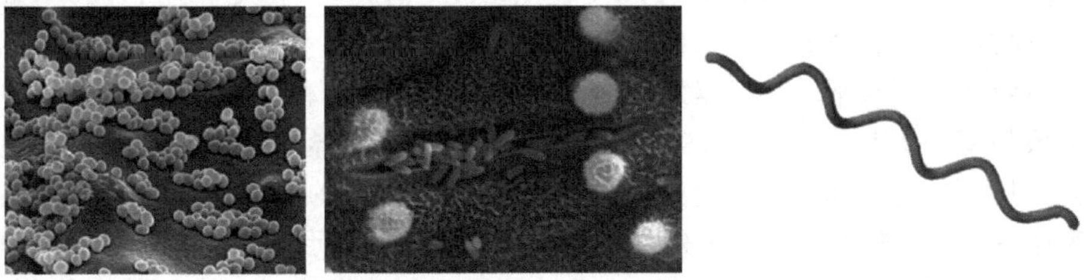

A　　B　　C

图2-37　细菌的细胞形态

A. 金黄色葡萄球菌(*Staphyloccocus aureus*)，扫描电镜下7000倍；B. 水稻细菌性条斑病菌(*Xanthomonas oryzae* pv. *oryzicola*)，扫描电镜下4000倍；C. 迂回螺旋菌(*Spirillum volutans*)，扫描电镜下3500倍(来自华盖创意 www.gettyimages.cn 图片库)

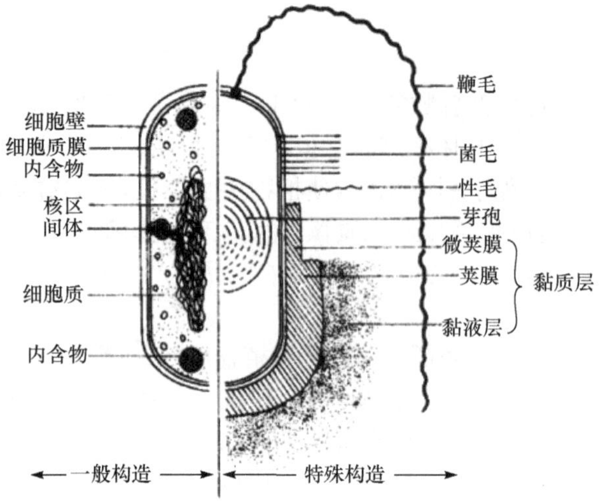

图 2-38　细菌的结构示意图

3. 结构　细菌自内向外依次可以分为 5 个主要的结构区域：核区→胞质区→质膜→细胞壁→黏质层（图 2-38）。

细菌的遗传物质大多集中在细胞中央的核区，没有真正的细胞核。有些细菌还有独立于核区的呈环状结构的遗传物质，称为质粒（plasmid）。

胞质区含有核糖体、液泡、气泡和颗粒状内含体等。有些细菌在菌体内可以形成一种称为芽孢的休眠结构，为度过不良环境所形成。一个芽孢萌发可形成一个单细胞。植物病原细菌的致死温度一般为 48～53℃，耐高温细菌的致死温度最高不超过 70℃，而要杀死细菌的芽孢一般需要用 120℃的高压蒸汽处理 10～20 min。

细菌的质膜（细胞膜）由内膜层和外膜层组成，主要是增强细胞的通透性（自由扩散、协助扩散、主动运输、基团转移等）、进行代谢活动的场所和形成能够跨膜分泌的分泌装置。植物病原细菌可形成Ⅰ型至Ⅵ型（T1SS～T6SS）6 种分泌系统（secretion system），负责将胞外酶类、致病性效应蛋白和 DNA 转运至细菌胞外，与植物发生互作关系。

细菌一般具有鞭毛（flagellum），从细胞质膜外粒状基体上产生，呈细长、波曲的丝状，由基体、钩形鞘和鞭毛丝 3 部分组成，是细菌的“运动器官”。着生在菌体一端或者两端的鞭毛称为极鞭；着生在菌体四周的称为周鞭。鞭毛的着生位置是细菌分类的主要依据之一。

细菌细胞壁由肽聚糖、脂类和蛋白质组成。根据肽聚糖的厚度，通过革兰氏染色将细菌分为革兰氏阳性菌（G^+）和阴性菌（G^-）。革兰氏阳性菌的细胞壁厚度为 10～50 μm，革兰氏阴性菌仅为 2～3 μm。细菌细胞壁外是以多糖为主的黏质层（slime layer），也称为糖被，比较厚而固定的黏质层部分称为荚膜（capsule）。植物病原细菌细胞壁外有厚薄不等的黏液层（胞外多糖和脂多糖），但很少有荚膜。

4. 繁殖、遗传和变异　原核生物多以裂殖方式繁殖。裂殖时菌体先伸长，自菌体中部向内形成新的细胞壁从而裂殖为两个细胞，遗传物质均等地分配到两个子细胞。在适宜条件下，细菌繁殖非常快，每 20 min 就可裂殖 1 次。植原体和螺原体还可以芽殖方式繁殖。

原核生物的基因组由核区内 DNA 和质粒的 DNA 构成，一般大小为 1×10^7～5×10^7 bp（碱基对）。原核生物遗传相对稳定，但也发生变异，导致形态、生理和毒性等发生变化。自然突变、遗传重组和基因水平转移等是发生变异的主要原因。自然突变一般为基因中单个碱基的突变，一般频率为十万分之一，但因细菌繁殖快而增大了变异的可能性。遗传重组和基因水平转移常通过接合、转染和转导等途径进行，将一个细菌体内的遗传物质转入另一细菌体。

5. 生理特性　原核生物大多为死体营养型，可人工培养，形成白色、灰白色和黄色等不同颜色的菌落。可根据菌落的形状、色泽、流动性等进行初步鉴定。有些原核生物不能人工培养，称为难养菌，如寄生在植物微管束中的木质部小菌属（*Xylella*）、韧皮部杆菌属（*Liberobacter*）的细菌和植原体等。

大多数细菌为好氧性，少数为兼性厌气性，生长适宜温度为 25～30℃。少数细菌在高温或低温下生长较好，如茄青枯病菌（*Ralstonia solanacearum*）的生长适温为 35℃，马铃薯环腐病菌（*Clavibacter michiganensis* subsp. *sepedonicus*）的生长适温为 20～23℃。培养基适宜的 pH 为中性偏碱。

二、原核生物的分类

1. 分类系统　关于原核生物的分类国际上先后有 3 个系统：一是苏联克拉西尼科夫的《细菌和放线菌的鉴定》，二是法国普雷沃的《细菌分类学》，三是美国细菌学会组织编写的《伯杰氏细菌鉴定手册》和《伯杰氏系统细菌学手册》。其中《伯杰氏细菌鉴定手册》的分类系统被普遍认可，1923 年第 1 版后不断添加、补充和更新，至 1994 年共出版了 9 版。第 8 版将原核生物分为 4 个门：厚壁菌门（Firmicutes）、薄壁菌门（Gracilicutes）、软壁菌门（Tenericutes）和疵壁菌门（Mendosicutes）。门的划分主要依据细胞壁的结构和组分，与革兰氏染色密切相关。1978 年，Gibbons 和 Murray 根据比较细胞学、细胞化学和 16S rRNA 基因的研究结果，建议在门下建纲，薄壁菌门包括暗细菌纲、产氧光细菌纲和无氧光细菌纲；厚壁菌门包括厚壁菌纲和放线菌纲；软壁菌门包括柔膜菌纲；疵壁菌门包括古细菌纲。1994 年出版的《伯杰氏细菌鉴定手册》第 9 版将原来 4 个门的原核生物分属于 35 个组群，组内还分若干亚组。

2. 属、种及其以下分类　原核生物的属是由一个模式种和一些性状与模式种类似的群体组成。属的分类主要是依据形态特征、培养性状、生理生化特性和遗传学特征等。近 20 年来，随着分子生物学技术的应用，植物病原细菌的属由原来的 5～6 个扩展到 30 多个，主要是依据 16S rRNA 基因序列的相似性作为分属的依据。

细菌种是指由许多共同特征的菌系组成的群体。菌系是由分离获得的纯培养物的单个菌落繁衍的后代组成。参考菌系，又称典型菌系，是一个种的核心，由它及与它相似的菌系组成种。植物病理学家和细菌分类学家关于细菌种的划分一直存在分歧。细菌学家根据生化性状和某些基因同源性的分析结果来划分“基因种”（genospecies），植物病理学家根据寄主范围和致病性等表型性状的差异来划分“分类种”（taxospecies）。在未来的分类系统中，将会使两者更好地结合，逐渐建立一个更加符合进化和亲缘关系的划分种的方法。

根据寄主范围、生理生化性状、噬菌体反应和血清学性状等，可以将细菌的种进一步划分为亚种、致病变种和生化变种等。

亚种（subspecies，subsp.）。在培养特性、生理生化和遗传学性状上有差异的群体。

致病变种（pathovar，pv.）。以寄主范围和所致病害症状差异来划分的组群。

生化变种（biovar）。按生理生化性状差异来划分的组群，不考虑致病性等其他性状的异同。

在致病变种下还可根据其在鉴别品种上的致病性差异，进一步划分为小种（race）和致病型（pathotype）。

三、植物病原原核生物的主要类群

已报道的植物病原原核生物有 10 多个属、60 多个种和 500 多个致病变种，引起的植物病害种类和危害性仅次于植物病原真菌和病毒，位居第三位。植物病原原核生物主要属于薄壁菌门、厚壁菌门和软壁菌门。疵壁菌门为没有进化的原细菌或古细菌，包括产甲烷细菌和高盐细菌，没有引起植物病害的一些种类。

1. 薄壁菌门　细胞壁较薄，厚度为 7～8 nm，肽聚糖含量为 5%～10%，革兰氏染色阴性。

该门下的植物病原细菌主要有 12 个属(表 2-1)。近 20 年来又陆续建立了一些植物病原细菌属,如木质部小菌属、韧皮部杆菌属、果胶杆菌属(*Pectobacterium*)和迪克代菌属(*Dickeya*)属等。

表 2-1 植物病原原核生物的主要属和代表种

门	属名		代表种	所致病害
薄壁菌门	土壤杆菌属*	*Agrobacterium*	*A. tumefacians*	林木果树根癌病
	嗜酸菌属*	*Acidovorax*	*A. avenae*	燕麦条纹病
	伯克氏菌属*	*Burkholderia*	*B. cepacia*	洋葱腐烂病
	欧文氏菌属*	*Erwinia*	*E. amylovora*	梨火疫病
	韧皮部杆菌属*	*Liberobacter*	*L. asiaticum*	柑橘黄龙病
	泛生菌属*	*Pantoea*	*P. ananas*	菠萝腐烂病
	假单胞菌属*	*Pseudomonas*	*P. syringae*	丁香疫病
	果胶杆菌属*	*Pectobacterium*	*P. carotovorum*	胡萝卜软腐病
	根杆菌属	*Rhizobacter*	*R. daucus*	胡萝卜瘿瘤病
	黄单胞菌属*	*Xanthomonas*	*X. campestris*	甘蓝黑腐病
	木质部小菌属*	*Xylella*	*X. fastidiosa*	葡萄皮尔斯病
	嗜木质菌属	*Xylophilus*	*X. ampelinus*	葡萄溃疡病
厚壁菌门	节杆菌属	*Arthrobacter*	*A. ilicis*	冬青叶疫病
	芽孢杆菌属	*Bacillus*	*B. megaterium*	小麦白条斑病
	棒形杆菌属*	*Clavibacter*	*C. michiganese*	番茄溃疡病
	短小杆菌属*	*Curtobacterium*	*C. flaccumfaciens*	菜豆萎蔫病
	红球菌属	*Rhodococcus*	*R. fascians*	香豌豆带化病
	链霉菌属*	*Streptomyces*	*S. scabies*	马铃薯疮痂病
无壁菌门	螺原体属	*Spiroplasma*	*S. citri*	柑橘僵化病
	植原体属*	*Pyhtoplasma*	*P. aurantifolia*	柑橘丛枝病

*较重要的植物病原细菌属

(1) 土壤杆菌属(*Agrobacterium*)。该属是根瘤菌科的成员,土壤习居菌。菌体短杆状,单生或双生,鞭毛 1～6 根,周生或侧生。好气性,代谢为呼吸型。无芽孢。营养琼脂培养基上菌落为圆形,隆起,光滑,灰白色至白色,质地黏稠。不产生色素。该属有 5 个种,植物病原菌有 4 个种。代表菌为根癌土壤杆菌(*A. tumefaciens*),寄主范围极广,可侵染 90 多个科,300 多种双子叶植物,引起桃、苹果、葡萄、月季等的根癌病。通常从近地表的茎基部或者伤口侵入,产生大小不等的肿瘤,后期组织深褐色,木栓化,表皮粗糙不平,如花椰菜状。该属大多数细菌携带质粒,使植物产生肿瘤的质粒称为"致瘤质粒"(tumor inducing plasmid,Ti 质粒),使植物产生不定根的称为"致发根质粒"(rhizogen inducing plasmid,Ri 质粒)。

(2) 欧文氏菌属(*Erwinia*)。该属是肠杆菌科的成员,菌体短杆状,周生鞭毛,菌落灰白色。寄生范围很广,包括十字花科、禾本科、茄科等 20 多科数百种果蔬和大田作物。大多由伤口侵入,介体昆虫或线虫带菌侵染,引起肉汁或多汁的组织软腐,尤其是在厌氧条件下最易发生,多在储藏期间危害。该属原分为 3 个菌群:解淀粉菌群(以梨火疫病菌为代表)、软腐菌群(以胡萝卜软腐病菌为代表)和草生菌群(以草生欧文氏菌为代表)。分子生物学证据显示,这 3 个菌群有较大的差异,故将草生菌群并入泛菌属(*Pantoea*);软腐菌群并入果胶杆菌属(*Pectobacterium*)和 *Dickeya* 属。例如,原来的 *Erwinia carotovora* subsp. *carotovora* 划为 *Pectobacterium carotovorum* subsp. *carotovorum*,原 *Erwinia chrysanthemi* 现划为 *Dickeya dadantii*;解淀粉菌群仍在欧文氏菌属,代表菌为梨火疫病菌(*E. amylovora*)。梨火疫病菌主要危害蔷薇科植物,以梨属植物最为感病,侵染花器、幼果和嫩枝,分别引起花腐、果腐和溃疡等症状。

(3) 假单胞菌属(*Pseudomonas*)。该属是假单胞菌科的模式属,菌体短杆状或略弯,单生,鞭毛 1～4 根或多根,极生。严格好气性,代谢为呼吸型。无芽孢。营养琼脂培养基上的菌落圆形,隆起,灰白色,有荧光反应,有些种产生褐色素扩散到培养基中。该属的植物病原细菌主要引起叶斑、腐烂和萎蔫等症状,如黄瓜细菌性角斑病、菜豆斑点病和桑疫病等。

(4) 黄单胞菌属(*Xanthomonas*)。该属菌体短杆状,鞭毛单根极生,少数双生。严格好气性,代谢为呼吸型。营养琼脂培养基上菌落圆形隆起,蜜黄色,产生非水溶性黄色素。该属的成员都是植物病原细菌,模式种是野油菜黄单胞菌,也称甘蓝黑腐病菌。根据黄单胞菌属的寄主范围和症状特点,属下划分为 6 个种、303 个致病变种,可危害 124 种单子叶植物和 268 种双子叶植物,产生坏死、腐烂和萎蔫等症状,如水稻白叶枯病、细菌性条斑病、十字花科蔬菜黑腐病、柑橘溃疡病等。

(5) 劳尔氏菌属(*Ralstonia*)。该属由假单胞菌属中的 rRNA 第二组独立出来。在培养基上形成光滑、湿润、隆起和灰白色的菌落。鞭毛极性单生或者周生。代表性病原菌为茄青枯病菌(*R. solanacearum*),种下菌系的生化性状和寄主范围差异大,分类标准较难统一。茄青枯病菌的寄主范围广,可危害 30 科的 100 多种植物,产生萎蔫型症状。

(6) 嗜酸菌属(*Acidovorax*)。该属大多数成员原属假单胞菌属。菌体直杆状或者微曲杆状,大小为 0.2～0.8 μm×1.0～5.0 μm。严格好氧性。通常为单生极鞭,少数为 2～3 根极鞭。代表性病原菌为西瓜嗜酸菌(*A. citrulli*),引起瓜类果斑病,造成叶片坏死和瓜果腐烂。

(7) 木质部小菌属(*Xylella*)。该属是薄壁菌门的新成员,1987 年建立,代表菌为 *X. fastidiosa*。菌体短杆状,无鞭毛,大小为 0.25～0.35 μm×0.9～3.0 μm,单生鞭毛,好气性。主要危害葡萄、桃和柑橘等,靠叶蝉类昆虫介体传播,侵染木质部,在导管中蔓延,引起植株矮化和枯萎等。

(8) 韧皮部杆菌属(*Liberobacter*)。菌体多种形态,圆形、椭圆形或香肠形,少数呈不规则形,无鞭毛。代表性病原菌为柑橘黄龙病菌(*Candidatus liberobacter asiaticus*),限于韧皮部寄生,危害柑橘属、金柑属和枳属植物。

2. 厚壁菌门　革兰氏染色呈阳性,细胞壁厚度达 50 nm,胞壁肽聚糖含量为 50%～80%。该门的植物病原细菌包括棒形杆菌属(*Clavibacter*)、节杆菌属(*Arthrobacter*)、短小杆菌属(*Curtobacterium*)、红球杆菌属(*Rhodococcus*)和芽孢杆菌属(*Bacillus*)。棒形杆菌属引起的植物病害最受关注。

棒形杆菌属的细菌菌体短杆状至不规则杆状,无鞭毛,不产生内生孢子。好气性,代谢为呼吸型,营养琼脂培养基上菌落为圆形,光滑凸起,不透明,多为灰白色。代表性病原菌为密执安棒状杆菌马铃薯环腐病亚种(*Clavibacter michiganensis* subsp. *sepedonicum*),引致马铃薯环腐病。

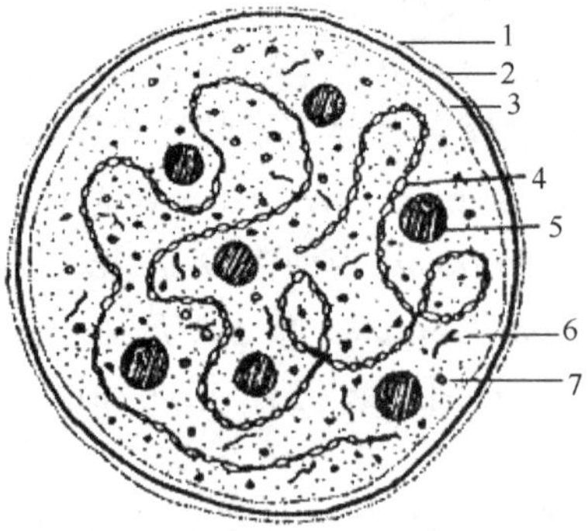

图 2-39　植原体细胞结构模式图
1～3. 3层单位膜；4. 核酸链；5. 核糖体；6. 蛋白质；7. 细胞质
（引自李怀方等，2009）

3. 软壁菌门　该类成员均无细胞壁，也称菌原体。侵染植物的菌原体没有细胞壁和鞭毛等附属结构，菌体外缘为3层结构的单位膜（图 2-39）。植物菌原体主要为植原体（*Phytoplasma*）和螺原体（*Spiroplasma*）。目前已知约有300种植物发生菌原体病害。

（1）植原体属（*Phytoplasma*）。菌体形态和大小变化较大，圆形、椭圆形和梨形等，大小为80～1000 nm。目前尚不能进行人工培养。枣疯病、泡桐丛枝病、小麦蓝矮病、水稻黄矮病、水稻橙叶病和甘薯丛枝病等均是植原体引起的病害，传播介体是叶蝉类。

（2）螺原体属（*Spiroplasma*）。菌体为线形，生长阶段呈螺旋形，无鞭毛，大小为2～4 μm，直径为100～200 nm，兼性厌氧，在含有甾醇的固体培养基上能够形成"煎鸡蛋状"的菌落。目前仅知3个种引起植物和昆虫病害，如柑橘僵化病、玉米矮化病和蜜蜂爬蜂病等，叶蝉是传播螺原体的媒介昆虫。

四、植物病原原核生物所致病害及其特点

植物病原细菌一般通过伤口和自然孔口（如水孔、气孔、皮孔）侵入寄主植物。在田间，主要通过流水（包括雨水和灌溉水）传播。暴风雨能够造成植物大量伤口产生，有利于细菌的侵入。难养细菌和植物菌原体需要借助昆虫介体进行传播。

植物受原核生物侵染后，症状主要表现为坏死、腐烂、萎蔫和畸形等，变色较少，时常有菌脓（bacterial ooze）溢出，可作为植物细菌病害重要的鉴别指标之一。一般植物细菌病害的症状常有如下特点：①坏死型植物组织常为水渍状或油浸状；②潮湿时病部有黄褐色或乳白色、胶黏、似水珠状的菌脓产生；③腐烂型病部常有恶臭味；④萎蔫型植株维管束变褐，挤压时可流出菌脓；⑤畸形类多在根茎处，如根癌和发根。植原体病害的症状主要包括植株矮化（缩）、黄化，枝叶丛生，叶片变小，花返祖变叶等特点。

（邹丽芳　编写）

第三节　植物病毒

一、病毒概述

病毒（virus）是一组（一种或一种以上）DNA或RNA分子态专性寄生物，通常被包裹在蛋白质或脂蛋白保护性外壳中，在合适的寄主细胞内借助寄主的核酸和蛋白质合成系统以及物质和能量进行自我复制。根据寄主的不同，可以简单地将病毒分为侵染植物的植物病毒、侵染动物的动物病毒以及寄生于微生物的微生物病毒。虽然病毒是一种个体微小的分子寄生物，需要利用放大数万倍的电子显微镜才能观察，但是植物病毒作为植物的一类重要病原物，所引起的植物病毒病普遍存在，在全世界范围内对农作物、花卉等的生产造成重大危害。据统计，侵染木薯的非洲木薯花叶病毒每年在非洲造成的损失多达20亿美元。随着分子生物学技术在植物病毒学研究中的广泛应用，每年都有大量新的病毒被鉴定，研究者们对病毒的分子结构与功能、病毒的侵染、致病本质等也逐步有了新的认识。

（一）植物病毒的形态、组分与结构

1. 病毒的形态　植物病毒的基本单位是病毒粒体(virion)，是指完整成熟的、具有侵染力的病毒。各种植物病毒具有不同的形态和大小，大多数病毒粒体为球状（也称等轴体或二十面体）、杆状和线状，少数为杆菌状、弹状、双联体状和细丝状。大多数球状病毒的直径为 25～30 nm，少数可达 70～80 nm，最小的为 17 nm。杆状病毒粒体呈螺旋对称的刚直杆状，长 300 nm 以下，宽 15～20 nm；线状病毒长 480～2000 nm，宽 10～13 nm，粒子呈柔软弯曲或较直的螺旋对称线状；弹状病毒的粒体为 170～380 nm×55～100 nm 的弹头；双联体状病毒粒子看上去像两个大小为 18 nm×30 nm 的球状病毒联合在一起；杆菌状病毒粒体呈两端圆滑、侧边平行的杆菌状；细丝状病毒粒体呈螺旋状、分枝状或环状细丝。

2. 病毒的组分与结构　完整的病毒粒体是由一个或多个核酸分子包被在蛋白质或脂蛋白外壳内构成的。绝大多数病毒粒体都由核酸和蛋白质衣壳组成，但有些病毒，如弹状病毒粒体外面有包膜（或称囊膜）包被。

(1) 病毒蛋白的组分与结构。病毒的基因组，即核酸很小，编码的蛋白质种类也很少。基因组序列决定了蛋白质中氨基酸的组成，从而决定了蛋白质的本质和特性。核酸外包裹的起保护作用的蛋白质外壳称为衣壳，不仅对核酸起保护作用，而且在病毒的侵染过程中能够识别寄主细胞，决定着病毒的介体传播性和抗原特异性。衣壳由重复的蛋白质亚基组成，蛋白质亚基又称结构单位，多个蛋白质亚基聚集起来形成壳基或形态学单位。不同病毒蛋白亚基的数目和排列方式是不同的，可以将植物病毒粒体分成螺旋对称结构、等轴对称结构和复合对称结构 3 种不同的构型。螺旋对称结构是迄今研究比较清楚的，尤其是烟草花叶病毒，蛋白质亚基有规则地沿着中心轴呈螺旋排列，形成高度有序的对称稳定结构。等轴对称结构又称正二十面体对称结构，是多数球状病毒粒体的结构构型，最典型的代表是芜菁黄色花叶病毒。蛋白质亚基形成一定数量的聚集体，有规则地结合，分布在 20 个正三角形组成的面上。有些病毒粒体，如弹状病毒科病毒的蛋白质亚基排列方式比较复杂，由螺旋对称结构和等轴对称结构复合而成。

(2) 病毒核酸的组分与结构。每一种植物病毒只含有一种核酸（DNA 或 RNA），按照复制过程中功能的不同，可以分为如下几种。①单链正义 RNA 病毒：大多数植物病毒为单链正义 RNA 病毒，RNA 可以直接翻译蛋白质，起 mRNA 的作用。有的单链正义 RNA 病毒的基因组只含有一条单链 RNA 分子，称为单分体病毒；有的单链正义 RNA 病毒的基因组由几条不同的单链 RNA 分子组成，称为多分体病毒。多分体病毒的基因组 RNA 分子往往包裹在不同的衣壳内，且单一基因组一般没有侵染性，往往需共同存在时才能侵染。②单链负义 RNA 病毒：单链 RNA 分子不具有侵染性，不能起 mRNA 的作用，必须先转录产生 mRNA，然后才能翻译蛋白质。③双链 RNA 病毒：该类病毒中的 RNA 分子含有某些基因的编码区，其互补链上含有另外一些基因的编码区。④单链 DNA 病毒：病毒基因组为单链 DNA，复制时单链 DNA 先合成双链 DNA，然后再转录 mRNA。⑤双链 DNA 病毒：核酸为互补的双链 DNA。

（二）植物病毒的复制与增殖

病毒为专性的分子寄生物，无细胞结构（因此，也有人称病毒为非细胞寄生物），没有其他病原物，如真菌的繁殖器官，也不进行裂殖生长，而是需要借助寄主植物的合成系统、物质和能量进行核酸和蛋白质的合成，然后进一步组装成完整的子代病毒粒体，这种特殊的繁殖方式称

为复制增殖。从病毒进入寄主活体细胞到新的子代病毒粒体合成的过程即为一个增殖过程。该过程主要包括病毒基因组的复制、病毒基因组信息的表达和子代病毒粒体的装配。

下面以单链正义 RNA 病毒的复制为例，介绍病毒复制增殖的一般过程：病毒以被动方式通过机械伤口或者介体造成的伤口进入寄主活细胞后发生脱壳而释放病毒基因组 RNA；脱壳后的 RNA 直接作为 mRNA，与寄主核糖体结合，利用寄主提供的物质和能量系统翻译成病毒的复制酶；在病毒复制酶的作用下，以正义 RNA 为模板，复制出与其互补的负义 RNA 拷贝；病毒复制酶再以负义 RNA 为模板，复制出大量正义 RNA 和一些亚基因组 RNA；亚基因组 RNA 翻译成病毒所必需的蛋白质，如衣壳蛋白等。合成的正义 RNA 与衣壳蛋白进行装配成为完整的子代病毒粒体。子代病毒粒体可不断增殖并通过胞间连丝进行扩散转移。在病毒复制增殖过程中，不同病毒基因组的表达策略往往不同，单链正义 RNA 病毒的表达策略主要分成以下 6 种。

(1) 亚基因组 RNA。由基因组 3′端转录产生 1 个至多个亚基因组 RNA，从各个亚基因组 5′端的可读框翻译出蛋白质。

(2) 多分体基因组。有些病毒的不同基因信息分布在不同的核酸链上，每条核酸链均从 5′端进行翻译。

(3) 多聚蛋白切割。有些病毒的 RNA 翻译时，最先合成一个分子质量很大的前体蛋白质，然后由专一的蛋白酶加工裂解，产生多种成熟的蛋白质。

(4) 通读翻译。植物病毒 RNA 的某些终止密码子比较弱，翻译时有部分新合成的肽链能通过这些终止密码子而继续延伸至下一个终止密码子，称为通读翻译。

(5) 移码翻译。核糖体在翻译过程中，在到达终点之前通过移位而产生另外一个比原读码框更长的蛋白质，称为移码翻译。

(6) 遗漏扫描。遗漏扫描是指部分核糖体从 RNA 的 5′端扫描时，不在第一个 AUG 起始翻译，而是越过第一个 AUG 在下游的 AUG 起始翻译。

(三) 植物病毒的移动与传播

1. 病毒移动 植物病毒从植物的一个局部转移或扩散到另一局部的过程称为移动，是病毒致病过程中一个最基本的环节。病毒通过胞间连丝从一个细胞向侵染点周围的邻近细胞的移动，称为细胞间的短距离移动，一般病毒短距离移动的速度很慢。植物病毒通过维管束筛管组织系统的移动称为长距离移动，转移速度较快。

2. 病毒传播 植物病毒无主动侵染寄主的能力，自然状态下需要依赖介体或非介体将其从一个植株转移或扩散到其他植株，这种转移或扩散的过程称为传播。根据自然传播方式的不同，可以将传播分为非介体传播和介体传播。

(1) 非介体传播。非介体传播是指在病毒传播中没有其他有机体介入的传播方式，包括机械传播(汁液传播)、种子花粉传播和嫁接传播。机械传播是指病毒通过植物表面的伤口进入植物的过程。机械传播是植物病毒学研究中常用的方法，可用于病毒分离、侵染性测定、研究病毒与寄主相互关系等。与其他传播方式相比(介体、营养繁殖材料)，田间机械传播不是很重要，但是对烟草花叶病毒、黄瓜斑驳花叶病毒和马铃薯 X 病毒而言，机械传播是一种较为重要的传播方式，可导致严重的损失。

(2) 介体传播。介体传播是指病毒依附在其他生物体上，借其他生物体的活动而进行的传播。植物病毒的传播介体包括昆虫、线虫、真菌、螨类和菟丝子等。其中，昆虫传播是自然界中最普遍、最重要的传播方式，主要为同翅目的蚜虫、叶蝉和飞虱以及蓟马等。昆虫的传毒可分为如下几个时期。①获毒期：是指无毒昆虫在毒源植物上开始取食至获得病毒所需的时间。②潜伏期：是指介体从获得病毒到能传播病毒所需的时间。③接毒期：是指获毒昆虫在健康植株上开始取食至能传毒所需的时间。④持毒期：是指获毒昆虫离开毒源后能保持传毒能力的时间。

根据病毒是否在介体昆虫体内循环、是否增殖以及持毒时间的长短，又可将病毒与介体昆虫间的关系分为：循回型传播和非循回型传播。①循回型传播的病毒经口针、消化道后进入血淋巴，然后到达唾液腺，由唾液将病毒送出口针，重新进入植物。因此，循回型传播又称为持久性传播。根据病毒能否在介体内增殖，又将循回型传播分为增殖型和非增殖型。②非循回型传播的病毒进入介体后不在介体内循环。根据介体持毒时间的长短，又分为非持久性和半持久性传播。对非持久性传播而言，短暂的几秒或者几分钟的取食时间昆虫就可以获毒，取食时间延长反而降低传毒效率；获毒后病毒在虫体内只能存活数小时，介体在获毒取食前如饥饿处理能增加传毒效率。半持久性传播获毒期需数分钟，增加获毒取食时间则传毒效率高；病毒可在虫体内保持1～3天，饥饿处理不增加传毒效率。

二、植物病毒的分类与命名

病毒的分类与命名是在国际病毒分类委员会(International Committee on Taxonomy of Viruses，ICTV)的统一指导下进行的。ICTV的主要职责是讨论和审查各国病毒学家提出的分类建议，修改和制定病毒分类方案，出版《病毒分类与命名》报告。目前已先后发布了9次关于病毒分类与命名的正式报告。根据2011年最新出版的第九次报告，现在已知的病毒有2480种，它们分别属于94个病毒科395个属，而植物病毒就有1302种。

(一) 植物病毒的分类

在病毒的分类系统中，病毒的分类和命名应是国际性的，并普遍适用于所有病毒。国际病毒分类系统采用目(order)、科(family)、亚科(subfamily)、属(genus)、种(species)分类单元，但不必使用所有单元。对于很多病毒来说，在没有合适的目时，科就是最高的分类单元。对于有些病毒种，如果不能确定其合适的分属，则可以作为未确定种归入适宜的病毒科中。

随着被分离鉴定的植物病毒的数量日益增多，病毒的分类与命名规则也在不断的发生变化。掌握病毒分类的原则和依据有助于全面认识病毒的本质和生物学分类地位，从而为病毒病害的诊断、监测和控制提供科学依据。病毒的分类标准是以病毒最基本、最重要的特性作为依据，包括以下几个方面。

(1) 病毒粒体的形态学特征。包括病毒粒体的大小、形状、有无包膜以及粒体的对称性和结构。

(2) 病毒粒体的物理学特性。病毒粒体的分子质量，浮力密度，沉降系数，对酸碱性(pH)的稳定性，对热的稳定性，对Mg^{2+}、Mn^{2+}和Ca^{2+}的稳定性，对溶剂的稳定性，对变性剂的稳定性和对辐射的稳定性。

(3) 基因组。核酸类型、核酸链的类型和形状、极性、片段数、基因组或基因组片段的大小、5′端帽的存在与否和类型、5′端共价结合蛋白存在与否、3′端多聚A尾的存在与否以及核酸序列比较。

(4) 蛋白质特性。蛋白质的数量和大小、功能活性和氨基酸序列比较。

(5) 基因组结构和复制策略。可读框的数目和位置、转录特征、翻译特征、翻译后加工特征。

(6) 脂质含量和特性。

(7) 糖类含量和特性。

(8) 血清学关系和抗原决定簇定位。

(9) 生物学特性。包括自然和实验寄主范围、传播方式、传播介体、地理分布、致病性及与病害的关系,组织趋性、病理学和组织病理学。

基于上述主要特性,最新的病毒分类系统将植物病毒划分为单链 DNA 病毒、双链 DNA 病毒、双链 RNA 病毒、单链负义 RNA 病毒、单链正义 RNA 病毒和反转录单链 RNA 病毒 6 大类群,共包括 21 个科、99 个属(包括 7 个未定科的属和 8 个未归属),各科(属)名称见表 2-2,各科(属)形态与核酸类型见图 2-40。

表 2-2 植物病毒的科、属学名

基因组	科	亚科	属	确定种/暂定种
ssDNA	*Geminiviridae* 双生病毒科	—	*Begomovirus* 菜豆金色花叶病毒属	192/86
			Curtovirus 曲顶病毒属	7/1
			Mastrevirus 玉米线条病毒属	7/15
			Topocuvirus 番茄伪曲顶病毒属	1
	Nanoviridae 矮缩病毒科	—	*Babuvirus* 香蕉束顶病毒属	3
			Nanovirus 矮缩病毒属	3/2
			Unassigned 未归属	1
dsDNA	*Caulimoviridae* 花椰菜花叶病毒科	—	*Caulimovirus* 花椰菜花叶病毒属	8/7
			Petuvirus 碧冬茄病毒属	1
			Cavemovirus 木薯脉花叶病毒属	2
			Soymovirus 大豆斑驳病毒属	3
			Badnavirus 杆状 DNA 病毒属	18/13
			Tungrovirus 东格鲁病毒属	1
ssRNA(—)	*Bunyaviridae* 布尼亚病毒科	—	*Tospovirus* 番茄斑萎病毒属	8
	Ophioviridae 蛇形病毒科	—	*Ophiovirus* 蛇形病毒属	6
	Rhabdoviridae 弹状病毒科	—	*Cytorhabdovirus* 质型弹状病毒属	9/3
			Nucleorhabdoviru 核型弹状病毒属	9/4
	—	—	*Emaravirus* 欧洲花楸环斑病毒属	1/3
	—	—	*Tenuivirus* 纤细病毒属	6/6
	—	—	*Varicosavirus* 巨脉病毒属	1/1
dsRNA	*Endornaviridae* 内源 RNA 病毒科	—	*Endornavirus* 内源 RNA 病毒属	4
	Partitiviridae 双分病毒科	—	*Alphacryptovirus* 甲型隐潜病毒属	10/16
			Betacryptovirus 乙型隐潜病毒属	4/1
	Reoviridae 呼肠孤病毒科	*Sedoreovirinae* 光滑呼肠孤病毒亚科	*Phytoreovirus* 植物呼肠孤病毒属	3
		Spinareovirinae 刺突呼肠孤病毒亚科	*Fijivirus* 斐济病毒属	7
			Oryzavirus 水稻病毒属	2

续表

基因组	科	亚科	属	确定种/暂定种
ssRNA(RT)	*Pseudoviridae* 伪病毒科	—	*Pseudovirus* 伪病毒属	15
			Sirevirus 塞尔病毒属	5/2
			Unassigned 未归属	1
	Metaviridae 转座病毒科	—	*Metavirus* 转座病毒属	3
ssRNA(+)	*Closteroviridae* 长线病毒科	—	*Ampelovirus* 葡萄卷叶病毒属	8/7
			Closterovirus 长线病毒属	8/8
			Crinivirus 毛状病毒属	12/2
			Unassigned 未归属	1/3
	Potyviridae 马铃薯Y病毒科	—	*Brambyvirus* 黑莓Y病毒属	1
			Bymovirus 大麦黄花叶病毒属	6
			Ipomovirus 甘薯病毒属	4/1
			Macluravirus 柘橙病毒属	6/1
			Potyvirus 马铃薯Y病毒属	143/32
			Rymovirus 黑麦草花叶病毒属	3
			Tritimovirus 小麦花叶病毒属	4/1
			Unassigned 未归属	3
	Alphaflexiviridae 甲型曲线病毒科	—	*Allexivirus* 葱X病毒属	8
			Lolavirus 黑麦草潜隐病毒属	1
			Mandarivirus 印度柑橘病毒属	1
			Potexvirus 马铃薯X病毒属	35
	Betaflexiviridae 乙型曲线病毒科	—	*Capillovirus* 发样病毒属	2/1
			Carlavirus 香石竹潜隐病毒属	43/12
			Citrivirus 柑橘病毒属	1
			Foveavirus 凹陷病毒属	4/3
			Trichovirus 纤毛病毒属	5/2
			Vitivirus 葡萄病毒属	6
			Unassigned 未归属	6
	Tymoviridae 芜菁黄花叶病毒科	—	*Maculavirus* 葡萄斑点病毒属	1/2
			Marafivirus 玉米雷亚朵非纳病毒属	4/4
			Tymovirus 芜菁黄花叶病毒属	1/25
	Virgaviridae 植物杆状病毒科	—	*Furovirus* 真菌传杆状病毒属	5/2
			Hordeivirus 大麦病毒属	4
			Pecluvirus 花生丛簇病毒属	2
			Pomovirus 马铃薯帚顶病毒属	4
			Tobamovirus 烟草花叶病毒属	6/25
			Tobravirus 烟草脆裂病毒属	3

续表

基因组	科	亚科	属	确定种/暂定种
ssRNA(＋)	*Luteoviridae* 黄症病毒科	—	*Enamovirus* 耳突花叶病毒属	1
			Luteovirus 黄症病毒属	6/1
			Polerovirus 马铃薯卷叶病毒属	2/13
			Unassigned 未归属	8/2
	Tombusviridae 番茄丛矮病毒科	—	*Aureusvirus* 绿萝病毒属	4/1
			Avenavirus 燕麦病毒属	1
			Carmovirus 香石竹斑驳病毒属	11/16
			Dianthovirus 香石竹环斑病毒属	3/1
			Machlomovirus 玉米褪绿斑驳病毒属	1
			Necrovirus 坏死病毒属	7/2
			Panicovirus 黍花叶病毒属	1/2
			Tombusvirus 番茄丛矮病毒属	1/17
			Unassigned 未归属	2
	Bromoviridae 雀麦花叶病毒科	—	*Alfamovirus* 苜蓿花叶病毒属	1/1
			Anulavirus 同心病毒属	1
			Bromovirus 雀麦花叶病毒属	6
			Cucumovirus 黄瓜花叶病毒属	3/1
			Ilarvirus 等轴不稳环斑病毒属	6/16
			Oleavirus 油橄榄病毒属	1
	Secoviridae 伴生及豇豆病毒科	*Comovirinae* 豇豆花叶病毒亚科	*Comovirus* 豇豆花叶病毒属	1/15
			Fabavirus 蚕豆病毒属	34
			Nepovirus 线虫传多面体病毒属	34
		—	*Cheravirus* 樱桃锉叶病毒属	3
			Sadwavirus 温州蜜柑矮缩病毒属	2/2
			Sequivirus 伴生病毒属	3
			Torradovirus 灼烧病毒属	2
			Waikavirus 矮化病毒属	3
			Unassigned 未归属	3
	—	—	*Benyvirus* 甜菜坏死黄脉病毒属	2/2
	—	—	*Cilevirus* 柑橘粗糙病毒属	1/3
	—	—	*Idaeovirus* 悬钩子病毒属	1
	—	—	*Ourmiavirus* 欧尔密病毒属	3
	—	—	*Polemovirus* 一品红潜隐病毒属	1
	—	—	*Sobemovirus* 南方菜豆花叶病毒属	5/13
	—	—	*Umbravirus* 幽影病毒属	7/4

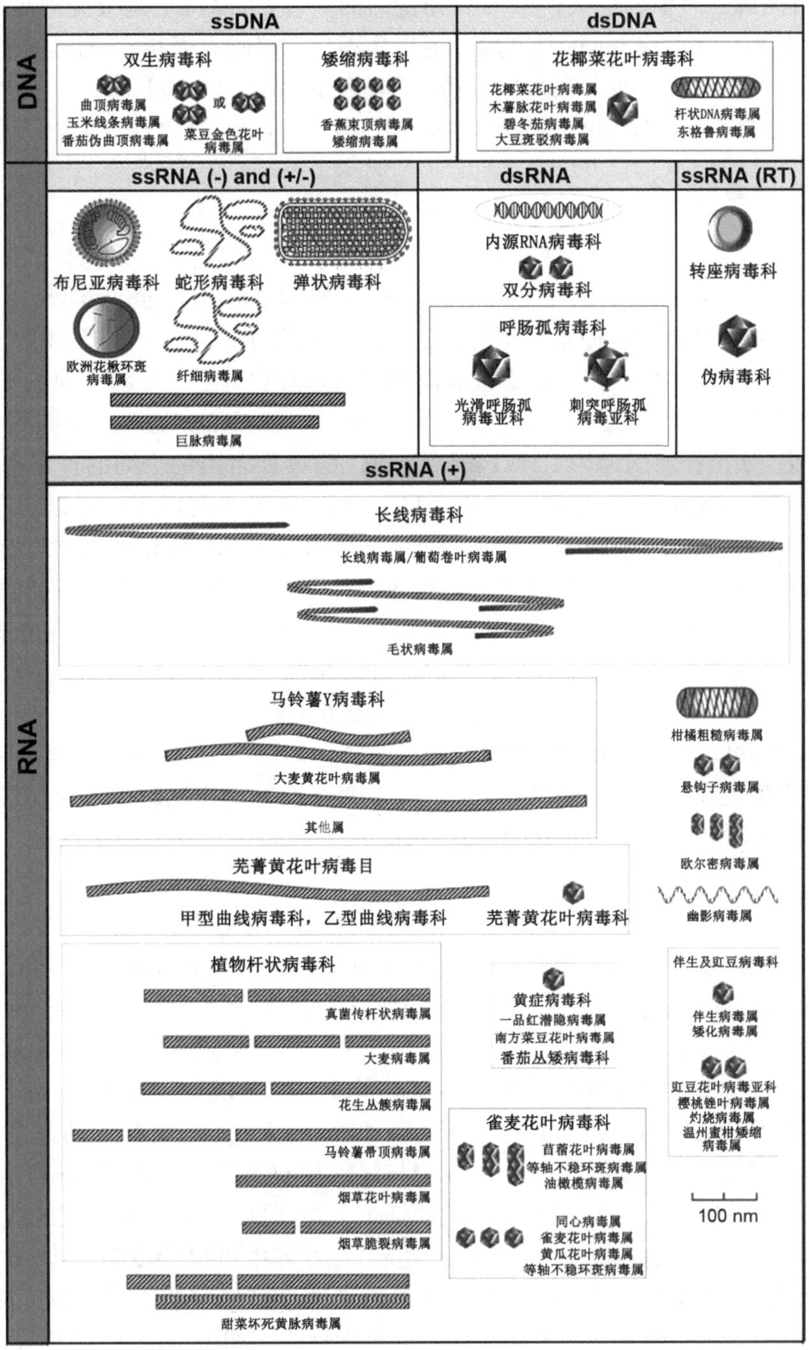

图 2-40　植物病毒的科、属分类图（ICTV 第九次分类报告，2011 年）

（二）亚病毒

在病毒研究中，科学家们还相继发现了一些与病毒相似、但个体更小、特性稍有差别的病毒类似物，称为亚病毒。侵染植物的亚病毒包括卫星病毒或核酸和类病毒。卫星（satellites）是指需要依赖辅助病毒才能在侵染的寄主植物细胞中进行繁殖的小病毒或核酸，其核酸与辅助病毒很少有同源性。根据包被核酸的衣壳蛋白的来源，可以将卫星分为卫星病毒（satellite virus）和卫星核酸（satellite nucleic acid）。卫星病毒自身编码衣壳蛋白，而卫星核酸不编码衣壳蛋白，其核酸由辅助病毒的衣壳蛋白包裹，分为卫星 DNA 和卫星 RNA。另外一些无衣壳蛋白，RNA 部分具有双链结构的称为类病毒（viroid）。

（三）植物病毒的命名

病毒的种是指构成一个复制谱系、占据一个特定生境、具有多元类型的一组病毒。植物病毒的种名通常以“寄主＋症状＋病毒”的形式命名，如烟草坏死病毒 *Tobacco necrosis virus*。然而，随着被分离鉴定的植物病毒尤其是双生病毒的数量与日俱增，可以利用的病毒名字越来越少，有的需要在病毒名称中加入病毒被分离的地名，即由“寄主＋症状＋地名＋病毒”的形式构成，如中国番茄黄曲叶病毒为 *Tomato yellow leaf curl China virus*；少数则由“地名＋病毒”的方式命名，如拉托河病毒为 *Lato river virus*。病毒种名第一个词的首字母要大写，后面的词除专用词汇外（如地名等）首字母一般小写。数字、字母或两者混合可以用在已普遍使用这种数字和字母的种名中，但除了已有数字或字母系列的病毒名称还可以继续使用外，新的数字、字母或两者混合将不再用于新种名中。病毒的属是一群具有某些共同特征的种，常由典型种的寄主名称缩写＋主要特点描述缩写＋virus 组成一个单词，如菜豆金色花叶病毒属的学名为 *Begomovirus*，黄瓜花叶病毒属的学名为 *Cucumovirus*。病毒的科是一群具有某些共同特征的属，科的词尾为“viridae”，科下面可以设立或不设立亚科，亚科的词尾为“virinae”。病毒目是一群具有某些共同特征的科，目的词尾为“virales”。病毒目、科、亚科、属名书写时一律用斜体，且第一个字母大写。凡是经 ICTV 批准的确定种的名称均应用斜体书写，但是当病毒种名用于表示具体的病毒分离物时，种名书写用正体。

三、植物病毒的主要类群

2011 年，《植物分子病理学报》（*Molecular Plant Pathology*）组织相关学者投票，根据病毒的经济重要性和在分子生物学研究中的重要性，评选出以下 10 大最重要的植物病毒。

（1）烟草花叶病毒（*Tobacco mosaic virus*，TMV）。TMV 是烟草花叶病毒属的代表种，也是研究相当深入的植物病毒典型代表。病毒粒体为刚直的长杆状，直径 18 nm，长 300～310 nm。病毒基因组为单分子线形正义 ssRNA，长 6.3～6.6 kb。TMV 的寄主范围很广，属于世界性分布。TMV 侵染烟草主要引起深绿与浅绿相间的花叶症，在番茄上引起斑驳，病毒主要通过汁液接触传播。TMV 对外界环境的抵抗力强，是已知对热最稳定的病毒之一，在未经稀释的病组织汁液中热钝化的温度为 90℃左右；在汁液中可保持侵染力 4～6 个月，在干燥的叶片中可以存活 50 多年。生产上 TMV 能够借助农事操作中沾染了病毒汁液的手或工具接触幼苗的微伤口侵入，且病害的发生与品种的抗病性密切相关。因此，通常采用清洁消毒农业器具和利用抗病品种来控制 TMV 的危害。

（2）番茄斑萎病毒（*Tomato spotted wilt virus*，TSWV）。TSWV 是布尼亚病毒科番茄斑萎病毒属的代表种。病毒粒体为球形，直径约 80 nm，表面有一层膜包裹，膜外层由 5 nm 厚几乎连续的突起层组成。病毒基因组为三分体，总长约 16 600 nt，其中 ssRNA-L 为负义，长 8897 nt，ssRNA-M 和 ssRNA-S 为双义，长度分别为 4821 nt 和 2916 nt。TSWV 不仅可以通过多种蓟马传播，而且能够在蓟马体内复制和增殖，从而导致 TSWV 发生危害严重，寄主范围很广，能够侵染 70 科 925 种植物。TSWV 也可以通过汁液传播。TSWV 在寄主上引起的症状因危害的寄主、植物器官和植株的龄期不同而有很大差异。通常在茎、叶和果实上引起褪绿斑或坏死斑，或者引起维管束萎蔫、植株矮缩死亡。由于 TSWV 传播迅速，所以只能采取新型的综合防治策略控制该类病害。

(3) 番茄黄曲叶病毒(*Tomato yellow leaf curl virus*，TYLCV)。TYLCV 是双生病毒科菜豆金色花叶病毒属的成员。病毒粒体为孪生颗粒形态，大小为 20 nm×30 nm，无包膜，病毒基因组为单链环状，2.8 kb 左右。自然条件下由烟粉虱以可循回持久性方式传播。TYLCV 最早于 20 世纪 60 年代在以色列首次发现，目前已扩展蔓延至全球多个国家和地区。TYLCV 的自然寄主主要是番茄，引起植株矮化、叶片黄化、卷曲、变小等症状，可造成毁灭性危害。病害控制主要是采取防治介体昆虫以及选育抗性品种等措施。

(4) 黄瓜花叶病毒(*Cucumber mosaic virus*，CMV)。CMV 是雀麦花叶病毒科黄瓜花叶病毒属的代表种。病毒粒体为等轴对称的二十面体，无包膜，直径约 29 nm。病毒基因组为三分体线形正义 ssRNA。在 CMV 中，已发现卫星 RNA 的存在。在自然界中 CMV 经常与烟草花叶病毒属病毒、马铃薯 Y 病毒属病毒和马铃薯 X 病毒(PVX)复合侵染茄科植物。CMV 主要由蚜虫以非持久性方式传播，寄主范围极广，可侵染 100 多个科的 1200 多种双子叶和单子叶植物，是禾谷类作物、牧草、木本和草本观赏植物、蔬菜及果树上发生最广、危害最大的病毒。一般引起叶片、花和果实产生斑驳、花叶、畸形和矮化症状，严重病株甚至死亡。由于 CMV 的寄主范围极广，传播介体的种类多、数量大、效率高，是一种很难防治的病毒，主要依靠培育和使用抗病品种来控制。

(5) 马铃薯 Y 病毒(*Potato virus* Y，PVY)。PVY 为马铃薯 Y 病毒属的代表种。病毒粒体为线状，无包膜，长 680～900 nm，直径 11～13 nm。病毒基因组为单分子线形正义 ssRNA，约 9.7 kb。PVY 能由 40 多种蚜虫以非持久性方式传播，是一种分布广泛的病毒，主要侵染番茄、马铃薯、烟草等茄科植物。PVY 侵染马铃薯后，引起下部叶片轻花叶，上部叶片变小，脉间褪绿花叶，叶片皱缩下卷，叶背部叶脉上出现少量条斑；侵染烟草后产生花叶、坏死等症状。

(6) 花椰菜花叶病毒(*Cauliflower mosaic virus*，CaMV)。CaMV 是花椰菜花叶病毒属的代表种，也是最早被鉴定的植物 DNA 病毒。病毒粒体为等轴状，直径约 50 nm，无包膜。病毒基因组为单分子开环状 dsDNA，7.8～8.1 kb，在特定位点有单链缺口，负义链有 1 个缺口，正义链有 2～3 个缺口。CaMV 的自然寄主范围较窄，在自然条件下由蚜虫以半持久性方式传播，主要产生花叶和斑驳症状。CaMV 编码的 35S 启动子是一种强启动子，被广泛应用于转基因植物中，能够有效提高外源基因的表达水平。

(7) 非洲木薯花叶病毒(*African cassava mosaic virus*，ACMV)。ACMV 与 TYLCV 一样，也是双生病毒科菜豆金色花叶病毒属的成员，病毒粒体为双联体结构，病毒基因组为单链环状 DNA。与 TYLCV 不同的是，病毒基因组由 DNA-A 和 DNA-B 两个组分组成，需要 DNA-A 和 DNA-B 共同侵染才能致病。ACMV 由烟粉虱传播，侵染寄主后引起的症状不一，有的比较轻，有的可造成毁灭性危害。

(8) 李痘病毒(*Plum pox virus*，PPV)。PPV 是马铃薯 Y 病毒属的病毒，病毒粒体为线状，无包膜，大小为 760 nm×12 nm。病毒基因组为单分子线形正义 ssRNA。与 PVY 相似，PPV 也是由多种蚜虫以非持久性方式传播，主要危害李、桃等果树，在李子上表现严重的疮痂症状，引起果实数量和品质的破坏性损失。与很多马铃薯 Y 病毒属的病毒一样，PPV 引起的病害极难控制。利用遗传基因工程培育转基因抗性品种将是控制该病害的有效途径。

(9) 雀麦花叶病毒(*Brome mosaic virus*,BMV)。BMV是雀麦花叶病毒科雀麦花叶病毒属的代表种。病毒粒体为等轴对称的二十面体,无包膜,3个组分的粒体大小一致,直径27 nm。病毒基因组为三分体线形正义ssRNA。BMV的自然寄主范围较窄,主要侵染雀麦草和其他杂草产生花叶症状。虽然BMV极少对经济作物造成损失,但是BMV对于科学研究而言是一种非常重要的病毒,常作为模式病毒用于病毒基因表达、RNA复制、RNA重组、包裹、病毒与寄主互作等生物学过程的研究。

(10) 马铃薯X病毒(*Potato virus X*,PVX)。PVX为马铃薯X病毒属的代表种。病毒粒体为单一弯曲线状,长470～580 nm,直径13 nm,基因组为正义单链RNA,约6.4 kb。PVX的寄主范围较窄,仅限于侵染茄科植物,产生花叶症状。在自然条件下,PVX通过机械接触传播,无已知介体。目前,基于PVX改造的载体被有效地用于基因表达与基因沉默的研究。

四、植物病毒所致病害及其特点

植物病毒虽然个体微小,但是侵染寄主植物后往往能够干扰寄主植物的生理或发育过程,很大程度上影响了植物的生长、品质和产量。了解植物病毒所致病害的特点对于植物病毒病的识别、诊断及病原鉴定具有重要的意义。

大多数植物病毒危害寄主后在叶片或茎秆、果实上引起黄化、花叶、曲叶、环斑、坏死和矮化等典型的外部症状。除了外部症状外,病毒侵染的寄主植物组织细胞经常发生病理性变化,包括细胞增生、细胞减生、细胞器(主要包括线粒体、叶绿体和细胞核等)发生变化和病毒在受侵染的细胞中大量聚集,形成内含体等。

有些病毒侵染植物后,寄主不产生可见症状,称为无症带毒。此外,受寄主植物耐病性、寄主植物的不同发育时期、病毒侵染时期以及寄主植物生长环境等因素的影响,病毒侵染植物以后,并非在所有的阶段都能使植物表现症状。

有些非侵染性病害、植原体病害、遗传病以及因营养失调、高温和杀虫剂等物理化学因子引起的危害与病毒病症状相似。但是,植物病毒所致病害主要有以下特点:①病毒病有发病中心或中心病株;②发病植株多为系统感染,症状分布不均一,新叶新梢上的症状较老叶严重;③病毒病常具有传染性,可通过机械接触或者介体进行传播。此外,随着气温的变化,特别是在高温条件下,植物病毒病常发生隐症现象。

五、类病毒

类病毒(viroid)是指能够在侵染的植物细胞中进行自我复制的一类低分子质量的单链环状RNA分子,是迄今为止发现的最小的植物病原物。与植物病毒不同的是,类病毒的基因组非常小,一般为246～401 nt,而且以自由RNA的形式存在,核酸外没有保护性的衣壳蛋白包裹。类病毒对热、紫外线和离子辐射具有高度的抗性,因为它的RNA链上存在着广泛的碱基配对,导致其形成稳定的杆状或拟杆状二级结构。根据RNA分子的序列和预测的结构,将类病毒分为马铃薯纺锤形块茎类病毒科(*Pospiviroidae*)和鳄梨日斑类病毒科(*Avsunviroidae*)两个科。马铃薯纺锤形块茎类病毒科中的类病毒都含有5个结构域,即左端区(T_L)、右端区(T_R)、致病区(P)、中心保守区(C)和可变区(V)(图2-41)。根据中央保守区类型以及是否存在末端保守区(TCR)和末端保守发夹结构(TCH)将该科类病毒划分为5个属,其中包括28个确定种和6个暂定种。与马铃薯纺锤形块茎类病毒相比,鳄梨日斑类病毒科的类病毒基因组缺少一个中央保守区(CCR),但是含有一个锤头状结构能够进行自身切割。鳄梨日斑类病毒科根据锤头状结构类型、基因组 G+C 含量及在 2 mol/L 氯化锂中的溶解性分为 3 个属，共包括 4 个确定种(表 2-3)。

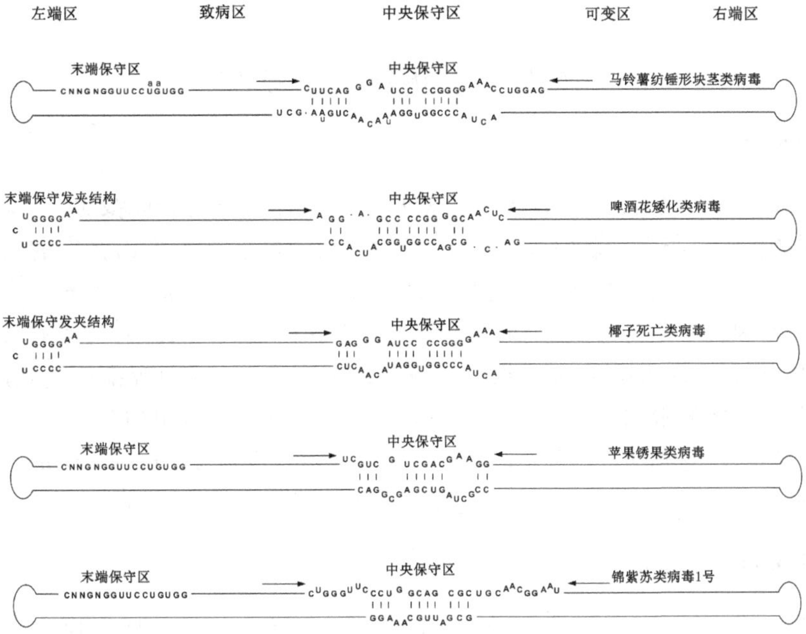

图 2-41　马铃薯纺锤形块茎类病毒科中不同属类病毒的类似杆状结构模型(引自 Flores et al. ,1997)

表 2-3 植物类病毒

科	属	代表种	确定种
Pospiviroidae 马铃薯纺锤形块茎类病毒科	*Pospiviroid* 马铃薯纺锤形块茎类病毒属	*Potato spindle tuber viroid* 马铃薯纺锤形块茎类病毒	10
	Hostuviroid 啤酒花矮化类病毒属	*Hop stunt viroid* 啤酒花矮化类病毒	1
	Cocadviroid 椰子死亡类病毒属	*Coconut cadang-cadang viroid* 椰子死亡类病毒	4
	Apscaviroid 苹果锈果类病毒属	*Apple scar skin viroid* 苹果锈果类病毒	10/3
	Coleviroid 锦紫苏类病毒属	*Coleus blumei viroid 1* 锦紫苏类病毒 1 号	3/3
Avsunviroidae 鳄梨日斑类病毒科	*Avsunviroid* 鳄梨日斑类病毒属	*Avocado sunblotch viroid* 鳄梨日斑类病毒	1
	Elaviroid 茄潜隐类病毒属	*Eggplant latent viroid* 茄潜隐类病毒	1
	Pelamoviroid 桃潜隐花叶类病毒属	*Peach latent mosaic viroid* 桃潜隐花叶类病毒	2

虽然类病毒的分子质量很小，但是类病毒却具有很强的侵染性，能够侵染多种植物，产生畸形、坏死、矮化和变色等典型的病害症状，但也有些类病毒侵染植物后不产生明显症状。类病毒在大多数寄主中易于通过机械方式传播，在自然界中类病毒主要通过营养繁殖材料进行

传播，有些可以通过种子或花粉传播。除了番茄雄性株类病毒(TPMVd)能够被蚜虫有效传播外，目前并未发现其他类病毒能被昆虫介体传播。

(周雪平　编写)

第四节　植物病原线虫

一、植物线虫概述

线虫(nematode)，又称蠕虫，其中危害植物的线虫称为植物病原线虫，或简称植物线虫。植物被线虫寄生后，会产生一系列病理变化，经过一段时间后才表现出特定的症状，与一般的病害症状相似，常称为线虫病。因此，把植物线虫作为植物病原物的一部分。

全世界每年因线虫危害给粮食和纤维作物造成的损失约在12%，蔬菜作物损失20%～30%。孢囊线虫(*Heterodera* spp.)、根结线虫(*Meloidogyne* spp.)等都可引起严重的植物病害。在我国温暖地区的根结线虫、东北和黄淮地区的大豆胞囊线虫(*H. glycines*)、华北和华中地区小麦上的燕麦胞囊线虫(*H. avenae*)、甘薯茎线虫(*Ditylenchus destructor*)和水稻干尖线虫(*Aphelenchoides besseyi*)都给农业生产造成了严重损失。

二、植物线虫的形态和结构

线虫在其生活史中至少有一个阶段虫体细长，呈线形。植物病原线虫虫体一般较小，长0.3～1 mm，宽为15～35 μm，少数种类体长可达4 mm左右。虫体半透明，有些雌虫成熟后膨大呈柠檬形或梨形(图2-42)。线虫的虫体结构较简单，有体壁和体腔，体腔内有消化系统、生殖系统、神经系统、排泄系统等。体腔是很原始的，充满了液体，即体腔液。体腔液湿润各个

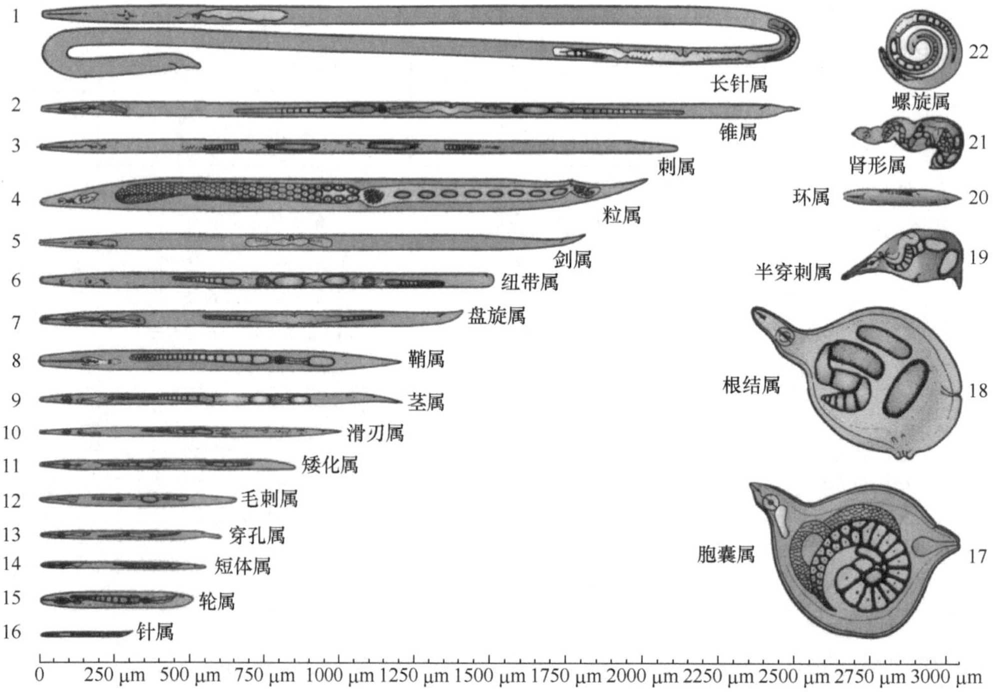

图2-42　部分重要植物寄生线虫的形态和大小(仿Agrios，2004)

器官，并供给所需要的营养物质和氧，可算是一种原始的血液，起着呼吸和循环系统的作用。线虫缺乏真正的呼吸系统和循环系统。

线虫的消化系统非常发达，是从口孔开始一直连到肛门的直通管道。植物病原线虫的口腔内有一个针刺状的器官称作口针，口针能穿刺植物的细胞和组织，并且向植物组织内分泌消化酶，消化寄主细胞中的物质，然后吸入食道。口针是植物病原线虫最主要的标志。植物病原线虫的食道类型主要有 3 种。①垫刃型食道。整个食道可分为 4 部分，靠近口孔是细狭的前体部，往后是膨大的中食道球，之后是狭部，其后是膨大的食道腺。背食道腺开口位于口针基球附近，而腹食道腺则开口于中食道球腔内。②滑刃型食道。整个食道结构与垫刃型食道相似，但其背食道腺、腹食道腺均开口于中食道球腔内。③矛线型食道。口针强大，食道分两部分，食道管的前部较细而薄，渐向后加宽加厚，呈瓶状。线虫的食道类型是线虫分类鉴定的重要依据。

线虫的生殖系统较发达，占据体腔的很大部分。雌虫有一个或两个卵巢，通过输卵管连到子宫和阴门，子宫的一部分可以膨大而形成受精囊。雌虫的阴门和肛门是分开的。雄虫有一个或一对精巢，但一般只有一个。精巢连接输精管和虫体末端的泄殖腔。泄殖腔内有一对交合刺，有的还有导刺带和交合伞等附属器官。

三、植物线虫的分类

线虫主要依据形态学进行分类和鉴定。按 Magentti(1991)分类系统，在线虫门(Nematoda)下，分为侧尾腺口纲(Secernentea)和无侧尾腺口纲(Adenophorea)。植物病原线虫主要分布在侧尾腺口纲的垫刃目(Tylenchida)和无侧尾腺口纲的矛线目(Dorylaimida)。

农林业生产中 10 个重要植物病原线虫属的分类检索表

1. 食道分 2 部分，矛线型食道 ………… 2
   食道分 4 部分，垫刃型食道 ………… 5
2. 口针向腹面弯，称瘤针，相对较短；虫体粗短(一般短于 1.5 mm)，呈雪茄形 ………… 3
   口针很长，由前部较细的齿针和后部较粗的齿针延伸部组成；虫体很长(一般长于 1.5 mm) ………… 4
3. 虫体热杀死后，角质层不明显膨胀，雄虫通常后部向腹面弯曲，一般无交合伞，雌虫阴道长约为所在位置体宽的 1/2 ………… 毛刺线虫属(*Trichodorus*)
   虫体热杀死后，角质层明显膨胀，雄虫通常后部直或略弯，有交合伞，雌虫阴道长约为所在位置体宽的 1/3 ………… 拟毛刺线虫属(*Paratrichodorus*)
4. 齿针基部叉状，齿针延伸部末端呈凸缘状，导环位于齿针的后半部 ………… 剑线虫属(*Xiphinema*)
   齿针基部平滑，齿针延伸部末端不呈凸缘状，导环位于齿针的前半部 ………… 长针线虫属(*Longidorus*)
5. 雌雄同形，即雌虫和雄虫都为线形 ………… 6
   雌雄异形，一般雌虫膨大呈柠檬形或梨形 ………… 9
6. 背食道腺开口于中食道球中，中食道球方圆形、大于体宽的 3/4 ………… 7
   背食道腺开口于口针基球以后附近，中食道球卵圆形、小于体宽的 3/4 ………… 8
7. 雌虫通常有阴门盖，雄虫有端生交合伞………… 伞滑刃线虫属(*Bursaphelenchus*)
   雌虫通常无阴门盖，雄虫无交合伞 ………… 拟滑刃线虫属(*Aphelenchoides*)
8. 雌虫一般肥大，单卵巢末端一般有多次转折，卵母细胞多行排列。一般在寄主植物地上部形成虫瘿 ………… 粒线虫属(*Aguina*)
   雌虫一般不肥大，单卵巢末端直或偶有转折，卵母细胞 1～2 行排列。常常在一些形成块茎、鳞茎类植物的地下部或根茎交界处寄生危害 ………… 茎线虫属(*Ditylenchus*)

9. 雌虫一般为柠檬形，大多产卵于体内，成熟的雌虫死后变为胞囊 ……………… 异皮线虫属(*Heterodera*)
雌虫一般为梨形，大多产卵于体外胶质卵囊中，雌虫死后不变为胞囊 ……… 根结线虫属(*Meloidogyne*)

植物线虫的种类很多，以下 5 个属具有一定的代表性。

(1) 粒线虫属(*Anguina*)。该属线虫大都寄生在禾本科植物的地上部，在茎、叶上形成虫瘿，或者破坏子房形成虫瘿。该属至少包括 17 个种，模式种为小麦粒线虫(*A. tritici*)，引起小麦粒线虫病，有时也危害黑麦。

小麦粒线虫的雌虫和雄虫均为蠕虫形，虫体较长，在植物寄生线虫中是较大的。雌雄同形，雌虫稍粗长，大小为 3～5 mm×0.1～0.2 mm；雄虫大小只有 2～2.8 mm×0.07～0.1 mm。两性均为垫刃型食道，口针较小。雌虫往往呈卷曲状，单卵巢，向前伸，常作 1 次或 2 次转折；雄虫稍弯，但不卷曲。交合伞几乎包到尾尖，交合刺粗而宽，并合。卵母细胞和精母细胞多行，排列成轴状。小麦粒线虫生活史的大部分在虫瘿内完成。落在土壤或与种子一起播下的虫瘿，在潮湿的土壤中吸水膨胀，其中 2 龄幼虫从芽鞘侵入麦苗，先在叶鞘与幼茎间营外寄生。茎、叶受害可发生扭曲等畸形，偶尔可以进入叶片组织内寄生，在叶片上形成虫瘿。幼穗分化后，幼虫侵入子房，刺激子房形成虫瘿。每个子房一般有 7～8 条幼虫，有时多达 40 条。进入子房的幼虫很快发育为成虫。雌虫和雄虫在子房内交配，每条雌虫可产卵 2000～3000 个。虫瘿内的卵随即孵化并很快蜕化为 2 龄幼虫。虫瘿内 2 龄幼虫存活力很强，有的可存活 20 年以上。小麦粒线虫每年只发生 1 代，2 龄幼虫期的时间很长，只在未成熟的虫瘿中才能看到成虫。

(2) 茎线虫属(*Ditylenchus*)。该属线虫可以危害地上部的茎叶和地下的根、鳞茎和块根等，有的可以寄生于昆虫和食用菌等。主要症状是组织坏死，有的可在根上形成瘤肿。茎线虫属包括 100 多个种，模式种是起绒草茎线虫(鳞球茎茎线虫，*D. dipsaci*)，是危害最严重和常见的种。

我国发生较重的甘薯茎线虫病是由马铃薯茎线虫(*D. destructor*)引起的。雌虫和雄虫都是典型的垫刃型食道，雄虫交合伞仅包至尾长的 3/4，不达尾尖；雌虫稍微粗大，单卵巢，阴门在虫体后部；卵母细胞和精母细胞 1 行或 2 行排列，不成轴状排列。雌虫和雄虫尾端都很尖细，侧线 4 条。每条雌虫可产卵近 200 个。4 龄幼虫对低温和干燥的抵抗能力很强，在植物组织内和土壤中可长期存活，遇到合适的寄主植物即可侵入危害。茎线虫完成一代需要 19～25 天，每年发生多代。

(3) 异皮线虫属(*Heterodera*)。该属又称胞囊线虫属，是危害植物根部的重要线虫。该属包括 70 多个种，模式种为甜菜胞囊线虫(*H. schachtii*)。较重要的如甜菜胞囊线虫、燕麦胞囊线虫(*H. avenae*)和大豆胞囊线虫(*H. glycines*)。在我国，大豆胞囊线虫发生普遍而严重。各种胞囊线虫的性状和危害方式大致相似，可以大豆胞囊线虫作为代表。

异皮线虫属的线虫雌雄异形，成熟雌虫膨大呈柠檬状、梨形，双卵巢，阴门和肛门位于尾端，有突出的阴门锥，阴门裂两侧双模孔。雌虫成熟后角质层变厚，深褐色，称作胞囊；雄虫线形，细长，尾短，无交合伞。

大豆胞囊线虫的雄虫细长，大小为 1.3 mm×0.03～0.04 mm；雌虫柠檬形，大小为 0.6～0.8 mm×0.3～0.5 mm。每个雌虫可以产卵 300～600 个。2 龄幼虫从大豆幼根的表皮直接侵入，在根皮层组织内寄生，雌性幼虫经两次蜕皮后虫体不断变粗，在第 3 次蜕化时已经略呈柠檬状，最后经过第 4 次蜕化而形成柠檬形的成虫，突出根表，虫体大部分露出根外，只有头部留在植物组织内。大部分虫卵留在雌虫体内，只有少数产在从尾部排出的胶质卵囊中。雄虫成熟后就脱离寄主，寻找雌虫交配，或者不交配即在土壤中死去。雌虫的颜色也由白色变为浅褐色至黑褐色而死亡，最后形成胞囊。大豆胞囊线虫完成一代需 21～24 天，一个生长季节可发生 3～4 代。最好的诊断方法是检查根表较老熟的黄褐色的雌虫，或者在根上有深褐色的胞囊。胞囊中的卵是来年发病的传染来源。

(4) 根结线虫属(*Meloidogyne*)。该属线虫的性状与胞囊线虫相似，与胞囊线虫的主要区别是植物受根结线虫危害后的根部肿大，形成瘤状根结；根结线虫成熟雌虫的角质层不变厚，不变为深褐色以及雌虫的卵全部排至体外的胶质卵囊中。根结线虫属危害单子叶植物和双子叶植物，是一类危害植物最严重的线虫，广泛分布于世界各地，是热带、亚热带和温带地区最重要的植物病原线虫。已报道根结线虫属有 70 多个种，其中最重要的有 4 个种：南方根结线虫(*M. incognita*)、北方根结线虫(*M. hapla*)、花生根结线虫(*M. arenaria*)和爪哇根结线虫(*M. javanica*)。有的种内进一步区分为小种。

根结线虫属的线虫均为雌雄异形，雌虫成熟后膨大呈梨形，双卵巢，阴门和肛门在身体后部。雌虫尾部阴门及肛门周围的角质膜形成特征性的花纹，称做会阴花纹(perineal pattern)，是根结线虫属鉴定种的重要依据。雌虫所产的卵全部排至体外的胶质卵囊中；雄虫细长，尾短，无交合伞，交合刺粗壮。此外，2 龄幼虫形态也是鉴定的重要依据。寄生在植物组织内的雌虫分泌物可以刺激寄主组织形成巨型细胞，使细胞过度分裂膨大形成肿瘤。在适温下(27～30℃)，根结线虫完成一代只需 17 天左右；温度低时(15℃)则需要 57 天左右。根结线虫在我国南方地区发生代数多，危害重。

(5) 拟滑刃线虫属(*Aphelenchoides*)。该属线虫可以寄生于植物和昆虫，对植物的危害状有多种，其中有些重要的种主要危害叶片和幼芽，所以也将它们称作叶芽线虫。该属线虫至少 180 种，模式种为库氏滑刃线虫(*A. kuehnii*)，其中重要的有菊花叶线虫(*A. ritzemabosi*)、贝西滑刃(水稻干尖)线虫(*A. besseyi*)和草莓叶芽线虫(*A. fragariae*)。最有名的是菊花叶线虫，菊花受害后叶片组织变色和坏死。水稻干尖线虫也是比较重要的种，在我国稻区较常见。

四、植物病原线虫所致病害及其特点

几乎所有的植物都可以受到线虫的危害，发生线虫病。大多数植物病原线虫寄生在植物的根部，在根部取食、寄生和危害，植物病原线虫所引起的病害很容易与植物的营养缺乏等生理性病害相混淆，地上部表现的黄化、矮化等现象常被人们忽视。

植物病原线虫所引起的病害具有如下特点。①田间症状分布的不均匀性。由于土壤中线虫分布不均一，导致产生的症状在田间的分布不均匀。②地上部与地下危害的差异性。受线虫危害的植物根部产生根腐或根结等典型症状，但由于植物的生理补偿作用，发病前期地上部分并没有表现出受到明显的影响。③易于与细菌和病毒等其他植物病原物产生的症状混淆。有一部分种类线虫危害植物的地上部，造成地上部畸形或形成叶斑。④常与其他病原物造成复合侵染。植物病原线虫可以作为植物病毒的传播者，同时在发病后期，破坏寄主植物的防御系统，植物病原线虫寄生产生的伤口为真菌、细菌的侵染提供了侵入途径，产生复合侵染的特点。

(段玉玺 编写)

第五节　寄生性植物

一、概述

寄生性植物是一类由于根系或叶片退化，或缺乏足够的叶绿素，不能自养，必须依赖另一种植物提供生活物质而营寄生生活的植物。由于此类植物大多属于高等植物中的双子叶植物，能够开花结籽，故又称寄生性高等植物或寄生性种子植物。危害较严重的种类有独脚金、菟丝子、列当和矮槲寄生(*Arceuthobium* spp.)等，仅列当每年就对农作物造成上亿美元的经济损失。

(一) 寄生性与致病性

根据寄生性植物与寄主的关系和寄生特点，分为全寄生植物和半寄生植物两类。全寄生植物无叶片或叶片已经退化，叶绿素消失，根系蜕变为吸根，从寄主体内摄取自身生长代谢所需要的全部营养物质，约占寄生性植物的 20%。全寄生植物与寄主争夺全部生活物质，通常对寄主造成的危害也更为严重，如列当、菟丝子等大多寄生在一年生草本植物上，引起寄主植物黄化，生长衰退，严重时导致死亡。半寄生植物的茎叶含有叶绿素，但光合作用很低，无法自给自足，主要通过大量摄取寄主体内的水分和无机盐等物质完成其生活史。与全寄生植物相比，半寄生植物引起发病的速度较慢，短时间内对寄主危害相对较小。例如，桑寄生科和槲寄生科植物的寄主大多为木本植物，寄主受害后在一段时间内可能无明显症状。但若半寄生植物的繁殖传播速度较快，群体数量和密度很大，危害将加重。矮槲寄生每年仅在美国西部就造成超过 1000 万 m^3 木材产量的损失。

根据寄生时侵入寄主部位的不同，可分为茎寄生植物和根寄生植物。茎寄生植物寄生于寄主植物茎部，如菟丝子、无根藤、槲寄生等；根寄生植物寄生于寄主植物的根部，但地上部与寄主植物分离，如列当和独脚金等。

(二) 繁殖与传播

寄生性植物以种子繁殖，有被动和主动两种传播途径。被动传播大多依靠风力或鸟类介体，如列当和独脚金的种子极小，随风扩散，传播距离可达数十米；桑寄生科植物的成熟果实色泽鲜艳，引诱鸟类啄食后随粪便排出，种子在条件适宜时萌发侵入寄主；菟丝子等的种子或蒴果常随寄主种子调运或黏附在农具上进行远距离传播。少数寄生性植物进行主动传播，如矮槲寄生靠果实成熟后内部形成的较高渗透压将种子弹射出去，传播距离一般在 3～5 m，最远可达 15 m。

二、主要类群

目前，已知的寄生性植物在世界范围内大约有 4500 种，占被子植物的 1%以上，在分类学上主要是属于被子植物门的 22 科 270 属。绝大多数寄生性植物寄生在野生木本或草本植物上，少数是农作物或果树，对农业经济类作物造成严重危害的仅有 25 属。重要的寄生性植物分别属于菟丝子科、列当科、樟科、桑寄生科、槲寄生科、玄参科和檀香科(表 2-4)。鉴定寄生性植物主要依据形态特征、解剖学特征和分子技术等手段。

表 2-4 重要寄生性植物的科和属

科		属	
菟丝子科	Cuscutaceae	菟丝子属	*Cuscuta*
樟科	Lauraceae	无根藤属	*Cassytha*
		桑寄生属	*Loranthus*
		大苞鞘花属	*Elytranthe*
桑寄生科	Loranthaceae	离瓣寄生属	*Helixanthera*
		五蕊寄生属	*Dendrophthoe*
		栗寄生属	*Korthalsella*
		油杉寄生属	*Arceuthobium*
槲寄生科	Viscaceae	美洲槲寄生属	*Phoraderon*
		欧洲槲寄生属	*Viscum*
		野菰属	*Aeginetia*
		假野菰属	*Christisonia*
		草苁蓉属	*Boschniakia*
列当科	Orobanchaceae	肉苁蓉属	*Cistanche*
		黄筒花属	*Phacellanthus*
		齿鳞草属	*Lathraea*
		列当属	*Orobanche*
玄参科	Scrophuariaceae	独脚金属	*Striga*
檀香科	Santalaceae	鳞叶寄生木属	*Phacellaria*
		寄生藤属	*Dendrotrophe*

（夏博 编写）

思考题

1. 在现代分类系统中，菌物涉及哪几个界？
2. 什么是菌物的营养体？有哪些变化类型，各有什么作用？菌组织又有哪些类型，各有什么作用？
3. 菌物的无性孢子和有性孢子有哪些类型？其无性和有性产孢结构又有哪些？
4. 简述菌物分类的主要依据。
5. 原核生物的结构特点和主要特征是什么？原核生物与真核生物有何区别？
6. 植物病原原核生物引起的病害症状有哪些特点？
7. 什么是植原体？为什么植原体病害难以防治？
8. 植物细菌病害的诊断方法有哪些？
9. 植物病毒由哪些组分组成？病毒基因组核酸表达的主要策略有哪些？
10. 以植物单链正义 RNA 病毒为例，简述植物病毒复制增殖的过程。
11. 植物病毒有哪些主要传播方式？介体传播中，病毒与介体之间有哪些依赖关系？
12. 简述植物病毒分类的主要依据。
13. 说明植物病毒病的诊断和鉴定的主要方法及其优缺点。

14. 为什么将植物寄生线虫列为植物病原物？植物寄生线虫是如何致病的？
15. 试述线虫消化系统的构造。如何区分垫刃型食道和滑刃型食道？
16. 简述植物寄生线虫的生活史。线虫病害都有哪些防治方法？
17. 列举几种常见的寄生性植物，分别有什么危害？它们如何吸收营养物质？怎样进行繁殖和传播？
18. 什么是全寄生、半寄生、根寄生、茎寄生？
19. 为什么把菟丝子、列当列为禁止进境的植物？

第三章　寄主与病原物的互作

第一节　植物病原物的寄生性和致病性

一、寄生性和致病性的基本概念

植物病原物侵染寄主植物需要具备两个基本的遗传特性，即寄生性（parasitism）和致病性（pathogenicity）。寄生性是指病原物在寄主植物活体内取得营养物质而生存的能力，而能够在其他生物上生存并获取营养的生物称为寄生物；致病性是指病原物所具有的破坏寄主和引起病变的能力。寄生性是致病性的重要基础。植物病原物都是寄生物，只能营腐生生活的生物（腐生物）对植物没有致病性。一种寄生物能否成为某种植物的病原物，取决于它能否通过对该种植物的长期适应，克服该种植物的抗病性。如果能克服，则两者之间具有亲和性（compatibilty），寄生物有致病性，寄主植物表现感病。如果不能克服，则两者之间具有非亲和性（incompatibility），寄生物不具有致病性。寄生物的致病作用经常超过获取营养所造成的危害，而这种危害是由寄生物分泌的物质或寄主植物应答寄生物侵染产生的物质引起的。这些致病物质可引起寄主植物呼吸作用提高、细胞降解、萎蔫、落叶、组织畸形、叶绿素分解等，因此寄生物引起的致病作用并不总是与获取营养的能力相关，即寄生性在寄生物致病过程中并不总是最重要的。

一些寄生物，如病毒、类病毒、植原体、线虫、原生动物和引起锈病、白粉病、霜霉病的真菌和卵菌等称为活体营养生物（biotrophs），由于它们只能在活的寄主植物内生存和繁殖，因此又称为专性寄生物；而既能在活的寄主植物内生存，又能在死的寄主植物或各种营养基质上生存，则称为非专性寄生物，如果非专性寄生物在生活史的大多数阶段是以寄生物形式生存，而在某些条件下是在死的寄主组织内生存，这样的寄生物称为半活体营养生物（hemibiotrophs），也称为兼性腐生物（facultative saprophytes）；生活史中主要在死组织上生存和繁殖，并在一定条件下可侵染活的寄主植物，变成寄生性的，这些微生物称为兼性寄生物（facultative parasites）。有时人们容易将致病性与毒性（virulence）的概念混淆。毒性指的是病原菌能克服某一专化抗病基因而侵染该品种的特殊能力。因某种毒性只能克服其相应的抗病性，所以又称为专化性致病性（specific pathogenicity）。例如，稻瘟病菌的小种研 53-33 对水稻品种露明有毒性，而小种研 54-20 则对水稻品种爱知旭有毒性。侵袭力（aggressivity）是指在能够侵染寄主的前提下，病原菌在寄生生活中的生长繁殖速率和强度（如潜育期和产孢能力等），是一种数量性状，它没有专化性，即不因品种而异，故又称非专化性致病性（non-specific pathogenicity）。

二、植物病原物与寄主识别

植物病原物与寄主的识别由寄主-病原物互作性质、相互识别的表面分子与基因型决定。

1. 病理学过程中的相互识别　根据病原物在致病过程的不同阶段中的作用，植物病原物与寄主的识别可以划分为接触前识别、接触识别和接触后识别。识别与寄主的抗侵入和抗扩展有一定的关系。

(1) 接触前识别。病原物受寄主专化性的理化刺激或引诱,向寄主方向移动(趋性)或生长(向性)的能力。趋性运动和向性生长都是非专化性的,具有识别意义的较少。

(2) 接触识别。寄主与病原物接触后引发的特异性生理生化反应。这种特异性反应依赖于两者表面结构的感应和表面组分化学分子的互补性,如病原细菌对寄主植物的吸附,真菌孢子在植物表面吸附、芽管的生长及对气孔的侵入。

(3) 接触后识别。病原物在寄主植物上定殖后发生的特异性反应。这种特异性反应依赖于病原物致病因子和底物的关系以及寄主对致病因子的反应,如病原真菌产生的寄主专化性毒素与其受体的识别作用,病原物对寄主植物保卫素的诱导,病原物诱导性致病酶和诱导合成。

2. 寄主-病原物相互识别的性质 植物病原物与寄主植物的识别可以促进和阻碍病害的发生和发展。因此可划分为亲和性识别和非亲和性识别。

亲和性识别是指导致有效定植和感病反应的识别作用。非亲和性识别则是指病原物侵染受阻和使寄主植物产生抗病反应的识别作用。

3. 寄主-病原物识别的分子模式 寄主植物与病原物的识别涉及不同层次的分子互作。①植物模式识别受体(pattern recognition receptor,PRR)对病原物关联分子模式(pathogen-associated molecular pattern,PAMP)的识别。它属于非特异性识别,导致非寄主抗性的产生。②植物抗性基因(resistance gene, R)对病原物无毒基因(avirulence gene,Avr)的识别。它属于特异性识别,符合基因对基因(gene-for-gene)理论,导致基因对基因抗性的产生。当然,植物与病原物互作是一个分子共进化过程。在该过程中,病原物能产生新的效应分子(effector),逃避上述植物对病原物的分子识别,重新导致病害的产生。

一般性识别存在于非寄主植物和病原物的互作中,以及在其他不存在基因-基因(gene-for-gene)关系的寄主、病原接触的早期阶段。例如,植物病原细菌在非寄主植物上引起的过敏性反应中主要是一般性识别。在病原物-非寄主植物一般性识别中的效应因子,一部分与基础免疫诱导有关;另一部分与致病性有关。病原真菌分泌的这类蛋白质往往是含有半胱氨酸的小分子分泌蛋白。植物病原细菌通过Ⅲ型分泌系统(type Ⅲ secretion systems TTSS)向植物细胞内输入效应分子也具有毒性作用,在感病寄主中有利于病原物的侵染。现代植物病理学认为,致病基因的定义不是绝对的,具有明显的多效性,在病原菌获取营养、侵染器官形成、侵入过程表达的很多转录因子、信号分子在一定条件下均可成为致病因子或调控因子。此外,许多效应分子能抑制植物通过识别病原关联分子模式而激活的基础防御反应。

特异性识别发生在基因-基因病害系统中小种与品种的特异性互作中,当寄主不存在R基因时,具有对应无毒基因(*Avr*)的病菌便可成功侵染寄主,引起病害。

一般性识别和特异性识别都可以导致基因激活。虽然在两种识别过程的早期步骤可能有所不同,但随后在信号传递过程中发生的下游步骤和最终活化的基因可能全部或大部分是相同的。

三、植物病原物的致病机制

植物病原物的侵染过程是在病原物与寄主植物相互适应的基础上完成的。在适宜环境条件下,病原物对寄主植物致病能力的大小取决于它们所具有致病因子的数量及其活性。已知的病菌致病因子分为物理的和化学的两大类。物理的致病因子主要包括机械压力等,而化学的致病因子主要有酶、毒素、激素、多糖等。

1. 物理的致病因子 病原真菌、线虫和寄生性植物可以通过对植物表面施加机械压力而侵入,真菌菌丝(芽管)和高等寄生性种子植物首先接触并附着在植物表面,继而其前端膨大,形成附着胞,由附着胞产生侵入钉,对植物施加巨大的机械压力,突破寄主表皮和胞壁的屏障,侵入寄主植物。附着胞黑色素沉积和胞内的大量甘油积累是附着胞膨压增加的主要原因。

2. 化学的致病因子 包括酶、毒素和激素等。

(1) 酶。大多数植物病原物侵入寄主植物表皮和细胞需要各种酶的作用。其中,角质酶和细胞壁降解酶类是最主要的侵袭酶类。

角质酶。角质酶为酯酶,属于糖蛋白,主要从病原真菌中分离获得。已经证实许多植物病原真菌能够产生角质酶。角质酶的C端一般是游离的,而N端则通过氨基酸以酰胺键与葡萄糖醛酸连接,使酶在胞外稳定。角质酶酶活中心是一种三分体结构,即由3个基团组成,包括丝氨酸残基上的羟基、羧基和组氨酸的咪唑基。

病菌侵染过程中是否需要角质酶,可采取以下方法证明:①利用角质酶抗血清处理病菌侵染叶片的位点,然后在电镜下观察,如果形成黑色颗粒,说明在侵染位点存在病菌分泌的角质酶;②利用角质酶抗血清和酶活抑制因子(如有机磷杀虫剂、氨基甲酸酯类杀菌剂)处理病菌孢子悬浮液,病菌的角质酶受到钝化而丧失了侵染能力;③利用紫外光线或化学药剂处理,使病菌发生突变丧失了产生角质酶的能力,然后接种叶片观察致病力变化;④向丧失产生角质酶能力的突变株培养液补充角质酶,便可在一定程度上恢复致病力。

果胶酶(pectinase)。果胶酶是一组复合酶。除含半乳糖醛酸聚酶以外,还包括其他酶。果胶酶主要降解植物细胞壁果胶成分,引起软腐、干腐、枯萎、叶斑等多种病害症状。植物病原真菌、植物线虫都能产生果胶酶。果胶酶主要有果胶甲基酯酶(pectin methylesterase,PME或PE)、果胶酸酯裂解酶(pectatelyase,PL)、果胶裂解酶(pectinlyase,PML)、多聚半乳糖醛酸酶(polygalacturonase,PG)和果胶甲基半乳糖醛酸酶(pectin methyl-galacturonase,PMG)。果胶酸酯裂解酶和果胶裂解酶均属于裂解酶类,能够裂解果胶分子中连接半乳糖醛酸的α-1,4糖苷键,一般称为反式消除酶。腐生和专性寄生菌降解寄主细胞壁的程度是不同的。一般专性寄生菌降解细胞壁的程度较弱。

半纤维素降解酶(hemicellulase)。半纤维素降解酶是专一性降解半纤维的酶,属于聚糖水解酶(glycanshydrolases),不包括能降解低分子质量糖苷和水解半纤维主链上分枝的糖苷酶。一些病菌产生半纤维素酶的能力很强,如齐整小菌核菌(*Sclerotium rolfsii*)、立枯丝核菌(*Rhizoctonia solani*)、核盘菌(*Sclerotinia sclerotiorum*)、粉红镰孢燕麦变种(*Fusarium roseum* var. *avenaceum*)和葡萄色二孢(*Diplodia viticolae*)等。

纤维素酶(cellulase)。植物细胞壁中的纤维素成分,因其非溶解性而以晶体状形式存在,所以病原物要对寄主致病,必须克服纤维素的障碍才能与寄主植物建立寄生关系。至今已发现的纤维素酶有4种,以C1～CX来表示。一般而言,纤维素酶的活性常出现在侵染后期,但也有少数病害在发病早期纤维素酶活性高。

早期研究表明,小麦秆锈病菌(*Puccinia graminis* var. *tritici*)的夏孢子能够产生endo PG、半纤维素酶和纤维素酶等多种酶类。

蛋白酶。随着植物细胞壁结构研究的深入,发现植物细胞壁的次生壁、中胶层和细胞膜中也含有蛋白质。许多植物病原微生物能产生蛋白酶,水解蛋白质中的肽键。很多蛋白酶还能催化肽键的形成和转氨反应。

(2) 毒素。一般认为,植物病原菌毒素应具备以下特征:①毒素是病原物的代谢产物,但不属于酶类物质；②毒素是对植物组织有明显损伤作用的物质；③毒素是在植物病害发生、发展过程中具有明显致病作用的物质；④真菌毒素是由孢子萌芽产生的一类有致病作用的物质；⑤毒素具有对病害的诱导作用，即含有感染诱导因子(susceptibility-inducing factor)的作用。

至今，已报道的细菌毒素有 10 多种，大都为非寄主专化性毒素；真菌毒素有 70 余种，其中 18 种具有寄主专化性，其余为非寄主专化性。它们当中有的是植物的致病因子(pathogenicityfactor)，即对植物发病起着决定作用；有的是植物的毒力因子(virulence factor)，即在植物病程中与增加病程速度和加重病害症状的作用有关，但对病害的发生不具有决定性作用。

寄主专化性毒素(host-specific toxin，HST)。HST 是由病原物产生的一类对其寄主植物种或栽培品种具有特异性生理活性和高度专化性作用位点的次生代谢产物。这类毒素在很低浓度的水平就能引起寄主植物的特异性反应，即能反映寄主植物对产生毒素病原菌的抗性或敏感性的明显差异。所以寄主专化性毒素被认为是植物的致病因子，致病的寄主范围与其产毒的病原菌一致，且具有品种间的高度专化性，有的仅仅对某一基因型的寄主植物品种才能起致病作用，如甘蔗眼斑病菌产生的长蠕孢苷(HS-毒素)、燕麦疫病菌产生的维多利亚毒素(HV-毒素)、梨黑斑病菌产生的毒素(AK-毒素)、苹果轮斑病菌产生的毒素(AM-毒素)、烟草赤星病菌产生的毒素(AT-毒素)、玉米圆斑病菌产生的毒素(HC-毒素)和玉米小斑病菌 T 小种产生的毒素(HMT-毒素)等。

非寄主专化性毒素(non-host-specific toxin，NHST)。NHST 是由病原物产生的一类对其寄主植物种或栽培品种具有一定生理活性和非专化性作用位点的代谢产物。这类物质在一定浓度下能引起寄主植物的敏感性反应，这种反应也能区分寄主植物的抗病性差异。NHST 在植物病程中仅具有次生决定因子或称为毒力因子(virue factor)的作用。常见的有雪腐镰孢烯醇(nivalenol，NIV)、脱氧雪腐镰孢烯醇(deoxynivalenol，DON)、镰孢酸(fusaric acid，FA)、麦根腐长蠕孢毒素等。

毒素的作用主要是可破坏寄主细胞的质膜、线粒体、叶绿体超微结构，引起电解质外渗、抑制呼吸作用和光合作用、干扰蛋白质和核酸代谢等。

(3) 激素。植物病原物侵染寄主植物引起植株生长发生异常现象，包括过度生长(徒长)、矮缩、肿瘤、偏上性(epinasty)和不定根的形成等，这些变化往往与体内激素失去平衡有关。一种病原物可产生几种激素，因此起的症状通常是综合效应。激素既可以来自病原物也可以来自植物本身，激素失衡是致病作用的关键。

植物生长素(auxins)。属于氨基酸的衍生物。某些病害的肿瘤和徒长的症状是由于吲哚乙酸(indole-3-acetic acid，IAA)的平衡受到破坏所致。典型例子是土壤根癌杆菌(*Agrobacterium tumefaciens*)侵染寄主植物所分泌的 IAA 导致寄主植物细胞过度增大和细胞加速分裂形成肿瘤，肿瘤组织中的 IAA 的量明显高于健康组织。

细胞分裂素(cytokinins，CTK)。即 N^6-异戊烯腺嘌呤。由于病原物侵染引起植物体内细胞分裂素积累过量，则会引起生长过速、带化、形成绿岛、徒长、肿瘤等症状，抑制蛋白质和核酸降解，阻滞植物的衰老过程。产生细胞分裂素的病原微生物主要有土壤根癌杆菌、带化病棒杆菌(*Corynebacterium fascians*)等病原细菌和须腹菌属(*Rhizopogon*)、外担菌属(*Exobasidium*)、丛赤壳属(*Nectria*)以及外囊菌属(*Taphrina*)等属中的某些种类。萝卜遭受根肿菌侵染后肿根组织内的细胞分裂素的含量是健康组织的数十倍。

赤霉素(gibberellins，GA)。是一种多环类萜物质。水稻恶苗病菌(*Gibberella fujikuroi*)产生的赤霉素是引起水稻茎叶徒长的主要原因。植物受到一些病毒、植原体或黑粉菌侵染后，赤霉素含量下降，生长迟缓，矮化或腋芽受抑制。

脱落酸(abscisic acid，ABA)。是一种倍半萜。长喙壳属(*Ceratocystis*)、镰孢属(*Fusarium*)、丝核菌属(*Rhizoctonia*)等属的一些病原真菌均能产生 ABA，其病理效应主要表现为矮化和落叶。棉花受到大丽轮枝菌(*Verticillium dahliae*)侵染后，其 ABA 水平比健株增加 1 倍，造成落叶。烟草花叶病、黄瓜花叶病、番茄黄萎病的病株 ABA 含量高于正常植株的水平，表现不同程度的矮化。

乙烯(ethylene)。有近 60 种植物病原真菌和细菌产生乙烯。一些病原物侵染植物引起组织内乙烯失衡，导致植株生长受到抑制、失绿、落叶、偏上性、刺激不定根产生和促进果实早熟等。在青枯病菌和许多镰孢菌枯萎病发生的偏上性、失绿和落叶等症状已证明与乙烯有关。棉花受轮枝菌侵染引起落叶也与乙烯有关。

（陈　捷　编写）

第二节　植物的抗病性

一、概念及分类

1. 植物抗病性的概念　植物避免、终止或阻滞病原物侵入与扩展，减轻发病和损失的能力称为抗病性(disease resistance)。抗病性是植物与病原生物在长期的协同进化中相互适应、相互选择而逐步发展起来的为保持物种繁衍所必需的特性。抗病性是植物普遍存在的一种相对性状，是植物与病原物相互作用的结果，表现为免疫和高度抗病到高度感病的系列反应。

2. 抗病性的分类　由于植物遗传基础的差异、所面临病原物的不同和所处环境条件的变化，病原物产生出不同类别、不同程度的寄生性与致病性，植物也相应地形成了不同类别、不同程度的抗病性。植物抗病性按其抗病能力的大小，被划分为免疫、抗/耐病、感病、避病 5 种类型。

免疫(immune)。寄主对病原物侵染的反应表现为完全不发病，或观察不到可见的症状。

抗病(resistant)。寄主对病原物侵染的反应表现为发病较轻。发病很轻的称为高度抗病(简称高抗)。

耐病(tolerant)。寄主对病原物侵染的反应表现为发病较重，但产量损失相对较小，即外观上发病程度类似感病，但植物的忍耐性较高，也称为抗损失。

感病(susceptible)。寄主对病原物侵染的反应表现为发病严重，产量损失较大，发病很重的称为高度感病(简称高感)。

避病(escape)。寄主本身不抗病，但在某种条件下可避免发病或避免病害大发生的特性。

根据抗病机制、研究内容或研究目的等不同还可将抗病性分为寄主抗病性和非寄主抗病性、被动抗病性和主动抗病性、主效基因抗病性和微效基因抗病性、垂直抗病性和水平抗病性、小种专化抗病性和小种非专化抗病性、转基因抗病性等。

二、植物的抗病机制

植物与病原物在长期的协同进化过程中，针对病原物的多种致病因素，发展出了复杂的抗病机制。在病害发生发展的不同阶段抗病性的表现方式不同，按照发生时期大体分为抗接触、抗侵入、抗扩展、抗损害等几种类型。根据抗病机制可将抗病性分为被动抗病性和主动抗病性，根据抗病因素的性质可划分为形态结构方面的物理抗病性和生理生化方面的化学抗病性。

（一）植物的被动抗病性机制

被动抗病性是植物在接触病原物之前就已存在的固有性状所决定的抗病性。其抗病性因素包括物理抗病因素和化学抗病因素。

1. 植物被动抗病性的物理抗病机制 植物依靠固有的组织结构特点，抵御或阻止病原物与之接触或侵入。

(1) 植物体表形态和结构。植物表皮以及被覆在表皮上的蜡质层和角质层等构成了抵抗病原物入侵的最外层防线。因蜡质层可湿性差，不易沾附水滴而不利于病原菌孢子的萌发和侵入，蜡质层和角质层越厚，抗侵入能力越强。

植物表皮层细胞壁发生钙化或硅化作用，对病原菌果胶酶水解作用有较强的抵抗能力，能减少病原菌侵入，也能阻止侵入后菌丝的扩展。

对于从气孔侵入的病原菌，气孔的结构、数量和开闭习性也是抗侵入因素。气孔开口小、数量少、病原菌接触后及时关闭等都不利于病原菌侵入。

(2) 植物的木栓化组织。木栓化组织的细胞壁和细胞间隙充满了木栓质。栓质化的细胞壁，难于通气透水，构成了抵抗病原物侵入的屏障。

(3) 植物的木质化组织。木质素是由 4 种醇单体（对香豆醇、松柏醇、5-羟基松柏醇、芥子醇）形成的一种复杂酚类聚合物，是构成植物细胞壁的成分之一，具有使细胞相连的作用。在植物组织中具有增强细胞壁及黏合纤维的作用。胞间层、初生壁和次生壁都可能积累木质素，从而阻止病原物的扩展。

(4) 其他物理抗病因素。植物初生细胞壁主要由纤维素和果胶质构成，也含有一定数量的非纤维素多糖和半纤维素。对一些穿透力弱的病原真菌纤维素细胞壁也可以成为限制其侵染和定植的物理屏障。木本植物组织中常有胶质、树脂、单宁类似物质产生和沉积，也有阻滞某些病原菌扩展的作用。

2. 植物被动抗病性的化学抗病机制 植物依靠含有的天然抗菌物质或能抑制病原菌酶的物质，也可能由于缺乏病原物寄生和致病所必需的重要化学成分等，从而影响病原物的入侵。

(1) 天然抗菌物质。健康植物体内含有多种天然抗菌物质，称为植物先天抗生素，如酚类物质、皂角苷、不饱和内酯、有机硫化物等。天然抗菌物质多具有广谱抗菌活性。

(2) 植物溢泌物质。植物根部和叶部能溢泌出多种物质，如酚类物质、氰化物、有机酸、氨基酸等，其中有些对微生物有毒性，可抑制病原菌孢子萌发、芽管生长和侵染结构的形成。有的分泌物可刺激颉颃性微生物的活动或作为其营养源而与病原物竞争。有些植物根部还分泌对土壤线虫有毒的物质。

(3) 植物体其他因素。植物的葡聚糖酶和几丁质酶可降解病原真菌细胞壁的葡聚糖和几丁质成分，从而使真菌菌丝在植物组织中的扩展受阻。植物体内的某些酚类、单宁能抑制真菌和细菌分泌的水解酶，可延缓或阻止病程发展。

（二）植物的主动抗病性机制

主动抗病性是病原物侵染后产生或被激活的抗病性，是植物对病原菌侵染作出的主动反应。反应的性质表现为结构反应和生物化学反应两个方面的变化。

1. 植物主动抗病性的物理抗病机制 病原物侵染引起的植物组织结构的变化，主要表现在细胞壁和维管束结构的变化，这些组织或结构的变化可抵抗病原物的入侵或将病原物的侵染局限在细胞壁、单个细胞或局部组织中，起到抗侵入或抗扩展的作用。

（1）细胞壁结构的变化。细胞壁结构变化的主要特征是木质化、木栓化、形成愈伤组织、沉积酚类化合物和钙离子、积累富含羟脯氨酸糖蛋白（histidine-rich glycoprotein，HRGP）等多种防卫反应。

在细胞壁、胞间层和细胞质等不同部位产生和积累木质素，增强了植物细胞壁抵抗真菌侵入的机械压力和病菌酶类对细胞壁的降解，从而中断或迟滞病原菌的侵入。木质素的透性较低，还可以阻断病原物与寄主植物之间的物质交流，防止水分、养分由植物组织输送给病原菌，也阻止了病菌毒素和酶渗入植物组织。

愈伤组织形成是非专化性的抗病反应，不同植物的愈伤反应能力有很大差异，其抗病效果取决于寄主反应的速度和强度与病原菌致病的速度和强度这两个方面的对比。

HRGP是高等植物中的一种结构蛋白，在细胞壁中普遍存在。植物体内羟脯氨酸和HRGP的迅速增加和发生交联作用，是一类早期防卫反应。HRGP还是木质素的沉积位点，可作为结构屏障，抵抗病原菌酶的作用。

病原菌侵染后在抗病品种的细胞壁内侧与质膜之间产生细胞壁沉积物（wall-like material），或在侵入钉相对应的位置上细胞质凝聚，形成半球形沉积物，即“乳突”（mastoid），导致细胞壁增厚，成为抵抗病原菌入侵的物理和化学屏障。

（2）维管束结构的变化。主要表现在维管束病害中产生的凝胶和侵填体。凝胶和侵填体可以减缓维管束导管的液流，对导管中病菌孢子的扩散有阻碍作用。在抗病植物中的产生比感病植物中快。

2. 植物主动抗病性的化学抗病机制　主要包括过敏性坏死反应、活性氧迸发、产生植物保卫素、积累病程相关蛋白、合成抗菌物质以及植物对病菌毒素的解毒作用等，主要起到抗扩展的作用。

（1）过敏性坏死反应（hypersensitive necrotic reaction）又称过敏性反应（hypersensitive response，HR）。植物受病原物侵染后，侵染点细胞及其邻近细胞迅速坏死，病原物受到遏制，或被封锁在枯死组织中而死亡的现象。HR反应是植物发生最普遍的防卫反应类型，引起的细胞死亡是一种程序性细胞死亡，是植物遗传学上主动控制的过程，是小种专化抗病性的重要机制，对各种病原物普遍有效。

（2）活性氧迸发（reactive oxygen burst）。植物在受病原物侵染初期，植物细胞内外迅速积累并大量释放活性氧（reactive oxygen species，ROS）的现象，是植物与病原物互作过程中产生的普遍现象之一。活性氧是分子氧在还原过程中产生的一系列中间物，特点是含有氧且化学性质较氧（基态氧）活泼，主要包括超氧阴离子（$\cdot O_2$-）、羟自由基（$\cdot OH$）、单线态氧（$^1O_2$）、过氧化氢（H_2O_2）等。活性氧在植物抗病反应中的作用主要表现在以下几方面：①具有抗微生物活性，具有直接杀死作用。②可参与植物细胞壁木质化及富含羟脯氨酸糖蛋白的交联，使细胞壁强化。③诱导过敏性反应的发生。④诱导临近细胞防卫基因的表达，并启动植物保卫素合成基因的转录。

（3）植物保卫素（phytoalexin）。简称“植保素”，是植物被病原物侵染或受到多种生理的、物理的、化学的因子诱导后，所产生或积累的一类小分子抗菌性次生代谢产物。植保素具有体外抑菌活性，对真菌的作用较强，可抑制菌丝生长和孢子萌发。植保素在病原菌侵染点周围细胞中合成，并向毗邻的已被病原菌定植的细胞中扩散，在已死亡和即将死亡的细胞中有大量积累。在植保素积累达到毒害浓度时，病原菌停止扩展和生长。有些植保素对细菌、线虫、植物或动物等也有抑制作用，对植物病毒无明显影响。

已知近30科植物产生植保素，豆科、茄科、锦葵科、菊科和旋花科植物产生的植保素最多。已明确了350多种植保素的化学结构，其中多数为类黄酮和类萜化合物。

(4) 病程相关蛋白(pathogenesis-related protein，PR)。植物受病原物侵染过程中诱导产生的一类低分子质量蛋白质。已知有些PR蛋白与植物的抗病性有关。

PR蛋白种类很多，功能复杂，现已在30多种植物中发现了PR蛋白。PR蛋白有多方面的功能，有些具有葡聚糖酶、几丁质酶、蛋白酶、蛋白酶抑制剂、病毒复制抑制因子或抗菌物质活性，可抑制细菌、真菌生长或病毒复制。有些PR蛋白为植物细胞壁结构蛋白，可在侵染部位积累，加固植物细胞壁；有些PR蛋白还具有过氧化物酶或芳香族化合物合成酶类的活性，能促进木质素、植保素等物质的合成。PR蛋白被认为是植物抗病性的重要因素，但多数PR蛋白的功能尚不清楚。

(5) 合成抗菌物质。受病原物侵染而增加合成的抗菌物质包括酚类化合物及其衍生物、有关水解酶类和与细胞壁修饰有关的组分。

(6) 植物对病菌毒素的解毒作用。植物组织能够代谢或分解病原菌产生的毒素，将毒素转化为无毒害的物质。植物的解毒作用是一种主动防卫反应，能够降低病原菌的毒性，抑制病原菌在植物组织中的定植和症状表达。

(三) 植物的避病和耐病机制

避病和耐病构成了植物防卫系统最初和最后两道防线，即逃避接触和减少损失。避病和耐病与抗侵入、抗扩展和抗繁殖有着不同的遗传和生理基础。作物本身具有的避病和耐病性状，不受病原物致病性分化的影响，但因栽培措施、环境条件和病原物状态不同而有所变化。

1. 植物的避病机制　植物的避病机制主要是因为时间错开或者空间隔离而躲避或减少与病原物的接触，分别称为“时间避病”和“空间避病”。

对于只能在幼芽和幼苗期侵入的病害，种子发芽势强、幼芽生长和出苗快、幼苗组织硬化较快，都可缩短寄主易感部位与土壤病原菌共处的时间，从而减少了侵染概率。小麦种子发芽快、幼芽出土快的品种可有效躲避秆黑粉病菌和普通腥黑穗病菌侵入，发病轻，具有时间避病性。

植物的形态和机能特点可能成为重要的空间避病因素。小麦叶片上举、叶片与茎秆间夹角小的品种比叶片平伸的品种其叶面着落的病菌孢子较少，且不易附着露水，条锈病和叶锈病都较轻。矮秆小麦茎节较短，纹枯病菌和雪霉叶枯病菌由基部茎秆上行传播快，往往发病严重。马铃薯株型直立品种比匍匐品种晚疫病重。大麦、小麦散黑穗病菌由花器侵入，闭颖授粉的品种感染较少。

2. 植物的耐病机制　关于植物耐病机制还知之有限，可能主要是病株自身的补偿作用，未发病部分生理机能增强，弥补发病部分被破坏所造成的损失。禾谷类作物耐锈品种具有很强的生理调节能力和补偿能力。小麦中的耐叶锈菌品种病叶上孢子堆之间的绿色组织光合速率增高，可部分补偿病原物的消耗，对营养器官中储存物质的利用也明显增强，输入籽粒中的氮、磷和碳水化合物减少不多，仍能维持较高的产量。

具有结构补偿作用的品种，发病后可以生成更多的组织或器官，抵消病原菌的破坏。大麦被全蚀病菌侵染后，能产生不定根，抵偿病原菌对根的破坏，因而在同等侵染水平下，大麦比小麦耐病。

（四）植物的诱导抗病性及其机制

1. 诱导抗病性概念和类型　诱导抗病性(induced resistance)是植物经病原物接种或经其他生物或非生物因子处理后所激发的对病原物侵染的抵抗性，也称为获得抗病性(acquired resistance)，是一种针对病原物再侵染的抗病性。

最初在植物病毒研究中发现近缘株系间有“交互保护作用”，即用弱毒株系接种寄主植物后，若再接种强毒株系，寄主表现出一定程度的抗性。一般称第一次接种为“诱发接种”(inducing inoculation)，用以诱导产生抗病性；第二次接种为“挑战接种”(challenge inoculation)。后来发现这种诱导抗病性现象是普遍存在的，即使不用活的病原物接种，而用失活的生物体、生物体成分或用物理因子、化学物质预先处理，也能诱导出抗病性。

根据诱导抗病性的表达范围，将其划分为局部诱导抗病性(local induced resistance)和系统诱导抗病性(systemic induced resistance)或系统获得抗病性(systemic acquired resistance, SAR)两类。局部诱导抗病性只表现在诱导接种部位，系统诱导抗病性是在同一植株未行诱导接种或预先处理的部位和器官所表现的抗病性。

2. 植物的诱导抗病性的抗病机制　关于诱导抗病性的作用机制，已提出了许多假说。早期人们多用诱发接种物的占位效应解释诱导抗病性。近年来研究表明，诱导抗病性依赖植物原有的主动抗病性因素和信号传递系统。诱导接种后，在许多植物中都发现有活性氧的积累，活性氧可以充当信号分子传递信号，使植物产生许多类似主动抗病性的防卫反应。例如，植物细胞壁的内侧或外侧表面沉积新生细胞壁类似物质，产生胼胝质沉积和形成乳突；富含羟脯氨酸糖蛋白、木质素、木栓质、病程相关蛋白等积累；激发植保素产生；各种防御酶活性明显增强等，对病原物侵染和扩展起机械屏障作用和化学阻滞作用。

（左豫虎　编写）

第三节　寄主与病原物的互作

一、罹病植物的生理生化变化

植物受到病原物侵染后，产生一系列具有共同特点的生理生化变化。植物细胞膜透性改变和电解质渗漏是侵染初期重要的生理病变，随后呼吸作用、光合作用、水分生理、核酸和蛋白质、酚类物质以及其他方面也发生相应的变化。罹病植物的生理生化变化往往是相互影响、相互联系的。

（一）呼吸作用

呼吸强度提高是寄主植物对病原物侵染的一个重要的早期反应。一般规律为病原物侵染后，罹病植物的呼吸作用迅速增强，在病原物繁殖及产孢期继续上升，之后开始下降至正常水平或低于正常水平。不同的病原物与寄主互作体系对植物呼吸作用的影响不同，非亲和性互作中，呼吸强度增高的早且快，但峰值较低，在达到最大值后下降的也快；亲和性互作过程中呼吸强度增高的慢，但持续时间长，峰值也较高，但在某些病原物与寄主互作体系中，呼吸作用变化不显著。例如，被锈菌、白粉菌等专性寄生菌侵染后，植物呼吸强度增强的峰值往往出现在病原菌产孢期。又如，小麦感病品种被条锈菌侵染的初期，病株光呼吸强度和暗呼吸强度略有降低，显症后则明显上升，产孢盛期达到高峰，发病末期减弱乃至停止呼吸，抗病品种呼吸强度上升早，但峰值较低。此外，罹病植物呼吸作用的变化还有两个特点：一是变化仅限于病原物定植部位及其周围；二是此种变化是非特异性反应，各类病原物都可以引起罹病植物呼吸作用的增强，某些非生物因素造成的损伤也能引起植物呼吸强度的增加。

除呼吸强度的变化外，罹病植物葡萄糖降解为丙酮酸的主要代谢途径与健康植物也有明显不同。健康植物中葡萄糖降解的主要途径是糖酵解，而病株主要是磷酸戊糖途径，磷酸戊糖途径中的一些中间产物是重要的生物合成原料，与核糖核酸、酚类物质、木质素和植物保卫素等许多化合物的合成有关。

关于罹病组织中呼吸作用增强的原因，目前还缺乏一致的观点。一般认为它与寄主组织中生物合成的加速、氧化磷酸化作用的解偶联作用、末端氧化酶系统的变化以及线粒体结构的破坏等方面有关。

（二）光合作用

光合作用是植物最主要的生理功能，病原物的侵染对植物光合作用产生了多方面的影响，包括光合速率、叶绿体结构及功能、光化学反应、二氧化碳的吸收与固定以及光合产物的转移，总的来说，与呼吸作用上升相反，通常情况下罹病植物的光合作用都要降低。

病原物的侵染对植物明显的影响是破坏了绿色组织，减少了植物进行正常光合作用的面积，光合作用减弱。马铃薯晚疫病严重流行时可以使叶片完全枯死和脱落，减产程度与叶片被破坏的程度成正比。锈病、白粉病、叶斑病和其他植物病害都有类似的情况。叶面被破坏的程度常常用来估计叶斑病和叶枯病的病害损失程度。

许多产生褪绿症状的罹病植物，由于叶绿素被破坏或者叶绿素合成受抑制而使叶绿素含量减少，也导致光合能力下降。已经发现感染病毒而表现褪绿或者黄化的植株中叶绿素分解酶的含量较高，使叶绿素大量分解，光合作用减弱。

叶绿体和其他细胞器裂解，使 CO_2 的固定率降低，也使光合作用下降，如感染白粉病的小麦叶片吸收 CO_2 的能力明显减弱，病株光合磷酸化作用和形成三磷酸腺苷（ATP）的能力下降。

有些植物病原真菌，如煤炱菌、枝孢菌等的菌丝覆盖在植物叶片表面上，也会影响植物对光的吸收，进而影响光合作用。

光合产物的转移也受到病原物侵染的影响。病组织可因 α-淀粉酶活性下降，导致淀粉积累。发病部位有机物积累的原因还可能是光合产物输出受阻或者来自健康组织光合产物的输入。病组织中有机物积累有利于病原物寄生和繁殖。到发病后期，病组织积累的有机物趋于减少和消失。

（三）核酸和蛋白质代谢

植物受病原物侵染后核酸代谢发生了明显的变化。病原真菌侵染前期，病株叶肉细胞的细胞核和核仁变大，RNA 总量增加，侵染的中后期细胞核和核仁会变小，RNA 总量下降。在整个侵染过程中 DNA 变化较小，只在发病后期才有所下降。例如，小麦叶片被条锈菌侵染后，RNA 总量自潜育期开始显著增多，产孢期增幅更大，此后逐渐下降。感病寄主叶片中 RNA 合成能力明显增强，抗病寄主叶片中虽也有增强但增幅较小。

烟草花叶病毒（TMV）侵染寄主后，由于病毒基因组的复制，寄主体内病毒 RNA 含量增高，寄主的 RNA 特别是叶绿体 RNA 的合成受抑制，因而引起严重的黄化症状。在细菌病害方面，由根癌土壤杆菌(*Agrobacterium tumefaciens*)侵染所引起的植物肿瘤组织中，细胞分裂加速，DNA 显著增多，并且还产生了健康植物组织中所没有的冠瘿碱一类的氨基酸衍生物。

在病原真菌侵染的早期，罹病株总氮量和蛋白质含量增高，在侵染后期病组织内蛋白质水解酶活性提高，蛋白质降解，总氮量下降，但游离氨基酸的含量明显增加。植物受病毒侵染后常导致寄主蛋白质的合成改变，以满足病毒外壳蛋白大量合成的需要。

(四) 酚类物质和相关酶活性

酚类化合物是植物体内重要的次生代谢产物，植物受到病原菌侵染后，酚类物质和一系列酚类氧化酶都发生了明显的变化，这些变化与植物的抗病机制有密切关系。

酚类物质及其氧化产物——醌的积累是植物对病原菌侵染的非专化性反应。醌类物质比酚类对病原菌毒性高，能钝化病原物的蛋白质、酶和核酸。罹病植物体内积累的酚类前体物质经一系列生化反应后可形成植物保卫素和木质素，发挥重要的抗病作用。

各类病原物侵染还引起一些与活性氧代谢或酚类代谢相关的物质活性增强，其中最常见的有苯丙氨酸解氨酶(PAL)、过氧化物酶(POD)、过氧化氢酶(CAT)、多酚氧化酶(PPO)等，其中苯丙氨酸解氨酶和过氧化物酶最重要。苯丙氨酸解氨酶可催化 L-苯丙氨酸还原脱氨生成反式肉桂酸，再进一步形成一系列羟基化肉桂酸衍生物，为植物保卫素和木质素合成提供苯丙烷碳骨架或碳桥，因此病株体内苯丙氨酸解氨酶活性增高，有利于植物抗病性表达。过氧化物酶在植物细胞壁木质素合成中起重要作用。受到病原菌侵染后，表现抗病反应的寄主和表现感病反应的寄主过氧化物酶活性虽然都有提高，但前者的酶活性更高。不过也有一些病例，侵染诱导的过氧化物酶活性提高与抗病性增强无明显的相关性。

(五) 水分运转

植物叶片发病可提高或降低水分的蒸腾，因病害种类不同而异。麦类作物感染锈病后，叶片蒸腾作用增强，水分大量散失。蒸腾速率的提高是一个渐进的过程。由显症阶段开始，产孢盛期达到高峰。叶面锈菌孢子堆开始形成时产生的裂口以及气孔机能的失控，都降低了水分扩散的阻力，导致病叶含水量减少，细胞膨压和水势降低，溶质势增高。有些病害能明显抑制气孔开放，叶片水分蒸腾减少，从而造成病组织中毒素或乙烯等有害物质积累。

多种病原物侵染引起的根腐病和维管束病害显著降低根系吸水能力，阻滞导管液流上升。番茄尖镰孢侵染番茄后，病株水分和矿物盐在木质部导管中流动的速度只有健株的十分之一。番茄黄萎病病株茎内液流上升速度较健株慢 200 倍。

阻碍液流上升的主要原因是导管的机械阻塞，而造成阻塞的因素可能是多方面的，病原菌产生的多糖类高分子质量物质、病原细菌菌体及其分泌物、病原真菌的菌丝体和孢子、病原菌侵染诱导产生的胶质和侵填体等都有可能堵塞导管。

另外，病原菌产生的毒素也能引起水分代谢失调。有些毒素是高分子质量糖蛋白，本身就能堵塞导管。镰孢属真菌产生的镰刀菌酸是一种致萎毒素，它能损害质膜，引起细胞膜渗透性改变、电解质渗漏、细胞质离子平衡被破坏等一系列生理变化，造成病株水分失调而萎蔫。

植物感染根腐类真菌和细菌、大多数线虫以及一些病毒后，根系受到破坏，使功能根的数量、根毛的产生减少或者改变细胞透性，以上情况均可以干扰水分的吸收和运输。

二、寄主与病原物的互作机制

植物病害是寄主与病原物互作的结果，是长期进化的产物。寄主植物与各类病原物相互适应、相互作用，各自不断变异又相互选择，病原物形成种种形式和程度的致病性，寄主植物也相应地发展出种种形式和程度的抗病性，这样就保持了致病性和抗病性的平衡。

（一）基因对基因概念

基因对基因概念(gene for gene concept)是Flor于1955年在研究亚麻和亚麻锈病关系的基础上总结得出的。他认为寄主植物有一个控制抗病性的基因，在病原物方面就有一个相应的控制毒性的基因。依此类推，如果寄主植物具有2个、3个或4个控制抗病性的基因，病原物方面就相应地有2个、3个或4个控制毒性的基因。在寄主-病原物组合中，如果寄主表现为抗病反应，则说明病原物不具有克服寄主抗病基因的对应毒性基因。一般来说，寄主植物抗病基因是显性的(R)，而感病基因是隐性的(r)，病原物的无毒基因通常是显性的(A)，而毒性基因是隐性的(a)。

许多专性寄生菌侵染引起的病害，如锈病、白粉病、病毒病、黑粉病，以及一些非专性寄生菌引起的病害，如苹果黑星病、番茄叶霉病、燕麦叶枯病的寄主与病原物相互关系均符合基因对基因假说。

（二）植物抗病基因

植物抗病基因(resistance genes)不是字义上的具有抗病功效的基因，而是指基因对基因假说中的寄主植物中与病原物无毒基因表现非亲和性互作的基因。到目前为止，已从拟南芥、番茄、烟草、亚麻、水稻、甜菜、玉米和大麦等植物中克隆了至少数十个R基因，分别抗细菌、真菌、病毒和线虫等不同类型的病原物，R基因均表现了保守结构域的特征。

1. 亮氨酸富集重复序列域(leucine rich repeat，LRR)　LRR是指连续重复的富含亮氨酸的一段氨基酸序列，一般每个重复序列约由24个氨基酸残基组成，并在某些位置上有规律地含有亮氨酸或其他疏水氨基酸残基。有些R基因的LRR位于细胞膜外，有些位于细胞膜内。位于膜内的LRR，识别膜内配体，含有与酵母腺苷酸环化酶相似的保守序列的不完整重复；位于膜外的LRR，识别膜外配体，含有保守的甘氨酸序列，这是所有跨膜LRR的特征。胞外LRR的重复数一般较高，最高可达38个重复，并且绝大多数重复的结构相对完整，而胞内LRR重复数一般仅有14个左右，个别也有21个和28个的，均为7的倍数，重复单位所含的氨基酸残基数虽然也大约为24个，但为不完整重复。从结构上看，胞外LRR第14位上的残基为甘氨酸，这是其位于胞外的重要特征，另外第17位上的残基为脯氨酸。LRR与植物抗病基因和病原物的无毒基因识别有关。

2. 丝氨酸/苏氨酸激酶结构(serine/threonine kinases，STK)　激酶作为生物信号转导途径中重要的一员，一直备受重视。STK的主要作用是通过与膜受体偶联参与磷酸化级联进行抗病信号转导。具有STK结构域的植物R基因在识别了外源病原物侵染信号后，通过STK与激活防卫基因的信号级联放大转导过程联系起来，从而使植物对病原物产生一系列的防卫反应。该激酶在抗病反应信号转导中通过磷酸化其他信号分子而传导信息。

3. 核苷酸结合位点(nucleotide-binding site，NBS)　NBS由3个区域组成，第一区域为磷酸结合环(P-loop)，又称激酶(kinase)1a，作用是结合ATP或GTP的磷酸，其共有序列为GM

(G/P)GXGKTT(a/T)(X为任意氨基酸,a为疏水氨基酸);第二区域为激酶2,共有特点是4个疏水氨基酸残基后紧跟一个带负电荷的天冬氨酸,但在植物中,这一区域的两边还具有高度保守的氨基酸,其共有序列为K(K/R)XaaaaDDV(W/D);第三区域为激酶3a,与DNA的嘌呤或核糖结合有关,通常含有一个精氨酸残基,其保守区为SraaaT(T/S)R。许多蛋白质中NBS结构具有与ATP或GTP结合的活性,抗病基因中的NBS是基因转录调控过程中的调节因子。

4. 亮氨酸拉链(leucine zipper,LZ)　LZ是指蛋白质一侧有规律地出现亮氨酸残基,LZ存在于一些寡聚蛋白中,许多DNA结合蛋白就含有LZ,LZ中每7个氨基酸残基构成一个重复,第7个位置上的残基为(异)亮氨酸。这些(异)亮氨酸在蛋白质二级结构中形成α螺旋的疏水基,在疏水交互作用下,两个LZ中(异)亮氨酸残基形似拉链,将其所在的亚基聚合成多聚体,LZ则在其中起着促进聚合的作用,从而与识别病原物或信号转导有关。

5. 果蝇Toll蛋白和哺乳动物白介细胞介素I受体同源域(Toll/interleukin-1 receptor homology region,TIR)　TIR的主要作用与激活防卫基因的转录因子有关。

根据结构域类型,绝大多数R蛋白可分为以下5种类型:①含LRR和NBS的胞内蛋白;②编码STK蛋白;③具有胞外LRR区域的跨膜受体蛋白;④具胞外LRR区域和胞内STK的跨膜受体蛋白;⑤编码毒素还原酶蛋白。

(三) 病原物无毒基因

病毒中,烟草花叶病毒(TMV)等10多种病毒的无毒基因已被克隆。现已明确的病毒无毒基因产物均为病毒致病相关功能蛋白,包括病毒外壳蛋白、复制酶蛋白和运动蛋白等。研究表明,一种病毒可诱发多种植物产生HR,可针对不同种植物的不同抗病基因。同种病毒中被识别的无毒因子不同,如TMV诱导烟草基因、毛叶烟N基因、番茄Tm-2和Tm-22介导HR的无毒因子N分别为复制酶蛋白、外壳蛋白及运动蛋白。这些结果符合基因对基因模型。值得注意的是,同种病毒无毒因子可以诱导不同抗病基因介导的HR,如胡椒轻型斑驳病毒的外壳蛋白诱导胡椒抗病基因L1和L3介导的HR。这些不同抗病蛋白是否识别同一外壳蛋白的不同位点有待进一步证实。此外、氨基酸序列差异大,血清学上相关性小的不同病毒外壳蛋白均能诱发同一抗病基因介导的HR,如TMV、齿兰环斑病毒和黄瓜绿斑驳花叶病毒(CGMMv)的外壳蛋白均能诱导N基因介导的HR。

细菌中,由于遗传操作相对简单,特别是鸟枪法得以广泛应用,40多个细菌无毒基因已被克隆,这个数目远远超过从其他植物病原菌中克隆到的无毒基因数,根据产物结构特点,细菌无毒基因主要可分为两大类。第一类为*AvrBs3*基因家族,包括黄单胞杆菌中大多数克隆的无毒基因。该家族基因产物中间区域均由富含亮氨酸的34个氨基酸重复单元组成的结构域,单元拷贝数因无毒基因而异,该结构域对多数寄主植物HR诱发起决定作用。此外,该类无毒基因许多成员C端存在类似于真核生物亮氨酸拉链结构域、若干细胞核定位序列,以及一个转录激活结构域,这些结构域能在植物体内起相应作用,且为激发所必需。第二类无毒基因彼此之间无同源性。

真菌中,由于缺乏简便有效的克隆方法,真菌无毒基因的克隆已落后于细菌无毒基因以及相应植物抗病基因的克隆。已从番茄叶霉病菌(*Cladosporium fulvum*)、大麦云纹病菌(*Rhynchosporium secalis*)、稻瘟病菌(*Magnaporthe grisea*)、亚麻锈病(*Melampsora lini*)以及番茄枯萎病菌(*Fusarium oxysporium* f. sp. *lycopersice*)等中克隆到了*AVR*基因,多数真菌无毒基因通过反向遗传方法克隆得到。

通过反向遗传方法从番茄叶霉菌克隆到的 *Avr9* 和 *Avr4* 基因是最早被克隆的真菌无毒基因。*Avr9* 和 *Avr4* 编码产物分别为 63 个和 135 个氨基酸，含信号肽，经植物和真菌蛋白酶加工后形成 28 个和 86 个氨基酸的成熟肽。

稻瘟病菌中 *AVR* 基因 *AvrPi-ta* 只能激发 Yashimochi 水稻植株产生抗性，该基因编码产物为含 223 个氨基酸的中性锌金属蛋白酶。通过植物体内瞬时表达分析发现，C 端 176 个氨基酸产物为成熟 HR 激发子。*AvrPi-ta* 作用位点在水稻细胞质内。这些结果支持其与位于胞质内的互补抗病基因 *pi-ta* 产物互作诱发防卫反应的无毒基因和抗病基因互作模型。

综上所述，绝大多数病原物 Avr 相互之间及与已知序列之间均无明显序列相似性，说明病原物中被植物识别位点的多样性及植物识别病原物的高效性。病原物 *Avr* 基因具有双重功能，在抗病寄主植物中，与植物 R 基因互作导致抗病性的产生，而在不含有 R 基因的感病寄主植物中，起促进病原物侵染或有利于病原物生长发育等的作用。

（四）病原物与寄主互作机制

识别是病原物与寄主植物相互作用早期发生的过程。病原物侵染寄主植物过程中，双方刚一接触即可产生一系列物质和信息的相互交流和作用，从而激发相应的生理、生化和组织反应，决定了病害的发生是非亲和性反应还是亲和性反应。

基因对基因理论认为，植物的 R 蛋白与病原物的 Avr 蛋白的识别是受体-配体模式，植物抗病蛋白为受体，病原物无毒蛋白为配体，两者可直接结合，导致抗病信号的产生和传导，如水稻的 Pi-ta 与稻瘟病菌的 AVR-Pita。保卫假说(guard hypothesis)认为，抗病蛋白与无毒蛋白的识别方式为间接识别，病原物效应分子作为毒性因子在寄主植物中有一个或多个作用靶标，通过操纵或修饰此作用靶标，该效应分子有助于病原物在感病寄主中的侵染和致病；在抗病寄主植物中，病原物效应分子对植物作用靶标的操纵或修饰都导致"病原物诱导修饰自我"(pathogen-induced modified-self)分子模式的形成，从而激活互补的 R 蛋白，活化下游信号转导途径，导致抗性的产生。例如，拟南芥 RIN4 和抗病蛋白 RPM1 及 RPS2 以复合物形式存在，并作为抑制子使 RPM1 及 RPS2 处于失活状态，当病原物侵染寄主时，RIN4 作为 3 个无毒蛋白 AvrB、AvrRpm1 和 AvrRpt2 的作用靶标，经修饰后分别活化 RPM1 及 RPS2，从而使 RIN4 得到保卫，激发植物抗病反应。

（薛春生　编写）

思考题

1. 叙述植物抗接触(避病)、抗侵入、抗扩展和抗损失(耐病)机制。
2. 叙述活性氧在植物抗病反应中的作用。
3. 比较植物先天抗生素与植物保卫素的异同。
4. 如何证明植物保卫素是植物的一种主动抗病性因素?
5. 比较主动抗病性与诱导抗病性的异同。
6. 简述 PAMP 的主要内涵。
7. 比较病原菌毒素与受体，无毒基因与 R 基因间关系的不同。
8. 如何区别抗性基因和防御反应基因?

第四章　侵染性植物病害的发生、流行和预测

第一节　病原物的侵染过程与病害循环

一、侵染过程

病原物的侵染过程(infection process)是指病原物与寄主植物的感病部位接触，侵入寄主植物，并在其体内繁殖和扩展，发生致病作用，使寄主显示病害症状的过程。对寄主植物而言，病原物的侵染过程也是植物个体遭受病原物侵染后的发病过程，被称为病程(pathogenesis)。病程中的植物和病原物构成了一个植物病害体系(pathosystem)。因此，病原物的侵染过程受到病原物、寄主植物和环境因素的影响。

病原物的侵染过程是一个连续的过程，为了便于认识和分析，一般人为地将其分为侵入前期(prepenetration period)、侵入期(penetration period)、潜育期(incubation period)和发病期(symptom appearance period)4 个阶段。

(一) 侵入前期

侵入前期是指病原物在侵入前与寄主植物感病部位直接接触，或达到能受到寄主外渗物影响的根围或叶围，开始向侵入部位生长或运动，并形成某种入侵结构的一段时间。这一时期是决定病原物能否侵入寄主的关键时期，也是病害防治的关键时期。

在自然情况下，大多数病原物被动地由风、水、昆虫或其他介体携带传播，随机落在植物体上。风传的病原物仅有少部分能够落在寄主植物的感病部位。存在于土壤中的病原物受到植物根部分泌物的引诱发生趋化性移动。介体传播的病原物借助于生物介体可有效地传播到寄主植物上。

病原物与寄主接触后，并不马上侵入寄主，而是在植物表面或根围生长一段时间，在这个过程中，真菌孢子萌发产生的芽管或菌丝的生长、释放的游动孢子的游动、细菌的分裂繁殖、线虫幼虫的蜕皮和生长等都有助于病原物达到寄主植物的可侵染部位。病原物与寄主在接触期间会发生一系列的识别(recognition)活动，包括物理识别和生化识别等。植物病原物与寄主植物的识别可以促进或阻碍病害的发生发展，可划分为亲和性识别和非亲和性识别。亲和性识别是指导致有效定植和感病反应的识别作用；非亲和性识别是指使病原物侵染受阻和使寄主植物产生抗病反应的识别作用。

在侵入前期，病原物受环境条件影响较大，其中湿度、温度对病原物的影响最大。温度、湿度往往影响病原物的活动和侵入结构的形成；同时也对寄主产生影响，如影响其生理特性，改变分泌产物或营养物的数量，从而影响病原物的侵染。

(二) 侵入期

病原物的侵入期是指从病原物开始侵入寄主到建立寄生关系的一段时间。

病原物的侵入方式分为主动侵入和被动侵入。真菌大都具有主动性，以芽管或菌丝从伤口、自然孔口或直接穿过表皮侵入。线虫可以穿刺完整的植物细胞和组织，寄生性种子植物可

直接通过吸根穿过寄主细胞和组织吸收营养，具有明显的主动性。植物病原细菌主要以菌体被动地随水滴或植物表面的水膜进入伤口或自然孔口。植物病毒都是从因各种方式造成的微伤口被动地进入植物或者由介体直接注入。

各种病原物的侵入途径不同，通常有直接侵入、自然孔口侵入和伤口侵入 3 种途径。

1. 直接侵入 直接侵入是指病原物直接穿透寄主的保护组织（角质层、蜡质层等）和细胞壁侵入寄主。这是真菌、卵菌和线虫最常见的侵入方式，同时也是寄生性种子植物唯一的侵入方式。真菌直接侵入的典型过程为：真菌孢子降落在寄主植物的感病部位，在适宜的条件下萌发形成芽管，芽管的顶端膨大形成附着胞（appressorium），附着胞分泌黏液固定在植物表面，并产生纤细的侵染钉（penetration peg），侵染钉借助机械压力和分泌的酶共同作用穿过寄主的角质层，然后侵染钉恢复成正常菌丝，先在角质层下扩展，穿过寄主的细胞壁进入细胞内，或先在细胞间隙扩展，后进入细胞内（图 4-1）。

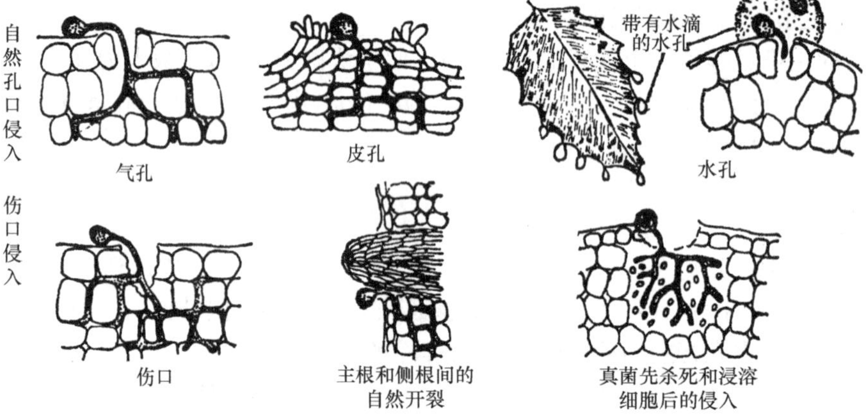

图 4-1 植物病原真菌通过自然孔口侵入和伤口侵入（仿 Agrios，2004）

2. 自然孔口侵入 自然孔口侵入是指病原物通过植物的多种自然孔口（如气孔、水孔、皮孔、柱头、蜜腺等）侵入植物的方式，其中以气孔（stomatas）侵入最为重要。许多真菌和细菌通过气孔侵入植物，真菌孢子在植物表面萌发形成芽管，而后产生芽管从气孔侵入。有些细菌能够通过水孔（hydathodes）侵入，如水稻白叶枯病菌；有些细菌，如梨火疫病菌可通过蜜腺（nectaries）侵入。此外，少数真菌和细菌，如苹果轮纹病菌和软腐病细菌还可通过皮孔（lenticels）侵入（图 4-2）。

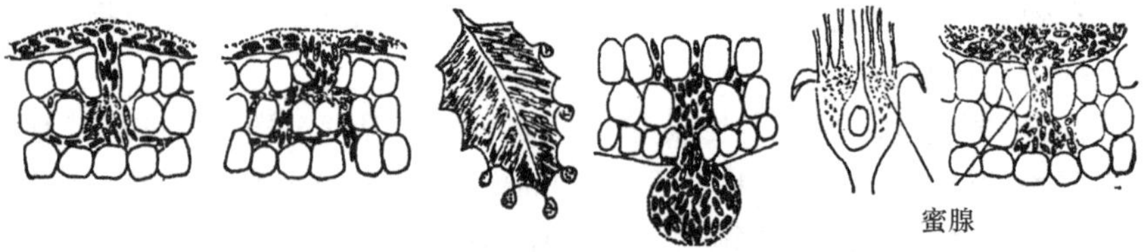

图 4-2 植物病原细菌从自然孔口侵入（仿 Agrios，2004）

3. 伤口侵入 伤口侵入是指病原物从植物表面的各种伤口侵入寄主。这些伤口包括外因造成的机械损伤、冻伤、灼伤、虫伤，人类的栽培措施产生的伤口，植物自身生长过程中产生的伤口，以及其他病原物引起的伤口或病斑等。病毒、柔膜菌和难养细菌必须在活的寄主组织上生存，需要由活的寄主细胞上的微伤口侵入细胞。真菌和细菌的伤口侵入则有不同情况，一些病菌仅以伤口作为侵入途径，还有一些病菌需要利用伤口的营养物质，短暂生长后再侵入健康组织。

病原物侵入寄主所需的时间一般很短。部分植物病毒和细菌一旦与寄主的适当部位接触即可侵入。昆虫传播的病毒，侵入所需的时间长短因病毒的性质而不同。真菌孢子侵入所需时间较长，但很少超过 24 h。植物病原物成功侵染所需的最低接种体数量称为侵染剂量(infection dosage)。侵染剂量因病原物的种类、活性、寄主品种的抗病性和侵入部位的不同而不同。许多侵染植物叶片的真菌，单个孢子就能引起侵染，如麦类作物的锈菌。

病原物能否成功侵入寄主，受到多种因素的影响，如寄主感病期、感病器官及其侵入时的环境条件。湿度是影响病原物侵入的主要因素，在一定范围内，湿度的高低和持续时间的长短决定孢子能否萌发和侵入。温度主要影响孢子萌发和侵入的速度，在适宜的温度条件下，病原物侵入时间短。此外，光照对病原物的侵入也有一定的影响，如通过气孔侵入的病菌，光照可以决定寄主气孔的开闭，从而影响病菌的侵入。

(三) 潜育期

病原物的潜育期是指从病原物与寄主建立寄生关系到寄主开始表现症状的一段时期。这段时期是病原物在寄主体内繁殖和蔓延的时期，是植物病原物侵染过程的重要环节。

病原物侵入后，首先在寄主体内定殖(colonization)，与寄主建立寄生关系，从中获得水分和养分，并从侵染点向四周扩展，进一步生长、繁殖。但是寄主并不是单纯提供水分和营养物，其对病原物的侵入有一定的反应。因此，潜育期也是病原物和寄主植物相互作用的时期。病原物的侵入不一定表示建立了寄生关系，而建立了寄生关系的病原物也不一定能够顺利在寄主体内扩展而引起病害。

营养关系是潜育期内病原物与寄主之间最基本的关系。病原物从寄主体内获得生存所必需的水分和营养物质，才能进一步繁殖和扩展。病原物通过两种方式从寄主植物中获取营养物质。死体营养生物(necrotrophs)是先杀死寄主细胞，然后从死亡的细胞中吸收养分。这一类的病原物都是非专性寄生的，它们产生酶和毒素的能力很强，对寄主的直接破坏作用很大。活体营养生物(biotrophs)能够与寄主活细胞建立密切的营养关系，从寄主细胞中吸收营养物质但并不很快引起细胞的死亡，通常菌丝在寄主细胞间发育和蔓延，仅以吸器深入细胞中吸收营养物质。属于这一类的病原物有锈菌、白粉菌、霜霉菌等专性寄生菌和接近专性寄生菌的黑粉菌、外囊菌等。

病原物在植物体内的扩展方式各不相同。有的病原物仅在侵染点周围的小范围内扩展，形成局部的或点发性的感染，这种现象称为局部侵染(local infection)，如斑点病等；有的病原物则从侵染点向各个部位蔓延，引起全株性的感染，这种现象称为系统侵染(systemic infection)，如棉花枯萎病、黄萎病、番茄青枯病等。有的病原物侵入寄主后，寄主并不立即表现症状，只有当环境条件适宜时或在寄主不同发育阶段才表现症状，这种现象称为潜伏侵染(latent infection)。例如，苹果轮纹病菌在幼果期从皮孔侵入，至果实成熟前后才表现症状。

植物病原物潜育期的长短受到病害类型、环境温度、寄主植物生长特性以及病原物致病性等影响。一般来讲，局部侵染的病害潜育期短，致病性强的病原物引起的病害潜育期短，适宜温度条件下病害的潜育期短，感病植物上的病害潜育期短。环境条件中温度对植物病害潜育期的长短影响较大，而湿度的影响较小。例如，稻瘟病在最适温度 25～28℃时，潜育期为 4.5

天；而温度在 9～11℃时，潜育期延长至 13～18 天。由于病原物在寄主体内的繁殖和蔓延与寄主植物的状况有关，所以同一病原物在不同寄主上，或在同一寄主的不同发育期，以及营养条件不同时，潜育期的长短也有差异。潜育期的长短与植物病害的流行密切相关，潜育期短，发病快，一个生长季节中的病害循环次数多，病害容易大发生或流行。

（四）发病期

发病期是指从患病植物出现症状到生长期结束，或植物死亡为止的一段时期。发病期是病原物大量增殖和扩大危害的时期。许多病害的症状不仅表现在病原物侵入和蔓延的部位，有的还可以影响到其他部位，甚至引起植株死亡。症状出现后，病原物经过一段时间的生长和扩展，然后进入繁殖阶段。病原物新产生的繁殖体可成为再侵染的来源。不同病原物的繁殖速度不同，一些真菌在一个生长季节能够产生惊人数量的新个体。

病原物和寄主的亲和程度能够影响病害症状的表现、发展速度以及病原物繁殖体的数量。例如，含抗叶锈 *Lr38* 基因的品种对我国现有的小麦叶锈病菌表现抗性，在发病部位产生过敏性坏死反应，不产生夏孢子；而在感病品种上，小麦叶锈病菌侵染寄主产生 3～4 个侵染型，产孢量很大。温度、湿度以及光照等条件对症状出现后的病斑扩展和病原物繁殖体的形成有一定影响。各种病原真菌的孢子形成对温度都有一定的要求，其范围比生长所要求的温度范围窄。多数真菌和细菌在湿度较大时扩展速度快并在病部产生大量的繁殖体和营养体。光是许多真菌产生繁殖体所必需的，不同真菌在其繁殖过程中对光照时间、光照强度和光的波长等的要求是不同的。

二、病害循环

病害循环（disease cycle）是指病害从一个生长季节开始发病到下一个生长季节再度发病的过程。侵染性病害的延续发生，在一个地区首先要有侵染源，病原物必须经过一定的途径传播到寄主植物上引起初次侵染，发病后在病部还可产生子实体，有些病害还有再次侵染，病原物还要以一定的方式越冬和越夏，度过寄主的中断期或休眠期，作为下一生长季节植物发病的初侵染源。因此，植物病害循环主要涉及病原物的越冬（over-wintering）和越夏（over-summering）、接种体的释放（inoculum release）和传播（transmission）以及病害的初侵染（primary infection）和再侵染（secondary infection）3 个方面。不同植物病害的特点不同，了解病害循环的特点是认识病害发生、发展规律的核心，也是对病害进行系统分析、预测预报和制定防治对策的依据。

（一）病原物的越冬和越夏

病原物的越冬和越夏是指病原物以一定的方式在特定场所度过不利其生长的冬季及夏季（寄主休眠期或中断期）的过程。病原物越冬和越夏的场所一般就是初侵染源的来源地。病原物的越冬和越夏与寄主生长的季节性有关。在我国大多数纬度较高或纬度较低而海拔较高的地区，一年四季分明，大多数植物在冬前收获或进入休眠，早春作物在夏季休眠，这些作物上的病原物需要进行越冬或越夏；而在热带和亚热带地区，各种作物在全年均可正常生长，植物病害不断发生，病原物无越冬和越夏问题。

1. 病原物越冬和越夏的场所　病原物的越冬、越夏场所很多，主要有田间病株、种子苗木和其他繁殖材料、病株残体、土壤、粪肥、昆虫介体以及温室或储窖等。

(1) 田间病株。只要被侵染的植物能够越冬和越夏，它就成为其病原物越冬和越夏的场所。无论在多年生、二年生还是一年生的作物中，各种病原物都可以不同的方式在田间正在生长的病株的体内或体外越冬和越夏。侵染多年生植物的根和茎部的病原物一般在侵染部位越冬和越夏。锈菌、白粉菌侵染冬小麦的秋苗后，以菌丝体在寄主体内越冬，小麦收获后这些病原物又在自生麦苗上越夏。杂草是多种病毒和细菌越冬和越夏的场所。

(2) 种子、苗木和其他繁殖材料。种子、苗木和无性繁殖材料是病原物重要的越冬和越夏场所，包括多种情况：①有些病原物的休眠体和种子混杂在一起，如小麦粒线虫的虫瘿；②有些病原物以休眠孢子附着在种子表面，如黑粉病菌的冬孢子；③有些病原物能够侵入并潜伏在种子、苗木和其他繁殖材料的内部，如甘薯黑斑病菌在甘薯块根中越冬。

(3) 病株残体。许多病原真菌和细菌可在病株残体中潜伏存活，或以腐生方式在残体上生活一定的时期。例如，玉米大斑病菌、水稻白叶枯病菌、稻瘟病菌、苹果黑星病菌等，都以病株残体作为其主要的越冬场所。

(4) 土壤。土壤是许多病原物在植物体外越冬和越夏的主要场所。病原物能够以休眠体在土壤中较长时间存活，如卵菌的休眠孢子囊和卵孢子、黑粉菌的冬孢子、菌核、线虫的胞囊或卵囊以及菟丝子和列当的种子等。除了休眠体外，病原物还可以腐生的方式在土壤中存活。以土壤作为越冬和越夏场所的病原真菌和细菌大体可分为两类。①土壤寄居菌(soil invaders)：只能在土壤中的病株残体上腐生或休眠越冬，当植物残体分解腐烂后，就不能在土壤中存活。②土壤习居菌(soil inhabitants)：对土壤适应性强，在土壤中可以长期存活并且繁殖。

(5) 粪肥。病原物会随病残体混入到粪肥中越冬和越夏；也有少数病原物可随病残体通过家畜的排泄物而混入粪肥。如若粪肥腐熟不充分，则可成为病害的初侵染源。

(6) 昆虫介体。一些由昆虫传播的病毒和细菌可以在昆虫体内增殖并越冬或越夏。例如，水稻黄矮病毒可在传毒的黑尾叶蝉体内越冬；玉米细菌性萎蔫病菌可在玉米叶甲体内越冬。

(7) 温室或储窖。有些病原物能在温室作物或储藏室的农产品中越冬。例如，甘薯黑斑病菌和马铃薯环腐病菌都可在储藏室内越冬。

2. 病原物越冬和越夏的方式　病原物越冬和越夏的方式多样，可以概括为休眠、腐生和寄生 3 种方式。有些病原物产生能够抵抗不良环境的休眠体，如卵孢子、接合孢子、冬孢子、厚垣孢子、菌核、子囊果和分生孢子果等进行越冬、越夏。有些病原物可以在病株残体、土壤及各种有机物上腐生来越冬、越夏。有些活体寄生物只能在活的寄主上越冬和越夏，如小麦锈菌等。

病原物能否顺利越冬、越夏以及越冬或越夏后存活的数量受到多种因素的影响。影响病原物越冬、越夏的主要因素是温度，其次是湿度。一般而言，凡环境条件，如温度、湿度、雨水、积雪等有利于作物越冬的都有利于病原物的越冬。夏季高温、潮湿有利于田间病残体的分解，可以减少病原物的越夏数量。

(二) 病原物接种体的传播

经过越冬或越夏的病原物，当条件适宜时产生的接种体经过释放和传播才能达到寄主的感病部位。因此，病原物接种体的释放和传播是引起植物病害的前提条件。

1. 接种体的释放　接种体(inoculum)是指病原物具有独立存活、传播和侵染功能的最小结构。真菌的接种体包括孢子、菌丝片段、菌核等;细菌、病毒和类病毒的接种体一般就是其个体;线虫的接种体为成虫、幼虫和卵;寄生性种子植物的接种体包括种子和根、茎片段。接种体的释放有主动和被动两种方式。有些病原物的孢子成熟后会主动释放。孢子的释放不仅需要克服与产孢器官的连接,还需要穿过寄主体表的空气静止层。子囊孢子的释放通常是由具有弹性的子囊的爆炸将子囊孢子顺序弹射出去。某些霜霉菌以及丝孢菌释放分生孢子时,若周围空气湿度从饱和状态突然降低,吸收了足够水分的分生孢子梗就发生极度扭转,成熟的孢子就被震落。多数病原物接种体是借助风、雨水、昆虫以及农事操作等外力被动释放的。

2. 接种体的传播　病原物接种体释放后,可以经多种方式和途径传播。有些病原物可以通过本身的活动进行传播,如立枯丝核菌每天在土壤中可蔓延 2.5 cm,线虫可在含水量适宜的土壤中爬行,有鞭毛的游动孢子和细菌在水中通过游动实现传播,但是这种传播的距离都是极其有限的。病原物的传播主要还是依赖外界的因素,其中有自然因素和人为因素。

(1) 气流。气流传播是最常见的病原物接种体的传播方式。真菌的孢子数量大、体积小并且质量轻,非常适合于气流传播。真菌的孢子被气流携带的距离较远,可达几百米至数千米。然而,接种体传播的距离并不能代表病害的传播距离。部分接种体在传播途中死亡,有的接种体传播后接触不到感病寄主或接触后不具备侵染条件而丧失生活力。

(2) 雨水。植物病原细菌和产生分生孢子盘、分生孢子器的病原真菌,菌体或孢子间有胶质,胶质遇水膨胀和溶化后,接种体才能散出,随着雨水或露滴传播。土壤中存在的病原物接种体可经过雨水反溅到近地面的植物上,或随雨水或灌溉水的流动而传播。

(3) 介体。蚜虫、叶蝉、飞虱和粉虱等是植物病毒的重要传毒介体。此外,线虫和螨类不仅能够传播真菌孢子和细菌,也能够传播多种病毒。寄生性植物,如菟丝子在植物之间的缠绕、寄生能够传播病毒。

(4) 人为因素。人类能以各种方式传播所有病原物的接种体。人们携带、调运带有病原物的种子、苗木和其他繁殖材料,可造成病原物的远距离传播。人类的生产活动、农事操作和使用的农具能够引起病原物的近距离传播。

(三) 病原物的初侵染与再侵染

越冬或越夏的病原物接种体在植物的一个生长季节中初次引起的侵染,称为初侵染。受到初侵染而发病的植物上产生的子实体,在同一生长季节中经过传播引起寄主再次发病的过程称为再侵染。

根据病害循环和侵染过程的概念,将植物病害划分为单循环病害(monocyclic disease)和多循环病害(polycyclic disease)。单循环病害是指只有初侵染而无再侵染,或虽有再侵染但危害作用很小的病害,该类病害多为土传、种传的系统性病害,如小麦散黑穗病和粒线虫病等。多循环病害是指除了初侵染外还有再侵染的病害,这类病害在植物的一个生长季节中能够发生多次侵染过程,多为局部侵染的病害,其潜育期短,病原物繁殖速度快。许多重要的流行病,如马铃薯晚疫病、小麦条锈病、玉米小斑病、稻瘟病等都属于此类病害。

(高小宁　编写)

第二节　植物病害的流行与预测

一、植物病害流行的主导因子

植物病害流行是指植物病害群体的时间、空间变化动态。狭义概念为植物病害短时间、突发性成灾的现象。

植物病害的发生发展和流行受生态系统中众多因素的影响，寄主植物群体、病原物群体、环境条件和人为活动等诸多因素都会影响、干扰和制约着植物病害的流行。引起植物病害流行的主要因子，称其为主导因子。从病害发生的四面体关系的角度来说，病害的流行涉及寄主植物、病原物和环境条件，而这些要素都受人类活动的影响。我们可以从病害四面体的各个方面，理解病害流行的主导因素。

（一）寄主植物

寄主植物群体的感病性是植物病害流行的必要条件之一，寄主植物的抗病性对病害的发生发展有着重要的影响，植物病害的流行需要有大量感病的寄主植物存在。在农田生态系统中，往往是单一的品种大面积地种植，这为病害的流行提供了足够的来自寄主方面的条件。然而单一大面积推广某种抗病品种，容易使抗病品种的抗性丧失而成为感病品种。

（二）病原物

病原物的致病性是与寄主的感病性相对应且同时存在的，寄主植物具有感病性常意味着病原物具有致病性。由于农田中往往大量种植具有感病性的同一品种，为病原物的繁殖提供了足够的营养和栖息地等条件，病原物容易大量增殖，这对于病害的快速发生发展而流行成灾奠定了病原基础。

（三）天气和环境条件

对于大多数单年流行病来说，天气条件等环境因素对病害流行的影响很大。人们种植作物的种类无疑适合于种植地区的环境和气候条件，而与之相对应的病原物，在长期的进化选择中，也会适应这种气候和环境条件，这是农田中植物病害能发生且能流行的重要因素。此外，在农田系统中，往往会由于栽培管理等措施的不当，造成适合病害发生发展的小气候条件，从而引发病害的流行。

（四）人为因素

人类活动对环境的干扰是很多农作物病害能够大面积发生流行的重要原因。在没有受到人类活动干扰或者受人类活动干扰很小的原始森林中，植物病害少有流行成灾的，即使有病害发生，也仅仅局限于小的范围或者其严重程度很小。这是由于寄主植物和其病原物长期协同进化、相互制约、相互适应的结果。

但是，农田系统是在人的活动下形成的，人类选育出高产作物品种的同时，也通过人为的选择，把与作物长期进化的很多有利因素丢失了，而且，在种植区内不断进行的品种选择和轮换，使寄主与病原物的相互适应和协同进化的可能性很小。这就使得在农田系统中，一代品种大面积种植以后，其相应病原物的毒性小种便被选择出来，一定时间内发展成为优势小种而造成巨大的损失。此外，人为活动还会抑制自然界中病原物的竞争者，从而导致病原物能在充分的营养和栖息地的情况下，迅速增长，进而流行成灾。

二、植物病害的调查与计量

了解植物病害的流行需要对病害进行描述和动态追踪，而病害调查是描述病害发生、发展的一种常用方法。病害调查分一般调查、重点调查和调查研究 3 种。人们常根据不同的目的而采用不同的调查方法。例如，为了解某一地区作物病害发生情况时，采用一般调查；针对某一病害进行的调查，需要了解其分布、发病率、损失、环境影响和防治效果时，采用重点调查；针对病害的某一个问题进行的调查为调查研究，目的是为解决病害的某个问题。

人们通常采用发病率和病情指数表示病害的发病程度。病害调查时，取样方法是影响调查能否反映实际情况的关键因子，主要涉及取样地点、取样数量、样本类别和取样时间。这些因素因病害的不同而存在差异。

植物病害的分布、危害、发生规律、品种抗病性以及防治效果等，都要通过病情调查才能掌握，因此，病害调查是植病工作者必须掌握的基本技术之一。

（一）调查方法

调查方法因调查的目的、内容、对象、精度要求等的不同而存在差异。如要了解某种病害发生的一般情况，最好选择病害的盛发期在一定范围内进行普查；而要了解病害的发生规律，则要采取定点定期的系统调查，并且要持续进行多年。

调查取样的方法，直接影响调查结果的准确性。如果调查对象的空间分布型未知，为了使取样具有代表性，调查之前最好对全田进行普查，对病害的分布型、发病率做出估计，然后根据分布情况选择适宜的取样方法。田边植株往往不能代表全田的发病情况，应离开田边 5～10 步开始取样。取样的单位可以是一定的面积、一定的行长、一定数量的叶片等。样本的大小和类型根据调查的对象、精度要求来确定。调查取样过程中，应尽量避免人的主观因素干扰，而在具体的调查过程中，还要强调调查的规范性。

（二）病害程度的记载与计算

植物病害的种类很多，危害情况各异，因而，记载方法也不尽一致。目前使用较普遍的记载标准主要有发病率、严重度和病情指数。

发病率是指发病的普遍程度，用病叶（病穗、病株）数占调查总叶（穗、株）数的百分率表示。

$$普遍率(\%)=\frac{病叶(病穗、病株、病果、病花等)数}{调查总叶(穗、株、果、花)数}\times100\%$$

严重度的概念有个体水平和群体水平上的两种解释。个体水平上讲，严重度是指发病位点的病害程度。例如，条锈病的严重度是指病叶上夏孢子堆所构成的病斑面积与叶面积的比率，分为 1%、5%、10%、20%、40%、60%、80%和 100%；也有用病级表示单株或单穗严重度的。由于各种病害有不同的分级标准，人们往往考虑病害在整株（或整穗）上所占的比例、病部高度或所造成的损害程度等。

$$平均严重度(\%)=\frac{\sum(严重度\times该级病叶数)}{调查总病叶数}\times100\%$$

$$病情指数=发病率\times平均严重度$$

病情指数表示群体水平上病害发生的程度时，以病级表示严重度的，利用下述公式计算：

$$病情指数 = \frac{\sum [病级数 \times 该级病叶(穗、株、花、果)数]}{调查总数 \times 最高病级} \times 100$$

三、植物病害流行的时间动态

植物病害流行的复杂过程可以分解为时间动态过程和空间动态过程。植物病害流行的时间动态是指在一个生长季节内的植物病害数量随时间变化的过程。

在一个生长季内，病害的发生流行随着时间的变化而产生动态过程，数量由少到多，病害由轻到重。病害数量增加的特点会因不同的病害而异，有的病害发展很快，有的病害则发展缓慢。根据病害数量累积的特征，可以把病害分为单利式病害(simple interest disease)和复利式病害(compound interest disease)两种类型。这两个概念由范德普朗克(van der Plank)于1963年在《植物病害：流行和防治》一书中提出，与前面对应，单利式病害相当于单循环病害，复利式病害则是多循环病害。在单循环病害流行中，所有的新的病害都是由初始菌源产生的。在多循环病害中，新形成的病害能再产生新的侵染体而进行新的侵染。

在一个流行季节中，病害发生发展的数量随着时间变化而变化。以病害数量为纵坐标，时间为横坐标，绘成时间曲线，即为病害流行的时间动态曲线(disease progress curve)。

不同病害或同一病害在不同条件下，会有不同类型的时间动态曲线，如S形曲线、单峰曲线和多峰曲线。有些病害在作物生长初期发生，随着时间的推移，病害逐步增加，在生长季节中期达到最大值，然后逐步下降，形成单峰曲线；有些病害则在一个生长季节中，病害出现多次上升和下降，病害发展曲线呈多峰形状，为多峰型曲线。呈多峰曲线发展类型的病害一年中可有不止一次的发病高峰，如稻瘟病在南方有3次高峰：苗瘟、叶瘟和穗颈瘟，因为水稻感病性有阶段性变化，在苗期、分蘖盛期和抽穗期有3个感病高峰。柑橘溃疡病出现春秋两次高峰，因为春梢和秋梢嫩叶较感病。绝大多数病害流行的特点是在生长季节初期发生，然后缓慢增长，达到一定的程度以后，病害迅速上升，发展很快，但到了后期，病害增长减慢，甚至不再增长，在整个生长季节中，病害数量持续增长，这类病害的流行曲线为S形曲线(图4-3)。S形曲线是很多病害季节曲线的基本类型，这种病害在流行期间稳步累积，在生长季后期达到峰值。植物病害流行曲线的形式由病原菌的生物学特性、寄主的抗病性变化以及气候条件的变化等因素综合决定。

四、病害流行的空间动态

植物病害在种植区内发生以后，随着时间的推移，发展范围会逐步增大。植物病害在空间范围的扩展动态，称为病害流行的空间动态。

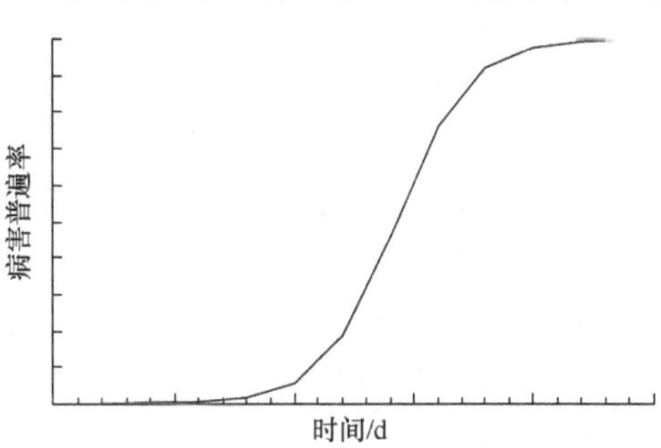

图4-3　病害流行的S形曲线

植物病害在一个新区形成发病中心，往往是由于带病(菌)种质材料的引进、外源接种体的迁入(如孢子随气流传播)等条件引起的。在老病区形成的发病中心，还可能是由于前茬遗留的病株等因素引起。在区域内形成发病中心以后，病害便开始向四周扩展。由于接种体及其介体从中心向外传播和沉降的可能性随着距离的不同而不同，因而在发病中心附近产生的侵染量也有差异，从而形成了梯度(gradient)。

病害扩展梯度通称为病害梯度(disease gradient)或侵染梯度(infection gradient),是指病原侵染体在空间传播上的不均一性。传播发病以后,由菌源中心向一定方向的一定距离内新发生的病害呈梯度分布。病害梯度可以分为两种主要的类型:环境梯度和传播梯度。环境梯度(environmental gradient)是由于种植区环境条件的差异而引起的病害在空间分布的不均一性;而传播梯度(dispersal gradient)则是指由病原接种体或其介体在空中传播数量的不均匀而引起的病害在空间分布的不均一性。

从菌源中心区病斑上形成的孢子向各个方向传播,随着扩展距离的增大,孢子扩散的概率将变小,从而在菌源中心附近产生一个病害逐渐减少的梯度。

常用以描述这种传播梯度的公式可以表示为

$$y=ax^b$$

式中,y 为病情;x 为病害距菌源中心的距离($x\geqslant 1$);b 为梯度系数;a 为与菌源中心病情和传播特性有关的参数。

上述方程可以通过双对数变换成直线方程:

$$\ln y=\ln a+b\ln x$$

病害扩展的梯度类型主要与病害种类和环境条件等有关,同时也与发病中心(菌源中心或传播来源)的形状有关。根据发病中心的形状和大小,可以将其分为点源、线源和区源 3 种。

(1) 点源。点源一般可指单病斑或单病株之类的发病中心。在几何学上,点是只有位置而没有面积的,但在流行学中,我们往往是相对于传播距离而论,其直径很小的较小区域,如半径不超过传播距离 1%或 5%的菌源看作点源。

(2) 线源。在传播区内呈线状的菌源称为线源,在几何学上,线是没有宽度的,但在流行学中,宽度之半不超过传播距离 1%或 5%者看作线源。线源可以看作是许多连续点源的直线排列。线源产生的侵染梯度可以用点源的线积分求得。

(3) 区源。一块病田可以看作是邻近田块的区源。区源是许多点源的集合,其产生的侵染梯度计算方法是点源的面积分。

五、植物病害预测

植物病害预测(disease forecasting)是指根据病害流行的规律,利用经验或系统模拟的方法,分析菌源、田间病情、作物感病性、栽培条件和气候条件等预测因子,对未来一定时间内的病害流行状况做出估计。病害预测服务于病害防治决策和防治工作,根据准确的病情预测,可以及早做好各项防治准备工作,可以更合理地运用科学(适当)的防治技术,提高防治效果、效益,也可以减少不必要的防治费用和避免滥用农药所带来的环境污染及病原物抗药性的产生。

通常说的病害预报(prediction,forecasting),是指由权威机构发布的预测结果。有时对两者不做严格区分,将预测和预报通称为病害测报。病害的预警(early-warning)是指在病害发生之前,根据以往总结的规律或观测得到的可能性前兆,向相关部门发出紧急信号,报告危险情况,以避免其危害在不知情或准备不足的情况下发生,从而最大限度地降低病害所造成的损失的行为。预警一般是根据警源(一些特别重大的病害)之警情(发生初期的态势)而发出相应的警报(可用不同等级或蓝、黄、橙、红等颜色表示)。一般进行预测或预警的植物病害应该是生产上重要的,具有经济和生态重要性的病害,且这类病害具有明显的流行规律和可控性。

预测预报是贯彻“预防为主,综合防治”植保方针的前提。

（一）病害预测的类型

根据预测的时间长短，可以将病害预测分为长期预测、中期预测和短期预测。而根据测报内容，又可将病害预测分为病害发生期预测、病害发生量预测、病害分布区预测和病害损失估计等。

(1) 长期预测(long period forecasting)。是指预测半年和一年后病害的发生情况，也就是在下一个季节里的发生情况。主要用于种传或土传病害的测报，如麦类黑粉病、棉花枯萎病等，这类病害的接种体增殖较慢或较稳定，无再侵染或再侵染不明显，或再侵染作用不大，可以在半年至一年前就预报出下一年的发生情况。预测的时间尺度为季或年。

(2) 中期预测(metaphase forecasting)。是对病害在几周或几十天的发生发展情况做出估计。预测的时间尺度为旬或月。

(3) 短期预测(short period forecasting)。是指在一个有限的范围内预测病害在未来几天的发生趋势，主要用于受气候条件影响较大的流行性病害，如麦类赤霉病、锈病、白粉病等。预测的时间尺度为天或周。

(4) 病害发生期预测。发生期预测用于确定防治的时期，主要是估计病原菌侵染高峰期，所以也称侵染预测。如果预测结果认为侵染量极少，不会造成损失，即可发出安全预报，称为“负预测”。

(5) 病害发生量预测。即流行程度预测，一般以预测发病率、严重度和病情指数为目标，也可以较简单地定性表达流行级别，一般分为大发生、中偏重、中发生、中偏轻和轻发生 5 个级别。

(6) 病害分布区预测。是根据地域和地理环境条件，预测在不同区域的病害发生情况。例如，高山区域发生的病害情况与平原地区有明显的差别，作为省、县一级的测报，应当区分不同区域。

(7) 病害损失估计(disease loss estimation)。难度较大，不仅预测发病程度，还要根据作物品种、栽培条件、土壤、气象等各方面因素，预测产量损失。预测病害是否达到经济损害水平和经济阈值。

（二）病害预测的依据

病害预测的依据是病害流行规律，根据田间菌源和病情、寄主感病性、栽培条件和包括气象条件在内的诸多环境因素等。要分析主导因素，采用各种模型进行预测。

1. 根据病原菌量预测　没有再侵染或再侵染极为次要的病害，如果其侵染概率较为稳定，不受环境条件的影响，则可根据越冬菌量预测病害发生量。对于小麦腥黑穗病、谷子黑粉病等种传病害，可以检查种子表面带有的厚垣孢子数量，用以预测翌年田间发病率。麦类散黑穗病则可检查种胚内带菌情况，确定种子带菌率和翌年病穗率。例如，在美国，利用 5 月棉田土壤中黄萎病菌微菌核数量来预测 9 月棉花黄萎病的病株率。

2. 根据气象条件预测　再侵染频繁的病害的流行受气象条件的影响很大，初始菌量的多少在决定流行程度上的作用是次要的。这类病害在其分布地区中每年初始菌量或多或少总是存在的，如果种植了感病品种，就可以根据气象条件进行预测，如马铃薯晚疫病。英国和荷兰利用“标蒙法”来预测马铃薯晚疫病侵染时期，该法指出若相对照度连续 48 h 高于 75%，气温不低 16℃，则 14～21 天后田间将出现中心病株。在没有再侵染和虽有再侵染而作用不大的病害中，也有一些病害其流行程度主要取决于侵染时期的气候条件，如梨锈病。还有一些病害，其病原在产区无处不在，病害流行轻重几乎完全取决于流行期的气候条件，如水稻秧苗绵腐病。

3. 根据菌量和气象条件预测 许多病害常常要综合菌量和气象因素作为预测的依据。流行前期田间病情的调查数据常成为重要的预测因素，用以预测后期的流行程度。例如，我国北方冬麦区小麦条锈病的春季流行通常依据秋苗发病程度、病菌越冬率和春季降水等情况进行预测。

4. 根据菌量、气象条件、栽培条件和植物生育状况等多因素综合预测 有些病害流行受到多个主导因素影响，除了考虑菌量和气象因素外，还要考虑栽培条件和寄主植物的感病性。例如，预测稻瘟病的流行，需综合考虑氮肥施用期、施用量及气象条件等因素。在短期预测中，水稻叶片肥厚披垂、叶色墨绿，则预示着稻瘟病可能流行。在水稻幼穗形成期检查叶鞘淀粉含量，若淀粉含量少，则预示穗颈瘟可能会严重发生。油菜开花期是菌核病的易感阶段，预测菌核病流行的预测因子包括菌源数量、花期降雨量、油菜品种感病性、油菜生长势等。

今后病害测报发展趋势是向信息化、现代化方向迈进，即根据植保系统工程的理论和方法，将计算机技术、“3S”(GIS、GPS、RS)技术、建模与仿真技术、自动控制技术和可靠性技术融于一体，对重大病害的安全状态(有可能导致病害的内部和外部因素所构成的可观测变量)实施自动连续监测，并建立其间相互联系的数学模型、计算机系统模拟模型，即预测或预警模型，在此基础上借助互联网(Internet)、物联网(Web of Things)建立病害监测预测信息系统。

(三) 病害预测的方法

病害预测的方法很多，大体上可分为综合分析法、数理统计预测法、系统模拟模型法和类推法 4 大类型。

1. 综合分析预测法 综合分析预测法是植物保护专家和有关专家以及有经验的农业一线科技工作者根据已有的知识、信息和经验，权衡多种因素的作用效果，凭经验和逻辑推理做出的判断(俗称特尔菲法)。近年来发展起来的专家系统就是根据专家经验经计算机归纳处理形成的。综合分析预测法是一种经验推理方法，多用于中期、长期预测。根据调查有关品种、菌量、气象因素和栽培管理诸方面的资料，与历史资料进行比较，经过综合分析后，依据主导预测因子的现状和变化趋势估计病害发生期和流行程度。例如，北方冬麦区小麦条锈病冬前预测(长期预测)可概括为：若感病品种种植面积大，秋苗发病多，冬季气温偏高，土壤墒情好，或虽冬季气温不高，但积雪时间长，雪层厚，而气象预报翌年 3～4 月多雨，即可能大流行或中度流行。早春预测(中期预测)的经验推理为：如病菌越冬率高，早春菌源量大，气温回升早，春季关键时期的雨水多，将发生大流行或中度流行；如早春菌源量中等，春季关键时期雨水多，将发生中度流行甚至大流行；如早春菌源量很小，除非气候环境条件特别有利，一般不会造成流行；但如果外来菌源量大，也可造成后期流行。

2. 数理统计预测法 数理统计预测法，即采用各种统计学方法对病害发生的历史资料进行统计分析，提取预测值与预测因子之间的相关或关联关系并建立数学公式，然后依据公式进行定量预测。常用的建模方法有回归分析、逐步回归分析、判别分析、马尔可夫链、周期分析、模糊聚类方法等。

3. 系统模拟模型法 系统模拟模型法是利用系统分析方法，把病害的发生流行过程分解成若干子过程，如病菌的侵染、潜育、病斑扩展、传播等，用每个子过程中各有关因素和病害的发育进展关系组建成子模型。然后，再按生物学逻辑把各个子模型组装成完整的计算机系统模拟模型。这类模型既有分析又有综合，能够说明病害发生的动态及其内在机理，所以又称机理模型(mechanistic model)。此类模型适用范围广，但组建比较困难。

系统是由相互储存、相互作用的若干组成部分以一定结构形式组成的整体，它具有一定的结构和行为。系统分析或系统方法(system analysis)就是把研究的事物看作是一个系统，将整个系统分解为若干子系统和组分，通过实验进行定性、定量研究，不断进行分析与综合，建立各种计算机模拟模型。现代植物病害流行学强调这种整体方法，病害流行被视为系统，为了认识这个系统，要对系统进行分析，研究其结构和功能，明确其输入和输出。例如，初始菌量、品种抗病性、气候因子和杀菌剂等为输入；病情、损失估计等为输出。

模拟(simulation)是依据研究目的而定的系统要素及其活动的重演，或者说建立模型并利用模型去研究原型的做法，称为模拟。由于模型能把试验调查和抽象逻辑思维结合在一起，因此能有效地突破空间和时间的限制，成为系统研究的一种主要方法。由于是利用系统分析理论观点和方法进行模拟，因此又称为系统模拟(system simulation)，又由于与计算机技术结合进行模拟，又称为计算机模拟(computer simulation)。

4. 类推法　类推法是通过不同事物的某些相似性类推出其他的相似性，从而预测出它们在其他方面存在类似的可能性的方法。病害预测中的类推法包括物候预测法、预测圃法和利用某些环境指标的类推预测方法，如发育进度预测法、有效积温法、期距预测法等。

实际上，每一种方法都有各自的优缺点，因此应用时往往要采用几种方法互相印证，以获得满意的预测结果。

(四) 病害预报的发布

传统预报内容主要包括发生期、发生程度、分布范围和发生面积，甚至还要根据当时危害情况和防治水平，做出危害损失预报和防治效益预报，因此在编写病害预报文件时，应当尽可能包括这几个方面的内容。目前国际上利用专家系统(expert system)或病害预警系统(disease-warning system)做出病情预报，预报内容的发布多通过电话、传真、E-mail、红头文件、通知、电台、电视台、手机短信、彩信、LED室内外显示屏等形式。预报的生命在于时效，所以预报结果出来以后，必须尽快传播出去。目前，通过计算机网络、传真、电话、手机最为快捷，广播、电视、电信信息服务传播面大，所有这些先进传播手段都大大提高了病害预报服务的时效性。

（马占鸿　编写）

思考题

1. 苹果果实轮纹病和枝干轮纹病的病原菌各以哪种侵入途径侵染寄主？
2. 小麦叶锈病属于单循环病害吗？为什么？
3. 某病虫测报站在调查病害严重度时，共取100个样本，按病叶严重度分级标准(0级无病，1级<25%，2级为25%～50%，3级为50%～75%，4级>75%)：0级样本20个，1级样本30个，2级样本10个，3级样本20个，4级样本20个。求：(1)普遍率；(2)病情指数。
4. 指出病害流行的主导因素，以一种病害为例分析各个因素的作用。
5. 为什么要进行植物病害的预测预报？

第五章　植物病害的诊断与防控

植物病害的诊断和综合控制是植物病理学研究的中心内容之一，是学习植物病理学必须掌握的理论知识和基本技能。病害诊断的依据主要包括受害植物发病后表现出的症状（病状和病征）及病原物种类的鉴定。病害控制是综合运用各种减轻病害发生的策略和技术，将病害控制在经济允许的水平以下。目前国内外主要采用预防为主的病害控制策略和综合协调应用植物检疫、抗病品种、农业栽培管理、物理和化学及生物防治等病害控制技术。

第一节　植物病害的诊断技术

引起植物病害的因素包括生物性病原物和非生物性因子两大类。病害诊断（disease diagnosis）就是以病害症状及其致病因素为主要依据来进行科学的分析判断，以确诊引起某种植物病害的原因。在植物病理学中，病害诊断不仅可为植物病害各方面的研究奠定基础，同时也为病害流行预报和经济有效地控制病害提供科学依据。因此，掌握植物病害诊断技术，是植物病理学工作者必备的一种重要专业技能。

进行植物病害诊断常用的设备主要包括标本采集用的剪刀、解剖刀、镊子、小铲、塑料袋、标签、记号笔、铅笔和记录本等，田间考察用的数码相机、手持放大镜、GPS 定位仪、海拔测定仪等，以及室内诊断检测用的解剖镜、光学显微镜、培养箱、超净工作台、接种与保湿装置、挑针、刀片、载玻片、盖玻片、培养皿、试管及盆栽钵等。在室内检测中还用到不同种类的培养基、消毒液、染液、灭菌水、消毒滤纸、棉纱和棉球等消耗性材料。在使用现代诊断技术中需要用到联网的个人计算机、显微成像系统、PCR 仪、酶标仪、电泳仪、离心机等设备和一些专业的检测试剂盒等。另外，病害诊断还需要一些工具参考书，如症状图册、病原图册和分类手册等。目前也可从网上获取许多与病害鉴定相关的参考资料。

一、植物病害的一般性诊断

植物病害的一般性诊断（general diagnosis）也可称为初步诊断（primary diagnosis），其主要是通过对带有症状的植物及其田间环境进行详细观察和初步室内检测分析，并根据植物病理学及相关学科的一般知识进行判断，首先判定是否属于病害范畴，然后再确定其是生理性病害还是侵染性病害，在此基础上进一步确诊它属于哪一类生理性因子或侵染性病原物引起的病害。

植物病害的发生是植物、病原和环境条件相互作用的结果，所以进行病害一般性诊断多需要诊断者到发病环境进行田间调查。田间调查的主要任务是详细观察记录植物个体及群体症状及病害分布情况、有关的环境条件（土壤、气候等）和栽培管理措施（表 5-1），同时采集有代表性的发病植株标本，带回实验室作进一步的病害种类诊断。

表 5-1　植物病害田间调查记录项目

调查地点：	调查时间：	调查人：	
作物	作物品种： 品种抗性： 生育期：	播种/移栽时间： 种植密度：	品种来源： 前茬植物：
栽培管理	施肥种类及来源： 施药种类及来源： 浇/灌水源： 中耕情况：	施肥量和施肥次数： 施药量和施用次数： 灌浇次数： 其他情况：	最近施肥时间： 最近施药时间： 最近灌/浇时间：
土壤及环境	土壤类型： 土壤含水量： 近期天气(雨日数和雨量、晴天或阴天日数等)： 附近污染源：	土壤质地： 土壤营养状况： 附近作物及施药情况：	土壤酸碱性： 田间气温： 其他情况：
害虫杂草发生	害虫类群： 杂草类群：	害虫发生量： 杂草发生量：	害虫危害情况： 杂草危害情况：
症状	症状类型及描述： 症状初见时间： 植株上症状发生部位： 田间症状分布情况： 表现症状的植株普遍率： 病征及其特点： 其他情况：		

植物病害的田间症状比较复杂，在诊断时要特别注意：①有些不同的病害会表现相同或相近的症状，如细菌和菌物都可能引起植株萎蔫，而某些昆虫、干旱也能导致植物萎蔫；植物或其叶片的黄化可能由细菌、菌物、病毒或生理因素所致。②同一种病害在不同的植物或同种植物的不同生育期可能表现不同的症状，如稻瘟病和棉花黄萎病等都有多种不同的症状类型。③植物病害症状有一个发生发展的过程，在病害发展的不同阶段其症状也不相同。④一种病害的症状可能因环境条件的改变而变化，如菌物病害在潮湿条件下可能产生大量的霉层，而在干燥条件下则不易产生霉层；有的病毒病在较高气温条件下具有隐症现象。因此，植物病害症状的稳定性是相对的，在病害诊断鉴定中还要注意病害症状的变异性。

（一）植物伤害的诊断

在田间自然条件下，植物可能会受到一些机械伤害(mechanical wounds)或害虫危害(insect damages)。机械伤害主要由人为因素(中耕、施肥等农事操作)或一些自然因素(风、雨、冰雹等)所致，这类伤害的特征一般表现为植株折断、叶片上出现孔洞或缺刻，或根部机械伤害而引起植株萎蔫等。造成这些伤害的因素往往都是显而易见的，如中耕除草后个别植株折断或萎蔫，暴风雨或冰雹之后会引起较大范围内成片的田间植株伤害。虫伤来自于各类害虫的危害，其中咀嚼式口器昆虫啃食植物后在植株叶片、果实或茎秆等器官上留下明显的缺刻、隧道或孔洞，同时在伤口处或附近留下虫粪或蜕皮等残留物；刺吸式口器昆虫和螨类取食后，可能引起植株的畸形和变色等，这与一些病害症状相近，但它们与病害不同，仔细检查终究会观察到这些昆虫或螨类在危害部位的存在，或在取食部位见到它们的口针刺吸后留下的小“针眼”。而且，无论是哪类害虫危害，在田间的植株上都可能观察到大量的这类害虫群体。另外，像植物的非侵染性病害一样，植物伤害引起的症状不具病征，且不能在田间传染扩散。只要掌握了这些特征，在田间观察中就可以将植物伤害与植物病害区别开来。

（二）植物生理病害的诊断

植物生理性病害(physiological disorder)是由非生物因素引起的植物病变，因其不能在田间传染扩散，所以又称为非侵染性病害。导致生理性病害的主要因素及其症状特征是：①高温引起灼伤，低温引起生长停滞甚至导致冻害；②缺水引起萎蔫和枯焦，渍水引起植物根部腐烂变色等涝害症状；③日光不足或持续阴雨可致植株或其叶片缺绿或黄化，而持续高温和强日照天气则可引起日灼症状；④偏施氮肥可致植物整株性贪青徒长，而缺氮则导致植物生长不足和黄化；⑤某些除草剂和杀菌剂等农药可以引起植株矮化、徒长、扭曲，叶片和幼芽上表现枯斑、灼伤、花叶、畸形等药害症状；⑥土壤中缺乏某种元素可导致相应的缺素症，多见于老叶上；⑦遗传所致障碍，多局限于在某一作物品种上表现一致的系统性异常症状；⑧酸雨或大气污染可导致多种植物在较大面积上普遍发生烫伤萎蔫症状。

虽然各种类型的生理病害在田间表现的症状不同，但有以下几点共同特征：①病害不发展，发生较普遍且分布均匀一致，没有明显的发病中心；②不表现病征；③在致病因素消除后病害症状可得到缓解或消除。因此，在田间观察中仔细地考察发病植株或叶片的分布情况，详细调查了解当地近期的气候变化、肥水管理及化学除草等农事操作情况，观察病征的有无，结合恢复性治疗诊断，就可以确定生理病害及其类型。

（三）植物侵染性病害的诊断

由病原生物侵染后所致的植物病变或不正常状态即是侵染性病害，引起植物侵染性病害的病原物主要有菌物、细菌、病毒、线虫和寄生性种子植物等。这类植物病害与生理性病害相比有两个显著特征：①发病植株要经历一个由少到多、症状由轻到重的发展过程，田间植株发病有轻有重，往往有明显的发病中心；②很多病原物侵染的植株发病后，可在病部看到不同类型病原物的病征。对于不同类型病原物所致的病害，主要可以从病害的病征和病状来加以区别诊断。

1. 菌物病害(fungal diseases)　由植物病原菌物侵染所致的病害，主要症状有坏死和腐烂，少数可引起萎蔫和畸形。腐烂型病害常伴有发霉的气味，而萎蔫型病害植株纵向剖开茎秆可见微管束变成褐色。大多数菌物病害都有明显的病征，包括霉状物、粉状物、霜状物、锈状物、颗粒状物和毛刺状物等。在实验室可直接用解剖镜观察这些结构，或采用挑、撕、刮、贴、切片等方法将病斑上的病征结构制成临时玻片，在显微镜下观察鉴定。对于有些尚未见明显病征的菌物病害标本，可以在25℃左右保湿培养1～3天长出菌丝体或孢子结构后再作临时制片镜检观察。如果直接观察和保湿培养观察结果不理想，可以选用合适的菌物培养基进行分离培养后镜检观察。

2. 细菌病害(bacterial diseases)　植物细菌侵染植物后可以引起枯萎、软腐、叶斑、根癌等症状。叶斑类细菌病害遇潮湿条件可以见到污白或淡黄色菌脓；腐烂型病害可产生特殊的臭味，这与菌物腐烂病的霉味不同。将萎蔫型病害植株茎秆横切后可见微管束变色，稍加挤压便有污白色菌脓溢出，这与菌物萎蔫病也有所区别。当根据症状不能确诊为细菌病害时，可将病组织临时制片，在显微镜下观察“喷菌现象”的有无。

过去被称为类菌原体（mycoplasma-like organism，MLO）的一类病原生物现在被归入到细菌中，并称为植原体（phytoplasma）。植原体病害的田间症状与病毒病相似，主要表现为矮化、丛枝和黄化等，要确诊这类病害，需要在实验室内检测鉴定。

3. 病毒病害（viral diseases） 植物病毒病和类病毒病在田间主要表现为黄化、花叶、斑驳、环斑、矮缩、畸形和变色等症状，多数为系统性或全株性感染，一般地上部分新梢和嫩叶上症状明显，根部症状不明显。有些病毒在寄主细胞内会聚集，并形成特殊的内含体（inclusion body），通常借助显微镜可观察识别。

4. 线虫病害（nematode diseases） 线虫侵染植物后，地上部植株表现生长衰弱及叶色变浅，花芽、侧芽或顶芽坏死，茎叶卷曲等症状。根部常形成根结，掰开根结可见雌虫体。在田间诊断时，对于生长衰弱的植株应仔细检查根部有无肿瘤，在根表、根内、根基土壤、病茎或籽粒中可以镜检到寄生线虫虫体。

5. 寄生性种子植物病害（diseases caused by parasitic seed plants） 寄生性种子植物引起的植物病害多表现为矮缩、黄化或生长不良，感病植株上可见寄生性种子植物（如菟丝子、列当和槲寄生等）的植株，即病征。田间只要在寄主植物上观察到寄生性的种子植物，就可确诊这类病害。

6. 病原物复合侵染所致病害（multi-pathogen diseases） 在田间条件下，同一种植物上有时可能同时感染两种或多种病原物，在植株上可以表现为一种或几种症状类型，如果是几种病原物同时侵染则导致“并发症”，若一种病原物引致一种病害发生后再感染其他病原物则导致“继发病”。并发症和继发病在田间经常见到，诊断这类病害时要先按照“柯赫氏法则”（Koch's postulate）确定病原物的种类，然后根据各自病原物类型所致病害特点进行鉴定诊断。

7. 植物新病害或未知病害（new or unknown diseases） 对于新的或未知的植物侵染性病害，需要按照柯赫氏法则来诊断。其要点是：①在感病植物上常存在一种与病害症状相关的微生物；②能从病组织中分离出这种微生物，并获得其纯培养；③将这种纯培养微生物接种到同种植物的健康植株上，能产生相同的症状；④从接种发病的植物组织中能够分离到同种微生物。柯赫氏法则可以直接应用于能人工培养的病原物所致病害的诊断。在证明病原体的致病性之后，还必须对病原体进行分类学种类鉴定，其可以采用病原体的形态、生理生化和分子生物学特性相结合的方法来鉴定。值得指出的是，现在国际上大多数专家一般不认可一种植物病害由几种病原体所致，因此，如果在发现的新病害中涉及两种或多种病原体，就应该仔细区别，分别接种鉴定，将不同病原体引起的症状区分为不同的病害。

对于专性寄生菌物（白粉菌、锈菌和霜霉菌）、病毒、植原体和寄生性线虫等，由于迄今还不能进行人工培养，在诊断这类病害时可以直接从病株组织上获取专性寄生菌的孢子、线虫体、带毒的汁液或传毒介体进行镜检或通过接种得到同样的症状后才能确诊该类病害。对于非侵染性病害，可以用所怀疑的某种致病因素进行恰当的处理。例如，判断某种营养元素引起的缺素症，可以用适量的这种元素处理植株，若处理后症状得以消除，即可确诊为该元素的缺素症；也可以用已知缺乏这种元素的土壤种植该种植物，在这种土壤上植物若表现同样的症状，即可确诊此病害。

二、植物病害诊断检测技术

植物病害诊断最重要的内容是要准确地鉴定致病因素。植物病害的诊断技术实际上是在病害诊断过程中检测和鉴定病原因素的技术。传统的植物病害诊断是通过在植物病害症状出现之后进行症状观察和进行病原物分离鉴定而确诊病害。病原物的分离培养和鉴定过程常常相当繁琐，且许多专性寄生性病原物还不能进行人工离体培养，这使得病害诊断比较困难。现代分子生物技术的发展和应用，不仅可以诊断各种病原物所致的病害，而且在病害显症之前便可进行诊断，并且简便快捷，大大缩短病害诊断所需的时间。植物病害的诊断技术主要包括病原物的分离培养及接种鉴定技术、电子显微镜检测技术、生物学测定技术、生物化学测定技术、免疫血清检测技术、分子生物学鉴定技术及专家系统与网络远程诊断技术。

（一）病原物的分离培养和接种鉴定技术

病原物的分离培养和接种鉴定是病害诊断鉴定的最常用技术之一，包括消毒灭菌、培养基的制作、病组织材料的选取与病原物的分离培养、纯化保存及接种鉴定技术等。

1. 消毒灭菌　在病原物分离前需要将所用的培养皿、试管、玻璃杯和三角瓶等放入烘箱中高温（200℃，2 h）干燥灭菌；剪刀、镊子、手术刀、接种针/环等可用 70%乙醇及火焰灭菌；吸水纸、纱布和棉球等可放入玻璃容器（如培养皿）中，在高温（160℃，2 h）烘箱中灭菌；超净工作台在使用前可先喷洒 70%乙醇，再打开紫外光灯照射 30 min 消毒；配制好的培养基和蒸馏水等可用消毒锅高温高压灭菌（0.1～0.2 MPa，121℃，20～30 min）；分离用的植物病组织表面消毒可用 70%乙醇和 0.5%次氯酸钠（一般市售漂白剂含 5% $NaClO_3$）。

2. 培养基的制作　最常用的培养基有用于植物菌物培养的马铃薯葡萄糖琼脂（PDA）培养基和用于细菌培养的肉汁胨（NB）培养基，此外还有多种较广谱性的培养基和适于一些特殊病原物类群或种类的专用培养基。制作时先按配方比例配制培养基液，分装于 250 mL 或 500 mL三角瓶中，瓶口用棉塞封口，高温高压灭菌，冷却到 45～50℃时，按需要倒入消毒培养皿或试管中制成平板或斜面培养基。一次可配制若干升培养基，经高压灭菌后置于冷藏箱中低温保存，临用时用水浴、微波炉或电磁炉加热熔融后倒置成平板或斜面培养基。

3. 病组织材料的选取和病原物分离培养　病原物的分离应采用具有典型症状的新鲜植物器官，用自来水冲洗干净。对于果实、块茎、块根和茎秆等较大的发病器官，可在无菌超净工作台中剖开后直接挖取小块内部病组织放于平板上培养；对于病叶和花瓣等，可用打孔器或手术剪刀取病斑周围病健交界处的小块组织，放入消毒液中表面消毒，再用清水漂洗掉表面的消毒液，而后植入平板培养基上培养；对于大量产孢的病组织，可以将病组织小块在消毒研钵中加适量无菌水捣碎，病菌在水中悬浮后取少量液滴至培养基上培养。培养温度一般可设置在23～28℃，培养 2～7 天，并随时观察。

4. 病原物的纯化保存及接种鉴定　病组织培养后每天观察，一旦病原物长出，就应立即纯化，方法是用火焰灭菌的挑针挑取具有典型特征的菌物菌落边沿的菌丝体，或典型细菌菌落边沿的细菌体，转移到新的培养基平板上，在适宜温度下培养。待转移纯化的菌落长出后，再转移到试管斜面培养基上，在适温下生长一定时间后放入低温下保存备用。

经过纯化的病原菌，往往需要进行接种测定，以证明其致病性。其方法是用灭菌水将纯化的病原菌制成一定浓度的孢子或细胞悬浮液，用针刺、涂抹或喷雾等方法接种寄主植物，让接种的植物在温室或生长培养箱中适宜于侵染发病的条件下继续生长，在此期间定时观察记录发病情况。另外，在显微镜下观察病原菌形态，鉴定病原物的种类。最好用数码相机和显微成像系统拍摄下病害症状和病原物形态。

（二）电子显微镜检测技术

电子显微镜有透射电镜（transmission electronic microscope，TEM）和扫描电镜（scanning electronic microscope，SEM），透射电镜多用于植物病毒形态的观察，而扫描电镜主要用于细菌和真菌孢子的表面形态特征的观察。使用电镜观察病毒时，对于植物组织中的杆状或线状病毒可不经提纯，直接用病株汁液观察，方法是取小块病叶组织，用针扎几个小孔，加几滴蒸馏水浸渍 1～2 s 后制片，在电镜下观察，测量 100 个以上病毒粒子的长度和宽度，以长度为横坐标，以各长度的粒子数为纵坐标作图，以主峰长度代表测定病毒的长度，可对病毒作出较明确的鉴定。对于球状病毒，由于其与植物细胞质中的球状组分相近，常需要经过病毒提纯后才能用电镜进行形态鉴定。

另外，还可以将病毒粒子与重金属离子混合后包裹病毒粒子，或与抗血清中的抗体反应标记病毒粒子，然后用电镜观察，可以更清楚地观察到病毒的轮廓特征。这两种技术分别称为电镜负染法和免疫电镜法。

（三）生物学检测技术

生物学检测（biological test）主要是根据病原物的某种生物学特性来对病害作出诊断鉴定。对于不同类型的病原物，可采用不同的生物检测方法。

1. 传播介体检验（vector test）　许多植物病毒可以通过介体传播，主要的传毒介体有昆虫、螨类、线虫等。有些病毒的介体传播具有特异性，一种病毒只能由一种介体传播，这种传毒特异性可用于病毒病的诊断鉴定。例如，玉米粗缩病毒（MRDV）只能由灰飞虱传播，如果玉米上发生的症状被怀疑是该种病害，就可以将不带毒的灰飞虱接到病株上饲养一定时间获毒，然后将其转移到健康玉米上饲养传毒。如果经过一段时间后健康植株发病，即可证明该玉米症状是由 MRDV 引起的。另外，检测时要注意介体昆虫获毒的时间，以及传毒的持久性和非持久性等因素。

2. 鉴别寄主检验（indicator plant test）　某些病毒侵染某一种或几种植物后表现相当特殊的典型症状，因此可以用这些植物作为其鉴别寄主（indicator plants）来诊断此病毒。植物病毒的常用鉴别寄主有千日红、普通烟、心叶烟和曼陀罗等。但对于不同的病毒，有其特殊的一套鉴别寄主，如检测黄瓜花叶病毒属（*Cucumovirus*）病毒，可用黄瓜、心叶烟、菊花和花生等作鉴别寄主；检测烟草环斑病毒（TRSV），可用苋色藜、黄瓜、烟草、菜豆、豇豆等作鉴别寄主。在进行鉴别寄主检验中，不同的病毒需要采用不同的接种方式（如汁液摩擦接种、介体接种等）。另外，对于新的或少见的病毒，先要通过试验确定其接种方法和寄主范围，然后再进行鉴别寄主检验。

3. 噬菌体检验（phage test）　噬菌体（bacteriophage，phage）是寄生细菌的一类特殊病毒。在细菌培养中，部分菌落中的菌体被噬菌体寄生后消解，在平板培养基上出现无菌透明的噬菌斑。噬菌体与寄主细菌之间大多存在专化性关系，不同的噬菌体只能寄生特定的细菌，因此可以利用专化性噬菌体来检测植物组织上的细菌种类和数量。其具体方法是利用已知的病原细菌检测目标噬菌体，或者利用已有的噬菌体检测分离到的细菌，都能对细菌病害作出诊断。例如，用这种方法可以检验水稻植株上的白叶枯病菌，可以检验水稻田中水的带菌量，还可以检测种子的带菌量。由于噬菌体检测细菌只需要 10～20 h 的时间，所以这种技术诊断的速度很快。在做噬菌体检验时要注意，日光、紫外线、表面活性物质、酸、碱和强氧化剂等对噬菌体具有钝化作用。

（四）生理生化测定技术

生理生化检验(physiochemical assay)是通过生物体或其代谢产物与某些化学物质及试剂的特殊反应类型(如显色、产气、产酸等)来鉴定细菌和病毒等病原物。

不同的病原微生物对培养基和培养条件具有选择性。同时，不同的病原物在某一种培养基上产生的菌落和产孢特征各不相同。所以可以用不同的特殊培养基来检测鉴定病原物。例如，马铃薯蔗糖琼脂(PSA)培养基可用于鉴定镰孢菌的种类。

不同种类的细菌可利用不同种类的碳源和氮源，在细菌检测鉴定中，可通过糖发酵、淀粉水解、明胶液化、乳糖分解、蛋白质分解、硝酸还原和脂肪分解等生化反应来鉴定细菌的种类。根据这些反应研制的 Biolog 和 API 细菌检测鉴定系统现在已被广泛应用，其中用 API(Analytic Products INC 的简称，一种细菌数值分类分析鉴定系统)系统可以鉴定近 600 种细菌。

（五）免疫血清检测技术

免疫检测(immunoassay)是根据抗原(antigen)与抗体(antibody)间特异性结合原理建立的病原物检测技术，可用于病毒、细菌和线虫的诊断鉴定。抗原是能够刺激动物有机体产生抗体并能与抗体专化性结合的大分子物质，如蛋白质、多糖、脂类。植物病毒、细菌细胞和真菌细胞都可以作为抗原。抗体则是由抗原刺激动物肌体的免疫活性细胞生成的，存在于血清或体液中，能够与该抗原发生特异性免疫反应的免疫球蛋白(immunoglobulin)。在进行免疫学检测之前应制备好各种备测病原物的抗体，即先从病组织中分离获得某种病毒或细菌的纯体悬浮液，用此悬浮液注射兔子，经过一定时间后从兔子中抽取血液，最后由血液中提取获得该病原物的抗体。现在所用的免疫检测方法有多种，根据反应中是否加入标记物可分为非标记分析和标记分析两大类。

1. 凝聚反应(agglutination)　是指细菌或病毒颗粒等抗原与相应的抗体相结合，在电解质参与下形成肉眼可见的凝聚沉积，是一种非标记分析方法，其可以借助于载玻片完成：在载玻片上分开放置两滴生理盐水配成的细菌悬浮液，用移植环取少量抗血清与其中一滴菌悬液混合，另一滴不加抗血清作为对照。静置 3～5 min 后可以看到加入抗血清的菌悬液中的细菌凝聚成块，对照则不发生变化。凝聚反应还可以在试管或培养皿中完成。

2. 免疫电泳检测(immuno-electrophoresis assay，IEA)　也是一种非标记免疫测定。将抗体和备测的病原物悬浮液分别置于凝胶板的正负极小孔内，通电后病原物颗粒向正极移动，而抗体颗粒向负极移动，若在两孔间合适的抗原抗体浓度处形成一条沉淀线则为阳性反应，否则为阴性反应。

3. 胶体金免疫技术(colloidal gold immunoassay，CGIA)　胶体金免疫技术是利用金离子还原后的胶体金与抗体(或 A-蛋白质)形成稳定胶体金-抗体(或蛋白质)复合物，通过与抗原的特异性结合后，金颗粒附于同源病毒粒子的周围，从而可很容易地观察检测到病毒。这是一种标记性免疫学检测方法，除病毒外，还可用于检测植物病原细菌。

4. 酶联免疫吸附检验(enzyme-linked immunosorbent assay，ELISA)　该技术是将抗体与抗原的特异性结合与酶的高效催化作用相结合，使得检测的灵敏度大为提高。其原理是通过化学方法将酶和抗体结合到一起，形成酶标抗体；将抗原附着于固体表面，用酶标抗体和抗原结合形成酶标结合物，然后加入酶的反应底物，通过酶催化的生化反应生成有色产物，用肉眼或酶标仪即可判断和检测到结果。目前，ELISA 已广泛应用于病毒、细菌、菌物和线虫的检测。

近年来，一些实验室或公司已研制出基于 ELISA 的各类病原物检测试剂盒（detection kit）。在检测试剂盒中使用的抗体是通过用特定病原物的相关抗原注射兔子，再从产生的抗血清中纯化出的抗体蛋白。将此抗原蛋白固定到检测盒中的一塑料板或相近的检测板上。检测时先将样品在两片砂纸之间磨碎，而后放入瓶中的提取液中提取，再将提取液滴入检测板孔中。若样品中含有病原物，特异性抗体就会与病原物相关的蛋白质结合而黏着到检测板孔底，再加入显色标记的抗体并与病原物相关蛋白质结合。该检测板孔若为阳性（显色）则说明样品中带有病原物，若病原物相关蛋白质不存在，颜色标记抗体就不能与抗体结合而被洗刷掉，而使得反应呈阴性。

（六）分子生物学鉴定技术

分子生物学鉴定技术现在已被用于各类植物侵染性病害的诊断，应用这类技术可以对植物病害或其病原物作出快捷而准确的鉴定。

1. 核酸杂交技术（nucleic acid hybridization） 将一个预先分离纯化或合成的已知核酸序列用同位素或非同位素标记成"核酸探针"（probe），用来探测待测病原物标本核酸中是否具有互补的碱基序列。如果两者互补而成功杂交，其结果呈阳性；如果两者无关则杂交失败，结果为阴性。由于大多数植物病毒的核酸为 RNA，其探针为互补的 DNA（cDNA），称为 cDNA 探针。典型的核酸杂交技术是将少量的核酸点在硝酸纤维膜上，将其浸入含有特异性探针的杂交液中，通过放射性自显影或者酶标颜色反应来检测。

2. 分子标记技术（molecular marker technology） 目前常用的分子标记有随机扩增多态性 DNA 标记（randomly amplified polymorphic DNA marker，RAPD）、限制性片段长度多态性（restriction fragment length polymorphism，RFLP）、扩增片段长度多态性（amplified fragment length polymorphic DNA，AFLP）和微卫星标记（microsatellite marker）等技术。通常不同病原物的 DNA 序列之间存在差别。运用分子标记技术可以找出靶标病原物的特异性 DNA 多态性谱带或片段，用于该病原物的检测和鉴定。

3. 聚合酶链反应（polymerase chain reaction，PCR）**鉴定技术** PCR 是一种模拟天然 DNA 复制过程及选择性体外扩增 DNA 或 RNA 片段的技术。PCR 反应包括 3 个基本步骤。①变性（denaturing）。目的双链 DNA 或 DNA 片段（引物）在较高温度（94℃）下解链。②退火（annealing）。两种寡核苷酸引物在适当温度（50℃左右）下与模板上的目的序列通过氢键配对。③延伸（extension）。在 *Taq* DNA 聚合酶合成 DNA 的最适温度下，以目的 DNA 为模板进行 DNA 的合成。由这三个基本步骤组成一轮循环，理论上每一轮循环将使目的 DNA 扩增一倍，这些合成产生的 DNA 又可作为下一轮循环的模板继续复制，所以经 25～35 轮循环就可使 DNA 扩增达 100 万倍以上。PCR 产物经琼脂糖凝胶电泳后即可观察到特异的扩增条带。

（七）专家系统与网络远程诊断技术

植物病害诊断的专业性和技术性很强，涉及的理论知识范围很广，又需要丰富的实践经验，是学习植物病理学中较难掌握的内容。即使是一些知名的植物病理学专家和权威也很难对各种植物病害做出完全正确的诊断鉴定。计算机和网络信息技术的发展给植物病害诊断带来了极大的便利。近年来，植物病理学工作者研制开发出了多种植物病害诊断鉴定专家系统，其中部分专家咨询系统都挂在了互联网上，可以供病害诊断时查询使用。这些网络专家系统使用起来非常方便可靠，我们在植物病理学学习、植物病害研究和控制病害的实践中，都要尽可能利用这些有用的资源。下面是几个易于访问查询和应用的植物病害诊断系统：

（1）中国农作物种质资源平台作物病虫害网页（http://icgr.caas.net.cn/disease/）；

（2）美国明尼苏达州（Minnesota）植物病害诊断系统（http://www.extension.umn.edu/projects/yardandgarden/diagnostics/）；

（3）中国星火计划网（湖北）植物病虫害诊断网（http://www.ccain.net/Bchzdcai/index.html）；

（4）河北农业大学"果树蔬菜病虫害诊断防治咨询专家系统"（http://www.hebnky.com/vegfruit/vegfruit.aspx）；

（5）棉花病害诊断系统（http://www.ahcotton.cn/ahcce/infer/infer.asp）；

（6）福建科技信息网植物病害远程专家系统（http://61.154.14.15/fjspauto/advindex.asp#、http://61.154.14.15/ljkj_expert/advindex.asp）。

三、应用 PCR 技术鉴定植物病原菌

在前述植物病原菌检测鉴定的分子技术中，聚合酶链反应（PCR）扩增是目前最常用的一类技术，目前常用 PCR 技术有常规 PCR、巢式（nested-）PCR、反转录（reverse transcription，RT-）PCR、实时定量（quantitative real-time，qRT）PCR、一步法（one-step）PCR、多重（multiplex）PCR 等，这些 PCR 技术都具有自身的特点，可用于不同目标病原的检测鉴定。例如，RT-PCR 可用于 RNA 病毒的检测，qRT-PCR 用于定量检测植物组织内的病原体，而多重 PCR 则可同时检测植物组织中的几种病原体。本节主要介绍常规 PCR 技术，其他 PCR 技术请参考相应的研究论文。常规 PCR 检测技术包括特异引物的获得、基因组 DNA 的提取、PCR 扩增体系的确定、目标 DNA 片段的扩增、扩增产物电泳检测和测序、序列分析比对，以及作出病原体的种类鉴定等步骤。

1. 引物的获取　文献中已发表了多种用于病原体检测鉴定的 PCR 引物，如根据 rDNA 转录间隔区（internal transcribed spacer，ITS）设计的分别用于真菌和细菌检测的通用引物，根据基因间区（intergenic spacer）设计的 IGS 引物，还有翻译延长因子（translation elongation factor）TEF 引物、β-微管蛋白（β-tubulin）基因引物等（表 5-2）。还有用于不同病害诊断鉴定的很多其他引物，读者可以在需要时查阅相关的研究论文找到引物序列，然后委托生化公司合成后使用。

表 5-2　植物病害 PCR 诊断鉴定中常用的引物

引物名称	引物序列	引物名称	引物序列
ITS1	TCCGTAGGTGAACCTGCGG	5.8S	CGCTGCGTTCTTCATCG
ITS2	GCTGCGTTCTTCATCGATGC	5.8SR	TCGATGAAGAACGCAGCG
ITS3	GCATCGATGAAGAACGCAGC	SR6R	AAGWAAAAGTCGTAACAAGG
ITS4	TCCTCCGCTTATTGATATGC	LR12R	GAACGCCTCTAAGTCAGAATCC
ITS5	GGAAGTAAAAGTCGTAACAAGG	invSR1R	ACTGGCAGAATCAACCAGGTA
ITS1-F	CTTGGTCATTTAGAGGAAGTAA	5SRNA	ATCAGACGGGATGCGGT
ITS4-B	CAGGAGACTTGTACACGGTCCAG	5SRNAR	ACQGCATCCCGTCTGAT
EF1	ATGGGTAAGGA(A/G)GACAAGAC	CAL1	GA(GA)T(AT)CAAGGAGGCCTTCTC
EF2	GGA(G/A)GTACCAGT(G/C)ATCATGTT	CAL2	TTTTTGCATCATGAGTTGGAC

此外,研究者也可设计所需要的病原体专用引物。首先是提取病原体的纯基因组(DNA 或 RNA),获得特定的基因或保守序列,再用引物设计软件(如 primer 5.0 等,可从网络上下载安装后使用)设计若干引物序列,并合成这些序列。用这些引物序列对目标病原体基因或核酸片段进行 PCR 扩增试验,从中筛选出扩增效率最好的引物。

2. PCR 扩增体系优化　在进行目标基因或核酸片段的扩增前,必须进行扩增体系条件的优化。这些条件主要包括添加模板 DNA 量、4 种单核苷酸的量、Mg 离子浓度、聚合酶量、解链温度、退火温度、循环次数等,通过试验筛选出可获得最佳扩增效果的条件组合。一般地,在真菌和细菌病害鉴定中,反应体系的体积为 25 μL,解链温度和退火温度分别为 95℃和 45℃左右,而反应循环次数为 30 次。

3. PCR 扩增和产物测序　利用 PCR 仪按优化的体系进行扩增,反应结束后对扩增产物进行凝胶电泳,回收目标片段后送到 DNA 测序公司测序。有 DNA 测序仪的实验室可以自己收集 PCR 产物后测序,获得扩增产物的序列。

4. 序列分析比对和病原体种类鉴定　登录美国国家生物信息中心的基因数据库(http://www.ncbi.nlm.nih.gov/genbank/),并利用该网站提供的平台作 BLASTn 分析,将获得的基因序列与数据库中的微生物基因进行比对。根据比对结果确定所鉴定的病原物种类的名称。如果有必要,可以将该序列在 GenBank 中注册,申请获得登录号(accession number),供以后或他人分析研究之用。

(谭万忠　余　洋　编写)

第二节　植物病害防控

一、植物病害防控原理

植物病害防控的原理及目的是通过采取各种合适的方法干扰、终止或解除病害三角关系,从而将植物病害发生与危害的程度控制在经济受害的允许水平以下,获得最佳的经济、生态和社会效益。人们在研究植物病害发生原因和机制的基础上,建立并不断改善各种植物病害防治的方法,经历了从保产、减少农产品损失到提高农产品的产量和品质的发展历程。随着病原生物、寄主和环境的互作及其他因子的变化,植物病害防治的方法各不相同。虽然有些寄主作物,如林木及观赏作物或早期感染病毒的植株可以将个体作为防治的对象,但是植物病害防控一般是以作物的群体而不是个体作为防治对象的,因为个别或少数作物植株的受害或损失,通常被认为是可以接受的,或不足以采取防控措施付出的代价。

大多数植物病原物具有生长和繁殖速度惊人、传播速度极快和发病前的潜伏侵染等特点,一旦条件适宜则会造成暴发性的流行危害。因此,必须坚持"预防为主,综合防治"的植保方针。植物病害的防控策略不同于害虫和杂草等其他农业有害生物的防控,需要特别强调在病原生物侵染之前,或病原物群体较小时采用有效措施杀灭或抑制病原物,保护作物不受侵害。在田间病害已发生或发病初期再采取防控措施,往往效果较差,因为此时许多看似健康的植物已经被病原菌潜伏侵染,而大多数病害防治技术没有治疗病害的作用或治疗作用较小,难以阻止病害症状的出现。

二、植物病害的综合防控

植物病害综合防控就是在生产实践中协调利用各种利于减轻病害发生的技术,如田园卫生和铲除越冬或越夏的病原体，减少侵染来源和降低病原物的侵染效率，利用抗病品种和提高寄主抗病性，加强肥水管理、合理轮作和调节播种期，采用生态和生物控制等，推迟病害发生和降低病害流行速度，延缓新的生理小种及抗药性病原群体形成。引起不同植物病害发生和流行的因素差异很大，因此其综合防控技术方案所侧重的技术也是不同的。

多年生作物病害的综合防控，除了种植抗病和无病苗木及种植土壤的消毒以外，更需要在生长期认真养护，包括及时铲除系统性病害的病株，修剪枯枝、病枝和冬季休眠期喷施杀菌剂进行消毒，清除病果、病叶、杂草，防止土传病原物的传入，合理施肥、灌溉，及时对伤口消毒和果实套袋，定期喷施农药防治病虫害等。采收的果实一般需要用杀菌剂水溶液清洗，适当包装避免造成伤口及进行低温储运等。

一年生作物病害的综合防控，特别要注重利用抗病品种及无病种苗，进行土壤消毒或作物轮作，生长期加强肥水管理，改善田间通风环境，在病害发生之前喷施杀菌剂进行预防处理，及时防治传毒媒介昆虫，收获时处理病残体等。

根据植物病害防控技术的性质，可以分为植物检疫、品种抗性或无病繁殖体的利用、农业防治、生物及生态防治、物理防治和化学防治等。

（一）植物检疫

一种病原物传播到一个新的地区，因为新地区的植物在进化过程中因缺乏选择压而没有对该病原物的抗性，以及环境中可能缺少对该病原物的颉颃微生物，因此可能引起灾难性流行病。例如，欧洲的葡萄霜霉病、美国的柑橘溃疡病、荷兰大豆胞囊线虫病和我国的松材线虫病等都是从国外传入并造成流行危害的。因此，很多国家制定了植物检疫法，禁止或限制可能携带本国还没有的病原物的外国植物、植物产品、土壤或其他材料进入国境。一些国土面积较大的国家还制定了国内植物检疫法，防止病原物传播到从未发生过的地区。植物检疫的常见方法是由经验丰富的专家在各个口岸对可能带有病原物的植物产品进行检疫检验。禁止旅行者从国外将农产品或植物产品携带入国内，一旦发现则没收并进行销毁处理。对于引进种植的植物器官或食用的农产品除经过产地检测认证、入关观测和血清检测以外，引种的植物还需要定点试种一段时间，重复对种子等繁育器官进行检测，包括 ELISA 血清检测、DNA 探针有关的核酸检测、PCR 特异性 DNA 扩增等方法。一旦发现检疫性病原物，则必须立即进行铲除，彻底消灭。对于进口的食用农产品，如小麦等，需要在可能传入的危险病原物不适宜生存的地点进行加工和包装，最大限度地减少有害生物的入侵机会。

（二）品种抗性的利用

利用抗病品种防治作物病害是最经济有效、最安全简便的方法。对于大多数植物病害来说，种植抗病品种可以不同程度地控制植物病害。抗病品种对病害的防控效果与病原菌的寄主专化性有关，寄主专化性越强，抗病品种利用的效果越好，如麦类锈病、稻瘟病、稻白叶枯病、棉花枯萎病及多种作物病毒病等。利用抗病品种不仅可以减少植物病害可能造成的损失，而且还可以降低施药或使用其他方法防治病害带来的经济成本，减少用来防治植物病害的有毒物质进入自然环境和在农产品中的残留。但是，值得注意的是一些寄主范围极广的病原物及多年生的果树和林木病害等难以利用品种抗性进行防控。不仅因为病原物寄主范围广，而且因为难以获得寄主的抗病基因，或难以在短时间内用抗病树木替代感病树木，还因为难以确保抗病树木在漫长的生活期内不被新出现的生理小种所侵染。

生产中使用的抗病品种一般都是携带1个或少数抗病基因的垂直抗病品种，可抵抗当时当地的病原菌优势小种的侵染。如果一个抗病品种在较长时间内连续种植，病原菌的优势小种被克服，其他非优势小种可通过变异出现的新的生理小种，通过侵染和繁殖扩充种群，发展成新的优势小种，品种原有的抗性则会丧失。因此，表现垂直抗性的品种需要在监测新生理小种发展态势的基础上进行阶段性的更换，防止病原菌产生新的致病优势小种而导致病害突发性流行危害。品种更换速度取决于致病基因型的变异频率及其适合度、利于病害发生的环境条件和抗病品种的选择压力三个关键因子，致病基因型变异频率和适合度越高、环境条件越有利于病害发生以及抗病品种的连续大面积种植，都会加快新的致病生理小种群体形成。延长抗病品种的使用寿命，需要培育携带多个抗病基因的水平抗性品种，采取尽可能减轻病害发生的田间管理措施及不同抗性品种的合理布局和轮作。

通过嫁接利用植物抗性也是控制一些病害的有效方法。例如，在对根结线虫抗性较强的南瓜苗上嫁接黄瓜，能够控制黄瓜根结线虫病；以抗病性强的枳壳作砧木嫁接柑橘可以控制根腐病。

（三）无病繁殖体的利用

使用无病繁殖体（种子、种苗、块茎、鳞茎等）能够减少寄主后续生长期的发病率，或推迟发病降低危害程度。大多数作物如果在生长早期不被病原物侵染，即使在后期被病原物侵染，也能获得较高产量。获得无病繁殖体的方法是将作物种植或种子生产在没有病原物或病原物被隔离的地区、不适合某些病原物生长的地区，或不适合病原物传播媒介生存的地区。生产无病原物的植物块茎、块根等营养繁殖体，必须在生产过程中对母体进行病原物检测。有些作物，如马铃薯的种薯生产技术已经比较成熟，通常将马铃薯种植在没有传毒蚜虫的地区，然后由种薯生产商在媒介蚜虫防治较好的田间繁殖，再卖给农民大面积种植。获得多年生植物的无病原物芽、接穗、插条和匍匐枝条等繁殖体，需要将植物种植在无病原物和无病原物传播媒介的土壤里，还要严格防止气传病原物的侵染和定期（一般间隔1～2年）对母体进行检测。

植物病毒病一般是系统性病害，病毒分布于植物的各个部位，难以获得无病的植株。但是植物顶部的分生组织往往没有病毒，可以切取植物顶部1 mm左右的分生组织进行组织培养，以便进一步扩繁无病毒繁殖体。在有些情况下，还可以通过热处理来杀灭病毒而获得无毒繁殖体，并在没有传毒介体的环境下扩繁。例如，休眠的芽、休眠的苗木、块茎等植物材料，可以在35～54℃的热水中处理数分钟至几小时来杀灭病原物。正在生长的植株也可以放置在生长箱里用热气流处理杀灭病原物，培养的最佳温度为35～40℃，根据处理植株的苗龄或生育期，一般培养2～4周即可杀灭大多数病原物，也有的病毒只要培养1周即可被杀灭，也有的病毒需要培养2～8个月才能被杀灭，少数病毒也可能通过这种方法并不能完全被杀灭。热气流处理对植物生长的不利影响较热水处理的要小，除了可以杀灭病毒以外，也可以杀灭其他多种植物病原细菌和真菌。

（四）农业防治

1. 田园卫生　在一个地区发现传入的危险性病害时，需要及时铲除寄主，并进行彻底消毒处理，扑灭病原物，防止病害扩散。在果园剪除的果木枯枝、病枝及清除的落叶，应进行集中焚烧。在保护地及农田作物病害发生的早期，及时铲除出现的少量病株，摘除病果、病枝、病叶，并带离深埋。一些地方对作物残体、秸秆进行焚烧也能减少病原物接种体的数量。农田劳作前后及时清洗农机具和鞋上的泥土、消毒修剪工具、防止外来人员进入农田或保护地等，可以减少病原物传播。清除田间及周边杂草和及时防治害虫，也可以避免病原物通过中间寄主或传毒媒介传播到农作物上危害。对包装物和仓库等消毒也可以减少农产品在仓储和运输期间的病害。

2. 翻耕 在作物收获以后，特别是秸秆还田的情况下进行翻耕，将土壤覆盖到病残体上，可以加速带病的秸秆、果、茎、块茎或叶片的腐烂，使病残体内的大多数病原物死亡，有效减少病原物接种体数量。

3. 轮作 许多土传病原物在连续种植可以侵染的寄主作物以后，病原物会在土壤中积累，加重病害发生。相反，栽培不被这些土传病原物侵染的其他作物3～4年后，病原物的群体数量会大幅度减少，减轻对原来种植作物的危害。通过水旱轮作则效果更加明显，如水稻与棉花或水稻与油菜轮作可以显著减轻棉花枯萎病、油菜菌核病等病害的危害。通过作物轮作的方法可以有效防治那些只能在生长的寄主及寄主残体上存活的病原物，对于那些可以形成孢子或在土壤中腐生的病原物的控制效果则较差，或者需要较长的轮作年限。采用休耕的方法也会使许多病原物的群体数量受到其他微生物的抑制而下降，特别是在炎热的地方或塑料大棚中，休耕会使土壤温度升高，湿度降低，以致降低病原物的群体数量。

4. 色膜诱杀和地膜覆盖 许多作物的病毒病是由蚜虫等媒介昆虫传播的，用带有黏胶的黄色塑料布/板垂直放置在感病作物周围，可以吸引并黏着大量蚜虫，减轻病毒病的发生。地膜覆盖可以减少劳作期间土传病原物的入侵，也可以在温度较低的春季、秋季提高根际土壤温度，加快出苗速度而减少芽鞘被侵染的机会。在夏天地膜覆盖，土壤中的许多病原物会因高温而被杀死。

5. 其他栽培措施 适期播种或调整播种期，可以避开作物感病生育期与病原物传播期的吻合，减轻或避免病害；合理密植、控制无效分蘖、调整作物的株行距、做好排涝防渍、防止漫灌，以及水稻地的及时搁田等，可以改善田间通风状况，降低作物冠层的湿度，不利于病害的蔓延危害；适期、合理施肥也有利于增强作物的抗病性，减轻病害发生。

（五）生物与生态防治

生物与生态防治是指利用存在于自然界的其他生物消灭病原物，或通过生存竞争减少病原物种群数量，从而防治植物病害的方法。自然环境中的各种生物是通过颉颃或相互依赖等方式的长期互作、共同进化而来的，它们之间维持着一定的种群数量平衡。然而，人们可以通过颉颃生物特别是颉颃微生物的释放，改变颉颃生物与病原物群体的平衡关系，抑制病原物的种群数量，达到控制植物病害流行的目的。虽然这种破坏病原物种群数量平衡的现象是暂时的，但是在植物最感病的时期或病原物发生初次侵染时期使用颉颃生物，可以有效控制植物病害的流行程度。

在发生病害的土壤和感病植物中，一般能够比较容易地分离到病原物的颉颃微生物，特别是在某种病害连续严重发生以后，颉颃微生物的种群数量也会增加。例如，发生小麦全蚀病田块的感病土，在全蚀病连续发生几年以后就会出现大量颉颃微生物而成为抑菌土；连续多年种植西瓜也可能由于土壤中形成了西瓜枯萎病菌的颉颃微生物群体，而使西瓜枯萎病发生减轻而不是加重；在水稻白叶枯病连续发生的田块，也会因噬菌体的出现减轻白叶枯病的危害程度。在有些病原物之间也存在相互颉颃的现象，在人们控制了其中主要的病原物以后，使次要的病原物种群数量增加，从而成为主要病原物，发生新的病害问题。

土传植物病原卵菌、真菌、细菌和线虫，如腐霉、疫霉、丝核菌、核盘菌、镰刀菌、小核菌、假单胞杆菌、根结线虫等属的菌丝、休眠孢子或菌核、菌体或虫体，常常可以被土壤中非植物病原物侵染、寄生或溶解。这些非植物病原物包括卵菌、真菌、细菌、线虫和病毒等。其中已经成功利用的主要是木霉(主要是哈茨木霉)和芽孢杆菌等，因为这些颉颃微生物容易培养和繁殖，可以形成厚壁细胞或芽孢等抵御不良环境的休眠菌体结构，具有较长的储运货架期，具有商品化的利用价值。同时，许多植物病原物的颉颃微生物也与病原物寄主存在互作关系，常常表现具有促进作物生长的作用。

（六）物理防治

1. 高/低温处理 温室或苗床用土壤及储藏室等可以通过热处理消毒。例如，把土壤装在容器里进行蒸汽消毒，或通过暖气管把蒸汽/暖气扩散到温室土壤中及储藏室中消毒，也可以用电热消毒。杀灭不同的病原物所需的温度有很大差异，大约 50℃可以杀死线虫、一些卵菌和水霉，60～72℃才能杀死多数病原真菌、细菌、寄生虫、蜗牛和蜈蚣等，而杀死有些病毒则需要高达 95～100℃的高温。一般来讲，土壤消毒至少要在 82℃下保持 30 min 以上。应该注意的是土壤处理的温度过高和时间过长，会使土壤释放锰盐等有毒物质，反而影响植物生长。

阳光强的夏天可以连续多天或几周在土表覆盖塑料薄膜或封闭温室，利用太阳能杀灭植物病原物。一些植物种子、鳞茎和营养繁殖体可以进行热水处理，杀死存在于体表、伤口和在种衣、鳞片浅层侵染的病原物。采用热气流处理可以降低果实、块茎等表面的湿度及促进伤口愈合，防止病原菌的滋生和侵染。

冷藏处理是防治许多农产品储运期间病害的常用方法。低温虽然不能杀死病原物，但是可以抑制病原物的生命活动，减少和延缓病原物的侵染和扩展。

2. 辐射处理 不同形式的电磁辐射，如紫外线、X 射线、γ 射线以及 α 粒子、β 粒子可以杀灭病原物。一些研究表明利用这些电磁辐射可以有效防治水果、蔬菜的产后病害，但是也会伤害水果和蔬菜的植物组织，其安全性仍有争论。

3. 隔离 利用健康与感病种子的密度差异，通过风力、泥水或盐水浸泡，汰除质量较轻的病种，能够有效减轻种传病害的发生。采用一些透水或不透水的材料隔离种植的不同植株，避免根系相互接触，也可以有效防治一些林木的维管束病害。

三、植物病害的化学防治

（一）化学防治策略

随着人们生活质量和水平的逐步提高以及对农药使用后的食品安全、生态安全和环境安全的日益关注，采用化学防治时需要考虑的问题也越来越复杂。在制订植物病害化学防治策略时，除了需要考虑病害循环特征和杀菌剂本身的生物学和物理化学性质以外，还必须考虑杀菌剂与病害三角关系的相互作用。实际上，植物病害化学防治的效果是“杀菌剂-病原物-寄主-环境”金字塔形关系相互作用的结果(图 5-1)。因此，植物病害化学防治的策略

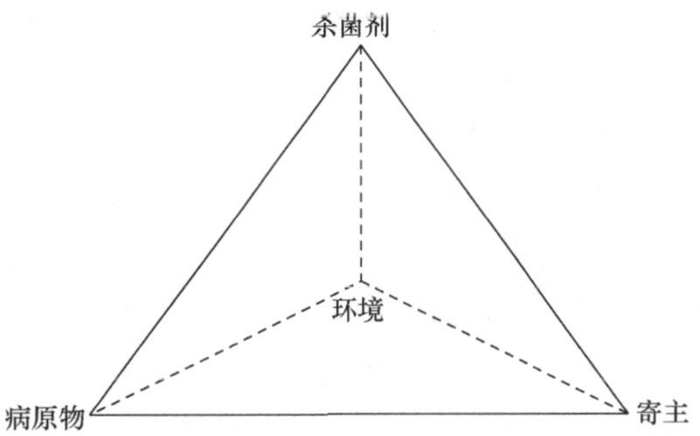

图 5-1 杀菌剂在植物病害防治中的金字塔形关系

应该是化学防治、生态及生物控制、栽培技术的配合应用，包含综合防治、预防为主和科学用药三个方面的核心内容。综合防治的策略就是要坚持在植物病害化学防治实践中配合利用各种利于减轻病害发生的技术，配合生态和生物控制，充分发挥杀菌剂在植物病害综合防治中的作用。预防为主的策略就是要坚持在植物病害发生的早期使用杀菌剂，把病害的发生控制在较低水平，充分发挥化学防治的效果和延缓抗药性群体的形成。科学用药的策略就是要坚持依据杀菌剂的生物学和理化性状、病原生物学、寄主和环境对植物病害发生的影响，正确选用杀菌剂品种、剂型和使用的方法、剂量、时间、频率，保证杀菌剂的高效、安全使用。

（二）化学防治原理

植物病害化学防治的含义是：使用化学药剂处理植物及其生长环境，以抑制或消灭病原生物或改变植物代谢过程提高植物抗病能力，或改变微生物及化学、物理环境以减少病原物群体，而达到预防或阻止病害发生和发展的目的。根据不同杀菌剂在病害循环过程中的作用（图 5-2），植物病害的化学防治原理包括化学保护、化学治疗、化学铲除和化学节育等。

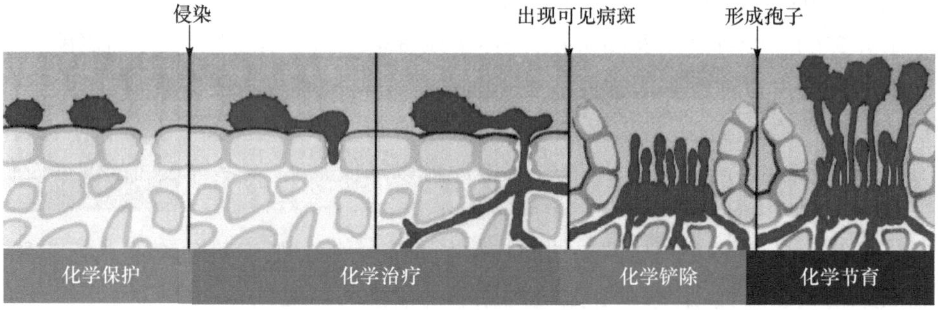

图 5-2　杀菌剂在病害循环过程中的作用

1. 化学保护　是指利用杀菌剂抑制孢子萌发、芽管形成或干扰病菌侵入的生物学性质，在病菌侵入寄主之前将其杀死或抑制其活动，阻止侵入，使植物避免受害而得到保护。利用化学保护原理防治植物病害必须在病原菌侵入寄主植物之前用药。化学保护主要有以下 3 种策略。

（1）消灭侵染来源。植物病害初期发生的接种体来源包括病菌越冬越夏场所、中间寄主、带菌土壤、带菌种子等繁殖材料和田间发病中心。在接种体来源上施药，消灭或减少病原菌的侵染来源数量是保护植物免遭危害的重要策略。采用这种策略防治植物病害的效果与接种体来源及数量、存在场所和传播途径有关。如果仅仅是通过种苗等繁殖材料传播的病害和通过发病中心扩散的病害，可以在比较容易控制的条件下通过种苗药剂处理或在发病中心使用具有铲除作用的杀菌剂，经济有效地防止病害的流行危害。例如，使用二硫氰基甲烷、多菌灵、萎锈灵、苯醚甲环唑等进行种子处理，防治禾谷类作物黑穗病、条纹病、水稻恶苗病和干尖线虫病等种传病害，不仅成本低，而且效果可以高达 95%以上。长期采用这种消灭侵染来源的策略，使一些半个世纪以前严重流行危害的禾谷类作物种传病害得到完全控制。如果是通过土壤、水、病残体、气流或多种途径传播的病害，会因为病原菌侵染来源的场所复杂和数量巨大而难以完全消灭，药剂处理侵染来源后所残存的病菌足以引起流行危害，很难达到理想效果，如小麦纹枯病、赤霉病、白粉病、锈病，水稻稻瘟病、纹枯病、白叶枯病，棉花枯萎病、黄萎病，蔬菜细菌性青枯病、霜霉病，苹果和梨黑星病等。目前大多数重要土传和气传病害都无法通过消灭侵染来源的策略进行有效化学防治。

(2) 药剂处理可能被侵染的植物或农产品。在病原菌侵染之前的作物及瓜果蔬菜上施药，杀死病原物或干扰病菌与寄主互作，阻止病菌的侵染，使植物得到化学保护。这是防治大多数气流传播的植物茎叶病害和果蔬储藏期病害最有效的策略，一般通过喷施、烟尘、浸蘸等方法将药剂均匀地施于寄主植物或器官上，使植物表面形成一层药膜，杀死病菌孢子或阻止病菌侵染。非内吸性杀菌剂，如硫黄、碱性硫酸铜、代森锰锌、福美双等传统多作用位点杀菌剂，异菌脲、醚菌酯等现代选择性杀菌剂，及三环唑等内吸性杀菌剂只有在病菌侵染之前施用，才能防治植物病害。这种只能在病菌侵染之前发挥作用的非内吸性和内吸性杀菌剂常称为保护性杀菌剂。

(3) 在病菌侵染之前施用药剂诱导寄主产生抗病性。一些新型选择性杀菌剂在离体条件下并不表现杀菌作用和抑菌作用，或抑菌活性较低，但是它们能够诱导寄主产生抗病性反应或免疫反应，阻止病菌侵染，使寄主植物得到化学保护。一些化合物施用于植物上能够诱导植物细胞内抗性相关基因的表达，使寄主获得系统性抗病性(systemic acquired resistance，SAR)。目前的研究已经证明，水杨酸是能够诱导寄主产生抗病性的化合物之一。

2. 化学治疗　是指利用新型选择性杀菌剂的内吸性和再分布的特性进入植物体内，在病原物侵入以后至寄主植物发病之前发挥作用，抑制或杀死植物体内外的病原物，或诱导寄主产生抗病性，终止或解除病原物与寄主的寄生关系，阻止发病，恢复寄主植物的健康。这种防治植物病害的原理称为化学治疗。具有内吸治疗作用的杀菌剂也称为治疗剂。化学治疗剂一般对病原菌的菌丝生长有强烈的抑制作用，可以在病菌侵入之前使用，也可以在病菌侵入以后发病之前使用。

用于化学治疗的杀菌剂必须具备两种重要的生物学性能。一是必须具备内吸性。杀菌剂的内吸性是指药剂能够被植物的根、叶、嫩茎及其他组织、器官吸收，并通过质外体或共质体或质外体-共质体输导，在植物体内再分配的性质。内吸性杀菌剂不仅能够治疗已经被病菌侵染的组织，还能保护植物新生组织免遭病菌侵害。二是必须具备高度的选择性，即杀菌剂分子只作用于病菌的专化性位点，以免对植物产生药害。因此，具有化学治疗作用的杀菌剂都是现代选择性杀菌剂。

3. 化学铲除　化学铲除是指利用杀菌剂完全抑制或杀死已经发病部位的病菌，阻止已经出现的病害症状进一步扩展，杀灭再侵染源的接种体，防止病害流行。采用化学铲除原理防治植物病害主要有以下 3 种策略。

(1) 局部化学铲除。这是针对果树、林木树皮腐烂病害采用的化学铲除策略。通常在树干发病部位进行外科手术，即把腐烂部分用刀刮去(应刮至健康部分 0.3 cm 处，伤口应切成菱形)，用 1∶1000 升汞液消毒伤口，或涂抹具有杀菌作用的杀菌剂，消灭病部可能残存的病菌，防止再受侵染。涂抹杀菌剂或防水剂时，切不可将形成层盖住，以利伤口的愈伤皮层形成。

(2) 表面化学铲除。一些植物病原菌主要是寄生在植物表面，如白粉病菌和锈菌。喷施非内吸性的杀菌剂，如石硫合剂、硫黄粉、福美双、代森锰锌、醚菌酯等可直接杀死植物表面的病菌，获得铲除效果。一些渗透性较强的杀菌剂，如异菌脲、腐霉利等和内吸性杀菌剂可以渗透到寄主体内，杀死或完全抑制寄生在植物病部表面和内部的病菌。

(3) 系统化学铲除。利用现代选择性杀菌剂的内吸性和再分布的特性，药剂进入植物体内完全抑制或杀死病症内部的病菌，阻止病害的发展。例如，嘧菌酯防治瓜类白粉病和霜霉病，就能够通过在植物体内的再分布，完全抑制已经发生的病斑再扩展。

用于局部化学铲除和表面化学铲除的杀菌剂可以是非内吸性和内吸性杀菌剂，但采用系统化学铲除的策略，使用的杀菌剂必须具备内吸性和选择性的生物学性能。

4. 化学节育　化学节育是指利用杀菌剂抑制病菌繁殖作用的生物学特性，阻止发病部位形成新的侵染来源，控制病害流行危害。例如，新型的甲氧基丙烯酸酯类杀菌剂——嘧菌酯等和唑类杀菌剂，如三唑酮、戊唑醇、丙环唑、咪鲜胺及黑色素生物合成抑制剂三环唑等可以强烈抑制多种作物白粉病、稻瘟病等病斑上的分生孢子形成，嘧菌酯还强烈抑制卵菌的孢子囊形成，抑制立枯丝核菌、油菜菌核病菌的菌核形成。

不同的杀菌剂具有不同的化学防治原理。大多数传统多作用位点杀菌剂只具有保护作用或局部和表面化学铲除作用，所以也常称为保护剂或铲除剂。现代选择性杀菌剂往往具备多种防治原理，如三唑类杀菌剂除了有极好的化学治疗作用以外，还具有较好的化学节育作用和一定的化学保护作用；甲氧基丙烯酸酯类杀菌剂的嘧菌酯（阿米西达）除了具有极好的保护作用外，兼有很好的铲除和节育作用。内吸性杀菌剂三环唑防治稻瘟病的原理除了已知的保护作用以外，最近发现还能够抑制分生孢子产生和释放，具有很好的化学节育作用。

（三）化学防治方法

植物病害化学防治的方法就是科学地使用杀菌剂，提高植物病害化学防治的效果和最大限度地发挥化学防治的社会效益、经济效益和生态效益。在使用杀菌剂时，必须遵循这样的原则：在把植物病害控制在经济阈值以下的同时，最大限度地降低农药在自然界的释放量，以达到有效、经济、安全的目的。决定用药的原则，应根据病原菌种类，选用：①最安全、最经济、最有效的药剂；②最低的使用量；③最少的施药次数；④最简便的施药方法。杀菌剂的使用方法有多种，主要包括种子处理、土壤处理和叶面喷药。

1. 种子处理　许多植物病害是由种子（包括苗木、块根、鳞茎、插条及其他繁殖材料）携带传播的。种子处理旨在用化学药剂杀死种子传播的病菌，保护或治疗带病种子，使其能正常萌芽，也可用以防止土传性病菌的侵染。采用保护性杀菌剂处理种子，可以消灭种子表面黏附的病菌或保护种子的正常萌发，也可以使幼苗免受土传病菌的侵染；采用内吸性杀菌剂处理种子，除上述作用外，还可以消灭潜伏在种子内部的病菌，治疗带病种子。残效期长的内吸性杀菌剂还可以通过种子吸收，进入幼芽并随着植株生长转移到植株的地上部位，保护枝叶免受气流传播的病菌侵染。

对于以种子带菌为唯一侵染来源的系统性病害，如禾谷类作物黑穗病、条纹病、水稻恶苗病、干尖线虫病等，只有种子处理才是最有效的防治方法。一旦田间发病以后则无法再用药剂防治。对于一些以种子和其他途径同时传播的植物病害，如水稻稻瘟病、细菌性条斑病等，进行种子处理可以有效减少初侵染来源，推迟发病，降低病害流行程度。

种子处理防治病害的效果及安全性与药剂的种类及其处理剂量、处理时间、处理温度、病害种类和种子类型有关。有的作物不同品种的种子对同一种药剂的敏感性可能存在很大差异，敏感的品种容易出现药害。药剂处理种子之前，应该对药剂种类及其活性、种子类型和病菌所在种子部位进行全面考虑，大面积推广应用之前还应该做预备试验和参考文献经验，避免造成药害。由于种子的体积小，比较集中，容易在人为控制条件下进行药剂处理，能够比较彻底地消灭病原菌，所以种子处理是植物病害防治中最经济、最有效的方法。

（1）浸种。将种子浸泡在杀菌剂药液中一定时间，沥出种子晾干即行播种。安全性低的杀菌剂浸种后有的还要求清洗，防止药害。为了药剂与种子均匀接触，保证药效，用于浸种的药液必须是真溶液或乳浊液，不溶于水的可湿性粉剂浸种时会发生不均匀沉淀，不宜作为浸种剂。浸种的药液一般以浸过种子 5～10 cm 为宜。药剂品种及其药液浓度、浸泡时间和温度是影响药效和可能造成药害的 3 个主要因子。其中两个因子一定时，药液浓度增加或浸泡时间延长或浸泡药液温度提高都会提高效果或增加药害的可能性。为增强药剂的渗透力，提高药效，可把药液加热到一定温度后浸种，这是热力和化学处理的结合，此法的优点是可减少药剂的消耗量和缩短浸种时间。所用浓度可比普通浸种用的低几倍。

浸种消毒比较彻底，但浸种后种子不能堆放，晾干后应立即播种，因此事先要根据天气预报做好农事安排。

(2) 拌种。可以分为干拌和湿拌。干拌的药剂必须是粉状的，使用干燥的药剂和种子有利于所有种子表面均匀黏附上药粉。一般传统多作用位点杀菌剂的有效成分用量是种子量的 0.2%～0.5%。活性高的现代选择性杀菌剂，如三唑酮作小麦拌种时只用种子量的 0.012%。为了防止在拌种时药粉的飞散，大量拌种时应该用拌种箱（机），小量可用塑料薄膜袋进行。药粉和种子要分别分次加入（3～4 次），封盖（口）后充分混合。

随着活性高的新型选择性杀菌剂的发展，湿拌成为越来越普遍的拌种方法。使用的杀菌剂制剂一般是胶悬剂，也可以是乳油和可湿性粉剂。根据种子量先用适量的水将药剂稀释，再用喷雾器械将药剂均匀喷施在种子表面，并同时搅拌。湿拌的种子不像浸泡处理的种子需要立即播种，可以晾干或干燥后储藏。

拌种法可提早在播种前数个月或一年进行，以延长药剂的作用时间。拌过药的种子要加鲜艳的着色剂（起警戒作用），以免在储放时与粮食、饲料混淆，造成事故。

种子包衣处理是使用种衣剂对种子包衣处理的方法。种衣剂在加工过程中添加了成膜剂、黏着剂等，经过处理的种子在表面包上一层药膜，由于种衣剂中含有黏结剂而使药剂不易从种子表面脱落。播种后药剂缓慢释放，可连续不断地进入植物体内，使其能维持较长时间的防病作用，甚至运转到地上部防治气流传播的病害。这些药剂的作用方式不同，有的起到保护作用，有的进入植物体而起治疗作用。

2. 土壤处理　土壤是许多病原菌（包括线虫）栖居的场所，是许多植物病害初次侵染的来源。例如，蔬菜、果树幼苗猝倒病，棉花苗期病害（立枯、黄萎、枯萎病），麦类作物纹枯病等重要作物病害都是由土壤带菌传染的。土壤处理是防治这些土传病害最有效的方法。使用保护性杀菌剂可以杀灭土壤中的病原微生物，在播种前或播种时使用可以保护种子萌发时的幼根和胚芽不被侵染，在植物生长期使用可以防止病菌在根部和茎基部侵染。新型内吸性杀菌剂由于活性高、选择性强、持效期长，除了可以通过种苗处理，防治土传和气传病害以外，也可用来土壤处理防治土传病害和气传病害。

用于土壤处理的杀菌剂，不仅需要考虑其抗菌谱及其活性，而且也要考虑药剂的物理化学性能。土壤处理的效果与药剂在土壤中能否均匀分布有关，一般用于土壤处理的药剂需要有较高的蒸汽压和一定的水溶性，才能保证在土壤中具有良好的扩散或浸透作用。但是，要注意水溶性太强的药剂容易污染地下水，脂溶性太强的药剂容易被土壤吸附钝化的问题。不同的土壤种类和结构，由于吸附性能的不同，对药剂的扩散影响很大。黏土中含水量高，可直接影响药剂气体扩散，还会由于土粒不易打碎而影响药剂的均匀性。有机质含量高的土壤，由于吸附性太强而使药剂分布不均匀。在土壤中施药后，药剂的气体向各个方向扩散，一般向上扩散比向下快，并挥发到大气中。为了提高土壤处理的防治效果，施药后常常在土壤表面覆盖塑料薄膜。

大多数传统的土壤消毒剂没有选择性，对植物毒性高。因此，为了保证对植物的安全，土壤处理后需要有一定的候种期，即土壤用药与栽种作物之间的间隔期。间隔期的长短依药剂、土壤种类、土壤温度、种苗对药剂的敏感性和气候条件而定，一般应有 2～4 周。

（1）浇灌。将杀菌剂用水稀释后浇灌土壤，稀释浓度与叶丛喷雾浓度相仿，单位面积所需药量以能渗透到土壤 10～15 cm 深处为准。一般防治苗期猝倒病、根腐病或土表感染的病害，在作物出苗前、后灌施土壤表面，用量每平方米土面浇灌 2.5～5 L 药液。

（2）撒施。将杀菌剂与细土混合后撒施于作物播种沟中，或施于犁沟中，一般将药剂施于第一犁的底，继而盖以第二犁翻上的土壤。覆盖的土壤应该整碎，黏重结块的土壤使用此法效果较差。

（3）散布和翻混。把药剂尽可能均匀地撒布于土表（也可结合施肥进行），随即翻入土层与土壤拌和，此法也可用于挥发性较低的药剂，如五氯硝基苯、棉隆等。

（4）注射。注射法是用土壤注射器每隔一定距离注射一定量的药液，每平方米 25 个孔（孔深 15～20 cm）。每孔注入药液 10 mL，药剂浓度可根据药剂种类、土壤湿度和病菌种类而定。

3. 叶面喷洒　叶面喷洒是防治作物生长期气传病害最主要的和最有效的施药方法。最常用的方法是对植物茎叶喷雾，将可以均匀分散在水中的各种杀菌剂制剂用水稀释后，使用喷雾器械进行喷施。

气传病害的侵染来源具有持续性，因此防治气传病害的杀菌剂必须具备足够的持效期。虽然杀菌剂对病原菌直接作用的毒力或间接作用的毒力是有效防治植物病害的基础，但是防治气传病害的效果并不完全取决于药剂的毒力大小。如果一种化合物尽管有很高的杀菌或抑菌活性，但是药剂本身极易变性或挥发，则达不到理想的防治效果。所以，一些医用表面消毒剂不能用于喷雾防治植物病害。传统的杀菌剂在植物表面容易受环境因素影响，如光解、雨水冲刷等，持效期较短，一般 5～7 天。内吸性杀菌剂在植物体内不受光解和雨水冲刷，持效期相对较长，一般 1 周至数周。但是，内吸性杀菌剂的持效期与药剂的活性、在植物体内的代谢稳定性及病菌对药剂的生理反应等有关。

防治植物病害的喷药技术要求要比防治害虫高得多，要达到较好的防治效果，施药者应该了解杀菌剂和所防治植物病害的生物学特性，有针对性地进行喷洒。喷施非内吸性杀菌剂时，不仅需要保证药液能够喷施到所有需要保护的茎叶，而且还需要在茎叶表面能够形成均匀的药膜，对于在叶背面发生的病害，还要将药剂喷施到叶片背面。内吸性杀菌剂虽然具有在植物体内再分布的特性，但是，常见的内吸性杀菌剂主要在质外体系输导，只有喷施到植物嫩茎和叶腋处的药剂可以被吸收输导到上部叶片，而喷施在叶面的药剂只能沿着叶脉方向朝叶尖和叶缘输导，不能从一张叶片向另一张叶片传导。

叶面喷洒杀菌剂除了需要喷施均匀外，还要注意使药液尽可能多地沉积在植物的茎叶上。喷施的药液雾滴较小时有利于在叶面沉积，大雾滴容易在风的作用下从茎叶上滚落到土壤中。因此，一般喷雾器的喷孔直径控制在 0.7～1.0 mm。小雾滴喷雾不仅有利于药液沉积，而且分布更均匀。

4. 其他施药方法　在作物生长期防治气传病害，除了喷洒的方法以外，还可以根据药剂性质和植物的类型采用其他施药方法。例如，防治果树、森林病害时，可采用内吸性杀菌剂对树干进行吊水处理。吊水法就是在树干基部钻斜孔 1 个至多个，药瓶倒挂，把针头插入孔内，使药液慢慢注入树干内部。防治保护地作物病害和气流传播的森林病害时，可以选用能燃烧发烟或加热挥发的杀菌剂，如硫黄、百菌清和三唑类杀菌剂进行烟雾熏蒸。

（周明国　编写）

思考题

1. 诊断植物病害的主要依据是什么？在田间，如何区别作物病害与虫害？
2. 在田间如何区别植物的生理性病害和侵染性病害？
3. 试述菌物、细菌、病毒、线虫、寄生性植物五大类病原物引起的作物病害的诊断鉴别特征。
4. 试述植物病害田间症状的复杂性。
5. 如何诊断一种新的或未知的植物病害？试述植物病害诊断的一般程序。
6. 简述柯赫氏法则的要点。它可以直接应用于哪些病原物引起病害的诊断？
7. 植物病害诊断的常规技术有哪些？分子生物学技术又有哪些？简述应用 PCR 技术进行植物病害检测鉴定的程序。
8. 分别用 www. google. com、www. yahoo. com 和 www. baidu. com 进行搜索，列出你能搜索到的、且能够被访问和使用的植物病害诊断专家系统。
9. 简述植物病害的防控原理。植物病害的防控有哪些具体的技术措施？
10. 何谓植物病害的化学保护？其主要原理是什么？在植物病害化学防控中，施用化学农药的方法有哪些？
11. 分别设计出水稻稻瘟病和果树根癌病的防控技术措施。

第六章　谷类作物病害

第一节　水稻病害

水稻是我国第二大粮食作物。据国家统计局资料，2012 年我国水稻种植面积接近 3030 万 hm^2，年产量 20 429 万 t，约为全国粮食总产量的 35%，种植面积和总产量仅次于玉米。但水稻病害严重地制约着水稻生产，每年减产高达 2000 万 t。目前记载的水稻侵染性病害有 71 种(Webster and Gunnell，1992)，其中危害较大的有 20 多种。稻瘟病、纹枯病、白叶枯病等主要病害发生面积大，流行速度快，危害严重。近年来，随着水稻品种的更换和栽培制度的变更，稻曲病已在全国所有稻区大面积严重发生，已上升为一种主要病害，不仅导致减产，还污染稻谷，威胁人类身体健康；水稻细菌性条斑病，在种子处理不彻底的情况下，常大面积流行；水稻条纹叶枯病在部分地区暴发成灾，成为重要病害。水稻苗期病害也不可忽视，如水稻恶苗病、立枯病每年都有发生，特别是恶苗病在局部地区发生危害严重。水稻病害的防治策略是在掌握其发生规律的基础上，针对一种或多种病害灵活地运用以预防为主的综合防治措施。

一、真菌病害

（一）稻瘟病

稻瘟病(rice blast disease)是世界范围内严重威胁水稻安全生产的重要病害，一般发病田块减产 10%～20%，严重田块减产可达 40%～50%，甚至颗粒无收。1975～1990 年，全球由稻瘟病引起的水稻损失高达 15 700 万 t，每年减产的稻谷足以养活约 6000 万人口。在我国，稻瘟病广泛分布于各水稻种植区，时常发生局部流行或者全国性的大流行，年危害面积可高达 500 万 hm^2，引起稻谷损失高达 200 万～300 万 t。2005 年，黑龙江省大面积暴发稻瘟病，危害面积多达 100 万 hm^2，其中绝产面积近 5 万 hm^2，减产稻谷 200 万 t 以上，造成 11.6 亿元的直接经济损失。

1. 症状　稻瘟病在水稻各生育期和各个部位均可发生。根据发病时期和发病部位的不同，稻瘟病可分为苗瘟、叶瘟、节瘟、穗颈瘟、枝梗瘟和谷粒瘟等(图 6-1)。其中以叶瘟、穗颈瘟最为常见，危害较大。苗瘟一般由种子带菌引起，从种子发芽到三叶期以前发病。带菌种子发芽后，在芽和芽鞘部位出现水浸状斑点，病部呈灰黑色，严重时幼苗卷缩、枯死。叶瘟自三叶期至穗期均可发病，一般在分蘖期至拔节期盛发。叶瘟严重时，全田呈火烧状，植株矮缩，不能正常抽穗。

(1) 叶瘟。依据病斑形态，可分为以下 4 种类型。

① 慢性型。病斑梭形，两端有褐色坏死线，外缘有黄色晕圈，中央灰白色，边缘黑褐色。慢性型病斑是水稻叶片上最常见的症状类型。

② 急性型。病斑呈暗绿色水渍状，多数近圆形至椭圆形，正反两面都能产生灰色霉层。这类病斑多出现在品种感病、适温高湿及氮肥偏多的条件。

③ 白点型。病斑呈白色近圆形小斑点。此类斑点多在病菌侵染嫩叶后遇暴晒等不利天气条件或土壤缺水时产生，病斑上不产生孢子，但如果条件转为适宜，可迅速发展成急性型病

图 6-1　稻瘟病的症状

A. 田间发病情况(彭友良提供);B. 叶瘟(侯明生和黄俊斌，2003)，从左至右依次为白点型、急性型、慢性型和褐点型;C. 穗颈瘟、枝梗瘟和谷粒瘟(彭友良提供);D. 节瘟(摘自 Dean et al.，2005)

斑或慢性型病斑。

④ 褐点型。病斑呈褐色小斑点,局限于两叶脉之间,有时边缘呈现黄色晕圈,多发生于抗病品种上。

(2) 节瘟。多发生在穗以下的第一节和第二节上。病斑初呈褐色小点,以后呈环状扩展至整个节以上部分,造成早枯,形成白穗或瘪粒。

(3) 穗颈瘟。发生在主穗梗至第一枝梗分枝的穗颈部,病斑初期呈水渍状褐色小点,以后逐渐扩展呈褐色或墨绿色。发病早的植株多形成白穗,发病迟的瘪粒增加。穗轴、枝梗也可发病,症状与穗颈瘟相似,发病重的分枝也可形成部分白穗。

(4) 谷粒瘟。发生在谷粒的护颖和颖壳上,产生黑褐色椭圆形或不规则形小斑点。护颖发病时,呈灰褐色或黑褐色。谷粒上的病斑形状和颜色多变,以乳熟期症状最为明显,病斑椭圆形,灰白色,常产生灰色霉层。

过去认为稻瘟病菌只侵染水稻地上部器官,最近研究表明,在实验室条件下稻瘟病菌的菌丝通过根部接种,可侵入并引起地上部分器官发病,因此稻瘟病被重新定义为系统性病害。

2. 病原　有性型为灰色大角间座壳菌[*Magnaporthe oryzae*(Hebert)Barr.],属子囊菌门大角间座壳属。无性型为稻梨孢[*Pyricularia oryzae*(Cooke)Sacc.],属有丝分裂孢子真菌中的梨孢属。

稻瘟病菌除侵染水稻外,还可以侵染多种禾本科植物,如小麦和黍等重要的农作物以及多种牧草、草坪草和杂草,但是病菌对不同寄主间的致病性存在明显的专化性,多不能互相侵染。稻瘟病菌的生活史由无性生活史和有性生活史组成(图 6-2)。无性生活史是指从营养菌丝产生分生孢子开始,并着落到寄主表面侵染、致病,最终在病斑上产生新的分生孢子的过程。有性生活史是指两个不同交配型的菌株有性杂交产生子囊孢子的过程。稻瘟病菌是异宗配合的单倍体子囊真菌,具有 *MAT1-1* 和 *MAT1-2* 两种交配型。交配型不同的两个菌株的菌丝接触后,进行菌丝融合,形成顶端带喙的壶状子囊壳,子囊壳内着生许多棒状的子囊,每个子囊进行两次减数分裂和一次有丝分裂形成 8 个子囊孢子。子囊孢子成熟后从子囊壳中蹦出,条件适宜时,子囊孢子萌发形成芽管,并逐步形成营养菌丝,当接触到交配型相反的营养菌丝时,则进行下一轮的有性繁殖。稻瘟病菌的有性世代为真菌遗传学研究提供了有力工具,但在自然条件下，由于尚未观察到稻瘟病菌的有性繁殖阶段，因此，无性阶段是稻瘟病菌侵染致病的主要生活史阶段。

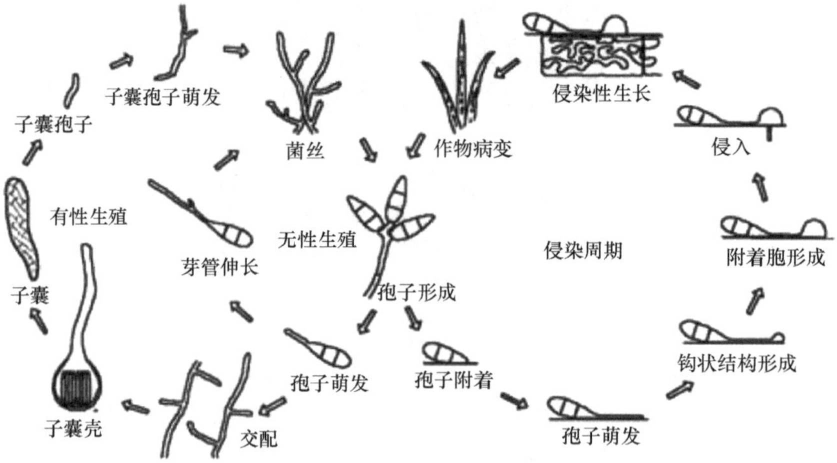

图 6-2 稻瘟病菌的生活史(根据 Dean et al.，2005 修改)

3. 发生规律

(1) 发病条件。稻瘟病菌以菌丝和分生孢子在病稻草、病谷，也有可能在杂草上越冬。因此，病稻草和病谷是翌年病害的主要初次侵染来源。但是在热带地区，分生孢子可以常年存在于空气中，侵染来源丰富，病害可以周年发生。稻瘟病的发生和发展受品种、气候等条件和肥水管理等栽培措施的制约。不同水稻品种可能携带不同的抗稻瘟病基因，特别是主效抗病基因，主效抗病基因往往很快(在 3～5 年内)即被相应无毒基因变异形成的新小种所克服，导致水稻品种抗性丧失。水稻一般在 4 叶期、分蘖期、孕穗末到始穗时最易感病。有利于稻瘟病发生的气候条件是温度 20～30℃，相对湿度 90%以上。在孕穗、抽穗阶段，如遇低温、阴雨、光线弱或露水多时，水稻抗性减弱，易造成穗颈瘟的流行。施用氮肥过多，特别是施用过迟，会诱发穗颈瘟严重发生。长期水淹或冷水串灌、漫灌，妨碍稻株根系生长，降低稻株的抗病力。

(2) 病害循环。稻瘟病菌侵染循环始于分生孢子着落到寄主植物组织上，在合适的温度和饱和湿度条件下萌发形成芽管，芽管顶端膨大形成初生附着胞(图 6-3)，附着胞经过黑色素沉着和膨压形成过程，在底部形成侵染钉，侵染钉穿透寄主植物角质层进入表皮细胞，分化形成丛枝状的侵染性菌丝，侵染性菌丝汲取寄主的营养和水分，进而在寄主植物表面形成褐色或灰褐色的病斑，病斑中的侵染性菌丝分化形成分生孢子梗，产生新的分生孢子，完成一个侵染循环。

在适宜的温度、湿度条件下，稻瘟病菌侵染 4～5 天后，可产生病斑。在高湿条件下，病斑形成几个小时内便可产生并释放新的分生孢子，且这个过程持续好几天，大多数分生孢子在午夜至黎明期间释放。在一个生长季节，无性繁殖阶段可以独立地多次循环，产生的分生孢子数量巨大，使得病害迅速传播和蔓延。分生孢子的数量和产孢量与病害的严重程度呈正相关。

分生孢子黏附到寄主植物叶片上，在适宜温度下，分生孢子在寄主组织表面水滴上 30～90 min 即可萌发。萌发的芽管在感受到基质的硬度、表面疏水性以及表面的化学物质等信号后，便发育分化出附着胞(appressorium)，附着胞是稻瘟病菌的重要侵染结构。随着附着胞的成熟，分生孢子的细胞核和其他物质被降解，通过芽管逐步转移到附着胞中，用以合成黑色素和产生膨压，最终形成黑色素化的功能性附着胞；而在亲水基质上，芽管继续生长形成营养菌丝，不能分化形成附着胞(图 6-3)。水稻和大豆叶片蜡质提取物，甚至蜜蜂蜡和石蜡均可以诱导芽管在非诱导型表面上进一步分化形成附着胞。附着胞内积累了大量甘油等物质，形成巨大膨压，据测定附着胞膨压可达到 8.0 MPa，相当于 40 倍汽车轮胎的压力，在膨压的作用下，附着胞分化形成侵染钉，直接穿透寄主表皮细胞壁，侵染寄主细胞。

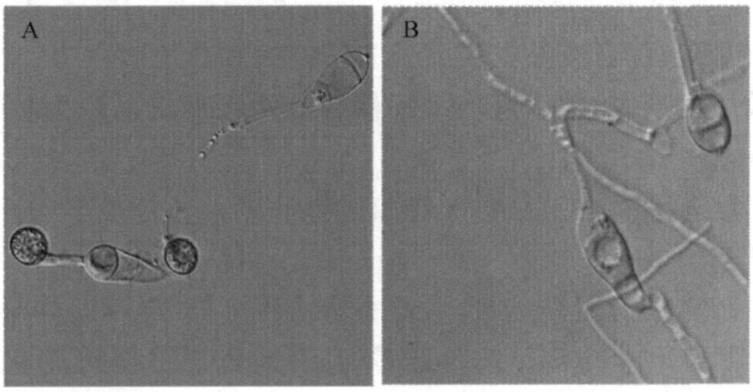

图 6-3 稻瘟病菌分生孢子萌发及附着胞形态(王宗华、刘文德 提供)
A. 分生孢子在疏水表面形成黑色素化附着胞；B. 分生孢子在亲水表面萌发生长营养性菌丝，无法分化附着胞

许多基因参与调控分生孢子梗形成、产孢量及致病性。研究表明，一系列基因参与了稻瘟病菌识别寄主表面物理信号及化学信号，启动附着胞的分化及成熟，以及稻瘟病菌侵染后与水稻的互作。进而形成活体营养界面复合物(biotrophic interfacial complex，BIC)，向植物细胞分泌与侵染、定殖有关的蛋白质，并汲取营养，克服寄主病原相关分子模式激活的免疫反应和病原菌效应蛋白激活的免疫反应(PAMP-triggered and effector-triggered immunity，PTI 和 ETI)，解除寄主植物活性氧介导的防卫反应等，成功定殖初始细胞，然后将通过胞间联丝孔扩展到其他细胞，进而在寄主植物表面形成褐色或灰褐色的病斑。对稻瘟病菌侵染致病机理的深入研究，将为稻瘟病的可持续有效控制奠定理论基础。

4. 病害控制 稻瘟病的防治应以预防为主，主要措施包括各种减少病原菌数量的农业防治措施，选育和合理利用抗病品种，种子消毒处理，苗期喷药，病田及其周围感病品种利用化学药剂预防穗颈瘟发生，苗床、大田在分蘖到拔节期出现叶瘟后及时进行化学防治等。

(1) 销毁和掩盖病稻草。过冬病稻草是稻瘟病最重要的初侵染来源，应在水稻播种前尽量销毁病稻草，或用塑料薄膜等加以掩盖，避免其受雨水淋湿而产生分生孢子；杜绝用病稻草捆扎秧苗后遗留田间表面。

(2) 利用抗性品种并合理布局。种植抗病品种是控制稻瘟病最经济有效的手段，但是不同稻区生态条件、耕作制度和品种类型不同且随时间而变化，造成稻瘟病菌的毒性结构组成也因地而异，因时而变，因此，抗性品种的布局必须因地、因时制宜。

水稻品种与稻瘟病菌毒性类型间的互作符合典型的"基因对基因"关系，当水稻品种所含抗性基因和稻瘟病菌所含的与之相对应的无毒基因毒性类型互作时，水稻才表现抗病，其他情况均为感病。无毒基因是基因对基因病害的病原菌中决定寄主植物品种抗性表达与否的基因，其缺失、表达破坏或功能区域的变异都将导致病原菌群体中产生新的毒性类型，新毒性类型的累积将导致原抗病品种的抗病性丧失。一个新的抗病水稻品种在推广 3～5 年后经常丧失其抗病性，其原因在于大面积种植了某一抗病水稻品种，结果增加了对稻瘟病菌的选择压力，病菌通过无毒基因的变异和有毒群体的大量繁殖，克服了该品种的抗性。因此，在同一生态区内提倡同时种植几种具有不同抗病基因的品种。此外，监测稻瘟病菌群体中无毒基因与水稻主栽品种之间的关系，也将为抗病品种的合理布局提供依据。

(3) 种子消毒。利用强氯精、咪鲜胺、多菌灵等药剂进行消毒处理是水稻育秧准备的常规措施，该措施可杀灭或抑制种子携带的稻瘟病菌或其他病菌。

(4) 苗床管理。用无病土做苗床营养土，用药土做播种后的覆盖土。幼苗出土 1 cm 左右时，用百菌清混合三环唑和内吸性杀虫剂可预防稻瘟病和其他病虫害。秧苗移栽前几天，喷施三环唑和内吸性长效杀虫剂作为“送嫁药”(即移栽前两天喷较高浓度的三环唑)，可预防大田叶瘟和病毒病发生。

(5) 化学防治。由于品种推广力度有限和病原菌毒性不断变异等多种原因，水稻大田生产中还需要依靠化学药剂进行防治。

大田分蘖期开始每隔 7 天调查 1 次，主要查看植株上部 3 片叶，如果发现发病中心或叶上急性型病斑，即及时喷施化学药剂。防治稻瘟病菌的药剂根据作用机制可分为以下 7 类。①蛋白质合成抑制剂，如春日霉素(kasugamycin)，其通过抑制蛋白质的生物合成来杀死菌体。春日霉素具有很强的渗透性和内吸性，喷药后见效快，持效期长，对稻瘟病具有预防和治疗作用。②磷脂质合成抑制剂，如稻瘟灵(isoprothiolane)，通过抑制酯质生物合成中的磷脂 *N*-甲基转移酶，破坏细胞结构，达到预防和治疗目的。稻瘟灵具有渗透性，能够进入叶片、穗轴与枝梗组织，抑制病菌菌丝生长和产孢。③植物免疫激活剂，如烯丙苯噻唑(allylbenzene thiazide)，在离体条件下没有直接抑菌活性，但在活体条件下通过抑制分生孢子的萌发和诱导水稻抗病基因的表达，从而表现出良好的防病效果。烯丙苯噻唑只有预防作用，一旦发生稻瘟病，无法治疗。④黑色素合成抑制剂，如三环唑(tricyclazole)，通过抑制附着胞黑色素的生物合成，从而使附着胞不能维持足够的膨压以驱动侵染钉对寄主角质层的穿透。三环唑具有很强的内吸活性，能迅速被水稻根、茎、叶吸收，并输送到植株各处，抗雨水冲击力强，喷药 1h 后遇雨不需要补喷，对预防稻瘟病有特效。⑤呼吸抑制剂，如嘧菌酯(azoxystrobin)，与电子传递链中复合物Ⅲ结合，阻断电子由细胞色素 bc1 复合物流向细胞色素 c，从而抑制线粒体的呼吸作用，破坏能量合成，最终杀死真菌。嘧菌酯是一种广谱内吸杀菌剂，具有保护和治疗作用，叶面喷施或颗粒剂撒播，可有效地控制稻瘟病。⑥以多菌灵(carbendazim)为代表的苯并咪唑类杀菌剂，与纺锤丝的组分 β-微管蛋白结合，干扰病菌有丝分裂过程中纺锤体的形成，影响细胞分裂，致使病原菌死亡。多菌灵是一种广谱内吸低毒杀菌剂，兼具保护和治疗作用，对叶瘟和穗颈瘟有很好的防效。⑦ 甾醇合成抑制剂，如咪鲜胺(prochloraz)，其三唑环与病原菌铁卟啉的中心铁原子配位，阻碍铁卟啉铁氧络合物的形成，从而强烈抑制病原菌中麦角甾醇的生物合成，致使细胞膜失去正常功能，杀死病原菌。除三环唑和烯丙苯噻唑外，病菌易对杀菌剂产生抗药性。水稻分蘖盛期和破口期是稻瘟病防治的关键时期，前者不断产生新叶利于稻瘟病菌侵染，后者病菌一旦侵入穗颈则造成严重损失，需要同时选用三环唑等具有内吸性的长效药剂进行保护和具有抑制病菌作用的杀菌剂抑制病菌生长和繁殖。混合用药除加强防病效果外，也可延缓病菌产生抗药性。

(二) 稻曲病

稻曲病(rice fasle smut)于我国明朝时期便有记载。俗称假黑穗病、绿黑穗病、青粉病、谷花病等，主要分布于亚洲、美洲和非洲的许多国家，在国内各稻区均有发生。自 1980 年以来，随着杂交稻的推广和施肥水平的提高，稻曲病发生日趋严重，已成为水稻主要病害。该病只危害穗部，一般每穗有病粒 1～5 粒，严重的可达 20～30 粒。此外，稻曲病粒含有对人、畜有害的毒素，用稻曲病粒污染的稻谷饲养家禽，可引起家禽慢性中毒，造成其内脏病变，甚至死亡。

1. 症状　病菌侵入谷粒后，在颖壳内形成菌丝块，破坏病粒内部组织，随后，菌丝块逐渐增大，先从内颖、外颖壳裂开，露出淡黄色块状的孢子座。孢子座初为淡绿色，后期变成墨绿色或橄榄色，包裹颖壳，近球形，体积可达健粒数倍。最后孢子座表面龟裂，散布墨绿色粉末（厚垣孢子）。孢子座中心为菌丝组织构成的白色肉质块，外围可分为 3 层：外层墨绿色，是最早成熟的厚垣孢子；中间橙黄色，是菌丝和渐趋成熟的厚垣孢子；内层淡黄色，是放射状菌丝和正在形成的厚垣孢子。发病后期，有的孢子座两侧可生 2～4 粒黑色、稍偏平的菌核（图 6-4）。

图 6-4　稻曲病的症状

2. 病原　有性型为绿色糙棒菌[*Villosiclava virens* (Y. Sakurai ex. Nakata) E. Tanaka & C. Tanaka]，属于囊菌门粗糙棒菌属；无性型为绿核菌[*Ustilaginoidea virens* (Cooke) Takahashi]，属有丝分裂孢子真菌中的类绿核菌属。分生孢子座大小为 6～12 μm×4～6 μm，表面墨绿色，内层橙黄色，中心白色。分生孢子梗丝状，单生或分枝，短小，直径 2～2.5 μm。分生孢子单胞厚壁，表面有瘤突，近球形、卵圆形或椭圆形，大小为 4～5 μm。菌核从分生孢子座生出，长椭圆形，长 2～20 mm，在土表萌发产生子座，橙黄色，头部近球形，大小为 1～3 mm，有长柄，头部外围生瓶形子囊壳，每个子囊壳中约形成 300 个子囊；子囊无色，圆筒形，内生 8 个平行、无色、单胞、线形的子囊孢子，大小为 120～180 μm×0.5～1 μm。厚垣孢子墨绿色，球形，表面有瘤状突起，大小为 3～5 μm×4～6 μm（图 6-

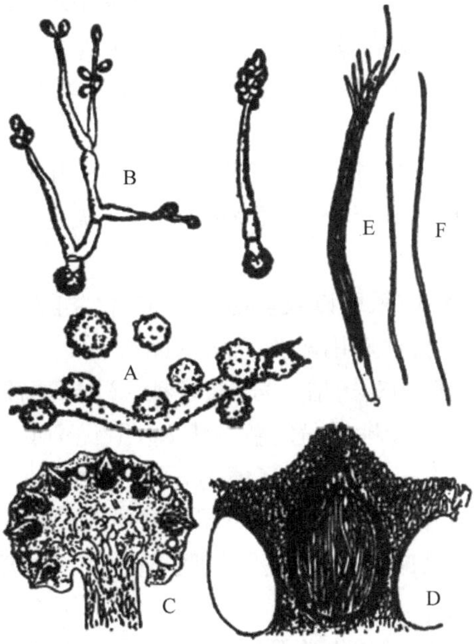

图 6-5　绿色糙棒菌

厚垣孢子及其着生状；B. 厚垣孢子萌发；C. 子座顶部剖面；
D. 子囊壳；E. 子囊；F. 子囊孢子

5)。稻曲病菌的厚垣孢子和子囊孢子萌发，都可以形成薄壁分生孢子，分生孢子可以继续萌发形成次生、三生等分生孢子。

菌丝生长最适温度为28～30℃，低于13℃或高于35℃时生长速度明显减慢。菌核萌发产生子实体的最适温度为26～28℃。厚垣孢子在4～6℃的低温和干燥条件下，可存活8个月以上，而在28℃和高湿条件下经2个月即丧失萌发能力。休眠的厚垣孢子需要在26℃和高湿条件下经过20天才能打破休眠。厚垣孢子萌发温度范围为5～35℃，以25～28℃最适，同时要求足够的水分和氧气，其致死温度为50℃(10 min)。光照对厚垣孢子萌发无明显抑制或促进作用，但可抑制分生孢子的形成。pH 5～7时最有利于厚垣孢子萌发，pH小于3或大于10时均能显著抑制孢子的形成和萌发。1%～2%的葡萄糖或蔗糖溶液有利于厚垣孢子萌发和产孢。病菌在代谢过程中能产生有色毒素，即稻曲菌毒素A、B、C、D、E及一种类似麦角碱的生物碱，阻碍水稻有丝分裂，显著抑制稻种萌发和胚芽生长。稻曲病菌除危害水稻外，还可侵染玉米、药用野生稻和马唐等多种植物，但田间少见。

3. 病害循环　病菌以落入土中的菌核或附于种子上的厚垣孢子越冬，翌年菌核萌发产生厚垣孢子，在适宜条件下，厚垣孢子再生小孢子及子囊孢子自花器和幼颖完成初侵染，病菌菌丝在侵入点组织内繁殖扩展，经10～15天的潜育期，即可引致稻株发病。孕穗期到破口期是稻曲病菌侵入的关键时期。病部产生的厚垣孢子借风雨传播，引致再侵染。

4. 发病条件　稻曲病的发生与水稻抗病性、气象因素和栽培管理等因素有关。

(1) 寄主抗病性。水稻不同类型及不同品种对稻曲病抗性有显著差异。一般籼稻较抗病，粳稻、糯稻和籼粳亚种杂交后代较感病；中稻、晚稻一般抽穗早的发病轻，抽穗迟的发病重；抗性顺序一般表现为中籼＞双季晚籼＞单季晚粳＞一季晚籼。矮秆、穗大而密、叶片较阔且角度小、耐肥抗倒伏、适于密植的品种较感病。

(2) 气象因素。稻曲病发生程度与水稻孕穗至抽穗扬花期的温度、湿度、降雨和光照关系密切，其中以湿度和降雨对病害影响最大。此期如遇适温(25～28℃)、多雨、寡日照天气，病害易严重发生；如遇高温(30℃以上)干旱，则病害基本不发生或发生很轻。在沿海和山区雾大、露重地区，病害往往较重。

(3) 栽培管理。施用氮肥过多，特别是施用穗肥过多的田块发病重。长期深灌，植株过于嫩绿、密度过大，连年种植感病品种，均会加重病害发生。喷施赤霉素，因能刺激孢子萌发，也能加重病害发生。

5. 病害控制　控制稻曲病应采取以农业防治为主，化学防治为辅的综合治理措施。

(1) 选用抗病品种。因地制宜选用较为抗病的品种，如WYQ12、4123A/R6135、NA428、农香18、广二104、选271、金优207、扬稻3号、湘晚籼12号、滇粳40号、矮粳23、双糯4号、T优111、五丰优998、T优259、湘晚籼12号、新香优80、T优706等品种适合南方稻区种植，北方稻区可选用京稻选1号、沈农514、丰锦、辽粳10号等品种。

(2) 农业防治。秋收后深耕翻埋，以减少翌年初侵染源；采用无病田留种；加强栽培管理，氮肥、磷肥、钾肥合理搭配，切忌偏施、迟施大量氮肥；避免长期深灌，采取湿润管理，降低田间湿度，减轻病害发生。

(3) 化学防治。包括种子处理和化学保护。①种子处理：播种前先用泥水或盐水选种，清除病粒，再用15%三唑酮或45%咪鲜胺浸种24～48 h。②化学保护：针对感病品种和易感生育阶段，结合天气变化情况，预防性地施药防治。在剑叶完全展开时施药1次，在破口期第2次施药。喷施43%戊唑醇、30%己唑醇，或12.5%氟环唑或井冈·三环唑。其他有效药剂有丙环唑、咪鲜胺、醚菌酯、苯醚甲环唑、三唑酮等。

(4) 生物防治。用药时间与化学药剂相同。每公顷喷施 10 亿活芽孢/ g 枯草芽孢杆菌、13%井冈霉、2%蛇麻子素，均有很好的防治效果。

(三) 水稻纹枯病

水稻纹枯病(rice sheath blight)，又称云纹病，俗名花足秆、烂脚瘟、眉目斑，广泛分布于世界各稻区。随着化学肥料大量施用，矮秆品种及杂交稻的推广，该病发生日趋严重，已成为水稻生产上的主要病害之一。纹枯病主要引起水稻鞘枯和叶枯，或不能抽穗，结实率降低，瘪谷率增加，粒重下降，一般造成水稻减产 5%～10%，发生严重时，减产 30%以上。

1. 症状　苗期至穗期都可发生，尤以分蘖末期到抽穗期发生最重。叶鞘染病在近水面处产生暗绿色水浸状边缘模糊小斑，后渐扩大呈椭圆形或云纹形，中部呈灰绿色或灰褐色，湿度低时中部呈淡黄色或灰白色，中部组织破坏呈半透明状，边缘暗褐。发病严重时数个病斑融合形成大病斑，呈不规则状云纹斑，常致叶片发黄枯死。叶片上的病斑也呈云纹状，边缘褪黄，发病快时病斑呈污绿色，叶片很快腐烂；茎秆上的症状似叶片，后期呈黄褐色，易折断。穗颈部上病斑初为污绿色，后变灰褐色，常不能抽穗，抽穗的秕谷较多，千粒重下降(图 6-6)。湿度大时，病部长出白色网状菌丝，后汇聚成白色菌丝团，形成菌核，菌核深褐色，易脱落。高温条件下病斑上产生白色粉状霉层，即病菌的担子和担孢子。

图 6-6　水稻纹枯病的症状

2. 病原　有性型为瓜亡革菌[*Thanatephorus cucumeris* (Frank) Donk]，属担子菌门亡革菌属；无性型为茄立枯丝核菌(*Rhizoctonia solani* Kühn)，属有丝分裂孢子真菌中的丝核菌属。

菌丝体初期无色，老熟时浅褐色，较粗，有近直角分枝，分枝处有分隔、缢缩，每个细胞有细胞核 3～23 个，平均 4～8 个。菌核由菌丝体交织纠结而成，初为白色，后变为暗褐色，扁球形、肾形或不规则形，表面粗糙，有少量菌丝与寄主相连，靠病斑的一侧略凹陷，成熟后易脱落于土壤中。菌核大小不一，分为外层和内层：外层由多层死细胞构成，占菌核半径的 1/2 左右，无胞质、无细胞核；内层细胞具有胞壁、胞质和细胞核及不同粒状内含物。菌核具有圆形小孔洞，即萌发孔，萌发时菌丝也由此伸出；菌核形成过程中从萌发孔排出分泌物。担子倒卵形或圆筒形，顶生 2～4 个小梗，其上各着生担孢子 1 枚；担孢子单胞、无色、卵圆形(图 6-7)。

病菌因不同菌株间菌丝融合能力的不同可分成不同的融合群。在水稻上主要为 AG-1 群，占 95%以上，其次是 AG-4 和 AG-Bb(双核丝核菌)。从菌丝生长速度和菌核开始产生所需的时间来看，AG-1 和 AG-4 在人工培养基上生长较快，而 AG-Bb 生长较慢。AG-1 在 PDA 上 23℃条件下菌落色泽浅褐色至深褐色，形成菌核需 3 天，菌核深褐色圆形或不规则形，较紧密；AG-4 菌落浅灰褐色，菌核形成需 3～4 天，褐色，不规则形，较扁平，疏松，相互聚集；AG-Bb 菌落灰褐色，菌核形成需 3～4 天，灰褐色，圆形或近圆形，大小较一致，一般生于气生菌丝丛中。在 AG-1 各菌株间，致病力也存在差异，按病菌的培养性状和致病力可划分为 3 个型，即 A 型、B 型、C 型：A 型致病力最强，B 型次之，C 型最弱。

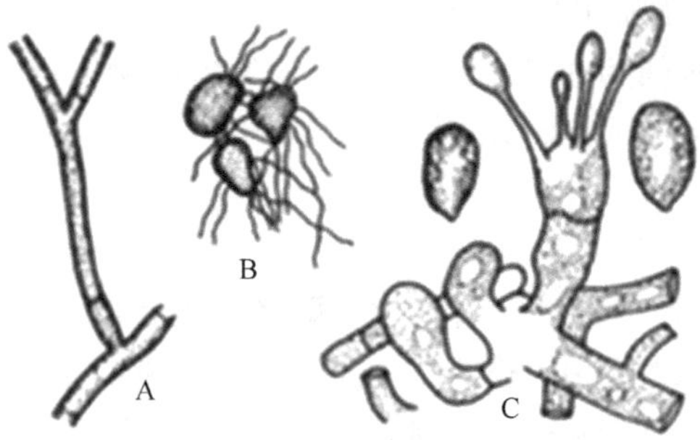

图 6-7 瓜亡革菌

A. 成熟菌丝；B. 菌核；C. 担子和担孢子

病菌菌丝生长温度范围为 10～38℃，适温为 28～32℃。相对湿度低于 85%时，菌核就不能萌发。在 pH 2.5～7.8 范围内，菌丝均可生长，但最适生长的 pH 为 5.4～6.7。光照不利于菌丝生长，但可促进菌核的形成。新形成的菌核可不经休眠即可萌发侵染水稻。菌核在地表、地下及水中越冬后均有很高的成活率。菌核可分为浮核（浮于水面）和沉核（沉于水中），总体上浮核多于沉核。菌核沉浮与否跟浸水时间长短、菌核内部结构有关，即菌核外层空腔化死细胞多，便为浮核，反之新形成的菌核多为沉核。

病菌的寄主范围很广，自然条件下可寄生 15 科约 50 种植物，人工接种时可侵染 54 科 210 种植物。重要寄主包括水稻、玉米、大麦、高粱、粟、黍、豆类、花生、甘蔗和甘薯等农作物以及香石竹、郁金香等花卉和草坪植物。

3. 病害循环 病菌主要以菌核在土壤中越冬，也能以菌丝和菌核在病稻草和其他寄主作物或杂草的残体上越冬。水稻收割时落入田中的大量菌核是翌年或下季的主要初侵染源。水稻收割后遗留田间的菌核数量巨大，在 667 m^2 面积上，少则 10 万粒以上，多则高达 100 万粒以上。菌核的生活力极强，在土表上越冬的菌核存活率达 96%以上，在土表下 9～25 cm 越冬的菌核存活率也达 88%左右，在室内干燥条件下保存 8～20 个月的菌核萌发率达 80%，保存 11 年的菌核仍有约 30%的萌发率。春耕浇水耕耙后，越冬菌核飘浮水面，插秧后随水漂流附在稻株基部叶鞘上，随着稻株分蘖数增加，附在稻株茎部的菌核数量也加多。在适温高湿的条件下；浮沉在水中的菌核均可萌发长出菌丝，菌丝在叶鞘上延伸并从叶鞘缝隙进入叶鞘内侧，先形成附着胞，通过气孔或直接穿破表皮侵入。在水稻生长期间，可通过菌丝体搭附到相邻植株上，不断引起再侵染。潜育期少则 1～3 天，多则 3～5 天。

4. 发病条件 水稻纹枯病的发生和流行与菌源数量、气象因素、品种抗病性、栽培技术等因素有关。

(1) 菌源数量。田间残留菌核量的多少与初期病情程度直接相关。上年或上季发病重的田块遗留的菌核越多，当年或当季稻株初期发病率越高。反之，新垦稻田或上年、上季发病轻的田块，当年、当季不发病或发病较轻。

(2) 气象因素。高温、高湿有利于纹枯病的发生。当日平均气温稳定在 22℃、水稻处于分蘖期时，田间开始零星发病。我国各稻区主要发病时期有所不同。通常情况下，东南和西南稻区各季水稻生育期均适合病害发生，出现多次发病高峰；华南稻区早稻发病高峰为 5～6 月，晚稻为 9～10 月；北方单季稻区在 7 月下旬至 8 月下旬雨季时发病严重；长江中下游地区因进入雨季和温度适宜，早稻发病高峰在 6 月中旬至 7 月上旬，中稻、晚稻发病高峰在 8 月下旬至 9 月下旬。

(3) 品种抗病性。目前没有免疫品种，但品种间抗病性存在差异。通常情况下，籼稻抗性好于粳稻，糯稻抗性最差；窄叶高秆品种抗性好于阔叶矮秆品种；迟熟品种抗性好于中熟品种，早熟品种最感病。植株细胞硅化程度高、纤维质和木质素含量高的品种抗病性也相应较强。抗性较好的品种有 Tetep、Jasmine 85、特青和扬稻 4 号等，可作为抗源加以利用。

(4) 栽培技术。施肥水平对纹枯病影响最大。氮肥施用过量、过猛、过迟，会使稻株生长过旺、分蘖过多，从而导致叶片相互搭附，田间郁闭，通风不畅，湿度增加，病害加重。长期深水灌溉，稻丛间湿度大，有利于病菌孳生和蔓延。同理，种植密度过大，会加重发病。

5. 病害控制　防治该病应采取以农业防治为基础，适时进行化学防治和生物防治的策略。

(1)农业防治。农业防治可降低水稻纹枯病发生程度，具体措施包括如下几个。①清除菌源：在灌水耙田后，大多数菌核浮在水面，于插秧前在下水口或下风侧，打捞混杂于浪渣中的菌核，减少菌源量，减轻前期病情，但打捞菌核必须彻底，才能收到明显效果。②合理排灌：管水是一种很有效的防病措施。在水稻生长期，始终贯彻“前浅、中晒、后湿润”的用水原则，既要避免长期深灌，又要防止过度晒田。③科学施肥：注意氮、磷、钾等肥料合理搭配使用，多施农家肥、有机肥，早施氮肥，避免在水稻生长中期、后期大量和偏施氮肥。④合理密植：根据品种特点和施肥水平，选择适当的种植密度，特别是采用宽窄行种植可降低田间郁闭程度和湿度，从而不利于病菌蔓延。

(2) 化学防治。化学防治纹枯病的效果很好。一般水稻分蘖末期丛发病率达 15%，或拔节期到孕穗期丛发病率达 20%的田块，可采用药剂防治。常用的药剂有井冈霉素、苯醚甲环唑、丙环唑、戊唑醇、多菌灵、甲基硫菌灵、己唑醇的单剂和二元复混剂等。

(3) 生物防治。利用颉颃微生物防治纹枯病是一个环境友好的发展方向。近年来，先后已登记并适用于水稻纹枯病防治的芽孢杆菌制剂很多，如枯草芽孢杆菌、地衣芽孢杆菌和蜡状芽孢杆菌等。

（王宗华　孔德安　刘文德　编写）

二、细菌病害

（一）水稻白叶枯病

水稻白叶枯病(rice leaf blight)最早于 1884 年在日本福冈发现，迄今全球各水稻产区均有发生。我国 20 世纪初在广东珠江三角洲即有报道，目前除新疆外，各省(自治区)均有发生，但以华东、华中、华南稻区发生普遍，危害较重。水稻受害后，一般减产 20%～30%，严重的减产 50%以上，甚至颗粒无收。

1. 症状　在水稻全生育期均可发生，主要危害叶片，也可侵染叶鞘。秧苗期症状与大田期相似，一般不明显。病害的症状因水稻品种抗性、发病条件和侵染部位的不同，可分以下几种类型。

(1) 普通型。即典型的叶枯型症状，最常见，但苗期很少出现，一般在分蘖期之后才较明显。多从叶片上半部的叶缘或叶尖开始，也有从叶片下半部叶缘或其他任何受伤部位发生的，发病初期呈暗绿色水渍状短条斑，再沿叶缘或叶脉向上下或内外两侧扩展，变成橙黄褐色，最后呈现枯白色的长条斑，可扩展到达叶片基部和整个叶片。病健部分界明显，病斑边缘多呈波纹状，有时病斑前端还有鲜嫩的黄绿色断续条状晕斑。湿度大时，病部常见蜜黄色珠状菌脓，干燥时形成菌胶(图 6-8)。

图 6-8　水稻白叶枯病的症状

A. 普通型；B. 菌脓

(2) 急性型。主要发生于种植感病品种、环境适宜、偏施氮肥的地块。叶片病斑暗绿色，急剧扩展，数天内可使全叶呈开水烫伤状，青灰色或灰绿色，随即病叶急速失水纵卷青枯，病部也有蜜黄色珠状菌脓，此型症状的出现，预示病害可能大流行。

(3) 中脉型。病菌从叶片中脉伤口侵入后，沿叶片中脉上下蔓延至叶尖和叶鞘，直至全株，中脉变为淡黄色，病叶两侧有时对折纵卷，病株常在抽穗前死亡。用手指挤压病叶中脉横断面，可见溢出黏稠状黄色菌脓。

(4) 凋萎型。一般不常见，多在秧田后期至拔节期发生，心叶或心叶下 1～2 叶先呈现失水、纵卷、青枯甚至变黄凋萎，随后蔓延至其他叶片，病重时可致全株枯死。折断病株茎基部，能挤压出大量黏稠状黄色菌脓。剥开刚青卷的枯心叶，也常见叶面有珠黄色的菌脓。这些特点以及病株基部没有虫蛀孔，可与螟虫引起的枯心相区别。

(5) 黄化型。又称为黄叶型，目前国内仅在广东省发现。病株的新叶均匀褪绿或呈现黄绿色宽条斑，较老的叶片颜色正常，往后病株生长不良。此类病株在病叶上检查不到病原细菌，但在病叶下方的节间和节部或茎基部则可检查到病菌。

2. 病原　为稻黄单胞杆菌稻致病变种[*Xanthomonas oryzae* pv. *oryzae*(Ishiyama) Swings]，属薄壁菌门黄单胞杆菌属细菌。菌体单胞，短杆状，两端钝圆，大小为 1.0～2.0 μm×0.8～1.0 μm，单鞭毛极生，长为 6～8 μm(图 6-9)。革兰氏阴性菌，可产生一种水溶性的黄色素物质，菌体表面有一层黏胶质分泌物。在琼脂培养基上，菌落圆形，蜜黄色，边缘整齐，表面隆起，光滑发亮，黏稠状。在含 3%葡萄糖或 20 mg/kg 青霉素的培养基上不能生长。生长温度范围 5～40℃，最适温度 26～30℃；致死温度在无胶膜保护下 53℃ 10 min，有胶膜保护下 57℃ 10 min。生长 pH 范围为 4～8，但以 pH 6.5～7 较合适。生长代谢过程中可分泌一种多糖毒素，体外培养可产生抑制稻株生长的苯酚乙酸和苯乙酸等多种毒素。

病菌不同菌株间的致病力存在较大差异，分不同的生理小种，而且小种与品种间存在特异性互作。20 世纪 90 年代以前，根据在 IR26、Java14、南梗 15、Tetep、金刚 30 5 个鉴别品种上的反应特征，可将我国的菌株分为 7 个致病型（Ⅰ～Ⅶ）。目前，根据在鉴别品种 IRBB5、IRBB4、IRBB3、IRBB14、IRBB1、IR24 上的致病反应，可将我国白叶枯病菌分为 16 个小种。

病菌主要侵染水稻，自然条件下还可侵染旱稻、野生稻及茭白、李氏禾、莎草等杂草，但发病不普遍。人工接种时还能侵染雀稗、马唐、狗尾草、芦苇等禾本科杂草。

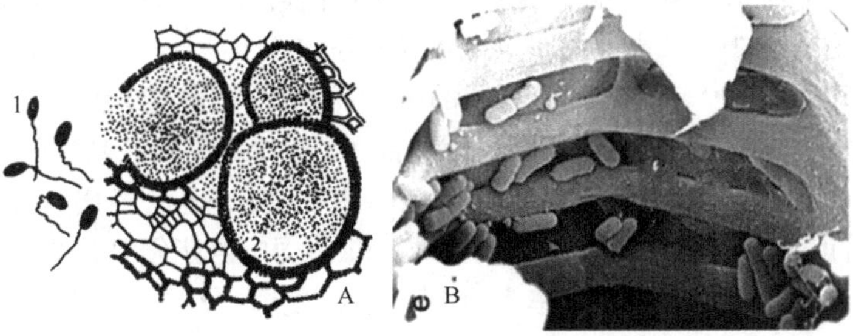

图 6-9 水稻白叶枯病菌

A. 病菌示意图(引自董金皋,2007);

B. 病菌在水稻叶片导管里的扫描电镜图(引自 Nino-Liu et al . 2006)

3. 病害循环 病害的初次侵染来源主要有带菌稻种和病稻草,田间带病稻桩和再生稻、落粒自生稻,以及田间多种带菌杂草寄主等。在老病区和温暖地区以田间带病稻桩、再生稻、自生稻、野生稻和杂草为主;在新病区和寒冷地区则以带菌稻种和稻草为主,带菌稻种的调运是远距离传播的主要途径。带菌秧苗也可成为本田初次侵染来源。病菌一般从叶片水孔侵入,也可以从伤口侵入,新伤口较老伤口更易于病菌侵染,从叶部水孔侵入的病菌可直接通过输水组织到达维管束,而从伤口侵入时可经过薄壁组织到达并进入维管束,然后在维管束内繁殖,菌体数量快速增加,一般情况下引起常见的叶枯型症状,种植高感品种及环境条件有利于发病时,维管束内菌体数量急剧扩增,就可能出现急性型症状;拔秧或插秧时从茎基部和根部伤口侵入的病菌便在维管束中扩展,形成系统侵染,引起凋萎型症状。稻株发病后,发病部位会溢出大量菌脓,随风雨吹溅、灌溉水或昆虫活动等传播,引起再次侵染。在双季稻连作区和早、中、晚稻混栽区,早稻发病田及其遗弃在田间的病稻草,还可以对中晚稻秧田甚至本田直接引起再次侵染。田间发病过程往往先形成发病中心,再逐渐遍及全田,但在洪水淹没过的病区稻田,由于洪水的迅速均匀传播,则往往均匀发病,无明显中心。一个生长季节中,只要环境条件适宜,再侵染就不断发生,致使病害传播蔓延和流行。

4. 发病条件 在有菌源的情况下,该病的发生与流行主要与品种抗病性、气象因素和栽培管理措施密切相关。

(1) 品种抗病性。水稻的不同类型和品种间抗性差异很大,虽然没有免疫品种,但有些品种对水稻白叶枯病具有较强的抗病性,通常是糯稻最强,粳稻次之,籼稻抗性最弱。同类型水稻的品种间抗性也有明显差异;同一品种不同生育期抗性也有差别,有的全生育期表现抗病,但一般是分蘖期前较少发病,孕穗期发病较重。一般株形紧凑、叶片较窄挺直、张开角度小、水孔较少而小、叶面茸毛多的品种抗性较强。水稻品种对白叶枯病的抗病性受不同的抗性基因控制,有显性基因也有隐性基因;有单基因、寡基因也有多基因;有主效基因也有微效基因;有独立遗传也有互补或连锁遗传。迄今,国内外已命名的水稻品种抗白叶枯病基因有 30 多个,编号排序已达 *Xa38*,其中有 25 个抗病基因已得到定位,有 8 个抗病基因已被克隆(*Xa1*、*Xa3*、*Xa5*、*Xa13*、*Xa21*、*Xa23*、*Xa26*、*Xa27*),新的白叶枯病抗性基因还在不断地挖掘和鉴定。在已知的这些水稻抗白叶枯病基因中,除少数的基因抗谱没有明确外,对多数的基因抗谱已较为明确,其中 *Xa3*、*Xa4*、*Xa5*、*Xa7*、*Xa13*、*Xa21*、*Xa22* 和 *Xa23* 对我国稻白叶枯病菌均具有广谱抗性,但 *Xa1*、*Xa2*、*Xa8*、*Xa10*、*Xa14* 和 *Xa18* 则基本没有抗性。生产上的籼稻抗病品种主要携带抗病基因 *Xa4*,如青华矮 6 号、扬稻 2 号等,基本上能抵抗我国的Ⅱ型和Ⅳ型两群病菌,但不抗华南稻区的Ⅴ型菌。我国的常规粳稻品种对白叶枯病的抗性较好，主要抗病基因为*Xa3*，多年来在粳稻产区基本上控制了白叶枯病的流行。

(2) 病菌致病型(小种)变化。种植不同的抗病品种时，因其选择作用，会导致病菌群体生理小种的构成和比例发生变化，使用某个基因的品种，会导致克服该基因的病菌小种出现和比例上升。已有报道表明，韩国、印度及我国的云南和广东等地已经出现了能侵染抗性基因*Xa21*的菌群。目前我国流行的优势小种仍为C1和C2群，但能侵染抗性基因*Xa4*的C4群、C5群小种的数量有所增加，当小种频率上升到一定程度时，就能克服基因*Xa4*的抗性，导致带有基因*Xa4*品种的抗性丧失，容易引起病害流行。

(3) 气象因素。该病发生的适宜温度为25～30℃，相对湿度在80%以上，低于20℃和高于33℃受抑制。适温、多雨高湿和日照不足有利于发病，台风暴雨或洪涝往往使稻株产生大量伤口，特别有利于病菌的传播与侵入，更易引起病害的暴发流行。地势低洼、排水不良或沿江河一带稻区，由于田间浸水期较长，发病也较重。

白叶枯病的流行季节，在我国南方双季稻区早稻为4～6月，晚稻为7～9月；长江流域早稻、中稻、晚稻混栽区，早稻为6～7月，中稻为7～8月，晚稻为8月中旬至9月中旬；北方单季稻区为7～8月。病害的流行程度主要受气温与雨水影响，一般气温均满足病害发生要求，风雨和湿度则是决定病害流行轻重的最重要因素。

(4) 栽培管理。肥水管理对病害发生的影响很大。氮肥施用过多过迟，磷肥、钾肥不足，会造成稻株生长过旺，叶片披垂，稻株互相接触，通风透光不良，田间湿度大，稻体内蛋白质氮化物大量降解，游离氨基酸和可溶性糖含量增加，叶缘水孔张开，从而利于病菌传播、侵入、生长、繁殖、溢出与扩散，导致病害发生较重。稻田长期深灌、漫灌和串灌，不排水露田和晒田，有利于病害的传播蔓延，同时稻株根系发育不良，体内呼吸基质大量消耗，可溶性氮含量增加，降低稻株抗病性，导致病害加重。

5. 病害控制 防治该病的策略是在控制菌源的前提下，以种植抗/耐病品种为基础，种苗防治为关键，加强肥水管理，辅以药剂防治。

(1) 杜绝种子传病，培育无病壮秧。加强种子调运管理，严防带病种子流入无病稻区。一般病区应选用无病种子，并严格做好种子消毒工作。可用乙蒜素浸种48～72 h，或叶青双浸种24～48 h，或中生菌素(克菌康)浸种36～48 h，或三氯异氰脲酸浸种24～48 h后，催芽播种。选择地势较高且远离村庄、草堆、晒场的上年未发病的田块做秧田育秧，使用新型秧盆育秧田技术的地方，盆土应取自远离稻田的旱地土，必要时可进行阳光暴晒和药物处理消毒。秧苗不要深水灌溉，在三叶期和移栽前3～5天各喷1次药，不用病稻草催芽、盖秧和扎秧把，以保证获得无病壮秧。

(2) 选用抗病品种。据不完全统计，近20年来，全国大面积推广种植新育成的抗耐白叶枯病的常规稻品种和杂交稻组合达150个以上。由于这些抗性品种及组合的推广，全国稻白叶枯病的年发生面积及危害程度已明显下降。一些省(自治区、直辖市)稻白叶枯病已极少流行危害。目前各地都有抗/耐病丰产性能较好的品种，抗/耐病常规稻品种有青华矮6号、华竹矮、晚华矮1号、扬稻1号、扬稻2号、秀水48、矮粳23、南粳15、盐粳中作、中华等。抗/耐病杂交稻品种有抗优63、Ⅱ优98、Ⅱ优205、中优218、国稻1号和2号、丰两优香1号、云资抗21号等；籼型优质稻有红优6号、滇屯502等。应当注意，由于不同地区生理小种的组成不同，同一品种在不同地区的抗感反应不一，要因地制宜选种抗当地主要小种的丰产品种。

种植抗/耐病品种还要注意品种的合理布局，不要多年大面积种植单一的品种，同一地方应有2～3个或以上品种，一般2～3年轮换新品种。在多年常发病区，尽可能选用抗谱较广的抗病良种，尤其含抗病基因*Xa3*、*Xa4*、*Xa5*、*Xa7*、*Xa13*、*Xa21*、*Xa22*和*Xa23*等的品种，来源于云南的地方稻种扎昌龙（含*Xa22*）可抗云南省的全部7个白叶枯病菌致病型。可充分利用抗病基因鉴定所积累的成果，通过抗性基因的聚合，提高品种的抗病潜力和持久性，已有学者以*Xa4*、*Xa5*、*Xa13*和*Xa21*为材料，采用传统育种辅以分子标记选择的方法，构建了抗白叶枯病双基因累加系、三基因累加系和四基因累加系，用多个国家的白叶枯病菌菌系检测评价发现它们不但增强了抗性，且增加了抗菌谱，如*Xa4*和*Xa13*原不抗小种Ⅳ，但两者的基因累加系却对小种Ⅳ显示抗性。

(3) 加强栽培管理。搞好稻田排灌分流，实行浅水勤灌，及时排水晒田，防止串灌、深灌、漫灌，不用流经病田的水灌溉。施足基肥，增施磷肥、钾肥，及时追肥，巧施穗肥，不要迟施和偏施氮肥，台风暴雨前暂停施肥，以提高稻株抗病力。

(4) 药剂防治。当田间病害处于点发阶段、气候条件和稻株长相又适于发病时，应及时用药控制。在病害常发区暴风雨之后应立即用药，目前常用的药剂有噻枯唑（又名川化018、叶枯宁、叶青双、叶枯唑）、叶枯灵（又名渝7802）、叶枯净（又名5-氧吩嗪、杀枯净、惠农精）、龙克菌、消菌灵、胶胺铜、代森铵以及农用链霉素等，每5～7天喷1次，连喷2～3次，施药后如遇雨，雨后应补喷。

（二）水稻细菌性条斑病

水稻细菌性条斑病（rice bacterial streak）简称细条病，1918年始见于菲律宾，目前在东南亚各国和非洲中部都有发生。中国最早于1953年在广东珠江三角洲发现，20世纪五六十年代曾在华南、四川、浙江发生流行，80年代后，随着杂交稻大力推广和稻种南繁调运，发病区域不断扩大，目前已成为江南、华南各稻区的重要病害之一，其危害程度已远超过稻白叶枯病，病害可导致减产15%～25%，严重的损失40%～60%。该病害当前仍列入我国重要的植物检疫对象。

1. 症状 主要危害叶片，也危害叶鞘，在秧苗期即可见发病。病斑初为水渍状，暗绿色，半透明小点，后沿叶脉延伸，形成暗绿色至黄褐色窄条斑，长约1 cm，大田感病品种上的病斑甚至长达4～6 cm，湿度大时，通常病斑上出现许多细小鱼卵状蜜黄色菌脓，干燥后琥珀色，不易脱落。病斑可形成于叶面任何部位，感病品种病斑周围有黄晕。病斑密生时联合成黄褐色至白色不规则枯斑，表观似白叶枯病，但对光观察时仍可见由很多半透明的小条斑融合而成，病重时整叶红褐色枯死，远看似火烧状。叶鞘病斑与叶片上的相似（图6-10）。

2. 病原 为稻黄单胞杆菌稻生致病变种[*Xanthomonas oryzae* pv. *oryzicola* (Fang et al.) Swings et al.]，属薄壁菌门黄单胞杆菌属细菌。菌体短杆状，单生，偶成对但不成链，不形成芽孢和荚膜，大小为1～2 μm×0.3～0.5 μm，极生单鞭毛。革兰氏阴性菌，好气性，在肉汁胨培养基上菌落圆形，黄色带黏性，光滑发亮，边缘整齐。生长最适温度25～28℃。其生理生化反应与白叶枯病菌基本类似，但细菌性条斑病菌水解明胶和淀粉的能力较强，生长较快，且可产生3-羧基丁酮，以L-丙氨酸为唯一碳源，在无维生素的0.2%酪蛋白水解物、3%葡萄糖和20 ppm①青霉素基质上均能正常生长，对0.001% $Cu(NO_3)_2$有抗性等特点，可与水稻白叶枯病菌相区别。

① 1 ppm=1×10^{-6}，下同。

图 6-10 水稻细菌性条斑病的症状

病菌致病力分化十分明显，其中强菌系对所有供试品种都有很强的致病力。利用 IR26、南粳 15、Tetep、南京 11 4 个鉴别品种测定，可将来自广东、海南、福建、浙江、江西等省的 150 个菌株区分为强、中、弱 3 个毒力型。在自然条件下，病菌还可侵染陆稻和野生稻。

3. 病害循环 病菌主要在种子、病稻草、再生稻、落谷秧、多种野生稻和一些杂草上越冬。调运带菌种子是病害远距离传播的主要途径。病菌借风雨、流水、叶片接触及人畜农事操作、昆虫活动而传播。与白叶枯病菌不同的是，该病菌主要从气孔或伤口侵入，在气孔下室繁殖并扩展到薄壁组织的细胞间隙，一般不进入维管组织。因受叶脉限制，病菌在组织内主要纵向扩展，因而形成窄条斑。田间病斑上形成的菌脓，可通过雨水等途径传播进行再侵染，造成病害扩展蔓延。

4. 发病条件 该病的发生流行主要与品种抗性、气象因素及栽培管理关系密切。

(1) 品种抗性。品种间抗性有明显差异，但迄今未发现有免疫品种。一般籼稻比糯稻和粳稻感病，常规稻较杂交稻抗病。一般植株较矮、叶片窄小挺直、气孔少且孔径小的品种要比植株高、叶片宽而平展、气孔密度大且孔径也大的品种抗病。同一品种通常是分蘖盛期至孕穗期易染病，抽穗抗性增强。抗性品种过氧化物酶同工酶、酯酶同工酶活性高，酚类、可溶性糖含量较多，而游离氨基酸的含量比感病品种少。

水稻品种对细菌性条斑病菌和白叶枯病菌的抗性存在差异，抗两种病菌的某些抗性基因之间存在着一定程度的连锁，对这两种病害可以有双感、双抗、抗细条病感白叶枯病和抗白叶枯病感细条病 4 种反应。

双感品种有金刚 30、协优 63、东农 363 等，双抗品种有 DV85、IR26、IRBB5、IRBB17 等，农垦 57 等抗细条病感白叶枯病，抗 79、抗恢 63 和 IRBB21 等则抗白叶枯病而感细条病。

研究发现，BJ1 含 1 对显性抗性基因，IR36 含 2 对主效隐性抗性基因，BG35-2 具 2 对有重叠作用的隐性抗性基因，南粳 15 具 1 对隐性抗性基因。

(2) 气象因素。该病的发生流行主要与温度和降雨有关。发病适温为 25～30℃，温度主要影响潜育期长短，但与显症率关系不大；湿度主要影响病叶率和病斑数，高湿度有利于稻叶气孔开启，因而有利于病菌侵入。因此，雨水多、雾露大，尤其台风暴雨多的年份，造成叶片伤口也多，对病菌传播侵染有利，往往导致病害大流行。

(3) 栽培管理。一般偏施和迟施氮肥，可增加稻体内游离氨基酸，降低稻株抗性。深灌、串灌、漫灌有利于病害的发生与传播。

5. 病害控制 防治策略为加强检疫措施，杜绝初侵染菌源，选用抗病品种，培育无病壮秧，科学管理肥水和及时用药防治。

(1) 严格检疫。禁止从病区引种，确需引种时必须严格实施产地检疫，带菌种子不得外运。一旦发现疫情要严格封锁，彻底清除。

(2) 选用抗病品种。选用抗/耐病品种，并合理布局和定期更换。籼稻品种高抗的有BJ1、IR26、DV85等，中抗的有JV14、特青2号、协优49、秀恢1号等。粳稻品种高抗或中抗的有武育梗2号、武育梗3号、武复梗、R917、农垦57、六优1号、泗稻4271和双晴等。

在抗病育种工作中，可利用分子转育手段创新抗源种质，最近有人将一些类转录激活子结合元件导入水稻基因组与某些基因结合，可提高水稻品种的抗病性。

(3) 加强栽培管理。种子预防性消毒，培育无病壮秧，加强肥水管理。

(4) 药剂防治。与稻白叶枯病药剂防治相同，但该病可在秧苗期发病，因此首次用药需要提前到秧苗期，可在秧苗3叶期统一用药，保护苗期不受侵染。

(张君成 编写)

三、病毒病害

我国水稻的病毒病主要有南方黑条矮缩病、条纹叶枯病、普通矮缩病、黑条矮缩病、锯齿叶矮缩病、黄萎病和草丛矮缩病7种，其中南方黑条矮缩病和条纹叶枯病最为严重。

(一) 南方水稻黑条矮缩病

近年来，由南方水稻黑条矮缩病毒(*Southern rice black streaked dwarf virus*，SRBSDV)引起的南方水稻黑条矮缩病逐渐成为中国、越南等国稻区暴发最为严重的病害之一，给水稻生产造成了巨大的损失。该病于2001年在我国广东省阳西县首次被发现，2002～2008年，南方水稻黑条矮缩病主要在我国华南局部地区为害，而此后该病在我国南方稻区、越南北方稻区迅速扩散蔓延，由非常小范围的发病已扩大到大范围的暴发。2009年我国湖南、江西、广东、广西、海南、浙江、福建、湖北和安徽9个水稻主产省(自治区)及越南北部19个省发病面积约33.33万hm^2，基本绝收面积0.67万hm^2。2010年，越南中部和北方29个省超过6万hm^2、我国南方13个省超过130万hm^2水稻受害，许多田块绝收。2011年和2012年中国和越南的发病面积仍高达70万hm^2和50万hm^2。在我国，南方水稻黑条矮缩病已表现出进一步加重流行危害的趋势。SRBSDV不仅侵染水稻，也可侵染玉米，2009年以来，我国海南、广东、山东、广西等地玉米上也发现不同程度的发病。

1. 症状 水稻各生育期均可感病，症状因染病时期不同而异。秧苗期感病的稻株，严重矮缩(不及正常株高的1/3)，不能拔节，重病株早枯死亡；本田初期感病的稻株，明显矮缩(约为正常株高的1/2)，不抽穗或仅抽包颈穗；分蘖期和拔节期感病稻株，矮缩不明显，能抽穗，但穗小、不实粒多、粒重轻。发病稻株叶色深绿，上部叶的叶面可见凹凸不平的皱褶，皱褶多发生于叶片近基部；拔节期的病株，地上数节节部有气生须根及高节位分枝；病株茎秆表面有乳白色大小1～2 mm的瘤状突起(手摸有明显粗糙感)，瘤突呈蜡点状纵向排列成一短条形，早期乳白色，后期褐黑色；病瘤产生的节位，因感病时期不同而异，早期感病稻株，病瘤产生在下位节，感病时期越晚，病瘤产生的部位越高。感病植株根系不发达，须根少而短，严重时根系呈黄褐色(图 6-11)。

图 6-11　南方水稻黑条矮缩病症状

2. 病原　为南方水稻黑条矮缩病毒(*Southern rice black streaked dwarf virus*,SRBSDV),属于呼肠孤病毒科(*Reoviridae*)斐济病毒属(*Fijivirus*)暂定成员。病毒粒体呈球状,直径为 70～75 nm,主要分布于感病植株的韧皮部组织。SRBSDV 的全基因组大小为 29 124 nt,由 10 条 dsRNA 基因片段组成,基因片段末端都含有保守序列,紧邻末端还存在一个反向重复序列,GC 含量很低,均为 32%～38%,具有典型的斐济病毒结构特征。SRBSDV 基因组除了 S5、S7 和 S9 为双义顺反子编码两个可读框外,其余的基因片段都为单顺反子。SRBSDV 的 S6 编码蛋白 P6 是病毒编码的 RNA 沉默抑制子,在 RNA 沉默的起始和信号转导阶段起作用;S7 编码蛋白 P7-1 可能为小管蛋白,是运动蛋白的结构元件,行使病毒胞间移动的功能;S8 编码蛋白是主要的核心蛋白,具有核酸结合的功能;S9 编码蛋白 P9-1 可能为 SRBSDV 复制的关键因子,P9-2 可能为膜蛋白,具有转运的功能;S10 片段含有保守的呼肠孤病毒结构域,编码外衣壳蛋白。根据与 RBSDV 的同源性,SRBSDV 的 S1 和 S2 编码蛋白 P1、P2 的功能可能为 RdRp 和核心蛋白。尚未见 S3、S4、S5、S7(P7-2)编码蛋白的相关功能报道。

3. 病害循环　SRBSDV 主要由迁飞性害虫白背飞虱(*Sogatella furcifera*)持久性传毒,若虫和成虫都能传毒,白背飞虱获毒后可终身传毒,但不能经卵传毒。SRBSDV 不能经褐飞虱和叶蝉传播,虽然灰飞虱可以较低浓度获毒(3.7%),但也不能传毒。SRBSDV 也不能经水稻种子传播,植株间也不互相传毒。SRBSDV 的主要寄主为禾本科植物的几个属,在自然情况下侵染水稻、玉米、高粱、薏米、稗草、白草和水莎草等 20 种植物。SRBSDV 在白背飞虱体内越冬,成为主要初侵染源。白背飞虱食谱较广,为害多种禾本科作物及杂草,其越冬地存在众多的病毒寄主植物(包括自生稻苗、再生稻苗、玉米及多种杂草),而且在其迁入地的定殖种群中,存在较高比率的再迁飞型个体。

白背飞虱是一种典型的迁飞性害虫,在我国的大部分水稻种植区不能越冬,我国南方广大稻区是白背飞虱北迁和南回的必经之地,雷州半岛还是其重要的越冬虫源补充地。白背飞虱每年早春从中南半岛、东南亚及我国云南、海南岛等越冬虫源地随西南气流不断北迁至各稻区。我国两广 3～4 月的早期迁入虫源主要来自越南中部稻区和老挝万象平原,而云南的早期虫源则来自于缅甸本部平原和掸邦高原及泰国北部。另外,最近的研究发现,白背飞虱在我国云南多地也可越冬。各地病害初侵染源主要由迁入性白背飞虱带毒传入,白背飞虱的带毒率与虫源地直接相关。带毒白背飞虱可在早稻上取食传毒扩繁 2～3 代,每代均可产生一定数量的长翅成虫,在本地扩散或作为北迁虫源。

4. 发病条件　越冬虫源地毒源充足、迁入地传毒昆虫发生严重、缺乏抗病品种以及水稻单双季混栽现象普遍存在等原因，是造成当前我国南方水稻黑条矮缩病大暴发的主要原因。

(1) 白背飞虱虫口密度及带毒率。白背飞虱虫口密度大、带毒率高是引起南方水稻黑条矮缩病发生流行的直接原因。白背飞虱在我国自 20 世纪 60 年代中期水稻矮秆品种推广种植后即上升为水稻主要害虫之一，特别是 90 年代后大范围杂交稻的普遍种植，白背飞虱的发生面积已超过褐飞虱。加之白背飞虱越冬死亡率低，越冬代成虫基数和带毒率高，为翌年南方水稻黑条矮缩病的发生提供了大量的虫源和毒源。白背飞虱可高效率带毒，最高带毒率可达 80%，而且能够高效传毒，高比率的带毒白背飞虱大量迁入，造成水稻大面积发病。

(2) 水稻品种。当前我国广泛种植的水稻品种中，尚未发现有明显抗病性的水稻品种。另外，白背飞虱与染病植株的高度亲和性可能是水稻南方黑条矮缩病灾变的一项重要促进因子。通常杂交稻较感白背飞虱，杂交稻发病重于常规稻。

(3) 气候条件。高温、干旱的极端气候是稻飞虱大暴发的重要条件。例如，2007～2012 年，云南多地连续干旱，高温、少雨的极端气候条件为白背飞虱种群定居、繁殖和越冬提供了良好的环境条件，导致云南近年来白背飞虱大面积发生。

(4) 水稻生育期。育秧田稻苗密度高，增加了单头带毒飞虱侵染众多水稻秧株的机会，导致育秧移栽田发病重于直播田。由于水稻秧苗出苗早、秧苗感病期与传毒昆虫白背飞虱数量高峰期相吻合，导致白背飞虱获毒概率大，易造成病害的发生流行。此外，插秧时期稍早，未能避开第 1 代白背飞虱迁入高峰，是导致早稻田白背飞虱和南方水稻黑条矮缩病暴发流行的原因之一。

5. 病害控制　由于 SRBSDV 由介体昆虫传播，所以防病的关键是控制介体白背飞虱的传毒，辅助选用优良抗虫品种，合理作物布局，改进栽培技术等措施。

(1) 做好病情监测和预警工作。越南和海南南部水稻和玉米的感病程度可为两广和南岭等地的发病趋势判断提供依据，进一步分析两广、华南地区的灾害情况也可为长江中下游及江淮稻区发病趋势判断提供依据。根据白背飞虱迁入情况，结合南方水稻黑条矮缩病(SRBSDD)的带毒率测定，及 SRBSDD 的发生情况，建立 SRBSDD 发生程度的相关性预测预报模型，能够为 SRBSDD 的发生情况提供参考，从而指导 SRBSDD 及时预警并采取防控措施。

(2) 农业防治。由于目前尚未育成抗病品种，可在病区推广优质高产抗白背飞虱的新良种，如'两广优 476'。适时调整播种期使水稻最易感病期避开白背飞虱的迁飞最高峰时期，在一定程度上能控制 SRBSDV 的传播。晚季稻育秧田应尽可能远离早稻发病田块，有条件的地区，可采用网棚覆盖育秧或调节播期避虫防病。对发病秧田和本田，要及时清除病株。另外，从水稻保健栽培措施着手，合理搭配氮肥、磷肥、钾肥，适当增施有机肥，注意硅肥和锌肥的实施，提高水稻植株的硅化度和抗逆性。稻田应保持合理水层，做到适时烤田、适度烤田、浅水孕穗、有水抽穗、干湿灌浆，以此来恶化白背飞虱的生存条件。

(3) 物理防治。利用白背飞虱的趋光性，用黑光灯、频振式杀虫灯加以诱杀。秧苗期采用防虫网隔离，切断白背飞虱入侵秧田的传毒途径，培育无病虫的健壮秧苗，提高抗病虫能力。

(4) 化学防治。加强秧田期及本田初期的治虫防病工作。种子处理可采用拌种或浸种，拌种要求在种子催芽露白后进行，有效药剂有吡蚜酮 0.5 g(a. i)、吡虫啉 1 g(a. i)或噻嗪酮 3 g(a. i)，药剂先与少量细土或谷糠拌匀，再均匀拌 1 kg 种子(以干种子计重)即可播种；浸种处理要求浸种浓度为 10%吡虫啉 300～500 倍液(高含量吡虫啉按相应浓度稀释)。本田期防治白背飞虱可选用 25%吡蚜酮、25%噻嗪酮加 1.8%阿维菌素及 25%吡蚜·噻嗪酮，每隔 3～5

天防治 1 次，连续防治 1～3 次，把虫源消灭在传毒之前。

(5) 苗期综合防治。旱育秧和防虫网覆盖结合药剂防控能有效防控白背飞虱，进而减轻南方水稻黑条矮缩病的发生危害，药剂施用的最佳时期为移栽前 1～3 天。

(二) 水稻条纹叶枯病

水稻条纹叶枯病是由灰飞虱(*Laodeiphax striatellus* Fallen)传毒引起的一种病毒病，1897 年最早发生在日本关东、群马等地，目前主要分布在日本、中国、韩国、朝鲜、乌克兰等国家。该病一旦侵染，难以防治，具有毁灭性，常有“水稻癌症”之称。我国自 1963 年在苏南地区始发后，已经扩散到大江南北的广大稻区。灰飞虱危害的田块，条纹叶枯病显症率很高，发病株率为 1.5%～44.4%，产量损失 10%～40%，严重田块损失超过 50%以上，甚至绝收。

1. 症状　水稻全生育期均能发病，以秧苗期和分蘖期发病较重，后期感染的植株，症状轻微。

苗期发病，初期在心叶基部出现褪绿黄白斑，后扩展成与叶脉平行的黄色条纹，条纹间仍为绿色，叶片呈纸捻状下垂，然后枯死，形成“假枯心”，但不同品种症状略有差异。糯稻、粳稻和高秆籼稻心叶细长柔软，弯曲下垂呈“假枯心”；矮秆籼稻不呈枯心状，出现黄绿相间条纹，分蘖减少，病株提早枯死。

分蘖期发病，先在心叶下一叶基部出现褪绿黄斑，后扩展形成不规则黄白色条斑，老叶不发病，造成“黄化枯死株”。籼稻品种不枯心，粳稻和糯稻品种半数表现枯心。病株常出现枯孕穗或穗小、畸形不实(图 6-12)。

图 6-12　水稻条纹叶枯病的症状

A. 田间严重危害状；B. 叶片黄色条纹；

C. 假枯心；D. 假白穗

拔节后发病，在剑叶下部出现黄绿色条纹，粳稻品种不枯心，但穗畸形，结实很少。

抽穗期发病，在剑叶下部或叶鞘上出现黄绿色条点或条斑，穗畸形，结实少，形成“假白穗”。

2. 病原　病原为水稻条纹叶枯病毒(*Rice stripe virus*，RSV)，属于纤细病毒属(*Tenuivirus*)的典型成员。电镜观察，病毒为 3 nm×800 nm 的丝状细纤维，能超螺旋卷曲形成 8 nm×400 nm的分枝丝状体。粒体的分枝数各不相同。病毒分散于细胞质、液泡和核内，形成颗粒状、砂状等不定形集块的内含体。钝化温度 50～55℃；体外存活期在不同环境温度下有所差异，带毒虫提取液在 4℃下为 4 天，在 −20℃下，病毒在虫体或病组织内可存活 8～12 个月，而提纯病毒只能存活 1～2 个月。

该病毒日本 T 分离物全基因组序列为 17 145 bp。RSV 基因组按分子质量递减的顺序分别命名为 RNA1、RNA2、RNA3 和 RNA4。RSV 具有独特的基因组结构和编码策略，其中 RNA1 采取负链编码策略，编码依赖于 RNA 的 RNA 聚合酶(RdRp)；RNA2、RNA3、RNA4 均采取双义编码策略，即在 RNA 的正义链(vRNA)和互补链(vcRNA)的靠近 5′端处各有一个 ORF(open reading fragment)，都可以编码蛋白质。RNA2 编码 NS2 和 NSvc2 蛋白，其功能不详；RNA3 编码外壳蛋白(NCP)和 RNA 沉默抑制子(NS3)；RNA4 编码的 SP 为病害特异蛋白，NSvc4 为移动蛋白。

3. 病害循环　病毒仅靠介体昆虫传染，种子、病草、病汁液及土壤都不能传病。介体昆虫主要为灰飞虱。白背飞虱在自然条件下，虽能传毒，但作用不大。病毒侵染禾本科的水稻、小麦、大麦、燕麦、玉米、粟、黍、看麦娘、早熟禾、狗尾草和画眉草等 50 多种植物。病毒在飞虱体内越冬，成为主要初侵染源。在麦田越冬的若虫，羽化后在原麦田繁殖，然后迁飞至水稻秧田或本田传毒危害并繁殖。

灰飞虱具有持久和经卵传毒能力。它在病株上吸食 3～10 min 后即可带毒，病毒在虫体内的循回期一般为 7 天左右。病毒在灰飞虱的体内增殖，可以经过卵传到下一代。带毒的灰飞虱在水稻健株上吸食 10～30 min 后，即可传毒。灰飞虱各虫态均可传毒，但 3～5 龄若虫传毒力较强，成虫传毒力有所下降，雌虫传毒能力强于雄虫。依据与病毒的亲和性，灰飞虱可以分为高亲和、中亲和、低亲和及非亲和 4 类。高亲和性灰飞虱群体可以稳定地经卵传播 RSV；中亲和性灰飞虱群体可以在一段时间内稳定地经卵传播 RSV，随着世代的延长其携带 RSV 的能力下降较快，重新纯化后短期内可以完全恢复携毒能力；低亲和性灰飞虱群体可以获得 RSV，但不能稳定地经卵传播 RSV；非亲和性灰飞虱群体不能获得和携带 RSV。该病有 2 个明显的高峰期，第 1 高峰期在 7 月中旬，第 2 高峰期在 7 月底 8 月初。前者是由秧苗在秧田被第 1 代灰飞虱危害，被害植株将病毒带到大田后所致，后者是在秧苗移栽大田后，第 2 代灰飞虱危害后造成的。

4. 发病条件　影响灰飞虱虫口密度的因素与影响条纹叶枯病的因素一致。

(1) 气象因素。连续多年暖冬和早春温度偏高，春季干旱少雨，导致灰飞虱越冬基数增加，越冬第 1 代灰飞虱发生量大，有利于灰飞虱的生存和繁殖。同时，温度的升高导致水稻条纹叶枯病发病早，传播范围广，危害重。

(2) 虫口密度。灰飞虱虫口密度大、带毒率高是引起水稻条纹叶枯病发生流行的直接原因。麦田灰飞虱带毒率一般在 10%以上，高者可达 15%～20%。据调查，当秧田每 666.7 m^2 灰飞虱虫口密度达 2000～10 000 头时，大田的条纹叶枯病病穴率达 0.5%，严重田块病穴率可达 5%～10%；当秧田灰飞虱虫口密度达 5000～20 000 头时，大田病穴率达 0.3%～2%，严重田块病穴率可达 10%～20%；最重田块病穴率最高可达 80%以上。

(3) 种植制度。稻、麦两熟区发病重，大麦、双季稻区病害轻。稻茬麦播种多数实行浅耕或免耕直播，冬春季大田作物品种多、面积大，田间地头杂草较多，给灰飞虱提供了良好的越冬场所和丰富的食料来源。

(4) 栽培方式。水稻不同栽培方式和不同移栽时间，发病程度不同。直播田重于移栽田，早栽田重于迟栽田，人工移栽田因早栽而病情重于机插田。秧苗管理粗放，偏施氮肥，叶色过绿，吸引灰飞虱大量迁入并传毒，条纹叶枯病发病重。

(5) 品种抗性。当前生产上种植的品种高抗条纹叶枯病的很少，少部分品种虽然抗病性较好，但稻米品质较差。米质好、糯性强、植株较软的品种病情重于米质差、植株较硬的品种。

(6) 水稻生育期。水稻在苗期到分蘖期易感病，一般秧龄越小越易感病，后期抗性好于前期。水稻易感病生育期与灰飞虱发生期吻合，导致条纹叶枯病的发生流行。

5. 病害控制 在防治策略上，强调耕作制度调整，布局作物类型，推广抗病品种，抓好灰飞虱防治，适时施入防病毒药剂。

(1) 调整稻田耕作制度和作物布局。尽量使水稻成片种植，忌种插花田，秧田不要与麦田相间。选择虫源量少、周围环境清洁的田块做秧田。有条件的地区可集中连片育秧，便于统一管理和治虫。同时注意加强秧田肥水管理，促进植株健壮生长，增强抗病能力。结合机插秧、塑育抛秧、麦套稻、水直播等轻型简便化栽培方式，适当推迟播种，避开灰飞虱侵入传毒和感病的机会。

(2) 种植抗/耐病品种。因地制宜选种镇稻 88、镇稻 99、中国 91、徐稻 2 号、徐稻 3 号、徐稻 4 号、连粳 4 号、宿辐 2 号、盐稻 8 号、盐粳 20、铁桂丰、扬粳 9538、扬幅粳 8 号、淮稻 9 号、临稻 11、阳光 200 等，可明显减轻条纹叶枯病。

(3) 治虫防病。清除田边、地头、沟旁杂草，减少初始灰飞虱数量。在水稻播种前，选用吡虫啉、锐劲特等浸种或拌种。在秧苗三叶期喷施 25%吡虫啉、25%扑虱灵、40%毒死蜱，特别是在第 2、第 3 代灰飞虱卵孵化高峰期至低龄若虫高峰期喷施效果更好。

(4) 喷药提高水稻抗性。在秧田和大田初期防治灰飞虱时，加入病毒增效剂或病毒钝化剂(如菇类蛋白多糖、菌毒清、宁南霉素等)，可诱导水稻产生抗病性，抑制病毒增殖，从而减轻条纹叶枯病的发生程度。

(何月秋　李　凡　何鹏飞　编写)

四、病害综合防治

(一) 水稻其他病害

1. 水稻绵腐病(*Achlya oryzae*、*A. prolifera*、*A. flagellata*) 秧苗幼芽部位出现少量乳白色胶状物、绵絮状物，并呈放射状。病菌在土壤中越冬，随灌溉水传播。种子、幼芽、幼根受害，秧苗长势衰弱时易被侵害，特别是播种期间遇到持续低温、阴雨天或大水、冷水、长期浸泡，易引起绵腐病的发生。防治要点是精选谷种，改进育秧方式，科学肥水管理，及时喷药防治。

2. 水稻立枯病(*Fusarium* spp.、*Rhizoctonia solani*) 症状有芽腐、基腐和黄枯 3 种类型。幼芽和基部腐烂，或心叶纵卷、枯黄而死。病菌在土壤和病残体内越冬，靠气流传播。床温低于 3℃ 或高于 35℃，秧苗生长衰弱时以及在碱性土壤的苗床上易发病。防治要点是土壤消毒，精心选种与晒种，科学管理，药剂防治。

3. 水稻恶苗病(*Gibberella fujikuroi*) 病株徒长，细弱，叶片、叶鞘狭长，淡黄绿色；节间伸长，节部外露，基部数节生出倒生须根；近地表病部有淡红色或白色粉状物，后期可见蓝色小颗粒。病种、病草是初侵染源；播种病种或用病草作覆盖物，引起幼苗发病；在秧田、本田可发生多次再侵染。防治要点是用浸种灵或咪鲜胺浸种；选用抗病品种及种子处理；及时拔除病株；不用病草作覆盖物及捆秧把。

4. 水稻苗疫霉病(*Phytophthora fragariae* var. *oryzobladis*) 危害秧苗叶片，受害叶片

中部或边缘产生水渍状小褐点，渐成褐色条状病斑，病斑上常产生白色稀疏霉层，天气干燥时，病部易纵裂。病菌以卵孢子在土壤中越冬，翌年在淹水条件下萌发产生游动孢子侵入危害，游动孢子随水传播蔓延。防治要点是轮换秧田，加强肥水管理，药剂防治。

5. 水稻霜霉病（*Sclerophthora macrospora*）　又称黄化矮缩病。病株矮缩，分蘖减少，叶片上产生圆形黄白色小斑点，常呈条状。心叶淡黄色，扭曲，不易抽出。重病株不能孕穗，轻病株穗小扭曲不实。病菌以卵孢子在病残体或土壤中越冬，也可在其他寄主上越冬，翌年产生游动孢子侵染稻苗，病菌借水流传播。防治要点是轮换秧田，加强肥水管理，药剂防治。

6. 稻胡麻叶斑病（*Bipolaris oryzae*）　病叶初现褐色小点，后扩大如胡（芝）麻籽粒褐点。病斑边缘明显，外围有黄色晕圈，中央呈灰黄色或灰白色。病斑常联合形成不规则大斑。以分生孢子附着于稻种或病稻草上或以菌丝体潜伏于病稻草组织内越冬。病谷和病稻草为初侵染源，分生孢子随气流传播，引起初侵染和再侵染。防治要点是改良土壤，合理施肥，科学管水，药剂防治。

7. 稻云形病（*Gerlanchia oryzae*）　叶尖或叶缘初生暗绿色斑，扩展后形成灰褐色与深褐色相间的波浪形云纹，边界不明显。天气潮湿时病部湿腐状。以菌丝体在病草和谷粒上越冬。早稻、晚稻分蘖末期至孕穗期发生普遍。防治要点是精选种子温汤浸种，杀菌剂浸种；田间药剂防治。

8. 稻条叶枯病（*Cercospora oryzae*）　又称窄条斑病。叶片和叶鞘受害，产生红褐色至黑褐色短条斑，穗颈和枝梗上病斑灰褐色枯死，甚至折断。病健交界不清楚。以菌丝体和分生孢子在病草和病谷上越冬。拔节期后易感病，后期缺肥和受旱或长期深灌，植株早衰发病重。防治要点是选用无病种子，进行种子处理，加强水肥管理，适时喷药防治。

9. 稻菌核秆腐病　（*Nakataea sigmoidea*、*N. irregulare*）近水面叶鞘有深褐色至黑色不规则形至线条状病斑，抽穗前后侵入茎秆，病株茎基部变黑软腐，常贴地倒伏，病组织最后呈灰白色腐朽，在叶鞘组织及茎秆内形成大量黑色小菌核。菌核在稻桩及土壤中越冬，插秧后附于叶鞘上直接或从伤口侵入。长期深灌、排水不良，或后期断水过早，氮肥施用过多过迟，及叶蝉、飞虱危害重等均有利于发病。防治要点是加强水肥管理和害虫治理，适时药剂防治。

10. 稻叶鞘腐败病（*Acrocilindrum oryzae*）　在孕穗期剑叶叶鞘上生虎纹斑状暗褐色病斑，剑叶叶鞘内幼穗部分或全部腐烂，不能抽穗，并可见浅红色白霉。病菌在病稻草和病谷上越冬。肥水管理差，稻株早衰或穗期螟害重，则发病重。防治要点是选用无病种子，实行种子处理，加强水肥管理，适时喷药防治。

11. 水稻叶尖枯病（*Phyllosticta oryzicola*）　多发生在水稻孕穗期，一般从叶尖或叶缘开始，然后沿叶缘或叶片中央向下扩展，形成长条斑，最后呈枯白色，病健交界明显，交界处有一褐色条纹，后期病部出现褐色小点（分生孢子器）。病菌以分生孢子器在病叶和病种颖壳内越冬，在适宜条件下释放分生孢子，随风雨传播，可进行再侵染。防治要点是选用抗病品种，无病种子，实行种子处理，增施钾肥、锌肥、硅肥，巧施穗肥，适时喷药防治。

12. 稻褐纹病（*Nigrospora oryzae*）　危害后期叶片及颖壳，病斑大小不一，不规则形，边缘不清楚，呈深褐色。病菌在病稻草和病谷上越冬，成为翌年初侵染源。防治要点是选用无病种子，实行种子处理，适时喷药防治。

13. 稻叶鞘网斑病（*Cylindrocladium scoparium*）　叶鞘出现淡黄褐色椭圆形或纺锤形病斑，表生褐色或浓褐色网纹。病鞘内壁生白色粉粒状物，即菌核。病草可能为初侵染源。土质瘠薄，漏水跑肥，植株生长势弱和高温高湿有利于发病。防治要点是选用抗病品种，加强水肥管理，适时喷药防治。

14. 稻紫鞘病（*Sarocladium sinense*）　叶鞘上密生紫色小斑点，部分或全部叶片呈紫褐色，病斑交界不清。病菌在种子和病残体上越冬。风雨传播。高温高湿有利于发病。防治要点是选用无病种子，实行种子处理，加强水肥管理，适时喷药防治。

15. 稻一柱香病（*Ephelis oryzae*）　叶鞘上出现与叶脉平行的白粉状条纹；病穗呈香柱状，初淡蓝色，后变白色，上生黑色粒状子座。初侵染来源为种子。自幼芽系统侵染，导致当年发病。带菌种子是下年或下季的主要侵染源。防治要点是实施检疫，精选种子及种子温汤浸种，杀菌剂浸种。

16. 稻叶黑粉病（*Entyloma oryzae*）　沿叶脉纵向散生黑色短条斑，隆起，内藏冬孢子堆；重病叶片枯黄，叶尖破裂呈丝状。越冬病菌翌年产生担孢子；借气流传播；土壤瘠薄，缺磷肥、钾肥，发病较重，品种间抗性有差异。防治要点是利用抗病品种，处理病稻草，合理施肥，药剂防治。

17. 稻颖枯病（*Phoma sorghina*）　谷粒颖壳上病斑灰白色，其上常可见黑色分生孢子器。以分生孢子器在谷粒上存活越冬，分生孢子为初次侵染源，借风、雨传播，在水稻抽穗时入侵花器及幼颖致病。早稻病害重于晚稻。防治要点是选用抗病品种，科学栽培与管理，减少越冬病原，适时喷药防治。

18. 水稻谷粒变色（*Fusarium* spp.、*Alternaria* sp.、*Pseudomonas* sp.、*Diplodia* sp.、*Erwinia* spp.）　颖壳表面或其内米粒为焦黄或黄褐至黑褐针头状污斑，米粒发育不全，近胚端干瘪，呈灰褐色，甚至秕粒。病菌借种子传播，或在病残体上越冬，雨水多、气温偏低时易发病。防治要点是选用抗病品种，药剂防治。

19. 稻粒黑粉病（*Tilletia barclayana*）　病粒露出成堆的黑粉，在内颖缝处长出黑色舌状物突起。病菌以冬孢子在土壤、种子内外和粪肥中越冬，以在种子和土壤中越冬为主。防治要点是实施检疫，精选种子及种子处理，深耕，施用腐熟肥料。

20. 水稻细菌性基腐病（*Erwinia chrysanthemi* pv. *zeae*）　茎基部叶鞘有不规则或椭圆形水渍状病斑，变黑腐烂。叶片自上而下枯萎，后期全株枯死，有难闻的烂稻草恶臭味。病菌在收获后的稻草和田间的病残体中越冬，病菌靠灌溉水和雨水传播。防治要点是种子处理，种植抗病品种，加强水肥管理，药剂防治。

21. 稻细菌性褐条病（*Pseudomonas syringae*）　最初叶片基部中脉出现黄色水渍状斑，后呈深褐色长条斑。全叶抽出前感病，枯死呈“假枯心”。病部可挤出菌脓，病重田有腥臭气味。带菌种子为初侵染源。病菌随水流传播。第一真叶上即可现病，分蘖期最敏感。低洼、水浸、暴雨、涝灾稻田发病重。防治要点是种子消毒，避免漫灌，药剂防治。

22. 水稻矮缩病（*Rice dwarf virus*）　植株矮缩，根系不良，分蘖增多，叶色浓绿，叶片僵硬直立，多数病叶出现白色、缝纫机扎线状点线，少数叶片呈现扭曲和皱缩。苗期至分蘖期发病，分蘖少，移栽后多枯死，一般不抽穗。在孕穗期感病，穗颈缩短、形成包穗或抽小穗，千粒重下降、穗结实率低或不能正常结实。该病毒由黑尾叶蝉（*Nephotettix cincticeps*）、二点黑尾叶蝉（*N. virescens*）、电光叶蝉（*Recilia dorsasil*）传播，能在叶蝉体内复制，经卵传给子代。病毒在叶蝉体内越冬，叶蝉若虫在看麦娘上越冬，翌春羽化迁回稻田危害，早稻收割后，迁至晚稻上危害，晚稻收获后，迁至看麦娘、冬季水稻等 38 种禾本科植物上越冬。防治要点是清除杂草，防虫网覆盖育秧及治虫防病。

23. 水稻黑条矮缩病（*Rice black streaked dwarf virus*）　植株变矮，分蘖增加，叶片短

阔、僵直，叶色深绿，叶背的叶脉和茎秆上现蜡白色、褐色的短条瘤状隆起，不抽穗或穗小，结实不良。灰飞虱和白背飞虱传毒，病毒能危害 20 多种禾本科作物和杂草，在玉米、小麦、大麦、水稻上经飞虱辗转传播。防治要点是合理布局，连片种植；清除田边杂草，压低虫源、毒源；杀虫防病；发病初期喷施武夷菌素、氨基寡糖素。

24. 水稻锯齿叶矮缩病（*Rice ragged stunt virus*）　病株矮化，叶尖旋转，叶缘有锯齿状缺刻。高节位有节枝，分枝上抽出不结实的小穗。病毒经褐飞虱传毒，但不经卵传，还可侵染麦类、玉米、稗草、李氏禾等，气温高发病快。防治要点是种植抗病品种，辅以育秧、返青分蘖两阶段治虫防病。

25. 水稻黄萎病（*Rice yellow dwarf phytoplasma*）　病株叶片褪绿变黄，叶变小，分蘖矮缩丛生，后期有高节位分枝，分枝上叶片竹叶状，病毒经黑尾叶蝉传播，可侵染水稻和杂草，叶蝉终身传毒，但不经卵传。防治要点是种植抗病品种和杀虫防病。

26. 水稻草丛矮缩病（*Rice grassy stunt virus*）　病株矮化、小蘖增多，叶片短而窄、发黄，呈扇形或草状，重病株提早枯死。褐飞虱是初侵染和再侵染源，为持久传毒且卵可传毒。防治要点是种植抗病品种和杀虫防病。

27. 稻干尖线虫病（*Aphelenchoides besseyi*）　一般剑叶或其下一叶、二叶先端 1～8 cm 处现半透明茶褐色干枯扭曲成干尖，灰白色。病健相交处有一条褐色的弯曲界线。线虫在谷粒颖壳和米粒间越冬。从芽鞘或叶鞘缝隙侵入幼苗。防治要点是实施检疫，精选种子及温汤浸种，杀线剂浸种。

28. 水稻赤枯病　属于生理性病害。水稻分蘖期多发，病株矮小、少蘖，老叶下垂黄化而心叶窄挺，茎秆纤弱。病株老叶有褐色锈斑，远看似火烧状。生理性缺钾、中毒性缺钾以及冷浸田均易引发赤枯病。生理性缺钾主要是土壤钾元素缺乏，中毒性缺钾主要是土壤泥糊溶烂，沉积板结，通透性差，还原性强，稻根中毒，根系吸收钾素能力差。防治要点是改良土壤，加强栽培管理，增施钾肥和适量氮肥。

（二）综合治理措施

水稻病害的防治要遵循“预防为主，综合防治”的植保方针，从减少病原数量、提高寄主抗性的源头抓起，合理协调各项技术措施，恶化病原生存环境，优化水稻生长发育条件，从农业生态学的总体观念出发，本着安全、有效、经济、方便、各有侧重的原则，把病害发生程度控制在经济损失允许水平以下，实现高产、稳产、优质、低成本和无公害水稻生产。

1. 植物检疫　加强植物检疫对控制病害向非疫区扩散有重要意义。我国水稻白叶枯病、细菌条斑病、稻一柱香、干尖线虫被正式列入检疫性病虫害名录，还有些发生不普遍、危害较大的病害，如细菌性基腐病等，都应严控病区种子调出产地，实现病害的法规防治。

2. 农业防治　包括田园卫生、抗病品种选育和利用，农业耕作制度和栽培技术。

（1）清除病残体，减少病原基数。对于病菌能在病残体、野生寄主或者在土壤中存活很长时间或能越冬越夏的病害，清除病残体，搞好田园卫生，可明显减少病原基数，减轻发病程度。例如，在南方，清除稻田病稻草可以减少稻瘟病菌数量；清除田间杂草，如看麦娘、早熟禾、狗尾草和画眉草等，可减少条纹叶枯病毒的寄主和传毒昆虫灰飞虱的吸毒、传毒机会。

（2）选育和利用抗/耐病品种。因广谱多抗的水稻品种少见，各地应因地制宜，把主要病害作为育种目标，选育和利用抗耐病品种。例如，稻瘟病较重的地区，应把稻瘟病作为重点防治对象。还应注意稻瘟病菌致病力存在差异，一地抗病品种在另一地可能感病，在选用品种前，要开展人工接种和田间自然发病来鉴定抗性。在有条件的地方，要安排好抗病品种布局，种植多系品种或聚合品种。特别是要种植兼抗几种病害的多抗品种，减少产量损失。针对稻瘟病、白叶枯病、细菌性条斑病、条纹叶枯病、南方黑条矮缩病的抗病品种较多，但抗稻纹枯病品种少见。抗稻瘟病的常用品种有：D 优 202、D 香 287、Q 香 2 号、泸优 1 号、三澳占、谷优 1259 等；抗白叶枯病的品种有：武运粳 7 号、镇稻 6 号、津稻 1007、武育粳 2O 号、常优 1 号、K 优 818、广占 63S、R336、Ⅱ优 838、II 优 084 和Ⅱ优 623 等；抗细菌性条斑病的品种有：株两优 83、株两优 819、金优 9113、威优 227、丰优 700、中优 1259、天优 2168、Ⅱ优 768、凤糯 625、两优 8007、Y 两优 888、两优 668、协优 033 等；抗条纹叶枯病的品种有：盐粳 334-6、新稻 128 等；抗稻曲病的品种有：亚华优 36、IR36、两优 36、湘优 66、T 优 100、D 优 58、Ⅱ优 95、Ⅱ优 25、N 优 157、T 优 259、培两优 559、新香优 80、T 优 70、水晶 3 号等。

(3) 改变耕作制度。变更耕作制度有益于病害防治，如水稻田改作旱地，种植蔬菜、旱粮作物、经济作物等一至数个生长季节，可减轻水稻纹枯病、稻菌核秆腐病、细菌性基腐病等的危害。

(4) 加强栽培管理。合理密植和施肥，控制氮肥用量，增施磷肥、钾肥，以增强水稻抗病性，较好地抑制稻瘟病、纹枯病发生。避免病田水进入无病田，杜绝漫灌和串灌，可减少细菌性病害和纹枯病等病害。推广节水灌溉，保持根系有旺盛的活力，能提高植株对稻瘟病、纹枯病的抗性。

(5) 开展品种多样性种植，实现生态控制。品种多样性种植是利用生育期相当，抗性和株高不同的品种相间种植的一项技术措施。其核心是利用高秆的感病品种与矮秆品种相间种植，由于矮秆品种的隔离使感病品种行间扩大，减少了田间湿度，稀释了致病菌类群数量，增加了感病品种的阳光照射量，提高了硅质细胞数量和抗倒伏性能，减轻病害发生程度，并且有效地保护了优质水稻品种的种质资源。例如，稻瘟病重的云南省，黄壳糯等高感品种是当地少数民族饮食文化的一部分，净种时稻瘟病非常严重，与抗稻瘟病的品种相间种植时，稻瘟病大大减轻，产量也有所提高。

3. 物理防治　包括汰种、热力消毒和温汤浸种等。

(1) 汰种。许多病菌可侵入种子，引起种子空瘪不实，千粒重下降的症状，且病菌就潜伏或黏附在种子内外。由于不实种子密度小，可以采用黄泥浆法或 1%石灰水法，即将播种的种子置于泥浆或石灰水中，淘出空瘪种子，从而减少初次侵染源。这一方法对于水稻稻瘟病、白叶枯病、细菌性条斑病、粒黑粉病、干尖线虫病均有很好的效果。

(2) 热力消毒，温汤浸种。利用炙热的太阳光暴晒，或采用温水浸种均可杀死或减少部分病菌侵入，从而起到减轻病害的作用。

4. 生物防治　包括应用颉颃微生物本身、代谢产物制剂及植物源制剂。例如，用芽孢杆菌、木霉菌防治稻瘟病和纹枯病；用春雷霉素、嘧肽霉素防治稻瘟病；用井冈霉素、蛇床子素控制纹枯病和稻曲病；用农用硫酸链霉素防治白叶枯病；香菇多糖、宁南霉素防治条纹叶枯病等。

5. 化学防治　化学农药既可用作预防手段，又可作为发病后治疗的补救性措施。在生产上，人们常对发病后的治疗用药比发病前的预防用药更为关注。实际上，在发病初期或发病前用药控制病害效果会更好，成本更低，花时间更少。因此，应依据不同防治对象，提倡用药早防早治；同时还要注意交替用药或合理混配用药，以减少病菌产生抗药性的风险。

(1) 杀虫防病。水稻病毒病都与传毒媒介昆虫有关，采用杀虫剂控制害虫，可以减少传染源，从而减轻病毒病。例如，常用杀飞虱的化学农药有吡虫啉、吡蚜酮、噻嗪酮、仲丁威等，常用杀叶蝉的化学农药有异丙威、杀螟硫磷、速灭威、甲萘威、速灭威、乙酰甲胺磷等。

(2) 药剂浸种。咪鲜胺、多菌灵浸种可以消灭种子携带的稻瘟病菌、胡麻叶斑病菌;咪鲜胺·杀螟丹浸种可防治恶苗病和干尖线虫病。

(3) 喷药治疗。在发病初期,采用药剂防治能取得很好的控病结果。例如,三环唑、丙环唑、稻瘟酰胺、氯啶菌酯、多菌灵、咪鲜胺锰盐、硫黄·多菌灵、井冈山·戊唑醇、稻瘟灵、甲基硫菌灵等用于防治稻瘟病;井冈霉素、井冈·己唑醇、井冈·戊唑醇、苯醚甲环唑等用于防治纹枯病;三唑醇、己唑醇、络氨铜、肟菌·戊唑醇、苯醚·丙环唑、井冈·三环唑、氟环唑、咪鲜胺等用于防治稻曲病;叶枯唑、噻森铜、代森铵、氯溴异氰尿酸、三氯异氰尿酸等用于防治白叶枯病和细菌性条斑病;吗胍·乙酸铜、辛菌胺乙酸盐、盐酸吗啉胍等用于防治条纹叶枯病等。

(何月秋　陈　乐　编写)

第二节　麦类病害

麦类作物主要包括小麦、大麦、燕麦和黑麦等,其中我国以小麦为主,其种植面积和产量仅次于玉米、水稻,是北方最重要的粮食作物。目前全世界记载的小麦病害约 200 种,我国发生较重的有 20 多种,不仅造成严重的产量损失,而且影响小麦的品质。

一、真菌病害

由真菌引起的小麦病害主要有锈病、赤霉病、白粉病、全蚀病、黑穗病、根腐病、纹枯病等。

锈病是小麦上一类古老的病害,在我国历史上曾多次流行,给小麦生产造成巨大损失。1950 年小麦条锈病大流行,造成 60 亿 kg 的小麦产量损失。由于抗病品种的培育和推广,近 40 年来未发生全国性的锈病流行。小麦锈病在世界不同国家、不同地区的发生种类、分布和危害情况不同,西欧和北美洲太平洋沿岸麦区以条锈病为主;前苏联(欧洲部分)麦区以叶锈为主;北美洲、大洋洲和非洲麦区以秆锈病为主,叶锈次之。在我国小麦条锈病的发生最为广泛,主要分布在西北、西南和黄淮等冬麦区和西北春麦区;小麦秆锈病主要发生在东北、内蒙古、西北春麦区;小麦叶锈病在中国各地区均有分布,过去以西南麦区发生普遍,近年来华北、西北和东北各麦区渐趋严重。

赤霉病一直是我国长江流域小麦产区的主要病害,发生面积广,流行频率高。近年来该病迅速北移,不仅造成产量损失,病菌产生的毒素还对人、畜有毒,社会危害性极大。小麦全蚀病等根部病害,以前主要发生在北方小麦种植区,近年来不断向黄淮流域和长江流域蔓延,在有些地区已造成较大损失。

(一) 小麦条锈病

小麦条锈病(wheat stripe rust)是世界范围内广泛发生和流行的病害,曾多次在我国发生大流行,引起严重的产量损失,是小麦三种锈病中发生面积最广、危害最重的病害。小麦感病品种在中度流行年份一般减产 10%～20%,大流行年份减产 30%左右,特大流行年份减产高达 60%以上,严重田块甚至绝收。例如,条锈病在 1950 年、1964 年和 1990 年的 3 次全国大流行,就分别损失小麦 60 亿 kg、30 亿 kg 和 26.5 亿 kg。2002 年,小麦条锈病在我国再次发生流行,波及全国 11 个省(自治区、直辖市),尽管全力防治,仍造成 14 亿 kg 的产量损失。

1. 症状　条锈菌主要危害叶片,也可危害叶鞘、茎秆和穗部。病叶上最初形成褪绿斑点,后形成疱状夏孢子堆。夏孢子堆小,长椭圆形,橙黄色,粉状。在成株期叶片上夏孢子堆沿叶脉平行排列成行,呈虚线状。小麦近成熟时,在病部出现疱状的黑褐色冬孢子堆,表皮不破裂。但在小麦幼苗期叶片上,病菌常以侵入点为中心向四周扩展,形成同心圆状排列的夏孢子堆(图 6-13)。

图 6-13　小麦条锈病的症状(康振生、赵杰提供)
A. 叶(幼苗);B. 成株;C. 叶鞘;D. 穗;E. 颖片; F. 冬孢子堆

小麦条锈菌是全孢型转主寄生的锈菌,在小麦上产生夏孢子和冬孢子,冬孢子萌发产生担子和担孢子。最近研究发现,担孢子可侵染转主寄主阔叶灌木小檗(*Berberis* spp.),在其叶片上产生性孢子器和锈孢子器,造成明显的圆形叶斑。其锈孢子可再侵染小麦,经发育后形成夏孢子堆并产生夏孢子。

小麦上的 3 种锈病症状有时容易混淆,可根据"条锈成行叶锈乱,秆锈是个大红斑"来加以区分。在幼苗叶片上夏孢子堆比较密集时,条锈病和叶锈病有时难以区分,但由于条锈病菌有系统侵染现象,因此孢子堆有多重轮生现象。秆锈病和叶锈病的主要区别在于两者孢子堆穿透叶片的情况不同,前者的孢子堆穿透能力较强,且叶背面孢子堆较正面的大;而叶锈菌的孢子堆偶尔可穿透叶片,叶背面孢子堆小于正面。

2. 病原　为条形柄锈菌小麦专化型(*Puccinia striiformis* Westend f. sp. *tritici* Eriksson & Henning),属担子菌门的柄锈菌属真菌。

夏孢子单胞,球形或卵圆形,淡黄色,表面有微刺,芽孔排列不规则。冬孢子棍棒形,双胞,横隔处有缢缩,顶端平截或略圆,褐色,下端色浅,具短柄。性子器小,烧瓶状,埋生在叶片表皮下,孔口外露,成熟后产生大量无色丝状受精丝及椭圆形的性孢子。通过受精丝与性孢子的受精作用,在性子器对应的叶片背面产生橙黄色的锈子器。锈子器初埋生于表皮下,后突破表皮呈长管状,聚生。锈孢子球形至近球形,表面布满齿突,链状生于锈孢子器内(图 6-14)。现已证实,我国多种小檗是小麦条锈菌的转主寄主,并在小麦条锈病的发生中起作用。

条锈菌发育与入侵所要求的温度较低。菌丝生长和夏孢子形成的适温为 10～15℃,夏孢子在 0～32℃都可以萌发,适温为 10～12℃;但夏孢子不耐高温,在 36℃下经 2 天即失去活力。夏孢子的萌发和入侵需要饱和湿度或叶面具水滴(水膜)。

条锈菌有明显的生理分化现象。通过鉴别寄主可以把条锈菌划分为不同的生理小种。然而由于地域、条锈菌群体结构、研究水平和历史等的差异,目前国际上不同国家和地区采用不同的小麦条锈菌鉴别寄主和小种命名方法。我国经过多年研究,选定了一套适合于我国实际情况的鉴别寄主,共包括 19 个品种,目前已经鉴定出 33 个生理小种和 34 个致病类型,其中条

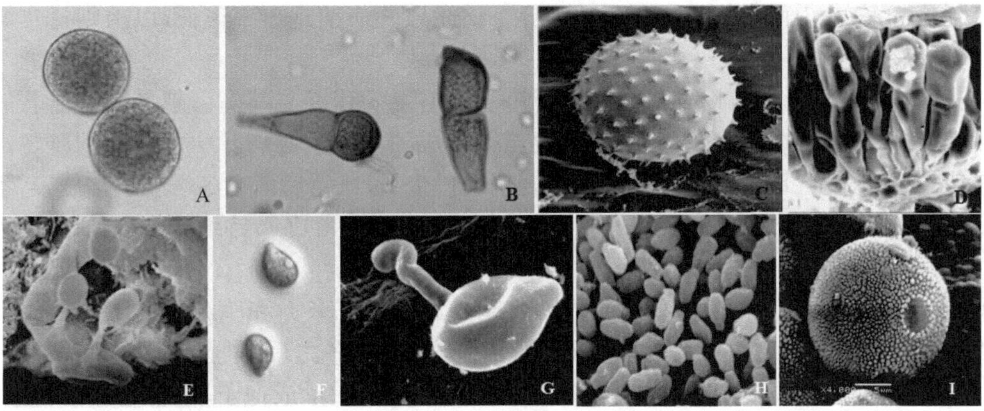

图 6-14 小麦条锈病菌 5 种类型孢子(康振生、赵杰提供)
光学显微镜观察孢子(A)、冬孢子(B)、担孢子(F);电子显微镜观察夏孢子(C)、冬孢子(D)、担孢子梗与担孢子(E)、萌发中的锈孢子(G)、性孢子(H)、锈孢子(I)

中 33 号(CYR33)和条中 32 号(CYR32)已经成为许多地区的优势小种。

条锈病菌主要寄生于小麦上,还可侵染大麦、黑麦、节节麦以及山羊草属、鹅观草属、雀麦属、披碱草属的杂草,但这些杂草在小麦条锈病流行中的作用尚待证实。

3. 病害循环 条锈菌为活体营养生物,主要依靠夏孢子完成病害循环,病菌在病害循环的各个阶段均离不开其寄主,必须依赖于寄主的存在才能完成病害循环。

(1) 条锈病的周年循环。包括越夏、秋苗感染、越冬和春季流行 4 个环节。

① 越夏。条锈菌喜凉不耐热,因此越夏是条锈病周年循环的关键。该病害越夏的温度界限为 20~22℃。在有感病麦株存在的前提下,凡夏季最热月(7~8 月)旬平均温度在 20℃以下的地区,条锈菌就能顺利越夏;旬平均温度在 20~22℃的地区,病菌越夏困难,超过 22℃的地区,病菌不能侵染寄主,已被侵染的叶片也不能正常发病,病菌便不能越夏。条锈菌以连续侵染的方式在夏季冷凉山区和高原地区的晚熟小麦、自生麦苗和其他越夏寄主(如禾本科杂草)上越夏。在我国平原麦区,由于夏季高温高湿,病菌不能越夏,但夏孢子可经气流远程传播到高寒麦区,并在高寒麦区逐代繁殖、传染,度过炎热夏季。我国条锈菌的主要越夏地区包括甘肃的陇南、陇东,青海东部,四川西北部等,这些地区海拔高,气温低,并有处于不同生育期的自生麦苗、晚熟冬麦和春麦 (成熟期最迟可至 9 月以后)可供病菌寄生,因而成为病菌理想的越夏场所。

② 秋苗感染。越夏后的病菌,秋季随气流远程传播至平原冬麦区,导致秋苗感染。越夏地区和邻近越夏地区的早播冬麦麦苗发病早且重,而距越夏地区远且播期迟的冬麦区,秋苗发病迟且轻。例如,陇东、陇南等越夏地区及邻近的陕西关中西部地区的早播麦田 9 月底 10 月初即可发现病叶,平原麦区黄河以北一般到 10 月或 11 月才始见病叶,而淮北、豫南等地一般要到 11 月以后才有零星发病。秋苗发病后,如果当地秋雨较多或经常结露,病菌尚可繁殖 2~3代,病菌群体增大,病情有所发展,可由零星发病发展成为大小不等的发病中心,甚至成为病情较重较多的发病基地。

③ 越冬。冬季当气温降至 2℃以下时,病菌停止扩展,主要以潜育菌丝在麦叶组织内越冬。条锈菌越冬的临界低温为最冷月均温-7~-6℃,但若长期有较厚积雪覆盖,即使低于-10℃病菌仍能安全越冬。以常年气候而言,我国条锈病菌越冬的地理界限为,从山东德州

起，经河北石家庄、山西介休至陕西黄陵为界。该线以北病菌越冬率很低，以南则每年均可越冬且越冬率很高。

在条锈病菌越冬区北部，如华北、关中等地，秋苗发病程度与其病菌越冬率有显著的相关性。病菌在单片病叶中不能越冬，只有在秋苗期形成的发病中心病叶中才能顺利越冬。华北平原南部及其以南各地，冬季温暖湿润，小麦仍缓慢生长，条锈病菌在冬季能正常侵染，不存在越冬问题。例如，江淮、江汉和四川盆地等麦区，条锈病菌可在冬季持续侵染蔓延，形成大量的菌源，成为来年北方麦田的菌源基地，这些地区称为“冬繁区”。

④ 春季流行。小麦条锈病春季流行因各越冬区的生态条件和菌源的来源不同而表现不同的特点。在华北、西北等气温较低的麦区，小麦条锈菌越冬之后，早春旬均温上升到 2～3℃和旬均最高气温上升到 2～9℃后，越冬病叶中的菌丝体开始形成孢子堆，若遇春雨和结露，所产孢子侵染新生叶片，病情不断向上部和周围叶片发展，进入春季流行期。春季病害流行程度取决于当地的雨水条件。华北地区常年春季干旱少雨，造成越冬病叶大量死亡，少数残存病叶要重新形成发病中心才能蔓延扩展，此过程称“越春阶段”。一般自 3 月下旬越冬病叶中病菌开始产孢，整个春季可繁殖 4 代。

小麦条锈病在田间的发生过程与菌源的来源有密切关系。在条锈菌能够越冬的地区，病害的春季流行要经过单片病叶、发病中心到全田普发 3 个阶段。但在冬季温暖潮湿、越冬菌量大、病害冬季持续发展的情况下，可直接造成全田发病。在条锈菌不能越冬或越冬率极低的地区，以外来菌源为主。这些地区田间发病的特点是大面积突然同时发病，病情发展速度远远超过当地当时气候条件所允许量的最大值，田间病叶分布均匀，发病部位多在旗叶和旗下一叶，找不到或很难找到基部病叶向上部和四周叶片蔓延的发病中心。

(2) 条锈菌的侵染过程。生活力良好的夏孢子随气流传到寄主的感病部位后，在适宜温度、湿度条件下，2～3 h 内即可萌发并从气孔侵入，在气孔下空腔处菌丝膨大成气孔下泡囊，泡囊上产生数根侵染菌丝，蔓延于叶肉细胞间隙，产生球形或卵形吸器，伸入寄主细胞内，汲取寄主的营养。在侵染菌丝形成吸器的过程中，并未刺破寄主的细胞质膜，仅使寄主细胞质膜在吸器侵入部位产生凹陷，吸器与细胞质膜始终保持一定距离。由于锈病的盛发季节温度常处于病菌的适温范围，因此田间影响病菌侵入的决定性因素是湿度和水膜。

锈菌侵入寄主后，菌丝体在细胞间隙中分支蔓延，4～5 天后便迅速形成一个圆形或长圆形的菌落，待营养生长到一定程度后即产生夏孢子堆。锈菌的菌丝体可在寄主组织中不断扩展蔓延，当原侵入点(即菌落中心)产生孢子堆后，菌落外缘的菌丝继续向外蔓延，陆续形成新的孢子堆。因此，在幼苗叶片上，孢子堆排列成同心圆状，而在成株期叶片中，由于受到维管束组织的阻碍，菌落只能在叶脉间向两端扩展，故孢子堆排列成虚线条状。温度对病菌在体内的扩展有较大的影响。在适温条件下，从夏孢子萌发侵入到下一代夏孢子产生需 10～20 天。锈菌在发病部位可持续产生大量夏孢子。在感病品种正常生长条件下，条锈菌每个孢子堆日产孢 1800 个左右，持续 8～10 天，每平方厘米叶面日产孢量可达 25 000 个，这就是小麦条锈病暴发流行的内在原因。

4. 发病条件　春季流行是小麦条锈病危害的主要时期，发生和流行受到锈菌生理小种的变化、小麦品种的抗锈性以及环境条件的影响。

(1) 锈菌生理小种的变化。条锈菌新毒性小种的产生以及生理小种群体结构的重大变化是导致品种抗锈性丧失的主要原因。小麦条锈菌主要通过有性杂交、基因突变和异核重组等途径产生新的毒性小种。病菌毒性新小种的产生和发展直到优势小种的形成，又与小麦生产品种中抗条锈基因的单一化或简单化有关。病菌生理小种的变化导致品种抗性“丧失”进而又带来生产品种的大面积更替。例如，20 世纪 50 年代，CYR1 号成为优势小种，导致碧蚂 1 号、西北 54、农大 183 等一批小麦品种丧失抗锈性；70 年代 CYR17 号、18 号和 19 号上升为优势小种，导致早洋系统（如北京 8 号）、阿勃及阿勃系统的品种丧失抗锈性；CYR21 号和 25 号成为优势小种，导致丰产 3 号、泰山 1 号等一大批抗源丧失抗锈性；90 年代，CYR30 号和 CYR31 号及其他致病类型的出现和发展，导致繁 6 及其衍生品种和水源 11 衍生品种丧失抗性。

（2）品种的抗锈性。抗条锈性是小麦与条锈菌相互作用过程中表现出的对病菌及其造成危害的抵抗特性。不同小麦品种对于条锈菌不同生理小种的抗性程度和抗性表现特点不同，而抗性的程度又受环境条件以及小麦本身的生育期等的影响。根据小麦品种抗条锈性不同方面的特点，可将其分为不同的类型。例如，根据抗条锈性表达的生育期特点分为苗期抗病性、成株期抗性和全生育期抗性；根据抗性表达的温度特点分为常温抗病性、高温抗病性和温度敏感性抗病性；根据抗性的表现型特点分为低反应型抗锈性和慢锈性。

① 低反应型抗锈性。低反应型抗锈性表现为从免疫到中等抗病水平。具有此类抗锈性的品种在锈菌侵入后迅速发生过敏性坏死反应，即侵染点及其附近的寄主细胞坏死，锈菌生长受抑制，表现出明确的、较低级别的反应型。低反应型抗锈性一般由少数主效抗病基因控制，品种的抗病性不易随环境条件改变而变化，是小麦抗锈育种中主要利用的抗性类型，但此类抗病性可因锈菌新小种的出现而“丧失”。

② 慢锈性。慢锈性抗病性表现为中度感病或感病，但严重度和普遍率较低。由于侵染率低、潜育期长、孢子堆数目较少、孢子堆较小以及产孢持续期较短等一种或多种因素，病害在田间扩展较慢，病情发展也较慢，因此称为慢锈性和迟锈性，也有学者称为部分抗病性、相对抗病性或田间抗病性等。慢锈性可能由多数微效基因控制，其表现受环境条件影响而有较大差异，一般不会因小种区系的变化而改变，是一种较持久的抗病性。

③ 高温抗条锈性。小麦品种的高温抗条锈性是指在较高环境温度下表达的一种低反应型抗病性，其细胞学特征与一般低反应型抗病性的典型过敏性坏死反应相同。研究表明，高温抗锈性没有小种专化性的表现，是一类持久抗病性。高温抗锈品种在田间条锈病流行条件下，防病保产作用显著。

（3）环境条件。夏秋多雨，有利于越夏菌源繁殖和秋苗发病；冬季温暖多雪，病菌越冬率高；早春气温偏高，春雨早，且雨水多、结露时间长，则病害在早期即可普遍发生，并持续发展，造成病害流行。

5. 病害控制　采用以种植抗病品种为主，化学防治及农业防治为辅，分区治理的综合防治措施。

（1）种植抗病品种。种植抗病品种是防治条锈病最经济有效的措施。由于条锈菌某一特定生理小种的产生和发展依赖于一定面积的特定小麦品种，只有当某一品种大面积地单一化种植或某一抗病基因的大面积单一化应用，才会有病菌优势小种的形成和发展，最终导致品种大面积“丧失”抗锈性。因此，在利用小种专化抗性品种时，要注意抗病品种合理布局，尤其要注意避免大面积种植单一品种；还可以通过培育多个分别具有不同抗条锈病基因的品种或培育分别具有不同抗条锈基因而农艺性状等其他方面均相同的一组品系同时应用于生产；以及培育和利用聚合品种（将多个抗性基因聚合在一个品种中）或将具有全生育期抗性、成株期抗性、水平抗性、持久抗性、慢锈性等各种不同抗性特点的基因并用等途径实现小麦品种抗条锈基因的多样化。鉴于非小种专化的慢锈性在生产上具有应用价值，目前已有一些慢锈性品种在生产上推广。在病害流行条件下，南郑大穗麦、小偃6号、兰考1号、小偃54、山阳扇子把等高温抗条锈品种（系）具有明显的保产效果。

此外，了解和掌握小麦条锈菌群体结构的变化动态，才能对抗条锈病基因充分、合理地利用。陇南、川西北等地的生态环境特殊，不仅是我国小麦条锈病的菌源基地，同时也是我国条锈病菌新小种的发源地，对这些地方的治理，需要调整种植结构，在小麦品种抗病基因多样化的基础上，实施抗病基因合理布局等措施，对保持品种抗性具有重大意义。

（2）加强栽培管理。适期播种，避免早播，以降低秋苗发病率，减少早播冬麦区向相邻地区传播的菌源量；铲除海拔1400 m以上地区的冬麦、春麦自生麦苗，可大大减少越夏菌源和早播地区的秋苗发病；施足基肥，早施追肥，适当增施磷肥、钾肥，增强植株抗病性；北方麦区注意合理灌溉，南方麦区注意开沟排水，合理密植，降低湿度。

（3）化学防治。在锈病暴发流行的情况下，化学防治是减轻病害的主要应急措施。三唑酮是防治锈病的有效药剂。药剂拌种是在小麦条锈病常发异变区控制菌量必不可少的重要手段。小麦拔节或孕穗期病叶率达2%～4%时，应选用药剂进行叶面喷雾控制病害的春季流行。用于防治条锈病的药剂有：粉锈宁、戊唑醇、丙环唑和速保利等。三唑酮与多菌灵混用可兼治白粉病，穗期还可兼治赤霉病。

（二）小麦叶锈病

小麦叶锈病（wheat leaf rust）是禾谷类锈病中分布最广、发生最普遍的一种小麦病害。在我国各地均有发生。北方麦区在1973年、1975年和1979年曾发生过3次中度以上流行，造成严重减产。目前由于小麦抗叶锈病品种很少，部分地区叶锈病的发生越来越重。

1. 症状 主要危害叶片，有时也危害叶鞘和茎。受害叶片产生圆形或近圆形的橘红色夏孢子堆，不规则散生，表皮破裂后，散出黄褐色粉末（夏孢子）。夏孢子堆较条锈病菌大而比秆锈病菌小，多发生在叶片正面。偶尔病菌可穿透叶片，在叶片两面同时形成夏孢子堆。后期在叶背面散生暗褐色至深褐色、椭圆形的冬孢子堆（图6-15）。

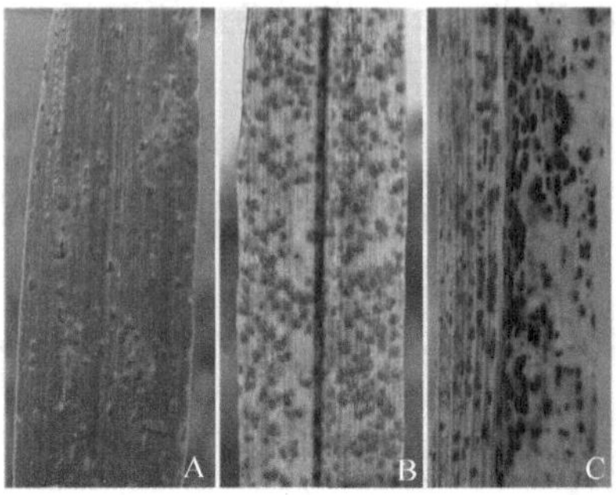

图6-15 小麦叶锈病的症状（康振生、赵杰提供）

2. 病原 为小麦柄锈菌（*Puccinia triticina* Eriks.），曾用名为隐匿柄锈菌小麦转化型（*Puccinia recondita* Rob. ex Desm. f. sp. *tritici* Erikss. et Henn.），属担子菌门柄锈菌属真菌。

夏孢子单胞，圆形或近圆形，黄褐色，表面有微刺，有6～8个散生的发芽孔。冬孢子双胞，椭圆形至棍棒形，上宽下窄，顶端通常平截或倾斜，暗褐色。

小麦叶锈病菌是全孢型转主寄生锈菌，在小麦上形成夏孢子和冬孢子，冬孢子萌发后产生担孢子。国外证实唐松草和小乌头是其转主寄主，其上形成性孢子和锈孢子。性孢子器橙黄色，球形或扁球形，有孔口，其内产生性孢子。锈子器产生于性子器相对的叶背面，圆筒形，内生圆形或椭圆形锈孢子。

小麦叶锈菌对环境的适应性较强。夏孢子萌发温度为2～31℃，最适温度为15～20℃。叶锈菌对湿度的要求不很严格，夏孢子在相对湿度95%时即可萌发。

叶锈病菌存在明显的生理分化现象。小麦叶锈菌新毒性小种（或致病类型）的产生和发展是引致品种抗锈性丧失的主要原因。我国现采用国际上已知抗病基因的小麦近等基因系或单基因系作为鉴别寄主，截至2004年，鉴定出104个小种或致病类型，其中，叶中4号和叶中34号为目前我国大部分地区的优势小种。

3. 病害循环 小麦叶锈病菌以夏孢子世代完成侵染循环，其越夏和越冬的地区较广。在我国大部分麦区小麦收获后，病菌转移到当地自生麦苗上越夏；冬麦秋播出土后，病菌从自生麦苗转移到秋苗危害、越冬。晚播小麦的秋苗上，病菌侵入较迟，以菌丝体潜伏在叶组织内越冬。冬季较温暖地区，病菌越冬率较高；冬季寒冷地区，秋苗易被冻死，病菌的越冬率很低；同一地区病菌越冬率与翌春病害流行程度呈正相关。小麦叶锈菌越冬后，当早春的旬平均气温上升到5℃时，潜育病叶开始复苏显症，产生夏孢子；当旬平均温度稳定在10℃以后，病菌侵入新生叶片，病害发生普遍率明显上升。

叶锈病菌夏孢子萌发产生芽管，从气孔侵入，在气孔下腔内形成泡囊，后产生侵染菌丝，在叶肉细胞间隙蔓延生长，以吸器深入寄主细胞内，汲取寄主营养。此外病菌还可直接侵入寄主细胞。病菌侵入后形成夏孢子堆和夏孢子，进行再侵染。

4. 发病条件 小麦叶锈病的发生和流行受到叶锈菌生理小种群体结构的变化、小麦品种的抗叶锈性以及环境条件的影响。

(1) 叶锈菌生理小种的群体结构。小麦叶锈菌主要通过有性杂交、突变、异核作用、准性生殖和渐进变异等途径产生新的毒性小种。利用*Lr*单基因系作为鉴别寄主，发现我国小麦叶锈菌的群体毒性很强，且存在着明显的生态地域性。例如，云南、贵州等地的叶锈菌株毒性最强，毒性基因谱最宽。小麦叶锈菌毒性的复杂性还表现在小种的变异性，同一小种的不同菌株，其毒性不完全相同。

(2) 小麦品种的抗叶锈性。小麦品种抗叶锈性的类型有低反应型抗叶锈性和慢叶锈性。低反应型抗叶锈品种的抗锈强度可由免疫到中抗，其对锈菌的生理小种具有高度的专化性，具体的抗病品种只对一定的生理小种有效，一般由少数主效抗病基因控制，是小麦抗锈育种中所利用的主要抗锈性。小麦品种的慢叶锈性是指小麦和叶锈病菌表现亲和的非过敏性反应，但是在田间自然条件下病情增长较晚、较慢。慢叶锈性大都由微效多基因所控制，具有数量遗传特性，对保持抗病性的稳定性和持久性具有重要意义。目前小麦抗叶锈基因遗传和抗病性已经进行了多方面的研究，国际上已发现近90个抗叶锈基因，其中正式定名的有57个，有47个已经被标记在特定染色体上。

(3) 环境因素。叶锈菌侵入寄主的临界温度为10℃，春季到达这一温度的一旬及其前后一旬的30天为临界期。临界期温度回升早晚和雨量多少，是叶锈病能否流行的决定因素。温度回升早且多雨露，叶锈病发展早且重。小麦生长中后期，以湿度对叶锈病的发生影响较大。小麦抽穗前后，如果降雨次数多，病害即可流行。同时，由于叶锈菌夏孢子可以在相对湿度低于95%的条件下萌芽。因此，在雨水较少、田间湿度较高的条件下，病害仍有可能流行。

5. 病害控制 采用以种植抗病品种为主，栽培防病和药剂防治为辅的综合防治措施。

(1) 选育推广抗/耐病品种。首先广泛开展小麦品种材料抗叶锈性的鉴定和筛选，采用多种鉴定方法，鉴别小麦品种材料对叶锈病的抗病性类型和评定抗病性程度，进而从大量的种质资源、杂交后代、高代品系和生产品种中筛选出抗病性强或有特色的优抗材料；同时掌握品种抗叶锈性的遗传变异，合理利用各种类型的抗病基因；并分别通过远缘杂交、杂种胚组培挽救、细胞工程等手段进行抗病基因组片段转移，结合分子标记辅助常规育种、聚合育种或轮回选择，以获取抗多种病害的育种材料和品种(系)。在品种选育和推广中应重视抗锈基因的多样性和品种的合理布局，防止品种单一化。针对各地小麦主要生产品种、后备品种和亲本材料所携带的抗叶锈病基因状况及各区小麦叶锈菌的毒性基因组成特点，进行抗病基因的合理搭配。另外，要注意应用具有避病性（早熟）、慢病性、耐病性等的品种。

（2）栽培防病和药剂防治的措施与条锈病相似。

（三）小麦秆锈病

小麦秆锈病（Wheat stem rust）是世界性小麦病害。在我国主要在东北及内蒙古等地的春麦区和华东沿海、长江流域和闽、粤东南沿海的冬麦区发生流行。据记载，新中国成立前夕，东北春麦区因小麦秆锈病的流行，使当地小麦种植面积骤减，平均每公顷产量不足 750 kg；闽、粤冬麦区在 1949～1966 年的 17 年中有 6 次中流行、大流行，每次流行都造成了巨大的产量损失；1956 年江淮流域秆锈病的大流行，仅苏、皖两省就损失小麦 10 亿 kg。近几十年来，由于抗锈品种的选育和推广，我国小麦秆锈病得到了有效控制。然而在一些流行区，其潜在威胁还存在，仍不能掉以轻心。

1. 症状　主要危害茎秆和叶鞘，也可危害叶片和穗部（图 6-16）。夏孢子堆长椭圆形，不规则散生，褐黄色，成熟后表皮大片开裂，并向外翻起如唇状，散出锈褐色夏孢子。后期产生黑色冬孢子堆，表皮破裂散出黑色锈粉状冬孢子。

小麦秆锈菌是全孢型转主寄生的锈菌。在小麦上形成夏孢子和冬孢子，冬孢子萌发后产生担孢子，侵染小檗和十大功劳等转主寄主，并在转主寄主上产生性孢子和锈孢子。

2. 病原　为禾柄锈菌小麦专化型（*Puccinia graminis* Pers. f. sp. *tritici* Eriks. & Henn），属担子菌门的柄锈菌属真菌。

小麦秆锈菌夏孢子卵圆形或长椭圆形，单胞，红褐色，中腰部有 4 个芽孔，孢壁上有明显的刺状突起。冬孢子双胞，褐色，椭圆形或棍棒形，上宽下窄，横隔处稍缢缩，表面光滑，顶端圆形或圆锥形，柄较长，上端黄褐色，下端近无色。

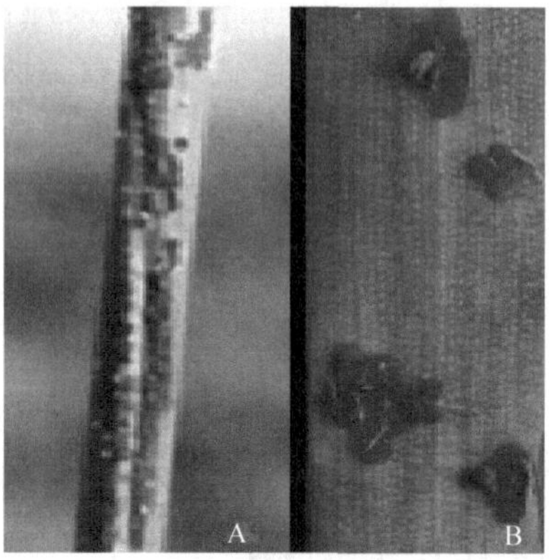

图 6-16　小麦秆锈病的症状
A. 茎秆；B. 叶（康振生、赵杰提供）

性孢子器烧瓶形，橙黄色，有孔口，埋生在叶片表皮下，其内产生椭圆形性孢子。锈子器产生于性子器相对的叶背面，杯状，成簇聚生，锈孢子球形，表面光滑，橘黄色，在锈子器中链生。

夏孢子萌发的温度范围为 3～31℃，适温为 18～22℃；菌丝体发育和夏孢子形成的最适温度为 20～25℃；冬孢子萌发和担孢子形成的最适温度为 20℃。自然条件下，侵入的最低温度为旬均温 10℃。夏孢子萌发和入侵需在叶表具水滴（或水膜）或 100%的大气湿度下进行。

小麦秆锈病菌有明显的生理分化现象，用鉴别寄主可区分出不同的生理小种。我国采用复合鉴别寄主体系，包括国际鉴别寄主、辅助鉴别寄主和抗秆锈的单基因系，已鉴定出 16 个小种和致病类型，其中 21C3 小种群为优势小种群，其次为 34 小种群。值得注意的是，1999 年在乌干达首次发现的秆锈菌新小种 Ug99（TTKSK），对小麦抗秆锈病基因 *Sr31* 具有强毒力。经对我国 118 个小麦生产品种和材料进行鉴定，除济麦 20 对 Ug99 表现高抗、临麦 6 号表现中抗外，其余的均感病。虽 Ug99 尚未传入我国（已传播至伊朗），但已对我国小麦安全生产构成威胁。

3. 病害循环 在我国由于转主寄主在小麦秆锈病流行过程中的作用不大，病菌仅以夏孢子世代不断危害小麦。小麦秆锈病菌夏孢子不耐寒冷，其越冬区域比较小，在北部麦区不能安全越冬，主要越冬区在福建、广东等东南沿海地区和云南南部地区，这些地区冬季最冷月份月均温可达 10℃左右，小麦可持续生长，秆锈菌可不断侵染危害。此外，山东半岛和江苏徐淮地区，虽然秋苗发病普遍，但受害叶片大多不能存活到翌年返青后，因此病菌越冬率极低，仅可为当地局部麦田提供少量菌源，对全国范围内秆锈病的流行影响很小。

翌年春季、夏季，越冬区的菌源自南向北、向西逐步传播，经由长江流域、华北平原到东北、西北及内蒙古等地的春麦区，造成全国大范围的春季、夏季流行。由于大多数地区都没有或极少有本地菌源。因此，春季、夏季的病害流行几乎全部是由南方早发地区的外来菌源所引起，所以一旦发病便是大面积普发，没有真正的发病中心。

秆锈菌在我国的越夏区域较广，主要在西北、西南等高寒地区的晚熟春小麦和自生麦苗上越夏。至秋季，西部高原越夏秆锈菌夏孢子随高空气流由西向东传播至东南沿海等地，引起秋苗发病，并不断扩展蔓延。

云、贵、川西部高山区地形复杂，海拔相差悬殊，不同播期和收获期的麦田交错并存，秆锈病菌在该地区既可越夏，又可越冬，完成周年循环，但其在全国流行中的作用还有待于进一步研究。

4. 发病条件 小麦秆锈病的发生和流行主要取决于锈菌生理小种的变化、小麦品种的抗锈性以及环境条件的影响。

(1) 秆锈菌生理小种的变化。新中国成立以来，我国先后发现小麦秆锈菌 9 个小种群 17 个生理小种。其中 21 号小种群一直是优势小种群，34 号小种群次之，其他类型频率很小。虽然小种群变化不大，但是 21 号和 34 号小种群中不断有新的毒性小种出现，每个新出现的小种都使相对应的 *Sr* 基因“丧失”抗病性，同时也使含有这种 *Sr* 基因的抗源及其衍生品种丧失抗病性。

(2) 小麦品种的抗锈性。小麦品种间对秆锈病的抗性存在着显著差异。品种的抗秆锈性可分为小种专化抗病性、非小种专化抗病性和耐病性 3 种类型。迄今为止，至少已经发现 60 多个小麦抗秆锈病基因，并且有 40 多个基因定位在染色体上。绝大多数已经报道的抗秆锈基因都是小种专化的。抗秆锈基因来源广泛，除来自小麦属各种之外，还来自小麦的近缘属、种，如长穗偃麦草、山羊草、黑麦等。

(3) 环境因素。在种植感病品种的条件下，秆锈病流行与否及流行程度取决于小麦抽穗期前后的气象因素及菌源量。一般小麦抽穗期的气温可满足秆锈菌夏孢子萌发和侵染的要求，决定病害是否流行的主要因素是湿度条件。但在长江流域和淮河流域，常年 4～5 月降雨较多，所以湿度并非病害流行的限制因素，病害流行受温度的影响较大。通常 4 月中下旬的平均气温上升到 16℃以上，同时外来菌源量大，来得早，病害就可能流行。对东北和内蒙古春麦区来说，如华北地区发病重，空中夏孢子始见期早，数量大，而本地 5～6 月气温偏低，小麦发育延迟，同时 6～7 月降雨日数较多，就有可能大流行。温度对病菌扩展有一定的影响。在最适温度下，潜育期最短。不同温度下秆锈菌的潜育期：0℃为 85 天，5～9℃为 22～24 天，10～13℃为 13～21 天，14～17℃为 11～12 天，18～21℃为 7～8 天，22～24℃为 5～6 天。

5. 病害控制 利用小麦及其近缘种、属对秆锈病的抗病性，选育和推广抗锈品种是防治小麦秆锈病最经济、最有效的措施。开展抗原鉴定、筛选和创新是抗病育种工作的基础。随着秆锈病菌新小种的不断出现，原有的抗原"丧失"了抗病性，要求不断地提供新的抗源；抗病育种要求丰富多彩的抗原类型，用抗原的多样性抑制病菌群体变异速度和新生理小种的产生；从小麦近缘种、属中导入新抗源，丰富我国的小麦抗秆锈基因库，可以不断提高育成新品种的抗病性水平。20 世纪 50 年代以来，我国学者从数万个来自国内外的小麦品种资源中筛选出大批的小麦秆锈病的优良抗源亲本，选育出上千个抗锈良种，使我国各主要麦区小麦生产品种实现了 5～7 次更新，有效控制了秆锈病的流行和危害。近年来各地推广的抗病品种较多，如济麦 20、龙辐 8、龙麦 20、克丰 3、克旱 9、垦大 8、徐州 174、丰强 5、敬安 908、泰山 1 号、贵农 21、贵农 22、皖抗 45、天选 38、赤麦 2、哲麦 10、蒙麦 30 等，但这些品种均为小种专化性抗病品种。因此，在推广种植时应根据当地病菌生理小种的组成，注意抗原的多样化和合理布局。在小麦秆锈病菌的越冬越夏区、越冬区和越夏区的不同区间，应有组织地采用不同的抗源，实行抗病性基因的多样化和合理布局，可以延缓新小种产生的周期，是宏观控制小麦秆锈病流行的战略措施。

其他防治措施参见小麦条锈病。

（四）麦类白粉病

麦类白粉病（Powdery mildew of cereals）是一种世界性病害，尤其是小麦白粉病，在世界各产麦区均有发生。1927 年我国小麦白粉病首先发现于江苏省，20 世纪 70 年代之前仅在山东沿海地区和西南各省发生较重，70 年代以后，随着小麦矮秆品种的推广、耕作技术的改变以及水肥条件的改善，该病害的发生面积和范围不断扩大，危害逐年加重。小麦受害后，导致叶片干枯，成穗率降低，千粒重明显下降，一般减产 10%左右，病害严重的地块损失达 20%～30%，个别地块甚至高达 50%以上，已成为我国小麦的重要病害之一。此外，由于品种更替、气候变化、施肥水平提高和播种量等原因，大麦白粉病也成为常发性病害。

1. 症状　小麦白粉病在苗期至成株期均可发病，主要危害叶片和叶鞘，严重时也可危害茎秆和穗部。通常叶面病斑多发生在叶正面，叶背较少，下部叶片受害较重。麦株病部初期仅为灰白色或黄色丝状小霉点，以后逐渐扩大成圆形或椭圆形绒絮状霉斑，上覆一层粉状霉层（分生孢子）。发病重时，霉斑可相互连片，甚至覆盖全叶。粉状霉层先是白色，逐渐变为灰色，最后呈灰褐色，霉斑上散生许多小黑点（闭囊壳）。被害叶片组织初期无明显变化，随着病情的发展，叶片开始褪绿、发黄乃至枯死。小麦颖壳受害时易引起枯死，致使麦粒变秕，甚至腐烂。发病严重时，叶片上长满病斑和霉层，致使叶片干枯，植株矮小细弱，穗小粒少，严重影响产量（图 6-17）。

图 6-17　小麦白粉病的症状（引自关西贞，2010）

2. 病原　有性型为禾本科布氏白粉菌小麦专化型（*Blumeria graminis* DC. Speer. f. sp. *tritici* Marchal），属子囊菌门的布氏白粉菌属真菌，异名为 *Erysiphe graminis* DC. f. sp. *tritici* Marchal。无性型为串珠粉状孢（*Oidium monilioides* Nees），属于有丝分裂孢子真菌中的粉孢属。

病菌为表面寄生菌，菌丝生于寄主体表，无色，仅以吸器伸入寄主表皮细胞，并形成指状深裂的吸器吸取养分。菌丝上的分生孢子梗垂直生成，基部膨大呈球形，梗上生有成串的分生孢子，一般可有 6 个、7 个，多时可达 10 多个。分生孢子椭圆形或卵圆形，单胞，无色，大小为 25～30 μm×8～10 μm。分生孢子寿命短，其侵染力只能保持 3～4 天。闭囊壳为球形或扁球形，暗褐色至黑色，散生或聚生，直径为 135～280 μm，壳外有发育不全的丝状附属丝，很短，一般不分枝，偶尔叉状分枝一次，壁较薄，平滑，无隔膜，褐色。闭囊壳内含有子囊 9～30 个。子囊为卵形至长椭圆形，有明显的柄，内含子囊孢子 8 个或 4 个。子囊孢子卵形至椭圆形，单胞，无色，大小为 20～23 μm×10～13 μm(图 6-18)。

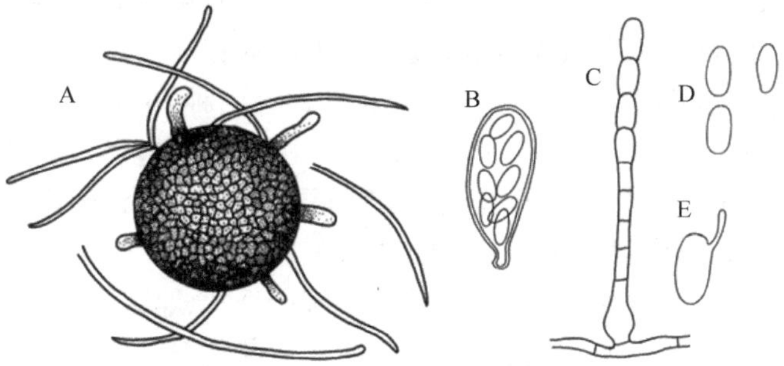

图 6-18　禾本科布氏白粉菌

A. 闭囊壳；B. 子囊和子囊孢子；C. 分生孢子梗；
D. 分生孢子；E. 芽管

白粉病菌对湿度和温度的适应范围很广，分生孢子在相对湿度 0～100%时均可萌发，一般湿度越大，萌发率越高，以饱和湿度或接近饱和湿度而不形成水滴时萌发率最高，但在水滴中反而不能萌发。分生孢子在 0.5～30℃均可萌发，适温为 10～20℃。直射阳光对分生孢子萌发有抑制作用，但在黑暗和散射光下，孢子的萌发率没有显著差异，因此在植株郁闭、阴天或通风透光不良的条件下发病较重。分生孢子不耐高温，夏季寿命短，一般只有 4 天左右，离开寄主体后可在 2～20℃条件下保存侵染力 2～5 天。在适温 10～20℃时，只有在饱和湿度下子囊孢子才能形成，在高湿时才能释放。

病菌属于专性寄生菌，只能在活的寄主组织上生长发育。麦类白粉病菌可危害小麦、大麦、黑麦、燕麦等麦类作物以及雀麦、野黑麦、鹅冠草属、冰草属和披碱草属的一些禾草。此外，病菌还具有明显的寄主专化性，种下分为若干个专化型，危害小麦的为小麦专化型(*B. graminis* f. sp. *tritici*)，危害大麦的为大麦专化型(*B. graminis* f. sp. *hordei*)，危害燕麦的为燕麦专化型(*B. graminis* f. sp. *avenae*)，小麦专化型不侵染大麦，反之亦然。小麦白粉病菌内生理分化现象十分明显，国内选用阿夫、高加索、肯贵阿 1 号、白免 3 号、小白冬、Ulak/CC8、Era、CII2632、M-H 共 9 个鉴别寄主并采用 8 进制编码命名生理小种，已鉴定出生理小种 70 多个。

3. 病害循环。

(1) 病菌的越夏、越冬与初侵染源。病菌的越夏方式有两种：一是以分生孢子在夏季气温较低地区(最热一旬的平均气温不超过 24℃)的自生麦苗或夏播小麦上继续侵染，或以潜育菌丝越夏。分生孢子仅能在病残体上存活数天，自生麦苗是病菌的主要越夏寄主。以分生孢子越夏的地区秋季麦苗发病早而重，在无分生孢子越夏的地区则秋季麦苗发病晚而轻。当地夏季的温度决定了分生孢子能否在自生麦苗上越夏，在气温偏低的地区或环境(最热一旬的平均气温在 24℃以下)，分生孢子可以通过侵染自生麦苗顺利越夏。从地理分布来看，我国小麦白粉病的越夏区主要在海拔较高温度较低的山区，如贵州的贵阳地区、湖北的鄂西北、河南的豫北和南阳山区、四川的雅安、陕西关中秦岭北麓及渭北山区、甘肃天水地区等，1981 年在河南省辉县山区的自生麦苗上白粉病病株率高达 80%。而在广大的平原地区，由于夏季气温较高，病菌存活率低，而且大多数自生麦苗到麦播前已经死亡，因此小麦白粉病不能越夏。二是以病残体上的闭囊壳在低温干燥的地区越夏。在夏季低温干燥的地方，遗留的闭囊壳和未释放完的子囊孢子存活时间较长，能度过夏季而产生分生孢子再侵染秋播麦苗，成为秋苗发病的主要初侵染源。在内蒙古、新疆等地区，夏季低温干燥，闭囊壳越夏后可以直接侵染秋苗。例如，种子中混杂的闭囊壳较多，且成活率高，在冬小麦秋播后可导致秋苗发病，但不能成为春小麦的初侵染源。秋苗发病的轻重与越夏菌源数量、小麦播期和秋苗期的气象条件密切相关，一般小麦播期早、越夏菌源多、秋季气温高、湿度大的年份发病较重。

病菌侵染秋苗后一般都能越冬。越冬的主要方式有两种：一是病菌以菌丝体潜伏在植株下部叶片或叶鞘内越冬；二是以分生孢子形态越冬。影响病菌越冬存活率高低的主要因素是冬季的气温和湿度，如果冬季温暖、雨雪较多或土壤湿度大，就有利于病菌越冬。在华北麦区，平原地区的越冬率比山区高，但是由于平原地区秋苗发病较轻，病菌越冬基数小，而山区秋苗发病较重，病菌越冬基数大，反而山区越冬菌量显著高于平原地区。

秋播小麦白粉病的初侵染源主要有两种：一种是来自夏季自生麦苗上的病菌分生孢子；另一种是残株上的闭囊壳中的子囊孢子和保存在干燥处的小麦种子。东北地区春小麦白粉病初次侵染菌源主要来自胶东半岛冬麦区。

(2) 传播和侵入。病菌子囊孢子和分生孢子的远距离传播主要通过高空气流。病菌子囊孢子或分生孢子在寄主表面叶片萌发，芽管顶端形成附着胞，然后从附着胞下方形成侵入丝后直接穿过角质层，在表皮细胞中形成吸器和菌丝体，形成的菌丝体在叶片表面蔓延，并不断形成吸器伸入表皮细胞内，吸器内有细胞核。在适宜条件下(温度为 10～20℃，相对湿度较高)，病菌一天即可完成侵入过程。因为菌丝体在寄主叶片表面蔓延，而且产生直立、散生的分生孢子梗，上面着生成串、无色的分生孢子，叶面上就出现白色粉状霉层。

(3) 再侵染。早春温度升高，小麦返青后，病原菌在潜伏越冬后开始恢复活动，完成侵染并与寄主建立了寄生关系，菌丝在寄主表面快速蔓延生长，之后在菌丝中分化形成分生孢子梗，并产生大量分生孢子。成熟后脱落的分生孢子借助气流引起多次再侵染。由于白粉病原菌的潜育期较短，在整个生育期过程中再侵染很容易发生，所以条件适宜时，该病害可在短期内暴发流行。

4. 发病条件 麦类白粉病的发生主要取决于品种的抗病性、气象条件、栽培条件、菌源数量等。

(1) 品种抗病性。不同的小麦品种对白粉病的抗病性存在显著的差异。根据抗病性可以分为以下 3 种。

① 低反应型抗病性。又称小种专化型抗病性，由少数主效基因控制。当病菌侵入后，寄主迅速发生过敏性坏死反应，抑制病菌扩展或直接杀死病菌，表现为免疫或高抗。目前，已经在小麦基因组的 34 个位点鉴定了 50 多个主效抗白粉病基因。这些抗病基因共有两类来源：一类来自普通小麦，包括 *Pm3*(*a-j*)、*Pm5*(*a-e*)、*Pml*(*a-c*)、*Pm9*、*Pml8*、*Pm22*、*Pm23*、*Pm24*、*Pm29* 等；另一类来自小麦的野生近源种，如高大山羊草、粗山羊草、拟斯卑尔脱山羊草、斯卑尔脱小麦、黑麦、簇毛麦、波斯小麦、提莫菲维小麦等。

② 数量性状抗病性。又称非小种专化抗病性或慢白粉性，由多数微效基因控制。有资料

表明数量性状抗性可能与较低的侵染概率、较长的潜育期和产孢率等综合作用有关，此外由于病菌小种对部分抗性品种的专化性不强，其具有的中等抗病水平也能相对持久。

③ 耐病性。在严重感病时，因为耐病品种植株根系发达、吸水性强、光合作用效率高、灌浆速度快等，具有较强的补偿作用，所以耐病品种的产量损失显著低于感病品种。

(2) 气象条件。在气象因素中，以温度和湿度对小麦白粉病的发生和流行影响最为显著。温度对春季小麦白粉病的影响有以下 3 个方面。一是始发期的早晚。如果冬季和早春温度偏高，始发期就较早。二是潜育期的长短。小麦白粉病发生的适宜温度为 0～25℃，最适气温为 15～20℃，其潜伏期随着温度的升高而缩短。三是病情发展速度的快慢和病害终止期的早晚。早春温度回升早且快，温度偏高，病害发生早。秋季温度偏高，病害终止期将会提前，从而流行期缩短，流行程度减轻。降雨和湿度对小麦白粉病流行的影响较为复杂。小麦生长季节多雨、日照少、湿度大，有利于孢子萌发和侵入。但是当雨水过多且比较集中时，对分生孢子的产生和传播不利，反而不利于病害的发生与流行。白粉病菌的分生孢子对直射阳光很敏感，在春季发病期，日照少、阴天多，病害发生重，反之则轻。

此外，暖冬气候是大麦白粉病流行的主要原因，由于冬季气温升高，大麦白粉病发病早，病程短，再侵染次数多。如果冬季或早春雨水偏多，更有利于大麦白粉病的流行和蔓延。随着地球升温现象，冬季或早春的雨水逐渐增多，大麦白粉病将会变成常发性病害，在防治上需要加以重视。

(3) 栽培条件。栽培条件，如灌水、施肥、播种量和植株群体密度等对麦类白粉病的发生有重要影响。秋季小麦过早播种，氮肥过多，磷肥、钾肥不足，灌溉管理不当，植株茂密或倒伏，造成麦田荫蔽潮湿，导致严重发病。在干旱年份，植株生长衰弱，会加重发病。栽培管理不当，水肥不足，土壤干燥时，植株生长不良，细胞缺水失去膨压，也会降低植株的抗病性，诱发病害。同时，施肥量的增加和偏施氮肥也是大麦白粉病流行的原因。追施肥料时往往以尿素为主，磷肥、钾肥偏少，氮、磷、钾之间的比例严重失调，会减弱大麦的抗病能力。此外，播种量过高，群体偏大也是大麦白粉病流行不容忽视的因素。

(4) 菌源数量。秋苗发病的轻重与越夏地的菌源数量密切相关，而春季白粉病的病情与病菌越冬的存活率也有一定关系。若当地秋苗发病重，越冬菌源多，易引起流行。若当地越冬菌源少，只能靠邻近地区传播来的分生孢子侵染，小麦发病晚，不会造成大流行。在东北春小麦种植区，病菌不能在当地越冬和越夏，菌源来自胶东半岛冬麦区，因此，胶东半岛春季小麦白粉病的发生程度及菌源量对东北地区春小麦白粉病的发生影响极大。

5. 病害控制

(1) 选用抗病品种。利用抗病品种是防治麦类白粉病最为经济、有效和安全的方法。一般对于大麦来说，二棱大麦比六棱大麦较抗病。重病区应选用二棱大麦中的抗病品种种植。迄今，已有 52 个小麦抗白粉病主效基因被鉴定并正式定名，其中一部分已经被转育到栽培小麦品种中。然而，在生产中应用的含有单个抗病基因的品种因为白粉病菌毒力频率变化或新的毒力型的出现而很容易丧失抗性。因此，为了保持品种的持久抗性，应培育多抗品种或耐病品种；生产上要利用多类型的抗病品种，避免抗源单一化，合理布局抗病基因和抗病品种，这样可以减缓优势毒性菌株的繁殖速度、减少越夏菌源和外来菌源，延缓品种抗性丧失速度，降低病害流行所造成的危害和损失。

(2) 减少菌源。小麦白粉病秋苗的主要初侵染菌源是自生麦苗上的分生孢子和带病麦秸上的闭囊壳。因此，在麦收后要及时清除病株残体，深翻土壤；麦播前要铲除自生麦苗，以减少菌源，降低秋苗发病率；发现发病秋苗要及时拔除，以减少翌春的初侵染源。

(3) 农业防治。一是适时适量播种。控制田间群体密度，秋苗发病重的地区适当晚播，根据品种特性和播种期控制播量。二是合理施肥。控制氮肥用量，增加磷肥、钾肥特别是磷肥施用量，合理分配氮肥、磷肥、钾肥的施用比例。三是合理灌水，降低田间湿度。北方麦区应根据墒情进行冬灌，适当减少春灌次数，降低发病高峰期的田间湿度，但发生干旱时，也应及时灌水。四是品种混栽。品种混栽也可以减缓病害流行，Wolfe 等(1984)研究利用混合品种防治大麦白粉病获得较好效果，从而减少或不用药剂防治。

(4) 生物防治。研究发现，S-930-6 发酵液、苦皮藤、放线菌 239 菌株的发酵液等对小麦白粉病均具有一定的保护和治疗作用。此外，经镰孢属(*Fusarium* sp.)真菌和曲霉属(*Aspergillus* sp.)真菌处理后，小麦白粉病的病情也有所减轻。

(5) 药剂防治。发病较重的地区和麦田应加强前期防治，对发病中心要及时喷药；初春在全面检查的基础上，尽量在 3 月气温全面回升前消灭菌源，控制病害继续扩散。

① 种子处理。拌种或使用种衣剂可减少越冬病原菌，有效控制苗期发病，如用 20%三唑酮乳油拌种(用药量为种子量的 0.05%)。此外，还可使用一些小麦专用型种衣剂，如 17%多·克·酮种衣剂 1∶40～60 药种比，兼治锈病及苗期害虫等。

② 喷雾处理。白粉病在小麦孕穗期主要发生在基部叶片，至灌浆期扩展到中部叶片，而中部叶片发病是造成减产的主要因素，所以保护中部叶片是防病保产的关键。目前生产上防治小麦白粉病有效药剂包括三唑酮、丙环唑、多菌灵、甲基硫菌灵、醚菌酯等单剂和各种复合制剂。根据天气情况和田间病情喷药 1～2 次，即可控制病害的流行和危害。

(五) 小麦赤霉病

小麦赤霉病(Wheat *Fusarium* head blight)是一种世界性病害，在世界各国麦区普遍发生，尤其气候湿润多雨的温带地区受害严重。在我国该病过去主要发生于小麦穗期湿润多雨的长江流域和沿海麦区，20 世纪 70 年代以后逐渐向北方麦区蔓延。1985 年小麦赤霉病在河南省大流行，发病面积达 150 多万公顷，减产 8.85 亿 kg。2003 年该病在河北省大流行，发生面积达 67.13 万 hm^2。2012 年赤霉病在黄淮麦区严重发生，不少田块病穗率达到 50%以上，对小麦产量和品种造成严重影响。目前，由于大面积推广秸秆还田，造成田间菌源充足；品种矮秆化，主推品种抗性较差；加上水肥条件改善、植株密度增加等因素，赤霉病已成为我国北方麦区流行频率较高的一种重要病害。

赤霉病不仅影响小麦产量，而且降低小麦品质，使蛋白质和面筋含量减少，出粉率降低，加工性能受到明显影响。同时感病麦粒内含有多种毒素，如脱氧雪腐镰刀菌烯醇(deoxynivalenol，DON)和玉米赤霉烯酮(zearalenon，ZEA)等，可引起人、畜中毒，使人发生呕吐、腹痛、头昏等现象。严重感染此病的小麦不能食用。

1. 症状 赤霉病在小麦各生育期均能发生。苗期形成苗枯，成株期形成茎基腐、秆腐和穗腐，以穗腐危害最重。穗腐发病初期常是 1～2 个小穗被害，有时多个小穗或整穗受害。被害小穗开始基部呈水渍状，后渐失绿褪色而呈褐色至灰白色，湿度大时颖壳的合缝处生出一层明显的粉红色霉层(分生孢子)。一个小穗发病后，不但可以向上下蔓延，危害相邻的小穗，并可伸入穗轴内部，使穗轴变褐坏死，上部没有发病的小穗因得不到水分会提早枯死。后期病部潮湿时出现黑色粗糙颗粒(子囊壳)。病穗籽粒皱缩干瘪，苍白色或紫红色，有时籽粒表面有粉红色霉层。种子带菌可引起苗枯症状，使根鞘及芽鞘呈黄褐色水浸状腐烂，地上部叶色发黄，重者幼苗未出土即死亡。茎基腐则主要发生于茎的基部，使其变褐腐烂，潮湿时可见粉红色霉层，严重时整株枯死。秆腐多发生在穗下第 1～2 节，病初在叶鞘上出现水渍状褪绿斑，后扩展为淡褐色至红褐色不规则斑或向茎内扩展，小麦灌浆后期病情严重时从发病部位以上死亡并形成白穗，病部易折断(图 6-19)。

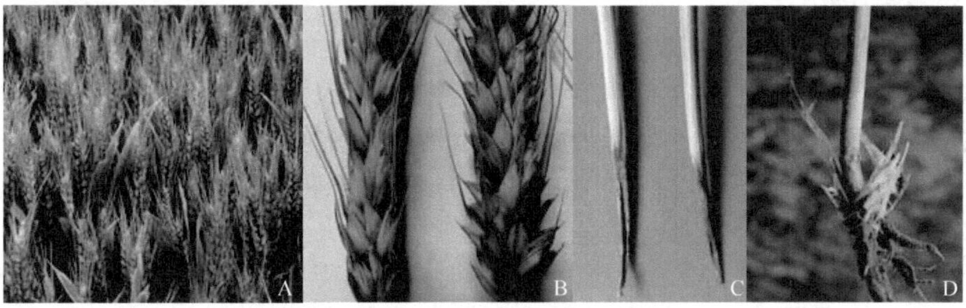

图 6-19 小麦赤霉病的症状(李洪连提供)

A. 田间危害状；B. 穗腐；C. 秆腐；D. 茎基腐

2. 病原 有性型为玉蜀黍赤霉[*Gibberella zeae*(Schw.)Petch.]，属子囊菌门赤霉属真菌；无性型为禾谷镰孢(*Fusarium graminearum* Schw.)。此外，黄色镰孢[*F. culmorum*(W. G. Smith) Sacc.]和燕麦镰孢[*F. avenaceum*(Fr.)Sacc.]等多种镰孢菌也可引起赤霉病。近年，美国的 O′Donnell 等对世界范围内采集的禾谷镰孢菌株进行了分子系统进化分析，发现禾谷镰孢是一个综合物种，它至少包含 12 个系统发育学种。根据新的系统发育分类方法，禾谷镰孢主要分布在北美洲，在亚洲地区分布的主要是亚洲镰孢(*F. asiaticum*)，但也有少量的禾谷镰孢分布。江苏研究发现亚洲镰孢是长江中下游地区小麦赤霉病的主要病原菌(图 6-20)，而黄淮麦区和东北麦区仍以禾谷镰孢为主。

禾谷镰孢大型分生孢子多为镰刀形，稍弯曲，顶端钝，基部有明显足胞。一般有 3～5 个隔膜，大小为 25～61 μm×3～5 μm，单个孢子无色，聚集成堆时呈粉红色。一般不产生小型分生孢子和厚垣孢子。有性型产生子囊壳，散生或聚生于病组织表面，卵圆形或圆锥形，深蓝至紫黑色，表面光滑，顶端瘤状突起为孔口，大小为 100～250 μm×150～300 μm。子囊无色，棍棒状，两端稍细，大小为 60～85 μm×8～11 μm，内生 8 个子囊孢子，呈螺旋状排列。子囊孢子无色，弯纺锤形，多有 3 个隔膜，大小为 18～25 μm×3～5 μm。

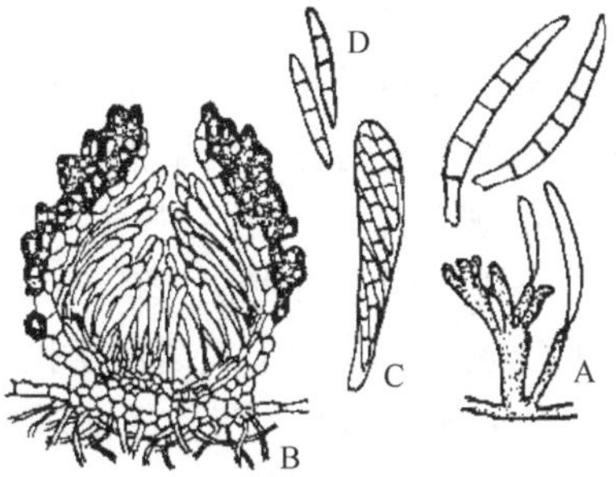

图 6-20 小麦赤霉病菌

A. 分生孢子梗及分生孢子；B. 子囊壳；C. 子囊；D. 子囊孢子

禾谷镰孢对温度的适应范围很广，菌丝生长的最适温度为 22～28℃；分生孢子产生的最适温度为 24～28℃，萌发的最适温度为 28℃，低于 4℃萌发缓慢，高于 37℃则不能萌发。子囊壳形成的适温为15～20℃，子囊和子囊孢子形成的适温为 25～28℃；子囊孢子萌发的最适温度为 25～30℃。基物湿润是子囊壳形成和发育的基本条件，在温度满足的前提下，田间表土湿度达 70%～80%，处于湿润状态的病残体能很快产生子囊壳和子囊孢子。子囊壳的形成需要一定的光照和通气条件，而子囊孢子形成则不受光照的影响。较高的相对湿度对于孢子萌发是十分重要的。分生孢子的萌发要求 96%以上的相对湿度，子囊孢子释放则要求相对湿度达到 99%以上，低于 95%很少释放。水滴存在对病菌孢子的萌发和释放比较有利。

小麦赤霉菌有一定的生理分化现象，不同来源的菌株间致病力有所差异，但分化不够稳定，尚不足于区分出明显的生理小种。病原菌寄主范围广泛，除危害小麦外，禾谷镰孢还可侵染大麦、燕麦、水稻、玉米等多种禾本科作物以及鹅冠草等禾本科杂草。此外，该菌还可侵染大豆、棉花、红薯等作物。

3. 病害循环 小麦赤霉病菌是一种兼性寄生菌，腐生能力很强，在北方地区麦收后可继续在麦秸、玉米秆、稻桩、豆秸、杂草等多种植物残体上存活，并以子囊壳、菌丝体和分生孢子在各种寄主植物的残体上越冬。土壤和带病种子也是重要的越冬场所。病残体上的子囊壳和分生孢子以及带病种子是下一个生长季节的主要初侵染源。种子带菌是造成苗枯的主要原因，土壤中如有较多的病菌则有利于产生茎基腐症状。

对于穗腐症状来说，小麦最易受病菌侵染的时期是抽穗后至扬花末期，此时正与病残体上子囊孢子产生的高峰期吻合，一旦遇到阴雨天气，就会引起大量侵染。乳熟期以后，除非遇上特别适宜的阴雨天气，一般很少侵染。由于花药中含有对病菌生长具有刺激作用的胆碱(choline)和甜菜碱(betaine)，而且残留于颖片表面的花粉粒和花药可以作为病菌孢子发芽后的营养基质，因此病菌主要通过凋萎的花药侵入小穗，少数可以从张开的颖缝处直接侵入。子囊孢子借气流和风雨传播，孢子落在麦穗上后萌发产生菌丝，先在颖壳外侧蔓延后经颖片缝隙进入小穗内并侵入花药。侵入小穗内的菌丝往往靠花药残骸或花粉粒作为营养并不断生长繁殖，进而侵害颖片两侧薄壁细胞以至胚和胚乳，引起小穗凋萎。小穗被侵染后，如果条件适宜，3～5 天即可表现症状。而后菌丝逐渐向水平方向的相邻小穗扩展，也可以垂直方向穿透小穗轴进而侵害穗轴输导组织，导致侵染点以上的病穗出现枯萎。潮湿条件下病部可产生分生孢子，借气流和雨水传播，进行再侵染。

小麦赤霉病虽然是一种多循环病害，但因病菌侵染寄主的方式和侵染时期比较严格，穗期靠产生分生孢子再侵染次数有限，作用也不大。穗腐症状的发生程度主要取决于花期的初侵染量和子囊孢子的连续侵染。对于成熟参差不齐的麦区，早期发病的病穗有可能为中晚熟品种和迟播小麦的花期侵染提供一定数量的菌源。

4. 发病条件 小麦赤霉病的发生和流行与气象条件、菌源数量、寄主抗病性和生育时期、栽培条件等因素有密切关系。由于小麦品种普遍感病，而且田间存在充足的菌源，只要具有适宜的气候条件并和小麦扬花期相吻合，就容易造成赤霉病流行。

(1) 气象因素。气象因素对小麦赤霉病的发生有显著影响。在前期主要是影响基物上接种体的产生，后期则主要影响病原菌的侵入、扩展和发病。经各地调查和多年统计分析发现，气温对病害流行强度影响不大，而小麦抽穗扬花期的降雨量、降雨日数和相对湿度才是病害流行的主导因素。抽穗扬花期降雨是发病流行的首要条件，抽穗后降雨次数多，雨量大，日照时数少是造成穗腐大发生的主要原因。此外，灌浆期多雾、多露，或灌水次数多，田间相对湿度高，对病害发生也比较有利。

(2) 菌源数量。越冬菌源数量和病菌孢子释放时间与田间病害发生程度的关系十分密切，有充足菌源的地块和距离菌源近的麦田发病严重。空中孢子捕捉结果表明，空中孢子出现早于地面发病 10～20 天。孢子释放高峰出现期多在小麦抽穗期以前，为穗期侵染提供了菌源条件。一般在病害大流行年份，空中孢子出现早，数量也相对多。另外，影响苗期发病的主要因素是种子带菌量，种子带菌量大，或种子不进行消毒处理，病苗和烂种率高。土壤带菌量则与茎基腐发生轻重有一定关系。在我国北方麦区，由于广泛实施秸秆还田，田间土壤中菌源量较多，一般不是流行的限制因素。

(3) 品种抗病性和生育时期。据各地鉴定，小麦不同品种间对赤霉病抗病性存在有一定差异，但尚未发现免疫和高抗品种，特别是目前生产上大面积推广的主栽品种对赤霉病抗性均较差。我国育种工作者曾选育出苏麦 3 号、扬麦 4 号、华麦 6 号、宁 7840、宁麦 9 号和生抗 1 号、生抗 2 号等抗病品种，近年选育出的扬麦 18、郑麦 9023 和西农 979 等抗性也较好。从抗病机制来看，抗病品种主要是抗扩展能力较强，发病后往往局限在受侵染小穗及其周围，扩展较慢，严重度较低；而感病品种则扩展较快，发病后常造成多个小穗或全穗枯死。许多研究证明，小麦对赤霉病的抗性遗传为细胞核遗传。抗感亲本杂交 F_1 的抗性处于双亲的中间类型，少数出现超亲现象，F_2 的抗性呈现连续分布的数量性状遗传特征，遗传力偏低，抗性可能受几对部分显性基因控制。从生育期来看，小麦整个穗期均可受害，但以开花期最感病，开花以前和落花以后则不易感染，说明病菌的侵入时期受到寄主生育期的严格限制。

(4) 栽培条件。地势低洼，排水不良，或开花期灌水过多，造成田间湿度较大，有利于发病；播种量偏大，或麦田施氮肥较多，植株群体大，造成田间通风透光不良或贪青晚熟，也能加重病情。近年，我国北方麦区实行秸秆还田和免耕措施，田间遗留大量病残体，造成菌源积累，发病呈普遍加重趋势。

此外，小麦成熟后因雨不能及时收割，赤霉病仍可继续发生；或收割后如遇多雨年份不能及时脱粒，病害可继续在垛内蔓延，以致造成霉垛；或收割时短期内大量籽粒进入晒场，常因雨不能及时晒干出场，籽粒在晒场内发热而引起霉堆。

5. 病害控制 应采取以农业防治和减少初侵染源为基础，充分利用抗病品种，及时喷施杀菌剂相结合的综合防治措施。

(1) 选育和推广抗病品种。虽然生产中缺乏免疫和高抗品种，但品种间抗性存在差异，利用中抗和耐病品种可在生产上发挥作用。目前抗性较好的品种有扬麦 18、豫麦 34、郑麦 9023、西农 979 等。

(2) 农业防治。播种时要精选种子，减少种子带菌率。播种量不宜过大，以免造成植株群体过于密集和通风透光不良；要控制氮肥施用量，实行配方施肥，氮肥作追肥时不能太晚；小麦扬花期应少灌水，更不能大水漫灌，多雨地区要注意排水降湿。

(3) 消灭或减少菌源数量。采取必要措施消灭或减少初侵染菌源，小麦扬花前要尽可能处理完麦秸、玉米秸等植株残体；上茬作物收获后应及时翻耕灭茬，促使植株残体腐烂，减少田间菌源数量。小麦成熟后要及时收割，尽快脱粒晒干，减少霉垛和霉堆造成的损失。

(4) 药剂防治。药剂防治是小麦赤霉病防治的关键措施。①种子处理。针对芽腐和苗枯，可用 50%多菌灵可湿性粉剂，每 100 kg 种子用药 100～200 g(a. i)拌种，或用适乐时、敌萎丹等种衣剂包衣。②喷雾防治。防治穗腐的最适施药时期是小麦齐穗期至盛花期，比较有效的药剂是多菌灵和甲基硫菌灵等苯丙咪唑类内吸杀菌剂。每公顷用药 450～600 g(a. i)兑水喷雾。为兼治小麦白粉病和锈病，可将多菌灵等与三唑类杀菌剂混用。一般当小麦扬花株率达到 10%以上，气温高于 15℃，气象预报连续 3 天有雨或在 10 天内有 5 天以上的降雨天时，就应开始施药，重病地隔 7 天左右再施 1 次药，可起到良好的防治作用。另外，各地试验发现，50%咪鲜胺锰盐、30%戊唑 · 福美双等对小麦赤霉病也有较好的防治效果。

（六）小麦黑粉病

小麦黑粉（穗）病（Wheat smuts），包括散黑穗病、腥黑穗病和秆黑粉病，是小麦上的一类重要病害。

小麦散黑穗病俗称黑疸、灰包、火烟包、乌麦等，普遍发生于世界各国麦区。一般发病比较轻，为1%～5%，个别发生较重的地块可达10%以上。

小麦腥黑穗病在世界各国麦区均有发生。我国主要是光腥黑穗和网腥黑穗，其中光腥黑穗病主要分布在华北和西北各省，网腥黑穗病主要分布在东北、华中和西南各省。矮腥黑穗病和印度腥黑穗病在我国尚未发生，是重要的进境植物检疫对象。腥黑穗病曾是全国各产麦区的主要病害，20世纪60年代后由于推广种子处理防治技术，大部分地区此病已经不造成危害。但近年来一些省的局部地区病情有所回升。此病不仅使小麦减产，而且还降低面粉品质。病菌孢子因含有毒物质三甲胺，使面粉不能食用。如果将混有大量菌瘿和孢子的麦粒作饲料，会引起家禽和牲畜中毒。

小麦秆黑粉病又称"铁条麦"，过去在我国曾普遍发生于黄淮海冬麦区，以河南、山东等省发生较重。新中国成立后经大力防治，已基本上控制了该病的危害。但20世纪70年代后，在一些地区又有所回升。

1. 症状　小麦散黑粉病的症状见图6-21，几种小麦黑粉（穗）病症状特点比较见表6-1。

（1）小麦散黑穗病。系统性侵染病害，病株在抽穗前症状不明显，一般病株较矮而直立，抽穗早。起初，穗外面包裹一层灰色薄膜，里面充满黑粉。抽穗后不久，薄膜破裂，黑粉飞散，剩下穗轴。一般病株比健株提早几天抽穗。

（2）小麦腥黑穗病。主要在穗部表现症状。病株一般较健株稍矮，分蘖增多，矮化程度及分蘖情况因品种而异。病穗短直，颜色较健穗深，初为灰绿色，后变灰黄色，病粒较健粒短而胖，因而颖片略开裂，露出部分的病粒（称菌瘿），初为暗绿色，后变灰黑色，如用手指微压，则易破裂，内有黑色粉末（即病菌的冬孢子）。菌瘿因含有挥发性三甲胺，有鱼腥气味，所以称"腥黑穗病"。

（3）小麦秆黑粉病。主要危害麦秆、叶和叶鞘，拔节期以后症状最明显。病斑初为淡灰色条纹状，逐渐隆起，转深灰色，最后寄主表皮破裂，露出黑粉（冬孢子）。病株显著矮小，分蘖增多，病叶卷曲，病穗很难抽出，多不结实，甚至全株枯死。

图6-21　小麦黑粉病的症状（李洪连提供）

A. 散黑穗病；B. 腥黑穗病病穗；C. 腥黑穗病病粒与健粒比较；D. 秆黑粉病

表 6-1　几种小麦黑粉(穗)病症状特点比较

病害名称	散黑穗病	腥黑穗病	秆黑粉病
危害部位	整穗	籽粒	茎秆、叶片、穗
株型	正常或稍矮	正常或稍高,但矮腥黑穗病植株明显矮化,分蘖增多	植株矮化,常扭曲,枯死
茎秆	正常	正常	产生条纹状黑褐色冬孢子堆
叶片	正常	正常	产生条纹状黑褐色冬孢子堆,易扭曲、干枯
穗部	整穗或多数小穗变为黑粉	穗形正常,颖壳外张	多不抽穗,或穗小畸形
籽粒	无籽粒	籽粒变为菌瘿	粒少粒秕

2. 病原

(1) 小麦散黑穗病的病原为散黑粉菌[*Ustilago nuda*(Jons)Rostr],属于担子菌亚门黑粉菌属。麦穗上黑粉为冬孢子,冬孢子略呈球形或近球形,浅黄色至茶褐色,半边颜色较淡,表面生有微细突起,直径为 5～9 μm。冬孢子萌发后产生先菌丝,先菌丝 4 个细胞可分别长出单核分枝菌丝,但不产生担孢子。

(2) 小麦腥黑穗病菌的病原有 2 种,即网腥黑粉菌[*Tilletia caries*(DC)Tul]、光腥黑粉菌[*T. foetida*(Wajjr)Liro]。网腥黑粉菌的冬孢子多为球形或近球形,褐色至深褐色,孢子表面有网纹。光腥黑粉菌的冬孢子圆形、卵圆形和椭圆形,淡褐色至青褐色,孢子表面光滑,无网纹。小麦光腥黑粉病菌、网腥黑粉病菌冬孢子萌发的温度范围为 5～29℃,最适温度 16～20℃。光照有利于孢子萌发。冬孢子能在水中萌发,但在含有某些营养物质,如在 0.5%硝酸钾溶液中更易萌发。据研究,冬孢子经牲畜消化道并不死亡,而猪粪、马粪、牛粪的浸出液能促进冬孢子萌发。腥黑粉病菌冬孢子萌发时,先产生不分隔的管状担子,其顶端产生成束的长柱形担孢子,通常 4～12 个,单核。不同性别(+或−)的担孢子在担子上常结合成“H”形,然后萌发为较细的双核侵染丝。有时从侵染丝上再产生肾脏形次生担孢子。

小麦腥黑粉病菌有生理分化现象。病菌经常通过不同性别的担孢子间的结合而产生新的生理小种。我国已知网腥黑粉菌有 4 个生理小种,光腥黑粉菌有 6 个生理小种。小麦网腥黑粉菌和光腥黑粉菌的寄主有小麦、黑麦和多种禾草。

(3) 小麦秆黑粉病菌的病原学名为 *Urocystis tritici*。病菌以 1～4 个冬孢子为核心,外围以若干不孕细胞组成孢子团。孢子团圆形或长椭圆形,大小为 18～35 μm×35～40 μm。冬孢子单胞,球形,深褐色。冬孢子萌发产生圆柱状先菌丝,经由不孕细胞伸出孢子团外。先菌丝无色透明,长 30～110 μm,顶端轮生出担孢子 3～4 个。担孢子长棒状,顶端尖削,微弯,长 25～27 μm。冬孢子完成后熟以后,需在 30～34℃高温和灯光处理 36 h 的情况下,才能打破休眠,并需要一定时间的预浸才能萌发。土壤浸液和植物浸液能刺激冬孢子萌发。冬孢子萌发的适宜温度为 19～21℃。冬孢子在干燥的土壤中可存活 3～5 年。

3. 病害循环

(1) 小麦散黑穗病。病菌属花器侵染类型,一年只有一次侵染。病穗散出冬孢子时期,恰值小麦开花期,冬孢子借风力传送到健花柱头上,当柱头刚刚开裂并有湿润分泌物时,孢子发芽产生先菌丝和单核分枝菌丝,亲和性单核菌丝结合后产生双核侵染菌丝,多在子房下部或籽粒的顶端冠基部穿透子房壁表皮直接侵入,并穿透果皮和珠被,进入珠心,潜伏于胚部细胞间隙,当籽粒成熟时,菌丝体变为厚壁休眠菌丝,以菌丝状态潜伏于种子胚里。内部带菌种子播种后,胚里的菌丝随着麦苗生长,直到生长点,并随着植株生长而伸展,形成系统侵染。在孕穗期到达穗部，在小穗内继续生长发育，到一定时期，菌丝变成冬孢子，成熟后散出，被风传到健穗的花器上萌发侵入，以菌丝状态潜伏于种子胚内越冬，造成下一年发病。

（2）小麦腥黑穗病。腥黑穗病是一种单循环系统侵染的病害，其初侵染来源包括以下几种。①种子带菌。小麦在脱粒时病粒破裂，冬孢子附着在种子表面，或菌瘿及菌瘿的碎片混入种子间，均可成为种子传病的来源。②粪肥带菌。带病的麦糠和碎麦秸及尘土混入肥料，或用带菌麦草饲喂牲畜及带菌种子饲喂家禽，通过消化道后，冬孢子并没有死亡，而使粪肥成为侵染来源。③土壤带菌。病粒落入田间而造成土壤传染。种子带菌是主要的初侵染来源，还是病害远距离传播的主要途径；粪肥和土壤传病较为次要，但在某些局部地区也可能起主要作用，如山东及吉林的扶余县等地区，习惯上用土壤和麦种同时播种，粪肥传病比较重要；在麦收后寒冷而干燥的地区，如内蒙古春麦区，病菌冬孢子在土壤中存活的时间较长，土壤传病比较重要。播种带菌的小麦种子，当种子发芽时，冬孢子也随即萌发，由芽鞘侵入幼苗，并到达生长点，菌丝随小麦生长而发展，到小麦孕穗期，病菌侵入幼穗的子房，破坏花器，形成黑粉，使整个花器变成菌瘿。

（3）小麦秆黑粉病。病菌以土壤传播为主，种子和粪肥也能传播。土壤中越冬的冬孢子，萌发后从幼苗芽鞘侵入，并进入生长点。系统侵染病害，一年只能侵染一次。

4. 发病条件

（1）小麦散黑穗病。当年发病率高低，与上一年病菌侵入率有直接关系，上一年开花期的气象条件与病菌数量对下一年的发病影响很大。小麦开花期遇有细雨和多雾、温度高的环境，有利冬孢子萌发和侵入，种子带菌率就高；相反，如开花期干旱，孢子难以发芽，种子带菌率就低。此外，开花期遇有暴风雨，可将冬孢子淋于地下，不利于传播，发病也少。品种抗病性对病害也有很大影响，抗病性强的品种发病轻，一般颖片开张大的品种较感病。

（2）小麦腥黑穗病。腥黑穗病属幼苗侵入系统侵染的病害。凡是影响小麦幼苗出土快慢的因素，如土温、墒情、通气条件、播种质量、种子发芽势等均影响此病发生的轻重。但最主要的因素是地温和墒情。病菌侵入小麦幼苗的最适温度为 9～12℃，播种后土壤温度低不利于种子萌芽和幼苗生长，延长了幼苗出土时间，但有利于病菌侵染，增加了病菌侵染的机会，因而发病重。病菌孢子萌发需要水分，也需要氧气。土壤过于干燥，由于水分不足而影响孢子的萌发。土壤过湿，由于供氧不足，也不利于孢子萌发。一般含水量 40%以下的土壤，适于孢子萌发，有利于病菌侵染。

此病发生的严重程度与地势、播种期及播种深度有密切关系。一般高山区发病重，浅山丘陵区次之，川道和平原区较轻；阴坡发病重，阳坡发病轻。冬小麦晚播或春小麦早播因为温度低，幼芽出土缓慢，延长了病菌侵染的时期，发病较重。播种过深、覆土过厚，麦苗不易出土，也会加重病害的发生。

（3）小麦秆黑粉病。发芽期土壤温度对小麦秆黑粉病的发生有较大影响，土壤温度 9～26℃范围内病菌都可以发生侵染，以 14～21℃最为适宜。土壤干旱或温度低，会造成小麦出苗慢，从而有利于病菌侵染。病田连作，施用带菌肥料都有利于病害发生。

5. 病害控制　小麦黑粉(穗)病的防治应采用以加强检疫和种子处理为主，农业防治和抗病品种为辅的综合防治措施。

（1）加强检疫工作。小麦矮腥黑穗病和印度腥黑穗病是我国的进境检疫对象，应加强检疫工作，防止病害随种子或商品粮传入我国。

（2）药剂拌种和土壤处理。药剂拌种是防治小麦黑粉(穗)病最经济有效的措施。目前对黑粉(穗)病效果较好的药剂有:①2%戊唑醇湿拌剂,每 100 kg 种子用药 20 g(a. i)拌种;②12.5%烯唑醇可湿性粉剂,每 100 kg 种子用药 20 g(a. i)拌种;③3%苯醚甲环唑悬浮种衣剂按 1∶500(药∶种)进行种子包衣;④20%卫福种衣剂,每 100 kg 小麦种子用药 250~350 mL,兑水 1.5 kg 包衣;⑤ 5%苯醚咯菌腈种衣剂,每 100 kg 小麦种子用药 200 mL,兑水 1.5 kg 包衣。

(3) 建立无病留种田,繁育和使用无病种子。繁殖无病种子是消灭小麦黑穗(粉)病的有效方法。留种田与生产田应隔离 200 m 以上,播种的种子要在精选后严格进行消毒,田间管理时应注意施用无病肥,及时拔除病株等。

(4) 栽培措施。播种前要做好整地和保墒工作,适期播种,冬春播种不宜过迟,春麦播种不宜过早,播种不宜过深,以促进幼苗早出土,减少病菌侵染的机会而减轻发病。播种时用硫铵等速效肥作种肥,每公顷用硫铵 225 kg,掺 5 倍细土,混匀后与麦种一起播下,也可获得良好的防病效果。以土壤和粪肥传播为主的秆黑粉病,重病地可采用与非寄主作物实行 1~2 年轮作,或 1 年水旱轮作,并要施用无病肥。

(七) 小麦全蚀病

小麦全蚀病(Wheat take-all),又称小麦立枯病、小麦黑脚病,分布广泛,危害严重,是目前世界上最重要的小麦根部病害之一。1884 年英国最早报道了小麦全蚀病的危害,以后相继在法国、德国、加拿大、美国、苏联、澳大利亚、日本等许多国家出现,并且危害日趋严重。我国最早于 1931 年在浙江发现小麦全蚀病,之后全国各麦区也相继发现该病。1959 年,山东省首先在黄县发现小麦全蚀病,20 世纪 70 年代初该病在山东烟台严重发生。全蚀病是小麦上的一种毁灭性病害,引起植株成簇或大片枯死,影响株高、穗长、穗粒数、穗粒重和千粒重,尤其以穗粒数和千粒重为主。全蚀病一般可造成小麦减产 10%~20%,发生严重时减产可达 50%以上,甚至绝收。该病一旦发生,扩展蔓延较快,从零星发病到成片死亡通常仅需 3 年时间。鉴于全蚀病对我国小麦的严重危害,该病曾被列为我国国内检疫对象。目前,小麦全蚀病已经蔓延到华北、西北和长江中下游麦区等地共 19 个省(自治区),在我国许多麦区相继暴发成灾。

1. 症状 小麦苗期和成株期均可发病,但以苗期易受侵染,病株症状以近成熟时表现最为明显。幼苗期病菌主要侵染种子根、地下茎,部分次生根也可受害,发病部分变黑腐烂,发病严重时,病斑连在一起使整个根系变黑死亡,造成死苗,严重时麦苗连片枯死。发病轻的麦苗基部叶片黄化,心叶内卷,分蘖减少,生长衰弱。返青期病苗地上部表现返青推迟,矮小稀疏,拔出病株可发现根部大部分变黑。拔节后茎基部 1~2 节叶鞘内侧和茎秆表面在潮湿条件下形成黑褐色的菌丝层,称为“黑脚”。由于根部和茎基部受害,水分和营养物质的吸收和传导运输受到严重影响,植株早枯,形成“白穗”症状。病株在田间成簇或点片状分布,严重时可造成全田植株枯死。在潮湿条件下,小麦近成熟时病株茎基部叶鞘内侧生有突起的黑色颗粒物(病菌的子囊壳)。成株期病株极易从土中拔起,但不易倒伏。发病植株产生的“黑脚”和“白穗”症状是小麦全蚀病的典型症状。在干旱条件下,病株茎基部“黑脚”症状不明显,茎基部叶鞘内侧也不产生子囊壳。

2. 病原 有性型为禾顶囊壳[*Gaeumannomyces graminis*(Sacc.)Arx & Olivier],属于子囊菌门的顶囊壳属真菌。自然条件下,尚未发现全蚀病菌产生无性孢子。

全蚀病菌的菌丝粗壮,褐色,具有隔膜。老化的营养菌丝多呈锐角分枝,在分枝处主枝与侧枝各形成一隔膜,呈“∧”形。分枝菌丝浅褐色,在秸秆和根上产生两类附着枝:一类裂瓣状,褐色，顶生于侧枝之上，大小为 15～35 μm×10～25 μm；另一类形状比较简单，不分裂，圆筒状，浅褐色，顶生或间生，大小为 7～15 μm×4～10 μm。子囊壳通常在寄主成熟后产生，或在枯死病株的茎基部叶鞘内侧形成，内生子囊及子囊孢子。子囊壳呈烧瓶状或梨形，埋于基质内，黑色，大小为 385～771 μm×297～505 μm，周围有褐色菌丝环绕，顶端有短的喙状突起，多向一侧略弯，有具缘丝的孔口外露于表皮(图 6-22)。子囊棍棒状，无色，大小为 61～102 μm×8～14 μm，具短柄，平行排列于子囊壳内，子囊内有成束排列的 8 个子囊孢子，接近成熟时子囊壁消解，仅存囊盖。子囊孢子细线状，稍弯曲，无色透明，多细胞，大小为 53～92 μm×5.4～33.1 μm。

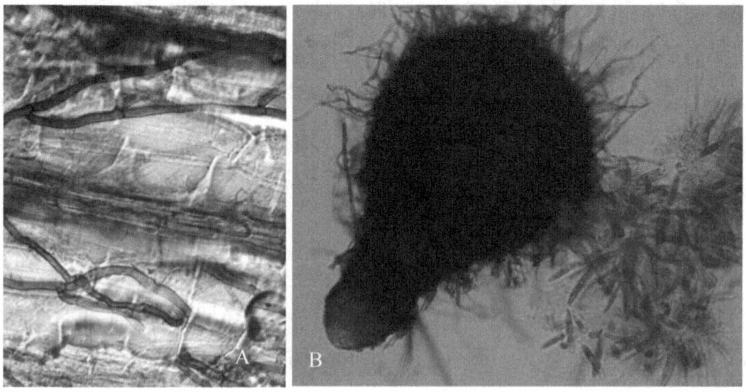

图 6-22　小麦全蚀病图

A. 菌丝；B. 子囊壳、子囊和子囊孢子(黄丽丽 提供)

在 PDA 培养基上，菌落初为白色，后变为灰色和黑色，菌丝束明显，菌落周围常向中心反卷。单个的产孢细胞侧生在菌丝上，更多的是簇生于浅褐色的分生孢子梗上。单个产孢细胞直形或稍曲，下部较宽，向上变窄短，端部呈瓶口状。病菌产生无色单胞的瓶梗孢子，有两种类型：一种在培养 3～4 天产生，腊肠形或卵圆形，大小为 5～14 μm×2～4 μm，无色，常在产孢细胞顶部形成球状的一团；另一种产生较晚，7 天后形成，新月形至半圆形，大小为 2～7 μm×2 μm，无色，常在产孢细胞顶端累积成团。人工培养可产生子囊壳。

病菌在 5～33℃、pH 4.0～10.0 范围内均能生长。低于 3℃或高于 35℃时则停止生长。大多数菌株在 20～25℃、pH 6.0～8.0 时生长良好，25℃、pH 7.0 时生长最快。在自然土壤中，病菌侵染小麦的最适土壤温度为 12～18℃，超过 25℃时侵染减少，但 6～8℃时，病菌仍能侵染。病菌生长发育要求较高的空气和土壤相对湿度，最适相对湿度(RH)为 80%～90%，当 RH 低于 50%时病菌生长减慢，也不易产生子囊壳。子囊壳形成温度为 15～25℃，最适温度为 20℃，低于 14℃则不利于子囊壳产生及子囊孢子发育。子囊壳的形成需要光照，但是光照过强也不利于子囊壳产生。

根据病菌的子囊孢子大小、附着枝形态和致病性的差异，可将禾顶囊壳分为 4 个变种：小麦变种[*G. graminis*(Sacc.)Arx & Olivier var. *tritici* Walker]、燕麦变种[*G. graminis*(Sacc.) Arx & Olivier var. *avanae*(E. M. Turnur)*Dennis*]、禾谷变种[*G. graminis*(Sacc.) Arx & Olivier var. *graminis*]和玉米变种[*G. graminis*(Sacc.)Arx & Olivier var. *maydis* Yao Wang & Zhu]。变种之间在形态特征和致病性等方面都有一定的差异。引起我国小麦全蚀病的主要为禾顶囊壳小麦变种和禾顶囊壳禾谷变种。禾顶囊壳禾谷变种仅在我国湖北被发现，玉米变种在辽宁、山东先后发现，我国尚未发现燕麦变种。

小麦全蚀病菌寄主范围较广，不但可以危害小麦、高粱、糜子、水稻、谷子、燕麦和玉米等多种禾本科作物，还能侵染看麦娘、疏花雀麦、知风草、蟋蟀草、节节麦、画眉草等多种禾本科杂草。据报道，全蚀病菌可以侵染170多种寄主植物。

3. 病害循环　病菌主要以菌丝体随病残体在土壤中或混杂在种子间和未腐熟的粪肥中越夏、越冬，成为翌年的初侵染来源。寄生于自生麦苗、禾本科杂草或其他禾本科作物上的全蚀病菌也可作为下季作物的初侵染来源。小麦全蚀病菌在小麦整个生育期均可侵染，但以苗期侵染为主。小麦播种萌发后即可侵染，引起小麦发病。病菌从麦苗根部、胚芽鞘等侵入危害。小麦返青后，随着地温升高，病菌菌丝加快生长，向上扩展危害分蘖节和茎基部。拔节期至抽穗期，菌丝蔓延侵害茎基部1～2节，致使根和茎基部变黑腐烂，阻碍水分和养分的吸收和输导，导致田间病株出现早枯白穗。小麦灌浆期病情发展最快。小麦成熟收获后，病菌随病残体在土壤中或田间小麦残茬上、夏玉米等夏季寄主的根部以及混杂在种子间的病残体上越夏，作为下季作物的初侵染来源。在春小麦区，病残体上越冬的菌丝侵染萌发种子的幼根，逐渐向上扩展侵染分蘖节和茎基部，最后引起植株死亡。病株多在灌浆期出现白穗，遇干热风，病株加速死亡。小麦收获后，田间小麦残茬上的菌丝体可借助风雨向四周蔓延。土壤中和小麦残茬上的病菌可通过耕种和浇水等农事活动向四周扩散。施用带有病残体的未腐熟粪肥可传播病害。引调混有病残体的种子和联合收割机跨区作业可造成小麦全蚀病远距离传播。

小麦全蚀病具有明显的自然衰退的特点。所谓"全蚀病自然衰退"(take-all decline，TAD)是指发生全蚀病的连作麦田，当病害发展到高峰后，在不采取任何防治措施的情况下，病害出现自然消退的现象。在禾谷类作物连作的情况下，全蚀病发生发展有一个从零星发生、扩展蔓延、严重危害到病情衰退控制危害的过程。有关全蚀病自然衰退的原因目前已经证明与土壤中的拮抗微生物有关，其中荧光假单胞菌(*Pseudomonas fluorescens*)是一个重要类群。自然界中的荧光假单胞菌通常存在于土壤有机质中或作物根系表面，通过占位效应、营养竞争以及产生2,4-二乙酰基间苯三酚(2,4-DAPG)、嗜铁素、氢氰酸(HCN)、蛋白酶等多种抗菌物质抑制全蚀病菌侵染。出现全蚀病自然衰退现象的土壤具有明显的抑菌作用，如将具有全蚀病自然衰退现象的土壤接种到其他病田，可减轻病害的发生。若将具有全蚀病自然衰退现象的土壤经过热力灭菌或杀菌剂处理后，其抑菌作用消失。

4. 发病条件　小麦全蚀病的发生危害与耕作制度、土壤性状、品种特性、气候条件等因素密切相关。

(1) 耕作措施。连作病重，轮作病轻。小麦与夏玉米多年连作，有利于病菌的积累，连作地块的病害逐年加重。与非寄主作物轮作、水旱轮作或深耕改土，发病较轻。冬小麦早播发病重，适时晚播发病较轻。

(2) 土壤性状。一般土质疏松、偏碱性土壤发病较重，水浇地比旱地发病重。旱地以及酸性土壤发病则轻。土壤肥力低，氮、磷、钾比例失调，尤其是缺磷地块病情加重。土壤中有机质含量高，氮肥、磷肥、钾肥比例平衡，发病轻。增施腐熟有机肥可减轻发病。

(3) 品种特性。目前国内外缺乏抗小麦全蚀病的品种。感病品种的大面积种植，是病情逐年加重的原因之一。我国生产上应用的品种间存在一定程度的抗病性、耐病性差异，但无免疫与高抗品种。若小麦品种分蘖力强、根系发达，小麦全蚀病发病较轻，反之则重。

(4) 气候条件。冬前雨水充足，冬季气温偏高，春季温暖多雨、土壤潮湿有利于小麦全蚀病的发生和扩展，反之则发病轻。近年来受全球气候变暖的影响，小麦全蚀病冬前发病明显，造成病害危害加重。小麦生长后期如遇到干热风，病害危害也会加重。夏季高温多雨有利于田间病残体的腐熟，降低田间菌量，能减轻冬麦发病。

5. 病害控制　应采取以农业防治为主，生物防治、化学防治和选用抗/耐病品种为辅的综合防治策略。

(1) 农业防治。合理轮作，不与夏玉米连作，与大豆、油菜、花生、棉花、薯类、蔬菜等非寄主作物实行 2 年以上轮作，有条件也可实行水旱轮作，压低土壤菌源量，控制病害危害。在小麦、玉米等禾本科作物一年两熟、长期连作地区，实行小麦-非禾本科作物-小麦-非禾本科作物的轮作模式，也可收到很好的防病效果。在实行合理轮作的同时，应做好麦田禾本科杂草防除工作。增施腐熟有机肥，实行氮、磷、钾配方施肥，提高土壤肥力，改善土壤微生物区系及理化性状，减轻病害危害。严格执行种子检验程序，选用健康种子进行播种，不留用病田种子，不从发病区调入种子或将发病区种子外调。适期晚播，适时中耕，合理灌溉，雨后及时排水。

(2) 选育和种植抗/耐病品种。目前，针对小麦全蚀病的抗/耐病品种相对缺乏。我国抗病或耐病性较强的栽培品种有鲁麦 14 号、鲁麦 15 号、烟农 15 号、烟农 1934、西农 291 和豫麦 49 等。可通过加强小麦近缘种和远缘种的抗全蚀病性筛选，为抗全蚀病育种提供资源。研究发现硬粒小麦一簇毛麦双二倍体(TH1)是一个很好的抗全蚀病育种材料。近年来我国通过小麦与燕麦杂交，选育出了高抗全蚀病的贵农 775 品种。

(3) 药剂防治。播前处理小麦种子，可有效控制小麦全蚀病的发生。生产上用于种子处理的药剂多为三唑类杀菌剂，其他高效杀菌剂也可使用，如 12%三唑醇、3%敌委丹、2.5%适乐时、12.5%全蚀净或 12.5%硅噻菌胺等拌种，防病效果较好，但在生产上应轮换使用。在小麦拔节期，每亩①用 15%的三唑酮 0.1 kg 兑水 40 kg，或每亩用 12.5%烯唑醇 40～60 mL 兑水 40 kg 进行小麦茎基部喷雾，连喷 2 次，每次间隔 7～10 天。

(4) 生物防治。可以通过调节土壤微生态环境提高土壤中已有拮抗微生物的防病作用和向土壤中释放外源拮抗微生物的方式对小麦全蚀病进行生物防治。对全蚀病自然衰退的麦田或即将出现全蚀病自然衰退的麦田，继续推行小麦连作或小麦玉米一年两熟制，维持土壤中拮抗微生物的防病作用。广泛筛选荧光假单胞菌、木霉菌、芽孢杆菌、放线菌等生防菌，其中荧光假单胞杆菌中的许多菌株已经作为该病的生防菌得到广泛应用。中国农业科学院植保所应用遗传工程技术，获得了对小麦全蚀病防病增产效果显著的高效菌剂荧光 93。

(康振生　李洪连　刘淑艳　王海光　赵　杰　编写)

二、病毒病害

由病毒侵染引起的小麦病毒病主要有黄矮病、丛矮病、黄花叶病等。目前小麦黄矮病在我国西北地区发生较重，黄花叶病在黄淮海麦区发生呈上升趋势。

(一) 小麦黄矮病

黄矮病(wheat yellow dwarf disease)是我国小麦上最重要的病毒病害之一。该病在我国曾于 1966 年、1968 年、1970 年、1973 年、1978 年、1980 年和 1987 年多次大流行，在陕西、甘肃、宁夏、山西和内蒙古等地造成严重损失。目前小麦黄矮病主要分布在西北、华北、东北、华中、西南和华东等冬麦区、春麦区和冬春麦混种区。受害小麦一般减产 40%左右，严重的减产可达 70%以上。

---

① 1 亩≈667m^2，下同

1. 症状　小麦在秋苗期和春季返青后均可发病。苗期感病，小麦植株生长缓慢，分蘖减少，扎根浅，易拔起。病叶自叶尖褪绿变黄，叶片僵硬。病株越冬期间易被冻死，未冻死的在返青拔节后新生叶片继续发病。病株矮化，不抽穗或穗很小。拔节孕穗期感病的植株较矮，根系发育不良，新叶从叶尖开始发黄，随后出现与叶脉平行、但不受叶脉限制的黄绿相间的条纹，沿叶缘向叶基部扩展，黄化部分占全叶的1/3～1/2。病株能抽穗，但籽粒秕瘦。穗期感病的植株一般只有旗叶呈鲜黄色，植株矮化不明显，能抽穗，但千粒重降低。

2. 病原　病原通称为大麦黄矮病毒(*Barley yellow dwarf virus*，BYDV)，是一类正单链RNA病毒。BYDV粒体球形，无包膜，直径26～30 nm。BYDV可以由蚜虫以持久性方式传播，病毒在蚜虫体内有循回的过程，但不增殖。

BYDV主要侵染禾本科植物和杂草，其中糜子、自生麦苗、虎尾草、小画眉草、雀麦、野燕麦等都是病毒的越夏寄主。病毒的许多越夏寄主也是传毒介体麦蚜的越夏寄主。

3. 病害循环　该病在冬麦区和冬春麦混种区的病害循环存在差异。

在陕西、甘肃、河南、山东、河北、安徽和江苏等冬麦区，5月中下旬，各地小麦逐渐进入成熟期，因植株老化、营养不良，麦蚜产生大量有翅蚜向越夏寄主转移，在次生麦苗、野燕麦、虎尾草等越夏寄主上取食、繁殖和传播病毒。秋小麦出苗后，麦蚜又迁回麦地进行取食、繁衍和传播病毒，并以有翅成蚜、无翅成蚜和若蚜在麦苗基部越冬，在有些地区也能产卵越冬。冬前感病的小麦是第二年早春的发病中心。返青后，在拔节期出现第一次发病高峰。发病中心的病毒随着麦蚜的迁移扩散逐渐蔓延，到抽穗期出现第二次发病高峰。

在甘肃河西走廊等冬春麦混种区，5月上旬，冬小麦上的麦蚜逐渐产生有翅蚜，向春小麦、大麦、玉米、糜子、高粱及禾本科杂草上迁移。晚熟春麦、糜子和自生麦苗是麦蚜和小麦黄矮病毒的主要越夏场所。9月下旬，冬小麦出苗后，麦蚜又迁回麦田，在冬小麦上产卵越冬。病毒也随之传到冬小麦苗上，并在小麦根部和分蘖节里越冬。翌年3月下旬，越冬蚜卵开始孵化，4月中旬产生有翅蚜，迁移扩散，不断地传播病毒。

春麦区的虫源、毒源可能来自部分冬麦区。麦蚜借助气候条件，从冬麦区迁飞至春麦区，并传播病毒，成为春麦区小麦黄矮病的初侵染源和毒源。有翅蚜迁入的主要天气为"槽前峰后"型，迁入区域主要为宁夏黄灌区，河北的张家口、承德和西北部春麦区，迁出区域主要是豫西、晋南、关中、陇南、陇东和延安等冬麦区。

4. 发病条件　小麦黄矮病的发生与品种抗病性、气候条件及栽培管理等因素有关。

(1) 品种抗病性。大面积种植感病品种，容易造成病害的流行。例如，1999年，山西临汾地区广泛种植的晋麦49号、晋麦56号和晋麦47号等小麦品种对黄矮病的抗性较差，导致了小麦黄矮病的流行。

(2) 气候条件与传毒介体。凡是有利于麦蚜繁殖与迁飞的条件都有利于小麦黄矮病的发生。如果秋季干旱，气温偏高，秧苗群体大，则麦蚜迁入早，秋苗感病多。如果冬春偏暖偏旱，麦蚜越冬死亡率低，早春麦蚜活动提前，蚜量偏大，会导致黄矮病大发生。

但麦蚜的发生量与黄矮病流行程度并非正相关。毒源和有翅麦蚜是小麦黄矮病流行的必要条件，其流行与否及流行程度还与小麦品种抗性、当地气候条件和人为作业有关。干旱温暖的气象因子是该病流行的关键因素。一般10月平均温度高于15℃和2月平均温度高于2.8℃的年份，蚜虫数量会偏大，有利于黄矮病的传播。

(3) 耕作与栽培措施。小麦黄矮病在田间的发病规律一般是早播重，适期迟播轻(冬麦)；点播稀植重，条播密植轻；阳坡地重，阴坡地轻；旱地重，水浇地轻精耕细作，长势好的地轻，缺肥、缺水、盐碱瘠薄地重。小麦-玉米1年2熟区，如果麦收后不翻耕，田间杂草和自生麦苗多，为麦蚜越夏提供了条件，积累了毒源，秋苗受害会加重。

5. 病害控制 防治小麦黄矮病，应实行以种植抗病丰产良种为主，治虫防病和改进栽培措施为辅的综合防治措施。

(1) 选育和种植抗病品种。普通小麦品种大多不含抗大麦黄矮病毒的基因，但农家品种大多有较好的抗性。目前的品种，如无芒中4、无芒中5、无芒中7、忻4079、陇远46、远中1001等异源八倍体材料，晋麦73、临抗1号和晋麦88等对黄矮病均有较高的抗性。

(2) 防治蚜虫。麦蚜是小麦黄矮病的唯一传播介体。因此，在准确测报的基础上，防治蚜虫能够控制小麦黄矮病的流行和危害。①种子处理：在播种前，可用50%甲基异柳磷乳油按种子重量的0.2%拌种，或用48%毒死蜱乳油按种子重量的0.3%拌种，拌后堆闷4～6 h播种。既可防治麦蚜，又可兼治地下害虫。②喷药治蚜：根据田间蚜虫发生情况，用10%吡虫啉、1.8%阿维菌素或10%氯氰菊酯喷雾，冬小麦在返青到拔节期防治1～2次，春麦区可在5月上中旬防治。③在麦蚜开始在冬小麦根际越冬时，进行冬灌、冬前镇压、返青后耙耱，能有效地消灭田间残茬和土壤中的蚜卵，降低蚜虫越冬基数，具有显著的治蚜效果。

(3) 加强栽培管理。冬麦区适期晚播，春麦区适当早播，避开蚜虫转移危害的高峰期。合理密植，加强肥水管理，提高植株抗病性。加强田园管理，及时清除自生麦苗、蚜虫杂草寄主等，减少蚜虫和病毒的寄主作物，切断蚜虫食物链和毒源蔓延。在种植糜子的地区，尽量压缩糜子的种植面积，可减少麦蚜和病毒的越夏数量。

（二）小麦丛矮病

小麦丛矮病(wheat rosette stunt disease)曾于20世纪60年代在我国西北和山东等地麦区流行；70年代，因在河北、北京和天津等推行冬小麦套种棉花、玉米而迅速扩展；80年代，在内蒙古和黑龙江等省(自治区)部分地区流行。目前，小麦丛矮病在陕西、甘肃、宁夏、山西、内蒙古、河南、河北、山东、江苏、浙江、新疆、北京和天津等地均有发生。轻病田减产10%～20%，重病田减产50%以上，甚至绝收。

1. 症状 小麦丛矮病的典型特征是上部叶片有黄绿相间的条纹，分蘖明显增多，植株矮缩，形成明显的丛矮状。冬小麦播种20天后即可出现症状，心叶上有黄白断续的虚线条，以后发展成不均匀的黄绿条纹，分蘖明显增多。冬前感病的植株大多不能越冬而死亡，轻病株返青后分蘖继续增多，表现细弱，叶部仍有明显黄绿相间的条纹，病株严重矮化，一般不能抽穗或早期枯死。早春染病的植株心叶有条纹，叶色较为浓绿，茎稍粗壮，多不能抽穗或不结实。拔节后感病的植株只有上部叶片显条纹，能抽穗，但籽粒秕瘦。

2. 病原 为北方禾谷花叶病毒(*Northern cereal mosaic virus*，NCMV)，属于细胞质弹状病毒属(*Cytorhabdovirus*)。病毒粒体呈杆状，长320～400 nm，宽50～54 nm。病毒由核衣壳和囊膜组成。囊膜上有突起，直径约10 nm，按六角形排列。

NCMV主要由灰飞虱传播，不能经土壤、汁液或种子传播。灰飞虱最短获毒期为12 h，循回期10～15天，最短传毒时间是20 min。获毒率及传毒率随取食时间延长而提高。灰飞虱一旦获毒可终生带毒，但不经卵传递。该病毒可侵染小麦、大麦、黑麦、谷子、燕麦、高粱等作物及狗尾草、画眉草、马唐草等杂草。

3. 病害循环 灰飞虱在江苏省1年发生6代，在河北省中南部1年发生5代，喜欢在水稻、小麦、大麦、稗草、马唐草等禾本科植物上取食繁殖。冬麦区灰飞虱秋季从带毒的越夏寄主上大量迁飞至麦田危害，造成早播秧苗发病。越冬代若虫主要在麦苗、杂草根际或土缝中越冬，病原病毒也随之在越冬寄主和灰飞虱体内度过冬季，成为翌年毒源。春季随着气温升高，秋季感病晚的植株陆续发病，形成一次小高峰。此时越冬代灰飞虱也逐渐发育并继续危害小麦、大麦，传播病毒，形成病害发生高峰。第一代灰飞虱主要在麦田生活，待小麦、大麦进入黄熟阶段，第一代成虫迁出麦田，到水稻秧田、杂草等禾本科植物上生活。夏季灰飞虱世代重叠，在生长茂盛的秋作物、田间杂草上或荫蔽的水沟边杂草丛中越夏，从而完成一个侵染循环。自生麦苗、谷子、狗尾草等是病毒的主要越夏寄主。小麦、大麦是病毒的主要越冬寄主。

4. 发病条件　小麦丛矮病的发生与灰飞虱的种群数量和带毒率、栽培管理等因素有关。

东北春麦区麦田中的灰飞虱可发生 3 代，即越冬代、第 1 代及第 2 代若虫。越冬代若虫的自然带毒率及种群数量直接影响当年病害的流行程度，是决定病害流行的关键因素。

凡是对灰飞虱繁殖有利的种植制度、栽培管理措施和气象条件，对小麦丛矮病的发生也都有利。套作麦田有利于灰飞虱迁飞繁殖，发病重。冬麦早播发病重，适期晚播的发病轻。早播麦田出苗早，正是越冬前害虫集中活动危害期，感病机会多。这种情况下，冬前发病重，冬后发病也重。感病禾本科杂草作为桥梁寄主在病害侵染循环及流行中起重要作用。田边、地头发病重，主要是因为这些地方杂草丛生，利于灰飞虱栖息，有些杂草同时又是病毒的寄主。邻近草坡、杂草丛生的麦田发病重。此外，夏秋多雨、冬暖春寒年份发病重。

5. 病害控制　实行以种植抗/耐病品种和加强栽培管理为主，辅以药剂防治的综合措施。

(1) 选育和种植抗病品种。春小麦，如呼麦 3 号、东农川的抗性及丰产性均较好，可在春麦区种植。此外，京东 8 号、豫麦 24 号对此病也有较好的抗性。

(2) 合理安排种植制度，加强栽培管理。①小麦平作：不在棉田或其他作物田中套作是控制冬麦区小麦丛矮病的关键措施。②清除杂草：地边、垄沟上的杂草是毒源、虫源的集中地和秋季小麦丛矮病的初侵染源，因此小麦播种前要清除地边、垄沟上的杂草。③适期连片种植，避免早播。④加强田间管理：麦田灌冻水有利于小麦安全越冬，而对灰飞虱的越冬不利。早春抓紧压麦、耙麦，兼有灭虫及增产的效果。小麦返青期对病苗早施肥水，可增加成穗率，减少损失。

(3) 药剂防治。重点在播种期、苗期、返青期等时期进行喷药防治。

① 播种期和苗期防治。秋季是冬麦区药剂防治的关键时期。早播田、在秋作物中的套种田及与秋作物插花种植的小块麦田是防治的重点。可用 50%辛硫磷乳油按种子重量的 0.2% 拌种，或用 48%毒死蜱乳油按种子量的 0.3%拌种，拌后堆闷 4～6 h 播种。该方法可兼治蚜虫和地下害虫。套种麦田及小块插花种植田在小麦出苗后需要全田喷药，大片平作麦田一般在地边喷 5～7 m 药带（连同道边杂草及邻近的秋作物地边）即可。

② 小麦返青期防治。对秋季漏治的麦田、邻近秋作物的晚播麦田及稻茬麦田进行全田喷药或喷药带。每亩（667m^2）可用 25%扑虱灵乳油 50 g，或者 10%吡虫啉 10 g 加 4.5%高效氯氰菊酯 30 mL 兑水 50 kg 喷雾，间隔 5～7 天喷第 2 次。麦田周围的杂草上也要喷施，可显著降低虫口密度。必要时可用 20%克芜踪水剂或 45%农达水剂 550 mL/亩，兑水 30 kg，针对田边地头进行喷雾，杀死田边杂草，破坏灰飞虱的生存环境。

③ 对染病小麦，可于发病初期喷 5%菌毒清＋黄叶敌＋35%甲多丹，每亩用药液 40～50 kg，间隔 7 天喷 1 次，连喷 2～3 次。

（三）小麦黄花叶病

小麦黄花叶病(Wheat yellow mosaic disease)是我国小麦上的一种重要病毒病。1927 年，Sawada 在日本首次报道了该病害，1969 年 Inouye 证明该病害由土壤内寄居的禾谷多黏菌(*Polymyxa graminis*)传播。20 世纪 50 年代末至 60 年代初，小麦黄花叶病在我国山东荣成和四川淮安等小麦产区开始发生，随后逐渐扩展，70 年代该病曾在我国冬麦区大面积流行。目前，小麦黄花叶病在我国主要分布在长江流域及山东、四川、河南、陕西等省份，每年的发病面积约 200 万 hm^2。一般可导致小麦减产 20%～40%，严重时减产达 70%～80%，有些地块甚至绝收，对我国小麦生产安全造成严重的威胁。

1. 症状 发病初期，小麦心叶上出现淡绿色或橙黄色、梭形或椭圆形斑点，不久斑点扩大，相互合并，成为黄绿相间的斑驳或不规则条纹，严重者心叶皱缩，扭曲成畸形。发病后期，老叶从花叶转为坏死、黄枯，茎上有时也出现褪绿的线状条斑。在气温达 20℃以上时，花叶症状逐渐消失，心叶无症状。感病小麦植株矮小，纤弱，根系发育不良，次生根短，有效分蘖明显减少。穗短小，有时形成畸形穗，籽粒不饱满。严重者甚至造成小麦死亡(图 6-23)。

图 6-23 小麦黄花叶病田间危害症状

A. 病田；B. 病株(李向东 提供)

2. 病原 为小麦黄花叶病毒(*Wheat yellow mosaic virus*，WYMV)，属于大麦黄花叶病毒属(*Bymovirus*)成员。WYMV 病毒粒子弯曲线状，长度为 250～300 nm 或 550～700 nm，其中后者占多数，直径为 13～14 nm。提纯病毒颗粒的 A_{260}/A_{280}值约为 1.14，病毒粒子中核酸含量约为 5%。基因组为两条正单链 RNA 分子。

WYMV 的寄主范围较窄，仅限于小麦属的十几个种，主要系统侵染普通小麦(*Triticum aestivum*)和硬粒小麦(*T. durum*)。WYMV 病汁液和提纯物能通过摩擦接种系统侵染小麦，但效率较低。WYMV 侵染的小麦叶片细胞中会形成风轮状、圆柱状等的内含体。

WYMV 的传播介体是禾谷多黏菌(*Polymyxa graminis* L.)，以持久带毒的形式进行传播。禾谷多黏菌属于原生动物界、多黏菌属。

部分地区的小麦花叶病是由 WYMV 和中国小麦花叶病毒(*Chinese wheat mosaic virus*，*CWMV*)混合侵染引起，其危害更为严重，感病品种常常整片死亡。

3. 病害循环 小麦秋播后，土壤中病残根内或散落的禾谷多黏菌休眠孢子在适宜的温度和湿度条件下萌发，产生游动孢子，游动孢子侵入小麦根部表皮细胞，同时孢子内的病毒也随之进入小麦体内并进行增殖和系统扩展。感病的小麦植株冬前一般不表现症状。小麦越冬期病毒呈休眠状态。小麦返青前后，感病植株开始表现症状，逐渐进入发病高峰。当气温升高至

18～20℃时出现隐症。小麦根内形成大量休眠孢子囊堆，病毒在休眠孢子囊内越夏。禾谷多黏菌的休眠孢子堆随着寄主根残体腐烂而散落在土壤中，在适宜环境条件下萌发，产生初生游动孢子侵染寄主的根系，进行新一轮的侵染循环。

病害主要通过农事操作、病土、病根残体、病田流水等传播，也可通过带介体土壤混杂在种子里进行远距离传播。

4. 发病条件 小麦黄花叶病的发生与土壤温度、湿度、品种抗病性和栽培管理等因素有关。

(1) 温度和湿度。温度是小麦黄花叶病发生和发展的主要决定因素。每年春季，气温回升至约10℃时，该病就进入发病高峰期，病害发生的温度范围是5～17℃，当温度升至20℃以上时，表现为隐症。禾谷多黏菌的休眠孢子萌发侵染小麦的最适土壤温度是15℃左右。土壤湿度较大，有利于禾谷多黏菌游动孢子活动和侵染。冬前和早春雨水充沛，土壤湿度大，有利于介体多黏菌的活动。春季低温寡照、气温回升慢有利于病害症状的表现。

(2) 品种抗病性。不同品种的抗性存在差异。在河南主推的小麦品种中，新麦208表现为免疫，豫麦70-36、泛麦5号、阜麦936、山东95519、豫麦70、高优503、豫麦9676、郑麦366和陕麦229 9个品种表现为抗病。山东主推的小麦品种中，济麦22、山农17、鑫麦289、泰农19、良星66和良星99高抗黄花叶病。宁麦9号、扬辐麦2号、扬辐麦4号和扬麦8号等品种的抗性也较强。

(3)栽培管理。连作感病小麦品种会导致该类病害的流行。小麦连作导致病田传毒介体和毒源积累，是小麦黄花叶病蔓延的重要原因之一。播种偏早等因素均会使病情加重，休耕能降低土壤的侵染性。地势低洼、排水不畅的田块发病重。

早播发病重。早播小麦出苗后，土温高于10℃的日数超过10天，有利于传毒介体多黏菌的繁殖和侵染，延长了多黏菌侵染寄主的时间和寄主感染病毒的时间，加快病害蔓延速度，加重病害发生，从而导致翌春发病较重。

5. 病害控制 小麦黄花叶病的防治应采用种植抗/耐病丰产品种为主，加强栽培管理为辅的综合措施。

(1) 选种抗性品种。不同小麦品种对黄花叶病的抗性差异显著。各地区应该根据本地区实际情况，选种适合当地特点的抗病品种。

(2) 农业防治。重病田可与非寄主作物油菜、蔬菜、大麦等进行3～5年轮作。适当延迟播种期，可避开病毒介体侵染的最适时期，减轻病情。发病初期及时追施速效氮肥和磷肥，可促进植株生长，减少危害和损失。搞好田间卫生。麦收后应尽可能清除病残体，避免通过病残体和耕作措施传播病害。

(3) 化学防治。由于病毒传播介体禾谷多黏菌的休眠孢子抗逆性很强，杀菌剂防效甚微，所以，以喷洒生长调节剂和病毒抑制剂为主。发病地块可每亩追施尿素5 kg以补充营养，同时可用2%菌克毒克200 mL，加生长调节剂芸薹素内酯10 mL，磷酸二氢钾100 g，兑水30 kg均匀喷雾。喷药时间宜早不宜迟，一般在2月下旬或3月上旬喷药。

（李向东 编写）

三、线虫病害

小麦线虫病包括小麦粒线虫病和小麦孢囊线虫病等，近年来由禾谷孢囊线虫引起的小麦孢囊线虫病已经成为危害我国麦类作物的新病源，目前在国内小麦主产区等10多个省(市)有该病的发生报道，危害面积达 100 万 hm^2以上，且有蔓延之势。

（一）小麦粒线虫病

小麦粒线虫病（Wheat seed gall nematodal disease）又称小麦穗瘤病，1743 年由英国科学家 Needham 首次报道，是最早被发现和研究的一种线虫病害，在世界各麦区均有发生，并造成严重损失。由于利用种子汰除法可以有效地除掉虫瘿，因此目前该病在大多数国家和地区已经绝迹。我国于 1915 年在南京首次发现小麦粒线虫病，后来在黄淮海地区也有发生，1949 年曾因此病导致小麦损失 5 亿 kg。至 20 世纪 50 年代后期，由于严格执行检疫和采取有效措施，我国除山东、浙江、陕西、四川等省有零星分布外，一般很少发生。

1. 症状　小麦粒线虫可危害植物的幼苗、茎叶和种子，以危害种子为主。此病从苗期到成株期都能表现症状，以成株期、穗期症状最为典型。

（1）成株期。受害的小麦植株接近地面的茎基部增粗，分蘖增多，矮化；叶片卷曲，皱缩，整个植株粗矮扭曲，畸形。与正常植株相比，病株生长快，抽穗提前，轻度感染植株苗期可能无症状，但后期的穗内有少量虫瘿，严重感染的植株在抽穗前会死亡。有时在病株叶片上偶尔生有很小的圆形突起，即虫瘿。小麦的健康穗和病重穗见图 6-24。

（2）穗粒。受害植株的穗比正常植株要小，短而粗，颖片不正常开裂，颖片上的芒很小或无芒；病穗的部分或全部籽粒成为虫瘿，虫瘿初期为青绿色，后期变成深棕色或黑色；成熟的虫瘿略缩小，比麦粒短而圆、坚硬，不易捏碎。收获时易脱落到土壤。如果将虫瘿切开置于玻璃片上，滴上少量水轻轻压挤便可观察到有白色丝状物游出，即为小麦粒线虫的虫体。小麦的健康籽粒与虫瘿见图 6-25。

图 6-24　小麦的健康穗（左）和病重穗（右）
http://plpnemweb.ucdavis.edu/nemaplex/Taxadata/G006S4.html

图 6-25　小麦的健康籽粒（左）和虫瘿（右）
http://www.flickr.com/photos/30857482@N00/106638863

2. 病原　小麦粒线虫[*Anguina tritici*（Steinbuch） Chitwood]（图 6-26），属于垫刃目（Tylenchida），垫刃总科（Tylenchoidea），粒科（Anguinidae），粒亚科（Anguininae），粒线虫属（*Anguina*）。

（1）雌虫。虫体肥大，两端较细，热杀死后向腹面卷曲呈螺旋形，不活动，体长可达4 mm。体表环纹通常细小，侧区明显，侧线 4 条或更多。唇区低平，稍缢缩。口针长 9～11 μm，较小，有小而明显的基部球；食道前体膨大，但与中食道球连接处明显缢缩，中食道球形。食道腺球近梨形，有时为不规则的叶状，与肠分界明显。阴门位于虫体后部的90%～94%处，阴门唇明显，单卵巢，常有2个或更多的回折，卵母细胞以多列细胞围绕一个中心呈轴状排列，阴门唇突出。受精囊近梨形，后子宫囊长约为肛门处体宽的1倍，里面充满精子。尾圆锥形，向末端逐渐变细，末端钝或圆形。

(2) 雄虫。虫体细长，直或有时向背面弯曲，较雌虫活跃。精巢具1～2个转折，精母细胞呈轴状排列。交接刺1对，粗壮、弓形。引带1个，槽状。交合伞由交合刺前端几乎包至尾端。

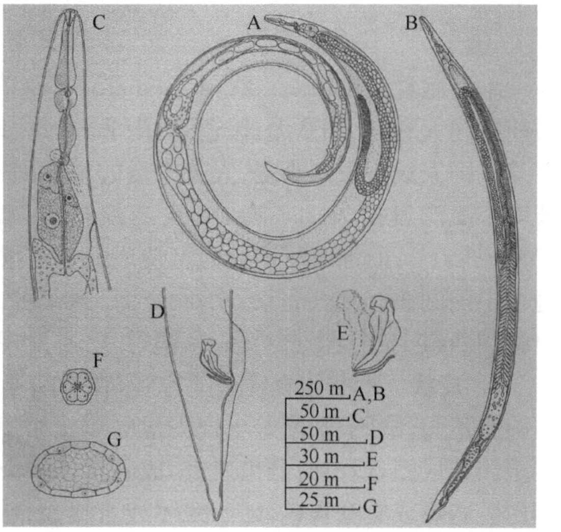

图 6-26　小麦粒线虫

http://plpnemweb.ucdavis.edu/nemaplex

A. 雌虫；B. 成熟雄虫；C. 雌虫食道部分；D. 雄虫尾部侧面观；E. 交合刺；F. 头部正面观；G. 卵巢横断面

3. 病害循环　病原线虫以虫瘿混杂于种子间、粪肥中或落入土壤中越夏或越冬。在小麦播种发芽后，2龄幼虫(J2)从虫瘿里出来到土壤中侵染新发芽的幼苗，营外寄生生活，引起叶部的畸形和皱褶。麦穗分化后侵染花序，使籽粒不能正常发育而形成虫瘿；J2在虫瘿中发育成J3、J4直到雌雄成虫，交配产卵，每个雌虫可产几百个到上千个卵，产卵后不久成虫便死亡，卵很快孵化成2龄幼虫在虫瘿内随种子一起收获和储藏，J2在干燥的虫瘿内进入休眠状态。遇到适合的气候条件，J2线虫开始活动离开虫瘿而重新侵染，重复其生活史。处于低湿休眠时期的小麦粒线虫抗干燥能力和其他逆境能力很强，可存活38年。小麦粒线虫还可携带细菌(*Clavibacter tritici*)，一旦动物取食了携带这种细菌的虫瘿会引起中毒。

4. 发病条件　温度、湿度、栽培深度以及虫瘿数量都会影响小麦粒线虫病的发生轻重。土壤干旱，晚播有利于发病。冬麦秋播后，雨水较多有利于线虫侵染而发病较重。此外，与禾谷类作物连作发病重，轻沙质土比黏土发病重。

5. 病害控制

(1) 严格检疫。检疫是消灭小麦粒线虫病的关键性措施。防止带虫瘿的种子远距离传播，可杜绝该病的发生。

(2) 汰除虫瘿。由于小麦正常籽粒与虫瘿的形状和密度的不同，可采用汰除机，或20%的盐水选种，30%～40%的泥水或清水汰除虫瘿，并将虫瘿烧毁深埋。经盐水、泥土水选出的麦种，要再用清水冲洗，晾干。

(3) 种子热处理。在清水中预浸有病种子，然后将其浸泡在50℃的水中处理30 min，或在54℃的水中处理10 min，或在56℃的水中处理5 min。预浸的目的是使休眠的幼虫活动起来以利于热水杀死，预浸时间一般为4～6 h。此外，还可以用杀线剂处理种子。

(4) 选育抗病品种。目前尚没有抗粒线虫的小麦品种，某些大麦品种具有一定的抗性。

(5) 栽培措施。与非寄主植物轮作，可减少土壤中线虫的群体数量；要及时拔除病株；混有虫瘿的粪肥需经高温堆积腐熟后再作肥料；加强管理，杜绝种子、土壤和肥料等携带线虫传入。

（二）禾谷胞囊线虫病

禾谷胞囊线虫(Cereal cyst nematode,CCN)，又称燕麦胞囊线虫。1874 年德国首次报道，目前在澳大利亚、加拿大、以色列、南非、日本、印度、中国、欧洲等 40 个国家和地区发生危害，在某些国家成为限制小麦、大麦产量的主要因素。资料表明，每 1 g 土壤中含有 10 个卵时，每公顷小麦产量损失 188 kg，大麦产量损失 75 kg，造成产量损失 15%～30%，严重者达到 50%～100%；欧洲每年因此病害造成的经济损失达 300 万英镑，澳大利亚为 7200 万美元。该病在中国湖北、河南、北京、陕西、青海、内蒙古、河北、山西、安徽、山东、甘肃、江苏、宁夏、天津、新疆和西藏 16 个省(自治区、直辖市)已有发现，危害小麦面积 400 万 hm^2 以上。

1. 症状 禾谷胞囊线虫危害后，在田间早期出现小块面积黄化，生长衰弱(表现为矮化)，与施肥不匀、缺肥、缺素等生理失常的症状相似。受线虫严重侵染的植株根系分枝多，细而乱，甚至纠结成团，适温时雌虫发育，成熟虫体膨大突出根表皮形成白色柠檬形胞囊，在小麦收获期白色胞囊成熟变褐色，随病残体或直接遗落于土壤中，胞囊直径小于 1 mm，易与化肥或石灰石颗粒及沙粒等相混淆。

2. 病原 禾谷胞囊线虫属于垫刃目(Tylenchida)，垫刃亚目(Tylenchina)，异皮科(Heteroderidae)，异皮属(*Heterodera*)。胞囊较大，阔柠檬形，深褐色；有明显的阴门锥，阴门锥顶为典型的双膜孔；阴门锥下方有许多排列不规则的泡状突，泡状突发达且紧接膜孔水平；无下桥构造；阴门裂较短(9.6 μm)(10～13 μm)；雄虫蠕虫形，体环纹明显，侧区有 4 条，唇区圆，缢缩，有 4～6 条环纹(通常 5 条)。交合刺弓形，引带简单，稍弯曲。尾末端通常卷曲。2 龄幼虫(J2)蠕虫形，唇区圆，缢缩，体环明显。口针很发达，口针基球大，基球前缘略凹，尾长平均 68 μm；尾末端透明区约长 40 μm；1 龄幼虫和 2 龄幼虫在卵内可折成 4 折。

禾谷胞囊线虫归属于燕麦胞囊线虫组(*avenae* group)，由 12 个已知种及几个未知种组成。其中最重要的是禾谷胞囊线虫(*Heterodera avenae*)、麦类胞囊线虫(*H. latipons*)和菲利普胞囊线虫(*H. filipjev*)3 个种。目前在我国只发现有禾谷胞囊线虫和菲利普胞囊线虫两种。禾谷胞囊线虫是温带作物上危害最严重的种，且呈全球性分布，但大多数集中在欧洲、加拿大、澳大利亚和印度。其他种包括在瑞典、德国、英国发现的大麦胞囊线虫(*H. hordecalis*)；在印度、巴基斯坦、伊拉克发现的玉米胞囊线虫(*H. zeae*)、稀少胞囊线虫(*H. mani*)、双膜孔胞囊线虫(*H. bifenestra*)、巴基斯坦胞囊线虫(*H. pakistanensis*)、蚤缀胞囊线虫(*H. arenaria*)、早熟禾胞囊线虫(*H. pratensis*)以及 1 个侵染谷物和杂草的刻点胞囊线虫(*Punctodera punctata*)。

禾谷胞囊线虫种内存在明显的致病型分化现象。鉴别禾谷胞囊线虫致病型的主要方法是利用特定的大麦、燕麦、小麦品种进行的寄主鉴别法。目前世界上已正式命名的致病型有 13 个，分别为 Ha11、Ha21、Ha31、Ha41、Ha51、Ha61、Ha71、Ha81、Ha12、Ha22、Ha13、Ha23 和 Ha33。除此之外，仍有新的致病类型被发现。另外尚有许多线虫群体对国际鉴别寄主的反应与正式命名的致病型存在差异。

3. 病害循环 胞囊中的卵可存活 1 至数年，并以胞囊的形态在土壤中越冬或越夏。尤其是在凉爽、干燥的条件下存活时间更长。在田间条件下，经历一段潮湿、凉爽的阶段后，胞囊内卵开始孵化出侵染性 2 龄幼虫(J2)。J2 侵染进入根冠后并在内皮层和中柱鞘附近建立取食位点。经过生长发育及 3 次蜕皮。侵入后 6～9 周内雌虫成熟，雄虫离开根系，成熟的雌虫突破寄主根表皮而大量出现，雌虫成熟后产卵死亡，落入土中，随时间的推移变成褐色胞囊。目

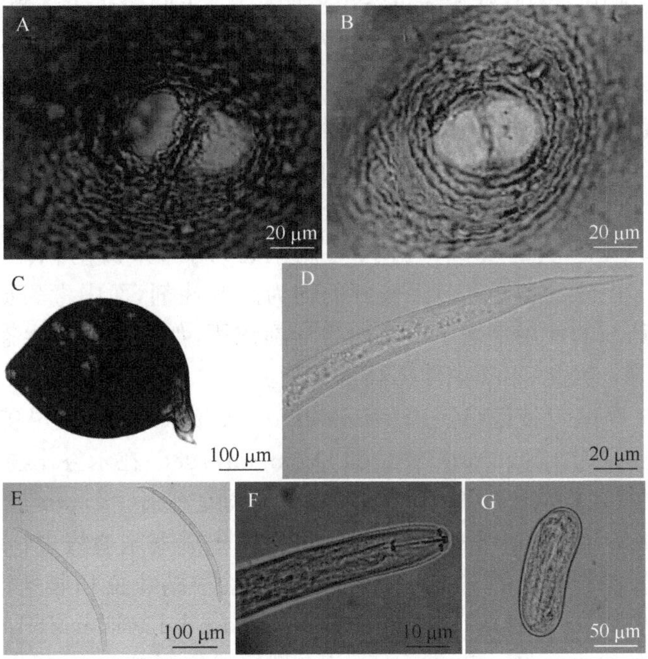

图 6-27　小麦胞囊线虫形态特征

（山东滨州群体，Liu et al.，2009）

A、B. 双半膜孔和阴门裂（胞囊阴门锥正面观）；C. 完整的胞囊；D. 2 龄幼虫尾部；E. 完整的 2 龄幼虫；F. 2 龄幼虫食道部；G. 卵

前表明，禾谷胞囊线虫在我国一年完成一代。

该病主要通过土壤传播，同时农机具、农事操作用具，人、畜、水流等可作近距离的传播，而收割机、播种机的跨区作业也可传播胞囊线虫。在澳大利亚大风刮起的尘土是该线虫远距离传播的重要途径。

4. 发病条件　禾谷胞囊线虫在对寄主种类及品种的致病性上有差别，此外，线虫的分布还与土质有关。在英国，禾谷胞囊线虫在轻砂性土、贫瘠土壤和缺少有机质的白垩土中分布最多，危害也最重。与其他胞囊线虫一样，禾谷胞囊线虫通过土壤传播非常慢，但暴雨和径流等人为活动可加速其传播。另外，该线虫还广泛分布于不同气候条件下的区域，包括欧洲西北、地中海地区、北美洲（尤其加拿大以及美国加利福尼亚和密西安）、印度、新西兰、澳大利亚和日本等。干燥的澳大利亚南部，此线虫广泛分布是由于汹涌的尘暴中夹带胞囊的传播，而南澳大利亚一些地区缺乏这种线虫主要是由于黏重土壤不适宜线虫的发育。

5. 病害控制

（1）选育、利用抗/耐病品种。目前尚未发现高抗禾谷胞囊线虫和免疫的品种，抗病品种也较少；其抗性资源主要存在于野生近缘种，如大麦、黑麦、节节麦，特别是山羊草属的多个物种携带有丰富的抗性基因。国内外正在利用生物技术培育小麦抗胞囊线虫病的品种，已培育出一些较好的抗病或耐病品种，如 Katyil、Molineux、Kellalac、Aus18912、Aus18914 和 CD01 等。目前国内种植的小麦品种中太空 6 号、温麦 4 号、矮抗 58、新麦 11、新麦 9-998 等品种具有一定的抗性。

（2）农业栽培技术措施。①土地休闲和轮作。长期的土地休闲可以压低田间线虫群体的虫口密度，但不经济适用。禾谷胞囊线虫寄主范围较广，田间野生禾本科寄主较多，因此通过播种非寄主植物，如豆科及其他双子叶植物进行3年以上的轮作可降低禾谷胞囊线虫的田间群体密度。在澳大利亚，与豆科植物进行轮作的另一个好处是能改善土壤氮素缺乏的状况。②调节播期。土壤温度对禾谷胞囊线虫的生活史及其对寄主的危害有着极大的影响，8～12℃低温可以刺激卵内幼虫孵化和抑制寄主根系的生长，但适时早播可使小麦植株的根系发育良好而增强抗侵染能力、降低线虫的危害程度。

(3) 药剂防治。在中国的安徽、河南、河北三省，用涕灭威防治禾谷胞囊线虫能减少10%～40%的损失。但防治和增产效果较好的均为高毒药剂，而中毒药剂和低毒药剂效果均不理想。而且高毒药剂的使用带来了一系列的毒副作用，如破坏土壤生态、污染水源、药剂残留引起人畜的中毒等。因此，不提倡使用高毒药剂。

(4) 生物防治。厚垣轮枝菌(*Verticillium chlamydosporium*)最早曾被认为是欧洲燕麦胞囊线虫衰退的主要原因。Striling(1991)和Dackman(1985)在禾谷作物集约栽培条件下，经过连续13年的观察发现抑病土中厚垣轮枝菌和嗜雌线疫霉菌(*Nematophthora gynophila*)及穿刺巴氏杆菌(*Pasteuria penetrans*)分布较广，可寄生于燕麦胞囊线虫、南方根结线虫的雌虫和卵。由坚强芽孢杆菌制作成的Bionem制剂能够防治根结线虫和燕麦胞囊线虫。研究显示叶面喷洒和土壤浇灌消旋-β-氨基-*N*-丁酸(DL-β-amino-n-butyric acid，BABA)也能减少大麦、小麦上*H. avenae*的线虫数量，高浓度的*BABA*灌根能抑制其雌虫、雄虫的发育。

(5) 其他措施。适时调查田间线虫密度，制定适宜的防治措施，从而把线虫控制在经济阈值的水平之下。实行严格检疫，限制线虫向无病区扩散和传播，已发生地块应全力扑灭，注意防止通过农事器械把被污染的土带到其他无病田。总之，应结合实际情况采取不同的防治策略进行综合治理，才能有效而持续地控制该种病害。

（廖金玲　编写）

四、病害综合防治

（一）小麦其他病害

1. 小麦纹枯病(*Rhizoctonia cerealis*)　目前在我国的20个省(直辖市)均有不同程度的发生，一般造成减产5%～10%。小麦各生育期均可受害，造成烂芽、死苗、花秆烂茎、倒伏和枯孕穗等症状。病菌寄主范围广，除小麦外，还可侵染大麦、玉米、水稻、谷子和高粱等多种作物。病菌以菌核或菌丝体在土壤中或附着在病残体上越夏和越冬。未经腐熟的带有病残体和病土的粪肥也可传播该病。病菌可直接侵入寄主或从根部伤口侵入。该病的发生和流行主要与品种抗性、气候因素、耕作制度、栽培措施和土壤类型等有关。防治要点是选育和推广抗病品种，实行配方施肥，采用水旱轮作，及时喷药防治。

2. 小麦根腐病(*Bipolaris sorokiniana*)　小麦各生育期均可发生，幼苗和成株的根、茎、叶、穗以及种子均可受害，造成苗腐、根腐、叶枯和穗枯等症状。籽粒受害，在种皮上形成不定形病斑，发生严重时胚部变黑，形成黑胚粒。病菌寄主范围很广，除小麦外，还可危害大麦、燕麦、黑麦等禾本科作物。病菌以菌丝体或分生孢子在种子内外和土壤中的病残体上越冬，有些地区种子带菌是根腐病的主要初侵染来源。病菌借助风雨传播，直接侵入寄主或通过伤口侵入。该病发生程度与品种抗性、土壤条件、耕作栽培制度、种子带菌量、气象条件等因素相关密切。防治该病应采取种植抗病品种结合药剂拌种为主，加强栽培管理和喷药防治为辅的综合防治策略。

3. 小麦叶枯病(wheat leaf blotch)　全世界报道的叶枯病病原菌达20多种,我国目前以雪霉叶枯病、链格孢叶枯病(叶疫病)、壳针孢类叶枯病等在各麦区危害较大。20世纪末期,由于推广矮秆品种、改善肥水条件、改变耕作栽培制度,该病发生面积迅速扩大,危害逐渐加重,已成为我国小麦生产上一类重要病害。小麦雪霉叶枯病多发生在西北、西南及黄淮、江淮流域的麦区,尤其在阴湿多雨、气温较低的麦区流行频率高;病原无性型为雪霉微座孢(*Microdochium nivale*),有性型为雪腐小画线壳(*Monographella nivalis*);小麦整个生育期均可受害,造成芽腐、苗枯、茎基腐、鞘腐、叶枯和穗腐等症状。小麦壳针孢叶枯病在我国各麦区均有发生,主要危害小麦叶片和穗部;病斑淡褐色,卵圆形或长条形,受叶脉限制纵向发展,扩展愈合形成不规则形大斑,上面密生小黑点(分生孢子器);病原无性型为小麦壳针孢(*Septoria tritici*),有性型为禾生球腔菌(*Mycosphaerella graminicola*),在我国未发现有性型的子囊壳。小麦链格孢叶枯病主要发生在印度、尼日利亚、墨西哥和意大利等国,近年我国在黄淮麦区有所发生;主要危害小麦叶片和穗部;病斑椭圆形或梭形,中央灰褐色,边缘有黄色晕圈;病原为*Alternaria triticina*。

小麦叶枯病菌以分生孢子、分生孢子器或菌丝体在土壤中病残体或种子上越夏、越冬。在适宜条件下,由菌丝和分生孢子直接侵入或由伤口、气孔侵入寄主。病菌借风雨传播,可引起多次再侵染。雪霉叶枯病的子囊孢子也是重要的再侵染来源。病害发生程度与气象因素、栽培条件、菌源数量和品种抗病性等因素有关。应采取使用抗病品种、农业防治和药剂防治相结合的综合防治策略。

4. 小麦颖枯病(*Septoria nodorum*)　主要危害小麦穗部,也可危害叶片、叶鞘和茎秆。穗上病斑在乳熟期最明显,多发于颖片上。颖片上初期产生深褐色斑点,后变成枯白色或中央灰褐色、边缘褐色的斑点,扩展至整个颖壳。叶片病斑为不规则形大斑,中央灰白色,边缘有浅黄色晕圈,其上密生小黑点,严重时引起叶片枯死。茎节部受害发生畸形、弯曲,变成灰褐色,上部茎秆易折断枯死。病菌以分生孢子器或菌丝体在病残或种子上越冬、越夏。寄主病斑上产生的分生孢子可借风雨传播,不断扩展蔓延。病残体和种子带菌是影响小麦颖枯病流行的重要因素。目前推广的小麦主要品种绝大多数为感病品种,对小麦颖枯病的抵抗性较弱。小麦多年连作,氮肥施用过多,发病重。秸秆还田,田间菌源充足,发病重。抽穗前后高温高湿天气有利于病害发生蔓延。应采取以农业防治为基础,种子处理为重点,种植抗病品种和喷药防治相结合的综合防治策略。

5. 小麦白秆病(*Selenophoma tritici*)　1952年,在我国的四川甘孜藏族自治州首次发现小麦白秆病,目前主要发生在青海、甘肃、西藏、四川等省(自治区)海拔较高、气候冷凉地区。该病自分蘖期开始发病,主要危害叶片、叶鞘、茎秆和穗轴,在其上产生条斑。条斑细长,水浸状,黄褐色或白色。条斑从基部叶片逐渐向上部叶片发展,至扬花灌浆期,蔓延到茎秆和穗轴。小麦受害后叶片早枯,提前形成白穗,籽粒瘦秕。病菌以菌丝及菌丝结潜藏在种子表皮和种皮内,带菌种子是主要的初次侵染来源。在低温干燥的条件下,病菌可存活4年左右。土壤带菌也可传病,但病残体一旦被翻入土中,病菌只能存活2个月左右,所以土壤传病作用不大。发病部位可产生分生孢子器,释放出大量的分生孢子,经风雨传播后,导致病害进一步扩展蔓延。该病的发生程度受到种子带菌情况、品种抗病性、环境条件等因素的影响。种子是否带菌以及带菌率的高低,品种抗病程度和感病品种面积以及适宜的气候条件,特别是小麦拔节后的温度、湿度条件对该病发生有决定性的影响。冷凉潮湿有利于病害发生。应采取选育和应用抗病品种,加强栽培管理和药剂防治相结合的综合防治策略。

6. 小麦叶鞘枯萎病(*Mycosphaerella hordeicola*)　在我国江苏、四川、浙江发生，一般造成产量损失20%～30%。该病主要在抽穗扬花期发生，主要危害茎基1～2节处的叶鞘和茎秆，产生紫黑色或褐色病斑。病菌以子囊座在病残体上或混杂于种子上越冬、越夏。小麦拔节期至孕穗期田间病害始发，扬花灌浆期发病达到高峰。田间主要以分生孢子进行再侵染。该病的发生与气象条件、栽培管理等密切相关。小麦拔节孕穗期的平均气温和降雨情况对病害发生影响最大。低洼积水，多雨发病重。土壤结构和施肥情况也影响病害发生。偏施氮肥发病重。增施有机肥可明显降低该病的发生和危害程度。旱地小麦连作病重，稻麦连作病轻。防治要点是以农业防治为基础，加强栽培管理，利用抗病品种，辅以药剂防治的综合防治策略。

（二）综合治理措施

根据小麦在不同生育期发生的病害种类、病害发生特点等，因地因时制宜，以农业防治为基础，充分利用品种抗病性，科学合理地协调利用植物检疫、化学防治、生物防治和物理防治等技术和措施，本着安全、经济、有效、简化的原则，选择集成配套措施，综合治理，有条件地利用专业化防治队伍，实现小麦病害的有效防控，达到增产增收的效果。

1. 做好病害监测测报工作，为病害防治提供依据　充分利用孢子捕捉技术、信息技术、分子生物学技术等各种技术和方法做好病害监测测报工作，做到病害早发现、早防治，提高防治效果和效率。目前孢子捕捉技术已有较大进步，对于气传的小麦锈菌、白粉病菌等可实现定量监测，准确提供空中病原物数量。目前，已可利用分子生物学方法进行小麦条锈病、白粉病等潜伏期植株中病原物的检测，可在病害显症之前，检测到叶片中病原物的存在。高光谱遥感技术也能提前几天在症状表现之前检测到小麦条锈病菌侵染小麦叶片。这些技术的发展均为病害监测和测报提供了新的方法和思路，将为小麦病害防治提供更有力的依据。

2. 加强植物检疫工作，严防危险性病原生物的传播和扩散　随着气候变化、商贸活动急剧增加、耕作制度的变化，危险性病原生物有更多的传播途径进行传播和扩散。新的病害不断产生，使小麦安全生产面临巨大挑战。小麦上的一些重要检疫对象和危险性有害生物的防控工作日益严峻。小麦胞囊线虫病在我国的发生面积不断扩大，造成的危害和损失越来越大，应采取相应措施，防止其进一步扩展蔓延。应严格植物检疫执法，严防小麦矮腥黑穗病、小麦印度腥黑穗病、小麦瘟病等病害传入我国，不去疫区调种，杜绝病菌传播。严格监测小麦秆锈病菌小种Ug99，做好应急准备，一旦传入及时采取应对措施和方案。

3. 选育和利用抗病品种，培育健康种子　选育和利用抗病品种是防治小麦病害最经济有效的措施。我国针对小麦条锈病、白粉病等气传病害的流行，选育了大量的抗/耐病品种，防病效果显著，在防止病害流行中发挥了重要作用。然而，我国很多小麦病害缺乏抗/耐病品种，尤其缺少免疫品种，应更加广泛地筛选抗/耐病小麦基因，充分利用农家品种和近缘、远缘植物材料中的抗/耐病基因。实行无病田留种，建立无病健康种子培育基地，培育健康种子。

4. 加强栽培管理，做好病害生态防治　适期、适量播种，避免过早和过量播种，控制田间植株群体数量。实行测土配方施肥，注意氮肥、磷肥、钾肥的施用比例和施肥时期。注意田园卫生，及时清除田间病残体。对跨区作业的农机具及时消毒处理。合理轮作，尤其是实行与非禾本科作物进行轮作，对于控制小麦全蚀病、根腐病、纹枯病和孢囊线虫病等小麦根部病害和土传病害尤为重要。协调利用各种条件，做好小麦病害的生态防治。实现品种的合理布局，避免大面积种植单一品种或遗传背景相似的品种，防止对病原物形成定向选择，延缓品种抗病性丧失。

5. 合理使用农药,加强病害的生物防治 实行种子药剂拌种或包衣处理。利用三唑类药剂拌种,可以防治小麦锈病、白粉病、根部病害等多种小麦病害的发生。药剂拌种也可有效防治小麦散黑穗病、腥黑穗病等病害的发生。在小麦生长过程中,针对不同病害适期施药,尽量做到一药多治,高效、安全地防治病害。切实做好"一喷三防"工作。避免一种药剂长期大量施用,严防病原菌抗药性的产生。例如,扬花期天气情况有利于小麦赤霉病菌的侵染,可用多菌灵喷药保护穗部。可以选用敌力脱、禾果利、三唑酮等药剂防治小麦锈病、白粉病和叶枯病等。对于小麦虫传病毒病害,可选用吡虫啉等药剂进行喷药防治传毒蚜虫、灰飞虱等传毒媒介。筛选合适的生防菌,研制具有良好防病效果的生防制剂,研发生防制剂和生防菌配套的施用方法和技术,加大生物防治面积。

(王海光 编写)

第三节 玉米病害

玉米是我国重要的三大粮食作物之一,也是重要的饲料和工业原料。2012 年播种面积 3495 万 hm^2,年产量 2.08 亿 t,无论是播种面积还是总产都已经超过了水稻和小麦,成为名副其实的第一大粮食作物。因此,玉米在保障国家粮食安全,增加农民收入,促进畜牧业发展等方面具有举足轻重的地位。

病害一直是影响玉米产量和品质的重要因素。世界上已经报道的玉米病害有 80 多种,我国 40 多种,其中经常发生,危害较重的有 20 余种,包括大斑病、小斑病、弯孢叶斑病、灰斑病、茎腐病、纹枯病、南方锈病、丝黑穗病等。由于全球气候变暖,种植结构和栽培模式的改变,玉米病害的种类和发生规律也发生了变化,过去一些发生严重的病害危害减轻,瘤黑粉病、霜霉病、北方炭疽病、褐斑病、粗缩病、穗腐病等原来发生很轻的病害危害逐年加重,一些新病害,如矮化病、鞘腐病、顶腐病等不断出现,有些常发性病害在特殊年份和环境下不断暴发危害,给玉米生产带来新的挑战。

一、真菌病害

(一) 玉米大斑病和小斑病

玉米大斑病(northern leaf blight of corn)和玉米小斑病(southern leaf blight of corn)是玉米生产上的两种重要叶部病害,在全世界玉米产区普遍发生。1876 年,大斑病在意大利首次报道,20 世纪初期遍及美洲、欧洲、亚洲、非洲和大洋洲等玉米产区。1899 年,中国首次记载大斑病的发生,后遍及全国,以华北、西北和南方山区的冷凉玉米产区发病较重,近年来,大斑病在吉林、辽宁、黑龙江、甘肃、宁夏、陕西等部分春玉米产区频繁流行,尤其是 2012 年、2013 年该病在东北玉米产区大范围发生,造成严重损失。

20 世纪 20 年代,中国江苏就有报道玉米发生小斑病。1970 年,小斑病在美国大流行,玉米减产 165 亿 kg,损失产值约 10 亿美元。近年来,小斑病在我国部分玉米产区危害日趋严重,其中,河北、河南、安徽、北京、天津、山东、广东、广西等省(自治区、直辖市)危害较重。

玉米大斑病、小斑病发病季节集中,发病期为玉米抽雄前后至收获期间,其在叶片上产生大小不等的病斑,影响叶片的光合作用,导致玉米减产。大发生年份一般减产 20%～30%,严重时减产 50%以上,对玉米生产造成严重威胁。

1. 症状 玉米大斑病、小斑病在玉米的整个生育期均可发生,主要危害叶片,严重时也可危害叶鞘、苞叶，小斑病还可危害果穗。大斑病在叶片上形成长梭形大斑，小斑病一般为纺锤形、近长方形或椭圆形小斑。自然条件下，由于玉米的阶段抗病性或受环境条件影响，苗期很少发病或发病较轻，到玉米生长后期，尤其是在抽雄后发病逐渐加重。

(1) 玉米大斑病。发病初期叶片上出现水渍状、青灰色小斑点，以后逐渐沿叶脉向两端扩展，形成边缘暗褐色、中央黄褐色或灰褐色的梭形大斑，后期病斑常纵裂。病斑一般长 5～10 cm，宽 1～2 cm，有的病斑长达 20 cm 以上。严重发病时，多个病斑相互汇合连片，叶片变黄枯死。在多雨潮湿的天气，病斑表面常密生一层灰褐色霉层(分生孢子梗和分生孢子)，叶背较多。大斑病在田间往往是下部叶片先发病，逐渐蔓延到上部叶片、叶鞘上，有时花丝或花颖苞上也生黑色霉层。叶片病斑类型因玉米材料(自交系或品种)上所带抗病基因的不同而分成褪绿斑和萎蔫斑。①褪绿斑:病斑较小，不规则梭形，与叶脉平行，具有明显的黄褐色或淡褐色边缘；②萎蔫斑:病斑初期为椭圆形、黄色或青灰色的水渍状小斑点，病斑逐渐扩展形成长梭形，无明显边缘的大型萎蔫斑(图 6-28)。

图 6-28　玉米大斑病的症状

(2) 玉米小斑病。发病时间比大斑病稍早，叶片上的病斑小而多。初期叶片出现水渍状半透明小斑点，随后病斑渐变为黄褐色，边缘颜色较深，椭圆形、近圆形或长椭圆形，后期病斑中部颜色变淡，有时出现 2～3 层红褐色的同心轮纹。叶片病斑类型因病菌生理小种及品种抗病性的不同分 3 种类型:①病斑为椭圆形或长椭圆形，病斑扩展受叶脉限制，黄褐色并具紫色或深褐色边缘；②病斑椭圆形或纺锤形，病斑较大，灰褐色或浅黄色，一般无明显边缘，扩展不受叶脉限制；③病斑为黄褐色坏死小斑点，周围有黄褐色晕圈，病斑一般不扩展，属抗病类型。前两种为感病型病斑，发病严重时，病斑常常相互联合致使整个叶片萎蔫，严重株会提早枯死。天气潮湿或多雨季节，病斑也长出大量灰黑色霉层(分生孢子梗和分生孢子)，但不如大斑病那样明显。小斑病菌对茎秆和雌穗的致病力较大斑病菌强，可造成茎秆断折和果穗腐烂。

图 6-29　玉米小斑病的症状

2. 病原

(1) 玉米大斑病菌。无性型为玉米大斑凸脐蠕孢[*Exserohilum turcicum* (Pass.) Leonard et Suggs]，属有丝分裂孢子真菌中的凸脐蠕孢属。分生孢子直，梭形，2～8 个隔膜，大小为 57.7～140.6 μm×15.1～22.9 μm，脐点明显且突出于基细胞之外，萌发时由两端产生芽管，越冬期间往往形成厚壁孢子。有性型为玉米毛腔菌[*Setosphaeria turcica* (Luttrell) Leonard et Syggs]，属子囊菌门毛球腔菌属。自然界中很少发现病菌的有性态，但人工培养可以产生子囊壳。子囊壳黑色，椭圆形或近球形。子囊圆筒形或棍棒状，在子囊壳中平行排列。子囊内大多含 2～4 个子囊孢子，成熟的子囊孢子无色透明，纺锤形，具有 3 个隔膜(图 6-30)。

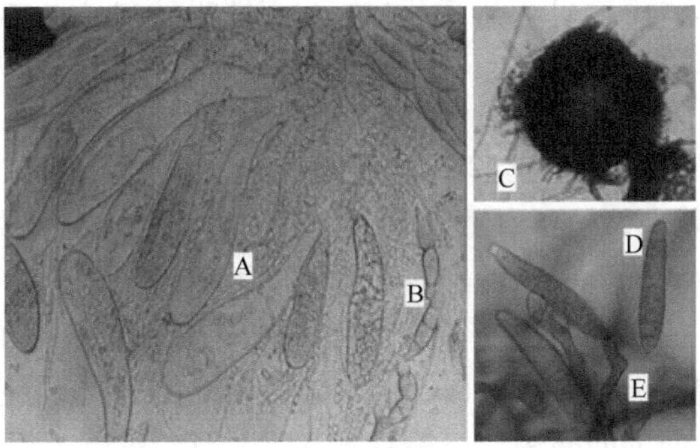

图 6-30　玉米大斑病菌

A. 子囊；B. 子囊孢子；C. 子囊壳；D. 分生孢子；E. 分生孢子梗

(2) 玉米小斑病菌。无性型为玉蜀黍平脐蠕孢[*Bipolaris maydis*(Hisik.)Shoem]，属有丝分裂孢子真菌中的平脐蠕孢属。分生孢子梗从叶片病斑气孔伸出，其顶端或侧方产生长椭圆形或近梭形、褐色或褐绿色、两端钝圆、多向一端弯曲的分生孢子。分生孢子中间粗两端细，具 3～13 个隔膜(比大斑病菌多)，大小为 30～115 μm×10～17 μm，脐点不明显或凹陷于基细胞之内，分生孢子多从两端细胞萌发长出芽管，有时中间细胞也可萌发。有性型为异旋孢腔菌(*Cochliobolus heterostrophus* Drechsl.)，属子囊菌门旋孢腔菌属。子囊壳可通过人工诱导产生，偶尔也可在枯死的病组织中发现。子囊壳黑色，近球形，喙部明显，大小和形状变化较大，表面可长出孢子梗和分生孢子；内部着生近圆桶形的子囊，子囊顶端钝圆，基部具短柄；子囊内大多有 4 个偶尔有 2 个或 3 个线状、无色透明的子囊孢子，大小为 147～327 μm×6～9 μm；子囊孢子在子囊内彼此缠绕呈螺旋状，萌发时每个细胞均可长出芽管。

玉米大斑病菌、小斑病菌菌丝发育温度范围为 10～35℃，其中，大斑病菌菌丝生长适温为 28℃，小斑病菌菌丝生长适温为 28～30℃。大斑病菌、小斑病菌分生孢子形成的温度范围为 15～33℃，最适温度 23～25℃；分生孢子萌发的温度范围为 5～42℃，最适温度 26～32℃；分生孢子的形成和萌发均需要高湿条件，但大斑病菌、小斑病菌的分生孢子的抗干燥能力很强，在玉米种子上可存活 1 年以上。

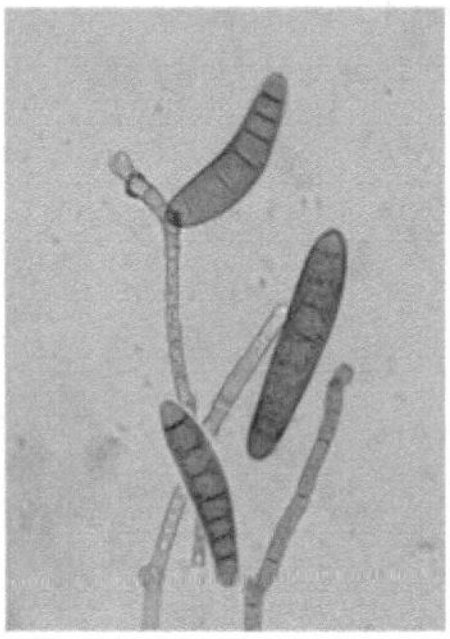

图 6-31 玉米小斑病菌

(分生孢子和分生孢子梗)

大斑病菌、小斑病菌存在明显的生理分化现象，大斑病菌根据致病力不同分为玉米专化型和高粱专化型。玉米专化型只侵染玉米，而高粱专化型可侵染玉米、高粱、苏丹草和约翰逊草。玉米大斑病菌生理小种的划分依据是基于对玉米携带不同主效单基因致病力的不同，美国报道玉米大斑病菌有 4 个生理小种，中国目前已发现 15 个生理小种，以 0 小种频率最高，其次为 1 号小种，但生产中也发现了对玉米携带 *Ht1*、*Ht2*、*Ht3*、*HtN* 抗病主效单基因均能致病的超级小种 123N。玉米小斑病菌生理小种的划分依据则是基于玉米不同细胞质量的种类，1970 年，美国小斑病大流行后，报道了 T、O 两个生理小种，T 小种对有 T 型细胞质的雄性不育系具有专化性，O 小种则无专化性；基于我国玉米细胞质存在 T、C、S、N 的复杂情况，推测我国存在 16 个生理小种，目前以 O 小种占绝对优势，在局部地区也出现了 C 小种和 T 小种，甚至出现 S 类群。

玉米大斑病菌、小斑病菌均能产生致病毒素和一些酶类物质，诱致玉米产生典型病害症状，致病毒素与酶类的产生受到了 MAPK 信号途径、cAMP 信号途径以及 Ca^{2+} 途径的调控。

在田间条件下，小斑病菌还可侵染高粱，人工接种也能危害大麦、小麦、燕麦、水稻、苏丹草、虎尾草、黑麦草、狗尾草、白茅、纤毛鹅观草、稗、马唐等禾本科植物。

3. 病害循环

(1) 初侵染。玉米大斑病菌、小斑病菌均以菌丝体和分生孢子在玉米的病残体内越冬，成为翌年发病的初侵染来源。第二年春季，残留在病残体上的病菌只要遇到适宜的环境条件都能产生分生孢子，但越冬的分生孢子的存活率低，作为病菌的初侵染来源作用不大。大斑病菌越冬期间的分生孢子，往往细胞壁加厚，原生质浓缩，而成为厚壁孢子。一个分生孢子可以形成 2～3 个厚壁孢子，厚壁孢子的抗逆性较强。小斑病菌不能形成厚壁孢子。越冬病菌的存活数量与越冬环境有关，地面上的病菌至少能存活 1 年以上，甚至 2 年，而埋在土壤中的病残体一旦腐烂病菌即可死亡。附着在种子表面的分生孢子虽能存活至翌年，但由于带菌量很低，在初次侵染中的作用很小。

(2) 传播。越冬病菌在第二年遇到适宜的环境条件(温度和水分)，产生大量分生孢子，分生孢子主要借风雨和气流传播到玉米植株上，特别是叶片上。一旦条件适宜，大斑病菌的分生孢子 2 h 即可萌发，小斑病菌在 24℃条件下，水滴中 1 h 就可萌发，4 h 后的萌发率达 90%以上。

(3) 侵入与发病。病菌的分生孢子萌发产生芽管，芽管顶端首先形成附着胞，附着胞内壁积累大量的黑色素，形成足够的膨压后，产生侵入丝(图 6-32)。侵入丝大多直接从玉米表皮细胞直接侵入或从表皮细胞中间侵入，少数也可从气孔侵入，而且叶片两面都可以成功侵入。病菌菌丝在叶片细胞间或穿过细胞扩展，直至叶脉的木质部，木质部充满菌丝阻碍水分输导，从而在叶片上形成病斑。大斑病菌从侵入到发病需要 7～10 天，但不同的品种其潜育期长短不一。小斑病菌的潜育期较短，在适温下，病害的潜育期为 24 h，一般经 5～7 天即可形成典型的病斑。

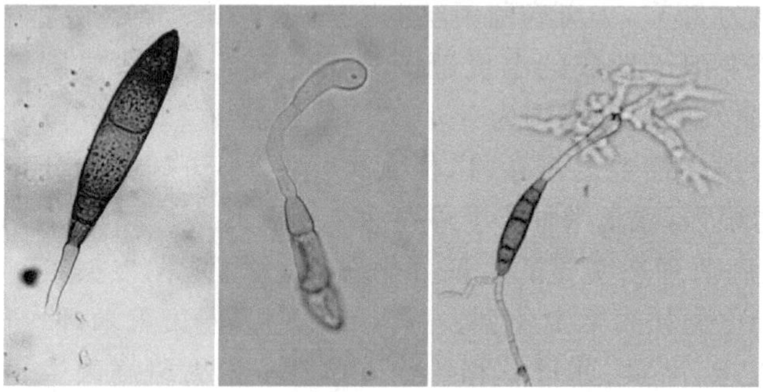

图 6-32　玉米大斑病菌的萌发和侵入

A. 病菌萌发产生芽管；B. 附着胞形成；C. 侵入丝形成

(4) 再侵染。大斑病菌在侵入寄主 10～14 天以后，在潮湿的条件下，分生孢子梗从气孔伸出，并产生大量分生孢子。典型小斑病的病斑一旦遇到潮湿条件就产生大量的分生孢子。分生孢子又可随风雨、气流传播进行再侵染。条件适宜时，在玉米整个生长期内大斑病菌、小斑病可进行多次再侵染，小斑病侵染次数比大斑病多。特别是在春玉米、夏玉米混播地区，春玉米上的病菌可以传播到夏玉米田。春玉米收获后遗留在田间病残体上的分生孢子可以继续向夏玉米田传播，再侵染频繁。因此，夏玉米往往比春玉米发病重。夏玉米幼苗 2～3 叶期即可出现小斑病病斑，5～6 叶期形成密集病斑，叶片焦枯。

4. 发病条件　此病的发生和流行主要取决于玉米品种的抗病性、气象因素、栽培措施和耕作制度等。

(1) 品种抗病性。这是决定大斑病菌、小斑病发生及流行程度的基本因素。目前尚未发现具有免疫的玉米品种，但玉米品种间对大斑病菌、小斑病菌的抗性存在着明显差异，大面积推广和种植感病品种是导致病害大发生和大流行的主要原因。20 世纪 40 年代，世界玉米产区大面积种植的品种多为感大斑病品种，致使大斑病频频流行。1993 年，我国北方玉米生产上推广的丹玉 13、烟单 14、掖单 4、掖单 12、掖单 19 等都是感大斑病品种，造成玉米大斑病的暴发流行。近年来，我国许多地区推广种植感病品种先玉 335，大斑病发生日趋严重。美国 1970 年小斑病大流行的原因就是在 20 世纪 60 年代中后期为了制种方便，80％以上的玉米产区推广 T-cms 玉米，遗传单一的结果使 T 小种上升为优势小种导致寄主抗病性的丧失。相反，中国在 20 世纪 50 年代以前甚至目前在某些山区一直种植农家品种，这种遗传种质的多样化使小斑病发生很轻。20 世纪 60 年代选育和推广具有抗病基因的玉米品种后，小斑病未能在大范围内流行。

玉米品种对大斑病的抗病性分为数量抗性、褪绿斑抗性、褪绿点抗性和无病斑抗性 4 种类型。①数量抗性：是由多基因控制的水平抗性(非专化性抗性)。具此类抗性的抗病材料病斑数量少、面积小、产孢量少、病叶枯死较慢。②褪绿斑抗性：由显性单基因控制的垂直抗性(专化性抗性)。凡具有 *Ht1*、*Ht2* 或 *Ht3* 单基因的玉米，在苗期或成株期叶片上的病斑一般较小，周围具有褪绿晕圈，组织坏死迟缓，不产生孢子或产生量很少。③褪绿点抗性：在玉米苗期表现褪绿点症状，但到成株期则不表现。④无病斑抗性：由 *HtN* 基因控制的抗性类型，植株叶片上通常无病斑。不同品种玉米对大斑病的抗性程度与其体内的丁布含量有关。玉米苗期的丁布含量较高，随着玉米的发育，含量逐渐降低。

玉米对小斑病抗性主要表现为水平抗性，抗病品种较感病品种病斑数量少，病斑面积小，产孢量小。具有隐性单基因 *rhm* 的玉米对小斑病存在质量抗性，抗病的幼苗和成株上的病斑都表现为褪绿斑，其孢子形成数量极少。另外，小斑病菌 O 小种菌株对 T 小种菌株具有交互保护作用，在 O 小种占优势的地区，延缓 T 小种群体增长是一个有效的因素。玉米品种对大斑病菌、小斑病的抗性与其体内的植物保卫素的含量以及苯丙氨酸解氢酶等防御酶类的活性有关。抗病品种产生较多的植物保卫素，苯丙氨酸解氢酶等的活性也明显高于感病品种。

(2) 气候条件。在具有足够菌量和一定面积的感病品种的前提下，大斑病菌、小斑病的发生和流行主要取决于温度、湿度和降雨量。大斑病的发病适温为 20～25℃，超过 28℃或低于 15℃，相对湿度小于 60％，对病害的发展有抑制作用；大斑病适宜发病的湿度条件是相对湿度在 90％以上，这对孢子的形成、萌发和侵入都有利。因此，7～8 月，如果温度偏低，多雨高湿，日照不足，均有利于大斑病的发生和流行。中国北方玉米产区，6～8 月气温大多处于发病适温范围，这样降雨天数和降雨量就成为大斑病发病轻重的决定因素。然而，凡田间病斑出现较晚的年份，不论后期气候条件如何，大斑病的发生都不会太重。

小斑病发生和分布所需的温度与大斑病不同，小斑病发生所需要的适温较大斑病高。小斑病的发病适宜温度为 26～29℃，气温为 15～20℃时，小斑病发展很慢，气温达 25℃以上时病情迅速扩展。如 7～8 月的温度较长一段时间内稳定在 25℃以上，雨日、雨量、露日、露量多的年份和地区，小斑病发生重；6 月的雨量和气温也起很大作用，因为此时的气温和雨量利于菌源的积累。我国大斑病主要分布在东北、西北及南方高海拔山区的春玉米上，夏季较冷凉的平原地区及丘陵山区大斑病发生普遍严重，小斑病的发生地区以温度较高、湿度较大的平原地区及丘陵为主。

(3) 耕作制度与栽培措施。玉米连作地病重，轮作地病轻；单作地病重，间套作地病轻。主要是初侵染来源多，病原基数大。合理的间套作和适时轮作，可改变田间小气候，利于通风透光，降低田间湿度，减少田间菌源，从而减轻病害的发生和危害。我国北方玉米区，夏玉米比春玉米发病重，而且无论春玉米还是夏玉米，晚播都比早播的病重，原因是由于菌量的逐渐积累，且玉米生长后期抗病性降低，又赶上雨季，利于发病。因此生产中实施轮作和适期早播都会减轻病害的发生。此外，栽培过密的玉米地块要比栽培较稀的地块病重；远离村边或玉米秸秆的玉米地块病轻，地势低洼、排水不良、土壤潮湿、土质黏重的地块病重。

5. 病害控制 防治玉米大斑病菌、小斑病，实行以推广和利用抗病品种为主，加强栽培管理，及时辅以必要的药剂防治的综合措施。

(1) 种植抗病品种。种植高产、优质、抗/耐病品种是防治玉米大斑病、小斑病最经济有效的措施。近年来，对玉米大斑病抗性较好的品种有：辽单 129、吉单 261、丹玉 86、丹玉 603、沈玉 21、利民 3 号、先玉 698、海禾 69、海禾 2 号、忻玉 109、川单 23、川单 416 等。对玉米小斑病抗性较好的品种有：京科 389、京玉 16、登海 3622、永玉 8 号、京单 28、浚单 28、洛玉 6 号、漯单 8 号、聊玉 20、鲁单 9032、登海 6102 等。不同地区可根据当地优势小种因地制宜地选用抗病品种，注意监测其他病菌生理小种的分布和消长动态。为防止品种抗病性退化和丧失，注意局部地区要有多品种合理搭配种植、定期轮换，尽可能地利用水平抗性品种与优良的栽培管理措施相配合。对于多种病害混合发生地区应选用多抗品种及兼抗品种，以防顾此失彼。

(2) 加强栽培管理，及时清除菌源。适时早播可以使玉米提早抽雄，避开最易发病的高温多雨季节，缩短玉米感病期。玉米为喜肥作物，应在施足基肥的基础上，及时追肥，氮、磷、钾合理配合施用，尤其是避免拔节和抽穗期脱肥，保障玉米植株健壮，提高抗病性。实施宽窄行种植技术，改善通风透光条件，与矮秆作物大豆、花生、小麦、棉花等间作套种效果较好，此外还应合理密植，以降低田间湿度。注意低洼地及时排水，降低田间小气候湿度，加强土壤通透性，并做好中耕、除草等管理工作。

在病残体中越冬的病菌是第二年的初侵染来源，因此玉米收获后要及时消灭遗留在田间的病残体，秸秆不要留在田间地头，秸秆堆肥时要彻底进行高温发酵，加速腐解。以玉米秸秆为燃料的地方，尽可能在玉米播种前将玉米秸秆烧掉。另外，玉米大斑病菌、小斑病一般都是先下部叶片后上部叶片逐渐发病，严重发生病害的地块要及时摘除下部病叶，减少田间菌源，减轻病害的发生。摘除病叶后立即施肥浇水，促进玉米健壮生长，增强植株抗病力。

(3) 药剂防治。由于玉米植株高大，田间操作困难，防治用药量大，药剂防治病害在生产上较难实行，可重点对制种田、间作田和高产试验田等进行药剂防治。在病害大流行年份，药剂防治可以作为一种补救措施。国家玉米产业技术体系病虫害防控研究室近年的研究表明，在大喇叭口期喷施内吸性杀菌剂进行早期防治的病害防治前移技术，对后期大斑病菌、小斑病的发生与危害具有很好的防治效果，该技术值得推广。目前，防治大斑病、小斑病的有效药剂有：戊唑醇、丙环唑、阿米妙收、苯醚甲环唑、醚菌酯以及丁香＋戊唑醇＋醚菌酯复配制剂等。应在发病初期开始施药，必要时隔 7 天左右再次喷药防治。最近研究表明，如果在大喇叭口期喷施杀菌剂预防大斑病菌、小斑病，增产效果明显。

（二）玉米灰斑病

玉米灰斑病(Gray leaf spot in maize)又称尾孢菌叶斑病。早在 1925 年美国就有报道，主要发生于美国伊利诺伊州、田纳西州等山区的一些州，在田纳西州严重时可减产 20%。目前除美国外，墨西哥、欧洲、美洲、东南亚、印度、菲律宾等玉米产区均有发生。我国 20 世纪 90 年代以前发生较轻，是玉米的次要病害。近 10 年来，已在我国东北、华北、西南等玉米产区普遍发生，局部地区经常流行成灾，重病田病叶率 100%，病情指数可达 80 以上，减产 30%以上，甚至绝收。玉米灰斑病成为继玉米大斑病、小斑病之后的又一重要叶斑类病害。

1. 症状　玉米灰斑病在抽雄后开始发病，灌浆期至乳熟期大发生。病菌以侵染叶片为主，也侵染苞叶和叶鞘，严重时还可侵染茎秆。初期病斑为黄褐色小斑，长 1～3 mm，呈矩形至不规则形，具褪色晕圈，后逐渐扩展为灰褐色、灰色至黄褐色的长矩形条斑，宽 2～4 mm、长 1～6 cm。灰斑病最典型的特征是病斑呈灰色，形成与叶脉平行的灰白色长矩形条斑，且与叶脉平行的边缘如直线一般规则，这是区别于其他叶斑病的重要特征。病害从下部叶片向上部叶片扩展，气候条件适宜时可扩展到整个植株的叶片，严重时病斑汇合连片，最终导致植株叶片枯死，严重降低光合作用。重病株果穗下垂，籽粒松脱，千粒重下降，严重影响玉米产量和质量。潮湿时叶片两面尤其叶背病部有灰黑色霉层(分生孢子梗和分生孢子)。病斑的大小、数量和形状与品种的抗病性关系较大，感病品种上产生大量的坏死斑，而抗病品种通常只形成褪绿小斑点。

2. 病原　无性型为玉蜀黍尾孢(*Cercospora zeae-maydis* Tehno & Daniels)，属有丝分裂孢子真菌中的尾孢属。有性型属于子囊菌门球菌属(*Mycosphaerella*)，自然条件下不常见。最近研究表明，引起我国玉米灰斑病的病原除了玉蜀黍尾孢外，还有另一个种，即 *Cercospora zeina*。玉蜀黍尾孢主要发生在北方，*Cercospora zeina* 主要发生在云南。

图 6-33　玉米灰斑病的症状

玉蜀黍尾孢分生孢子梗多簇生，褐色或暗褐色，上下色泽均匀，一般长 50～140 μm，宽 4～6.5 μm，不分枝或罕有分枝，至顶端色较淡，粗细均匀，多数为 1～2 个隔膜，也有的 1～4 个隔膜，直或曲膝状弯曲，着生分生孢子处孢痕明显。分生孢子呈倒棍棒形，细长，直或稍弯，无色，基部呈倒圆锥形，有 1～8 个隔膜，多为 5～6 个隔膜，脐点明显，顶端渐细，稍钝，长 30～135 μm，宽 6～9.9 μm。*C. zeina* 和 *C. zeae-maydis* 的分生孢子大小较相似，形态上最明显的区别是：*C. zeina* 的分生孢子为宽纺锤形，而且其分生孢子梗短，一般不超过 100 μm；而 *C. zeae-maydis* 的分生孢子呈倒棍棒状至近圆柱形，而且其分生孢子梗长，可达 180 μm。

病菌在 PDA 培养基上生长缓慢，很少产生孢子，组织块分离不易成功，可直接挑取单孢

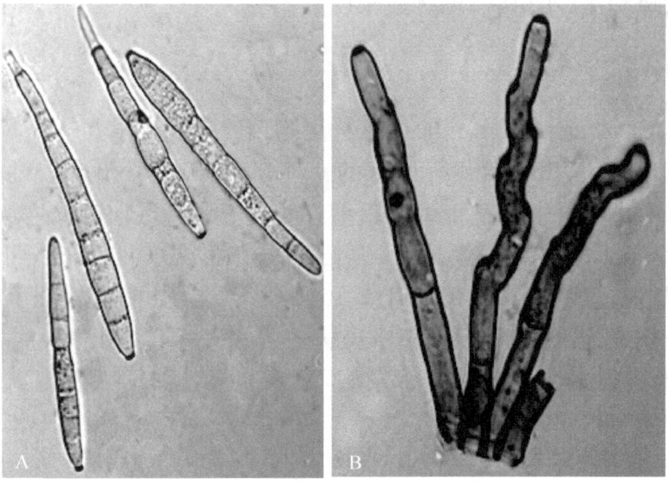

图 6-34　玉蜀黍尾孢

A. 分生孢子；B. 分生孢子梗(龚国淑 提供)

培养。新分离的病菌菌落为灰色至黑色，隆起似垫状。培养 1～2 周后，分生孢子萌发形成白色棉絮状菌落，连续培养易产生性子器。病菌在不同培养基上菌丝生长差异显著，在 V-8 汁或玉米叶煎汁培养基上有利于分生孢子的产生，持续光照可抑制孢子萌发、菌丝生长和产孢，光暗交替有利于分生孢子的形成。菌丝生长对温度的要求比较严格，最适温度在 25℃左右，该温度也利于分生孢子萌发。分生孢子萌发要求湿度较高，通常在相对湿度 81%以上才能萌发。一般相对湿度≥98%或有水滴萌发最好，萌发率可达 100%。病菌在培养基上 4℃条件下可以存活 23 个月。张益先等(2003)研究表明不同碳源和氮源对病菌的生长影响较大，菌丝生长对氮源的需求尤为重要，在无氮源与有氮源条件下生长差异显著。菌丝生长对 pH 适应的范围较宽，pH 5～10 均能生长，最适 pH 6～8。分生孢子在 pH 4～10 中均能萌发，营养对分生孢子萌发无显著促进作用。

3. 病害循环　病菌以菌丝体、子座在病残体上越冬，在地表的病残体上可存活 7 个月，在埋入土壤中的病残体上则很快死亡不能越冬，翌年从子座组织上产生分生孢子作为初侵染源。分生孢子通过风雨传播引起初侵染和不断进行再侵染。到达叶片表面的孢子萌发后产生芽管，分枝的芽管在气孔附近形成多个附着胞，然后进一步产生侵染钉从气孔侵入，潜伏期 15 天左右。一般基部叶片最先感病，发病后产生分生孢子通过风雨传到上部叶片。灰斑病在高温、高湿的条件下易于流行，其流行所需温度比玉米大斑病所需最高温度要高出 5～10℃，病残体上的分生孢子于 7 月上旬开始产生，在 7 月中下旬有较高的萌发率，8 月中下旬至 9 月上旬为发病盛期。

4. 发病条件　灰斑病的发生流行主要受田间菌源量、品种抗病性和环境条件三个因素的影响。

(1) 田间初始菌量。连年发病的区域由于田间多年病残体累积，病害逐年加重，尤其少耕、免耕和秸秆还田，是灰斑病严重流行的重要因素。Nazareno 等(1992)研究表明，上年 11 月留于土表的病叶，至翌年 5 月可产生 5431 个孢子/mm^2病斑。

(2) 寄主抗病性。目前，我国应用的骨干自交系，如 E28、丹 340、5003、478、C8605、7922 等均不同程度感病，生产上的杂交种仅少数表现抗病，掖单 13 号、沈单 7 号等严重感病，辽宁省主栽品种沈单7号因感病一般减产20%以上。病菌在感病材料上潜伏期为14天,抗病材料为22天。玉米对灰斑病的抗性主要取决于一个主效基因(GLS1),其抗性可通过回交和轮回筛选而转移。也有报道认为其抗性属数量性状遗传,抗性位点分别位于第一、第四和第八条染色体上。

(3) 环境条件。高温高湿等适宜的环境条件会提高病菌繁殖速度,增加再侵染次数,有利于灰斑病的大面积发生。在温度条件适宜时,湿度便成为病害发生的关键因素。降雨对病害的影响最大,若雨后又遇高温天气,病害发展更加迅速。此外,玉米生长后期遇到高温干旱等情况不利于植株的生长发育,降低了植株的抗病性,也有易于病害的发生。

此外,地势和土壤类型也对病害的发生危害有一定影响,平地与洼地发病较重,岗地发病较轻,沙土和黏土病害发生较重,壤土发病较轻。

5. 病害控制 采取以推广种植抗病品种为重点,清除田间病残体与药剂防治相结合的综合防治措施。

(1) 种植抗病品种。基于我国尚未见免疫品种,而有效控制灰斑病的发生危害需优先推广利用抗病品种的现实,必须加强抗病优质高产新品种的选育。全国各地区已筛选鉴定出一些抗病性较好的自交系和优良组合,可以在育种和生产上加以利用,较抗病的品种有:农单5、丹玉86、蠡玉6号、路单8号、安玉12、奥玉16、长城706、登海3号、海禾3、海禾14、东单60、承玉13、邯丰08、郝育19、吉单29、吉东4、浚单20、辽单565、鲁单981、沈玉17、云端1号、云端3号、德玉4号、330、掖107、78599、78641、齐319、107B、丹黄02等,各地应因地制宜选用。

(2) 消灭越冬菌源。秋季收获后及时将病秸秆堆沤腐熟还田或粉碎后深翻入土,或集中焚烧或移出田间作其他用途,减少初侵染源。

(3) 加强栽培管理。早播灰斑病重,晚播病轻,因此,适期播种非常重要。播种时施足底肥,增施有机肥,同时氮、磷、钾等配合使用并及时追肥,防止后期脱肥,增强植株的抗病力。重病区可实行轮作,或间作套种,合理密植,以降低田间扩展速度。

(4) 药剂防治。在病害初发期(约7月初)及时用药,用药灌心,防病效果比喷雾效果好且省工;提倡病害早期预防,推广药剂防治的前移技术。常用药剂有75%百菌清、50%多菌灵、70%代森锰锌、50%甲基硫菌灵等,应注意喷施于植株基部叶片。当发病率大约在10%时,连续用药2~3次,每次用药间隔7~10天,防治效果较好。

(三) 玉米锈病

玉米锈病(Corn rust)包括普通锈病、南方锈病、热带锈病及秆锈病。其中普通锈病常见于我国广西、云南、贵州、四川、海南、台湾等省(自治区),在陕西、甘肃、河北、山东、山西、辽宁、吉林、黑龙江等北方省份也有发生,有时发生较重。一般年份发生时可减产10%~20%,严重发病年份则可减产50%以上,部分地块甚至绝收。玉米南方锈病主要发生在低纬度地区,海南省是南方锈病的重发区。近年南方锈病逐渐北移,在广东、台湾、浙江、江苏、四川、云南、贵州、广西、海南、山东、河南、吉林和辽宁等省(自治区)均有发生。2013年,南方锈病在山东、河南、安徽、河北的交界地带发生严重。热带锈病主要分布于美洲,秆锈病仅在坦桑尼亚和美国有发生报道。我国以普通锈病和南方锈病发生为主。

1. 症状 主要危害叶片,严重时危害叶鞘、苞叶和雄花。发病初期在叶片基部或上部主脉及两侧出现乳白色至淡黄色针尖大小病斑,为病原菌未成熟夏孢子堆。随后病斑扩展为圆形至长圆形,隆起,颜色加深至黄褐色,表皮破裂散出铁锈色粉状物(夏孢子)。夏孢子散生于叶片的两面,以叶面居多。后期叶片两面尤其背面靠近叶鞘或中脉附近,形成黑色冬孢子堆。冬孢子堆初椭圆形、埋生时间较长,后突破表皮。在南方温暖地区,如广东、海南、云南等,病菌冬孢子堆不一定产生。玉米锈病发生严重时叶片上密布孢子堆,甚至多个孢子堆汇合连片,造成叶片干枯,植株早衰,影响叶片的光合作用和籽粒的灌浆成熟,导致玉米减产或籽粒失去商品价值。

普通玉米锈病和南方玉米锈病症状的区别:普通型锈病夏孢子堆时期的病斑为卵圆形到细长形,咖啡色,并常附有寄主表皮,冬孢子堆黑褐色至黑色,呈敞开状,由夏孢子堆转换而成。夏孢子黄褐色,近乎圆形,冬孢子咖啡色至黑褐色,周围圆滑,顶端明显加厚。南方型锈病夏孢子堆时期的病斑为小圆形,金黄色,冬孢子堆黑褐色至黑色,散生在夏孢子堆周围,被植物表皮所覆盖的时间较长,所以多呈密闭而非敞开状。夏孢子金黄色,卵圆形,冬孢子黄褐色,常呈棱角状,顶端部分加厚不明显。

图 6-35　玉米锈病的症状

A. 普通锈病;B. 南方锈病

2. 病原　为高粱柄锈菌(*Puccinia sorghi* Schw.),属担子菌门的柄锈菌属。

夏孢子近球形、椭球形、长椭球形、长卵圆形或矩形与不规则形,淡褐色至金黄褐色,壁厚 1.5～2.0 μm,表面布满短且稠密的细刺,大小为 24～33 μm×21～30 μm,沿赤道上有 4 个发芽孔,分布不均。冬孢子为椭圆形至长椭圆形,多为双细胞,中部具一个隔膜、微缢,内部各具 1 个直径为 5～8 μm 的淡色油球。顶端钝圆,少数扁平,顶膜厚 4～6 μm,表面光滑,基部圆,少数细缩,呈栗褐色,大小为 28～46 μm×14～25 μm,膜厚 1～2 μm,柄淡黄色,永久性,长可达 80 μm,是冬孢子长的 2～3 倍,冬孢子与冬孢子柄结合稳固,不脱落。锈孢子淡黄色,球形或椭圆形,表面具疣,大小为 18～26 μm×13～19 μm。性孢子器和锈孢子器发生于酢浆草属(*Oxalis* sp.)植物上,但在我国未见报道。

玉米南方锈病的病原是多堆柄锈菌(*Puccinia polysora* Underw)。病菌在夏孢子堆时期引起的病斑为小圆形、金黄色,冬孢子堆黑褐色至黑色,散生在夏孢子堆周围,而且被植物表皮覆盖的时间较长,所以多呈密闭而非敞状。夏孢子金黄色,卵圆形,冬孢子黄褐色,常见为梭形,顶端部分加厚不明显。

高粱柄锈菌夏孢子在 2 h 内可全部发芽,夏孢子萌发和侵染的适宜温度为 10.8～29.0℃,最适温度为 14.9～22.4℃,温度在 10.0℃以下萌发终止。锈孢子在－40～－5℃保存 150 天以后,仍有 60%～70%的发芽率,28℃经一个月后才失去发芽能力。玉米收割后,夏孢子存活时间约为 55 天,此时许多夏孢子体内的颗粒体已消耗殆尽,失去发芽能力。夏孢子抗逆性较差,一般不能越冬。但是,休眠夏孢子堆有较强的抗逆性,越冬后仍具有正常的萌发力和对寄主的致病性。

多堆柄锈菌夏孢子经约 1 h 即可萌发，4 h 后发芽率达 75.3%。夏孢子萌发适温为 22～30℃，最适温度为 26～28℃。在 15～20℃条件下，新鲜叶片上的夏孢子存活时间为 10 天。在适宜温度条件下，有水滴存在时，夏孢子平均发芽率为 61.3%，无水滴但空气湿度饱和时发芽率仅为 3.3%，相对湿度 60%时不萌发。可见夏孢子发芽，除适宜的温度外，还需要有水和空气。

普通锈病菌在具有不同等位抗性基因的玉米上存在致病性分化。有报道认为普通锈菌存在 13～15 个生理小种，但是由于鉴定方法未形成统一标准，所以普通锈菌的生理小种分化情况至今未成定论。锈菌侵染过程中的夏孢子形成能力和血清学也曾用来鉴别普通锈菌小种分化，但至今未见深入报道。据报道，玉米南方锈病菌有 13 个生理小种。

3. 病害循环 一般田间叶片染病后，病部产生的夏孢子可借气流传播，进行世代重复侵染及蔓延扩展。在海南、广东、广西、云南等南方湿热地区，病原锈菌以夏孢子借气流传播侵染致病；由于冬季气温较高，夏孢子可以在当地越冬，并成为当地翌年的初侵染菌源。但在甘肃、陕西、河北、山东等中国北方省份，锈菌则以冬孢子越冬，冬孢子萌发产生的担孢子成为初侵染接种体，借气流传播侵染致病；发病后，病部产生的夏孢子作为再侵染接种体，除本地菌源外，来自南方通过高空远距离传播的夏孢子也是北方玉米锈病的初侵染菌源。但也有研究认为冬孢子在锈病生活史中作用不大，休眠夏孢子才是翌年春季的唯一初侵染源。

玉米锈病在中国各地的发病时期不尽一致。在浙江省，7 月中旬开始出现空中夏孢子，8～10月为夏孢子盛发期，12 月以后空中捕捉不到夏孢子；在河北省南部，6 月中旬至 7 月中旬为锈病传染期，7 月中旬开始发病，8 月底为发病盛期；在河南省，7 月底开始发病，8 月中旬大面积发生；在黔南地区，玉米锈病一般于 7～8 月发生。

除台湾外，国内其他玉米产区均未发现有南方锈病性孢子、锈孢子和冬孢子的存在，因此南方锈病以外来菌源为初侵染源，以夏孢子形式侵染。玉米全生育期均可以感病，苗期和孕穗期发病最重。浙江地区，南方型锈病夏孢子初见期均在 7 月中旬，若春玉米后期发病面积大，则夏孢子高峰出现早，易侵染夏玉米幼苗。9 月中旬至 10 月上旬一般都有 1～2 个夏孢子发生高峰，是影响夏玉米发病的重要菌源。夏孢子早播发病重，并有随玉米播种期推迟而病情明显减轻的趋势。

4. 发病条件 玉米锈病的发生流行主要与品种抗性、气候因素等密切相关。

(1) 品种抗性。玉米对普通锈病的抗性多为水平抗性。美国、印度研究表明，水平抗性品种的田间表现为在成熟叶片上出现零星夏孢子堆，进而连续侵染扩展至夏孢子堆覆盖大部分叶片。此种抗性由多个抗性基因决定，且抗性基因之间表现出较高的配合力和遗传力。

玉米对普通锈病也存在垂直抗性反应，田间表现为无论幼苗还是成株期玉米都具有抗病性，病斑较小或只有零星夏孢子堆分散在叶片上。研究表明，对普通锈病和南方锈病的垂直抗性基因座位(*Rp* gene locus)位于第 10 染色体的短臂远末端。其中，*Rp5* 和 *Rp6* 决定玉米对普通锈病的抗性，*Rp9* 决定玉米对南方锈病的抗性。*Rp* 基因座总遗传图距约为 3 cm，共鉴定出 14 个等位基因，分别命名为 *Rpa*～*Rpn*，其中，*Rpg*-*Rpl*、*Rpa*-*Rpk*、*Rpa*-*Rpc*、*Rpc*-*Rpk*、*Rpb*-*Rpc* 之间的重组值分别为 0.37%、0.27%、0.22%、0.16%和 0.10%。对 Rpc-Rpk 重组后代的研究结果显示其对普通锈病的抗性未发生明显变化，表明玉米第 10 号染色体短臂远末端 *Rp* 基因座对玉米抗锈病的影响作用是较为复杂的，研究推测第 10 条染色体抗性基因 *Rp* 来自玉米的近缘摩擦禾属上的同源抗锈病基因。另外，在玉米第 3、第 4 染色体上分别发现了对普通锈病垂直抗性的 *Rp3* 基因和 *Rp4* 基因，最新研究表明，*Rp3* 基因座对普通锈病抗性的影响同样较为复杂，用 PCIC13 作为探针，在 *Rp3* 基因座上发现了含有具核苷酸结合位点的富含亮氨酸的重复序列（NB-LRR）。同时对抗性基因 *Rp3* 和玉米种研究最深入的抗性基因 *Rp1*（编码 NB-LRR 蛋白）的对比研究表明，虽然两者在结构上具有相似性，但核酸序列以及氨基酸序列差异较大，这表明 *Rp*3 和 *Rp*1 处于距离较远的进化分枝上。

关于南方锈病抗性遗传已有一些报道。Ullstrup(1965)和 Futrell(1975)等发现玉米抗南方锈病质量抗性基因 *Rppl*、*Rpp2* 和 *Rpp9* 并进行了定位。*Rpp9* 与 10 号染色体上的 *Rpld* 基因(抗普通锈病)连锁。相距 1.6 个遗传单位。刘章雄等(2003)以玉米南方锈病免疫自交系 P_{25}和感病自交系 F_{349}及 F_1、F_2、B_1、B_2 和组合 $P_{25}\times F_{349}$的 $F_{2.3}$家系为材料，构建了玉米 SSR 遗传连锁图谱。采用主基因＋多基因混合遗传模型研究了 P_{25}的抗病遗传规律。自交系 P_{25}的抗病基因为主基因，表现为加性效应。没有检测到多基因效应。迄今为止，玉米南方锈病抗病基因是多基因控制还是单基因控制尚未定论，需进一步深入研究。

(2) 气候因素。普通型锈病在相对较低的气温和经常降雨、相对湿度较高的条件下，易于发生和流行。影响南方锈病流行的条件，主要是温度和露水。最适宜发病的温度为 26～28℃，日平均气温低于 22℃或高于 33℃都不利于锈病的流行。山区或半山区等雾露重的地区，尤其适宜南方锈病的流行。

此外，播期不适宜，肥料不足，特别是基肥不足或偏施、多施氮肥，土壤板结，没有及时中耕培土，排水不畅，田间湿度过大等因素都会诱导和加速病害的发生。不同玉米品系对锈病存在明显抗病性差异，马齿型抗性较强，甜质型玉米抗性较差，生育期短的早熟品种发病也比较严重。

5. 病害控制　锈病是一种气流传播的大区域发生和流行的病害，防治上采用以选育抗病品种为主，栽培防治和药剂防治为辅的综合防治措施。

(1) 抗病品种选育。种植时应选育抗病、优质、高产的马齿型品种。对于普通锈病，抗性较强的品种有铁 15、辽单 33、丹玉 3、铁 12、农大 84、济单 7 和永玉 1 等；高抗自交系有 CA339、吉 412、吉 141，抗病自交系有沈 137、沈 444、豫 12、B73、U8112、C8605-2、齐 319、齐 9046、P138、自 330、沈 136、丹 3130、吉 63、Mo17、东 91、连 87、CA042 等。对于南方锈病，抗病品种有农大 108、京杂 6 号、中单 2 号、鲁单 981 和冀单 29 号等。

(2) 适当调节播期，避开锈病高发期。在我国内陆地区，大多在 7 月中旬才开始出现夏孢子，因此扩种春玉米，压缩夏、秋玉米面积，可有效地避开普通锈病的危害。适当提早播种，使玉米在锈菌开始侵染时具有较强的抗病性。

(3) 轮作防病。连作能使病原菌在土壤中积累，特别是玉米秸秆不经处理直接还田，使土壤带菌量增大。与非禾本科作物轮作，并对带有病菌的前作玉米秸秆作烧毁处理，可减少病原菌积累，减轻玉米锈病和其他玉米病害的危害。

(4) 加强肥水管理。应多施腐熟的农家肥，增施磷肥、钾肥，避免偏施、过施氮肥，适时喷施叶面营养剂提高植株抗病性；适度用水，雨后注意排水降湿。

(5) 化学防治。种子收获期淋雨或储存期湿度大，种子带菌量大，播种时需进行药剂拌种处理，如用粉锈宁、烯唑醇、立克锈等拌种可减轻锈病的发生率和危害程度。上述药剂也可进行喷雾防治病害。

(四) 玉米弯孢叶斑病

玉米弯孢叶斑病(Corn *Curvularia* leaf spot)是玉米生产上的重要病害，主要发生在热带及亚热带地区。1956年玉米弯孢菌叶斑病在印度首次报道，以后相继在美洲、欧洲、亚洲、非洲和大洋洲等玉米产区发生。1984年中国最早记载玉米弯孢叶斑病的发生，后遍及黑龙江、吉林、辽宁、河北、河南、北京、山东、河南、四川、陕西、云南等省(市)，以东北、西南春玉米区发病较重。1996年，弯孢叶斑病在辽宁发生30多万公顷，造成2.5亿kg的粮食损失。20世纪80年代后期，弯孢叶斑病的发生得到了一定的控制。2011年和2012年，玉米弯孢叶斑病在安徽省和辽宁省部分玉米产区再度流行。

1. 症状　主要危害叶片，也可危害叶鞘和苞叶。病斑初为水浸状或淡黄色半透明小点，之后扩大为圆形、椭圆形、梭形或长条形病斑。病斑形状和大小因品种抗性分为3类。①抗病型病斑：病斑小，1～2 mm，圆形、椭圆形或不规则形，中央苍白色或淡褐色，边缘无褐色环带或环带很细，最外围具狭细的半透明晕圈；②中间型病斑：病斑小，1～2 mm，圆形、椭圆形、长条形或不规则形，中央苍白色或淡褐色，边缘有较明显的褐色环带，最外围具明显的褪绿晕圈；③感病型病斑：病斑较大，长2～5 mm，宽1～2 mm，圆形、椭圆形、长条形或不规则形，中央苍白色或黄褐色，有较宽的褐色环带，最外围具较宽的半透明黄色晕圈，有时多个斑点可沿叶脉纵向汇合而形成大斑，最大的可达10 mm，甚至整叶枯死。潮湿条件下，病斑正反两面均可产生灰黑色霉状物(分生孢子梗和分生孢子)。

图6-36　玉米弯孢叶斑病的症状

玉米弯孢叶斑病有时极易与玉米北方炭疽病混淆。前者病斑黄色，多为圆形或椭圆形，病斑扩展常受叶脉限制；后者可侵染叶片中脉，病斑在叶片背面中脉上多为褐色矩圆形，多个病斑汇合时使中脉变褐色，而病斑正面中脉为淡褐色。这是北方炭疽病与弯孢叶斑病症状的区别之处。

2. 病原　为新月弯孢[*Curvularia lunata*(Wakker)Boed.]，属有丝分裂孢子真菌中的弯孢属。

国外报道引起玉米弯孢菌叶斑病的病原菌主要有新月弯孢(*C. lunata*)及新月弯孢气生变种(*C. lunata* var. *aeria*)、苍白弯孢(*C. pallescens*)、斑点弯孢(*C. maculans*)、棒弯孢(*C. cavata*)等。另外在玉米上还发现了不等弯孢(*C. naequalis*)、间型弯孢(*C. intermedia*)、塞河弯孢(*C. senegalensis*)和小瘤弯孢(*C. tuberculata*)。其中以新月弯孢危害最严重最广泛，苍白弯孢危害次之。国内报道引起我国玉米弯孢叶斑病的病菌主要是新月弯孢、苍白弯孢和不等弯孢，还有画眉草弯孢(*C. eragrostidis*)、棒弯孢(*C. clavata*)和中隔弯孢(*C. intermedia*)。目前从国内玉米弯孢叶斑病发生的情况看，新月弯孢是我国玉米弯孢叶斑病的主要致病菌。

新月弯孢分生孢子梗单生或数根丛生，暗褐色，不分枝，有隔，顶部多呈屈膝状，大小为70～270 μm×2～4 μm，顶端和侧面着生分生孢子。分生孢子淡褐色、灰褐色，棍棒形或椭圆形，少数呈“Y”形，向一端弯曲，多数分生孢子为3个隔膜4个细胞，中间两个细胞膨大，暗褐色，从基部向上数第三个细胞最大，两端细胞较小，大小为19～30 μm×8～19 μm，淡褐色。玉米弯孢叶斑病菌的有性型为月状旋孢腔菌(*Cochliobolus lunatus* Nelson & Haasis)，在印度等国曾有报道，国内未见有报道。

病菌在 PDA 上生长良好，最适宜温度 28～32℃，病菌生长对酸碱度要求不严格，在 pH 5～9范围内生长良好且无明显差异，相对湿度>98%时分生孢子开始萌发，在玉米叶汁液中萌发最好。

玉米弯孢叶斑病菌分生孢子接触叶片后利用雨水 2 h 就可以萌发侵入，芽管生长特别快，并不断形成分枝和附着孢直接侵入寄主组织，角质层和蜡质层对弯孢菌的侵入不构成障碍。新月弯孢在 Fries 培养基上至少产生两种毒素，且活性都很强，在稀释倍数较高时仍对玉米叶片致病。该毒素属非寄主专化性毒素，在 350 nm 处有最大吸收值，紫外光激发这两种毒素均有荧光活性，该毒素可透析、热稳定，酸性条件下活性高，碱性条件下毒性丧失。毒素致病机制是影响细胞膜透性及膜内质体。新月弯孢产生多聚半乳糖醛酸酶、聚甲基半乳糖醛酸酶等果胶酶和纤维素酶等细胞壁降解酶。

采用自交系沈 135、CN165、Mo17、78599-1、B73、掖 478、鲁原 92、E28 和黄早四作为鉴别寄主，可鉴定出 4～6 种致病类型，不同菌株之间致病性存在显著差异，这种差异一方面表现在不同地区间的菌株差异显著，另一方面不同寄主来源的菌株致病性也存在差异。

3. 病害循环　病菌以菌丝体潜伏于病残体组织中越冬，也能以分生孢子状态越冬。靠近村头或秸秆垛的玉米植株首先发病，且发生严重，说明玉米秸秆所带病原菌是翌年玉米田间发病的主要初侵染来源。病菌也可危害水稻、高粱及禾本科杂草等，田间带菌杂草也是病害发生的初侵染源之一。病残体上越冬的菌丝体可产生分生孢子，借气流和雨水传播到田间玉米叶片上，在有水膜的情况下，分生孢子萌发侵入，经 7～10 天即可表现症状，并产生分生孢子进行再侵染(图 6-37)。

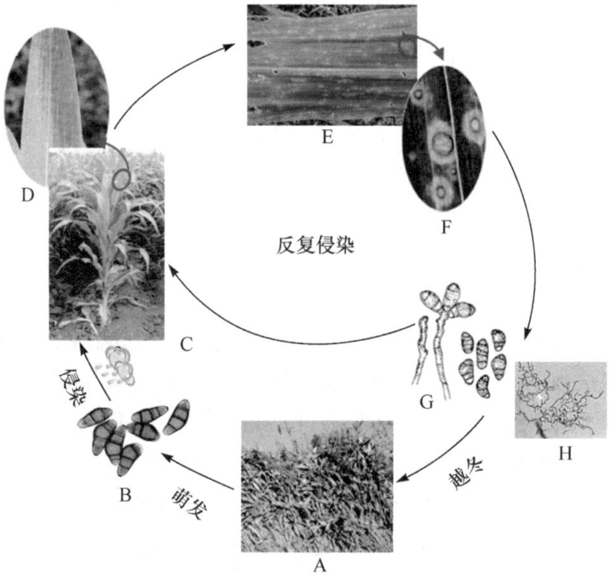

图 6-37 玉米弯孢叶斑病的侵染循环图

A. 玉米病残体；B. 分生孢子；C. 早期病株；D. 褪绿病斑；E. 后期病叶；F. 眼状病斑；G. 分生孢子和分生孢子梗；H. 菌丝体

4. 发病条件　此病的发生和流行与品种的抗病性、气候条件和栽培管理措施都有密切关系。

(1) 品种抗病性。玉米苗期抗性强，随着生育期的延长，玉米对弯孢叶斑病的抗性也逐渐减弱，在13叶期最感病，因此，玉米对弯孢叶斑病的抗性具有阶段性。玉米品种对弯孢叶斑病的抗病性与母本抗性关系密切，在某种程度上母本的抗病程度决定其品种的抗病性程度。来自热带或亚热带血缘的美国材料78599选育的自交系沈137和沈799具有良好的抗性，由它们做亲本选育的品种具有良好的抗玉米弯孢叶斑病性能。

玉米对弯孢叶斑病的抗性在叶片上表现为病斑的多少、大小和病斑类型。根据生产上使用的主要品种和自交系抗性鉴定、遗传分析，玉米对弯孢叶斑病的抗性属多基因控制的水平抗性，具有数量遗传特性。玉米不同品种和自交系对弯孢叶斑病抗性差异显著，不仅表现在抑制病菌生长和扩展上，而且表现在对病菌产孢的影响和致病类型上。

(2) 气候条件。玉米弯孢叶斑病为喜高温高湿的病害。玉米拔节期和抽雄期正值7月上旬雨季，高温多雨的天气有利于该病发生。该病害发生轻重与当年7～9月的气候有直接关系，如果湿度大，气温高，发病就重，自然条件下病害潜育期3天左右，完成一个侵染循环需7～10天。在华北地区，田间发病始于7月底至8月初，发病高峰期在玉米抽雄后，即8月中下旬至9月上旬。由于该病潜育期短(2～3天)，7～10天即可完成一次侵染循环，短期内侵染源急剧增加，如遇高温、高湿，则在8月下旬导致田间病害流行。此外，低洼积水田和连作田发病较重。

(3) 栽培管理措施。播期对玉米弯孢叶斑病发生的影响显著，一般播期早，发病轻；播期晚，发病重。另外玉米营养状况及营养成分对抗性也有影响，在玉米生长期内，适量增施氮肥促进玉米健壮生长，叶片浓绿，可提高玉米抗弯孢菌叶斑病的能力；相反，营养缺乏特别是氮肥不足，抗病性明显下降。

5. 病害控制 应采取以抗病品种为主的综合防治措施。

(1) 选育和种植抗病品种。目前在田间发病较轻的自交系和杂交种有：CN165、CN95、丹619、丹418、丹933、丹3034、农大108、农大951、郑单7、郑单14、高油115、京垦109、中玉4号、中玉5号、中单2、中单120、京育2、掖单2号、掖单12号、丹玉13号、新单15号、商单3号、沈试29、沈试30、锦试2号、豫12号、豫20号、豫玉22号、唐抗5、冀单22、廊玉6、鲁单50、沈单10、新铁10、铁单18、铁单19、瓦试12、瓦试15和瓦试18。此外，应广泛收集抗病种质资源，积极培育抗病品种。

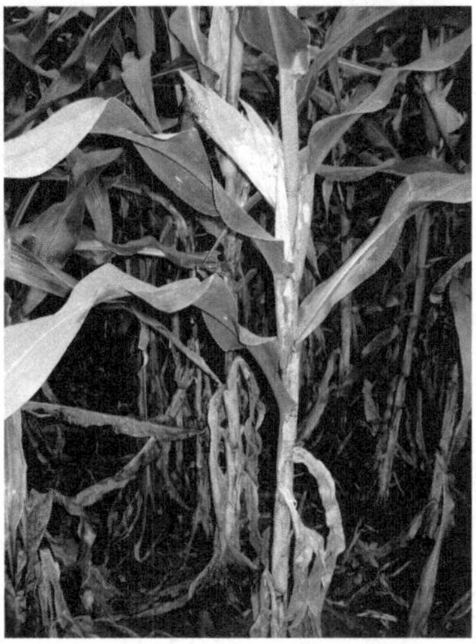

图6-38 玉米纹枯病的症状

(2) 加强栽培管理，减少越冬菌源。加强玉米田间管理，合理轮作和间作套种，合理密植，前期施足底肥，后期适时追肥，防止脱肥，提高植株抗病力。玉米收获后及时清理病株和落叶，集中处理或深耕深埋，减少初侵染来源。

(3) 药剂防治。由于目前缺少抗病品种，一旦发生弯孢叶斑病后要及时喷药防治。可选药剂有：75%百菌清、50%多菌灵、50%甲基硫菌灵、80%炭疽福美、70%代森锰锌、50%福美双、50%退菌特等。喷药时期一般为田间发病率10%时，防治效果明显。在玉米制种田或高产试验田采取药剂防治十分必要。

(五) 玉米纹枯病

纹枯病(Corn sheath blight)是世界玉米产区的重要病害。1934年，玉米纹枯病首次在美国南部被发现。20 世纪六七十年代，南非、法国、俄罗斯、日本、印度和印度尼西亚等国家陆续有玉米纹枯病发生的报道。我国于 1966 年在吉林省有玉米纹枯病发生的报道。70 年代以后，由于玉米种植面积的迅速扩大和高产密植栽培技术的推广，该病发展速度较快，目前已在四川、贵州、江苏、浙江、河南、河北、安徽、山东、山西、陕西、湖南、湖北、广东和广西等省（自治区）普遍发生，且危害日趋严重。1977 年、1983 年、1985 年、1987 年、1991 年、1998 年、2001 年和 2002 年，玉米纹枯病分别在辽宁西丰、浙江松阳、湖北秭归、山东、四川、重庆市和河北唐山等地区大面积发生流行。由于该病害危害玉米近地面几节的叶鞘和茎秆，引起茎基腐败，破坏输导组织，影响水分和营养的输送，因此造成的损失较大。一般发病率在 70%～100%，造成的损失在 10%～20%，严重的高达 35%。该病目前已作为国内抗病育种的主要目标之一。

1. 症状　玉米纹枯病从苗期至穗期均可发生，但以玉米生长后期，即抽雄期至灌浆期为主。该病主要危害叶鞘和果穗，也可侵害叶片、苞叶，发病严重时还可危害茎秆。最初近地面的 1～3 节叶鞘发病，逐渐向上扩展。病斑初呈水浸状，椭圆形至不规则形，中央灰褐色，边缘深褐色。常多个病斑汇合连片似云纹状斑块，包围整个叶鞘，使叶鞘腐败，并引起叶枯。病斑可扩展至果穗，在果穗苞叶上产生云纹斑状病斑，甚至可扩展至整个果穗苞叶。病菌也可侵入果穗内部，使籽粒、穗轴变褐腐烂。茎秆上的病斑褐色，呈不规则形，后期破裂，严重时露出纤维。天气潮湿时，病斑上可见到稀疏的白色蛛丝状菌丝体，病部组织内或叶鞘与茎秆间常产生褐色颗粒状菌核，菌核周围有少量菌丝和寄主相连。成熟的菌核灰褐色，大小不等，形状各异，多为扁圆形，易脱离落入土壤中。

2. 病原　有性型为瓜亡革菌[*Thanatephorus cucumeris*（Frank）Donk]，属担子菌亚门亡革菌属，自然条件下很少见，在侵染循环中作用不大。无性型为立枯丝核菌（*Rhizoctonia solani* Kühn）。

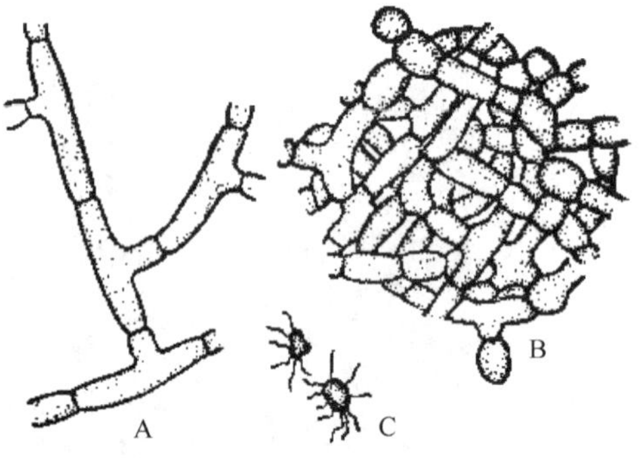

图 6-39　玉米纹枯病菌

A. 菌丝；B. C. 菌枝

病菌在 PDA 培养基上生长速度较快，菌落呈淡黄褐色。菌丝初无色，较细，直径为 4.35～10.05 μm，分隔距离较远。分枝处呈直角、近直角或稍呈锐角，明显缢缩，离分枝不远处具隔膜。菌丝生长一定阶段，老熟菌丝纠结形成菌核。菌核初呈白色，后变为不同程度的褐色，呈不规则形，表面粗糙，有较多微孔，栗褐色至黑褐色，大小为 0.5～6.4 mm×0.5～4 mm，形状多样。担子无色、倒卵圆形，顶端着生有 4～5 个小梗，其上着生担孢子，担孢子无色卵形、椭圆形，基部尖。

玉米纹枯病菌属于高温型，菌丝生长和菌核形成需较高温度，适温为 26～30℃。病菌的寄主范围广泛，在自然情况下，除可侵染玉米、高粱、谷子、麦类、水稻等主要粮食作物外，还可侵染其他寄主植物，多达 15 科 200 多种。

目前在我国已分离出 10 余个菌丝融合群，其中以 AGl～IA 群（第一菌丝融合群 IA 亚群）为优势菌群。

3. 病害循环　玉米纹枯病以遗留在田间的菌核越冬，成为翌年的初侵染源。翌年或下一生长季节遇上合适的温度、湿度条件，菌核萌发长出菌丝在植株叶鞘上扩展，并从叶鞘缝隙进入叶鞘内侧，侵入寄主引起发病。病健叶和叶鞘相互接触及雨水反溅是造成田间再侵染的主要途径。玉米纹枯病以垂直扩展为主,环境条件适宜的情况下,每上升一个叶位需 5～7 天。发病后,菌丝从病斑处伸出,很快向上和四周蔓延,通过病健叶相互搭接等可造成再侵染,使病害蔓延流行(图 6-40)。

4. 发病条件 该病的发生流行与气候、品种、种植密度、肥水条件和地势等因素有关。

玉米纹枯病发生的最低温度为 13～15℃,最适温度为 20～26℃,最高温度为 29～30℃。在温暖条件下,湿度大、阴雨连绵的天气有利于病害的发生和流行,相对湿度小或昼夜温差大,阳光充足时病害发展受到抑制。病害发生期间,多雨高湿病情发展快,少雨低湿则明显抑制病害发展。

纹枯病发生轻重与品种关系密切。不同品种对纹枯病抗性存在明显差异,一般中晚熟品种病害发生时期长,病害相应比生育期短的品种发生重。

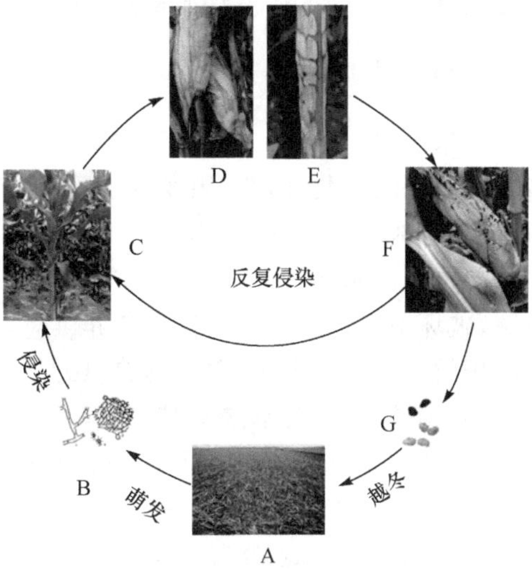

图 6-40 玉米纹枯病的侵染循环图

A. 土壤和病残体;B. 菌丝体;C. 健康植株;D. 病株果穗;E. 病株茎秆;F. 带菌核的病株;G. 菌核

重茬连作,菌源数量积累多,发病重。地势低洼、排水不良、氮肥施用过多、种植密度过大均有利于发病。钾肥对玉米纹枯病有明显的控制作用,主要是钾肥促进了玉米营养生长,茎秆粗壮,输导组织发育良好,叶面积大,光合产物积累增多,同时也促使厚角组织的细胞壁增厚,茎秆坚固,病菌不易侵入。另外,钾能促进低分子化合物转化为高分子化合物(氨基酸、单糖等转化为纤维素、蛋白质、淀粉等),可减少可溶性养分,抑制病菌的滋生,控制玉米纹枯病的发展蔓延。氮肥施用过多,玉米长势偏旺,抗性差,病菌菌丝和菌核的营养也充足,生长好,所以植株发病较重。

5. 病害控制 应采取减少越冬菌源,选用抗病品种,加强栽培管理,辅以喷药保护的综合措施。

(1) 清除病残体。遗落田间越冬的菌核是该病发生的重要初侵染来源。因此,倒茬轮作是经济有效的防病措施。因病菌寄主范围较广,为了提高轮作防病效果,应尽量避免选用高粱、谷子、水稻、麦类等禾本科作物做轮作作物。此外,还应注意及时剥去基部感病叶鞘和摘除病叶,防止病害继续扩大蔓延;铲除田边杂草,清除遗留田间的病残体,并进行深翻土地,将带有菌核和病残株的表土层翻压在活土以下或集中烧毁,消灭越冬菌源,以减少翌年初侵染源。

(2) 栽培防治。通常采用的方法有如下几种。①选择播期:尽可能避免病害的发生高峰期与雨季相遇。②施肥:注意均衡施肥,防止后期脱肥,避免偏施氮肥,适量增施钾肥。③排水及合理密植:注意及时开沟排水,合理密植,降低田间湿度,以减轻发病程度。

(3) 选育和利用抗病品种。目前还未发现有免疫品种,引进自交系 CML270 对纹枯病有较高的抗性,贵州毕节地区鉴定出毕单 3 号、毕单 4 号,毕单 5 号、赫单 4 号和黔西 4 号等品种较抗病。此外,农大 108、丹玉 13、掖单 2、虎单 5 号、东单 1 号和掖单 14 等品种可因地制宜推广。

(4) 化学防治。化学药剂多用于玉米基部,保护玉米下部叶鞘。可选择的药剂有 50%井冈霉素水剂，每亩用量为 50～75 mL；50%硫菌灵可湿性粉剂、50%退菌特可湿性粉剂和 50%多菌灵可湿性粉剂，每亩 100 g。防治适期应掌握在病害进入盛发期前，受害叶鞘位较低时进行。除喷雾法外，还可采用点喇叭口法，具体方法如下：20%井冈霉素，用量为 3 kg/hm^2，拌过筛无菌细土 300 kg，于发病始期点入玉米“喇叭口”内，防效可达 80%以上。

（六）玉米黑粉病

玉米黑粉病(Corn smut)又称瘤黑粉病，俗称“灰包”、“乌霉”，是一种世界性的玉米病害。该病在我国的河北、山西、黑龙江、辽宁、吉林、内蒙古、安徽、江苏、浙江、江西、福建、河南、广东、宁夏等地区均有发生，其中在北方玉米区和山区发生普遍、危害严重，且表现为春播区较夏播区严重。该病在玉米的整个生育期，地上部分任何幼嫩的组织均可造成危害，受害部位产生病瘤，破坏玉米正常生长发育和营养供应，造成减产。据调查，仅在 2000 年全国玉米黑粉病发病面积就达 180 万 hm^2，平均减产 10%～30%，绝收面积不低于 3 万 hm^2。近年来，由于连作、新品种推广，以及旱涝交替、气候异常等因素影响，玉米黑粉菌的发生呈明显加重趋势。2007 年，东北春玉米区感病严重的品种病株率达 10%，果穗受害严重的个别田块减产 80%以上。该病的发生对我国北方地区玉米生产造成极大威胁。

1. 症状　玉米黑粉病是重要的局部侵染性真菌病害，其典型特征是在被害部位生出大小不一的瘤状物。玉米的气生根、茎、叶、叶鞘、腋芽、雄穗和雌穗等部位均可产生病瘤，但形状和大小因发病部位不同变化很大。病瘤近球形、棒形、角形或不规则形，单生、串生或叠生，大小不一。病瘤外包被一层薄膜，初期为白色或淡紫红色，有光泽，肉质多汁，以后迅速膨大，逐渐变为灰色，后期形成白灰色至黑灰色。病瘤成熟后，薄膜破裂，散出大量黑粉(冬孢子)。

图 6-41　玉米黑粉病的症状

A. 雄穗；B. 雌穗；C. 叶鞘；D. 茎

苗期发病时，茎叶扭曲畸形，矮缩不长，靠近地面的茎基部产生病瘤，严重者引起幼苗枯死。叶片上的病瘤多在叶片中脉的两侧，常从叶片基部向上成串密生。病叶或叶鞘上的病瘤小而多，如豆粒或花生粒大小，密集成串，病部肿瘤突起呈泡状，内部很少形成黑粉。病重时，叶片扭曲变形。茎秆上的病瘤一般发生在各节的基部，病瘤大小不等，一般如拳头大小，一株玉米可产生多个病瘤。病株多不变形，有的弯曲，生长受阻，常成空秆。雄穗受害，大部分或个别小花形成囊状或角状病瘤，常数个聚成一堆，病瘤相对较小。病瘤常生于穗轴的一侧，致使受害雄穗易发生弯曲、折断。雌穗受害多在果穗上半部或个别籽粒上形成病瘤，其余仍能正常结籽。被害部分形成长角形或不规则的病瘤，严重的全穗小花均被病菌侵染，均形成病瘤，形成花瓣状的头状病瘤。

2. 病原　为玉蜀黍黑粉菌[*Ustilago maydis*(Dc.)Corda]，属于担子菌门的黑粉菌属。冬孢子为茶褐色，球形至卵圆形，壁厚，表面密生刺状突起，直径 8～12 μm。冬孢子萌发时产生具 4 个细胞的担子，担子的分隔处或顶端侧生梭形、无色的担孢子，担孢子还能以芽殖方式反复产生次生担孢子，担孢子和次生担孢子均可萌发产生侵染丝，侵入玉米幼嫩组织。

冬孢子没有休眠期，在水中或相对湿度 98%～100%下均可萌发。冬孢子的萌发温度为 5～38℃，最适萌发温度为 26～30℃。担孢子和次生担孢子的萌发适温为 20～26℃，侵入适温 26～35℃。担孢子、次生担孢子和冬孢子对不良环境抗逆能力均较强，担孢子、次生担孢子在干燥条件下能保存生活力 5 周，而冬孢子在干燥条件下能保存生活力 5～7 年，这对病害的传播和再侵染起着重要作用。

玉米黑粉菌具有明显的生理分化现象，存在多个生理小种，除玉米外还能侵染两种大刍草(*Euchlaena luxurians* 和 *E. mexicana*)。

3. 病害循环　玉米黑粉菌主要以冬孢子在土壤中、地表、病残体上以及混在土杂粪肥中越冬，成为翌年病害的初侵染来源。种子上黏附的冬孢子对该病的远距离传播具有一定的作用。春季、夏季遇适宜温度、湿度条件，越冬的冬孢子萌发产生担孢子和次生担孢子，借风、雨及昆虫传播到玉米的幼嫩组织上，在有水滴的情况下很快萌发并直接穿透寄主表皮或通过伤口侵入叶片、茎秆、节部、腋芽和雌穗、雄穗等幼嫩的分生组织。冬孢子也可萌发产生芽管侵入寄主，特别是在水分和湿度不够的情况下，这种侵染方式普遍发生。侵染的菌丝先在细胞间扩展，然后进入细胞内，菌丝体在生长、发育的过程中分泌一种类似生长素的物质，刺激寄主局部组织膨大、增生，逐渐形成病瘤，并在病瘤中产生大量的冬孢子。病瘤成熟后破裂，冬孢子散出随风雨传播，进行再次侵染。在玉米的整个生育期内可进行多次再侵染，使病害进一步加重、蔓延。在玉米抽穗前后一个月内为玉米黑粉病的盛发期，直至玉米成熟后停止侵染。

4. 发病条件　该病的发病程度与品种抗性、菌源数量、环境条件等因素密切相关。

(1) 品种抗性。目前尚未发现免疫品种，但品种间抗/耐病性差异明显，自交系间的差异更为显著。一般杂交种比其亲本自交系或一般品种抗病力强，硬粒型玉米品种抗病性较强，马齿型玉米品种次之，甜玉米较感病。果穗的苞叶厚、长，包得紧密的品种较为抗病，反之苞叶短，包不紧的较感病。早熟品种比晚熟品种发病轻。耐旱品种比不耐旱品种抗病力强。目前，803 系、综 3487 系、5005 系等易感黑粉病。亲本是"478"系列的杂交种，发病都较重，如掖单 13、掖单 19、掖单 20、掖单 22 和西玉 3 等，病株率均在 20%以上。近年来，我国各地所推广种植的黑玉 79、东农 232、嫩单 3 号及新玉 4 号、5 号、8 号等品种均不抗病，黑粉病发生较重。

(2) 菌源数量。在常年种植小麦—玉米的地区由于连作、距村庄较近或玉米收获后秸秆不能及时运出田外的地块，土壤中积累大量的菌源，发病严重。

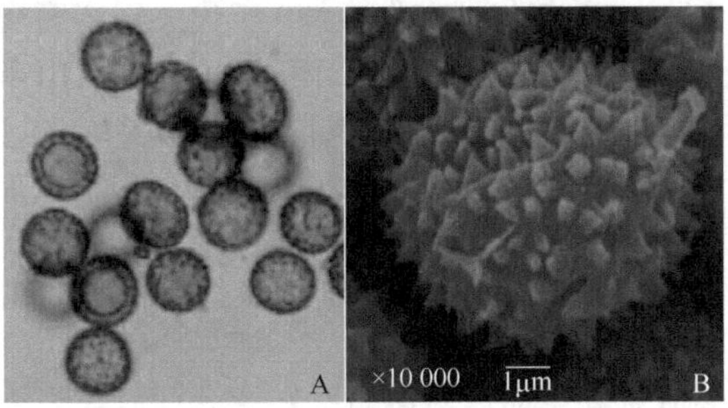

图 6-42　玉米黑粉病病菌冬孢子

A. 光学显微镜观察冬孢子形态；B. 扫描电镜观察冬孢子形态(石菁提供)

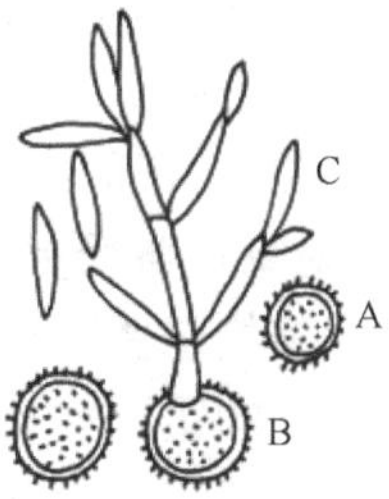

图 6-43　玉米黑粉病病菌

A. 冬孢子；B. 冬孢子萌发；C. 担孢子

(3) 环境条件。在低温、干旱、少雨的地区，土壤中的冬孢子存活时间长，微雨、夜露可以满足病菌冬孢子萌发、侵入的条件，发病严重。高温、雨水多和湿度大有利于病菌孢子的萌发、侵入，发病严重。玉米抽雄前后如遇干旱，又不能及时灌溉，常造成抗病力下降，利于病菌的侵染和发病。前期干旱，后期多雨，或干湿交替，会延长玉米的感染期，利于病害发生。高肥密植田或灌溉的间隔时间长，以及偏施过量氮肥，均会降低植株抗病力而使病害发生较重。玉米螟危害，冰雹、暴风雨及人类活动等均会造成大量伤口，也利于病害发生。

5. 病害控制 防治策略应采取以减少菌源、选用抗病品种为主的综合防治措施。

(1) 减少菌源。玉米收获后，秸秆不要在地头堆放，将带病瘤茎秆深埋销毁，及时深耕灭茬，减少越冬菌源。播种前，彻底清除田间病残体，深翻土壤，减少初侵染菌源。秸秆用作肥料时要经过高温发酵，要充分腐熟。播后出苗前结合喷施除草剂进行药剂防治。重病田实行2～3年轮作。玉米生长期结合田间管理，及早发现病瘤，并在病瘤成熟破裂前割除或拔除病株，带到田外深埋处理，减少当年再侵染菌源及翌年初侵染来源。

(2) 选用抗病品种。选育和推广抗病品种是防治黑粉病的有效措施。在黑粉病严重发生区，应因地制宜选用农大108、农大60、农大81、郑单958、户单2000、科单102、掖单12、邢抗2、豫玉22、豫玉25、辽原1和海玉8号等品种。其中海玉8号为高抗品种。农家品种小青稞、野鸡红、金顶子等也较为抗病。

(3) 加强栽培管理。合理密植，培育壮苗，增强品种抗性。施用充分腐熟的有机肥，平衡施肥并增施含锌、硼微肥，避免偏施、过施氮肥。灌溉要及时，防止旱涝不均，特别是抽雄前后易感病的阶段，要保证水分的充分供应，避免受旱。发病重的地块实行3年以上轮作，最好与大豆、花生、红薯等非寄主作物轮作。注意及时防治玉米螟、棉铃虫、蓟马、蚜虫等害虫，尽量减少由于虫害和耕作机械损伤而造成的伤口侵染。

(4) 药剂防治。带菌种子是黑粉病的主要侵染源，尤其是远距离的传播。药剂拌种、浸种或种子包衣能抑制种子带菌，并对土壤带菌的侵染也有一定的防治作用。可用于种子处理的药剂很多，应选择内吸性强、残效期长的药剂进行拌种、浸种，如用401抗菌剂、戊唑醇、三唑酮、福美双、立克秀种衣剂、高氟·福·戊醇悬浮种衣剂等。玉米未出苗前，用50%的福美双、50%克菌丹、15%三唑酮等药剂进行土表喷雾，消灭初侵染源。在玉米抽雄前10天左右，用12.5%烯唑醇、30%氟菌唑、25%丙环唑等药剂进行喷雾，减轻黑粉病的再侵染。在病瘤未出现前喷1%的波尔多液、15%三唑酮、12.5%烯唑醇等。

(七) 玉米茎腐病

玉米茎腐病(corn stalk rot)属世界性病害，在美国、加拿大、印度、法国、南斯拉夫等20多个国家均有报道。我国玉米茎腐病在20世纪20年代即有发生，80年代关于茎腐病发生与危害的报道已非常普遍。近几十年来调查发现，茎腐病在广西、云南、四川、陕西、山东、山西、浙江、江苏、湖北、河北、黑龙江、吉林、辽宁等玉米产区发生日益严重，玉米减产20%。由于近年推广高密度种植，田间的环境非常有利于茎腐病菌的传播和侵染，由茎腐病引发或加剧的植株早衰、倒伏现象日益严重。由于茎腐病是全生育期侵染的病害，目前缺少理想的抗性品种，常用的化学或生物杀菌剂处理种子防治该病害的效果并不理想，使得该病害成为我国玉米生产上的亟待解决的重要病害。

1. 症状 茎腐病是由多种病原菌单独或复合侵染造成根系和茎基部腐烂一类病害的总称。由于病原菌的不同引起的症状有一定的差异。

(1) 腐霉菌侵染为主的茎腐病。在玉米的抽雄期前后表现明显的症状。一般症状局限在距地面的第一节间上，发展很快，病茎不完全破裂。病变处初呈水渍状，渐变褐色，轻度溃烂，茎出现扭曲，病株由于维管束组织保持良好，发病初期植株尚能挺立并维持几周的绿色，最后根变为褐色腐烂，全株枯死。

(2) 镰孢菌侵染为主的茎腐病。在苗期镰孢菌从根部侵染，主要侵染根系胚轴，如果环境条件适宜，侵染较重，可引起苗期病根腐病，地上表现为幼苗矮化和叶片黄化，如果侵染较轻，病原菌可潜伏在根系，造成后期侵染。同时病原菌在成株期可以从根部直接侵染，或者从伤口侵染，从而表现症状，但发病程度主要取决于生育前期侵染的程度。所以镰孢菌导致的茎腐病的整个侵染发病过程是侵入期、潜育期和发病期相互交错的。田间症状一般在玉米灌浆期开始显现，乳熟末期至蜡熟期为显症高峰期。在我国镰孢茎腐病的症状有青枯和黄枯两种类型，何种类型为主取决于病程发展速度。发病初期病株在茎基节间产生纵向扩展的不规则状褐色病斑，随后缢缩，变软或变硬，后期茎内部空松。剖茎检视，组织腐烂，维管束呈丝状游离，可见白色或粉红色菌丝。茎秆腐烂自茎基第一节开始向上扩展，可达第二、第三节，甚至第四节，极易倒折。茎腐病发生后期，果穗苞叶青干，呈松散状，穗柄柔韧，果穗下垂，不易分离，穗轴柔软，脱粒困难。

2. 病原　包括镰孢茎腐病和腐霉茎腐病。

(1) 镰孢茎腐病。主要是由有丝分裂孢子真菌中的镰孢属(*Fusarium*)病原所致，国内外报道的主要种类有串珠镰孢胶孢变种(*F. moniliforme* var. *subglutinens*)、轮枝镰孢(*F. verticillioides*)、禾谷镰孢(*F. graminearum*)、层出镰孢(*F. proliferatum*)、腐皮镰孢(*F. solani*)、粉红镰孢(*F. roseum*)、玉蜀黍赤霉菌(*Gibberella zeae*)等。在我国主要以轮枝镰孢和禾谷镰孢为主。在田间条件下，镰孢茎腐病有时是由多种镰孢菌复合侵染所致，甚至可与腐霉菌等复合侵染。

禾谷镰孢在 PSAGU 平皿上于 25℃和 20 W 日光灯下 12 h 明暗交替照射培养 4 天，菌落直径为 7.8～8 cm，气生菌丝棉絮状，白色至草珠红色或桔梗紫色。在高粱粒或麦粒上培养、光照 24 h 后，很易产生大型分生孢子，多数 3～5 个隔膜，大小为 18.2～44.2 μm×3.4～4.7 μm，平均为 32.5 μm×4.1 μm，不产生小型分生孢子和厚垣孢子。有性阶段在麦粒上产生黑色球形的子囊壳。子囊棍棒形，大小为 57.2～85.8 μm×6.5～11.7 μm，子囊孢子纺锤形，双列斜向排列，1～3 个隔膜，大小为 16.9～27.3 μm×4.2～5.7 μm，平均为 21.9 μm×4.9 μm。病菌以子囊或子囊壳形式越冬，为第二年初侵染源。无性阶段在病斑上偶尔产生厚垣孢子。在我国禾谷镰孢菌是主要初侵染源。

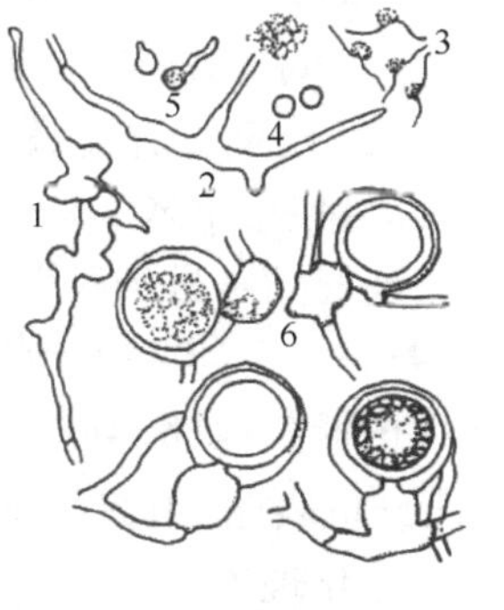

图 6-44　瓜果腐霉

1. 游动孢子囊；2. 游动孢子囊与泡囊；3. 游动孢子囊；4. 休眠孢子；5. 休眠孢子萌发；6. 藏卵器、雄器和卵孢子（仿余永年和马国忠，1989）

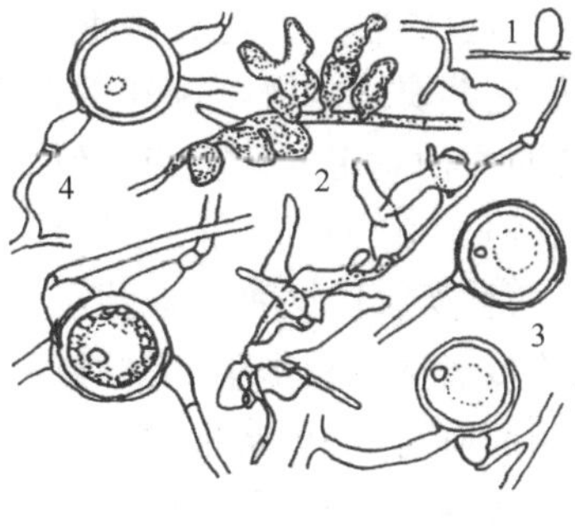

图 6-45　肿囊腐霉

1. 单个游动孢子囊；2. 多个游动孢子囊；3、4. 藏卵器、雄器和卵孢子（仿余永年和马国忠，1989）

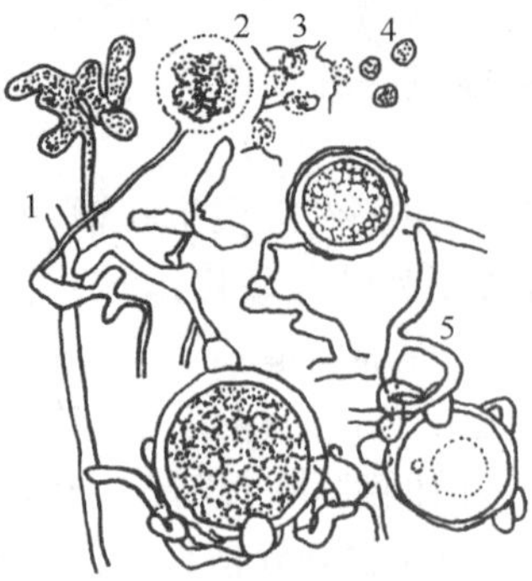

图 6-46　禾生腐霉

1. 游动孢子囊；2. 泡囊；3. 游动孢子；4. 休眠孢子；5. 藏卵器、雄器和卵孢子

（仿余永年和马国忠，1989）

（2）腐霉茎腐病。主要有瓜果腐霉[*Pythium aphanidermatum*(Eds.)Fitzp]、肿囊腐霉(*P. inflatum* Matth.)和禾生腐霉(*P. gramineacola* Subram.)。3种腐霉菌可单独或复合侵染。瓜果腐霉菌菌丝发达，白色棉絮状，直径为4.2～9.8 μm，孢子囊丝状，不规则膨大，小裂瓣状，孢子囊可萌发产生泄管，泄管顶端着生一泡囊，泡囊破裂释放出游动孢子。藏卵器平滑，顶生或间生，雌雄异丝。每一个藏卵器与一个雄器相结合，卵孢子壁平滑，不满器。肿囊腐菌菌丝纤细，直径为2.5～4.2 μm，游动孢子囊呈裂瓣状膨大，形成不规则球形突起，大小为34～74 μm×7～30 μm，藏卵器球形，光滑，顶生或间生，雌雄器异丝，每个藏卵器上有2～3个雄器。卵孢子球形，光滑，满器或近满器。禾生腐霉菌菌丝直径为2.5～8 μm，不规则分枝。孢子囊由菌丝状膨大和不规则的复合体组成，顶生或间生。藏卵器球形，光滑，顶生或间生，直径为19～38 μm。雄器棍棒形、亚球形或桶形，通常雌雄同丝，偶见异丝。每个藏卵器上有1～6个雄器，大小为8.6～12 μm×6～6.9 μm。卵孢子球形，光滑，雄器无色或淡褐色。

轮枝镰孢与禾谷镰孢的分生孢子一般呈串珠状。大孢子无色、略弯、两端尖，大小为2～5 μm×15～60 μm，3～5个分隔，小孢子串生，大小为2～3 μm×5～12 μm，单细胞，菌落呈桔梗紫色或粉红色。两种镰孢菌在8～38℃均可生长，以25～26℃生长最快；15℃以下或35℃以上则生长缓慢，分生孢子在10℃时萌发受到抑制。

3. 病害循环　该病属于土壤传播的病害，其中禾谷镰孢以子囊壳、菌丝体和分生孢子在病株残体组织、土壤中和种子上存活越冬，成为第二年的主要侵染源。腐霉菌以卵孢子在病株残体组织内外、土壤中和种子上存活越冬，成为翌年的主要侵染源。研究表明，50%以上的植株残体可以产生子囊，翌年3月中旬以后释放出子囊孢子，借气流传播，进行初次侵染。种子带菌也是田间初侵染来源，种子表皮带菌率可高达34%～72%，而种子内带菌率仅为6%。种子带菌在生育前期如条件适宜可引起苗枯。分生孢子和菌丝体可借风雨、灌溉机械和昆虫传播，在温暖潮湿条件下进行再侵染。病菌自伤口或直接侵入根颈、中胚轴和根，使根腐烂。地上部叶片和茎基由于得不到水分的补充而发生萎蔫，最终导致叶片呈现黄枯或青枯，茎基缢缩，穗子倒挂，整株枯死。轮枝镰孢主要以菌丝体和分生孢子在病株残体、土壤中和种子上存活越冬。引起茎腐病的镰孢菌和引起穗腐病的镰孢菌均可交互侵染引起发病，且发病程度比较接近，说明两种病害的镰孢菌在致病性上有一定的关系，都可侵染玉米的穗部和茎部引起穗腐病和茎腐病。了解它们的侵染循环过程，能帮助我们更好地对病害进行科学的防治和管理。一般认为，两种病害的同种镰孢菌可交互侵染，但致病力有差异。引起茎腐病的镰孢菌主要通过体外气流传播达到穗部引起穗腐病，但很难通过植株体内传播到穗部，引起穗腐。两种病害同种镰孢菌的血清学、可溶性蛋白和同工酶及DNA多态性分析表明，引起穗腐病和茎腐病的轮枝镰孢具有较高的同源性，而禾谷镰孢菌存在一定程度的分化现象。

4. 发病条件　由于茎腐病是全生育期侵染的病害，因此前期侵染的病原菌可以潜伏在病根组织内，待玉米进入散粉期、灌浆期，潜伏的病菌进入茎基髓部，并逐渐向地上部各节扩展，甚至进入穗轴，但一般是在茎基部显症，即呈茎基腐状。具体可把植株根系和地上部的受害过程分为4个阶段：Ⅰ阶段为显症前期（在辽宁省为出苗至7月初）；Ⅱ阶段为根系显症期（7月初至8月初）；Ⅲ阶段为病害快速上升期（8月至8月末）；Ⅳ阶段为植株地上部显症期（或病害高峰期，8月末至9月中旬）。在正常的气候条件下，玉米黄熟期病株率高于乳熟中期，乳熟中期又高于灌浆前期。其原因可能是由于玉米生长后期养分不断聚集在果穗，而植株逐渐衰老，抗病能力下降。

在苗期，腐霉菌和镰孢菌侵染均可造成植株矮化，但腐霉菌引起植株矮化比镰孢菌明显，而且前者主要危害玉米苗的须根，后者对胚轴危害比较明显。在两种病菌的混发区，一般是腐霉菌先侵染，然后镰孢菌侵染。

栽培措施与病害发生关系密切。连作年限越长，土壤中累积的病菌越多，发病越重；而生茬地菌量少，发病轻。一般早播和早熟品种发病重，适期晚播或种植中晚熟品种可延缓和减轻发病。一般平地发病轻，岗地和洼地发病重。土壤肥沃、有机质丰富、排灌条件良好、玉米生长健壮的发病轻，而沙土地、土质瘠薄、排灌条件差、玉米生长弱的发病重。平地地力好，保水保肥性能好，玉米生长健壮，抗病性强；而岗地土壤贫瘠，肥力不足，保水力差，玉米生长弱，容易感病；洼地土壤含水量高，雨后易板结，通气性差，根系发育不良，生理补偿能力差，抗侵染能力差，发病重。随种植密度增加，茎腐病明显加重。玉米同各种矮秆作物（小麦、马铃薯）间作与玉米单一种植相比，可增加株间通风透光，促进光合作用，加快碳水化合物运转及积累，从而提高抗病性，防效可达30%～49%。施肥与镰孢茎腐病发生关系密切，增施钾肥可提高根系木质化程度和茎秆机械强度，从而改善植株本身的抗病能力，因此是目前防治茎腐病的主要栽培措施之一。

气象条件与病害发生关系密切。在黄淮海地区，一般春玉米茎腐病发生于8月中旬，夏玉米则发生于9月上旬，小麦套种玉米的发病时间介于两者之间。7月和8月降雨接近或超过这两个月的平均值年份，田间就有茎腐病的发生，尤以8月降雨量与田间病株率密切相关。一般认为玉米散粉期至乳熟初期遇大雨，雨后暴晴发病严重；久雨乍睛，气温回升快，青枯症状出现较多，在夏玉米生长季前干旱、中期多雨、后期温度偏高的年份发病较重。

品种对茎腐病抗性差异相当明显。一般来说，中晚熟品种较抗病，可能是由于生育期长制造积累的营养物质多，增强其抵抗能力所致。在感病品种中，病原菌侵染的高峰期从散粉盛期开始，而在抗病品种上则从灌浆期开始。杂交种植株由于体内糖、钾、硅的含量高，其抗病性强。同时根系拉力和茎秆硬度强的植株都表现抗病。

5. 病害控制 实施以选育和应用抗病品种为基础，系列保健栽培措施为辅的综合防治措施。

(1) 选用抗病品种。近几年来，我国选育和鉴定出的兼抗自交系有：获白、沈5、武109、武117、7493、E28、5003、330、201433、360、340、丹黄02、龙抗18、龙抗23B、龙抗23D、龙抗31B、龙抗38、龙抗38A、龙抗37、罗吉、龙搞297、龙抗13A、628、吉873和吉843等品种。抗病杂交种和杂交组合有：先玉335、郑单958、吉农大588、益丰29、丹玉39、丹科2151、潞玉13、潞玉6、大丰5号、东单60、农大364、晋玉881等品种。各地可因地制宜选用一些优良抗性品种。

(2) 搞好田间卫生。玉米收获后彻底清除田间病株残体，进行高温沤肥，尽量减少侵染源。田园清洁进行深翻，既灭菌又增产。

(3) 轮作换茬。实行玉米与其他非寄主作物轮作，可以防止土壤病原菌积累。在发病重的地块可与水稻、甘薯、马铃薯、大豆等作物实行2～3年轮作。

(4) 适期晚播。在北方春玉米区，如吉林、辽宁、河北北部一带，4月下旬至5月上旬播种能降低茎腐病的发生，比早播的发病率低 11.3%～67.5%，增产 12.6%～32.3%，套种玉米 5 月下旬至 6 月上旬播种发病轻。夏玉米 6 月 15 日左右播种发病也轻。各地应因地制宜地选用适宜的播种期。

(5) 种子处理。播种前可以用化学种衣剂拌种。

(6) 加强田间管理，增施肥料。为了促进玉米植株生长健壮，增强抵抗病害的能力，在施足基肥的基础上，应于玉米拔节期或孕穗期增施钾肥或氮、磷、钾配合混合施用，以增强防病效果。严重缺钾地块，每公顷施硫酸钾 100～150 kg，一般缺钾地块每公顷可施硫酸钾 75～105 kg。大田试验表明，每公顷用硫酸锌 18～30 kg 做种肥，防效可达 90%以上。

(7) 生物防治。目前已证明对茎腐病有防治作用的生防菌有木霉菌(*Trichoderma* spp.)、鞍形小球壳(*Sphaerodermella helvellae*)、粉红黏帚霉(*Gliocladium roseum*)、粉红单端孢(*Trichothecium roseum*)、简单节葡孢(*Gonatobotrvs simplex*)、棘腐霉(*Pythium acanthicum*)、外担菌(*Exobasidium* sp.)等。

(八) 玉米穗腐病

玉米穗腐病(maize ear rot)，或称玉米穗粒腐病，属世界性病害。在玉米生长后期及采后储藏期均有发生，且有日趋严重的趋势，一般品种发病率达 5%～10%，感病品种发病率可高达 50%，严重降低玉米产量，影响玉米品质。1988 年该病在美国大流行，引起全世界高度重视，1997 年印度迈哥哈拉雅州严重发生玉米穗腐病，造成毁灭性危害，所有的栽培品种都同样感病，25%以上的果穗被严重侵染。我国 20 世纪 80 年代有关于玉米穗腐病的报道，近年来该病在我国较大范围内发生，严重危害玉米生产，尤其是在高温、多雨的西南地区，穗腐病议程为玉米生产上的一种重要病害，严重时产量损失高达 30%～50%。

图 6-47 玉米穗腐病的症状
A. 串珠镰刀菌穗腐病症状；
B. 禾谷镰刀菌穗腐病症状(龚国淑 提供，2009)

1. 症状 主要危害果穗，包括籽粒、苞叶和穗轴各部分，以籽粒发病最重。被害果穗顶部或中部变色，并出现粉红色、灰白色、蓝绿色、黑灰色、暗褐色或黄褐色霉层，即病原菌的菌丝体、分生孢子梗和分生孢子。霉层可扩展到果穗的 1/3～1/2 处，当遇多雨或高湿天气，霉层可扩展到全部果穗，使整个果穗霉烂。病害发生较轻时仅致苞叶表面出现条纹状、籽粒变色等现象；严重时致使果穗松软，穗轴黑褐色，髓部也霉烂变软且易折断。病粒无光泽，不饱满，质脆，内部空虚，常为交织的菌丝所充塞。果穗病部苞叶常被密集的菌丝贯穿，黏结在一起贴于果穗上不易剥离。仓储玉米受害后，粮堆内外则长出疏密不等、各种颜色的菌丝和分生孢子，并散出发霉的气味。

2. 病原 穗腐病是由多种真菌单独或复合侵染引起的，现已报道引起穗腐病的真菌多达 30 多种，全国各地区的优势病原种类各有不同，主要病原菌有串珠镰孢(*Fusarium moniliforme*)、禾谷镰孢(*F. graminearum*)、木霉菌(*Trichoderma* spp.)、丝核菌(*Rizoctonia* spp.)、青霉菌(*Penicillium* spp.)、曲霉菌(*Aspergilllus* spp.)、粉红单端孢(*Trichothecium roseum*)、玉米色二孢(*Diplodia zeae*)、玉蜀黍葡萄座腔菌(*Botryosphaeria zeae*)、羊茅葡萄座腔菌(*Botryosphaeria festucae*)、玉蜀黍丝核菌(*Rhizoctonia zeae*)等，其中串珠镰孢和禾谷镰

孢是优势病原菌。

由串珠镰孢（*F. moniliforme*）和串珠镰孢菌胶胞变种（*F. moniliforme* var. *sullutina*）侵染引起的玉米穗腐病仅局部果穗或个别分散籽粒染病，病粒初呈粉红色至红褐色，易破碎，果穗籽粒顶部有粉红色或白色霉状物，籽粒间可产生白色絮状菌丝体，后期病粒果皮上出现粉白色条斑，病粒表面形成絮状粉红色菌丛，盛产小型分生孢子。病菌在PDA培养基上菌落初期无色，气生菌丝稀薄；后期菌落为淡粉红色或灰白色，气生菌丝茸毛状至粉絮状，灰白色或微带粉红色。

由禾谷镰孢菌侵染引起的穗腐病，多从果穗顶端开始发病，逐渐向下蔓延，遍及大半个果穗，果穗顶部变为粉红色，籽粒间生有粉红色至灰白色菌丝体，果穗上菌丝极少产生分生孢子；危害严重时果穗多全部腐烂，病穗苞叶与果穗黏结紧密，且果穗与苞叶间长出一层淡紫色至浅粉红色霉层，籽粒上和籽粒间隙生有棉絮状红色或白色菌丝体，有时病部也出现黑色的小粒点。病菌在PDA培养基上菌落初期呈无色或白色，气生菌丝致密而直立；后期菌丝长而卷曲，且致密，呈深红色或葡萄酒红色，菌落中央呈黄色。

3. 发病规律　玉米穗腐病通常发生于玉米生长后期，危害玉米果穗。病害一般从吐丝穗顶部开始发生，逐步向下、向内扩展，直至玉米收获的整个过程，发病的盛期为吐丝到吐丝后的三周内。该病发生的内在条件是：品种本身并不抗病，苞叶长且口紧、果穗内部水分不易蒸发、花丝脆弱，易被病菌侵染。随着玉米籽粒含水量的降低，发病的机会也会逐渐减少。鸟类和昆虫的蛀食以及玉米籽粒的破裂和人为造成的籽粒破裂是导致穗腐病发生的重要诱因。另外，果穗着生状态也是影响发病的重要因素，果穗直立生长且上部苞叶包不严则易于渗入较多的雨水，从而增加发病的概率。

病害的发生最先由花丝腐烂开始，伴随着苞叶褪绿青枯，变白干枯，病部苞叶呈云纹状，紧接着从果穗顶部向下侵染，穗轴发病腐烂，颜色变成淡红色，然后籽粒从胚部开始逐渐蔓延到顶部发病，病部呈红褐色并渐渐发暗，最后导致籽粒坏死。田块中央植株密集区域是穗腐病发生的集中带，而边缘植株的果穗发病只有因鸟虫造成损伤后才会引起。

病菌多为死体营养真菌，以分生孢子、菌丝体或子囊孢子存在于种子、病残体上越冬，成为翌年的初侵染源。病菌孢子主要借风雨、机械、昆虫等进行传播，接触到寄主可侵染部位后主要从伤口侵入。在适宜条件下，病原菌产生大量分生孢子，进行再侵染。镰孢菌引起的穗腐病，一般前期病原菌侵染植株，最初在植株中上部叶鞘上发病，然后逐渐向内扩展危害茎部，进而侵染果穗形成危害，玉米吐丝期，遇阴雨、低温多湿天气有利于该病害的流行。也可在灌浆中后期直接侵染果穗，导致果穗部位的籽粒严重发病。

玉米穗腐病发生受气候影响较大，在乳熟期至蜡熟期若遇高温多湿或低温少日照等天气，均有利于该病的发生。地势对该病害的发生危害也有一定影响，地势低洼、排水不畅、光照不足或通风不良、长期种植玉米的连重茬田块，且植株长势差的区域，易于该病发生且发病较重，反之则轻。另外，栽培管理不当，种植密度过高，氮肥施用量过大，造成田间郁蔽，也有利于该病原菌滋生，加重病情。

据报道，不同病原菌引起的不同穗腐病对气候的要求也有差异。玉米吐丝后干燥、温暖的气候适合串珠镰孢穗腐病的发生，而冷凉、潮湿的气候则有利于禾谷镰孢穗腐病的发生。

此外，不同病原菌在玉米穗轴和籽粒上的发病位置也不尽相同。例如，由串珠镰孢引起的玉米穗腐病大多是通过穗轴上籽粒的柄端部位侵染果穗籽粒，籽粒顶端发生较少；而黄曲霉引起的玉米穗腐病大多是通过穗轴上籽粒的顶端部位侵染果穗籽粒，而籽粒柄端发生却较少，即主要通过果皮侵染籽粒。

4. 病害控制　采取以推广种植抗病品种为主，加强栽培管理，辅以药剂防治穗期虫害和病害相结合的综合防治措施。

(1) 利用抗病品种。玉米自交系和杂交种间对玉米穗腐病抗性存在显著差异，因此，在组配上选用抗性好的自交系，选育和种植抗病杂交种，是最经济有效的防治措施。注意抗病品种和抗性基因的合理布局，避免同源抗性基因的大面积种植及连作，种植品种合理轮换。目前市场上对玉米穗腐病抗性较好的品种有郑单 32、沈单 137、金皇 59、鲁原 92、丹玉 14、农大 3138、陕 8410、陕单 9、豫玉 22、豫玉 24、农大 108、玉单 6、丹玉 14、冀 524、保 102、张单 251、晋穗 9、京系 01、中系 14、齐 319 等。

(2) 农业防治。①适期播种：尽可能使玉米孕穗至抽穗期避免与雨季相遇，适当早播，促进早熟。②合理密植，加强田间管理：施足基肥，适时追肥，促进玉米植株生长健壮，在玉米拔节或孕穗期增施钾肥或氮肥、磷肥、钾肥配合施用，增强抗病力，防止生育后期脱肥；开沟排水，合理密植，降低田间相对湿度；加强田间中耕除草，及时防治病虫鸟害，重点防治玉米螟的危害，减少伤口侵染的机会，均可有效地减轻病害危害程度。连年发病的重病田应实行轮作制度，避免病菌连年积累。③加强储藏管理：秋季及时早收，充分晾晒，使玉米籽粒含水量降到 14%以下，再入库储存。防止储藏期间病害继续发展蔓延。

(3) 化学防治。在玉米大喇叭口期用直径 2 mm 左右的水洗河沙 5 kg、20%氰戊菊酯乳油 8～10 mL 和 50%多菌灵 50 g 均匀搅拌制成颗粒剂，按 60～75 kg/hm^2 用量灌入玉米心叶正中心和组成心叶丛的 4～5 片叶间隙，对玉米螟防治效果达 100%，对玉米穗腐病、黏虫、蚜虫防效达 90%以上，避免在结露和卷叶时施药；也可采用 20%氯虫苯甲酰胺（康宽）悬浮剂 150 mL/hm^2 消灭虫害。在吐丝末期，可用 50%甲基托布津、50%多菌灵、45%特克多、50%苯菌灵和 40%农利灵向穗部喷施药剂，每隔 7～10 天用药 1 次，连续施药 2～3 次，以预防病菌侵入果穗。

（董金皋　陈　捷　张　敏　薛春生　邢继红　编　写）

二、病毒病害

（一）玉米粗缩病

玉米粗缩病(maize rough dwarf disease)俗称“坐坡”、“万年青”，1949 年在意大利北部首次发现，目前在欧洲、亚洲、非洲和北美洲的部分地区均有发生。20 世纪 50 年代，我国新疆南部、甘肃西部等地玉米粗缩病发生严重，90 年代，玉米粗缩病病情及扩展速度呈上升趋势，山东、山西、河北、北京、天津、陕西、云南等地均有发病严重甚至绝产的报道。2008 年，粗缩病在黄淮海地区夏玉米上大发生，对玉米安全生产造成了严重影响。发病植株矮化，叶色浓绿，节间缩短，发病早的植株通常不能抽穗结实，因此发病率几乎等于损失率，危害相当严重。

1. 症状　玉米整个生育期都可感染发病，但以苗期感染发病后受害最重。玉米粗缩病的典型症状是植株严重矮化，叶片浓绿、僵直，宽而肥厚，叶脉和叶鞘上出现白色蜡状突起（脉突）。根系变短、变细。发病植株雄穗退化，雌穗畸形，严重时不能抽穗开花。发病晚或较轻的植株仅雌穗以上叶片浓绿，顶部节间缩短（图 6-48）。

2. 病原　为水稻黑条矮缩病毒(*Rice black-streaked dwarf virus*，RBSDV)，属于呼肠孤病毒科(*Reoviridae*)斐济病毒属(*Fijivirus*)。在山东玉米粗缩病株上还分离到南方水稻黑条矮缩病毒(*Southern rice black-streaked dwarf virus*，SRBSDV)。

图 6-48 玉米粗缩病的症状
A. 病株；B. 叶片背面的蜡突(李向东 提供，2008)

RBSDV 病毒粒体球形，直径 60～80 nm，外壳由 1～3 层蛋白质组成，无包膜。病毒粒体的顶角处有 12 个突起，突起不稳定，很容易脱去。RBSDV 基因组为 10 条双链 RNA(segment，S)，根据分子质量由大到小依次称为 S1～S10，共有 13 个可读框(open reading frame，ORF)，大多数基因组是单顺反子的，只含 1 个 ORF，但是 S5、S7 和 S9 为双顺反子，含有两个 ORF。

RBSDV 主要侵染禾本科植物，水稻、玉米、小麦、大麦、高粱、小米、黍、燕麦等作物和稗、马唐、画眉草、狗尾草、看麦娘、早熟禾、罔草等杂草都是 RBSDV 的自然寄主。此外，RBSDV 也能侵染苣荬菜(*Sonchus brachyotus*)、醴肠(*Eclipta prostrata*)和反枝苋(*Amaranthus retroflexus*)等非禾本科植物。除玉米粗缩病外，RBSDV 还可以引起水稻黑条矮缩病和小麦绿矮病。

RBSDV 在自然界只由飞虱科的昆虫传播，如灰飞虱(*Laodelphax striatellus*)、稻飞虱(*Nilaparavata lugens*)、白脊飞虱(*Unkanodes sapporona*)和白带飞虱(*Chilodephax albifacia*)等，其中以灰飞虱为主要介体。灰飞虱以持久性方式进行传播，获毒时间几个小时，循回期约 2 周，一经获毒可终生带毒，但不经卵传毒。RBSDV 不能经汁液传播。

3. 发病规律 玉米不是灰飞虱的嗜食寄主，灰飞虱在玉米上不能完成整个世代。灰飞虱主要以若虫在麦田或田埂地边杂草上越冬，翌年春天羽化后迁飞至早稻秧田或本田传毒危害并繁殖。危害黄淮海地区玉米的灰飞虱主要来源于南方稻田，部分来自于稻茬麦和杂草。小麦成熟后，灰飞虱迁入玉米田危害并传毒。

玉米粗缩病的发生与品种抗病性、灰飞虱的发生量和带毒率、玉米播期及栽培管理等因素有关。目前生产种植面积较大的郑单 958、掖单 22 等品种都不抗粗缩病。如果冬季气温较常年略高，灰飞虱越冬虫源基数大，带毒率高，玉米粗缩病的发生就会严重。

粗缩病的发病程度也与玉米感病时期有关。玉米在 7 叶以前染病症状最明显，对产量影响大，尤其是玉米 3 叶前染病，减产最重，减幅 75%以上，甚至颗粒无收。玉米 12 叶以后染病，基本无症状，且对玉米产量影响较小。如果玉米感病期与灰飞虱传毒高峰期相吻合，会导致玉米粗缩病大发生。麦套玉米和菜茬玉米发病重，直播夏玉米发病轻，春玉米播期稍晚的发生重，早播的发生相对较轻。套种玉米或夏玉米早播的重，晚播的轻。适当调整玉米播期，使玉米苗期躲过灰飞虱发生盛期，可以有效控制玉米粗缩病的发生。

靠近树林、蔬菜田或耕作粗放、杂草丛生的玉米田一般发病都重，主要是这些环境有利于灰飞虱的栖息活动，而且许多杂草本身就是玉米粗缩病毒的寄主。

4. 病害控制 应采用选种抗耐病品种和加强栽培管理、配合药剂防治的综合措施。

（1）选用抗/耐病品种。目前没有对粗缩病免疫的品种，抗病品种少，有些抗病品种的抗性会很快丧失。品种青农 105、鲁单 50、农大 108 对粗缩病抗性较强，可因地制宜选择种植。目前在参加区试的品种(系)中 SN085 抗病性最好。

（2）加强和改进栽培管理。调整播期，适期播种，避开灰飞虱传毒高峰。这是目前防治玉米粗缩病最有效的方法。山东春玉米应在 4 月中旬以前播种，夏玉米应在 6 月中旬麦收后灭茬直播。同时避免品种的大面积单一种植，避免与蔬菜、棉花等插花种植。对早播玉米发病重的，应尽快拔除改种，发病轻的地块应结合间苗拔除病苗，并加大肥水，使苗生长健壮，增强抗病性，减少损失。

（3）预防措施。加强灰飞虱的测报和统防统治工作。小麦抽穗后，要注意防止一代灰飞虱。及时清除杂草(包括地头、地边)，减少灰飞虱和病毒的越冬、越夏寄主。播种时用 60%吡虫啉悬浮种衣剂等对玉米种子进行包衣和拌种，还可以兼治苗期害虫。

（二）玉米矮花叶病

玉米矮花叶病(maize dwarf mosaic disease)自 1963 年首先在美国俄亥俄州大发生以来，至今已在世界 20 多个国家和地区的玉米主产区出现。1968 年，矮花叶病在我国河南新乡地区大面积发生，后来逐步扩展到全国主要玉米产区。轻病田减产 10%～20%，重病田减产 30%～50%，部分地块甚至绝产。一般发病早的植株结穗率减少，千粒重下降。

1. 症状 玉米先在心叶基部出现条点状褪绿斑点，沿叶脉排列，长短不一。有的品种上褪绿部分可连成片，沿叶脉方向呈条带状分布，形成明显的黄绿相间的条纹症状。6 叶前感病，病株多矮小，黄化明显，发育延迟，后期穗小，籽粒不饱满，严重的不能抽穗。拔节后感病，植株矮化不明显，但果穗瘦小。高温时，症状常消失或不明显，即有高温隐症现象。

2. 病原 毒原主要是甘蔗花叶病毒(*Sugarcane mosaic virus*，SCMV)，山西、河北等地还有白草花叶病毒(*Pennisetum mosaic virus*，PenMV)。SCMV 和 PenMV 都属于马铃薯 Y 病毒科(*Potyviridae*)马铃薯 Y 病毒属(*Potyvirus*)，病毒粒体是略弯曲的线状，750 nm×12～15 nm。其基因组为正单链 RNA，长约 9600 nt。

图 6-49　玉米矮花叶病的症状

A. 病株；B. 病叶(李向东，2010)

SCMV 和 PenMV 可以经汁液传播，在自然界主要由麦长管蚜(*Macrociphum avenae*)、禾谷缢管蚜(*Rhopalosiphum padi*)和麦二叉蚜(*Schizaphis graminum*)等蚜虫以非持久性方式进行传播。两者主要侵染玉米、高粱、谷子等禾本科作物及虎尾草、狗尾草、马唐、白草等禾本科杂草。SCMV 和 PenMV 在植物组织内可形成典型的风轮状、柱状、片层状、卷筒状、结晶状和板状内含体。SCMV 可以通过种子传播，成为其长距离传播的主要途径。

3. 发病规律 病毒在多年生禾本科杂草寄主上越冬。带毒禾本科杂草萌发出的种苗可作为主要初侵染来源。条件适宜时，蚜虫从越冬寄主植物上获毒，迁飞至玉米及其他杂草上取食传毒。病害潜育期一般在 7 天左右，最短 5 天，长的 15 天以上。发病植株作为毒源中心，随着蚜虫的取食活动将病毒传向全田，并在春玉米、夏玉米和杂草上传播危害，秋季蚜虫将病毒传至杂草上越冬。带毒种子发病后也可作为田间的毒源。

玉米矮花叶病的发生和流行程度与品种抗病性、种子带毒率、越冬毒源基数、蚜虫数量和气候条件有关。玉米不同自交系和品种对玉米矮花叶病的抗性差异明显。玉米种子可以传带 SCMV，带毒率可达 3%以上。种子带毒率越高，田间发病率也越高。一般越冬杂草寄主数量多，蚜虫密度大，春季其传毒概率就高，春玉米发病重，夏玉米发病也重。

气候条件主要影响传毒蚜虫的活动。温度高，光照充足，发病率高。温度在 16℃以上时蚜虫繁殖快，虫口数量急剧增加，可导致病害盛发。山东在 6～7 月，正值蚜虫迁飞活动高峰，此阶段若天气干旱，则有利于蚜虫迁飞和传毒，病害发生重。若此阶段雨水较多，则抑制了蚜虫迁飞传毒，同时，玉米生长发育健壮，植株抗病力增强，病害发生轻。

此外，春玉米、夏玉米早播病轻，晚播病重；土质肥沃、保水力强的地块病轻，砂质土、保水力差的瘠薄地，或者是过量施氮的地块发病重；田间管理好、杂草少的地块病轻，管理粗放、杂草丛生的地块病重。

4. 病害控制　应采取以选种抗病品种为主，结合治蚜防病，加强栽培管理等综合措施。

(1) 选种抗病品种。选用抗病品种是防治玉米矮花叶病最有效的途径。目前证明较抗病的品种有：吉单 321、农大 108、中单 2 号、鲁单 46、鲁单 052、沈单 7 号等；抗病自交系有黄早四等。各地可结合品种在当地的适合性进行选用。

(2) 栽培及田间管理防病。①选播健康种子，或进行种子消毒。用千分之一的磷酸三钠浸泡 20min，或千分之五的高锰酸钾浸泡 10min 均有良好的防治效果。②适期播种，尽量使玉米易感病期避开蚜虫迁飞高峰期。③结合中耕等清除田间杂草及病苗病株，可减少毒源，减轻危害。④地膜覆盖能减轻病害发生程度。地膜覆盖田可将地表 5～10 cm 处地温提高 2～3℃，可提早 5～7 天播种，提早 10～15 天进入 8 叶期。因此能使玉米苗更安全地避开蚜虫迁飞传毒高峰。同时地膜覆盖还有明显驱蚜作用。⑤加强肥水管理，注意均衡施肥，避免偏施氮肥，合理灌溉，可提高玉米植株抗病能力。

(3) 化学防治。及时防治蚜虫危害。可用 60%吡虫啉等种衣剂包衣，苗期施用 10%吡虫啉等药剂喷雾防治蚜虫。发病初期可用 30%吗啉胍喷雾，能从一定程度上延缓发病，减轻损失。

（李向东　编写）

三、病害综合防治

（一）玉米其他病害

1. 玉米褐斑病(*Physoderma maydis*)　主要危害玉米叶片、叶鞘和茎秆，典型症状是在叶鞘和叶脉上出现褐色稍隆起的病斑。初期在叶片上形成白色至黄色圆形小斑点，后逐渐融合成不规则的大病斑；后期病斑表皮易破碎，散发出黄褐色粉状物，病叶局部散裂；茎部病斑多出现在节的附近，发病程度严重时玉米植株遇风易倒折。褐斑病常发生于玉米生长的中后期，抽穗期至乳熟期为发病高峰期。病菌以休眠孢子囊在土壤或病残体上越冬，成为翌年病害的初侵染源。病菌主要通过风雨传播。高温、高湿对病害发生和流行有利。防治要点是种植抗/耐病品种，结合农业防治和药剂防治。

2. 玉米真菌性顶腐病(*Fusarium moniliforme*)　又称镰孢菌顶腐病，是近年玉米上新出现的病害。玉米植株心叶从基部腐烂干枯，紧裹内部心叶，使其不能展开呈鞭状扭曲。有些感病叶片的基部或边缘出现"刀切状"缺刻。病菌在土壤、病残体和带菌种子中越冬，成为下一季玉米发病的初侵染源。翌年传播到寄主植物上引起初侵染，而后发病植株病部产生分生孢子借风雨传播，进行再侵染。防治要点是种植抗/耐病品种，种衣剂包衣及发病初期进行药剂防治。

3. 玉米细菌性顶腐病 近年玉米生产中新出现的病害，可由多种病原细菌引起。发病初期可见不规则的水浸状褐色或黄褐色病斑，从叶尖和叶缘向内扩展，造成叶片尤其是心叶腐烂。高温高湿有利于病害的流行。防治要点是及时清除田间病株，集中销毁，发病初期进行药剂防治。

4. 玉米丝黑穗病（*Sporisorium reilianum*） 苗期显症，叶片上出现黄白条纹。雄穗花器畸形，不形成雄蕊，颖片呈多叶状，雄花基部膨大，内藏黑粉，或整个雄穗变成一个大菌瘿，外面包被白色薄膜。雌穗受害，整个果穗成为一包黑粉和散乱的丝状物。发病后期，薄膜破裂散出黑色粉末。病原菌以冬孢子在土壤、粪肥和种子表面越冬，成为翌年的侵染来源。该病的发生与菌源数量、气候因素、品种抗性、种植制度等因素密切相关。防治要点是种植抗病品种，进行种子处理，并结合农业防治。

5. 玉米霜霉病（*Sclerophthora macrospore*） 我国进境植物检疫对象。病株在6～8叶期开始显症，典型症状是植株矮缩，节间缩短，心叶黄化、扭曲、畸形，叶片黄白色条纹状失绿。拔节期症状为病株上部叶片和心叶紧卷，扭曲成不规则状，严重时导致植株不抽雄。生长后期雄穗局部或全部异常增生，整个雄穗呈刺猬头状，俗称"疯顶"或"丛顶"。病菌以卵孢子在土壤、粪肥、病残体中越冬，翌年春天卵孢子萌发，产生游动孢子，侵染寄主作物。种子带菌是该病进行远距离传播的途径。防治要点是植物检疫，农业防治和药剂防治。

6. 玉米根结线虫病（*Meloidogyne incognita*） 主要危害玉米根部。受害植株根部肿大，形成瘤状根结，根结内有雌成虫。根结线虫以幼虫和卵在土壤或粪肥中越冬，成为翌年的初侵染来源。线虫在田间主要依靠灌溉水和雨水传播，也可通过农事操作传播。防治玉米根结线虫病可用10%噻唑膦颗粒剂拌种。

7. 玉米细菌性茎腐病（*Erwinia chrysanthemi* pv. *zeae*） 主要危害中下部茎秆和叶鞘。发病初期在叶鞘上出现水渍状圆形或椭圆形病斑，边缘呈浅红褐色。湿度大时，病斑迅速扩展，病组织软化、腐烂、坏死，溢出黄褐色菌液，有腥臭味。病株易从病部倒折。病菌主要在病株残体和土壤中越冬，通过风雨、昆虫传播，从植株的气孔和伤口侵入。高湿和高温是该病发生流行的重要条件。灌溉后尤其是雨后骤晴，土壤湿度大，气温剧升，容易导致该病暴发成灾。虫害和机械损伤造成的伤口有利于病菌的侵染。防治要点是改进栽培管理，加强害虫防治，在发病初期进行药剂防治。

8. 玉米细菌性枯萎病（*Pantoea stewartii* ssp.） 维管束病害，我国对外检疫对象。典型症状是受害植株矮缩或枯萎。叶片出现水渍状、长条形的灰绿色至黄色条斑，干枯后呈褐色。雄穗过早抽出，枯萎死亡，雌穗大多不孕。病株近地面处茎秆髓部可以形成空腔。导管里充满亮黄色细菌黏液，横切病株可渗出菌脓。病菌主要通过玉米跳甲传播，并可在玉米跳甲成虫体内越冬。种子带菌是该病长距离传播的途径。防治要点是加强检疫，进行种子处理，加强害虫防治。

（二）综合治理措施

我国不同玉米种植区的病害防控重点不同。北方春播玉米区应重点防控大斑病、小斑病，制种田注意防控矮花叶病；黄淮海夏播玉米区重点防控小斑病，山东、河北、河南还要兼顾玉米粗缩病；西南山地丘陵玉米区重点防控大斑病、小斑病。因此，需要根据不同地区的玉米病害种类和发生特点，协调利用各种技术和措施，才能有效控制病害的发生和危害。

1. 植物检疫　玉米霜霉病、细菌性枯萎病等是我国的对外检疫对象。我国虽然有玉米矮花叶病发生，但至今未检测到玉米矮花叶病毒(*Maize dwarf mosaic virus*，MDMV)。我国近年出现的甘蔗花叶病毒强毒株系只在部分地区发生。所以，要加强植物检疫工作，严控病区种子调出产地，实现病害的法规防治。

2. 农业防治　包括抗病品种选育和利用，改进耕作制度，加强栽培管理，搞好田间卫生等。

(1) 选育和利用抗/耐病品种。不同玉米品种的适应性和抗病性不同。各地应针对当地主要病害，积极选育和选种适合当地的高产抗病优质玉米品种。

(2) 改进耕作制度。玉米病害的发生和耕作制度关系密切。麦套玉米、蒜(菜)茬玉米粗缩病的发生率较直播玉米发生重。在玉米粗缩病发生较重的地区或年份，应避免种植麦套玉米和蒜(菜)茬玉米。现在一般提倡夏玉米在小麦收获后抢茬直播。因为秸秆还田技术的推广，玉米褐斑病、瘤黑粉病等的发生日趋严重。在玉米褐斑病、瘤黑粉病发生严重的地块，应改进秸秆还田方法，将直接还田改为深翻还田或腐熟还田。

(3) 加强栽培管理。平整土地，避免畦面凹凸不平。合理密植和施肥，控制氮肥用量，增施磷肥、钾肥，提高玉米植株抗病性。及时追肥，避免玉米生长后期脱肥。

(4) 搞好田间卫生。玉米大斑病、小斑病、弯孢叶斑病、褐斑病、锈病、细菌性茎腐病和霜霉病等的病菌能在病残体或土壤中存活很长时间，应搞好田园卫生，及时清除病残体。对于瘤黑粉病和丝黑穗病形成的病瘤，应在其破裂释放黑粉之前将其带出田间销毁。粗缩病的毒源可在两年生或多年生杂草上越冬，应及时清除田间地头和沟渠边的杂草寄主。

3. 生物防治　防治玉米纹枯病和茎腐病可分别选用芽孢杆菌和木霉菌制剂。防治玉米根结线虫病可在播种时伴随施肥，每亩施 2.5～3 kg 淡紫拟青霉颗粒剂。

4. 化学防治　化学防治包括种子处理、杀虫防病和生长期用药等。

(1) 种子处理。用6%戊唑醇悬浮种衣剂或2.5%咯菌腈悬浮种衣剂包衣或拌种，可以有效控制苗期病害，减轻瘤黑粉病和褐斑病等的发生。也可用6%戊唑醇悬浮种衣剂和60%吡虫啉悬浮种衣剂进行种子包衣或拌种，除了控制病害发生外，可有效控制苗期灰飞虱、蓟马、苗期蚜虫和地下害虫。

(2) 杀虫防病。玉米粗缩病和矮花叶病分别由灰飞虱和蚜虫传播。可在玉米苗期选用啶虫脒、吡虫啉、高效氯氰菊酯等低毒低残留农药喷雾防治灰飞虱。在灰飞虱迁移期应进行集中防治和专业化统一防治。药剂可选10%吡虫啉或25%噻虫嗪。东北、华北春玉米矮花叶病毒病发生区，要抓好传毒媒介蚜虫的早期防治，在发生初期可喷施吡虫啉、啶虫脒等药剂，视发生情况掌握喷药次数，一般7～10天喷1次。另外，玉米穗腐病、顶腐病和细菌性茎腐病等的发生都和害虫发生有关。及时防治害虫有利于减轻这些病害的发生。

(3) 生长期用药。在发病初期，采用合适的药剂能有效防治玉米病害发生。鉴于玉米植株高大，后期不易进地喷药。一方面要加大使用无人飞机防治的面积规模；另一方面将施药时间提前，在玉米小喇叭口期到大喇叭口期之前用药，控制玉米生长中后期病害的发生。可选药剂包括10%苯醚甲环唑、80%代森锰锌、5%百菌清、25%戊唑醇等。为避免和减缓病菌产生抗药性，要注意交替用药或合理混配用药。

（李向东　编写）

第四节 高粱及谷子病害

高粱是一种重要的杂粮作物，除食用外，还可用作酿酒原料、饲料、建筑材料和能源植物，主要种植区域分布在辽宁、吉林、黑龙江、山西、河北、四川、贵州等地。我国报道的高粱病害大约有30种，其中以黑穗病分布最广，其次是炭疽病、紫斑病、煤纹病、大斑病、北方炭疽病、茎腐病。炭疽病、紫斑病、煤纹病、纹枯病等病害的发生有加重趋势，在环境适宜时常流行成灾，导致减产和品质降低。

谷子起源于中国，在我国的种植面积和产量均居世界之首。具有抗旱耐瘠、营养丰富等特点。谷子是重要的粮食和工业原料作物，谷草还是优质的牲畜饲料。谷子在我国主要分布于西北、华北、东北的干旱和半干旱地区。目前已知的谷子病害有50多种，其中分布范围广且危害严重的病害有白发病、谷瘟病、锈病、粒黑穗病、红叶病和线虫病等，至于其他病害，虽为零星发生的次要病害，但在不同地区或不同年份也可造成局部严重发病，影响谷子的产量和品质。

一、真菌及卵菌病害

（一）高粱炭疽病

高粱炭疽病(sorghum anthracnose)是严重影响高粱产量的一种重要病害，在国内外高粱产区均有发生，严重发生时产量损失可达30%～50%。

1. 症状 苗期到成株期均可发病。苗期发病，导致叶枯和死苗。成株期主要危害叶片、叶鞘和穗。叶片发病，病斑梭形，中央深褐色，边缘紫红色，其上密生小黑点，即病原菌分生孢子盘，通常先发生于叶片端部，严重的造成叶片局部或大部枯死。叶鞘上病斑较大，椭圆形，后期密生小黑点。穗、枝梗、籽粒和颖壳受害后呈紫红色，中央枯黄，密生小黑点，全穗枯黄或干秕枯死，对产量造成严重影响。病原菌还可侵染成株茎部，造成茎秆腐烂，植株倒伏。

2. 病原 无性型为禾生炭疽菌[*Colletotrichum graminicola* (Ces.) Wilson]，属有丝分裂孢子真菌中的炭疽菌属。有性型为(*Glomerella graminicola* Politis)，属子囊菌门的小丛壳属，自然界少见。分生孢子盘椭圆形，黑色，突出表皮，周生褐色刚毛，散生或聚生在病斑的两面，直径30～200 μm。刚毛直或略弯，混生，褐色或黑色，顶端较尖，具3～7个隔膜，大小为64～128 μm×4～6 μm，分散或成行排列在分生孢子盘中。分生孢子梗单胞无色，圆柱形，大小为10～14 μm×4～5 μm。分生孢子镰刀形，略弯，单胞无色，大小为17～32 μm×3～5 μm(图6-50)。除高粱外，此病原菌还可侵染小麦、燕麦、玉米等禾本科植物和约翰逊草、苏丹草等杂草。

3. 发病规律 病菌以菌丝在病残体、野高粱和杂草上越冬，也可以菌丝和分生孢子在种子上越冬，成为翌年病害发生的初侵染来源。第二年越冬菌源产生的分生孢子借风雨传播至寄主叶片，在有水滴的条件下萌发产生芽管和附着胞，直接从表皮或气孔侵入，引起发病。苗期发病可造成死苗，成株期发病病斑上产生大量分生孢子，借气流传播，进行多次再侵染。

田间病害严重程度取决于品种的抗病性、气候条件及栽培管理情况。高粱品种间发病差异明显，一般黄壳品种比褐壳品种抗病，叶片硅质含量高的抗病性较强。阴天、高湿或多雨天气有利于发病，尤其在籽粒灌浆期最易感病。低洼高湿田块易发病，致叶片提早干枯死亡。

4. 病害控制

(1) 选用抗病品种。选用和推广适合当地的抗病品种，淘汰感病品种。

(2) 农业防治。施足充分腐熟的有机肥，采用高粱配方施肥技术，在第三次中耕除草时追施硝酸铵等，做到后期不脱肥，增强抗病力；在沙土地增施钼酸铵可以减轻病害。生长期间，摘除病黄脚叶，收获后及时处理病残体，进行深翻，把病残体翻入土壤深层，以减少初侵染源。与大豆等双子叶植物轮作。

(3) 药剂处理。用种子重量 0.5%的 50%福美双、50%拌种双或 50%多菌灵拌种。该病流行年份或个别感病田，从孕穗期开始喷洒 70%甲基硫菌灵、50%多菌灵、50%苯菌灵、25%炭特灵、80%大生 M-45 等。

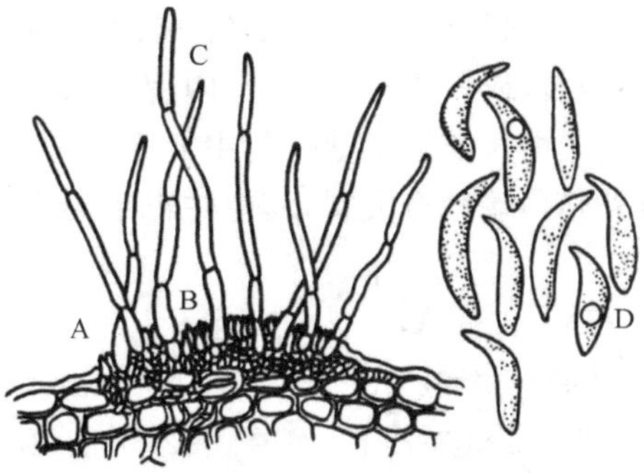

图 6-50　高粱炭疽病菌

A. 分生孢子盘；B. 分生孢子梗；C. 刚毛；D. 分生孢子　(卢庆善，1999)

(二) 高粱黑穗病

黑穗病在中国各高粱产区均有发生，以东北和华北地区危害最为严重。已知危害高粱的黑穗病包括丝黑穗病、散黑穗病、坚黑穗病、花黑穗病、长粒黑穗病、角黑穗病等，其中前 3 种黑穗病在生产上发生的较为普遍。

高粱丝黑穗病(sorghum head smut)俗称“乌米”，是高粱上最重要的病害之一，在我国各高粱产区都有不同程度发生。20 世纪 60 年代推广杂交高粱后，丝黑穗病曾基本绝迹。但自 70 年代中后期以来，该病病情逐渐回升，平均发病率在 10%左右，严重时超过 30%。高粱散黑穗病又称“灰疸”，新中国成立后随着推广汞制剂种子消毒，在生产中的发病率曾大幅度下降，但随着汞制剂停止使用，在一些地区散黑穗病呈回升趋势，应引起注意。高粱坚黑穗病发生于所有高粱产区，在不实施种子处理的地区危害较重。

总之，由于推广了抗病品种、种子消毒等措施，这几种黑穗病都得到了相应的控制，目前丝黑穗病发生危害重于其他几种黑穗病，对高粱生产具有一定影响。

1. 症状

(1) 高粱丝黑穗病(sorghum silk smut)。病株一般较矮，色泽稍深。发病初期病穗苞叶紧实，中下部膨大且色深，有的向一侧歪扭，手捏有硬实感，旗叶直挺，剥开可见内生白色棒状物，即乌米。苞叶里的乌米初期较小，指状，后中部膨大为圆柱状，较坚硬。在抽穗之后白色膜破裂，露出黑色丝状物(残存的花序维管束组织)和大量黑色粉末(病原菌冬孢子)。多数病穗不是全部露在叶鞘外面，有的仅露出顶端一部分，有的只露出一侧，少数病穗基部可残存少量小穗的分枝但不结实。有的叶片被害后形成红紫色条状斑，扩展后呈长梭形条斑，后期条斑中部破裂，病斑上产生黑色孢子堆，但孢子量不大。有时顶端叶片被害形成椭圆形稍隆起的小瘤，但叶片维管束不被损坏，小瘤破裂散出黑色粉末。病株的侧芽或分蘖也可被害，发病后俗称“二茬乌米”。

(2) 高粱散黑穗病(sorghum loose smut)。被害植株较健株抽穗早，病株较矮，较细，节数减少。受害穗的穗轴和分枝均保持完整，但花器的子房全部被害，每个籽粒均变为灰白色菌瘿，内外颖被破坏，护颖则不被侵染。菌瘿外包有一层平滑的白色薄膜，破裂散出大量黑粉，并露出黑色中柱长轴，为寄主维管束残余组织。

(3) 高粱坚黑穗病(sorghum hard smut)。病株和健株株型没有明显差别，内外颖及护颖很少受害，只是子房受到破坏。抽穗后可见病穗籽粒变为灰包，露于颖壳之外。灰包外膜坚硬，不破裂，或仅顶端稍裂开，内部充满黑粉堆，轴不被破坏，菌瘿受碾压才能破碎，散出大量黑粉。坚黑穗病与散黑穗病的主要区别是：它的病粒外膜较厚硬，通常不破裂，黑粉不散失，即使有时外膜顶端稍有破裂，其中柱也不会全部裸露而是只露出尖端。

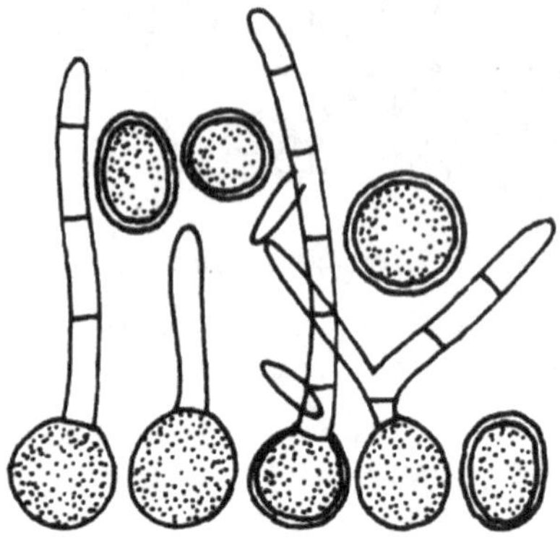

图 6-51　高粱丝黑穗病菌冬孢子及其萌发（卢庆善，1999）

2. 病原

（1）高粱丝黑穗病。为丝轴团散黑粉菌[*Sporisorium reilianum*（Kühn）Langdon et Full.]，异名：*Ustilago reiliana* Kühn、*Sorosporium reilianum*（Kühn）McAlp.；*Sphacelotheca reiliana*（Kühn）Clint，属担子菌门的团散黑粉菌属。冬孢子堆生于花序中，侵染整个花序。初期聚集形成球形至不规则形孢子堆，直径 50～180 μm，孢子堆外具白色薄膜，成熟后即散开，同时露出残存的丝状花序维管束组织。冬孢子暗褐色，球形至卵圆形，有刺，大小为 10～15 μm×9～13 μm。不孕细胞成组混杂在冬孢子中，近无色或稍带褐色，表面光滑，圆形至长圆形，大小为8～16.5 μm×8～15 μm。冬孢子萌发产生粗而直，且稍有分枝的先菌丝，通常是 4 个细胞，顶生和侧生担孢子，担孢子还可以芽生方式再生次生担孢子。有时冬孢子萌发可直接产生分枝菌丝。在 15～36℃范围内冬孢子均可萌发，最适温度为 28～30℃。高粱丝黑穗病菌具有明显的生理分化现象，目前我国已报道 3 个生理小种。除高粱外，还可侵染玉米、苏丹草、约翰逊草和高粱属其他种。

（2）高粱散黑穗病。为高粱轴团散黑粉菌[*Sporisorium cruentum*（Kühn）Váhky]，异名：*Sphacelotheca cruenta*（Kühn）Potter；*Ustilago cruenta* Kühn，属担子菌门的团散黑粉菌属。冬孢子堆生于子房内，卵圆形，大小近似于成熟的种子或长达 1 cm，外具易碎薄膜，破碎后冬孢了散出。冬孢子暗褐色，球形或卵圆形，表面有细刺，大小为 5.5～9 μm×5～7.5 μm。不孕细胞成组存在，近圆形或椭圆形，大小为 10～17 μm×8～15 μm。冬孢子萌发产生先菌丝，侧生担孢子，担孢子可以芽生次生担孢子（图 6-52）。冬孢子萌发温度范围为 12～36℃，最适温度为 25～28℃。高粱散黑穗病菌具有生理分化现象。除高粱外，还可侵染苏丹草和扫帚高粱。

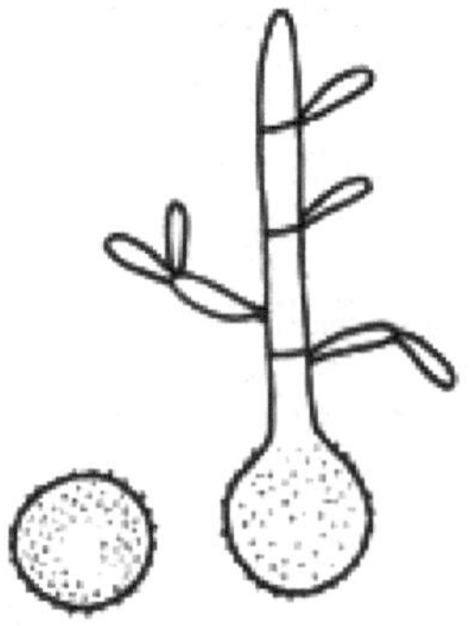

图 6-52　高粱散黑穗病菌冬孢子及其萌发（卢庆善，1999）

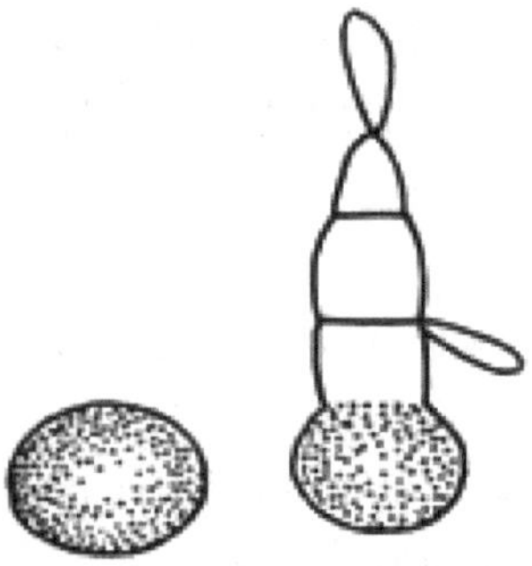

图 6-53　高粱坚黑穗病菌冬孢子及其萌发（卢庆善，1999）

(3) 高粱坚黑穗病。为高粱坚团散黑粉菌(*Sporisorium sorghi* Erenb. ex Link)，异名：*Ustilago sorghi* (Link) Pass.；*Sphacelotheca sorghi* (Link) Clinton；*Sphacelotheca sorghicola* (Speg.) Zundel，属担子菌门的团散黑粉菌属。冬孢子堆生于子房内，椭圆柱形至圆锥形，长3～7 mm，外具坚硬灰色膜，膜不易破碎。冬孢子球形，绿褐色至红褐色，表面光滑或有细微疣刺，大小为5.5～9 μm×5～7 μm。不孕细胞成组或串生，长圆形至近圆形，大小为7.5～14 μm×6.5～12.5 μm。冬孢子萌发产生先菌丝，顶生或侧生1至数个担孢子，有时直接产生分枝菌丝(图6-53)。冬孢子萌发温度范围为12～40℃，最适温度为20～23℃。高粱坚黑穗病菌只侵染高粱属植物，也具有生理分化现象，我国已报道8个生理小种。

3. 发病规律

(1) 高粱丝黑穗病。以冬孢子在土壤和粪肥中越冬，种子也可带菌。冬孢子耐低温，耐冰冻，在土壤中可存活3年左右，散落在土壤中的冬孢子是丝黑穗病的主要初侵染来源。该病为幼苗系统侵染病害，冬孢子萌发后以双核侵入丝自高粱的胚芽鞘侵入幼苗生长锥里完成侵染过程，最适侵染期是从种子破口露出白尖至幼芽长1～1.5 cm时期。

连作地发病重，连作年限越长发病越重。土壤湿度低时有利于丝黑穗病菌侵染。春天播种早，覆土过厚，出苗慢则发病重。通常土温15℃左右，土壤含水量18%～20%时，覆土厚5 cm就极易发病，覆土厚于5 cm时发病更重。

(2) 高粱散黑穗病。以冬孢子附着在种子表面或散落在土壤中越冬。黏附在种子表面的冬孢子可存活3～4年，而土壤中的冬孢子存活率较低，因此带菌种子是主要的初侵染来源。该病为幼苗系统侵染病害，带菌种子播种后，冬孢子可萌发直接侵入刚萌发的幼芽分生组织或萌发形成双核侵入丝，从寄主的幼苗或幼根侵入。侵入到寄主体内的菌丝在寄主体内系统扩展，病株抽穗时菌丝进入穗内并破坏子房而形成菌瘿。

冬孢子在15～35℃时均可侵染，最适侵染温度为20～25℃。土壤含水量低、播种后遇低温以及覆盖土层过厚，都可能使幼苗生长受到抑制，受侵染时间延长，从而加重病害发生。

(3) 高粱坚黑穗病。以冬孢子随种子越冬，带菌种子是主要的初侵染来源。土壤中的冬孢子存活到下一季的概率小，因此土壤的传播作用极小。冬孢子经过牲畜消化道后死亡，因而粪肥也不能传病。该病也属于幼苗系统侵染病害，侵入方式与高粱散黑穗病相似。

相对冷凉的条件有利于坚黑穗病发生，冬孢子侵染的土温一般在24℃以下。土壤湿度同样是坚黑穗病菌侵染高粱的重要因素，土壤含水量低于28%适于侵染发病。早播、播种过深、出苗慢均可加重病害的发生。

4. 病害控制　由于3种黑穗病的发生危害与高粱品种的抗性均有密切关系，因此在黑穗病发生区，应采取以选用抗病品种为主，及时拔除田间病株，减少侵染源为重点，搞好种子处理和提高栽培技术为辅的综合防治措施。

(1) 选用抗病品种。因地制宜地选用抗病品种是防治三种黑穗病的经济有效措施。在推广抗病品种的同时应明确当地病菌生理小种的组成及变化趋势，避免长期种植单一品种。

(2) 农业防治。进行3年以上轮作，并注意应与玉米、谷子以外的作物轮作。适时播种，提高整地、播种质量，播种不宜过深，覆土不宜过厚，使幼苗尽快出土，减少病菌从幼苗侵入的机会。在症状显现但病穗包膜未开裂前，连根拔除，将拔除的病株带出田间深埋或集中处理，如果能做到大面积连续彻底拔除病株2～3年，即可基本上控制黑穗病的发生。

(3) 种子处理。可用25%三唑酮(粉锈宁)、17%三唑醇(羟锈宁)、2%戊唑醇、40%拌种双等拌种。一些简单的种子处理方法，如清水洗种、温汤浸种和一些残效期极短的药剂，在实际应用中效果都不理想。

（三）谷子锈病

谷子锈病(millet rust)是影响谷子生产的一大病害。世界各地各谷子产区均有发生，我国以黄河中下游区域发病较重，危害严重时可使谷子减产 1/3 以上。

1. 症状 谷子锈病多发生在谷子抽穗初期到开花期，主要危害叶片，其次是叶鞘。发病初期在叶片上，特别是叶背面产生大量红褐色圆形或椭圆形隆起斑，即夏孢子堆，直径约 1 mm，散生或排列成行，开始时在寄主表皮下面，后随着夏孢子的增多，突破表皮，散出黄褐色粉末(夏孢子)。夏孢子堆周围环绕有破裂的寄主表皮，肉桂色。严重时叶面布满病斑，植株枯死。后期在叶片和叶鞘上埋生大量圆形至长圆形灰黑色斑点，即冬孢子堆。通常情况下寄主表皮不破裂，破裂后会散出黑色粉末(冬孢子)。

2. 病原 为粟单胞锈菌(*Uromyces setariae-italicae* Yoshino)，属担子菌门的单胞锈菌属。夏孢子单细胞，球形或椭球形，黄褐色，表面有微刺，大小为 22～34 μm×18～26 μm，具 3～4个萌芽孔，有柄，无色。冬孢子单细胞，球形、长球形或楔形，顶部不厚或稍厚，基部圆或渐窄，顶端有芽孔，黄褐色或褐色，大小为 19～31 μm×16～24 μm，壁厚 2～3 μm，柄长期存在，无色透明，大小为30～36 μm×3～6 μm。

夏孢子萌发的最适宜温度为 28～32℃，在 18～35℃时均易萌发。孢子萌发需要高湿度和足够的氧气，在饱和湿度下或水滴中孢子才能迅速萌发。有关冬孢子萌发的报道很少。Blutler 发现冬孢子萌发可形成有 4 个分隔的担子，在担子的小梗上着生担孢子，担孢子脱落后有时可产生次生担孢子。我国俞大绂在研究该病菌的冬孢子萌发时指出，从叶片采集的冬孢子必须经过一段时间休眠后才能萌发，且萌发率很低，为 1%～4%，冬孢子萌发后可形成长短不等的有隔担子，但未见形成担孢子。

1964 年，Narasimban 和 Thirumalachar 报道，在印度发现谷子叶锈病的锈孢子阶段，其寄主植物为破布木，并证实破布木是谷子锈病菌的转主寄主。我国尚未见有关报道。

谷子锈病菌具有明显的生理分化现象，已报道具有 7 个群 32 个生理小种。该病菌除侵染谷子外，还可侵染谷莠、野稗、巨丰珍珠谷及多种狗尾草等杂草。

3. 发病规律 据印度报道，谷子锈菌以锈孢子侵染谷子，以冬孢子侵染其转主寄主破布木，进而来完成其生活史。在我国南方，谷子锈菌的其他寄主可以终年生长，病原菌可重复侵染，全年发病，无须转主寄主就能越过冬季。北方谷子产区是否有转主寄主尚不清楚。有报道表明，夏粟区的夏孢子可以越冬、越夏，成为初侵染源，但不能排除夏孢子由南方传至北方侵染的可能性。初侵染引起的病株又产生新一代夏孢子，经风雨传播，引起再侵染，使病害不断扩大蔓延。

在我国北方各谷子产区，常年 7 月、8 月的气温均适宜于锈菌夏孢子的侵染，尤其是 8 月气温多在 28℃左右，最适宜于谷子锈病的发生流行，因此 7～8 月的降水量和大气相对湿度是决定当年锈病流行程度的关键因素。7 月、8 月降雨多的年份，锈病发生普遍而严重，干旱年份则发病轻。地势低洼、植株生长过密、施用氮肥过多、田边寄主杂草多的田块，发病也重。此外，发病程度与谷子品种间的抗病性差异也密切相关。

4. 病害控制 谷子锈病的防治应采取选用抗病品种为主，栽培管理为辅，并结合药剂防治的综合防治措施。

(1) 选用抗病品种。选种抗病品种是防治该病最经济有效的措施。目前虽未见有免疫品种，但表现抗病的品种不少，如晋谷16、豫谷2号、鲁谷2号、承谷10号、谷丰2号、济谷12号等。

(2) 农业防治。清除田间病残体，适期早播，合理密植，及时清除杂草，保持田间通风透光。雨后及时排水，多中耕，以降低田间湿度。采用配方施肥技术，避免过多施用氮肥，增施磷肥、钾肥。

(3) 药剂防治。在田间发病中心形成期，即病叶率为1%～5%时，进行第一次喷药，可选用25%三唑酮、50%萎锈灵等喷雾。发生严重时，间隔7～10天再喷1次，可达到良好的防治效果。

（四）谷子白发病

谷子白发病(millet downy mildew)是发生在谷子上的一种重要病害。全世界各谷子产区均有报道，我国以晋北、陕北、内蒙古、山东、东北等春谷栽培区受害最重。近年来，此病有回升趋势，已成为制约谷子生产的一个主要因素。

1. 症状 谷子白发病是以幼苗侵染、系统发病为主的病害。谷子自种芽或幼苗受侵染后，在各个生育阶段和不同器官上陆续显露各种不同的症状，即烂芽、灰背、白尖、枪杆、白发、看谷老(刺猬头)。此外，局部侵染还可引起叶斑。

(1) 烂芽。种子萌芽时受到病菌侵染，严重感病的幼芽扭转弯曲，变褐腐烂，不能出土而死亡，导致田间缺苗断垄。

(2) 灰背。从2叶期到抽穗前陆续发生。感病较轻的幼苗出土后，当苗高6～10 cm时，叶片正面产生与叶脉平行的黄白色条斑，空气潮湿时，叶背面密生灰白色霉层(孢囊梗和孢子囊)，称之为“灰背”。少数重病苗叶片卷曲，逐渐变褐枯死，多数病苗仍可继续抽出新叶，且表现灰背症状。

(3) 白尖、枪杆。株高60 cm左右时，病株上部新叶不能抽出展开，卷筒直立向上，前端或全部变为黄白色，远看十分醒目，称为“白尖”。7～10天后，白尖逐渐变褐，枯干，直立于田间，形成“枪杆”。

(4) 白发。枪杆的心叶薄壁组织解体纵裂，散出大量褐色粉末状物(卵孢子)。残留黄白色丝状物(维管束组织)，卷曲如头发，称为“白发”，病株不能抽穗。

(5) 看谷老。染病植株多数不能抽穗，有时虽能抽穗，但穗子短缩肥肿，全部或局部畸形，不结实或部分结实。病穗小花颖片伸长，变形成小叶状，有的卷曲成角状或尖针状，向外伸张，全穗膨松，短缩而直立，呈刺猬状，称为“看谷老”。病穗由红色或绿色逐渐变褐干枯，组织破裂，散出黄褐色粉末状物(卵孢子)。

(6) 局部病斑。苗期“灰背”病叶上产生的病原菌游动孢子囊，随气流传播到健株叶片上，局部侵染可形成叶斑。在叶片上可形成不规则形或长圆形叶斑，初淡绿色至淡黄色，后变为黄褐色或紫褐色，病斑背面密生灰白色霉层。老熟叶片被侵染后，形成褐色小圆斑，霉层不明显。

2. 病原 为禾生指梗霉[*Sclerospora graminicola*(Sacc.)Schroeter]，属假菌界、卵菌门的指梗霉属。病菌营养体为无色透明、有分枝的无隔菌丝体，菌丝体仅在细胞间隙生长，侧生圆形吸器伸入寄主细胞内吸取营养物质。孢囊梗由寄主气孔伸出，基部较细，向顶部逐渐变粗，顶端不规则分枝2～3次，分枝顶端生2～5个小梗，每个小梗顶生一孢子囊。孢子囊椭圆形或倒卵形，无色透明，壁光滑，顶端生一乳状突起。条件适宜时，孢子囊萌发形成游动孢子。游动孢子肾形，无色，单胞，中间凹陷处生有2根鞭毛。游动孢子游动一段时间后鞭毛收缩形成球形的休止孢，休止孢经休眠后萌发产生芽管，侵入寄主。条件不适宜时，孢子囊也可直接萌发产生芽管。卵孢子球形，光滑，淡黄色至褐色。

低温高湿利于孢子囊萌发，孢子囊萌发最适温度为 15～16℃，在 2～35℃下，孢子囊均可萌发形成游动孢子。于 28～29℃下，可直接萌发形成芽管。卵孢子萌发温度为 10～30℃，最适温度为 17～23℃。卵孢子对不良环境有较强的抵抗力，在土壤中可存活 2～3 年，且经牲畜消化道后仍具有生命力。

谷子白发病菌有明显的生理分化现象，日本报道有 4 个生理小种，国内山东省农业科学院研究发现 2 个生理小种，河北省农林科学院经致病性试验表明，有 4 个不同的菌系。该病菌可寄生于多种禾本科作物和杂草，但其天然寄主多限于粟属植物，在自然条件下来自于谷子和青狗尾草的谷子白发病菌很少侵染玉米、高粱、黍、甘蔗等禾谷类作物。

3. 病害循环 病菌以卵孢子混杂在土壤、粪肥里或黏附于种子表面越冬，因此土壤、粪肥、种子是初侵染来源，其中土壤带菌是该病的主要初侵染来源。当谷种发芽时，越冬卵孢子萌发产生芽管，从幼芽、幼根表皮侵入，随着生长点的分化和发育，菌丝扩展蔓延到叶部和穗部，逐步形成灰背、白尖、枪杆等系统症状。到作物生长后期，在白尖和病穗的病组织里，菌丝分化形成藏卵器和雄器，交配后形成卵孢子。卵孢子随着病组织的分解散落在土壤、粪肥中，或病健株一起脱粒时附着在谷粒表面，成为翌年的初侵染来源。

此外，灰背上产生的大量游动孢子囊还可随风雨传播，进行再侵染，在叶片上可形成局部病斑，侵染有分生组织的幼嫩器官，可产生系统侵染。再侵染在病害循环中作用较小。

4. 发病条件 谷子白发病主要借土壤传播，谷子芽长 3 cm 以前最易感病，因此，幼苗出土前的土壤温度、湿度、播期、播种质量是影响该病发生的重要因素，此外，耕作制度、品种抗病性与该病的发生也密切相关。

(1) 土壤温度、湿度。幼苗在土温为 11～32℃，土壤相对湿度为 20%～80%时都能发病。而以土壤温度为 19～21℃，相对湿度为 40%～60%(即半干土)时发病最重。当温度自 20℃逐渐降低时，湿度大较易发病。温度自 20℃逐渐升高时，湿度小易发病。此外，温暖潮湿有利于再侵染的发生。

(2) 播种质量。一切不利于幼苗出土的因素均有利于病害的发生。一般而言，播种早，覆土深，出芽慢，就会增加病菌侵染的概率，发病就重；反之，适当晚播、浅播、土壤墒情好，则发病轻。

(3) 耕作制度与施肥。连作地土壤中菌量逐年积累，发病加重，轮作地发病较轻。施用未充分腐熟的粪肥，肥料中菌量多，发病也重。

(4) 品种抗性。虽然目前还未见有谷子白发病的免疫品种，但不同品种间的抗病性表现明显不同。人工接种时抗病品种发病率在 10%以下，而感病品种发病率高达 88.73%。

5. 病害控制 应采取种子和土壤处理为主，栽培管理为辅，并结合选用抗病品种的综合防治措施。

(1) 种子和土壤处理。用于防治谷子白发病的药剂有多种，25%瑞毒霉或 25%霜霉威按种子重量的 0.07%～0.1%(a. i)，35%阿普隆、50%甲霜铜按种子重量的 0.3%～0.4%，64%杀毒矾按种子重量的 0.4%～0.5%，40%敌克松、50%萎锈灵，按种子量的 0.5%拌种均有很好的防效。处理方法有干拌、湿拌和药泥拌种等，以湿拌及药泥拌种效果最佳。湿拌时先用种子重量 1%的水拌湿种子，再将所需药剂均匀拌到种子上，然后播种。药泥拌种时先用种子重量 1%的水将药剂拌成药泥，再和种子拌匀，即可播种。当土壤带菌量大时，可结合沟施药土的方法防治病害。每公顷用 3.75 kg 敌克松兑细土 15～20 kg，撒种后沟施盖种。

(2) 加强栽培管理。合理轮作是防治白发病的有效措施之一，轻病田块实行 2 年轮作，重病田块实行 3 年以上轮作，适于轮作的作物有大豆、高粱、玉米、小麦和薯类等。施用充分腐熟的净肥，尽量做到"三不用"，即不用病株残体沤肥，不用带病谷草做饲料，不用谷子脱粒后的场院残余物制作堆肥。同时注意精细整地，适期播种，适当浅播，播后及时镇压，以促进苗早、苗壮，减少侵染机会。

(3) 拔除病株。结合间苗、定苗等田间操作，在出现灰背、白尖症状，但尚未变褐破裂前拔除病株，每 5～6 天 1 次，连拔 3～4 次，后期拔除白发、看谷老等病株，并带到地外集中深埋或烧毁，连续坚持数年。此外，要及时将地内、地边的狗尾草等野生寄主拔除。

(4) 选用抗病品种。选育和推广抗病品种是防治谷子白发病的有效措施。应结合当地病菌的生理小种，因地制宜地选择适合于各地种植的高产、优质的抗病良种。

二、病害综合治理技术

高粱和谷子在其生长发育过程中会受到多种病害的侵染危害。根据每种病害的发生危害特点，可将其划分为不同的类型，如线虫病和危害穗部的黑穗病，主要通过土壤和种子传播；危害叶部的真菌性斑点病，主要通过气流传播，细菌性斑点病主要靠雨水传播；病毒病则主要靠昆虫介体传播。生产上对于每类病害的防治重点不同，但防治策略和防治措施基本相同。高粱和谷子病害的防治应采取清除菌源、选用抗病品种、加强栽培管理和合理药剂防治的综合防治措施。

1. 清除菌源，切断传播途径　多数病害的病原物都可以随病残体在土壤和粪肥中越冬，成为翌年的初侵染源。在作物生长期，应结合田间管理及时拔除病株，高粱和谷子收获后，及时清除田间的病残体和杂草，并带出田外集中处理。同时注意冬前深翻土地，加速病残体的分解，严禁带病秸秆作肥料返田，严禁施用未腐熟的粪肥，以减少初侵染源的基数。尤其对于高粱和谷子黑穗病、纹枯病、谷子白发病、线虫病等以土壤或种子传播为主的病害而言，这一措施是防治该类病害的关键。病毒病则主要靠昆虫介体传播，除注意清除田间和周围杂草，减少虫源基数外，还应对毒源寄主和田间的传毒介体进行防治，以切断毒源传播途径。

2. 选育和利用抗病品种　选育抗病优良品种是防治高粱和谷子病害最为经济有效的措施，尤其是病毒病和线虫病抗病品种的防治效果最为显著。各高粱和谷子种植区，应根据当地气候特点、病害发生种类和对不同品种危害情况，并随时监测当地病菌生理小种的组成及变化趋势，因地制宜地选用适合当地种植的抗病品种，并加强和重视抗病优质新品种的选育。

3. 加强和改进栽培管理措施　合理的栽培管理措施，不仅有利于提高植株抗病性，减轻病害的发生危害，而且还可以改善田间小气候，尤其是对于控制气传病害具有明显的作用。①轮作换茬。在黑穗病、纹枯病、线虫病等以土壤传病为主发病较重的地块，实行轮作，是防治该类病害的有效措施之一。与非寄主植物轮作 3 年以上，可有效降低土壤中的菌源量，减轻该类病害的发生。②适期播种，提高播种质量。在提高整地播种质量的基础上，综合考虑当地病害的发生种类、气候条件和品种生育期，适当调整播种期，对于一些病害的防治非常重要。谷子线虫病、纹枯病和胡麻斑病等发生区，可适当早播，以便于其感病期错过高温高湿季节。谷子白发病、黑穗病等发生区，可适当晚播、浅播，以促进其早出苗、快出苗，减少病菌的侵入机会。③合理密植。栽培密度过大，田间郁闭，株间通风透光差，田间小气候湿度大，为多种病害的发生提供了有利条件，往往会加重病害的发生。④加强田间管理。要注意科学施肥，施足基肥，增施有机肥，氮肥、磷肥、钾肥配合施用。合理排灌，田间不积水。及时中耕除草，以促进植株健壮生长，减轻病害。

4. 药剂防治　针对不同的病害类型，药剂防治的重点不同。对于气传病害，关键要搞好病情监测，掌握好最佳施药时期和施药次数。通常情况下，首次施药时期应掌握在发病初期，此后，间隔 7～10 天，再根据病情决定具体的施药方案。施药种类应根据不同的对象有针对性地选用不同的化学药剂。此外，对于病毒病发生地区，还应及时防治传毒介体昆虫。对于种传病害主要是要做好种子处理。黑穗病和线虫病等以土壤传播为主的病害，种子也是其传播的主要途径之一。应针对不同的病害选择相应的杀菌剂，处理种子或用包衣剂包衣。此外，谷子线虫病也可用 55～57℃温汤浸种 10 min，以减少该病的初侵染源。

（李新凤　郝晓娟　编写）

思考题

1. 试述稻瘟病的发生规律，如何有效控制稻瘟病？
2. 为什么水稻稻曲病会由次要病害上升为主要病害？稻曲病菌有哪几类孢子，请分析它们在侵染过程中的可能作用？为什么在化学防治稻曲病时，强调要预防性施药？
3. 试述水稻纹枯病的初次侵染源与发病的关系。为什么说打捞菌核不彻底防治效果不理想？水稻纹枯病菌依据菌丝的融合能力可分为哪些融合群？侵染水稻以哪种融合群为主？试述水肥管理在水稻纹枯病防治中的作用。
4. 水稻白叶枯病菌侵入寄主的主要途径有哪些？为什么台风暴雨容易引起水稻白叶枯病的暴发流行？水稻细菌性条斑病与水稻白叶枯病的症状有哪些区别？水稻细菌性条斑病菌侵入寄主的主要途径有哪些？与水稻白叶枯病菌的主要途径有何异同？
5. 怎样识别与防治南方水稻黑条矮缩病？
6. 近年来我国南方稻区、越南中北部稻区大面积暴发南方水稻黑条矮缩病的原因有哪些？
7. 普通矮缩病的土要症状特征是什么？为什么在防治普通矮缩病中强调控制黑尾叶蝉的作用？
8. 收获早稻时，为何提倡背向晚稻收割？
9. 水稻条纹叶枯病症状主要有哪些典型症状类型？试述耕作制度对水稻条纹叶枯病的影响，为什么？
10. 试比较小麦 3 种锈病在症状、病原菌和发生规律上的异同。试根据小麦条锈病的发生特点，制定一套病害综合防控策略。
11. 小麦白粉病的病害循环是什么？影响麦类白粉病发生的因素有哪些？如何进行麦类白粉病的防治？
12. 小麦赤霉病有哪几种症状？发生流行与哪些因素有关？
13. 如何区分几种黑穗病症状？它们在侵染循环方面有何不同？小麦黑穗病如何进行防治？
14. 如何识别和防治小麦全蚀病？如何解释全蚀病自然衰退现象？
15. 小麦黄矮病、丛矮病、黄花叶病的症状有何特点？如何有效防治小麦黄矮病、丛矮病和黄花叶病？
16. 如何有效控制小麦粒线虫？简述小麦孢囊线虫的生活史及其危害特点。
17. 应该如何综合防治小麦根部病害？
18. 阐述气候病害对我国小麦病害发生流行的影响。阐述人为因素对小麦病害发生流行的影响。

19. 如何诊断玉米大斑病和小斑病？根据玉米大小斑病的发生规律，拟定综合防治措施。
20. 怎样识别与防治玉米灰斑病？
21. 简述影响玉米锈病发生的因素。
22. 玉米弯孢叶斑病在发生流行上有何特点？防治中应注意哪几方面的问题？
23. 为什么目前防治玉米叶斑病以选育和推广抗病良种为主？抗病良种易于丧失抗病性的原因何在？
24. 玉米纹枯病在症状上有何特点？在田间如何进行正确诊断和鉴定？玉米纹枯病的发生特点及其防治措施？
25. 怎样识别与防治玉米黑粉病？
26. 如何有效控制玉米茎腐病？
27. 试分析玉米穗腐病发生的原因，并制定防控措施。
28. 根据玉米粗缩病的发生特点和规律，制定有效的综合防治措施。
29. 对高粱炭疽病的防治主要有哪些措施？
30. 高粱上的 3 种黑穗病在症状、病害循环和防治方法上有哪些异同点？
31. 如何识别和防治谷子锈病？
32. 谷子白发病的症状特点及防治要点是什么？

第七章　薯类作物病害

第一节　马铃薯病害

马铃薯原产于南美洲，是一种古老的栽培作物。由于马铃薯的适应性强，产量高，营养丰富，在世界粮食作物中居第五位。马铃薯的种植范围非常广泛，我国各省(自治区)均有马铃薯的栽培。马铃薯在生育期和块茎储藏期间，容易受到各种病菌的侵染，发生多种病害，给马铃薯的生产和人类生活造成重大影响。例如，1845～1846 年爱尔兰岛马铃薯晚疫病大发生造成的绝产，饿死了 100 多万人，150 万人逃荒至美洲。除晚疫病外，马铃薯上常发生的病害包括早疫病、疮痂病、环腐病、黑胫病和病毒病等。病害的感染不仅影响马铃薯的茎叶发育，而且影响块茎生长，轻者降低块茎的品质，严重时造成块茎腐烂。在我国，除了晚疫病、环腐病外，病毒病也是马铃薯的主要病害，在大部分地区的发生均十分严重。特别是在我国中部和南部地区，不能自行留种，每年从东北、西北、内蒙古等地马铃薯退化轻微的地区大量调种，给生产带来了很多不便和困难。

一、真菌及卵菌病害

(一) 马铃薯早疫病

马铃薯早疫病(potato early blight)，俗称夏疫病、轮纹病或干斑病，是马铃薯生产中常见的重要病害之一，在全球各马铃薯产区普遍分布，一般年份产量损失率约 5%，严重地块的损失率达 30%以上。自 20 世纪 90 年代以来，由于马铃薯需求量不断增加、种植面积不断扩大，马铃薯的连作也越来越普遍，致使该病的危害逐年加重，使马铃薯的产量和品质均明显降低，已对马铃薯生产造成巨大损失。其在发展中国家的危害不亚于马铃薯晚疫病。目前该病已成为仅次于马铃薯晚疫病的第二大病害。

1. 症状　早疫病一般在马铃薯生长中后期发生，主要侵染植株下部衰老叶片，也危害叶柄、茎和块茎。叶片发病，先在叶尖或叶缘出现褐色或黑褐色凹陷的小斑点，病健交界处分界明显，后扩大成圆形或近圆形病斑，但受叶脉限制呈不规则形病斑，后期变褐干枯、质脆易裂并穿孔，直径 3～4 mm 或更大(10 mm)，病斑外缘有黄色晕圈，具清晰的同心轮纹，湿度大时，病斑上产生黑色霉层(分生孢子梗和分生孢子)。危害严重时，常常数个病斑聚合成不规则形大斑或连接成片，引起局部或整叶干枯脱落，终致全株黑腐，田间一片焦枯，并散发出腐败气味。叶柄及茎多在分枝处受害，产生褐色条状凹陷病斑，病斑扩大后可见同心轮纹。块茎受害后呈现暗褐色圆形或近圆形凹陷病斑，病健交界处明显，病斑下呈浅褐色海绵状干腐，逐渐向四周扩大或腐烂(图 7-1)。

2. 病原　为茄链格孢[*Alternaria solani*(Ellis et Martin)Sorauer]，属于有丝分裂孢子真菌中的链格孢属。

成熟菌丝有隔膜和分枝，暗褐色；分生孢子梗自寄主表皮气孔伸出，单生或簇生，每簇1～5 根，圆筒形或短杆状，浅黄褐色或青褐色，直或弯曲，不分枝或罕见分枝，顶端着生分生孢子；分生孢子常单生，多细胞，长卵形或倒棍棒状，淡黄色或青褐色，直或稍弯曲，大小为 85.6～

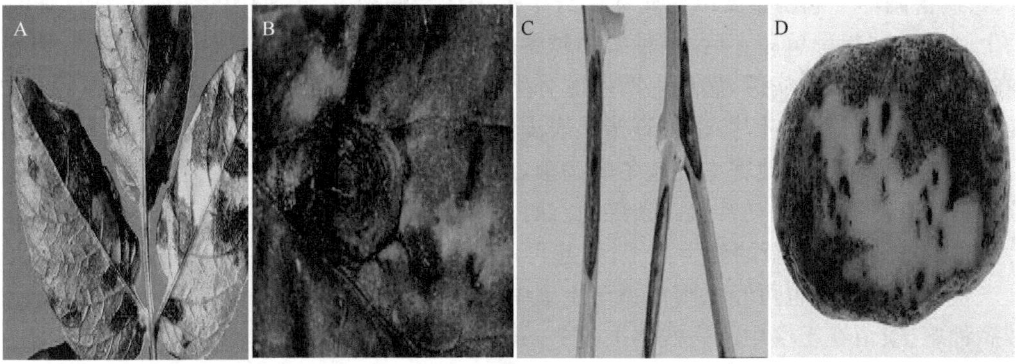

图 7-1　马铃薯早疫病的症状

A. 叶片受害；B. 叶片穿孔；C. 茎受害；D. 块茎受害

146.5 μm×11.7～22 μm，典型分生孢子具纵隔 1～9 个，横隔 7～13 个，顶端有较长的喙，无色，多数具 1～3 个横隔(图 7-2)。

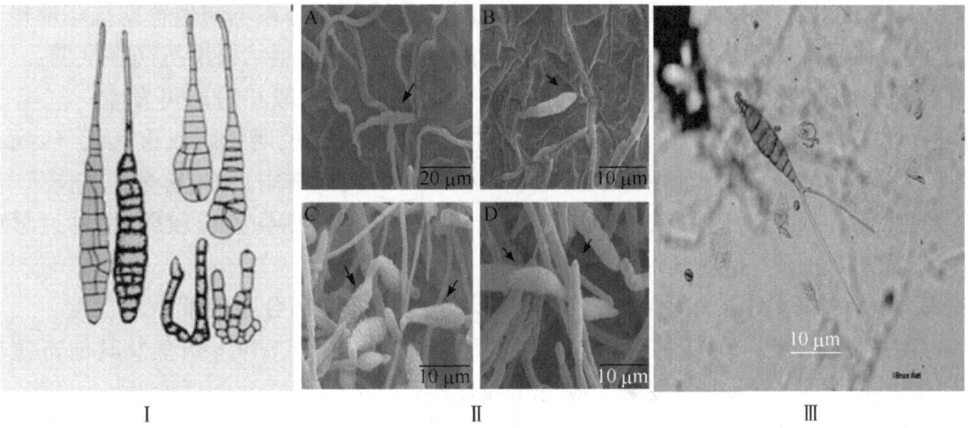

图 7-2　马铃薯早疫病菌

Ⅰ. 分生孢子梗与分生孢子；Ⅱ. 分生孢子的形成过程(A～D：从开始形成到逐渐长大且数量增多)；Ⅲ. 分生孢子萌发

病菌在 V8、PDA 及含有马铃薯或番茄汁液的人工培养基上生长良好，菌丝生长的最适温度为 26～28℃，但不易产孢；低温(18℃)、变温及光暗交替(23℃黑暗培养 12 h、26℃光照培养 12 h、18℃黑暗培养 5 天)、日光照射(3 h)、UV 照射及切割菌丝等刺激可促使分生孢子形成。分生孢子萌发的最适温度为 28～30℃，35～45 min 即可萌发，8 h 达到萌发高峰，萌发率可达 98.4%；分生孢子的致死温度为 57℃；RH 在 85%以上或有水滴存在，pH 6～10 的条件有利于分生孢子萌发；每个孢子萌发可产生 5～10 根芽管，从气孔或伤口侵入或直接穿透表皮侵入马铃薯叶片。

病菌不同菌株之间在侵染能力、培养性状和对环境条件的耐性等方面存在很大差异，但是否存在生理小种分化现象尚未见报道。病菌寄主范围很广，除马铃薯外，还危害玉米(*Zea mays* L.)、小麦(*Triticum aestivum* L.)、番茄(*Lycopersicon esculentum* Mill)、辣椒(*Capsicum annuum* L.)、茄子(*Solanum melongena* L.)、梨(*Pyrus* spp.)、苹果(*Malus pumila* Mill)、烟草(*Nicotiana tabacum* Jean Nicot de Villemain)、剑麻(*Agave sisalana* per.)和曼陀罗(*Datura stamonium* L.)等多种植物。

3. 病害循环　病菌主要以菌丝体和分生孢子在带病种薯、土壤中的病残体以及其他寄主植物上越冬。翌年种薯萌芽后，在种薯中越冬的病菌开始生长并随幼苗生长而扩展，病苗出土后，在叶片或茎部出现病斑，病斑上产生的分生孢子经过风雨传播至附近健康植株，以芽管从气孔或伤口侵入马铃薯叶片，也可直接从表皮侵入，一般先侵染较老的叶片，然后是幼嫩组织。在土壤中的病残体或其他寄主上越冬的病菌，翌年温度、湿度适宜时，也开始生长并产生分生孢子，经风雨传播后侵染马铃薯。条件适宜时，病害的潜育期极短，2～3 天即可形成病斑，5～7 天后病斑上又会产生新的分生孢子，引起再侵染，经过多次再侵染使病害不断蔓延扩大。叶片上产生的分生孢子也可经风雨传播至土壤中侵染新形成的薯块。马铃薯收获后，病菌又可在带病种薯、遗留在土壤中的病残体上越冬，开始下一个侵染循环。

4. 发病条件　发病程度与菌源数量、品种抗性、环境条件等因素密切相关。

(1) 菌源数量。分生孢子可在病种薯和土壤中的病残体上存活较长时期，使用带病种薯、田间遗留病残体或存在其他寄主植物，都会增加初侵染的菌源数量；尤其是马铃薯连作地区，土壤中积累的病菌会逐年增加，加重病害的发生与危害。

(2) 品种抗性。目前尚未发现高抗或免疫品种，生产中也缺乏专门针对该病的抗病品种，一般早熟品种易感病，晚熟品种较抗病。此外，同一马铃薯品种在不同生育期抗病性也有所不同，苗期至孕穗期抗病性最强，始花期抗病性开始减弱，盛花期至结果期抗病性最弱。

(3) 环境条件。早疫病对气候条件的要求不十分严格，一般年份均可发生。气温 15℃以上、相对湿度 70%以上病害即可发生；温度超过 25℃时，只需短期阴雨或重露天气，病害就能迅速蔓延。我国大部分马铃薯种植区在每年的 7～8 月，均以降雨过多、雾多或重露天气为主，早疫病发生严重。此外，土壤肥力不足或肥料不平衡、马铃薯植株生长较弱、播种过早或过晚时，病害也常常严重发生。

5. 病害控制　采用以消灭菌源、及时药剂防治为中心的综合防治策略。

(1) 减少菌源。选用无病种薯，及时清除田间遗留的病薯、病叶、病茎及其他寄主植物残体，集中烧毁或深埋，对减少初侵染来源有重要作用。

(2) 抗病品种。虽然尚未培育出专门针对马铃薯早疫病的抗病品种，但生产中发现国内的晋薯 7 号、东农 303 和国外的 Tygeve kollane、沙罗及他格西等品种有较强的抗病性；此外，选用早熟耐病品种，适当提早收获也有明显效果。

(3) 栽培管理。选择地势高、土壤肥沃的地块种植马铃薯，高垄栽培，施足基肥、适当增施有机肥，尤其是在花期适当追施钾肥，合理灌水，及时清除田间杂草，避免田间积水和荫蔽，必要时喷施生长调节剂抑制茎叶徒长，提高马铃薯植株的抗病能力；结果期要定期摘除下部病叶，深埋或烧毁，减少再侵染；有条件的地区应合理轮作，重病区最好与玉米、大白菜等作物实行 3 年制轮作。

(4) 药剂防治。播种前以药剂浸种或拌种、病害发生初期及时喷施农药杀灭发病老叶的病菌、收获后喷施农药杀灭病残体上的病菌，可有效防治早疫病。防效显著的农药主要有 25%阿米西达(嘧菌酯)、32.5%苯甲-嘧菌酯、75%百菌清、80%大生 M-45、64%杀毒矾、80%喷克、70%代森锰锌、80%新万生、77%可杀得、25%甲霜灵、52%抑快净、72%克露、50%杜邦克露、50%乙膦铝、78%科博、50%多菌灵等，以及 1∶1∶200 倍的波尔多液，隔 7～10 天喷施 1 次，连喷 2～3 次。此外，氢氧化铜、碱式硫酸铜、异菌脲、腐霉利、福美双、福美锌等也有较好的效果。

（二）马铃薯晚疫病

马铃薯晚疫病(potato late blight)是马铃薯生产中的首要病害，在全球范围内所有马铃薯种植区均有发生，我国西南地区危害较为严重，东北、华北与西北地区在多雨潮湿的年份危害较重。因为该病具有流行性和毁灭性，又被称之为疫病或马铃薯瘟。一般年份导致马铃薯约减产 10％，流行年份约减产 40％，严重流行年份减产可达 80％，甚至绝收。1845～1846 年，该病在爱尔兰引起的历史上著名的“爱尔兰饥馑”，直接导致爱尔兰 100 多万人被饿死，150 万人逃荒至美洲，举世震惊。这一重大事件也迫使人们对马铃薯晚疫病开展了深入系统的研究。1842 年，von Martius 首先提出马铃薯晚疫病是由病菌引起的，1857 年 Speerschneider 证明马铃薯叶片上的霉菌能引起块茎腐烂，1861～1863 年 de Bary 确定了叶片上的病斑和块茎腐烂都是由致病疫霉(*Phytophthora infestans*)侵染引起的。据估计，该病每年造成的损失及其对全社会造成的影响已超过了稻瘟病和小麦锈病，被视为国际第一大作物病害。

1. 症状　主要危害叶、茎和块茎。叶片病斑多在叶尖和叶缘处，初为水浸状、墨绿色、边缘不明显的斑点，病斑四周具浅绿色晕圈，湿度大时病斑迅速扩展，并产生一圈白色霉层(孢囊梗和孢子囊)，通常病斑背面霉层多于正面，尤以雨后最为明显，发病严重的叶片萎垂、卷缩，甚至病斑以上叶片全部死亡，严重时全田植株成片死亡，看上去似火烧状。天气干燥时病斑呈褐色、扩展较慢或不扩展，不产生白色霉层，质脆易裂。叶柄或茎部发病，呈现褐色条斑，条斑可横向或纵向扩展，严重时条斑以上部分的茎叶全部死亡。块茎染病初期呈褐色或紫褐色、不规则病斑，稍凹陷但不变软，切开后可见程度不等的锈褐色坏死斑，与健康薯肉之间没有整齐的界限，慢慢向四周扩大，严重时整个薯块烂掉(图 7-3)。

图 7-3　马铃薯晚疫病的症状(从左至右为叶片、叶柄及块茎受害)

2. 病原　为致病疫霉[*Phytophthora infestans* (Mont.)de Bary]，属于假菌界(Chromista)、卵菌门(Oomycota)的疫霉属(*Phytophthora*)。

营养体为无色无隔、分支发达的菌丝体，菌丝体主要在寄主细胞间隙生长和扩展，以指状或纽扣状吸器伸入寄主细胞内吸取养分。

无性繁殖是从菌丝体上分化形成孢囊梗(图 7-4)，通常以 2～3 根孢囊梗成丛从寄主茎、叶的气孔或块茎的皮孔中伸出，即肉眼可见的白色霉层。孢囊梗细长，为合轴分枝(1～4 个)、不定型生长，分枝顶端膨大产生孢子囊，孢子囊成熟后被推向一侧，孢囊梗继续伸长，顶端膨大再产生孢子囊，如此反复多次，最后孢囊梗呈粗细相间的藕节状，各节基部膨大而顶端尖细。孢子囊单胞无色，柠檬形、卵形或椭圆形，大小为 21～38 μm×12～23 μm，顶端有乳突，基部有脚胞，成熟后易脱落随空气传播。孢子囊需要在高湿(97%相对湿度)或水中才可萌发，温度较低(10～13℃)时孢子囊间接萌发，其内含物分化形成游动孢子，每个孢子囊可以释放 6～12 个具有两根鞭毛的肾形游动孢子，在水中游动一段时间后鞭毛消失变成球形的静止孢，静止孢再萌发产生芽管(图 7-4)，芽管顶端膨大形成附着胞，附着胞萌发形成侵染钉或侵入丝，侵入植株体内，这是致病疫霉侵染植物的主要方式；温度较高(15℃以上)时，孢子囊可直接萌发形成芽管而侵入植物。致病疫霉菌丝生长的最适温度为 20～23℃，孢子囊形成的最适温度为 19～22℃。孢子囊存活时间很短，游动孢子寿命更短，但落入土壤中的孢子囊，在夏季可存活 2 个月。此外，病菌还能在菌丝内部形成休眠的褐色厚垣孢子。

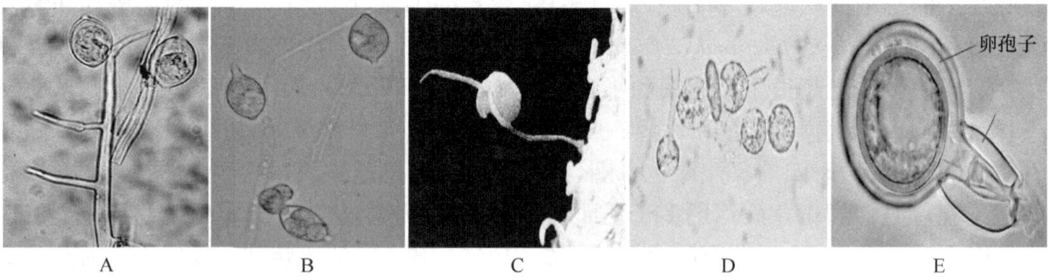

图 7-4　致病疫霉

A. 孢囊梗及孢子囊；B. 游动孢子在孢子囊内形成及释放；C. 具双鞭毛的肾形游动孢子；D. 游动孢子萌发形成芽管；E. 藏卵器与雄器结合形成卵孢子

有性繁殖是病菌通过两种不同的交配型(分别称为 A1 和 A2)进行异宗配合产生卵孢子(图 7-4)，以一种交配型(产生藏卵器)的菌丝穿过另一种交配型产生的雄器，在雄器的上面形成藏卵器，雄器包在藏卵器的柄上，交配后藏卵器内形成 1 个卵孢子。卵孢子单胞圆形，直径 24～56 μm，在土壤中可存活 7～8 年，萌发产生芽管，芽管顶端形成孢子囊。由于自然条件下，全球绝大多数马铃薯产区仅存在一种交配型(A1)，所以有性繁殖主要发生在原产地墨西哥一带和人工培养条件下，但近年来，A2 交配型相继在世界各地被发现，且自育型菌株、两性菌株的出现频率也不断增加，已引起人们的极大关注。

致病疫霉具有明显的生理分化现象，存在多个生理小种，且近年来复合型生理小种的种类日渐增多，频率也在逐年上升，甚至已经出现了能克服马铃薯中所有已知抗病基因的复合生理小种。此外，致病疫霉是寄生专化性很强的兼性寄生菌，自然条件下主要危害马铃薯和番茄，通常在活的植株或组织上才能存活，但在黑麦、燕麦片、菜豆粉和 V8 等特定培养基上也能良好生长并产生孢子囊。

3. 病害循环　在马铃薯一季作区，致病疫霉以休眠菌丝体在染病种薯内越冬作为主要初侵染来源，遗留在田间地表或土壤中的病植株茎、叶以及薯块中的菌丝体和孢子囊均不能在田间越冬。病种薯播种后，多数病薯不能正常发芽或萌发的幼芽不能出土而腐烂，但染病较轻的病薯能萌芽并成苗，作为田间的中心病株。在病薯内休眠的菌丝体随着病薯萌芽以及幼芽的生长而生长，并从幼苗茎基部沿皮层向上扩展，在幼苗茎上形成不明显的条斑，病苗与病菌可长期共存。温度、湿度适宜时，幼苗茎部条斑上产生孢子囊，借风雨传播至附近健康植株叶片上，通过游动孢子及附着胞萌发的芽管或直接萌发的芽管从叶片气孔侵入，或直接从叶片角质层侵入，形成病斑，其上产生孢子囊，经传播后造成再侵染，如此多次重复再侵染后引起田间大面积发病。土壤中病种薯和病芽所携带的病菌可随雨水或灌溉水在土壤中转移，从伤口、芽眼及皮孔处侵入新形成的块茎并形成新病薯，甚至通过风雨传播危害地上植株的下部叶片。此外，田间发病后的病植株上产生的孢子囊也可随雨水或灌溉水进入土壤，危害块茎形成新病薯。

在马铃薯二季作区或多季作区，除带菌种薯作为初侵染来源外，上一季马铃薯收获后遗留在田间的病植株残体和发病的自生苗均是下一季的初侵染来源，播种前被淘汰、任意弃置室外或田间的病种薯也是初侵染来源之一，此外，田间的番茄自生苗也有可能成为侵染来源。

4. 发病条件　该病的发生和流行与当地气候条件、品种的抗病性、生育阶段以及病菌致病力的强弱密切相关，其中与马铃薯开花期前后的气候条件关系很大。

(1) 气候条件。马铃薯晚疫病是一种典型的流行性病害，气候条件与病害的发生与流行关系极为密切。当条件适于发病时，病害可迅速暴发，从开始发病到全田植株枯死，仅需 10 天左右，甚至 3～5 天。以阴雨、多露、多雾、忽冷忽暖气候有利于发病，尤其是多雨年份易流行成灾。病菌孢囊梗和孢子囊的形成以饱和湿度为最适，萌发则需要在水滴或水膜中才能进行，而萌发方式主要取决于温度，10～13℃时萌发产生游动孢子，3～5 h 即可侵入；高于 15℃则直接萌发产生芽管，5～10 h 侵入。病菌菌丝体在寄主体内以 20～23℃时蔓延最快，潜育期最短，3～4天即可形成典型病斑。我国大部分马铃薯种植区的温度均适合该病发生，发病轻重则主要取决于湿度。东北、华北和西北马铃薯主产区，7～8 月的降雨是病害是否发生与流行的关键，雨季早、降雨多则发生早且重；长江流域、西南及华南雨水多，尤其是遇梅雨季节，常常严重发生。

(2) 品种抗病性。目前尚未发现免疫品种，但品种间抗/耐病性有很大差异。不同马铃薯品种的抗性主要有两种类型。①寡基因控制的小种专化抗病性。也称垂直抗病性，对致病疫霉的一部分小种表现为高度抗病，对另一部分小种则高度感病，这类抗性容易利用但不持久，因病菌小种变异而很快丧失抗病性。②多基因控制的非小种专化抗病性。也称水平抗病性或田间抗病性，对大部分或所有小种均有较强的抗病性，抗性虽不是很高但比较持久，不易因病菌生理小种变异而丧失抗病性。小种专化抗病性在同一季节中表现稳定，不会因生育期不同而发生变化，无论芽期、苗期、成株期、花前和花后均表现一致；非小种专化抗病性则相反，芽期最感病，以后抗性逐渐增强，至现蕾期抗性又下降，开花期最感病，田间病害流行也多从开花期开始。

我国各地种植的主栽品种，因用作种薯、鲜食或加工等不同目的，许多是感病品种，如青薯168 号、陇薯 6 号、内薯 7 号、Strom、威芋 3 号；或对致病疫霉的部分生理小种感病，如滇薯 6 号、合作 88、会薯 001、会-2、宣-乌、米拉、克新 1 号、斯诺登、康乃贝、布尔斑克；有些品种是高感品种，如大西洋、夏波蒂、费乌瑞它、宁薯 9 号、早大白、内薯 3 号、郑薯 6 号、高原 7 号、紫花白、Desirr、Baraka、会-乌等。

(3) 耕作与栽培措施。田间植株密度大或株型大、地势偏低及排水不良、杂草丛生，易增加植株下部小气候湿度，有利于发病。偏施氮肥、使植株徒长，或土壤瘠薄、缺氮或土质黏重等使植株生长衰弱，均有利于病害发生。

(4) 病菌致病力。致病疫霉生理分化明显、变异速度快，已鉴定出多个生理小种，且生理小种已从单一型向复合型发展，近年来已发现能克服目前所有已知抗病基因的复合小种(1. 2. 3. 4. 5. 6. 7. 8. 9. 10. 11)，且在群体中的比例逐年上升，已引起人们的极大关注。

5. 病害控制　采取以选用抗病品种及品种合理布局、精选种薯为主，辅以耕作栽培和及时喷药的综合防治措施。

(1) 选用抗病品种及品种合理布局。由于致病疫霉生理分化明显、变异速度快，我国局部地区已经出现了能克服所有已知抗病基因的复合小种，因此选用抗病品种并进行合理布局是防治该病的关键。目前我国已培育出了上百个抗病品种，各地可因地制宜选用适合于本地区种植的抗病品种，如中薯 3 号、新大平、晋薯 7 号、中心 24 号、云薯 6 号、虎头、宁薯 4 号、米拉、尤金、内薯 7 号、蒙薯 9 号、陇薯 3 号、东农 303、克新 13、克新 18 等；对于专用型感病品种，如大西洋、夏波蒂或耐病品种，如费乌瑞它等。

(2) 减少菌源。由于种薯带菌是主要的初侵染来源，选用无病种薯对该病有重要作用。一季作区的关键是精选种薯、淘汰病薯，从源头上铲除病菌；二季作区或多季作区，除精选种薯外，还需要及时清除前一季马铃薯收获后遗留在田间及土壤中的病残体，包括病叶、病茎、病薯、自生病苗、番茄苗等。有条件的地区应建立无病留种田，无病留种田与大田应相距 2.5 km 以上，并严格防病，精选种薯中淘汰的病薯应集中销毁处理。

(3) 栽培措施。适时早播、合理密植，有条件的地区早春可进行地膜覆盖，以保温保湿有利于早出苗；选择地势较高、沙壤土或排水良好的田块种植马铃薯，对于地势低洼、排水不良的田块，适当增加垄高；合理灌溉，合理使用氮肥、增施钾肥，促使植株健壮，增强抗病力；结薯后及时培土增加垄高，及时清除田间杂草，及时发现并清除中心病株或摘除病叶，深埋或烧毁。

(4) 药剂防治。种薯带菌是晚疫病的主要初侵染来源，播种前用药剂处理种薯具有重要作用。幼苗期和成株期尤其是花期，根据气象条件和中心病株的出现，对晚疫病进行预测预报，并及时喷药封锁和消灭中心病株。田间施药次数和间隔时间应根据气象条件、所用药剂的种类和品种的抗病性而定，降雨多、雨日多、品种感病时应适当增加施药次数，间隔 5～7 天，药剂要交替或混合使用。对晚疫病防效显著的药剂主要有 75%百菌清、50%多·福、50%福·福甲胂·福锌、80%代森锌、64%杀毒矾、70%丙森锌、50%氟吗啉·锰锌、50%氟啶胺、75%代森锰锌、72%霜脲·锰锌和升氟吡菌胺·霜霉威，以及波尔多液、代森铵、大生、易保、可杀得、猛杀生、科佳、福帅得、阿米西达等保护剂和银法利、克露、瑞毒霉、瑞凡、金雷多米尔、安克、抑快净等内吸性杀菌剂。

（蒋继志　编写）

二、细菌病害

(一)马铃薯疮痂病

马铃薯疮痂病是世界各马铃薯产区的重要病害之一，在北美洲、欧洲、亚洲等地均有报道。近年来该病在我国发生逐渐加重，各马铃薯主产区几乎都有发生。该病主要危害马铃薯块茎，感病薯块表面形成痂状病斑，影响马铃薯的外观和品质，降低薯块的商品价值。严重时可延迟马铃薯的出苗，在连作地、干旱的中性及偏碱地以及栽培管理不当的情况下发病程度更为严重。在微型薯生产中，重复使用蛭石为基质利于该病害的发生，发病率可达 30%～60%。

1. 症状　主要侵染块茎，先在块茎表皮上产生浅褐色的小点，逐渐扩大形成褐色圆形或不规则形大斑块。后期病部细胞组织木栓化，使病部表皮粗糙，开裂后病斑边缘隆起，中央稍凹陷或凸起，呈疮痂状(图 7-5)，严重时病斑连成片。病斑仅限于皮部，不深入薯内，区别于粉痂病等。匍匐茎也可受害，呈近圆形或花圆形的病斑。

2. 病原　为放线菌属的疮痂链霉菌[*Streptomyces scabies* (Thaxter) Waks. et Henvici]，在适宜土壤中可永久存活。病菌菌体丝状，有分枝，极细，具有螺旋状的孢子链，连续分裂生成

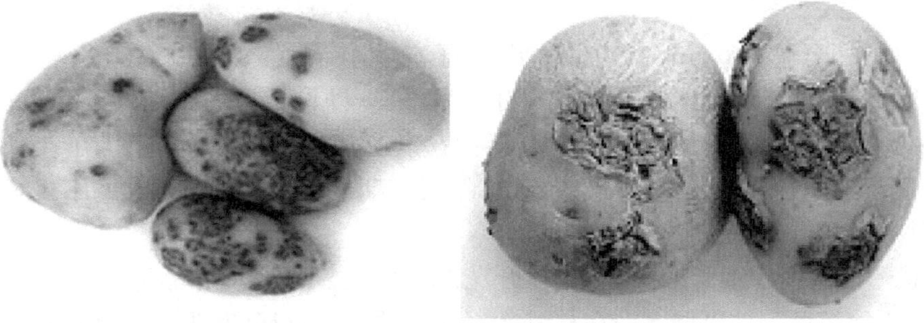

图 7-5　马铃薯疮痂病(病薯)

大量孢子。孢子圆筒形,无色,光滑,产生黑色素。孢子大小为 1.2～1.5 μm×0.8～1.0 μm。

3. 发病规律　病菌在土壤中可存活多年,一般在土壤中腐生或在种薯上越冬。病土、带菌肥料和病薯是主要的侵染源。在薯块形成早期易感病,病菌通常经由土壤气孔从马铃薯表皮气孔、皮孔或伤口侵入。块茎表皮木栓层形成后,病菌则较难侵入。当侵入植株后,地上部分看不到症状,但薯块表面会出现疮痂,由病薯长出的植株很容易发病。将健薯播入有病菌的土壤中也能引起发病。在田间,蛀食性昆虫也有传病的作用。土壤干燥、通气性好、中性或微碱性、酸碱度为 pH 5.2～8.0 的砂壤土容易发病。发病后病菌能在土中长期残存,而且连作地块发病率增加。块茎形成期适当灌水可减少侵染概率,适当施用钙、锰等微肥可缓解病情。马铃薯品种间抗病性有差异,白色薄皮品种比褐色厚皮品种易感病。

4. 病害控制

(1) 严格检疫。禁止从病区调种;选用表面完整、无病的种薯,建立无病留种田。

(2) 选种抗病品种。一般选用黄皮厚皮品种,如黄麻子、豫薯 1 号、榆薯 1 号、鲁引 1 号等。

(3) 播前进行种薯消毒。40%福尔马林浸种,浸种后再切块,之后用塑料膜密闭 2 h,晾干播种。还可用 70%代森锰锌或农用链霉素的稀释液浸种处理。

(4) 实行轮作。长期发病的地块,即使发病较轻,也应停种几年。重病区与葫芦科、豆科、百合科等非块茎类蔬菜进行 5 年以上轮作,或与谷类作物实行 4～5 年轮作。在易感疮痂病的萝卜等块根作物地块上不宜种植马铃薯。

(5) 加强田间管理。选择保水好的菜地种植,块茎形成期及膨大期尤其应注意浇水。疮痂病的严重度与土壤矿质营养元素、pH、有机质等因素存在复杂的关系。多施腐熟充分的有机肥或绿肥,补充钙、锰等微肥。避免施用碱性肥料,如过量石灰,保持土壤酸碱度为 5.0～5.2。

(6) 药剂防治。①药剂浸种:在催芽前用 0.2%甲醛溶液或 0.1%对苯酚溶液浸种 10～15 min。②土壤消毒:重病田在播前可应用五氯硝基苯、代森锰锌、甲醛等杀菌剂消毒,减少侵染菌源。③喷药预防:在发病初期用 65%代森锰锌或用 72%农用链霉素喷洒 2～3 次,间隔为 7～10 天。

(7) 生物防治。有报道一些生防制剂可用于疮痂病的控制,如某些非致病性链霉菌、玫瑰黄链霉菌生物制剂、芽孢杆菌生物制剂、生物制剂与壳聚糖结合等。

（二）马铃薯环腐病

马铃薯环腐病(potato ring rot)又称轮腐病，俗称转圈烂、黄眼圈，1906 年首先发现于德国，之后在欧洲、美洲及亚洲的部分国家均有发生，是一种世界性的细菌性维管束病害。在我国该病害主要发生在北方地区，20 世纪 50 年代在黑龙江最先发现，60 年代在青海、北京等地发生，之后遍及全国各马铃薯产区，其中以 70 年代前期危害最为猖獗。此病不仅影响产量，还造成储藏时的烂窖，影响块茎质量。

1. 症状 该病属于维管束病害，多在开花期后发病。因环境和品种抗性的差异，表现为枯斑和萎蔫两种类型。枯斑型多在植株基部复叶的顶叶先发病，叶尖和叶缘及叶脉呈绿色，叶肉为黄绿色或灰绿色，具明显斑驳，且叶尖干枯或向内纵卷，病情严重时向上扩展，致全株枯死；萎蔫型初期则从顶端复叶开始萎蔫，叶缘稍内卷，似缺水状，病情严重时向下扩展，全株叶片开始褪绿，最后植株倒伏枯死。病株的根、茎部维管束常变褐，病蔓有时溢出白色菌脓。块茎发病，维管束变黄色至深褐色，皮层内出现环形或弧形坏死部，故称环腐(图 7-6)。

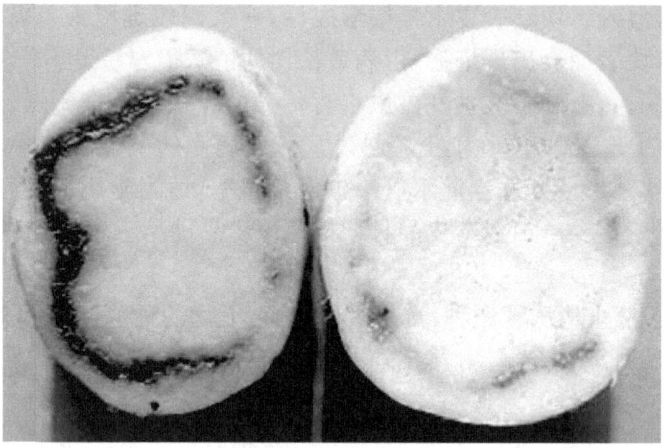

图 7-6 马铃薯环腐病的症状

2. 病原 为棒形杆菌属密执安棒形杆菌种环腐亚种(*Clavibater michiganense* subsp. *sepedonicum* Spieckermann & Kotthoff)。菌体短杆状，有的近圆球形或棒状，大小为 0.4～0.6 μm×0.8～1.2 μm，不产生芽孢，无荚膜，无鞭毛，革兰氏染色阳性。生长温度范围 1～33℃，适温 20～23℃，致死温度 56℃，生长最适 pH 为 7.0～8.4。在自然条件下只侵染马铃薯，人工接种可侵染 30 余种茄科植物。

3. 发病规律 带病种薯是主要的侵染源。病菌也可以在盛放种薯的容器上长期成活，成为薯块感染的一个来源。环腐病菌在种薯中越冬，翌年病薯播种后，病菌在块茎内繁殖，之后沿维管束进入植株茎部，引起地上部发病。生长后期病菌可沿茎部维管束经由匍匐茎入侵新生的块茎，感染块茎作种薯时又成为下一季或翌年的传染源。病菌经伤口侵入，不能从气孔、皮孔、水孔侵入，受到损伤的健薯只有在维管束部分接触到病菌才能感染。病菌主要靠切刀传播，切一刀病薯可传染 24～28 个健薯。土壤、昆虫、水流在病害传播中的作用不大。

影响环腐病流行的主要环境因素是温度。环腐病是低温型病害，发病土壤温度一般偏低，为 18～24℃，土温超过 31℃时，病害发生受到抑制。故此病多发生在北方马铃薯产区，生育期干热缺雨，有利于病情扩展和显现症状。储藏期温度 20℃左右比低温 1～3℃储藏发病率高得多。最适 pH 为 7.0～8.4。病害的轻重还取决于生育期的长短，夏播和二季作一般发病轻。

4. 病害控制 应采取加强检疫、杜绝菌源和应用无病种薯为中心的综合防治措施。

(1) 加强检疫，严禁无病区从病区调种。环腐病的分布已遍及全国，但其侵染来源主要是带病种薯，只要不用病薯作种，病区可逐渐缩小。

(2) 选留无病种薯，建立无病留种田。从无病试管苗和原种繁育到各级种薯的生产，严格控制环腐病的侵染，繁育无病种薯。南方可采用秋播留种的办法，选出适中的小型块茎作种用。北方应有计划地建立无病留种田，采用整薯播种，如用切块播种，应进行切刀消毒。

(3) 选用适合当地种植的抗病丰产良种。目前已有一些高抗环腐病的优良品种，如东农303、克新1号、波友1号、波友2号和郑薯4号等。

(4) 加强管理。施用磷酸钙作种肥，增施有机肥、磷钾肥和微肥。在开花后期，加强田间检查，结合中耕培土，及时拔除病株。进行安全储藏，如种薯经过精选、单藏等。防治田间地下害虫，减少传染机会。

(5) 药剂防治。种薯环腐病菌存在于维管束中，一般药剂很难杀死薯块内部的病菌。目前，以链霉素防效较好。另外，播种前可用 50 mg/kg 硫酸铜浸薯 10 min，或用 50%托布津可湿性粉剂 500 倍液浸薯 2 h，然后晾干播种。

(三) 马铃薯黑胫病

马铃薯黑胫病(potato black leg)又称黑脚病，是以茎基部变黑的症状而命名的。黑胫病在马铃薯各产区都有不同程度的发生，近年来东北、西南区有加重的趋势，植株发病率轻时减产 2%～5%，严重时减产可达 40%～50%。黑胫病不仅造成缺苗断垄，而且引起储藏期的烂窖，使马铃薯的品质、产量和商品薯率大幅度降低。

1. 症状 主要危害植株茎基部和薯块，从苗期到生育后期、储藏期均可发病。受害植株的茎呈现一种典型的黑褐色腐烂(图 7-7)。幼苗期染病，一般在株高 15～20 cm 时开始出现症状。发病后植株矮小，叶片上卷，叶色褪绿，茎基部组织变黑腐烂，维管束变褐色。根系不发达，易从土中拔出。块茎发病始于脐部，向茎上方扩展，病部黑褐色，用手压挤皮肉不分离。湿度大时，薯块黑褐色腐烂发臭，区别于青枯病等。

图 7-7 马铃薯黑胫病

2. 病原 为胡萝卜软腐欧文氏菌马铃薯黑胫亚种(*E. carotovora* subsp. *atroseptica*，Eca)，寄主范围仅限于马铃薯。菌体短杆状，单细胞，极少双连，周生鞭毛，具荚膜，大小为

1.3～1.9 μm × 0.53～0.6 μm，革兰氏染色阴性。能发酵葡萄糖产出气体，菌落微凸乳白色，边缘整齐圆形，半透明反光，质黏稠。生长温度 10～38℃，最适温度为 25～27℃。

3. 发病规律　初侵染源主要是带菌种薯和土壤。病菌在块茎或田间未完全腐烂的病薯上越冬。在田间，病菌通过灌溉水、雨水、汽雾、机械、杂草或昆虫媒介等从块茎的皮孔、生长裂缝和机械伤口等处侵入，直接经幼芽进入茎部，引起植株发病。发病后细菌大量释放到土壤里，可在根系和某些杂草的周围生殖和繁殖，并对植株幼根、新生的块茎和其他部分进行再侵染。病菌可在土壤或水中移动，传染邻近植株的块茎。

温度、湿度是病害流行的主要因素。高温高湿有利于病菌的繁殖和危害。另外，土壤黏重或多雨、低洼地块往往土温低，含水量大，不利于寄主组织木栓化的形成，降低了抗病菌侵入的能力，因此有利于病菌繁殖、传播和侵入。一些地下害虫，如金针虫、蛴螬造成的伤口以及镰刀菌侵染，有利于病害发生。中耕、收获、运输过程中使用的农机器具等，都可能起传病的作用。

4. 病害控制　采用抗病品种为中心，农业措施相配合的综合控制措施。

(1) 因地制宜的选用抗病品种，如克新 1 号、克新 4 号、郑薯 2 号、郑薯 3 号、抗疫 1 号、胜利 1 号、渭会 2 号、渭会 4 号和渭薯 2 号等。

(2) 建立无病留种田，生产健康种薯。种薯入窖前先在 10～13℃通风条件下放置 10 天左右，储藏期加强通风换气，窖温控制在 1～4℃。切块用草木灰拌种后立即播种。

(3) 加强栽培管理。选择地势高、干燥、排水好的地块种植。提高地温，促进早出苗。避免损伤种薯，及时拔除病株，在病穴及周边撒少许熟石灰。注意农具和容器清洁，必要时用次氯酸钠和漂白粉或福尔马林消毒。后期病株要连同薯块提前收获，防止薯块间病害传播。

(4) 药剂防治。发病初期可用农用链霉素喷雾，或 20%噻菌酮可湿性粉剂喷洒，也可用波尔多液灌根处理等。

(李亚宁　编写)

三、病毒病害

马铃薯病毒病是制约马铃薯生产的重要因素。病毒侵染马铃薯植株后，逐渐向块茎中转移，并在块茎中潜伏和积累，通过无性繁殖世代积累，造成品质下降。病毒危害马铃薯后一般可导致减产 20%～30%，重者减产 50%以上。高纬度、高海拔地区较低纬度、低海拔地区发病轻。

1. 症状　马铃薯病毒病的种类较多，不同病毒危害马铃薯后所产生的症状不同(图 7-8)，主要可以分为以下 4 种类型。

(1) 普通花叶型。植株发育较正常，叶片平展、很少卷曲、基本不变小，只是中上部叶片出现轻微花叶，叶脉不坏死。这种类型分布极广，但危害较轻。

(2) 条斑花叶型。在不同品种上症状有所不同，大多数品种表现重花叶，有小枯死斑点或叶脉坏死，叶柄和茎上也有黑褐色坏死条斑；生长发育后期植株下部叶片干枯，不脱落，呈垂叶坏死状。这种类型分布较广，危害严重。

(3) 皱缩花叶型。弱株系在一些品种上引起轻花叶，小叶叶尖脉间花叶，叶尖扭曲，顶叶片卷叶；强株系侵染后产生明显花叶，叶片严重变形，叶脉、叶柄及茎上均有黑褐色坏死条斑，有时叶柄、叶脉坏死、植株矮小。发病植株明显矮化，病株落蕾、不开花，严重时早期枯死，这种类型分布广泛，危害严重，可减产 60%～80%，是我国最重要的马铃薯病毒病。

(4) 卷叶型。病株叶片边缘以主脉为中心向上卷曲，严重的卷成圆筒状，病叶呈革质，硬

图 7-8　马铃薯病毒病的症状

A. 马铃薯卷叶病毒侵染的卷叶症状；B. 马铃薯 Y 病毒侵染的垂叶和茎秆坏死条斑症状；C. PVY 侵染引起的叶片坏死症状

而脆，维管束呈黑褐色，块茎小而密生。卷叶型在我国分布广泛，一般减产达 30%～40%，是我国马铃薯病毒病的主要类型之一。

2. 病原　病原种类较多，引起普通花叶型症状的常为马铃薯 X 病毒(Potato virus X, PVX)或马铃薯 A 病毒(Potato virus A, PVA)；引起条斑花叶的是马铃薯 Y 病毒；引起皱缩花叶的是 PVX 和 PVY 复合侵染；引起卷叶的是马铃薯卷叶病毒(Potato leafroll virus, PLRV)。

PVX，马铃薯 X 病毒属的病毒，病毒粒体弯曲线状，长约为 515 nm，直径为 13 nm。病毒基因组为单链正义 RNA，长 5.9 kb 左右。寄主范围较窄，仅限于侵染茄科植物。PVX 在自然状态下通过机械接触传播，无已知介体。

PVA 和 PVY，马铃薯 Y 病毒属的病毒，病毒粒体弯曲线状，无包膜，长 680～900 nm，直径 11～13 nm。病毒基因组也为单链正义 RNA，大小约 9.7 kb。PVA 和 PVY 由蚜虫以非持久性方式传播，还可经机械接种传播。

PLRV，黄症病毒科马铃薯卷叶病毒属的病毒，病毒粒体为等轴对称二十面体，无包膜，直径为 34 nm；病毒基因组为单链正义 RNA，大小约 5.8 kb。病毒不能经汁液机械传播，自然条件下由蚜虫以持久性方式传播，其中桃蚜是最重要的传播介体，蚜虫取毒饲育 2 h，接毒饲育 15 min 即可传染，但有数小时的潜伏期。病毒在虫体内可以繁殖，通过潜育期后，蚜虫可保持传染能力达 14 天以上，但病毒不能经卵传染。

3. 病害循环　马铃薯病毒病主要靠块茎一代代传播下去，带毒种薯和野生寄主是马铃薯病毒病的初侵染源。病毒在病薯中越冬，下年产生病株，由蚜虫或者汁液机械接触健株进行再侵染。种薯调运可加剧病毒的远距离传播。

4. 发病条件 该病的发生与流行受蚜虫的数量、马铃薯的品种抗病性、栽培管理和气候条件的影响。

(1) 蚜虫的数量。蚜虫是马铃薯病毒病的主要传播方式。因此,在田间有带毒植株的情况下,蚜虫发生的迟早和数量与马铃薯病毒病的发生和流行程度呈正相关,尤其是田间有翅蚜的数量和迁飞直接影响病毒在田间的传播。

(2) 品种抗病性。在相同条件下,不同马铃薯品种对病毒病的抗/耐病能力不同。

(3) 栽培管理。土温高、营养不良会加重马铃薯病毒病的发生。

(4) 温度。在马铃薯生长季节,尤其在结薯期遇上高温,会加重马铃薯的病毒病。因为马铃薯适于在冷凉地区和昼夜温差大的环境下生长,温度过高会抑制植株生长和降低其抗病能力。同时,高温有利于传毒媒介(蚜虫等)的繁殖、迁飞和取食活动,有利于病毒迅速侵染和复制,减弱马铃薯自身的抗病性,因而加重了病毒病害的发病程度。

5. 病害控制 马铃薯病毒病的防治应以使用无毒种薯为主,辅以抗病品种、治虫防病和改善栽培措施等综合控制策略。

(1) 选用无毒种薯。利用茎尖脱毒技术培育的脱毒种薯是目前防治马铃薯病毒病最经济、最有效的途径。建立良好的无毒种薯培育基地和无毒种薯繁育体系。

(2) 治虫防病。马铃薯病毒病在自然条件下由蚜虫等进行传毒,因此建议从蚜虫出现开始,每隔 7～10 天喷施 1 次灭蚜药,每次以不同种类的农药交替喷施。

(3) 选用抗病优良品种。由于马铃薯可被多种病毒侵染,难以育成兼抗各种病毒的品种,因此应根据当地主要病毒病害种类,有针对性地选育抗病品种。

(4) 加强栽培管理。高畦深沟、配方施肥、实行浅灌、及时培土和拔除病株、喷药治蚜、清除杂草等措施也可减轻发病,防止病毒再侵染。最好选择周围没有污染源、地势高燥平坦、土质肥沃、富含有机质、排灌良好的地块作为生产用地。

(周雪平　编写)

四、病害综合防治

(一)其他病害

1. 马铃薯青枯病 茄劳尔氏菌(*Ralstonia solanacearum*)引起的马铃薯青枯病是仅次于马铃薯晚疫病的第二大世界性病害,在各大洲都有分布,每年都造成重大的经济损失。病菌可危害番茄、辣椒、茄子、马铃薯等,是茄科蔬菜上发生危害最严重的病害。此病分布广,以亚热带地区发生最严重,我国主要分布在华南、西南、华东、华中等地区。青枯病危害马铃薯的根、茎、叶,最明显的症状是枯萎。受害植株在发病前数天看不出明显的症状,数天后茎叶骤然凋萎,因感病后叶片仍为绿色,故称青枯病。植株感病后,初期病株白天萎蔫,傍晚后可以恢复正常,后期病株不再恢复而全株枯萎死亡。横切薯块,用手挤压切口,切面有乳白色黏液流出(图 7-9)。

2. 马铃薯粉痂病 在世界马铃薯产区普遍发生,由马铃薯粉痂菌(*Spongospora subterranea* f. sp. *subterranea*)引起,属原生动物界(Protista)、根肿菌门(Plasmodiophoromycota)。该病于 1841 年在德国 Braunschweig 的一个学术会议上首次被明确报道,1891 年被 Lagerheim 命名为 *Spongospora subterranea*。症状主要表现在马铃薯植物的地下部分,主要危害块茎及根部,有时茎也可染病。块茎发病,最初在表皮上出现针头大小的褐色小斑,外围有半透

图 7-9　马铃薯青枯病

明的晕环，之后小斑逐渐隆起、膨大，成为直径 3～5 mm 不等的“疱斑”，其表皮尚未破裂，为粉痂的“封闭疱”阶段。然后随病情的发展，“疱斑”表皮破裂，反卷，皮下组织呈橘红色，散出大量深褐色粉状物(孢子囊球)，“疱斑”下陷呈火山口状，外围有木栓质晕环，为粉痂的“开放疱”阶段。如果侵染较严重，“疱斑”连接成片，形成大片不规则的伤口，甚至造成薯块畸形，严重影响薯块的市场价值。根部发病，于根的一侧长出豆粒大小单生或聚生的白色瘤状物，成熟时变成棕色，这是被侵染细胞的扩大和增生物；严重的根部侵染，会引起弱小植物的枯萎和死亡(图 7-10)。

图 7-10　马铃薯粉痂病

3. 马铃薯干腐病　由腐皮镰孢[*Fusarium solani*(Mart.)App. et Wollenw.]及深蓝镰孢[*Fusarium coeruleum*(Lib.)Sacc.]等多种镰孢菌引起的马铃薯干腐病是马铃薯储藏期间最为严重的病害之一。病菌以侵染块茎为主，块茎储藏后一段时间其症状才开始表现。最初在块茎上出现褐色小斑，随后病斑逐渐扩大，下陷皱缩，形成同心轮纹(典型症状)，块茎腐烂。在腐烂部分的表面，常形成由病菌菌丝体紧密交织在一起的凸出层，其上着生白色、黄色、粉红色等颜色的霉层。发病块茎皱缩变干，即干腐。坏死组织变褐，有时呈现各种颜色，形成空洞(图 7-11)。

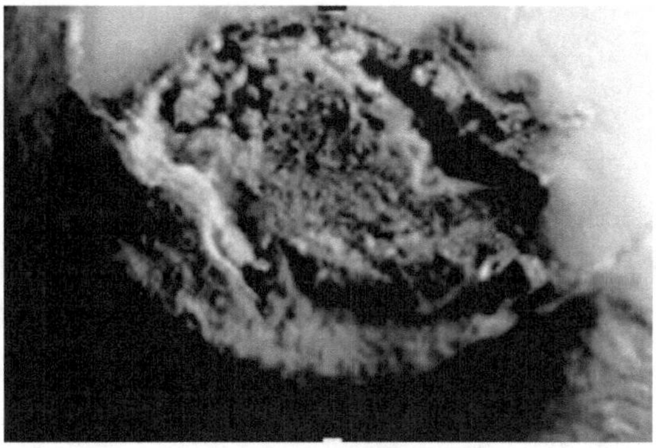

图 7-11　马铃薯干腐病

4. 马铃薯黑痣病(立枯丝核菌病)　由立枯丝核菌(*Rhizoctonia solani* Ktihn)引起的马铃薯黑痣病因受害部位不同而症状不同。病菌能侵染马铃薯的块茎、近地部分茎秆、幼芽及匍匐茎。块茎受害后，块茎表面形成大小不一、数量不等、形状各异、坚硬的、颗粒状的黑褐色或暗褐色的斑块(菌核),不容易冲洗掉,菌核下边的薯肉保持完好。苗期主要侵染近地部分的茎干,地下茎被侵染,出现黑褐色溃疡斑,植株生长受阻,矮小,顶部丛生,严重时植株顶部叶片向上卷曲,褪绿。

(二) 综合治理措施

马铃薯在整个生育期、储藏期均容易受到多种病害的危害。除生理性病害外,马铃薯病害的初侵染来源基本上是种薯,且田间病害发生情况因种植环境不同而存在差异。因此,病害的控制应以综合防控为主,主要采取以下措施。

1. 选用抗病品种及品种的合理搭配 可以选用水平抗性的品种来持续控制晚疫病病害的流行;控制病毒病可选用较为耐病的品种。同时在同一个马铃薯产区种植多个含不同抗性基因的品种较好,可以有效控制病原菌优势种群的形成,降低病害流行的趋势。

2. 使用健康种薯 种薯带菌(毒)是马铃薯病害发生的主要初侵染来源。因此,使用健康种薯可以降低中心病株出现频率。可以采用脱毒马铃薯、高级别种薯等方式来获得健康种薯。

3. 监控中心病株,及时处理中心病株 实时监控中心病株的出现,一旦发现,及时处理掉中心病株,并采取预防措施。例如,晚疫病可以选用内吸性药剂进行预防;细菌性病害可以采用石灰水或农用链霉素灌根来控制病害的传播;病毒病害可以拔出中心病株减少病毒来源,从而抑制病毒传播。

4. 优化栽培技术 优良的栽培技术是减轻病害防控压力的有效措施。可以采用规范栽培、精准栽培、轮作倒茬等栽培技术。

5. 化学防治 适时合理使用化学药剂能减少对环境的污染和提高防治效果。晚疫病控制可以配合预警系统使用瑞毒霉(metalaxyl)、烯酰吗啉(dimethomorph)和银发利(Propamocarb-HCl+Fluopicolide)等进行叶面喷雾;细菌性病害很难通过农药进行控制;病毒性病害可以使用农药防除传播介体来减轻病害的发生;黑痣病可以选用阿米西达进行种薯处理和土壤处理。

(杨艳丽 编写)

第二节 甘薯病害

甘薯又称为红薯、地瓜、山芋、红苕等,传入我国有400多年的历史。它产量高、用途广、适应性强,是我国重要的粮食作物之一,也是重要的轻工业原料和饲料作物。甘薯在我国常年种植面积约500万 hm^2,占世界甘薯种植面积的54.1%,年均总产量为1.02亿~1.05亿t,占世界甘薯总产量的81.8%。甘薯总产量在国内粮食作物中位居第四,仅次于水稻、小麦和玉米。目前世界上报道的甘薯病害有50多种。我国已发现的甘薯侵染性病害种类约23种,其中真菌性病害有14种、细菌性病害1种、线虫病害2种、病毒病害5种、植原体病害1种。甘薯病毒病的种类目前还不完全确定,许多症状上有差异的病毒病,可能是一种病毒引起的,只是表现的症状不同而已。生产上发生普遍且危害严重的甘薯病害主要有黑斑病、根腐病、茎线虫病、软腐病、紫纹羽病、瘟病、病毒病和冻害等。黑斑病、根腐病、茎线虫病被称为北方甘薯产区的三大病害,而瘟病主要发生在南方。根腐病发病地块一般减产10%~20%,重病地块植株成片死亡甚至造成绝产;感病毒病品种减产50%以上,一般品种减产20%~30%。

一、真菌及卵菌病害

（一）甘薯黑斑病

甘薯黑斑病(sweet potato black rot)，又称黑疤病、“黑膏药”，是一种世界性的甘薯病害。此病 1890 年首先发现于美国，1937 年日本侵略中国将病薯传入东北，此后由北至南逐渐蔓延开来，至今我国各甘薯产区都有此病，其中以华北，黄淮海流域，长江流域，南方夏薯区、秋薯区发生危害较重。病害在苗床、大田和储藏期均可发生，储藏期每年全国因该病损失鲜薯 5%～10%。病薯中的病菌可产生甘薯酮、甘薯醇等毒素，家畜食用后可引起中毒，严重时甚至死亡。

1. 症状 主要危害块根和幼苗茎基部白色部分。薯苗发病，在茎基部白色部分产生凹陷的圆形或梭形的小病斑，黑色，后逐渐扩大，环绕苗基部形成黑脚状。地上部秧苗衰弱，严重时病苗死亡。湿度大时，病部产生灰色霉状物，后期病斑上生黑色刺毛状物。病苗移栽后生长衰弱，可导致病害蔓延到新结薯块上。薯块上病斑圆形或不规则形，黑褐色，稍凹陷，较坚硬，病健交界处明显。有的病斑连片形成较大的斑。剖开病薯块，发病组织呈墨绿色，深度 2～3 mm。病斑及周围组织有苦味。气候潮湿时，病斑表面上产生灰色霉状物，后期病斑处产生与表面垂直的黑色刺毛状物(子囊壳)。

2. 病原 为甘薯长喙壳(*Ceratocystis fimbriata* Ellis et Halsted)，属于子囊菌门长喙壳属真菌。子囊壳具有一个球形的基部和细长的颈，颈的长度可达子囊壳直径的 3 倍以上，颈的端部常裂成须状，壳壁黑色。子囊近球形或不规则形，散生在子囊壳内，子囊壁早期消解，很难看到完整的子囊。子囊孢子小，单孢无色，钢盔形。子囊孢子成熟后从长颈的孔口溢出，并在孔口聚集成团。病菌无性型为有丝分裂孢子真菌中的串珠霉[*Thielaviopsis basicola* (Berk. et Br.) Ferr.]，分生孢子产生于分生孢子梗内，成熟时从其内推出。分生孢子有两种：一种是单胞，棍棒形或哑铃形，无色，两端较平截；另一种为卵圆形或瓮形，单胞，颜色较深(图 7-12)。

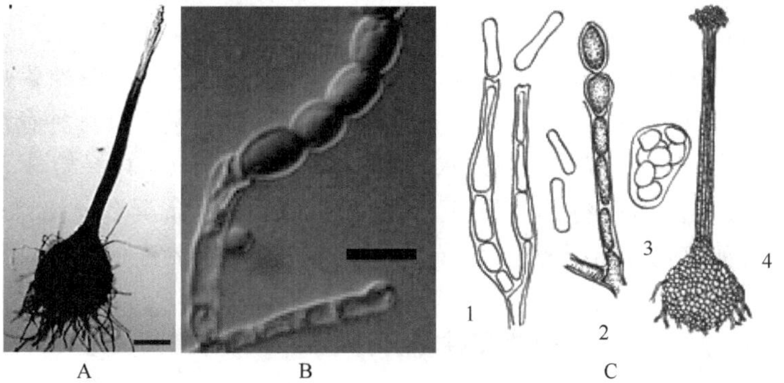

图 7-12 甘薯黑斑病菌

A. 光学显微镜下子囊壳形态；B. 光学显微镜下卵圆形分生孢子形态；C. 甘薯黑斑病菌的模式图：1. 柱形分生孢子与分生孢子梗，2. 卵圆形分生孢子与分生孢子梗，3. 子囊与子囊孢子，4. 子囊壳

菌丝生长适温为 23～28℃，致死温度为 51～54℃。分生孢子在较低的温度下形成(10℃，30 天)，形成后即可萌发侵染，但存活时间短。卵圆形分生孢子在较高的温度下形成(15℃，8 天)，子囊孢子形成要求更高的温度(20℃，4.5 天)。子囊孢子对不良环境条件的抵抗力较强，在表土层土壤中可存活 2 年以上。自然情况下病菌只侵染甘薯。

3. 病害循环 病菌主要以子囊孢子和菌丝体在发病薯块表面或土壤病残体上越冬。育苗时，薯块上的病菌使苗床上生长的秧苗发病。病秧苗携带的病菌传到大田，造成薯块发病。因此，病薯、病秧苗是主要侵染来源，其次是大田病土、旧储藏窖、旧苗床等。幼苗上产生的分生孢子和子囊孢子经传播后可进行多次再侵染。病菌主要从伤口侵入，储藏运输过程中的机械伤口、剪苗造成的伤口、虫伤等都为病菌侵入提供了便利。其次是自然孔口，如根眼、皮孔。病害近距离传播主要靠农事操作、流水等，远距离传播主要通过种薯、种苗调运。

4. 发病条件 发生程度与品种抗病性、温度和湿度及薯块伤口多少有密切关系。

(1) 品种抗病性。甘薯品种间对黑斑病抗性存在一定差异，薯块易发生裂口、薯皮较薄易裂、伤口愈合较慢的品种发病重，如徐薯 18、徐薯 27 高感黑斑病。报道的抗病品种有鲁薯 7 号、苏薯 8 号、美国 HAS9408、平丰 1 号和豫薯 4 号等。

(2) 温度和湿度。土壤温度为 15～30℃均能发病，最适温度为 25℃。甘薯储藏期间，15℃以上利于发病，最适发病温度 23～27℃，10～14℃发病较轻，35℃即抑制发病。在适温范围内，土壤含水量为 14%～60%时，病害随湿度增加而增加，当含水量超过 60%时，病害随湿度增加而降低。薯块在刚入窖时，呼吸旺盛，造成窖内温度高，湿度大，有利于病原菌发育和侵染，导致病害加重。如窖内温度低于 9℃会受冷害，从而降低薯块的抗病性，窖内温度不能低于 10℃。苗床期发病的关键是菌源(病薯块、病土)，拔苗后浇水易造成病菌扩散。

(3) 伤口。伤口是病原菌侵入的主要途径，在收获、运输和储藏过程中造成伤口多，附在薯块表面的病原菌乘机侵入，加之此时薯块呼吸强度大，散发水分多，病害蔓延快。

5. 病害控制 应采用选用无病种薯为基础，培育无病壮苗为中心，确保安全储藏为保证，药剂防治为辅助的综合防控策略。具体抓好以下关键环节。

(1) 严格检疫制度。禁止从病区调运种薯、种苗，无病区引种时要严格检查种薯种苗，防止带病种薯、种苗传入。

(2) 种植抗病品种。报道的抗黑斑病的品种有济薯 15 号、苏薯 8 号、济薯 7 号、烟薯 6 号、冀薯 98 号、徐紫薯 1 号、烟紫薯 1 号和南京 92 号等。

(3) 选用无病种薯育苗。留种地单收、单运、单储，防止运输储藏中种薯被传染；苗床土取自未种过甘薯的地块；精选种薯，育苗前药剂浸种薯，浸种后直接上炕排种育苗。

(4) 培育无病壮苗。育苗初期，浇透水，可将温度升至 34～38℃保持 3 天，促进愈伤组织木栓化，防止病菌侵入。而后将温度降至 30℃，出芽后温度降至 25～28℃，剪苗前降温至 20～22℃。采用高剪苗，剪苗时基部要保留 3 cm 的高度，更不要连根拔起，可减少薯苗携带病菌。

(5) 药剂防治。用药剂处理种薯和种苗，可用 50%甲基硫菌灵或 50%多菌灵浸种薯和种苗。

(6) 安全储藏。适时收获，避免损伤，精选薯块，入窖前用多菌灵浸泡薯块。

(二) 甘薯软腐病

甘薯软腐病(sweet potato soft rot)，俗称水烂、软烂，是甘薯储藏期的主要病害之一。该病害是一种世界性病害，在我国主要甘薯产区均有发生，窖藏时一旦发病，蔓延迅速，常引起大量腐烂，严重时甚至整窖腐烂。

1. 症状 病菌从伤口侵入薯块，病部组织逐渐软化，呈淡褐色水浸状，后软腐面积呈水渍状扩大，破皮后流出淡黄色汁液。受害薯肉淡黄白色，并散发出芳香酒味。发病后期病部长出灰白色棉絮状物，棉絮状物逐渐变暗色或黑色，表面有灰黑色小粒点（孢子囊）。条件适宜时病情扩展迅速，4～5 天整个薯块呈软腐状，难以用手拿起（图 7-13）。

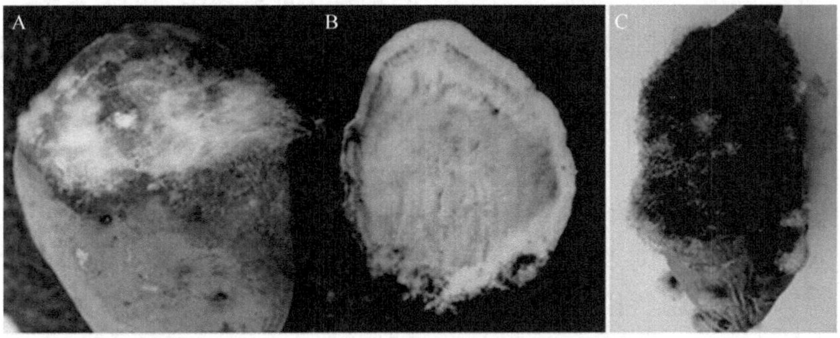

图 7-13　甘薯软腐病症状

A. 薯块发病前期；B. 发病的薯块内部组织；C. 薯块发病后期

2. 病原　为匍枝根霉[*Rhizopus stolonifer*（Ehr ex. Fr.）Vuill.]，属于接合菌门的根霉属。菌丝初无色，后变暗褐色，有假根和匍匐丝。无性型产生孢囊梗和孢子囊。孢囊梗与假根对生。孢囊梗直立，暗褐色，不分枝，顶端着生球状孢子囊。孢子囊内产生很多暗色球形的孢囊孢子。孢囊孢子单胞，大小为 11～14 μm。有性型产生黑色厚壁的接合孢子，接合孢子亚球形，直径为 140～180 μm，表面有疣状突起。匍枝根霉是异宗配合（图 7-14）。

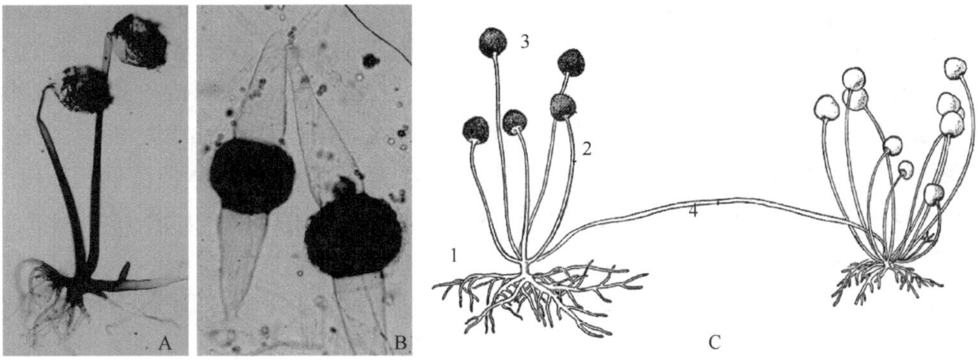

图 7-14　甘薯软腐病菌

A. 光学显微镜下的孢子囊；B. 光学显微镜下的接合孢子；C. 甘薯软腐病菌模式图：

1. 假根，2. 孢囊梗，3. 孢子囊，4. 匍匐丝

病菌生长适温 20～30℃，以 25～30℃为最佳。25℃下，在 PDA 培养基上生长快速，3 天即长满整个培养皿。菌落开始时白色，后变灰白色，最后则呈黑褐色。

3. 发病规律　病菌存在于空气中或附着在被害薯块上或在储藏窖越冬，由伤口侵入。病部产生的孢子囊和孢囊孢子借气流传播进行再侵染。自然条件下，仅通过无性型病菌即可完成生活史，其有性态不常见。

匍枝根霉属于弱寄生菌，薯块有伤口或受到冻害时有利于病原菌侵入，易引起发病。在温度 15～25℃，相对湿度 76%～86%的条件下有利于发病。当温度达到 29～33℃，相对湿度高于 95%时，不利于病菌孢子的形成与萌发，但利于薯块愈伤组织形成，因此发病较轻。

4. 病害控制　防治甘薯软腐病应采用综合措施，主要做好以下 3 个方面的工作。

(1) 适时收获。收获宜选择晴天进行，避免机械损伤，减少伤口。夏薯应在霜降前后收获完毕，秋薯应在立冬前收获完毕。

(2) 精选薯块，安全入窖。最好使用新储窖，旧窖用前要把表面的旧土铲除，并用硫黄熏蒸消毒。甘薯入窖前要进行选择，淘汰病、残、烂、伤的薯块。精选出的薯块可用50%多菌灵可湿性粉剂500倍液浸泡后稍晾干，即可入窖储藏。多菌灵浸泡后的薯块可有效防治多种储藏期的病害，30天后即可食用。

(3) 加强窖藏管理。重点是窖内温度与湿度的控制调节。①储藏前期，即入窖后30天内，此时甘薯生命活力旺盛，呼吸强度大，释放出大量的热量、水汽和二氧化碳，窖内易形成高温高湿的环境，因此窖内通风、降温、散湿是关键。窖内温度应控制在15℃以下，湿度控制在90%～95%。具体措施就是利用通风孔或门窗，有条件的利用排风扇，加强通风。如果白天温度高，可以采取晚上打开、白天关闭的方法，以后随着温度的逐渐下降，通风孔可以日开夜闭，待窖温稳定在15℃以下时可不再通风。②储藏中期，即前期过后至立春的这段时间，是一年中最冷的季节，外界气温很低，同时薯块呼吸作用随着温度的下降而减弱，放出的热量减少，薯块最容易受冷害，保温防寒是该阶段的重点。窖温应不低于10℃，最好控制为12～14℃。具体措施包括封闭通风孔或门窗，加厚窖外保温层，薯堆上覆盖草垫或软草。③储藏后期，即立春以后。此时外界气温逐渐升高，要经常检查窖温，保持在10～14℃，中午温度过高及时放风，傍晚及时关闭风口，使窖温保持在适宜范围之内。

二、线虫病害

甘薯茎线虫病(sweet stem nematode)又称糠心病、空心病、空梆子等，是甘薯上的一种毁灭性病害，同时也是国内检疫性有害生物。甘薯茎线虫1937年由日本传入我国，20世纪50年代仅在我国胶东地区发生，以后迅速蔓延至甘薯主产区，其中以山东、河北、河南、北京、天津等地发病较重。主要危害薯块、茎蔓，造成甘薯烂种、烂窖、死苗、死秧等，使产量和品质严重降低，一般可以减产20%～30%，严重时减产可达50%以上，甚至绝收。1995年河南渑池县甘薯茎线虫病发生面积达到800 hm^2，造成了严重损失。

1. 症状　症状主要表现在薯块和秧蔓的基部。发病初期，一般对甘薯生长没有明显影响。后期发病严重时，甘薯会表现出生长不良、薯块变小甚至畸形。

(1) 苗期症状。表现为出苗少，黄苗多。线虫主要危害幼苗基部的白色部分，并出现污绿色的斑驳，此时剖析幼苗茎基部，会发现里边有褐色空隙，髓部往往呈褐色干腐状。

(2) 生长期症状。大田生长前期一般没有明显症状；生长中后期，在近地表的茎蔓基部常出现褐色龟裂斑，茎蔓髓部出现白色干腐到褐色干腐，进而变为糠心状，如果发生严重，糠心可达秧蔓的顶端。感病植株茎蔓变短，叶片发黄，生长缓慢，甚至主蔓干枯，全株死亡。

(3) 薯块症状。薯块的症状常表现为以下3种类型。

① 糠心型：主要由薯苗和种薯带病引起。由薯块顶部发病逐渐向下部或四周发展，先是块根纵剖面内部呈棉絮状白色糠道，后期形成褐色糠道，群众称“糠心”。这种薯块内部虽已毁坏，但外表无变化，只是重量大为减轻，用手指弹有空响。

② 裂皮型：主要由土壤带病引起。线虫用口针刺破外表皮，进入薯块内部危害，初期症状肉眼不易看出，开始外皮褪色，不久变青，有的稍有凹陷或有小裂口，皮下组织变褐发软，内呈褐白相间的干腐。

③ 混合型：糠心和裂皮两种类型混合发生。

2. 病原　我国过去认为甘薯茎线虫病的病原为起绒草茎线虫[*Ditylenchus dipsaci* (Kuhn) Filipjevi],后经线虫专家系统鉴定确认甘薯茎线虫病是由马铃薯茎线虫(*D. destructor* Thorne)侵染引起的,该线虫也称为腐烂茎线虫,属于线虫门、侧尾腺纲、垫刃目、粒科、茎线虫属。线虫虫体发育分卵、幼虫、成虫 3 个阶段。①卵:椭圆形,淡褐色。②成虫:雌雄虫体同形,线形,雌成虫比雄成虫略显粗长(雌虫大小为 0.9～1.6 mm×0.03～0.04 mm),白色。③幼虫:刚孵化的幼虫与成虫相似,但只有成虫的十分之一大小。每条雌虫一生可产卵 100～200 粒,从产卵、孵化至成虫完成 1 代需 20～30 天。终年繁殖,一年可发生多代(图 7-15)。

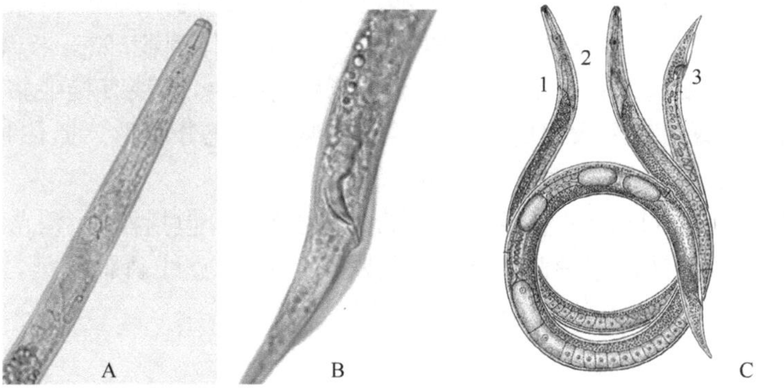

图 7-15　甘薯茎线虫

A. 头部及口针;B. 尾部及交合刺;C. 甘薯茎线虫雄虫及雌虫:1. 雄虫头部,2. 雌虫头部,3. 雄虫尾部

甘薯茎线虫耐低温、不耐高温。在－2℃低温条件下仍能存活 1 个月。将病薯放在土表,过冬后,内部线虫存活率达 90%,所以在田间土壤和病薯里面过冬的茎线虫存活率较高;但茎线虫怕热,51℃干热处理 24 h,或 49℃温水浸 10 min,线虫全部死亡。甘薯茎线虫属喜湿耐干,幼虫浸于水中,半个月以后还不死亡。在含水量 12.7%的薯干中大部分茎线虫呈休眠状态,遇到雨水或浸在水中即恢复活动。晒干存放 7 个月的甘薯蔓拐,浸水 24 h 后,内部的茎线虫存活率达 98%。在自然条件下,线虫多集居在干湿交界 10～15 cm 的耕层中。正常情况下,线虫在土壤中可存活 5～6 年。茎线虫侵入甘薯后,背食道腺分泌果胶酶、淀粉酶和蛋白酶等使甘薯细胞崩溃、组织腐烂,伴随着其他真菌和细菌加剧危害,形成"糠心"、"糠皮"等症状。

3. 发病规律　甘薯茎线虫能够以卵、幼虫或成虫随病薯在窖中或田间越冬,以幼虫、成虫在土壤、粪肥中越冬。因此,田间病残体、病土、病薯、病肥是茎线虫病的主要侵染来源。茎线虫随着病薯越冬后可通过苗床育苗侵染幼苗,幼苗携带茎线虫进入大田直接侵染块根发病,同时田间病残体中和土壤中的茎线虫又可直接或从伤口侵染块根,收获后病薯进入储藏窖越冬,完成周年循环过程。在整个生长期及储藏期,只要温度适宜,病原线虫可随时侵染。甘薯茎线虫病田间近距离传播,主要依靠种苗、种薯、土壤、肥料等途径,经耕作、流水等传播扩散。远距离传播主要通过病薯、病苗调运。

一般在潮湿、疏松、通气性好的沙质土发病严重;黏土、有机质多、极度潮湿和干燥的土壤发病较轻。春薯地重于夏薯地。由于茎线虫好气,在薯块窖藏时,以薯堆表层和近气洞地方发生多,危害重。甘薯品种间的抗病性存在明显差异,长期种植高感品种发生严重。

4. 病害控制　防治策略应在加强检疫措施、保护无病地基础上,病区采用以建立无病留种地为中心,加强农业防治和药剂防治相结合的综合防治措施。

(1) 加强检疫。严禁从疫区引进和调入种薯、种苗和相关产品。一旦发现带病的种苗和产品，应及时做销毁处理，防止病害蔓延。

(2) 选用抗病品种。甘薯品种对茎线虫的抗性有明显差异，可因地制宜地选择抗性品种。报道的抗茎线虫病的品种有洛 80199、豫薯 12 号、豫薯 13 号、苏薯 4 号、苏薯 7 号、苏薯 8 号、苏薯 9 号、鲁薯 6 号、鲁薯 7 号、济 18262、济 8008、济薯 16 号、秦薯 4 号、华北 52-45、烟 252 和徐州 781 等。

(3) 加强栽培管理，建立无病留种基地。由于茎线虫很难到达秧苗尖端部分，可用高剪苗法(离地面 3～5 cm)取得无病插条进行扦插育苗。发生甘薯茎线虫病的地块可与其他作物轮作倒茬。由于马铃薯、萝卜、胡萝卜、大蒜等都是甘薯茎线虫的主要寄主，因此，不要选择这些作物进行轮作倒茬，可与其他非寄主作物进行 4～5 年的轮作倒茬，如玉米、高粱、谷子、棉花等作物轮作效果较好。要保证粪肥不带线虫，不用带病的薯块，薯秧直接喂猪及其他牲畜，不用病残体沤肥等，施入育苗地和大田的粪肥应经过高温发酵充分腐熟。抓住甘薯育苗、移栽、收获以及储藏等各个关键环节，及时清除带病甘薯残体。

(4) 药剂防治。药剂防治是茎线虫病防治的重要措施，包括浸种、浸苗、大田穴施等。用 50%辛硫磷乳油 300 倍液浸泡种苗 30 min 后栽植。用 5%克线磷颗粒剂，用量 2 kg/hm^2，加细干土 25 kg 拌匀，穴施后浇水，防效达 85%以上。

三、病害综合防治

(一) 甘薯其他病害

除前面介绍的 3 种甘薯病害外，生产上危害较重的还有甘薯根腐病、甘薯紫纹羽病、甘薯瘟病和甘薯病毒病等。

1. 甘薯根腐病 我国北方甘薯产区的三大病害之一，20 世纪 70 年代至 80 年代中期，该病在我国危害猖獗，发病地块轻者减产 10%～20%，重者减产 40%～50%，甚至成片死亡，造成绝收。后来随着高抗根腐病品种徐薯 18 在全国的推广和应用，根腐病发生面积和危害程度显著降低。甘薯根腐病病原菌为茄病镰孢甘薯专化型 (*Fusarium solani* f. sp. *batatas*)，属有丝分裂孢子真菌，自然状态下仅发现无性型。病菌多从不定根尖端或中部侵入，使根变黑，逐渐向上蔓延至根茎部 1～2 个叶节，形成黑褐色病斑，病斑表皮纵裂，重病株地下茎大部分变黑腐烂，地上部茎蔓缩短，分枝少或无分枝，形成独杆苗；叶片发黄、反卷，叶变小，组织硬化发脆，叶片自下而上干枯脱落；植株大量现蕾开花，重病地块开花达 65%～70%；病株一般不结薯，轻病株结薯畸形。

该病为典型土传病害。病菌主要集中在土壤耕层中，通过灌溉、中耕等农事操作进行传播。病残体和带菌有机肥也是重要初侵染源。带菌种苗是远距离传播的重要途径。病害发生温度范围 21～29℃，最适温度 27℃左右。土壤含水量在 10%以下时易诱发此病，连作地、沙土地发病重。

2. 甘薯紫纹羽病 主要分布于浙江、福建、江苏、山东、河北、河南等地。由甘薯紫卷担子菌(*Helicobasidium purpureum*)引起，除危害甘薯外，还侵染马铃薯、棉花、大豆、花生、苹果、梨、桃等多种作物。病菌主要侵染根系和薯块。根系从尖端开始发病，逐渐向外发展，最后枯死。病薯块和薯拐起初为绵白色的根状菌索，最后变为紫褐色，即在薯块表面密布紫红色菌毡膜，容易剥落。病薯块逐渐腐烂，发出酒糟气味。

病菌以菌丝体、菌索、菌核附着在种薯表皮和土壤内越冬，为初侵染源。近距离传播靠雨水、灌溉水、带菌肥料和病残体。秋季多雨、潮湿年份发病重。连作地、沙土地发病重。

3. 甘薯瘟病　我国南方甘薯生产上毁灭性病害，主要分布在长江以南各薯区，国外尚无该病害的研究报道。该病蔓延快，损失严重，是甘薯的毁灭性病害，发病轻的减产30%～40%，重的可达70%～80%，甚至绝产。甘薯瘟病的病原为茄劳尔氏菌（*Ralstonia solanacearum* Smith），属薄壁菌门劳尔氏菌属细菌。该病在甘薯各生育期均可发病，表现不同症状。苗期染病，顶端1～3片叶萎蔫，后整株枯萎变褐，基部黑烂；成株期染病见于定植后，健苗栽后半个月前后显症，维管束具黄褐色条纹，病株于晴天中午萎蔫呈青枯状，发病后期各节上的须根黑烂，易脱皮，纵切基部维管束具黄褐色条纹。薯块染病轻者薯蒂、尾根呈水渍状变褐，严重时薯皮呈黄褐色斑，横切面生黄褐色斑块，纵切面有黄褐色条纹，有时薯皮上有黑褐色水渍状斑块，薯肉变为黄褐色，维管束四周组织腐烂成空腔或全部烂掉。该病叶色不变黄萎垂、茎部不膨大、无纵裂。

病原细菌可在土壤中存活1～3年，是主要初侵染源。病薯、病秧苗是远距离传播的重要途径，田间近距离扩散通过流水、耕作等。在温度20～40℃范围内，病菌都能繁殖，以27～35℃和相对湿度80%以上生长繁衍最快，危害也最重。南方各薯区在4月下旬至10月末的高温、高湿季节，都是传播发病时期，6～9月是发病盛期。地势低洼地、酸性土壤、连作地发病重。

4. 甘薯病毒病　是一类由病毒侵染引起的甘薯系统性病害。由于甘薯是无性繁殖作物，一旦感染上病毒，病毒就会在体内不断增殖、积累，代代相传，使病害逐代加重，造成甘薯产量降低、品质变劣和种性退化，对甘薯生产造成严重危害。

甘薯病毒病的症状可分以下7种类型。

(1) 叶片褪绿斑点型。苗期及发病初期叶片产生明脉或轻微褪绿半透明斑，生长后期，斑点四周变为紫褐色或形成紫环斑，多数品种沿脉形成紫色羽状纹。

(2) 花叶型。苗期染病，初期叶脉呈网状透明，后沿叶脉形成黄绿相间的不规则花叶斑纹。

(3) 卷叶型。叶片边缘上卷，严重时卷成杯状。

(4) 叶片皱缩型。病苗叶片少，叶缘不整齐或扭曲，有与中脉平行的褪绿半透明斑。

(5) 叶片黄化型。形成叶片黄色及网状黄脉。

(6) 薯块龟裂型。薯块上产生黑褐色或黄褐色龟裂纹，排列成横带状或储藏后内部薯肉木栓化，剖开病薯可见肉质部具黄褐色斑块。

(7) 丛枝型。全株缩节丛生，叶片明显细小。侵染甘薯的病毒种类比较复杂，目前已报道的病毒至少有19种，国内已报道有甘薯羽状斑驳病毒（*Sweet potato feathery mottle virus*，SPFMV）、甘薯潜隐病毒（*Sweet potato latent virus*，SPLV）、甘薯G病毒（*Sweet potato virus G*，SPVG）、甘薯脉花叶病毒（*Sweet potato vein mosaic virus*，SPVMV）和甘薯曲叶病毒（*Sweet potato leaf curl virus*，SPLCV）等。

薯苗、薯块均可带毒，进行远距离传播，田间花叶型病毒由桃蚜、棉蚜传毒，皱缩型则由斑翅粉虱和烟粉虱传播。病害发生和流行程度取决于种薯、种苗带毒率和各种传毒介体种群数量、活力、传毒效能及甘薯品种的抗性。

（二）综合治理措施

甘薯整个生长、储藏过程中，病害发生的种类较多，不同病害病因、病原不同，发生危害特点也不尽相同，有些病害整个生育期及储藏期均可发生，有些病害只发生在储藏期。甘薯病害综合治理应采用预防和治理相结合的策略，采取植物检疫，选用抗病品种，加强农业防治和化学药剂防治的综合措施。具体操作上根据甘薯种植的生育期和不同的病害对象，有针对性地采取有效可行的防治措施。

1. 植物检疫 甘薯茎线虫病、黑斑病和甘薯瘟病的病原都属于检疫性有害生物，因此在种薯、种苗调运过程中要加强检疫，禁止从疫区向无病区调运种薯、种苗。引种新品种时，种植前对种薯、种苗进行药剂处理。

2. 选种抗病品种 对每一种甘薯病害，甘薯品种中都存在一定程度的抗病品种，生产中要根据当地主要病害发生情况，结合农艺性状和品质特点，选种一些抗病性较好的品种。

3. 轮作倒茬 甘薯的多种病害的病原可在土壤中越冬，因此病田土壤称为病原的初侵染源。与非寄主作物进行3～4年的轮作，可大大降低土壤中的病原数量，从而起到明显防病作用。该措施对甘薯黑斑病、根腐病、紫纹羽病、茎线虫病、甘薯瘟病等均有效果。

4. 培育无病壮苗 甘薯的多种病害，如黑斑病、根腐病、紫纹羽病、茎线虫病、病毒病等都可经种薯和秧苗传入大田，导致田间和储藏期病害加重，因此培育无病壮苗是综合防治中关键的措施。育苗时苗床土取自多年没种过甘薯的沙壤土地块。精选种薯，剔除有病斑、虫伤、机械伤的薯块。薯块用甲基硫菌灵或多菌灵处理，整个育苗期间保证适宜的温度和湿度。培育好的秧苗不能从苗床上直接拔起，应距离土面3 cm处剪苗，称为“高剪苗”，目的是去除可能被病菌侵染的茎基部。培育和种植脱毒薯苗是防治甘薯病毒病非常有效的措施，脱毒后增产幅度一般可达20%～50%。

5. 移栽期防治 剪下的秧苗栽植前在杀菌剂中浸泡茎部，可有效减少秧苗上携带的一些病原真菌。此时针对茎线虫发生较重的地块，结合移栽用杀线虫剂进行穴施，对甘薯茎线虫病防效显著。

6. 适时安全收获 甘薯收获太晚有可能会受冻害，冻害也是一种生理性病害，不仅影响甘薯的品质，而且导致窖藏时一些侵染性病害的加重，如甘薯软腐病和黑斑病。收获时尽量减少薯块机械损伤，因为伤口为弱寄生病原菌提供了便利的侵入通道，也会加重窖藏时薯块腐烂。

7. 安全窖藏 甘薯软腐病和冻害是储藏期病害，甘薯黑斑病、茎线虫病和甘薯瘟在大田发病后，在窖藏中继续发生和危害，甘薯安全窖藏也是关键的环节。具体措施包括淘汰有病、虫、伤的薯块，入窖前薯块用药剂浸泡。使用新藏窖，旧窖应去除表层土壤并进行消毒。有关窖藏时温度与湿度的调节可参考前面甘薯软腐病病害控制的内容。

（袁虹霞　编写）

思考题

1. 怎样区别马铃薯早疫病与晚疫病？如何防治马铃薯早疫病？马铃薯晚疫病的症状有哪些特征，如何防治？
2. 致病疫霉与真菌有哪些区别？
3. 甘薯上有哪些真菌病害？哪些病毒病害？哪些线虫病害？对这些病害如何进行综合防治？

第八章　经济作物病害

第一节　棉 麻 病 害

棉、麻是我国重要的经济作物，全世界棉花病害有120余种，我国有50余种，其中危害较重的有枯萎病、黄萎病、苗期病害及铃期病害。棉花苗期病害主要有立枯病、炭疽病、红腐病、茎枯病等10余种，枯萎病和黄萎病是成株期棉花生产中危害最大的维管束病害，棉花铃期病害主要有疫病、红腐病、炭疽病等。

我国的麻类主要包括红麻、黄麻、苎麻和亚麻等。麻类作物病害达200余种，其中黄麻和红麻的炭疽病、立枯病，苎麻根腐线虫病和炭疽病，黄麻杆枯病等危害较为严重。

一、棉花枯萎病

棉花枯萎病(cotton *Fusarium* wilt)是棉花的主要病害，其发生几乎遍布全球。该病在我国棉区传播蔓延快，危害严重。棉花枯萎病在棉花幼苗期便可表现症状，定苗以后至现蕾期达到发病高峰，常造成棉花前期大量死苗，后期叶片及蕾铃大量脱落，甚至枯死。发病轻的田块结铃减少，棉花纤维品质下降；发病重的田块，发病率可高达60%～70%，死苗率35%～40%，一般造成减产20%～30%。

1. 症状　在苗期、现蕾期的症状不完全一样。苗期症状常见的有以下3种类型。

(1) 黄色网纹型。病苗子叶或真叶上出现黄色斑块，大都发生在叶缘。斑内的叶脉及细脉变黄，最初呈黄色网纹状，随后转变为褐色网纹状。病斑扩大后，叶片萎蔫，最后脱落。

(2) 紫红型或黄化型。子叶或真叶变紫或变黄，网纹不明显，渐致萎蔫死亡。

(3) 急性青枯型。叶片不变色而萎蔫下垂，全株青干死亡，或半边萎垂干枯。

枯萎病株的共同特征是根茎内部的导管变黑绿色，茎的纵剖面呈黑色条纹状。这是有别于棉苗立枯病的主要特点。各类症状的出现因环境条件的不同而异。在大田环境下，气温转低时常出现紫红型或黄化型枯萎，其特征为茎内的导管变色，这是区别于生理性紫叶、黄叶之处。在温室接种条件下，多数为黄色网纹型。在气候急剧变化时，如雨后迅速转暖，常出现急性青枯型，但有时各种类型同时出现(图8-1)。

图8-1　棉花枯萎病的症状

现蕾期前后是枯萎病盛发期。除上述症状外，还有矮缩型病株。株型矮小，节间缩短，叶片深绿，叶面皱缩不平及变厚；有的植株下部个别叶片局部或全部叶脉变黄呈网纹状；有的植株半边枯死。所有的病株茎内均有维管束变深褐色的特征。病重的植株叶片枯死脱落成光秆，但顶端新叶残留，最后全株干枯死亡；病轻的植株可以带病存活。

发病高峰过后，在夏季高温下，未死的病株可以恢复生长，重新生出不显症状的小叶片，表现暂时的症状隐蔽现象。在夏季暴雨以后，有时出现突然萎蔫的青枯型症状。

在北方棉区，如遇秋季多雨，病势还会发展，除原有轻病植株病势加重外，还会出现新病株。症状有黄色网纹型、紫红型及青枯型，茎内或叶柄木质部均有黑褐色维管束变色特征。据此可将紫红型病株与南方的红叶茎枯病相区别。青枯型枯萎在暴雨后骤晴时出现，有时还能暂时恢复常态，但最后仍将枯死。一般病株均由下部向上逐步发病，但在多雨潮湿的秋天，也可能自上而下枯死，并在枯死的茎秆及节部生出粉红色的霉层。

2. 病原　无性型为尖镰孢萎蔫专化型[*Fusarium oxysporum* f. sp. *vasinfectum*(Atk.) Snyder and Hansen]，异名为 *Fusarium vasinfectum* Atk.，属于有丝分裂孢子真菌中的镰孢属。

病菌产生大小两种分生孢子及厚垣孢子。大型分生孢子壁薄，无色，镰刀形，略弯曲，两端稍尖，有不明显的足胞，多数有 3 个隔膜，也有 2 个、4 个或 5 个隔膜的(图 8-2)。大型分生孢子在不同湿度及不同培养基上的尺度差异很大，国外资料大小为 30～40 μm×4～6 μm，我国大小为 19.6～39.4 μm×3.5～5.0 μm。小型分生孢子卵圆形或肾形，无色，单胞，少数为双胞，大小为 5～12 μm×2～3.5 μm。厚壁孢子近圆形，淡灰黄色，单胞，单生或串生于菌丝中段或顶端，也可由大孢子中的细胞形成。

图 8-2　尖镰孢萎蔫专化型的大型分生孢子

棉花枯萎病菌在 PDA 或酸性 PSA(马铃薯蔗糖琼脂)培养基上生长时，菌丝体呈绒毛状，菌落平贴伸展或呈束状，呈玫瑰色至淡紫色；在米饭培养基上呈白色、紫色或红色；在棉秆柠檬酸培养基上能产生大型、小型分生孢子及厚壁孢子；在水琼脂培养基上产生厚壁孢子较多。病菌生长温度为 10～33℃，适温 27～30℃；pH 2.5～9.0 均可生长，最适 pH 3.5～5.3。

病菌寄主范围较窄。据国内报道，在温室或病圃接种条件下，病菌能侵入棉花、大麦、大豆、豌豆、烟草、茄子、辣椒、红麻、甘薯、黄瓜、番茄、笋瓜、赤豆、扁豆等多种作物，但不表现症状。据国外报道，病菌在这类隐症寄主上，只能侵入皮层或达到表皮下层。病菌存在着不同的生理型或生理小种，它们对 3 大棉种及棉花品种的致病力有差异。例如，前苏联菌系只侵染海岛棉；埃及菌系在海岛棉上致病力很强，并能侵染某些亚洲棉；印度菌系只侵染亚洲棉，而不能侵染海岛棉及陆地棉；美国菌系能侵染陆地棉，而对海岛棉的致病力较弱，对一些亚洲棉则不能侵染。国外迄今已鉴定出 6 个生理小种，1 号小种为美国的能侵染 Burley 烟草和 Yelreda 大豆的菌系；2 号小种为美国不能侵染烟草及大豆的菌系；3 号小种为埃及菌系；4 号小种为印度菌系；5 号小种为苏丹菌系；6 号小种为巴西菌系。

我国棉枯萎病菌初步分为 3 个生理型。①生理型Ⅰ：高度侵染海岛棉及陆地棉，中度侵染中棉。主要分布于长江流域棉区，北方棉区分布较少。②生理型Ⅱ：高度侵染海岛棉及陆地棉，不侵染或轻度侵染中棉。主要分布于黄河流域棉区，部分在长江流域棉区。③生理型Ⅲ：高度侵染海岛棉，不侵染或轻度侵染陆地棉，不侵染中棉，分布于新疆吐鲁番盆地。

棉枯萎病菌主要从根梢直接侵入，但从伤口侵入时发病率更高。在自然情况下，土壤线虫造成的伤口有利于枯萎病菌的侵入。侵入的菌丝先在表皮组织和内皮层内扩展，然后进入维管束中轴，并由初生根延伸入次生根，最后侵入导管组织。在导管内，菌丝体向上蔓延，并能从导管壁的孔纹横向扩散，在导管内产生小型分生孢子。小型分生孢子≤2 μm，它能通过茎、根木质部较大的导管，随着液流向上方导管内扩散。导管内形成侵填体并有菌丝体；大多数管壁增厚；病叶的叶绿素比健叶少。病叶叶脉的淀粉消失，因此叶脉失绿，外观呈黄色网纹状。病害进一步发展为叶片半边变黄褐色及枯焦，最终致使全叶枯死。

棉枯萎病菌导致棉株枯萎的机制有两种解释。①阻塞导管。由于菌丝与小型分生孢子的大量繁殖，特别是病菌分泌的甲基脂酶降解了导管内壁的果胶物质，使高分子聚醣醛酸及其他化合物的降解物堵塞了导管，从而阻滞了水分及养料的输送。另外，果胶物质的破坏促使酚类化合物分离，被病菌或寄主的多酚氧化酶所氧化，致使导管变褐。②毒素毒害。病菌可以产生镰刀菌酸等毒素，镰刀菌酸的专化性较小，它能导致棉花、番茄和一些禾本科及豆科作物萎蔫。棉花、番茄的致萎量分别为 10～20 mg/kg 组织和 150 mg/kg 组织。镰刀菌酸能破坏叶肉细胞原生质膜的渗透性，使植物主动吸水发生困难，蒸腾作用失去的水分无法补充，从而出现萎蔫。这种高活性物质又能螯合某些重金属离子，如铜、铁、镁等，而这些元素又是合成叶绿素不可缺少的，因此病株叶片出现失绿、枯死等病状。

3. 病害循环　棉枯萎病的初侵染源主要是带菌棉籽、棉籽饼、棉籽壳、病株残体和土壤；其次为未腐熟的带菌土杂肥，无症状寄主植物的带菌组织是否可成为初侵染源目前尚不明确。在北方及江苏病区，每逢秋季多雨，重病株枯死后在茎秆及节部产生大量分生孢子，其在再侵染中的作用尚有待研究。

棉籽内外部均可带菌，但带菌率高低则因年、因地而异，同时外部短绒上的带菌率较内部种胚或种壳上的高。据报道，病菌在棉籽外部一般可存活 5 个月左右，在棉籽内部则可存活 8 个月左右。棉籽壳及病株残体内的病菌都可以在土壤中存活较长时间。这些带菌组织即使腐烂分解，病菌在土壤中也能腐生存活 6～7 年，其厚垣孢子甚至可存活达 15 年。

棉枯萎病的远距离传播主要靠带菌棉籽或棉籽饼，但采用热榨法榨油(72～80℃经 4.5 h)后的棉籽饼不带菌。近距离局部传病主要靠农事操作、水流、大风及地下动物传带带菌土壤及病株残体；施用带菌而未经充分腐熟的猪、牛粪肥或沤肥、堆肥也能传病。

4. 发病条件　该病的发生及消长与气候、土壤、栽培、灌溉及线虫等因素关系密切。

(1) 气候条件。枯萎病的发生发展与土壤耕作层 10 cm 左右温度有关。在苗期，土温在 20℃左右开始显症，到 25～30℃形成发病高峰；夏季土温高达 33～35℃，病势暂停发展，秋季当土温下降到 25℃左右时，在北方棉区可出现第二次发病高峰。根据温室接种实验结果，温度为 27℃时，潜育期为 12 天；16℃时，潜育期长达 58 天。实际上，除高感品种外，温度在 23℃以下很少发病。

降雨是影响发病的另一重要因素。夏季降雨导致土温下降，同时增加了土壤湿度，往往会引起病情上升。陕西常在 8～9 月降雨，导致第二次枯萎高峰出现，棉株在成株期枯死。

春季及初夏的温度处于适宜发病的范围内，而干旱往往限制病势的发展。例如，北京市 1973 年春季多雨，发病早而重；1974 年春季干旱，枯萎病发病时间推迟 10～15 天，而且病情较轻，病株仅出现矮化及皱缩等慢性症状。

(2) 耕作栽培条件。棉田连作土壤中的菌量逐年积累，发病也逐年加重。例如，新乡实验结果表明，轮作以后种棉花 1 年的地块，发病率为 1%～1.5%；连种棉花 2 年的地块，发病率为 4%～31.5%；连种棉花 3 年的地块，发病率为 36%～42%；连种棉花 4 年的地块，发病率为 58%～71%。

此外，在地势低洼、排水不良、地下水位较高的地区，棉区土壤含水量较高，不利于棉花生长而有利于病菌孳生，因而发病较重。凡精耕细作的棉田，棉花长势旺盛，极少有病死株；耕作粗放的棉田，棉花根系发育不良，长势不旺，抗病力降低，从而有利于病势发展。

5. 病害控制 见棉花黄萎病。

二、棉花黄萎病

黄萎病(cotton *Verticillium* wilt)是棉花上的另一种重要病害，其发病时间一般比枯萎病稍迟，在现蕾后才大量发生；但在温室或病圃接种条件下，3～4片真叶期也可发病。在北方棉区，黄萎病在蕾花期(7～8月)大量发生，一般由下部的叶片开始，逐步向上发展。

1. 症状 发病初期，叶缘和叶脉间出现淡黄色斑块，逐渐扩大后，褪绿变淡，叶片失去色泽，边缘向下卷曲，叶肉变厚发脆。随后，病斑逐渐扩大，从病斑边缘至中心颜色逐渐加深，而靠近主脉处并不褪绿，呈现掌状斑纹(图8-3A)。发病后期，叶缘及斑纹变成褐色，乃至枯焦。发病较重的植株到后期病叶往往脱落，仅在顶端残留少量小叶，蕾铃稀少；有时在茎基部或叶片脱落的叶腋处，长出细小的新枝。

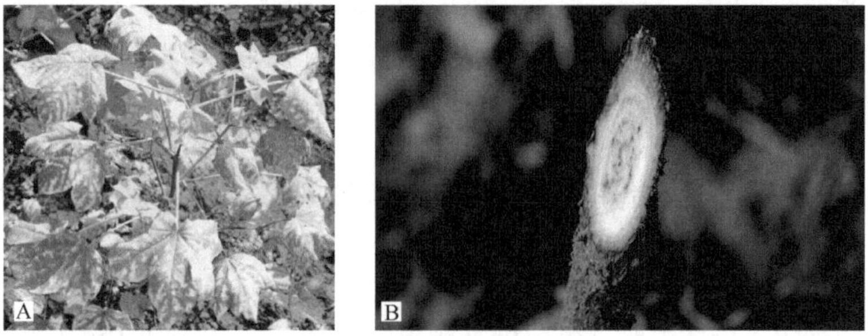

图8-3 棉花黄萎病

A. 叶片症状；B. 维管束症状

病株的茎秆及叶柄木质部导管变褐，呈淡褐色(枯萎病呈墨绿色)(图8-3B)。夏季暴雨之后，病株有时出现青萎症状，叶片似开水烫伤状，一般虽能逐渐恢复，但木质部仍呈淡褐色。秋季多雨时，病叶的斑纹上有时产生白色霉层(菌丝体及分生孢子)。

枯萎病及黄萎病常常同田混生(表8-1)，部分叶片呈现黄色网纹的枯萎病症状；同时中下部叶片呈现掌状黄色斑纹及枯死斑点等黄萎病症状。茎内木质部呈现褐色或墨绿色。以黄萎病为主的混生型病株，大部分叶片呈现黄色掌状斑纹的典型黄萎病症状；但植株顶叶皱缩，叶色加深，有时个别叶片呈现黄色网纹的典型枯萎病症状，内部导管呈淡褐色或深褐色。

表8-1 棉花黄萎病与枯萎病的症状比较(北方地区)

发病时期及症状	黄萎病	枯萎病
发病始期	3～4片真叶期	子叶期
发病盛期	蕾花期(7～8月)	现蕾期前后(6月)
苗期症状	真叶边缘或主脉间叶肉变黄，呈黄色掌状斑纹，叶脉不变黄(最近发现有的菌系导致叶脉变黄)	子叶或真叶的局部叶脉变黄，呈黄色网纹状，出现大块变色焦枯斑，最后叶片干枯脱落，苗枯死。在气候变化不正常时出现紫红型、黄化型或急性青枯型病苗

续表

发病时期及症状	黄萎病	枯萎病
成株期症状	一般株型不变或略矮。叶肉呈黄色斑驳，有时呈西瓜皮状花斑，或边缘枯焦。叶脉不变黄。病叶一般不脱落，下部叶片先显症，向上发展。秋雨多时在叶斑上有时产生白色霉层(菌丝及分生孢子)	株型较矮，节间缩短，半边枯死或顶端枯死。节上生出小叶、小枝，呈丛生状。叶片局部枯焦或半边枯焦。病斑内细脉变黄，呈黄网状。最后干枯脱落。秋雨多时有从顶端向下枯死的现象，并在枯死茎秆及节部产生粉红色霉层(菌丝及分生孢子)
内部症状	导管变色较浅，呈褐色	导管变色较深，呈墨绿色

2. 病原　无性型属于有丝分裂孢子真菌中的轮枝孢属(*Verticillium*)。据报道，此属危害棉花的有两个种：在美国为黄萎轮枝孢(*V. albo-atrum* Reinke & Berthold)，在前苏联则为大丽花轮枝孢(*V. dahliae* Kleb.)。两种轮枝孢的形态及生理特性见表 8-2。

表 8-2　两种轮枝孢的形态及生理特性比较

形态及生理特性	黄萎轮枝孢	大丽花轮枝孢
菌落	初白色，稍老时内部变黑色，外围一圈仍为白色	先长白色菌丝体，随后形成无数小黑点状的黑色微菌核
菌丝体	无色至淡褐色，直径 2～4 μm，有分隔，常膨胀变褐加粗，有时胞膜加厚形成厚壁孢子，有时膨胀的菌丝集结成瘤状组织	由许多厚壁细胞结合形成微菌核，近球形，直径为 30～50 μm
分生孢子梗	轮枝状，一般由 2～4 层(偶见 7～8 层)轮生分枝及一个顶枝组成。每层有分枝 1～7 个，通常 3～5 枝，全长 100～300 μm，分枝长 3～38 μm，顶枝长 15～60 μm	轮枝状，每轮有 3～4 个分枝。全长 110～130 μm，分枝大小为 13.7～21.4 μm×2.3～2.7 μm
分生孢子	椭圆形，单细胞，无色。先长出的分生孢子较大，有时有一个分隔，大小为 4～11 μm×1.7～4.2 μm	长卵圆形，单细胞，无色。大小为 2.3～9.1 μm×1.5～3.0 μm
最适温度/℃	20～22.5	22.5
30℃培养	－	＋＋
最适 pH	8.0～8.6	5.3～7.2
pH 3.6 培养	＋	＋＋
培养最适碳源	甘油	蔗糖、葡萄糖

经鉴定，河北省石家庄及唐山的黄萎病菌为大丽花轮枝孢(图 8-4)，有微菌核，在 30℃下培养能生长，但以 22～28℃较好。菌落如膏药状，中心呈浓黑色，从皿底观察，黑色部分有许多颗粒状的微菌核。

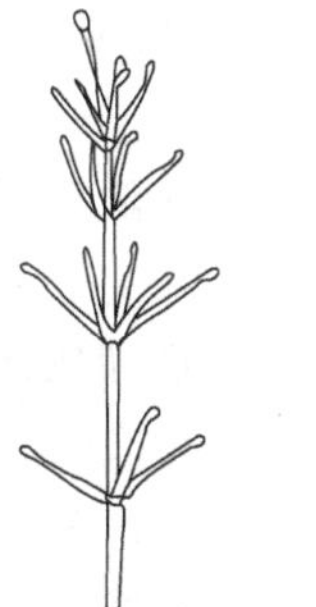
图 8-4　大丽花轮枝孢

病菌的寄主范围很广，据统计可达 38 科 250 余种，包括向日葵、茄子、辣椒、番茄、烟草、马铃薯、甜瓜、西瓜、黄瓜、花生、菜豆、绿豆、大豆、芝麻、甜菜等作物。国外有人曾从小麦幼苗中分离出大丽花轮枝孢，并能侵染棉花和茄子。

棉花黄萎病菌存在生理分化，美国报道有两个生理型，即 SS-4 型和落叶的 T-1 型。在 PDA 培养基内加 0.001 mol/L 的血根碱于 22.5℃下培养 5 天，T-1 型生长良好，在紫外线照射下呈蓝色荧光反应；SS-4 型生长缓慢，不呈荧光反应。在鉴别寄主 Acala4-42-77 上，T-1 型的致病力较 SS-4 型强。

1956 年，我国发现来自不同地区的菌株致病力存在显著差异。例如，泾阳菌系致病力最强，在各品种上的发病强度为 35.7%～48.5%；南京菌系最弱，为 0.5%～1.0%；临汾、唐山、北京、辽阳、高密及锦州菌系依次介于两者之间。泾阳菌系产生微菌核多而快，高密菌系产生微菌核慢，但菌落上有清晰的轮纹。近年研究发现，国内棉花黄萎病菌初步可区分为如下 3 个类型。①类型Ⅰ：致病力强，如陕西泾阳菌系，对海岛棉、中棉及陆地棉的所有鉴别寄主致病力都很强，注射接种后的潜育期仅 8 天，发病最早。②类型Ⅱ：致病力弱，如新疆和田及车排子两个菌系，在 632-124、8004 及 SJ-3 等抗病品种上的致病力最弱，病情指数在 17%以下；对其他鉴别寄主除徐州 58、岱 15 的致病力较强外，在海岛棉、中棉及陆地棉上的致病力均偏低。③类型Ⅲ：致病力中等，如河南安阳、河北栾城及永年、辽宁辽阳、江苏丰县、四川南部、云南宾川等地的菌系，其中除丰县、安阳、永年等菌系在 632-124 及 8004 上表现致病力弱外，其余菌系在 9 个鉴别寄主上的致病力比较接近，介于陕西泾阳和新疆两地菌系之间。

研究发现，在潮湿的土壤内，接近棉苗的病菌分生孢子或微菌核萌发产生的菌丝，可以侵入根系。通常经由根尖非角质化部分或下胚轴侵入，并通过根的表皮、皮层和内皮层进入导管。由于多层细胞保卫机制及多层组织的障碍，直接侵入所受的限制较多。由苗期病菌、线虫及中耕除草等造成的各种伤口，有利于黄萎病菌的侵入。侵入后的菌丝首先在基部导管内发展，而后产生孢子。孢子随着液流上升到另一管胞中，发芽并生长大量菌丝体，然后再产生孢子。如果将棉株浸泡在孢子悬浮液内，24 h 内黄萎病菌孢子向上移动的高度平均达 115 cm。据观察，接种后 3 天内，孢子随着液流上升，分布到全株，并可达到无症状表现的叶片细小叶脉中。孢子向上流动是黄萎病菌在植株内部扩展的主要方式。在适当时期内，孢子萌发产生大量菌丝体而造成萎蔫。在田间条件下，一般都在现蕾期发病。

关于病菌的致病机制也存在如下两种观点。①导管阻塞：阻塞或来源于菌丝的阻滞；或寄主被侵染后产生的某些物质妨碍了水分向上运输；或病菌产生的果胶酶降解了导管内壁的果胶物质，使高分子聚糖醛酸等化合物分离出来的缘故。此外，果胶物质的破坏使多酚化合物分离出来，被病菌的多元酚氧化酶氧化，使导管变成褐色。②毒素毒害：病菌在培养中产生轮枝菌素。国外曾用提纯的轮枝菌素注射棉株，出现典型的黄萎病症状。轮枝菌素对寄主体内二氧化碳的固定、水的光解、辅酶Ⅰ(NAD)的还原等过程均起破坏作用，因而严重干扰植株的代谢，引致发病。

3. 病害循环　棉花黄萎病的初侵染源和枯萎病基本相同，也是带菌的棉籽、棉籽饼、棉籽壳、病株残体、土壤和未经充分腐熟的土杂肥。由于黄萎病的寄主范围很广，包括棉区常见的许多作物，因此这些带病(菌)的作物也是重要的初侵染源。田间病株上的落叶，在培土前施入土壤，可成为再侵染源诱致当年发病。

棉籽的带菌率外部高于内部。带菌率高低因年份及地区而异，如在秋雨较多时，病叶及带菌土壤常被雨水溅沾到吐絮的棉铃上，致使病菌在棉絮中孳生并侵入幼嫩的棉籽内，从而提高了棉籽的带菌率。病株残体内的菌丝体、厚壁孢子和微菌核的存活期长短取决于病残体分解的快慢，但即使分解后的部分微菌核仍能存活 8～10 年。据报道，微菌核能耐 80℃高温及 −30℃低温处理；在低温潮湿和较高温度(50℃)的条件下，6 个月内还不会丧失生活力。

棉花黄萎病的传播途径和传播方式与枯萎病基本相同，但因其寄主范围很广，增加了传播的复杂性。国外报道，流经马铃薯黄萎病田的灌溉水，再流 1 km 后，每升水中尚含有病菌孢子 1.5×10^4 个。

4. 发病条件　棉花黄萎病的发生与气候条件、耕作栽培条件等关系密切。

(1) 气候因素。棉花黄萎病发病的最适气温为25～28℃，低于25℃或高于30℃时发病缓慢，超过35℃即可发生隐症，但这与湿度及降雨有联系。在花铃期降雨较多，且气温在上述适合发病范围以内时，当年病害往往严重；反之则轻。6月下旬至9月上旬为发病轻重的关键时期，特别是夏季多雨而温度略降时，有利于发病。夏季暴雨之后，往往病害严重发生，主要原因是土温突降至发病的适温范围。

(2) 耕作措施。病地连年种棉的发病重。连作时间越长，土壤内病菌积累量越多，发病就越重。而与非寄主作物轮作，则发病轻，特别是与水稻轮作时，在淹水期间造成土壤无氧发酵条件而杀死病菌；前苏联用大麦、燕麦及玉米作为棉花轮作的前茬，可显著降低田间大丽花轮枝孢菌的群体。深耕可以将病残体翻埋入土壤深层，加速其分解，并使病菌因窒息而易于死亡。在山西，翻土6寸的发病率为29.3%，深翻1尺的发病率为15.1%。秋耕也可以减轻发病，在新疆，未秋耕的发病率为8.1%，秋耕的发病率仅为3.2%。此外，大水漫灌的病重，细流沟灌的病轻。一般肥力足的棉田发病较轻；氮、磷、钾配合施用的发病也较轻；以苜蓿作基肥可促进土壤中有益微生物的繁殖和活动，从而减轻病害发生。

5. 病害控制　目前我国棉花枯萎病、黄萎病发病面积约占棉田总面积的12%。总的情况是老棉区、集中棉区及灌溉棉区病田较多，病情较重；新病区范围广、蔓延快。同时，大部分病区都有枯萎病、黄萎病混生情况，在防治上应统筹兼顾。因此，防治棉花枯萎病、黄萎病应采取"保护无病区，控制轻病区，消灭零星病区，改造重病区"的综合措施。

通过植物检疫保护无病区，不从病区调种，自选、自育无病良种，种子消毒处理；拔除和销毁零星病株，对病株及其周围的土壤进行消毒处理，消灭零星病区；病田隔离，农具专用，棉花单收、单轧、不留种，病残体就地烧毁，加强棉田管理，实行水旱轮作，控制轻病区。选育推广抗病品种，发病比较重的地区可选用鲁棉3号、国抗棉1号、鲁HB22等抗性品种。

病区要及时采用化学防治措施进行预防。例如，用45%炭枯净拌种，或用40%炭克浸种；在棉花现蕾之前，即5月中下旬棉花枯萎病、黄萎病发病之前，在棉根附近打孔，或把喷雾器喷头拧下，用50%多菌灵、枯萎毙克或用0.5°B石硫合剂灌根，也可在每株棉花根部灌施棉枯净、DD混剂等，使其自然扩散吸附。在6月上中旬可用25%溴菌腈喷雾防治，间隔7～10天，连续喷药2次，可有效防治棉花枯萎病的流行。在8月下旬棉花枯萎病易感病的第二个高峰期，一旦发现感病病株，要立即将其带根拔除，并对病株周围1 m^2左右的土壤进行灌药处理。

(潘洪玉　张宏光　编写)

三、棉花线虫病害

棉花线虫病(cotton nematode disease)在中国报道不多，仅有少数证明某些棉花寄生线虫可加重棉枯萎病发生的报道。在世界主要棉花产区造成直接危害的病原线虫有南方根结线虫(*Meloidogyne incognita*)、肾形线虫(*Rotylenchulus reniformis*)、短体线虫(*Pratylenchus coffeae*、*P. penetrans*)，以及哥伦布纽带线虫(*Hoplolaimus columbus*)和长尾刺线虫(*Belonolaimus longicaudatus*)等。我国麻类作物常年种植面积约为50万 hm^2，主要为苎麻、亚麻、红麻、黄麻、剑麻、大麻等，目前已知危害较重的有根结线虫和短体线虫。

(一) 根结线虫病

1. 症状　棉花播种后一个月，根上即产生不规则根结，根结大小与棉花品种感病性及侵入线虫数量有关。根结线虫危害主根时，受害幼根上长出分枝，影响主根向下生长。在线虫侵染的根结处，维管束中断，影响水分和养分的吸取及输送，造成叶片变黄、植株矮化，气温高时，病株很容易萎蔫。

2. 病原　病原主要为南方根结线虫的 4 号小种。此外，花生根结线虫(*M. arenaria*)、高粱根结线虫(*M. acronea*)、爪哇根结线虫(*M. javanica*)也可侵染危害。病原线虫雌雄异形，幼虫细长蠕虫形。雄成虫线形，尾端圆，交合刺明显。雌虫梨形，尾端平截有特征性会阴花纹，雌成虫将卵产于体外胶质卵囊中，每头雌虫可产卵约 500 粒。

3. 发病规律　南方根结线虫 2 龄幼虫从卵中孵化出来后进入土中，成为唯一侵染虫态，遇敏感寄主根系即侵入建立寄生关系，在根内固着生活，虫体发育变粗成为袋状，经历两次蜕皮，发育为可以区分雌雄的 4 龄幼虫。经历最后一次蜕皮，蠕虫状的成熟雄虫从根中出来，在土中自由生活。成熟雌虫埋藏于寄主组织内，虫体继续膨胀呈梨形，通过孤雌生殖或与雄虫交配产卵。南方根结线虫在江浙地区一年可产生不完整的 5 代，第 1 代在 6 月上中旬出现盛发期，第 5 代盛发期在 10 月上旬。根结线虫是内寄生固着性线虫，雌虫在棉株根内，把卵产在根表面形成卵囊，卵囊孵化后从卵壳中爬出 2 龄幼虫(J2)，J2 从根尖端后 2 cm 处侵入，在皮层内穿过细胞，或从细胞间向上移动至根的中柱鞘附近，口针分泌食道腺分泌物，在其头部周围诱导根细胞产生 4～8 个巨细胞，供给线虫营养，固着后开始取食，线虫死后巨细胞即变质或消失。正常情况下，根结线虫蜕皮 3 次发育成成虫。雌成虫再产卵，再繁殖或侵入四周的棉根组织，可孤雌生殖。

棉花根结线虫病 3～4 周完成一个生活循环。适宜繁殖的条件为土温 20～30℃，土壤含水量 10%～90%，砂性土。夏季 J2 可存活数周，秋天孵化出幼虫可越冬。

4. 病害控制　选用抗病棉花品种；与非寄主植物，如花生、水稻、玉米等作物进行 3 年以上轮作；棉花拔柴后及时烧毁，减少根结线虫初侵染源；播种前使用棉隆等进行熏蒸处理。由于目前使用的高毒、高残留化学杀线虫剂陆续被禁用，建议使用生物农药或者有抑制线虫作用的生物菌肥。

(二) 棉花肾形线虫病

1. 症状　棉花肾形线虫常造成棉花地上部分植株生长不良、矮化，在幼苗 3～4 叶期叶片有轻微褪绿症状，类似缺钾，并且还会造成开花、结实推迟。如果拔出根部，可以看到根表面有胶质的卵块和肾形的雌虫。此线虫病常与一些真菌、细菌混合侵染，加重真菌病害(如棉花枯萎病)的发生概率和严重程度。

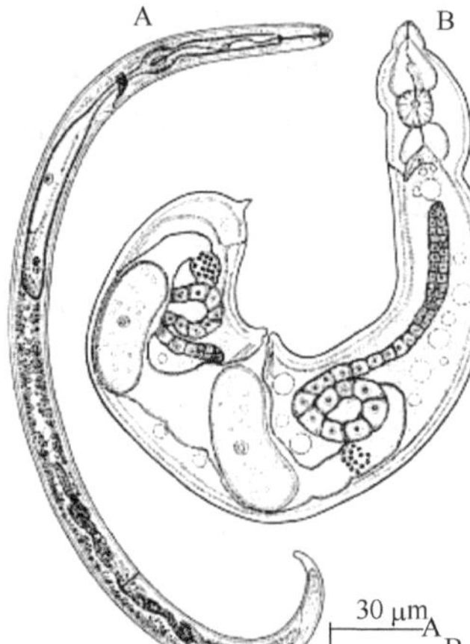

图 8-5　肾形肾状线虫
A. 雄成虫；B. 雌成虫(Siddiqi，1986；Dasgupta et al.，1968)

2. 病原　病原为肾形肾状线虫(图 8-5)。未成熟雌虫细长、呈“C”字形。虫体前部嵌入根的外部组织，雌成虫膨大呈具短尾的肾形。

3. 发病规律　棉花肾形线虫的卵在土中孵化，在不取食的情况下就能完全发育到雌虫的成虫前期，未成熟的雌虫找到根部的取食位点后，头部侵入到根内，身体后半部留在根外，身体逐渐膨大呈肾形；能活动的雄虫与变得肥大的雌虫交配产卵，成熟雌虫边取食边产卵，卵粒由胶质物黏合在一起形成卵块附着在根表，整个生活史为 3～4 周；有休眠虫态，能在没有寄主的状态下在土壤中存活 2 年。

棉花肾形线虫寄主范围很广，可寄生于几百种植物，包括棉花、菠萝、大豆、烟草和多数蔬菜作物及果树。最适的产卵温度是30℃，高于36℃或低于16℃停止产卵。

（三）苎麻根腐线虫病

1. 症状　苎麻根腐线虫常危害苎麻地下根茎。发病初期，病斑为不规则黑褐色针头状小斑，稍凹陷，后逐渐扩大为黑褐色大斑，向内扩展至木质部，使木质部呈黑褐色海绵状腐朽。被害麻蔸地上部分枝少，麻株矮小、细弱、叶片发黄，干旱时叶片易凋萎。外观似缺肥症状，严重时整株枯死。

2. 病原　在20世纪80年代前，人们普遍认为病原是穿刺短体线虫（*P. penetrans*），后来程瑚瑞等（1989）确定我国危害苎麻的优势种是咖啡短体线虫（*P. coffeae*）（图8-6）。

3. 发病规律　根腐线虫的卵、幼虫和成虫均可在麻蔸内越冬。初侵染虫源主要是带虫种蔸及土壤。线虫本身在土中移动的距离有限，一个月内移动的距离很少超过20 cm。流水及农事活动能加大其蔓延距离。

苎麻根腐线虫在20～30℃的温度下最活跃，15℃活动减慢一半，10℃以下很少活动。根腐线虫除危害苎麻外，还危害亚麻、花生、马铃薯、甘薯、多数蔬菜作物和苹果、梨、桃、杏、柑橘、核桃等果树。

4. 病害控制　棉花肾形线虫病和苎麻根腐线虫病参考根结线虫防治。

（陈立杰　编写）

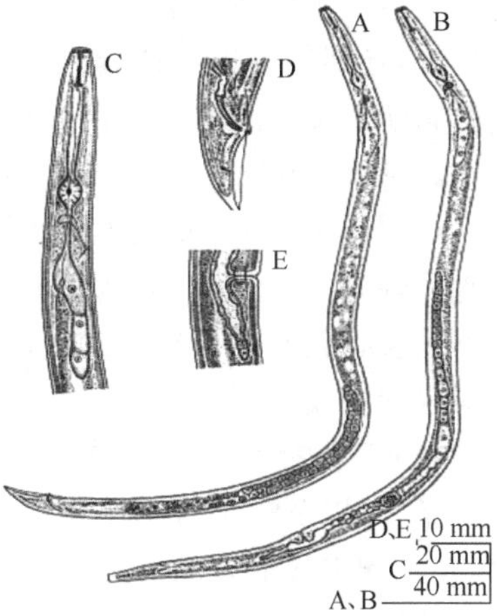

图8-6　咖啡短体线虫

A. 雄成虫；B. 雌成虫；C. 食道部；D. 雄虫交合刺；E. 雌虫阴门(Siddiqi，1972)

四、棉苗期病害

棉苗病害是我国当前棉花生产上的重要问题之一。由于我国棉区分布广阔，自然条件差异较大，因此苗病发生情况也不尽相同。在南方棉区，苗期多雨阴湿，主要有立枯病、炭疽病、红腐病，其次为疫病、茎枯病和黑斑病等；北方棉区苗期可能出现低温，苗病基本与南方相同，但没有疫病，此外，茎枯病及轮纹斑病发生比较普遍；新疆棉区由于海岛棉种植面积大，所以角斑病发生较多，而立枯病危害也很严重。苗病每年都造成不同程度的危害，轻的引起僵苗迟发，重的造成缺株断垄，以至成片死亡，对产量和品质影响很大。

综合各棉区情况，棉苗上发生的病害有10余种，大致可分为两类，其中重要的一类引起烂种、烂芽、茎基腐和根腐，常见的有立枯病、炭疽病、红腐病，其次为猝倒病、枯腐病和白绢病。另一类以危害苗叶及茎为主，有茎枯病、疫病、黑斑病、轮纹斑病、褐斑病和角斑病等。

防治棉苗病害的策略是在做好棉种的选、晒及消毒处理的同时，要加强栽培管理，及时喷药防治。

1. 棉种处理　棉种必须经过精选，汰除小籽、瘪籽、杂籽和虫蛀籽；多次充分暴晒，以提高其生活力，使播种后出苗多、快、齐、壮、增强抗病力。棉种的消毒处理，通常有药剂消毒及温汤浸种两类。

(1) 药剂消毒。用20%稻脚青按棉籽重量的0.5%～1%与适量半干湿细土或草木灰拌匀后搓种，现搓现播。也可用棉籽重量的 0.5%进行拌种后密闭储藏半个月左右再播种。例如，无稻脚青，可用稻宁或退菌特代替。用 800 倍抗菌剂 401 浸闷棉籽 20 h，或 1000 倍液浸闷 24 h，也可用 100 倍稀释液浇洒于堆放在晒场的棉籽上，每 50 kg 稀释液浇洒 500 kg 棉籽，搅匀后即用塑料薄膜覆盖闷种 24 h。用 402 消毒棉籽方法是 2000 倍的稀释液 55～60℃浸闷 0.5 h即可。由于 401 及 402 挥发性很强，因此对土壤中的病原菌防治作用不大。还可用棉籽重量 0.5%～0.8%的 50%多菌灵或 70%甲基硫菌灵拌种。此外，应用浓硫酸脱绒可彻底杀灭棉种表面所有病菌，还能促使提早出苗。

(2) 温汤浸种。棉种在 55～60℃温汤中浸泡 0.5 h 后即浸入冷水中冷却，捞出沥干并用干细土或草木灰搓后播种。温汤浸种的优点是不受药剂来源的限制，杀灭种籽内外的病菌效果良好，还能促进出苗；缺点是操作麻烦，也不能防除土壤中病菌的侵染，在土壤干燥的情况下还会影响发芽。北方曾采用先浸种后拌药的措施，效果较好。

2. 栽培管理

(1) 合理轮作，深耕改土。合理轮作是防治棉苗病害的有效措施。在各种轮作制中，以稻棉轮作最好；各地也可根据病害发生种类及当地具体情况，采用其他适当作物进行轮作。对一时不能实行轮作的历年重病地，必须深耕土壤 7～8 寸，或每亩至少挑加河泥、塘土 200 担，也能减轻病害发生。

(2) 适期播种，育苗移栽。播种期应在不违农时的前提下，根据棉花生长发育规律和当地自然条件，以及畦边行间冬作物荫蔽程度来确定，争取在“冷尾暖头”做到一播全苗。棉种条播，在土壤水分适宜的情况下，开沟要浅而直，播种要匀并用草木灰土或焦泥灰等薄盖不露籽。为了培育棉花高产要求的早苗、全苗、壮苗，可采用营养钵育苗或方块育苗，对减轻苗病发生有很好的作用。

(3) 增施基肥，合理追肥。棉田增施有机基肥，既能促进棉苗苗壮生长，提高抗病能力，又可促进土壤中颉颃微生物繁殖，从而抑制病原菌孳生和侵染棉苗。苗期追肥要合理，掌握“少吃多餐”的施肥原则。第一次苗肥应在齐苗前后 3～5 天施用；定苗后根据棉苗生长情况进行挑施，以促进生长平衡；在大麦割后小麦割前，要看苗情酌情追肥，以增强棉苗抗寒性。追施无机氮肥时，最好要配合适量的钾肥。

(4) 早管勤管，加强治虫。苗期松土、除草、删苗、治虫及护理畦边行间的冬作物等工作，要早抓勤搞，管细管好。松土一般在出苗 70%左右时进行，山东棉区普遍采用在即将出苗前松土，可提高土温 2℃左右。删苗要早、要勤，尤其要将病苗、死苗及时删除出田，集中处理，以减少田间病菌数量及传染机会。苗期害虫主要有蚜虫、小地老虎、蝼蛄等，有些地区蜗牛及野蛞蝓危害比较严重，要早治、勤治、彻底治，以免传播病菌及造成的伤口感病。畦边及行间套种的冬作物应及时护理，大麦、小麦和油菜要推株并拢，生长旺盛的蚕豆要割头、缚株，以增强棉田通风透光，减轻病害发生。

3. 药剂防治　棉苗病害在低温多雨情况下最容易发生，特别是在寒流侵袭后，棉苗受冻伤，如随之而长期阴雨连绵，则苗病、死苗即大量发生。因此，要注意气象预报，争取在寒流及阴雨之前及时喷药保护，但棉花幼苗期正处于春雨季节，一般在出苗 80%左右就应进行喷药，以后再根据气候情况决定喷药次数及药剂的种类和浓度。常用的药剂有 0.25%～0.5%等量式波尔多液。第一次喷药在出苗 80%左右时，用 0.25%浓度，以后各次可用 0.5%浓度，有良好的防病保苗作用。代森锌、多菌灵、托布津、稻脚青等药剂对防治棉苗茎基腐及根腐类型病害的效果较好。喷药时可将喷雾器喷头内的旋水片取出进行喷浇，防治效果更为显著。此外，应用稻宁或退菌特也有良好防效。有些棉区反映抗菌剂 401 的防病效果好，并能促进棉苗生长，但挥发性大，残效期短。

五、棉铃病害

棉花铃期遭受各种病菌的侵染而造成的烂铃僵瓣，对产量和品质影响很大。据报道，棉铃病害在国外至少有 30～40 种，在国内也发现有 20 种左右。由于我国棉区辽阔，自然条件差异较大，因此铃病发生的种类和危害程度也不相同，甚至在同一地区的不同年份都不完全一致，一般南方棉区铃病发生较重，北方棉区发生较轻。综合我国各棉区铃病的发生情况，常见的铃病主要有炭疽病、红腐病、疫病、茎枯病、黑果病，其次为红粉病、软腐病和曲霉病等。角斑病过去是长江流域棉区的重要病害之一，自推广岱字棉品种后，其危害程度已大大降低，目前仅在新疆或其他局部棉区的海岛棉或海陆杂交品种上发生。

铃病的发生与气候、品种、虫害、生育期、栽培技术等都有密切关系，同时病菌种类较多，发病情况也因地、因年而异，因此必须搞清当地铃病的种类，针对性地采取以农业防治为基础的综合防治措施，才能获得良好的效果。

1. 加强栽培管理　主要是创造棉株良好的生育条件和不利于病菌繁殖、侵染的条件，特别是要创造铃期比较干燥的环境。

(1) 合理施肥。施肥应根据不同土质，因地制宜地按照丰产长势要求，合理巧施。对容易引起棉株徒长的土质，应掌握施足基肥，早施、轻施苗肥，稳施蕾肥，重施花铃肥，补施早铃肥的施肥原则，同时氮肥、磷肥、钾肥要适当配合施用，特别是钾肥能增强棉铃抗病力。多施有机肥可以改善土壤结构，使棉株不徒长、不早衰，达到铃多、铃大、壳薄、病轻的效果。

(2) 合理排灌。凡地势低洼容易积水的棉田，一般铃病发生早而重，因此要加强渠道建设，做到沟沟相连，排水通畅。干旱季节灌水应采用沟灌法，夜灌日排，切忌大水漫灌和棉田长期积水，也应避免用沟水泼浇，以免促使铃病严重发生。

(3) 及时打顶、整枝、摘叶。生长过旺的棉田，应及时打顶剪除空枝、老叶，并结合打边心、抹赘芽、推株并拢等措施，以减少田间郁蔽程度，增强通风透气，使铃病减轻。此外，适时播种、适当密植、中耕培土、清洁棉田、彻底治虫等措施，对减轻铃病都有较好的效果。

2. 抢摘、早剥病铃　炭疽、红腐、黑果或疫病等病菌侵入棉铃后，在适宜的气候条件下，一般只需 2～3 天就可以发病，几天后便全铃腐烂。实践证明，在铃病迅速流行的雨季要抢摘病铃和开口铃，并及时摊在芦帘上晾干或使用地灶烘干剥出，对挽回产量和品质的损失作用很大，而且铃壳便于集中处理，从而可以减少棉田病菌的数量。

3. 喷药保护　目前尚缺乏较为理想的药剂。铜制剂对疫病的防治效果虽较好，但对其他病菌的防效不太显著；有机硫素剂和有机砷素剂对铃病的防治效果一般也只有 40%左右。近年来的试验认为，0.2%铜皂水(硫酸铜 0.1 kg，肥皂粉 0.05 kg，清水 50 kg)对疫病和炭疽病均有较好的防治效果。总之，在化学防治铃病方面，应积极探索高效低毒、残效期长、价廉易得的农药，还要考虑与杀虫剂混用。

4. 选育抗(避)病品种　目前在棉花生产中尚缺乏有效的抗(避)病品种。也注意到普通品种苞片不但容易感染铃病菌，在长期潮湿的情况下还能将病菌传染到棉铃而使其发病，但具有翻窄苞片的品系通常发病较轻，特别是对由尖镰孢菌诱致的红腐病更为明显。因此，在选育抗(避)病品种时，应针对本地区铃病菌的致病类型，有重点地进行选育，如棉毒素含量高的或具有翻窄苞片、小苞片乃至无苞片的品种，以及无蜜腺(没有花外蜜腺)或具有秋葵类型变态叶等特征的品种。此外,选育结铃早、吐絮齐的品种,也有助于减轻铃病的发生。

（潘洪玉　编写）

第二节　油料作物病害

一、真菌及卵菌病害

(一)大豆根腐病

大豆根腐病(soybean root rot)是大豆根及茎基部病害的统称,由多种病原菌侵染引起,主要表现为根和茎基部腐烂。其中发生最普遍的是由多种镰孢菌(*Fusarium* spp.)侵染引起的镰孢菌根腐病,其次是由立枯丝核菌(*Rhizoctonia solani*)侵染引起的立枯病和多种腐霉菌(*Pythium* spp.)侵染引起的幼苗猝倒病。大豆产区根腐病一般田块发病率为40%～60%,重病田达100%,一般年份减产10%,严重时损失可达60%,而且使大豆含油量明显下降。

1. 症状　大豆根腐病是由多种病原菌单独或混合侵染引起的,不同病原菌导致的症状有所不同,在田间很难区分,需结合病原菌的分离培养和鉴定才能进一步确定。

镰孢菌和立枯丝核菌均导致大豆根呈现"干腐"症状。两者均引起大豆茎基部出现红褐色溃疡和根部的干腐。具体表现为在病株根及茎基部先产生红褐色椭圆形、长条形或不规则形凹陷斑,后扩展成遍布主根的弥漫形病斑。受害的植株无侧根,地上部发黄变矮,下部叶提前脱落(图8-7)。立枯丝核菌通常在幼苗期感染,幼苗根部受害后导致地上部枯萎死亡,称"立枯病"。

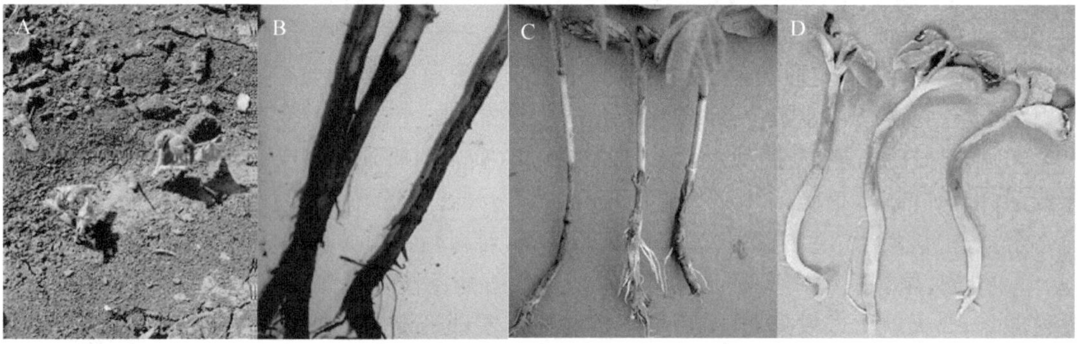

图 8-7　大豆根腐病的症状

A. 立枯丝核菌引起的立枯；B 、C. 镰孢菌和立枯丝核菌引起的根腐；D. 腐霉菌引起的根腐

镰孢菌和立枯丝核菌通常一起出现,引起的症状在田间不容易区分。两者引起的幼苗枯萎症在田间随处可见,但发病轻微的幼苗一旦给予适宜的条件即可生出新根,恢复生长。

与镰孢菌和立枯丝核菌根腐病不同,腐霉菌根腐病表现为种子和幼苗茎基部和根部呈现软腐、湿腐症状,当拔出幼苗时,腐烂的外层组织脱落,仅留下里面的细丝。幼苗被感染后迅速猝倒死亡,称"猝倒病"。由腐霉菌引起的根腐病一般发生在低洼、排水不良的地块(图8-7D)。

2. 病原　引起大豆根腐病的病原主要有有丝分裂孢子真菌中的镰孢属成员,包括尖镰孢(*Fusarium oxysporum*)和茄腐镰孢(*F. solani*),丝核菌属中的立枯丝核菌(*Rhizoctonia solani*),以及卵菌门中的腐霉属成员,包括终极腐霉(*Pythium ultimum*)和瓜果腐霉(*P. aphanidermatum*)等。关于大豆根腐病致病菌种类的报道国内外在属和种的水平上并不一致，这可能与地域有关。

尖镰孢菌落生长速度较快，气生菌丝羊毛状，白色、粉色至紫色，背面常产生蓝紫色色素，有的不产生，菌株之间形态差异较大。在自然或人工培养条件下可产生小型分生孢子、大型分生孢子和厚垣孢子。小型分生孢子假头生，产生量大，椭圆形、卵形或肾形，0～1个隔。易产生橘黄色黏孢团型分生孢子座。大型分生孢子无色，多胞，镰刀形，略弯曲，两端细胞稍尖，2～5个隔，多为3个隔。厚垣孢子淡黄色，近球形，表面光滑，壁厚，间生或顶生，单生或串生，对不良环境抵抗力强（图8-8）。该菌分布于全世界的多种植物上，是常见的土壤习居菌，可引起多种植物发生枯萎病和根腐病，是重要的植物病原菌。

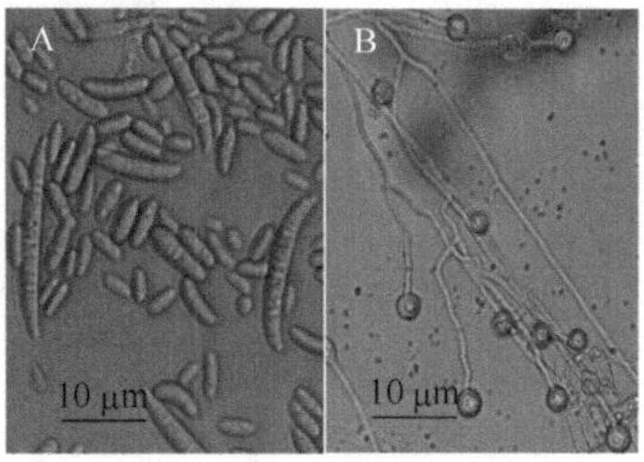

图8-8　尖镰孢
A. 小型分生孢子和大型分生孢子；
B. 厚垣孢子（李本金，2011）

茄腐镰孢的菌落生长速度也很快，气生菌丝羊绒状，白色至浅灰色，大多数菌株不产生色素而呈奶油色，少数菌株菌落背面可产生紫色色素。可产生小型分生孢子、大型分生孢子和厚垣孢子。小型分生孢子假头生，产生量大，椭圆形、卵形或肾形，比较宽，0～1个分隔。大型分生孢子最宽处在中线上部，两端较钝，顶细胞稍弯，基细胞足跟明显或钝圆形，整个孢子形态较短较胖。2～6个分隔，多为3个分隔。易产生蓝绿色黏孢团型分生孢子座。易产生厚垣孢子，球形，单生、对生或串生（图8-9）。该菌寄生性弱，在自然界中分布广泛，主要存在于土壤中，寄主范围广，主要危害植物根部，引起根腐和猝死。

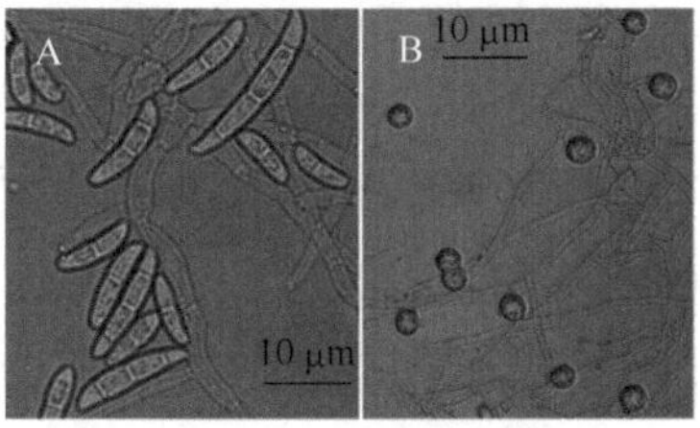

图8-9　茄腐镰孢
A. 小型分生孢子和大型分生孢子；
B. 厚垣孢子（李本金，2011）

立枯丝核菌在PDA培养基上生长速度较快，菌落初为白色，后转为不同程度的褐色，有的具同心轮纹，后期形成近圆形至不规则形菌核，菌核内外颜色一致，褐色至深褐色，表面粗糙，有褐色菌丝与基物相连。幼嫩菌丝无色，多核，呈直角分支，分枝处稍缢缩，并在离分枝不远处产生一个分隔，不形成分生孢子（图8-10）。菌丝初为白色，后渐变褐色，部分菌丝膨大呈成念珠状。该菌分布广泛，可引起多种植物病害，在土壤中的腐生竞争力强，存活时间长，被认为是最具破坏力的土传植物病原物之一。寄生性不强，但寄主范围广，能引起多种植物立枯病。

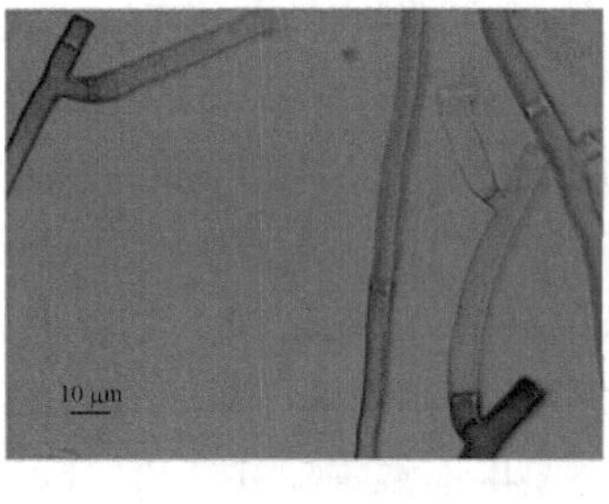

图8-10　立枯丝核菌（李本金，2011）

瓜果腐霉和终极腐霉在PDA培养基上生长较快，菌落正面、反面均为白色，絮状。菌丝发达，分枝繁茂，无隔膜；孢子囊为膨大菌丝状或姜瓣状，顶生或间生，萌发时先产生球形泡囊，在泡囊内形成多个游动孢子；藏卵器球形，壁光滑，多顶生、少间生；卵孢子球形，平滑，不满器；雄器多袋状，顶生或侧生，同丝生或异丝生，每一藏卵器有一雄器（图8-11）。瓜果腐霉和终极腐霉具有广泛的寄主范围，是果木及其苗床、草坪和牧草、禾谷类植物和蔬菜上的常见病原菌，一般引起幼苗猝倒、根腐及其他组织器官腐烂。

引起大豆根腐病的各种主要病菌生长发育的适宜温度范围为5～35℃，在0℃的低温和40℃的高温下所有病菌均不能生长，其中尖镰孢在20～30℃范围内生长速度最快，其他镰孢

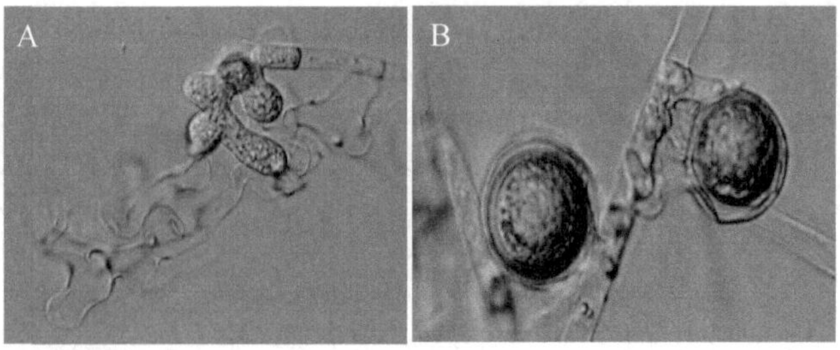

图 8-11 瓜果腐霉

A. 姜瓣状孢子囊;B. 卵孢子

菌和立枯丝核菌在 25℃生长良好，腐霉菌在温度为 18～23℃时生长较好。

在 pH 3～9 范围内各种病菌均能生长，其中镰孢菌喜欢偏碱性环境，其他病菌生长发育最适 pH 为 5～7。

镰孢菌和立枯丝核菌受湿度影响较小，在干燥和湿润的土壤中均可以引起发病，而腐霉菌受湿度影响较大，只有在土壤湿度较大、土温较低(<18℃)时才能造成侵染。

光照对各种病原菌菌丝生长有很大影响。镰孢菌生长发育所需最适光照强度为 2500～3000 lx，立枯丝核菌对光照要求不高，生长发育所需最适光照强度为 0～3500 lx，而腐霉菌对光照有着较高的要求，生长发育所需最适光照强度为 2500 lx 左右。

镰孢菌和立枯丝核菌可在厌氧条件下生长，而腐霉菌在真空条件下是不能生长的。光照强度和通气条件共同影响病原菌在土壤中的垂直分布。

3. 病害循环 病菌以菌丝体和厚垣孢子(镰孢菌)或菌核(立枯丝核菌)或卵孢子(腐霉菌)等休眠体在病残体和土壤中越冬。病菌可以危害任何生育期的大豆，但以苗期危害最重。大豆种子萌发后，病菌在子叶期就可以侵入幼根，以伤口侵入为主，自然孔口和直接侵入为辅。病菌可以靠病残体、土壤、雨水、灌溉水、耕作和施带菌肥等途径传播蔓延，但病株种子不传病。一般认为，大豆根腐病没有再侵染或再侵染不重要，但土壤中的病菌可以陆续侵染大豆根部，使病害不断加重。

镰孢菌在植物体上以菌丝、分生孢子和厚垣孢子形态生存，在土壤中则主要以厚垣孢子形态生存。土壤中长期存活的厚垣孢子是引起病害的主要原因。在有病残体存在时，病残体中的厚垣孢子也可以引起侵染。播种大豆后，当土壤温度、湿度适宜时，土壤和病残体中的厚垣孢子萌发产生芽管，从伤口侵入根系，病菌以菌丝形态在根组织中扩展蔓延，形成病斑。在生长季节结束时，病菌形成大量厚垣孢子，随病残体进入土壤越冬，作为翌年的初侵染源。

立枯丝核菌作为土壤习居菌既可营腐生生活，也可以菌核、厚垣孢子或休眠菌丝体在土壤中越冬，翌年地温高于 10℃时开始萌发，进入腐生阶段。播种后遇适宜条件，病菌从根部的气孔、伤口侵入或直接从表皮侵入。引起发病后，病部长出菌丝继续向四周扩展危害。

腐霉菌以卵孢子在病残体或土壤中越夏越冬，作为翌年的初侵染源。卵孢子可长期存活，在土壤湿润条件下，土壤和病残体中的卵孢子萌发产生游动孢子囊，游动孢子囊释放游动孢子，游动孢子受到寄主根系分泌物的吸引游向寄主根，然后静止，形成休止孢，休止孢萌发产生芽管和侵染菌丝，侵入幼苗或成株的根部以及其他部位。游动孢子可在水中游动传播。

一般来讲，立枯丝核菌在田间引起侵染较早，幼苗期发病较多，病菌的分离频率较高，其所致的病斑有利于镰孢菌的侵染。镰孢菌从苗期即开始侵染，但侵染比例较立枯丝核菌低，随着大豆生育期的推移，其危害呈逐渐加强之势，在整个生育期中分离频率均较高。腐霉菌出土前引起烂种、烂芽，出土后导致幼苗猝倒、枯死，一般发生在播种后的15天内，但一般分离频率较低，只在低洼、易积水的地块发生，是根腐病发生的次要因素。

4. 发病条件　品种抗性、病菌的致病力、轮作制度、施肥和灌水、化学除草剂的种类是影响大豆根腐病发病程度的主要因素；此外，土壤理化性状、播种深度、耕作栽培方式等也可以影响大豆根腐病的发生。

(1) 品种抗性及病菌的致病力。虽然各地主栽大豆品种中对各种根腐病菌的抗性存在差异，但抗性一般都不强，再加上各地土壤中根腐病菌种类和菌株不同，致病力也存在差异，因此一般在根腐病菌存在的地块种植大豆都会导致幼苗发病。

(2) 轮作制度。大豆根腐病菌可在土壤中存活多年，在适宜条件下繁殖迅速，因此大豆连作时根腐病发生较重，3年以上轮作可以减轻病害的发生。

(3) 施肥和灌水。施肥水平和肥料种类对大豆根腐病有影响，增施氮肥病害发生重，多施磷肥、钾肥和有机肥可减轻发病；大豆地经常灌水有利于病菌的传播，也会加重病害的发生。

(4) 化学除草剂。有些化学除草剂可以引起大豆细胞膜透性的改变，降低大豆的抗病性；有些化学除草剂可能具有杀菌作用或者是对根腐病菌繁殖体的发芽具有抑制作用，因此可以减轻病害的发生。例如，氟乐灵和乙草胺可以加重大豆根腐病的发生；地乐胺可以减轻大豆根腐病的发生，其原因之一是地乐胺诱导了大豆幼苗产生抗性蛋白。

(5) 土壤理化性质。质地疏松、通透性好的沙壤土、轻壤土、黑土发病重，通透性差的白浆土、黏土地发病轻。土壤肥沃地较土壤瘠薄地发病轻。播种期土壤温度低发病重。土壤含水量大，特别是低洼潮湿地，大豆幼苗长势弱，抗病力差，易受病菌侵染，发病重。土壤含水量过低，久旱后突然连续降雨，使大豆幼苗迅速生长，根部表皮易纵裂，伤口增多，也有利于病菌侵染，发病重。

(6) 栽培耕作方式。一般垄作栽培的大豆比平作栽培的大豆发病轻，大垄栽培的大豆比小垄栽培的大豆发病轻。其原因是垄作栽培可以进行中耕培土，使土壤疏松，通透性好，土壤含水量低；平作由于土壤板结并易发生涝害，使土壤含水量高，有利于病菌繁殖，再加上大豆生长不良，抗病性弱，发病较重。

(7) 播种深度。大豆播种深度直接影响幼苗出土速度，播种过深，加之地温低，幼苗生长慢，组织柔嫩，地下根部延长，根易被病菌侵染，使病情加重。

(8) 害虫。一般根部有潜根蝇危害，有利于根腐病害发生，虫株率越高发病越重，反之则轻。

5. 病害控制

(1) 利用抗/耐病品种。由于大豆根腐病是由多种病菌混合侵染引起的土传病害，所以选育和利用抗/耐品种是防治该病的关键。目前尚未发现免疫或高抗品种，但品种间抗病性存在差异。黑龙江省的黑农65，抗线一号，垦农4，绥农10号、14号等品种，吉林省的吉育75、84和九农27，辽宁省的丹豆12，辽豆18、19，沈农6和铁豆38，黄淮地区的鲁豆6、临338、汾豆33等品种均有一定抗性。

(2) 农业技术措施。实行3年轮作制，避免大豆连作；干旱地区应注意蓄水保墒，低洼易涝地区注意防渍，采取垄作，适时中耕培土，创造良好的土壤环境，以利于调节土壤含水量和促进侧生根的形成；适期播种，避免在土温低于18℃时播种；控制播深，增施有机肥、磷肥和钾肥以提高大豆植株的抗病和耐病能力；清除田间病残体，防治根部有害生物(如大豆胞囊线虫、潜根蝇等)，以减少越冬菌源和病菌的侵入途径。

(3) 化学防治。由于大豆根腐病是一种土传病害，而且主要在苗期危害，因此控制该病一般采用种衣剂或药剂拌种的方法。用2%宁南霉素拌种，对镰孢菌、立枯丝核菌和腐霉菌引起的大豆根腐病均有效。用2.5%咯菌腈种衣剂，可控制由镰孢菌和立枯丝核菌引起的根腐病；35%多克福种衣剂，可用来防治镰孢菌根腐病。

(4) 物理防治。田间盖膜晒土对镰孢菌根腐病有较好的防效，田间发病率可降低65%，病菌存活率可降低41.6%，效果比土壤熏蒸消毒要好。用催芽的种子播种可降低腐霉菌的侵染机会，从而减轻该病害的发生。

(二) 大豆灰斑病

大豆灰斑病(soybean frogeye leaf spot)，又名蛙眼病，是世界上影响最大、分布范围最广泛的大豆病害之一。该病在大豆的整个生育期均可发生，主要危害叶片，也侵染茎、荚和种子，降低大豆产量和品质，平均减产10%～30%。

1. 症状 大豆灰斑病对大豆的叶、茎、荚、籽实均能造成危害，以叶片和籽实危害最重，还引起籽粒斑驳。带菌种子播种后，在长出的幼苗子叶上产生半圆形或圆形稍凹陷的深褐色病斑，低温多雨条件下，病斑发展很快，可蔓延至生长点，使顶芽变褐枯死；天气干旱时病斑不发展，仅限于子叶。对叶片的危害主要是在叶片上形成坏死斑点，初为褪绿小圆斑，后逐渐扩展为边缘褐色、中央灰色或灰褐色、直径为1～5 mm的蛙眼状病斑，有时病斑可扩展成椭圆形或不规则形，病健交界明显，这是区分灰斑病与其他叶部病害的主要特征(图8-12)。湿度大时叶背面病斑中央生出密集的灰色霉层(分生孢子梗和分生孢子)。发病严重时，数个病斑互相连合，使病叶干枯早落。茎上病斑为椭圆形或纺锤形。荚上病斑为圆形或椭圆形，稍凹陷，因豆荚表面多毛，肉眼不易见到霉层。种子上病斑明显，多为圆形蛙眼状，与叶斑相似。病轻时仅产生褐色小点。

图8-12 大豆灰斑病的症状

A. 叶片上的蛙眼状病斑；B. 种子斑驳

2. 病原 为大豆尾孢(*Cercospora sojina* Hara)，属于有丝分裂孢子真菌中的尾孢属。分生孢子梗5～12根成束从寄主气孔伸出，不分枝，淡褐色。有膝状弯曲，孢痕明显。分生孢子圆柱形或倒棍棒状，透明，基部钝圆，顶端尖细，具1～9个隔(图8-13)。分生孢子萌发时从两端细胞长出芽管，有时也从中部细胞长出。病菌生长最适温度为25～28℃，温度范围为15～32℃。孢子萌发适温为28～30℃，温度范围为10～40℃，适温下分生孢子在水中1 h即可萌发。病菌在PDA培养基上生长缓慢，产孢量少。在利马豆琼脂培养基上产孢比在PDA培养基上高 10 倍。蔬菜浸汁培养基经 110～115℃灭菌，病菌生长及产孢量均显著提高。灰斑病菌寄主范围较窄，除大豆外，仅能侵染野生大豆。病菌有明显的生理分化现象，在美国采用 16 个鉴别寄主共鉴定出 11 个生理小种。我国黑龙江省筛选出 6 个鉴别寄主，鉴定出 11 个小种，其中 1 号、7 号和 10 号分布最广，其出现频率分别为 50%、22%和 9%。

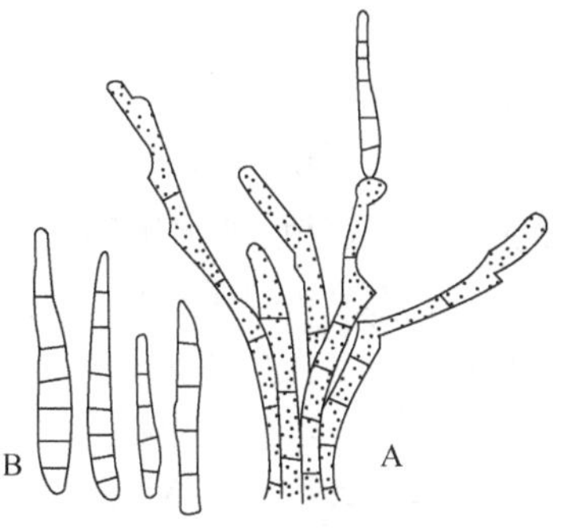

图 8-13　大豆尾孢
A. 分生孢子梗；B. 分生孢子

3. 病害循环　病菌以菌丝体或分生孢子在病残体或种子上越冬，成为翌年的初侵染源。病残体上产生的分生孢子比种子上的数量大，是主要的初侵染源。带菌种子长出的幼苗子叶上即产生病斑，温度、湿度条件适宜时病斑上产生大量分生孢子，借风雨传播进行再侵染。病残体上的病菌在温度、湿度条件适宜时可产生分生孢子，借风雨传播进行初侵染，形成发病中心后，病斑上产生的分生孢子又可借风雨传播进行再侵染，使病害在田间不断扩展蔓延。病菌通过气孔侵入到叶片、茎部，结荚后病菌又可侵染豆荚和籽粒。生长季节结束时病菌以菌丝体或分生孢子在病残体或种子上越冬。

4. 发病条件　大豆灰斑病的发生流行与品种抗病性有关。高感品种在田间发病早、蔓延快、病斑多。籽粒的抗性与叶部反应不一致，如合丰 24 叶部病情比合丰 22 严重，但籽粒感病率却比较轻，前者为 33.3%，后者为 68.2%，其原因可能与荚部感病时期的长短及所遇环境条件有关。灰斑病菌适应性较强，生理分化现象明显，品种的抗性容易发生变化。

气候对灰斑病发生与流行影响较大。当春季平均气温达 17℃以上，且病残体表面湿润时就可产生分生孢子。温度影响潜育期，20℃时潜育期为 12～16 天，25℃时为 7～8 天，30℃时为 6～7 天。病菌孢子只能在水中萌发，在田间只有当叶面湿润保持一定时间，孢子才能侵入寄主。分生孢子寿命较短，在干燥情况下，叶面降落的分生孢子 2 天后侵染率降低 26%，4 天降低 94%，6 天失去侵染能力。侵染要求的叶面湿润时数与温度有关，适温下要求的叶面湿润时数短，温度越低，要求的叶面湿润时数越长。最适温度 25～28℃下叶面湿润 2 h 即可侵入。在适温范围内，湿度 98%以上 4 h 开始形成孢子，湿度保持时间越长，形成孢子的数量越多。

大豆籽粒的褐斑率基本上与叶部病情指数无关，而主要取决于盛花期至豆荚盛长期的气候条件是否适合于病菌侵染和扩展。病粒率的高低更是取决于豆荚盛长期至鼓粒中期的降雨量和降雨日数。这个时期降雨日数多，又有连续降雨，病粒率将会增加，损失也会增加；而在无雨条件下，病荚及病粒率均明显降低。因病菌侵入豆荚后，在寄主体内扩展也要求有一定的湿度。例如，在长期无雨露条件下，豆荚虽受害，但病粒率仍会很低。

地势低洼易积水的地块由于田间湿度大发病重，这样的地块病叶率和病粒率均高于平地和岗地。连作地一般发病较重。在大流行年份，由于条件特别适合，轮作的作用也不明显。老病区发病普遍重于偶发区。

5. 病害控制　防治策略是选育和利用抗/耐病品种，加强农业防治和药剂防治。

(1) 选育和利用抗/耐病品种。品种不抗病是导致灰斑病频发的重要原因，因此选用抗病品种是控制灰斑病经济而有效的措施。大豆抗病品种表现单叶病斑少，病斑小，受害轻。我国灰斑病的抗性资源丰富，黑龙江省已培育出较多抗病品种，有的已在生产上大面积推广，有效控制了病害的流行。但应该注意的是，由于田间病菌生理小种组成发生变化，抗病品种的抗性很容易丧失，因此需长期监测各地病菌生理小种组成的变化，以指导抗病品种的科学合理使用。

(2) 加强农业防治。因病菌主要随病残体在土壤中越冬，因此应合理轮作，避免重茬；秋收后及时清除病残体同时进行翻耕，把遗留在田间的病残体翻入地下使其腐烂，可以减少越冬菌量。合理密植，加强田间管理，控制杂草，降低田间湿度，对减轻病害作用很大。

(3) 选种和种子处理。用福美双或克菌丹拌种能达到防病保苗的效果，但对成株期病害的发生和防治作用不大。

(4) 药剂防治。根据气象预报及病情发展，做好药剂防治准备。最佳防治时期为大豆开花结荚期。常用的药剂有多菌灵、甲基硫菌灵、退菌特、百菌清等。

(三) 油料作物霜霉病

我国的油料作物主要有油菜、大豆、花生、芝麻、向日葵等，大多数省份均广泛种植。油料作物病害种类很多，霜霉病是油类作物重要病害之一，在我国各地均有发生。东北和华北大豆主产区霜霉病较为严重，黑龙江省流行年份，某些品种发病率达 100%，造成植株早期落叶，种子百粒重与含油量明显下降，减产可达 50%以上。我国长江流域和华南油菜区霜霉病发生较重，一般发病率为 10%～50%，严重时发病率可达 100%，单株产量损失 10%～50%。向日葵霜霉病是向日葵的毁灭性病害之一，可引致向日葵植株系统发病。我国东北、西北、西南等地的向日葵种植区相继报道了该病的发生，低温和雨水多的年份霜霉病的危害更大。在花生和芝麻上尚未见有霜霉病的发生和报道。

1. 症状 霜霉病在不同类型油料作物的整个生育期都能造成危害，幼苗、成株叶片、果实、粒籽均可表现病状。

大豆霜霉病叶片发病的普遍症状是刚开始散生许多水浸状、不明显的淡黄色斑点(图 8-14)，逐渐扩大并受叶脉限制成不规则形黄绿色病斑，严重时成大片多角形黄褐色病斑，边缘不明显。当天气潮湿时，在病斑叶背面密生白色至灰白色霜霉状物(孢囊梗和孢子囊)。大豆豆荚受害，外部无明显症状，但剥开豆荚内部呈现厚厚一层杏黄色的粉状物(卵孢子)。向日葵霜霉病叶片发病时，沿叶脉两侧扩展，初在近叶柄处产生淡绿色病斑，后变黄色并往叶尖蔓延。病菌丛生叶背，厚密，白色或黄白色。病株(图 8-15)常表现出生长受阻、矮化、丛叶等系统症状，不结实或结实很少，受害重的苗期死亡。茎、花梗和果发病，初生褪绿斑点，后扩大变黄，长有白色霜霉状物。花梗发病，顶端肿大弯曲，呈“龙头拐”状。

图 8-14 大豆霜霉病的症状

图 8-15 向日葵霜霉病的症状

2. 病原　引起霜霉病的病原属于假菌界、卵菌门、霜霉科。由于寄主种类不同，病菌的种也不同。

引起大豆霜霉病的病原为霜霉属的东北霜霉[*Peronospora manshurica*(Naumov) Syd.]（图 8-16）。孢囊梗由气孔伸出，单生或数根丛生，无色，呈二叉状分枝。孢子囊无色或淡灰紫色。卵孢子黄褐色或淡褐色，近似球形，表面光滑或有乳状突起，直径 29～50 mm。孢子囊抗逆性较差，寿命短。在温度 15～20℃、湿度 70%～80%的条件下，孢子囊可存活 20 天。

引起向日葵霜霉病的病原为单轴霉属的向日葵单轴霉[*Plasmopara halstedii* (Farl.) Berl. & De Toni]（图 8-17）。孢囊梗从气孔伸出，单生或丛生，单轴直角分枝，分枝末端平钝。孢子囊球形至椭圆形，无色，有乳状突起，萌发形成游动孢子或芽管。卵孢子球形，黄褐色。

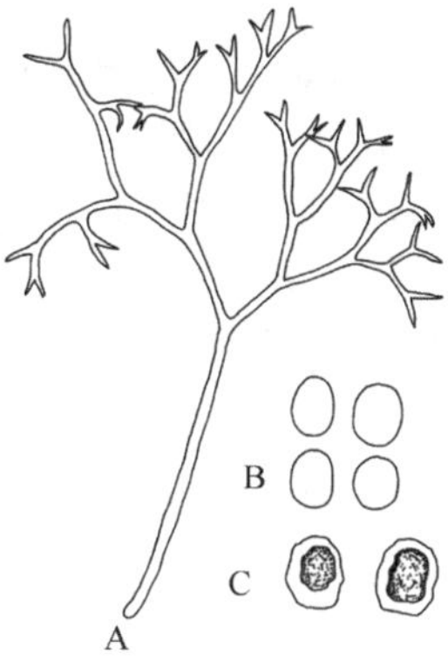

图 8-16　东北霜霉
A. 孢囊梗；B. 孢子囊；C. 卵孢子

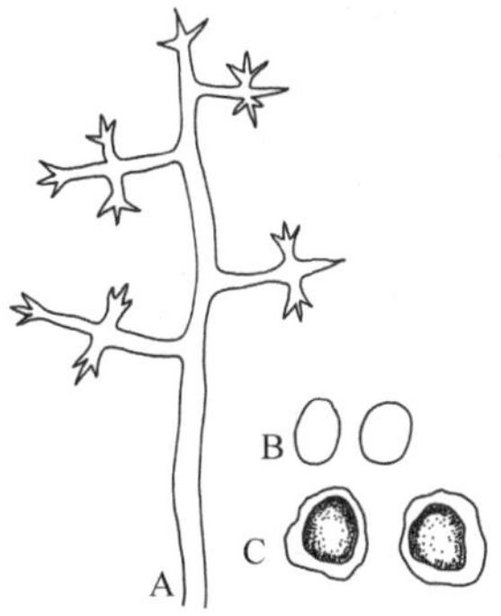

图 8-17　向日葵单轴霉
A. 孢囊梗；B. 孢子囊；C. 卵孢子

引起油菜霜霉病的病原为十字花科霜霉[*Hyaloperonospora parasitica*(Pers.)Constant]，异名为寄生霜霉[*Peronospora parasitica*(Pers.)Fr]。孢囊梗双叉分枝，顶端着生一个孢子囊。孢子囊卵圆形，单胞。卵孢子球形，黄褐色，表面光滑或有皱纹。

菌丝发育适温为 20～24℃，孢子囊形成适温为 8～12℃，在 3～25℃均可萌发，以 7～13℃为最适温度。孢子囊形成、萌发和侵入均需较高的湿度，水滴存在最为有利，强光则不利于其萌发。卵孢子萌发的温度大致与孢子囊一致，也需充足的水分，吸水后的卵孢子明显膨大，色变淡，壁变薄。

霜霉菌属于专性活体营养寄生菌，有明显的生理分化现象。侵染十字花科植物的霜霉菌根据其致病性差异可分为芸薹属变种、萝卜属变种、荠菜属变种。在芸薹属变种中根据致病力又可划分为 3 种致病类型，其中白菜致病类型对油菜、芜菁等致病力强。向日葵霜霉菌在国际上也分为 8 个不同的生理小种。侵染大豆的东北霜霉在美国已发现 32 个生理小种，我国也发现了与其不同的 3 个小种。

3. 病害循环　霜霉菌主要以菌丝体和卵孢子潜藏在病叶或种子上越冬，成为翌年的初侵染菌源。春季气温回升，卵孢子萌发产生游动孢子囊，释放游动孢子侵入寄主植物，形成全株侵染症状。该病有潜伏侵染现象，带菌种子长出的幼苗常不表现或少部分表现症状，但对后期发病影响很大，形成田间的中心病株。病苗产生大量的孢子囊，借风雨传播，从气孔或表皮直接侵入，一周左右便表现出症状，不断进行再侵染（图 8-18）。

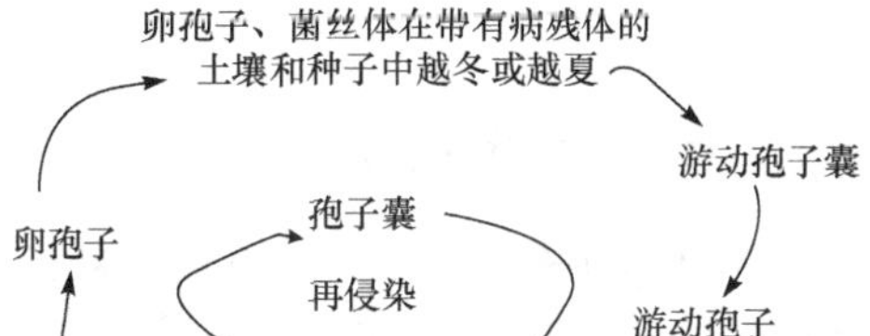

图 8-18　霜霉病的病害循环

4. 发病条件　该病的发生危害与气候条件、品种抗性及栽培条件等因素有密切关系。

(1) 气候条件。霜霉病的发生与温度和湿度关系密切,低温、多雨、高湿和日照少的环境条件都有利于病害的大发生。华北和东北地区 7～8 月正值雨季,因此霜霉病经常严重发生,特别是黑龙江省昼夜温差大,更加有利于病菌孢子囊的形成、萌发和侵入,造成病害大发生。长江以南地区,夏季温度很高,尽管降雨较多,过高的温度不利于病菌孢子囊的萌发和侵入,所以发病也比北方轻。

(2) 品种抗性。高抗品种种子带菌率低,病斑小,发展慢,危害轻,感病品种则相反。对于油菜而言,甘蓝型油菜比白菜型、芥菜型油菜抗病。因此,霜霉病的流行主要发生在栽培白菜型油菜地区。

(3) 栽培条件。初侵染源的多少是影响发病的主要条件。连作地土壤中存留、积累的卵孢子多,发病重,轮作地发病轻;秋季早播,有利于发病的温度期长,发病早而重;氮肥施用多,作物生长过旺,往往发病重;播种过密、地势低洼、土壤黏、排水差、追肥不及时发病重;移栽田病害往往重于直播田。对于向日葵而言,带病种子形成系统侵染病苗,是田间主要的初侵染来源。种子带菌率高的发病早,传播快,危害大。

另外,作物发育阶段不同,对霜霉菌抵抗力不同,苗期易感病,中期较抗病,但随着叶片衰老,又进入感病阶段,该病多在生长后期发生。

5. 病害控制　油料作物霜霉病的防治策略应采取以种植抗病品种和加强栽培管理为主,辅以化学防治的综合治理措施。

(1) 选用抗病品种。选用抗病品种是防治霜霉病的最佳途径,现有的抗霜霉病较强的大豆品种有合丰 25、东农 36、黑农 21、早丰 5 和九农 9 等;向日葵以种植油量多的"油葵"为宜,如新葵 8、新葵 10、新葵 17、康地 115、G101、DK3840 和罗葵 53 等品种,也可以从无病区调种,或建立无病留种田,从无病株上采种。由于各产区品种单一且连年种植,对病菌的抗性很不稳定。如果某一品种对病菌的某一生理小种不具抗性,而这一生理小种当年有所上升,则易造成该病大面积流行。因此,在同一地区应实行多个优良品种的搭配种植,从而使抗病基因布置多样化,为病害的流行设置重重障碍。

(2) 加强栽培管理。针对卵孢子可随病茎、叶片等残留在土壤中越冬的情况,提倡秋收后,彻底清除田间病株残体并进行土壤翻耕,豆田与禾本科作物实行 3 年以上轮作,减少初侵染源;合理密植,保证通风透光,提高温度和降低湿度。增施磷肥、钾肥,提高植株抗病能力。

(3) 药剂防治。播种前,大豆用种子重量 0.3%的 80%克霉灵或 35%甲霜灵(瑞毒霉)拌种。向日葵可选用 72%霉霜疫克、80%抑快净、50%氟吗霜疫克等按种子重量的 0.5%进行拌种,或用 35%金普隆拌种乳油以种子重量的 0.1%～0.2%拌种,可有效防治向日葵霜霉病。感病初期,大豆喷洒 75%百菌清或 75%瑞毒霉进行防治,也可用 72%杜邦克露(霜脲锰锌)、69%安克锰锌(烯酰吗啉和代森锰锌)防治,80%烯酰吗啉、2%甲霜·锰锌等可有效控制油菜霜霉病。

(四) 油料作物菌核病

菌核病(*Sclerotinia* rot)是一种世界性普遍发生的病害,可以在植物生长的各个时期侵染危害,包括苗期、成株期及采后产品。该病害在我国各地均有发生,病菌可以菌核的形式在土壤中长期存活,一旦发作,常会连年发生,给农业生产造成巨大损失。在我国,油菜菌核病居油菜三大病害之首,严重制约了长江流域及东南沿海地区油菜的产量。该病一般年份发病率为 10%～30%,严重年份可达 50%,甚至超过 80%。油菜感病后可减产 10%～70%,含油量降低 1%～5%。在我国向日葵产区,菌核病也是普遍发生的一种毁灭性病害,在山西、内蒙古、吉林等向日葵产区每年损失都为20%～30%，严重发生时常造成绝产。除油菜、向日葵之外，菌核病也严重危害大豆、落花生等多种油料作物的生产。在黑龙江、内蒙古等大豆菌核病危害较重的地区，其流行年份减产20%～30%。除危害多种油料作物外，菌核病也危害多种十字花科、茄科等多种蔬菜，烟草以及多种中药材等经济作物，常年制约着这些作物产量和品质的提高。

1. 症状 菌核病最明显及最典型的早期症状是在侵染植物表面长出白色绒毛状菌丝体，不久形成较大、致密的休眠体或称为菌核。菌核最初白色，后期外部变黑、变硬。菌核大小、形状变化大，但通常较扁长，不呈球形。

苗期发病时，接近地面的根茎与叶柄上，形成红褐色斑点，后转为白色。病组织变软腐烂，长出大量白色棉絮状菌丝，后期长出黑色菌核，重者可致幼苗死亡。成株期发病时，茎、叶、花、角果及种子均可受害。叶片发病，初为暗青色水渍状斑块，后扩展为圆形或半圆形水渍状灰色至灰褐色病斑，边缘与健部分界不明显，潮湿时病斑迅速扩展，斑面上出现絮状白霉，终致叶片腐烂。干燥时病斑易破裂穿孔；茎部发病，初为淡褐色长椭圆形或长条形绕茎大斑，稍凹陷，有同心轮纹，随后病斑变为灰白色，边缘深褐色。在潮湿条件下病斑发展非常迅速，上面长出白色菌丝，故称白秆、霉秆等。至病害晚期，组织腐烂，髓部消解、中空，皮层碎裂，维管束外露呈纤维状，病部产生黑色菌核；花瓣感病，侵染初期产生水渍状暗褐色无光泽小斑点，随后病斑扩大连成片，扩展至整个花瓣，最后整朵花变为黑褐色并凋落。潮湿时，病部产生大量白色菌丝；角果发病时，初期形成水渍状褐色病斑，后变白色，边缘褐色。潮湿时，全果变白腐烂，其表面密生白色棉絮状菌丝体，发病后期病部表面出现数量不等的黑色菌核；种子发病，表面粗糙，无光泽，灰白色。

2. 病原 为核盘菌[*Sclerotinia sclerotiorum*(Lib.)de Bary]，属于子囊菌门、核盘菌属真菌。菌核黑色，形状、大小因部位而异，常呈不规则形。菌核萌发产生细长的柄，末端膨大形成直径为2～8 mm大小的盘状或杯状子囊盘。子囊盘肉桂色或淡褐色，子囊盘内产生子囊和子囊孢子。子囊棍棒状，顶部钝圆，大小为110～130 μm×5～6.5 μm，内生8个子囊孢子。子囊孢子单细胞，无色，透明，椭圆形，在子囊中单列排列，大小为7.5～11 μm×3～4 μm。在老熟的营养菌丝上或子囊盘原基突破表皮萌发时，可产生小型分生孢子。分生孢子圆形，无色，呈链状。

病菌寄主范围十分广泛，据统计，其寄主植物可达75科278属约450种。在我国报道的核盘菌自然寄主有36科214种植物。菌核病可侵染多种十字花科及葫芦科、茄科、豆科等蔬菜作物，主要在甘蓝、白菜、茄子等蔬菜上发生严重。除危害多种油料作物、蔬菜作物外，菌核病也危害多种经济作物，如烟草、中药材等。

3. 病害循环 病菌主要以菌核在土壤中、病组织内外及混杂在种子间越冬、越夏，还可以菌丝体在死的或活的植物体上越冬，成为翌年病害的初侵染来源。翌年春季，在温度、湿度适宜时，菌核便萌发产生子囊盘，子囊盘开放后，子囊孢子已成熟，稍受震动就会喷出，并随气流传播、扩散进行初侵染。花瓣和衰老的叶片极易受侵染。菌丝在寄主组织的细胞间隙分泌果胶酶以溶解中胶层，拆散组织细胞，造成寄主组织死亡。植株与植株之间或同一植株的各器官之间的传播必须依靠病健部位的直接接触，由病部长出白色绵毛状菌丝体进行再侵染。多雨潮湿时，病害还会迅速蔓延。发病后期，在病茎、病荚内外或病叶上产生大量菌核，落入土壤、粪肥、脱粒场或夹杂在种子、荚壳及残屑中越冬。发病适期是在花期，温暖、高湿的环境条件易造成病害猖獗流行。

4. 发病条件 菌核病的发病程度与种植品种、菌源数量、环境条件等因素密切相关。

(1) 品种抗病性。目前尚未发现免疫品种，但不同作物、不同品种间抗/耐病性存在较大差异。在3种类型的油菜品种中，以芥菜型抗性较好，甘蓝型次之，白菜型最感病。油菜品种中无高抗的品种。我国科技工作者从甘蓝型油菜中选出的RVS-1、RVS-2、RVS-3、RVS-4、RVS-5和RVS-6等具有较好的抗性。向日葵品种间的发病程度也有差异，国外报道，在1500个品种中，抗菌核病的仅有Odesskii19。国内对233个品种和原始材料测定发现，只有3份原始材料抗病，即矮113、苏29和CM90RR。

(2) 菌源数量。越冬、越夏菌核是病害的初侵染源，数量越多，引起初侵染的子囊孢子数量越大，发病越重。菌核在土壤中的存活量随着时间的延长而锐减，在高温及长期积水的田中死亡率高，与禾本科作物轮作年限越长，病害越轻。此外，施用未腐熟的带有病残体的肥料和播种带菌种子，都会因增加田间菌源数量而加重发病。

(3) 环境条件。此病对水分要求较高，相对湿度高于85%，温度在15～20℃时利于菌核萌发和菌丝生长、侵入及子囊盘产生。因此，低温、湿度大或多雨的早春或晚秋有利于该病发生和流行，菌核形成时间短，数量多。菌核可以不休眠，在适宜的温度、湿度条件下即可萌发。其在湿土中的存活期限为1年，而在干燥的土壤中可以存活3年。连年种植葫芦科、茄科及十字花科蔬菜的田块、排水不良的低洼地或偏施氮肥或霜害、冻害条件下发病严重。

5. 病害控制　应采取农业防治为主，化学药剂为辅的综合防治措施。具体抓好以下环节。

(1) 减少菌源。留种田消灭菌核，减少初次侵染源，以提高种子质量。可采用轮作和深翻留种田灭菌，处理病残株和减少收获时遗落菌核量，留种要注意清选种子，以剔除种子中夹杂的菌核。在播前还可用10%～15%的盐水或硫酸铵水选种，能漂浮汰除绝大部分的菌核，选种后需立即用清水冲洗，以免影响发芽。

(2) 选用抗病品种。油菜选用中油821、中成4号等。向日葵选用抗病优良高产的杂交种，如C101，龙葵杂1号、2号、3号等；食用品系龙99101、龙96-1也具有中抗菌核病和抗黑斑病等特点。

(3) 加强栽培管理。在管理过程中，要改善栽培田环境，除注意合理密植、通风透光外，在春季多雨情况下，应适时清沟防渍，降低田间湿度。同时应巧施磷肥，培育壮苗，提高植株抗病力。另外，合理轮作能有效减轻菌核病的发生，可采用与禾本科作物实行2～3年的轮作，轮作时间越长，面积越大，效果也越好。

(4) 药剂防治。开花后降雨集中时有利于发病，在作物感病前或感病期间向土壤或植株上喷施有效的杀菌剂已经取得了良好的防治效果。例如，用1∶2的草木灰、熟石灰混合粉，撒于根部四周，30 kg/667 m^2；1∶8硫黄、石灰混合粉，喷于植株中下部，5 kg/667 m^2，可在抽薹后期或始期、盛花期施用，以消灭初期子囊盘和子囊孢子。在始花期，用70%代森锰锌、70%甲基硫菌灵、50%多菌灵或40%纹枯利以及0.2%～0.3%波尔多液喷洒植株茎基部、老叶和地面上；在发病初期，可喷施40%菌核净、50%腐霉利等，每隔7～10天喷1次，连续喷药2～3次。

(五) 花生叶斑病

花生叶斑病(peanut leaf spots)，包括黑斑病和褐斑病，是花生上常见的两种叶部病害。在田间常同时发生，症状也相似，主要是叶片布满斑痕，严重时造成落叶，植株早枯，特别是生育后期症状表现比较明显，往往不到收获季节，叶片就提前脱落，这种早衰现象常被误认为花生成熟，但实际上影响了叶的光合能力和养分的积累，造成花生荚果不饱满，降低花生的产量与品质，减少出仁率和含油量。花生受害后一般减产10%～20%，严重的可达40%以上。

1. 症状　花生叶斑病(黑斑病和褐斑病)主要发生在花生生长的中期、后期，两种病害都以危害叶片为主，能混合发生于同一植株甚至同一叶片上，也可危害叶柄和茎秆。褐斑病发生较早，约在初花期即开始在田间出现，常称为早斑病(early spot)。黑斑病发生较晚，大多在盛花期才在田间开始出现，常称为晚斑病(late spot)。

两种病害发病初期均形成褐色小点，扩大后在叶片上形成褐色圆形病斑；在叶柄和茎秆上常形成褐色椭圆形病斑。两种病害的区别：黑斑病的病斑较小，直径多为 2～5 mm，病斑颜色较深，呈黑褐色，且叶斑正面和背面颜色基本相同。老病斑周围常有淡黄色晕圈，在叶片背面病斑上产生大量黑色小点(子座)，排列呈同心轮纹状。褐斑病的病斑较大，直径 4～10 mm，病斑颜色较浅，叶斑背面比正面更浅，一般正面为茶褐色，背面则为黄褐色，初期病斑就有明显的黄色晕圈。主要在叶片正面病斑上产生小黑点(子座)，散生且不明显。潮湿时，两种病害在小黑点上均产生灰褐色霉层(分生孢子梗和分生孢子)。严重时，一片叶上病斑可达几十个，造成叶片干枯，脱落，茎秆枯死。

2. 病原 黑斑病的病原为球座钉孢[*Passalora personata*(Berk. & Curtis)S. A. Khan & M. Kamal]，异名为球座尾孢(*Cercospora personata* Berk. & Curt.)；褐斑病的病原为落花生钉孢[*P. arachidicola*(Hori)U. Braun]，异名为落花生尾孢(*C. arachidicola* Hori)。黑斑病菌和褐斑病菌均属于有丝分裂孢子真菌中的钉孢属。两种病菌的有性型均为子囊菌门球腔菌属(*Mycosphaerella* Johanson)。前者为伯克利球腔菌(*M. berkeleyi* W. A. Jenkins)；后者为落花生球腔菌(*M. arachidis* Deighton)。

黑斑病菌的子座主要产生于叶斑背面，近球形至球形，褐色至黑色，直径 75～198 μm。分生孢子梗丛生，褐色，宽度规则，直立至稍弯曲，不分枝，1～3 个屈膝状折点，顶部圆至圆锥形平截，0～1 个隔膜，大小为 16.5～60 μm×4.5～8 μm。分生孢子圆柱形或倒棍棒形，褐色，直立或稍弯曲，顶部钝至圆钝形，基部倒圆锥形平截，1～9 个隔膜，多数为 3～5 个隔膜，大小为 18～77.5 μm×5～9 μm，基脐明显。

褐斑病菌的子座主要产生在叶斑正面，球形，暗褐色，直径 12～55 μm。分生孢子梗丛生或散生，黄褐色，宽度不规则，直立或稍弯曲，不分枝，0～4 个屈膝状折点，顶部圆至圆锥形平截，0～3 个隔膜，大小为 7.5～60 μm×3～5.5 μm。分生孢子倒棍形至针形，无色或淡褐色，直立或稍弯曲，顶部钝，基部倒圆锥形平截或近平截，3～13 个隔膜，大小为 40～120 μm×3～6 μm，基脐明显加厚。黑斑病菌生长发育温度范围为 10～37℃，最适温度为 25～28℃；褐斑病菌生长发育温度范围为 5～36℃，最适温度也为 25～28℃。

3. 病害循环 花生叶斑病菌主要以子座、菌丝团、分生孢子在病残体中越冬，也可以子囊壳在病残体内，或以分生孢子附着在种壳、种子上越冬。翌年当外界条件适宜时，子座和菌丝团产生分生孢子，靠风、雨、昆虫传播，由气孔或直接穿透表皮侵入寄主。在 22～23℃时，潜育期为 3～4 天，1 周后开始产孢，进行再侵染。病菌分生孢子的形成、萌发和侵染均需较高的温度和湿度，若 7～9 月降雨多，发病就重。连作田比轮作田发病重。土壤肥力差，生长衰老、分枝稀少的植株黑斑病发生重。肥料充足，枝叶茂盛的植株褐斑病发生重。品种间发病轻重存在差异，一般直立型品种较蔓生型品种抗病。

4. 发病条件 花生叶斑病的发病程度与品种抗性、环境条件、栽培管理等因素密切相关。

(1) 品种抗病性。目前花生品种对叶斑病还没有高抗或免疫类型，但花生不同品种的感病程度有明显差异，一般叶形小、叶片厚、叶色深的品种抗病。

(2) 环境条件。两种病菌生长发育的温度为 10～30℃，田间发病的最适温度为 25～28℃。叶斑病的发生程度与降水的关系最为密切。7 月中下旬至 8 月上中旬，若阴雨天多，降水量大，花生叶斑病则发生严重，反之，则发生轻微。

(3) 栽培管理。土壤肥力、品种以及栽培方式的不同，也会对花生黑斑病与褐斑病的发生产生很大影响。一般情况下，土壤肥力高，花生长势好，叶斑病发病轻。土壤肥力低，花生长势差，叶斑病发病重。花生连作时发病重，轮作倒茬发病轻。露地栽培发病重，地膜覆盖栽培发病轻。春播花生发病重，夏播花生发病轻。

5. 病害控制 控制花生叶斑病应以农业防治为主，选用抗病品种，注重消灭初侵染菌源，必要时进行药剂防治。具体应抓好以下环节。

(1) 减少菌源。在花生收获后及时清除遗留田间的病菌残体，不要随意乱抛、乱堆。对有病菌残体的地块应及时翻耕，以加速病菌残体的分解，防止病菌再侵染花生。

(2) 选育种植抗病品种。目前生产上还没有高抗和免疫品种，可选用生长直立、叶片厚、颜色深、花生粒大的品种。据田间试验观察，中华 9、豫花 6、豫花 15、豫花 11 表现为抗叶斑病，鲁花 11、豫花 9331、豫花 14 表现为中抗叶斑病。

(3) 加强栽培管理。要适时播种，合理密植，施足底肥，及时追肥，改良土壤，促进花生健壮生长，增强花生的抗病能力。花生叶斑病的寄主单一，只侵染花生，因此花生宜实行水旱轮作，与水稻轮作更好。旱坡地花生与玉米、地瓜、木薯等旱地作物轮作，间隔 2 年，可明显减轻花生叶斑病危害。

(4) 药剂防治。应用杀菌剂是防治叶斑病的重要措施。在花生生育期内，自始花起根据病情每 10～15 天喷药 1 次，连续喷 2～4 次，每次喷药液 750～1125 L/hm^2，能达到预防和控制病害发展的效果。常用药剂有多菌灵、硫菌灵、代森锰锌、百菌清、波尔多液 200 倍液(硫酸铜∶生石灰∶水为 1∶2 ∶200)等。生育后期不宜用多菌灵防治叶斑病，以防诱发锈病。据报道，用 12.5%消斑灵 480 g/hm^2兑水 900 L/hm^2，在 7 月中旬至 8 月上旬连喷 2 次，防病效果达 85.81%，而且不会诱发后期锈病；还可在 6 月底至 8 月中旬，喷施抗枯宁，每 15 天叶面喷施 1 次，每次用药 1125 L/hm^2，共喷 4 次，并在第 1 次叶面喷药时用 1500 L/hm^2药液灌墩，能取得较好的防治效果。

(文景芝 刘淑艳 李 壮 编写)

二、细菌病害

花生青枯病(peanut bacterial wilt)是一种典型的花生土传细菌病害，又称花生瘟。花生从幼苗期至荚果充实期均可发生，但以花期发病最重。花生青枯病过去多发生在我国南方花生产区，20 世纪 70 年代开始蔓延至北方产区，以长江流域，山东、江苏等省发病较重，河北、安徽、辽宁等省份偶有发生。发病率一般为 10%～20%，严重时可达 50%以上，甚至整片枯死。

1. 症状 青枯细菌主要侵染根部，致主根根尖变色软腐，病菌从根部维管束向上扩展至植株顶端。横切病部呈环状排列的维管束变成深褐色，用手捏压时溢出浑浊的白色细菌脓液。初发病时早晨叶片张开延迟，傍晚提早闭合，主茎顶梢第一、第二叶片先萎蔫，侧枝顶叶暗淡萎垂，几天后全株叶片急剧凋萎，但叶片仍呈青绿色，这有别于枯萎病。后期病叶变褐枯焦。病株易拔起。其主根尖端、果柄、果荚呈黑褐色湿腐状，根瘤墨绿色，后期全根腐烂，病茎纵剖，维管束呈黑褐色，横切面保温下稍加挤压可见白色黏液溢出。一般植株发病 7～15 天后枯死(图 8-19)。

2. 病原 为茄青枯劳尔氏菌[*Ralstonia solanacearum* (Smith) Yabuuchi et al.]。菌体短杆状，两端钝圆，大小为 0.9～2 μm×0.5～0.8 μm，具极生鞭毛 1～4 根，无芽孢和荚膜，革兰氏染色阴性。在牛肉汁琼脂培养基上菌落圆形，直径 2～5 mm，光滑，稍有突起，乳白色，具荧光反应，6～7 天渐变褐色，后失去致病力。最适 pH 6.6，致死温度为 52℃，含盐量达 1%时生长受到抑制，对多种糖、醇均能发酵产酸，但不产气，对糊精无作用，还原硝酸盐，不产生吲哚和硫化氢，液化明胶，不水解淀粉，甲基红和甲基乙酰甲醇阳性反应，石蕊牛乳变蓝并胨化。

病菌寄主范围很广，已发现可侵染 44 科近 300 种植物。根据寄主反应和 L-酪氨酸培养

图 8-19　花生青枯病的症状

A. 田间症状；B. 大田危害；C. 病株维管束变褐

基上产生黑色素，可将病菌划分为 4 个生理小种。其中小种Ⅰ侵染番茄等多种植物，小种Ⅱ侵染香蕉和海里康，小种Ⅲ侵染马铃薯。我国各地花生青枯病菌致病力有明显差异，南方菌种比北方菌种致病力强，可划分为 7 个致病型，以Ⅱ型、Ⅴ型为主。花生青枯菌对马铃薯、茄子、蚕豆、辣椒均有很强的致病力，对心叶烟也有很强致病力，但对普通烟无致病力。另外，对芝麻、向日葵、蓖麻、大豆都没有致病力。

花生青枯菌粗毒素产生的最适条件为培养温度 25～28℃、pH 7.0、培养时间 3 天。粗毒素对热比较敏感，100℃水浴 1 h，其生物活性降低 89.8%，几乎完全丧失其生物活性；但对紫外线则不敏感，在 25 W 紫外光下照射 30 min、60 min、90 min、120 min 均不影响其生物活性。

3. 病害循环　该病为土传病害，病菌主要在土壤中、病残体及未充分腐熟的堆肥中越冬，成为翌年主要初侵染源。病菌在土壤中能存活 5～8 年，一般 3～5 年仍保持致病力。在田间主要靠土壤、流水及农具、人畜和昆虫等传播。病菌通过根部伤口和自然孔口侵入，通过皮层进入维管束，由导管向上蔓延，在维管束内繁殖，分泌毒素，造成导管堵塞，植株失水萎蔫，随后病菌还可突破导管进入薄壁细胞，把中胶层溶解致皮层腐烂，腐烂后的根系病菌散落至土壤中，再通过土壤流水侵入附近的植株进行再侵染。

4. 发病条件　花生青枯病发生受耕作、气候条件及品种抗病性影响。一般连作田发病重。连作年限越长，发病越重，第 1 年病株率为 5%的花生田，第 2 年继续种花生，病株率可增至 30%～40%。一般时晴时雨，久旱骤雨或久雨骤停时发生严重，土壤温度与湿度骤变或地块线虫增多，造成根部受伤或腐烂时发生严重；低洼排水不良地块较高块地发生严重；砂土、薄土层、保水保肥差的地块较壤土、肥土发生严重；连作田较轮作田发生严重；酸性土壤较微碱性土壤发生严重；杂草多较杂草少地块发生严重。另外，品种间抗性差异显著，一般直立型品种较蔓生型品种易发病。青枯病菌喜高温、多湿，花生播种后日均气温 20℃以上，5 cm 深处土温稳定在 25℃以上 6～8 天开始发病，旬均气温高于 25℃，旬均土温 30℃进入发病盛期。气温 27～31℃，春花生 4～5 月降雨量 120～150 mm，秋花生 9 月降雨量达 150～200 mm，发病严重。

5. 病害控制　防治策略应采用以合理轮作、种植抗病品种为主的综合防治措施。

(1) 合理轮作。有水源的地方，实行水旱轮作。旱地可与瓜类、禾本科作物 3～5 年轮作，避免与茄科、豆科、芝麻等作物连作。旱地花生，播种前进行短期灌水，可使病菌大量死亡。轻病田实行 1～3 年轮作，重病田实行 4～5 年轮作。

（2）种植抗病品种。抗病品种有鲁花3、协抗青、抗青10、抗青11、中花2、鄂花5、桂油28、粤油22等。

（3）加强栽培管理。采用配方施肥技术，施足基肥，增施磷肥、钾肥，适施氮肥，促进花生生长健壮，提高抗病力，对酸性土壤可施用石灰，降低土壤酸度，减轻病害发生。田间发现病株，应立即拔除烧毁，或带出田间深埋，并用石灰消毒。花生收获时及时清除病株与残余物，减少土壤病原。

（4）化学防治。目前还没有对防治青枯病特别有效的药剂。利用农用链霉素、络氨铜、拌种灵等拌种或灌根对青枯病有一定的防治效果。

（戴良英　编写）

三、病毒病害

大豆花叶病是大豆生产上最主要的病毒病害。该病害在我国各省均有分布，以黄淮流域、江汉平原和华北平原最重。病株受感染后，光合能力受阻，营养生长受到抑制，生长速率下降，造成大豆品质下降，含油量降低，甚至造成严重减产和种质衰退。

1. 症状　大豆花叶病的症状因品种、感病时期、气候以及病毒株系的不同而有所差别，主要分为轻花叶、花叶、黄斑花叶、皱缩等类型（图8-20）。轻花叶型的症状主要表现为叶片生长基本正常，肉眼观察有轻微淡黄色斑驳，摘下病叶透过日光可见黄绿相间的斑驳；重花叶型的症状表现为病叶呈黄绿相间的斑驳，皱缩严重，叶脉褐色弯曲，叶肉呈泡状突起，暗绿色，整个叶片的叶缘向后弯曲，后期叶脉坏死，植株矮化；皱缩花叶型的症状表现为病叶呈黄绿相间的花叶而皱缩，叶片沿叶脉呈泡状突起，叶缘向下卷曲常使叶片皱缩呈歪扭的不正型，植株矮化，结荚少。

图8-20　大豆花叶病的症状

A. 侵染叶片表现的畸形和皱缩症状；B. 侵染种子表现的斑驳和变色症状

大豆不同的生育期表现出的病害症状不一。带病种子常出现斑驳或变色，常从脐部开始出现放射状或不规则的褐色或黑色斑纹。种子带毒苗期矮化比较明显，而后期由蚜虫传毒的病株矮化症状不明显。

2. 病原　为大豆花叶病毒（*Soybean mosaic virus*，SMV），为马铃薯Y病毒属的病毒。病毒粒体为线状，长630～750 nm，宽13～19 nm，侵染寄主植物后可在寄主细胞中形成风轮状内含体。SMV在体外不稳定，存活时间较短，钝化温度为60～70℃。SMV的基因组为单链正义RNA，长约10^4个核苷酸，5′端有共价键结合的基因组蛋白，3′端有一个poly(A)尾巴。整个基因组按一个ORF翻译，产生一个多聚蛋白，蛋白质切割加工后产生不同功能的成熟蛋白。

SMV在与寄主长期共进化过程中分化出不同毒力的株系。国外根据致病性的差异将SMV划分为G_1～G_7 7个株系，后来又补充了G_{7A}和C_{14}两个株系。随后，日本又将SMV划分为 A～E 5 个株系。我国学者也曾对 SMV 株系进行了划分，然而划分的标准也不统一。2010 年，国家大豆改良中心统一对我国三大大豆产区的 SMV 进行分离鉴定，最后将 SMV 划分为 21 个株系（SC1～SC21）。SMV 的寄主范围较窄，因株系不同而有差异。多数株系只系统侵染大豆和少数豆科植物，局部侵染昆诺藜、苋色藜、扁豆等寄主。

3. 发病规律 大豆花叶病的初侵染源是带毒种子，带毒种子长出幼苗后，在条件适宜时即可发病，成为田间病害扩散的毒源。病毒主要借助有翅蚜虫在田间以非持久性方式进行传播和再侵染，还可借助汁液接触传播。病毒完成侵染后在寄主体内进行复制与移动，造成系统侵染。

大豆花叶病的发生与种子带毒、蚜虫发生情况、气候条件和品种抗性关系密切。

带毒种子是田间 SMV 发病的初侵染源。播种的种子如果带毒率高，那么出苗后的早期病株就多，后期病害发生也就较重。SMV 在田间扩散主要靠有翅成蚜迁飞并以非持久性方式传毒。能传播 SMV 的蚜虫已知有 30 多种，因此在田间 SMV 发生的情况下，蚜虫发生时期、有翅蚜的迁飞时间、发生数量与高峰直接影响 SMV 的发病程度。大豆幼苗期较易感病，潜伏期短，发病程度高。随着生育期的推迟，大豆的抗病性增强。因此，介体蚜虫若在大豆苗期发生，即使发生量不大也能导致 SMV 的较大流行。若介体蚜虫迁飞高峰出现在大豆开花以后，大豆已进入抗病阶段，且由于高温隐症的关系，病情反呈下降趋势。

气候不仅影响病毒的发生情况，而且影响蚜虫介体的发生和迁飞情况。高温有利于传毒媒介蚜虫的繁殖、迁飞和取食活动，但是温度超过 30℃时 SMV 表现隐症。

大豆不同品种间抗病性差异明显。有的品种能对病毒免疫，而有的品种发病率高。此外，病毒在进化过程中能够发生变异，长期种植单一抗病品种可能会引起病毒株系变化，造成品种抗性降低或丧失。

4. 病害控制

(1) 控制种子带毒。建立无病种子繁殖基地，采取各种措施确保种子无毒。播种前精选大豆种子，人工仔细挑选出感病的斑驳病粒，尽量减少初侵染源。种子田在苗期如果发现感染 SMV，应及时去除病株。后期收获前发现少数病株也应拔除。无病种子繁育基地还可利用反转录 PCR、血清学等技术对种子的带毒率进行检测，尽量将种子的带毒率控制在最低。

(2) 选育抗病品种。目前国内外已鉴定了多个抗 SMV 的显性基因，如 *Rsv1*、*Rsv2*、*Rsv3*、*Ra*、*Rc*、*Rg*、*Rh*。利用基因工程技术培育抗病品种是防治 SMV 的有效途径之一。各地应选取适宜当地的较抗或较耐品种，并且大力推广和改良抗病品种。

(3) 治蚜防病。大豆花叶病的发生流行与蚜虫的发生数量和高峰出现的早晚关系密切，因此，要做好虫情调查和预测，早治蚜，勤治蚜，最大限度地降低蚜虫数量。

(4) 加强种子检疫。我国大豆种植面积大、品种多，各地气候条件和种植方式等差异很大。而 SMV 能够通过种子传播，因此引种时应加强种子检疫。引进的种子必须先隔离种植，再从无病毒株上留取种子繁殖。

（周雪平 编写）

四、大豆胞囊线虫病

大豆胞囊线虫病（soybean cyst nematode，SCN）是危害世界大豆生产的重要病害之一，具有分布广、寄主范围广等特点，是一种极难防治的土传病害，给大豆生产造成严重损失。1899 年，俄国著名植物病理学家雅切夫斯基（Jaczevski）等在我国东北的黑龙江省西部最早发现大豆胞囊线虫，当时采用的学名为 *Heterodera schachtii*，即甜菜胞囊线虫的学名（戴芳澜，1958）。1952 年日本学者一户稔（Ichinohe）经过细微的形态学研究，将大豆胞囊线虫单独列为一个种，正式定名为大豆胞囊线虫。

1. 症状 大豆胞囊线虫病在大豆的整个生育期均可发生，主要危害寄主的根系，由于根系被害，造成植株地上部分表现出症状，症状与缺氮肥或缺水相似，症状不专化。病害发生较轻或发病初期，一般表现为叶片失绿、褪色、逐渐黄化、生长缓慢，病株明显较健株矮小，发生严重时，整株叶片黄化，逐渐干枯而死。苗期发病可造成死苗，大豆开花前后，植株枯黄，矮化，开花少，严重的不开花，不结荚，逐渐枯黄，至全株枯死。此病在田间分布初期仅局限于小面积上，使大田中出现一块块黄绿相间的病窝，后期严重时大田病株呈带状枯死甚至全田枯死，似火烧状，因而大豆胞囊线虫病俗称"火龙秧子"。

图 8-21 大豆胞囊线虫田间危害状（陈立杰摄）

2. 病原 大豆胞囊线虫（*Heterodera glycines* Ichinohe），属于线虫门（Nematoda）、异皮线虫属（*Heterodera*）。

（1）雌虫。虫体膨大，呈柠檬形或梨形，刚刚成熟的雌虫仅头部与寄主埋生在大豆根内，在根表与雄虫交尾后的雌虫开始产卵，排卵时的黏液遇空气后氧化形成胶质的卵囊。胞囊线虫仅部分卵排出体外，大多数卵保存在体内。初期凸出根表的雌虫虫体为白色，虫体透明，而后逐渐变黄、变褐。褐化后的雌虫头部脱离寄主，表皮进一步鞣化变成保护卵的坚硬外壳，这种内部包含卵的雌虫称为胞囊。胞囊内的卵具有很强的抗逆性，在土壤中可以存活多年。

（2）雄虫。虫体为线形，虫体透明，尾钝圆形，很短。交合刺常突出体外。成熟后离开寄主，在根表寻找雌虫交尾后死亡。

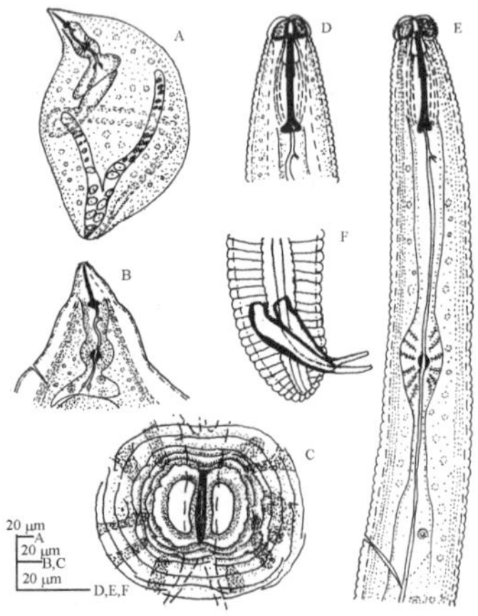

图 8-22 大豆胞囊线虫
A. 成熟雌虫；B. 雌虫头部；C. 阴门锥；D. 雄虫头部；E. 2 龄幼虫食道前体部；F. 雄虫尾部

（3）幼虫。卵内线虫可以进行一次蜕皮，称为 1 龄幼虫。卵中的 1 龄幼虫在环境适宜时蜕皮突破卵壳，孵化形成 2 龄幼虫（J2），J2 非常活跃，是唯一的侵染性虫态。寻找到寄主后侵入根内，定殖后虫体开始膨大，不断发育为 3 龄幼虫和 4 龄幼虫。4 龄幼虫的虫体后半部逐渐突出根表，虫体再蜕皮时会产生很大变化，一部分幼虫发育为蠕虫形的雄虫，另一部分发育为虫体膨大的柠檬形雌虫。

3. 病害循环 大豆胞囊线虫的卵是胚胎卵，形成于胞囊或卵囊中，1 龄幼虫在卵内发育，蜕皮一次从卵内孵化出来，形成具有侵染活性的 2 龄幼虫。2 龄幼虫进入土壤中，寻找植物的根尖侵入到根内的维管束中取食，形成合胞体。2 龄幼虫经过 3 次蜕皮，虫体不断膨大，最后发育为成虫。雄成虫为细长蠕虫，突破根表皮进入土壤中，寻找雌成虫交尾后死去；雌成虫定居原处继续取食危害，同时开始孕卵，虫体迅速膨大撑破根表皮露出，初期为白色或淡黄色，进一步发育老熟，体壁增厚，形成暗褐色胞囊，内含200～600粒卵，成熟的胞囊脱落于土中传播越冬进入下一轮生活史。在生长季节里，若条件合适，大豆胞囊线虫完成一个世代需25～35天。在我国不同地区，大豆胞囊线虫一年可发生3～4代。

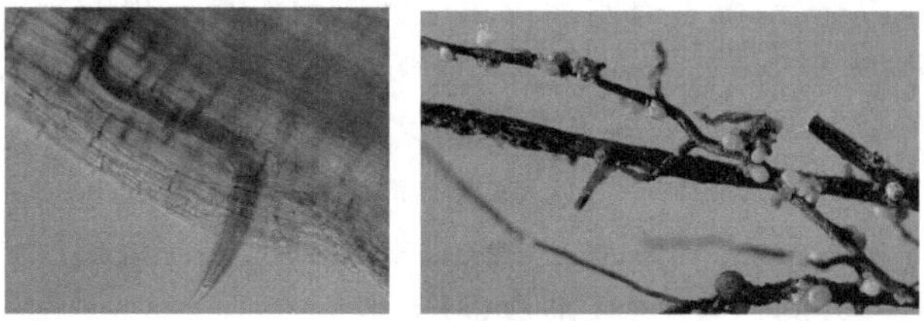

图8-23　2龄幼虫侵染根系状态和成熟雌虫突出大豆根表并孕卵状态(段玉玺摄)

大豆胞囊线虫是专性寄生物，其群体内存在明显的生理分化现象。1970年，Golden等提出，在种内的分化用生理小种表示。用于生理小种鉴定的鉴别寄主包括Lee68(黄色种皮的感染对照品种)、Pickett(用Peking做抗源育成的黄色种皮的抗病品种)、Peking、PI88788、PI90763共5个品种，其余3个为小黑豆抗病品种。按照5个标准国际鉴别寄主可区分16个生理小种。1997年，Kim等报道美国存在1号、2号、3号、4号、5号、6号、7号、8号、9号、10号、12号、14号12个生理小种。1979年，Inagaki报道日本存在1号、3号、4号和5号生理小种。2000年，刘维志报道中国存在1号、2号、3号、4号、5号、6号、7号、14号8个生理小种，其中1号小种主要分布在黑龙江安达、辽宁昌图、吉林双辽、山东济南、江苏徐州等地；2号小种主要分布在山东聊城、德州；3号小种分布较广，是我国大豆胞囊线虫的优势生理小种，主要分布在黑龙江的哈尔滨、佳木斯、牡丹江、安达、方正、七台河、海伦、依安、富锦、黑河等63个市县及辽宁、吉林、内蒙古等省和自治区；4号小种侵染能力最强，分布也比较普遍，主要分布在山西、江苏、山东、河南、河北及安徽等地；5号小种分布在安徽蒙城、吉林通榆、内蒙古八一农场；6号小种分布在黑龙江德都、大庆；7号小种分布在山东东明、潍坊，河南开封及黑龙江青冈等；14号小种主要分布在黑龙江安达。目前美国学者以HG-Type类型来区分大豆胞囊线虫的致病力分化问题。

4. 病害控制　防治大豆胞囊线虫的策略应包括严格检疫、合理轮作、合理施肥尤其是多施有机肥、应用抗病品种、物理防治、化学防治和生物防治在内的综合控制措施，将线虫群体数量限制在经济阈值以下，从而达到减轻危害的目的。

(1) 加强检疫。大豆胞囊线虫的胞囊可随夹杂于种子中的土壤或病残体而进行远距离传播，为了防止扩大蔓延，各地在调运种子过程中特别是从病区调种，应当进行检疫检验，以杜绝胞囊随种子、土壤等传入无病区。

(2) 抗病育种。应用抗/耐病品种是防治大豆胞囊线虫病最经济有效的防治措施。种植抗虫品种不但可以避免大豆胞囊线虫造成的严重损失，还可以减少线虫在土壤中的密度，缩短轮作年限。

图8-24　大豆品种抗/感胞囊线虫的田间差异表现

1967年，美国利用引自我国的抗源材料"Peking"，成功育成了全世界第一个抗大豆胞囊线虫大豆品种"Pickett"；1981年，黑龙江农科院李云辉等利用从美国引进的抗病品种Franklin作抗源，于1992年育成了我国第一个抗线品种"抗线1号"，1995年育成"抗线2号"，继而又培育了"抗线3号"、"抗线4号"、"抗线

12 号”等一系列抗线品种，已在生产上大面积推广使用。

（3）农业防治。轮作是防治大豆胞囊线虫病的主要农艺措施。施肥与漫灌对防治大豆胞囊线虫和提高大豆产量也有显著的效果。种植某些豆科非寄主植物作为诱捕植物，如三叶草、苦罗豆、猪屎豆、苜蓿、苎麻等，也可有效减少土壤内大豆胞囊线虫的数量，从而减轻危害，这些豆科非寄主植物能诱使大豆胞囊线虫卵孵化，能被大豆胞囊线虫的幼虫侵入，但侵入后的线虫不能进一步发育，从而使土壤内胞囊线虫基数减少。

（4）化学防治。化学杀线剂虽然能有效地控制大豆胞囊线虫的危害，但由于药剂对人畜有毒害作用，而且污染严重，目前在大豆生产上已经受到限制。呋喃丹种衣剂对控制大豆胞囊线虫也有一定防效，但因其高毒性，也逐渐被禁用。

（5）生物防治。厚垣轮枝孢（*Verticillium chlamydosporium*）、淡紫拟青霉（*Paecilomyces lilacinus*）、明尼苏达被毛孢（*Hirsutella minnesotensis*）等是一类重要的植物线虫寄生真菌，对大豆胞囊线虫有较高的寄生率，可以用于线虫防治。沈阳农业大学利用厚垣轮枝孢研发出的大豆胞囊线虫生防菌制剂——“豆丰 1 号”，经在黑龙江省推广示范，防效达 59%～74%。此外，近年来利用根瘤菌和 PGPR 等防控大豆胞囊线虫研究也取得一定进展。

（陈立杰　编写）

五、菟丝子与列当

（一）大豆菟丝子

菟丝子是菟丝子属（*Cuscuta*）植物的通称，为一年生草本植物，俗称无根草、黄丝和金线草等。菟丝子的寄主范围很广，危害多种农林经济作物，通常将危害大豆生产的菟丝子属植物统称为大豆菟丝子。在我国以大豆为寄主的菟丝子种类较多，危害尤为严重的有中国菟丝子和日本菟丝子等。

1. 症状　菟丝子利用藤茎缠绕在大豆茎上，并从接触的部位形成吸根侵入，吸收大豆体内的养料和水分；藤茎生长迅速，常将大豆植株成簇的盘绕起来，影响大豆叶片的光合作用。受害大豆生长衰弱，植株矮小，叶片黄化，结荚少，籽粒不饱满，受害严重时整株枯死（图 8-25）。受害大豆植株一般减产 5%～20%，严重时能减产 50%～80%，甚至颗粒无收；同时，菟丝子还能导致大豆的酚含量增加，致使大豆品质严重下降。

图 8-25　菟丝子在大豆田间的危害状

2. 病原　包括中国菟丝子和日本菟丝子。

（1）中国菟丝子（*Cuscuta chinensis* Lam.）（图 8-26）。茎细弱，黄化，直径在 1 mm 以下，无叶；花小，白色，聚生成一无柄的小花束；花柱 2 条，头状；花冠钟形，短 5 裂，雄蕊与花冠裂开互生；萼片具脊，脊纵行，萼片呈棱角；蒴果成熟后被花冠全部包住，破裂时呈周裂；蒴果内有种子 2～4 粒，种子椭圆形，大小为 1～1.5 mm×0.9～1.2 mm，浅黄褐色。

（2）日本菟丝子（*Cuscuta japonica* Choisy.）。茎较粗，直径 2 mm，黄白色，并有突起的紫色斑；茎尖端及其以下 3 个节上有退化成鳞片的小叶；花较小，花冠管状，白色，3～4 mm，花柱比柱头长，柱头 2 裂，有明显 2 裂片；蒴果内有种子 1～2 粒，种子不具喙。

3. 发生规律　菟丝子种子与大豆同时成熟或稍早成熟，成熟后落入土中，也可混杂在作物种子或有机肥料中，成为主要的初侵染来源。种子活力较强，适宜条件下能够在土壤中存活 3～5 年，即便被家畜误食，随粪便排出之后仍具有活力。种子萌发的适宜土壤温度为 25℃左

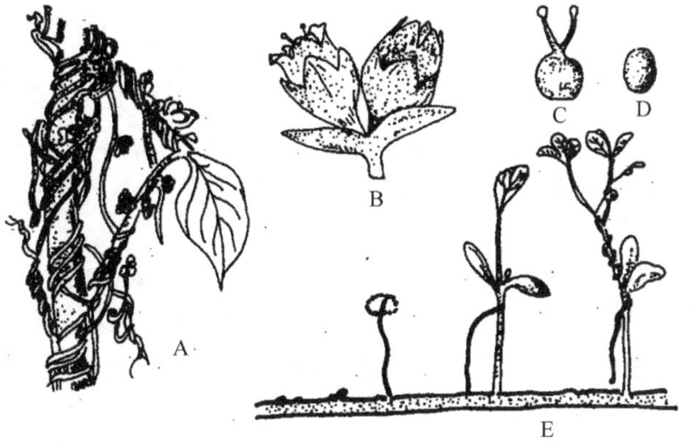

图 8-26 菟丝子

A. 大豆上的菟丝子；B. 花；C. 子房；D. 种子；
E. 菟丝子种子萌发及侵染寄主过程(引自许志刚，2003)

右，一般宜在深度为 0～3 cm 的土壤萌发。翌年 4～6 月，菟丝子种子受到寄主分泌物的刺激开始发芽，长出旋卷的幼茎。幼茎遇到大豆植株后就缠绕其上，并在接触部位形成吸根侵入，从大豆的维管束内吸取水分和养分。寄生关系一旦建立，吸根以下的藤茎逐渐萎缩，并与土壤分离；其上部的藤茎则不断缠绕寄主，繁殖蔓延向四周扩展危害。菟丝子在田间蔓延很快，严重时导致大豆成片枯黄死亡，甚至绝收。

菟丝子一般夏末开花，秋季结果。每株菟丝子一般能产生数千粒种子，最多的可达数万粒。此外，菟丝子的断茎能够进行营养繁殖，可以继续在新寄主上生长并迅速扩散。

4. 防治方法 菟丝子为世界性杂草，被许多国家列为重要的植物检疫对象，应合理地运用植物检疫、农业防治、物理防治、化学防治和生物防治等综合措施进行防治。

(1) 加强检疫，精选豆种。加强植物检疫与监管，防止菟丝子随植物产品的调运人为传播蔓延。菟丝子种子很小，通过筛选、风选皆可有效清除混杂在豆种中的菟丝子。

(2) 轮作换茬，田间管理。与禾本科作物实行 3 年以上轮作，或者与水稻进行水旱轮作 1～2年，可以有效消灭田间菟丝子，切断侵染源。春夏季节，部分散落土表的菟丝子还能萌发生长。应加强田间踏查管理，及时将受侵染大豆植株拔除，并将菟丝子残体清除，一并带出田外烧毁或深埋。

(3) 土壤深翻，肥料腐熟。由于菟丝子种子在土表 5 cm 以下不易萌发，因此在秋季犁地时，应深耕 10 cm 以上，将土表的菟丝子种子深埋，降低菟丝子的发生量。家畜食用混有菟丝子的饲料之后，排出的粪便中仍存在具有生活力的菟丝子种子，因此应将家畜粪便等有机肥料充分腐熟，才能施入田里。

(4) 生物防治。喷洒生物制剂，如鲁保 1 号，使用浓度要求药液中含活孢子数不少于 3×10^7 个/mL，用药量为 30～37 kg/hm^2。宜在雨后、傍晚或阴天喷洒，以免活孢子被紫外线杀死，5～7 天 1 次，连续防治 2～3 次。用药时如能破坏菟丝子茎蔓，人为制造伤口，可明显提高防效。

(5) 化学防治。大豆播后苗前，进行土壤封闭处理，每亩应用 48%地乐安 250 g，用药量为 45～75 mL/m^2，均匀喷洒土壤表面。菟丝子开始转株危害时，可喷施 48%地乐安，用药量为 75～150 mL/m^2，对被害植株均匀喷雾，防止药液飘移或喷施到无菟丝子危害的大豆上，否则将产生一定药害。菟丝子具有断茎再生的习性，因此用药防治后需每隔 5～10 天查看 1 次，以便及时销毁。

（二）向日葵列当

向日葵列当是列当属（*Orobanche*）的一年生草本植物，又称直立列当、二色列当或高加索列当，在欧洲、亚洲各国均有分布，尤以北纬 40°左右的地区较多。我国西北和东北等省（自治区、直辖市）均有发生，主要危害向日葵、烟草、番茄，也能在黄瓜、蚕豆、豌豆、红三叶草和苦艾等植物的根上寄生。

1. 症状 列当是全寄生植物，从寄主根部吸收养分，与寄主争夺有限的养分、水分等资源。受害向日葵植株细弱矮小，叶片变黄，花盘变小，瘪粒数增多，籽仁产量和含油率下降，少数植株甚至不能形成花盘，极大降低了种植的经济产值。向日葵受害严重时花盘枯萎凋落，甚至全株枯死。

2. 病原 向日葵列当（*Orobanche cumana* Wallr.）。根退化成吸盘，深入寄主根内吸取营养；茎直立，单生，肉质，直径约 1 cm，浅色至紫褐色，密被细毛，有纵棱，地下部为黄白色，高度变化较大，一般在 20 cm 左右；无叶绿素和真正的根，有短须状吸盘；叶片退化成鳞片状，小而无柄，螺旋状排列于茎秆上；穗状花序，筒状花，蓝紫色，两性，花冠筒部膨大，花冠呈屈膝状；花长 10～20 mm，每株茎上 20～70 朵花；花萼 5 裂，苞叶狭长披针状，雄蕊 4 枚，2 长 2 短，雌蕊 1 枚；蒴果常 2 纵裂，内含大量极小的深褐色种子；种子性状不规则，略呈近卵形，幼嫩种子为黄色，柔软，成熟种子为深褐色，坚硬，种子宽而短，表面有纵条状皱纹。一株向日葵列当可产生 6 万～10 万粒种子，在土中休眠可长达 5～10 年。

3. 发生规律 向日葵列当的种子在土壤中或混在向日葵种子中越冬。种子萌发的条件比较特殊，要求有充足的水分与适宜的温度（25℃左右）才能进行，温度过高或过低、土壤 pH≤7.0时种子均不能萌发。列当种子受到寄主植物根系分泌物的刺激，在适宜的温度、湿度条件下常年都可以萌发，作物的整个生育期内都会有列当出土。列当种子在识别到寄主释放的信号后萌发，接触到寄主根部后侵入，利用形成的吸器从寄主获取水分和营养物质，实现寄生过程。向日葵列当成熟后长出花茎，开花结实。列当种子借风力、流水、耕作土壤传播或随人、畜或农具等传播，也可以黏附在寄主种子上进行传播。

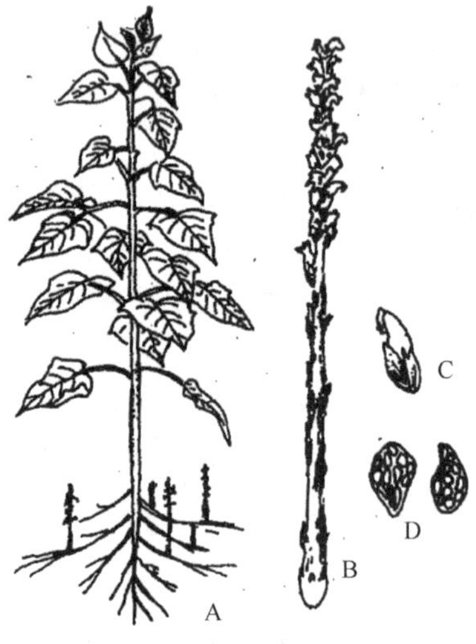

图 8-27 列当

A. 向日葵根部受害状；B. 列当的花序；C. 花；D. 种子（引自许志刚，2003）

4. 防治方法 应采取种植抗病品种和加强栽培管理为主，配合化学药剂防治的综合控制策略。

（1）严格检疫。严禁从病区调运带有列当种子的向日葵，杜绝列当蔓延传播。

（2）选用抗病品种。选用对向日葵列当具有较强抗性的食用向日葵抗病品种，如食葵 3、辽葵杂 4、辽葵 8377 等。油用向日葵品种中对列当抗性较强的有先进工作者、883 等。

（3）加强栽培管理。在向日葵播种前，应剔除混在向日葵种子中的列当蒴果和种子。夏季列当出土后加强田间管理，及时铲除切断列当幼茎，并将其烧毁或深埋；秋季收获后及时深翻整地，深耕土地 25 cm 以上，可以降低翌年列当的危害。在列当严重发生区或地块，应实行 8～9 年的轮作，轮作对象以禾本科作物为宜。

（4）药剂防治。在向日葵播种后、列当萌动前可进行土壤封闭处理，用 48%地乐安 1.5 kg/hm^2，氟乐灵 2.25

kg/hm^2进行混土处理,注意避免药剂光解。在向日葵花盘直径达 10 cm 时,向地表及列当植株喷 2,4-D,用药量为 4500～5200 mL/hm^2,对列当具有较好的防除效果。因豆类易受药害,应注意在向日葵和豆类间作地不能施药。此外,在向日葵播种前可用氟乐灵均匀喷施于表土进行防治,或者在列当盛花期之前应用 10%硝氨水进行灌根处理。

(夏 博 编写)

六、油料作物病害综合防治

坚持"预防为主、综合防治"的植保方针,采取各种经济、安全、简便易行的有效措施,对油料作物病害进行科学预防和控制。将病害控制在经济危害水平之下,确保油料作物高产、增收、增效。同时,最大限度地保护农业生态环境,使油料作物生产可持续发展。油料作物病害防治方法概括如下。

1. 植物检疫 依据《中华人民共和国进出境动植物检疫法》等国家植物检疫法规,对油料作物及其产品进行检验和处理,防止检疫性油料作物病害通过人为方式传播与扩散。目前,油料作物病害检疫对象主要有大豆疫病菌(*Phytophthora soja*)、菟丝子(*Cuscuta* spp.)、列当(*Orobanche* spp.),因此,要采取一切有效措施禁止检疫性有害生物随种子、苗木、无性繁殖材料及包装物、运输工具等传入或传出。并且将国内局部地区发生的检疫性有害生物封锁在一定范围内,防止传入未发生地区。如果一旦发现检疫性有害生物传入新区,立即采取一切必要措施,予以彻底铲除。

2. 农业防治 农业防治是在农田生态系统中,通过改进耕作栽培技术来调节病原物、寄主及环境之间的关系,创造有利于作物抗病、不利于病原物侵染的环境条件,从而控制病害发生与发展的方法。一般而言,油料作物病害的农业防治是比较经济、安全、有效的。

(1) 选用抗病品种。在油料作物中,品种间的抗病性存在明显差异,因此,科学地选用并合理利用抗病品种是预防油料作物病害发生与流行的最经济有效措施。抗病性是优良品种的重要性状之一,是由基因控制的可遗传的特性。根据"基因对基因"假说,病原菌生理小种或无毒基因发生变异,就将导致品种抗病性的丧失,单基因控制的垂直抗性的品种抗病性易丧失。因此,生产上应培育并选择多基因控制的水平抗性品种,并注重品种的合理布局,防止单一、大面积、长期推广应用单一品种。例如,油菜品种中油 821、德油 5 对菌核病有较好的抗性;花生远杂 9102 可以抗青枯病。

(2) 种子处理。对油料作物种子进行机械筛选、风选和盐水选,将带病种子或混杂的菌核、菌瘿、虫瘿、病植物残体及病、瘪籽粒等剔除,减少初侵染源。

(3) 培育无病种苗。许多病原物可经种苗携带而传播扩展,利用无病种苗可有效地防治这类病害。因此,建立无病留种田,加强无病留种田和无病繁殖区的病虫害防治和田间管理,确保种苗无病。

(4) 建立合理的耕作制度。轮作是一项经济、易行、有效的控制土传病害的措施,合理轮作除有调节土壤肥力、有利于作物生长、提高作物抗病力外,还可使有寄生专化性的病原物因没有适宜寄主而丧失生活力,以减少病菌来源。一般下茬轮作作物为非寄主,以轮作 2～3 年为宜。此外,间作、套作、土地休闲和少耕免耕等对一些病害也有防控作用。

(5) 加强栽培管理。通过调节播种期、优化肥水管理等栽培措施,创造适合于寄主生长发育而不利于病原物侵染繁殖的条件,减少病害发生。播种期、播种深度和种植密度均对病害的发生有重要影响,合理调节播种期、播种密度和播种深度,可减轻病害发生。合理施肥灌水,施用氮、磷、钾复合肥,避免偏施氮肥,增施有机肥,适量施用微肥。节水灌溉,避免大水漫灌,以促进作物生长，提高抗病力。同时，要清洁田园，深耕灭茬，及时拔除病株，铲除发病中心，减少病原物接种体数量，从而达到减轻或控制病害的目的。

3. 生物防治　生产上可以选用荧光假单胞杆菌（*Pseudomonas fluorescens*）、枯草芽孢杆菌（*Bacillus subtilis*）、蜡状芽孢杆菌（*Bacillus cereus*）等制剂来防治立枯病、猝倒病等病害；利用吸水链霉井冈变种产生的井冈霉素来防治丝核菌、镰孢菌和腐霉菌等；利用哈茨木霉（*Trichoderma harzianum*）防治疫霉菌等引起的土传病害。田间实验发现，AS818 生防菌剂对大豆根腐病的防治效果达到 60%以上。针对油菜菌核病、向日葵黄萎病也分别获得了多株具有生防潜力的菌株。

4. 化学防治　油料作物病害化学防治的基本原理有保护作用、治疗作用和免疫作用等。保护作用是在病原物侵染植物前，使用药剂杀死病原物或阻止其侵入，使之免受侵染。治疗作用是选用内吸治疗药剂在发病后采取的防治措施。也可以诱导寄主产生抗性，达到免疫效果。主要措施如下。

(1) 种苗处理。用药剂处理可能携带病原物的种子、苗木或其他繁殖材料，以减少初侵染源。种苗处理具有用药量少、处理材料较耐高浓度药剂、环境影响小等优点，对种苗传播且只有初侵染的病害防治效果尤为明显，但对有再侵染的病害，仅采用种苗处理尚不能达到控制病害流行的目的。常用的种子处理方法有浸种、拌种、闷种和种衣剂等。可以选用种衣剂对大豆等油料作物进行种子包衣，以抑制或杀死种子表面和内部病菌。例如，先将 PO、BT、氢氧化钠、乙二醇、微量元素、硼砂、色素等配成一定浓度的水溶液，然后按一定的比例与顺序依次将它们加入容器中并混合均匀，最后在电子恒速搅拌器下搅拌数分钟，即可得到自制的大豆种衣剂。

(2) 茎叶处理。目前，茎叶处理主要有喷粉、喷雾、烟雾熏蒸等方法。其中，喷雾法比较普遍，喷雾法要求雾滴细、能均匀覆盖植株表面。为提高药剂防效，有时加入一些助剂，可增加药剂的展布性和黏着性。在田间出现病株时，及时施用低毒化学药剂，可有效地控制病情蔓延。流行的常用药剂有 40%菌核净、70%甲基硫菌灵和 80%多菌灵等。

（潘洪玉　编写）

第三节　其他经济作物病害

甜菜属于藜科甜菜属（*Beta*），是二年生草本植物，第一年主要是营养生长，在肥大的根中积累丰富的营养物质，第二年以生殖生长为主，抽出花枝经异花受粉形成种子。甜菜的栽培种有 4 个变种：糖用甜菜、叶用甜菜、根用甜菜和饲用甜菜。糖用甜菜是我国主要糖料作物之一，是重要的制糖工业原料。已知甜菜病害 110 种，中国有 30 多种，其中甜菜褐斑病、根腐病和丛根病的发生最为普遍，对块根产量及含糖量影响很大。

烟草属于茄科烟草属（*Nicotiana*），一年生草本植物，是我国部分地区重要的经济作物。烟草病害种类很多，全世界已经发现的烟草病害有 100 多种，其中侵染性病害约 80 种。我国已经发现的侵染性病害超过 70 种，其中发生普遍、危害严重的有病毒病、黑胫病、青枯病和赤星病等。

甘蔗属于禾本科甘蔗属（*Saccharum*），主要在温带和热带种植，是制造蔗糖的原料，也可提炼乙醇作为能源替代品。中国最常见的食用甘蔗为竹蔗（*Saccharum sinense*）。甘蔗适合栽种于土壤肥沃、阳光充足、冬夏温差大的地方。已知的甘蔗病害有 120 多种，我国已发现 64 种，其中大陆有 30 多种，发生普遍的有黑粉病、黄斑病、赤腐病、花叶病等。

一、真菌及卵菌病害

（一）甜菜褐斑病

甜菜褐斑病(sugarbeet *Cercospora* leaf spot)危害大，发生普遍，是甜菜生产上的重要病害之一。褐斑病广泛分布于世界甜菜产区，在我国东北、华北、西北和黄河中下游等甜菜产区均有不同程度的发生。在我国东北和西北地区，甜菜褐斑病使块根减产 10%～20%，含糖量降低 1°～2°糖度，在黄淮平原及黄河中下游产区，块根减产 30%～40%，含糖量降低 2～3 度；发生严重的地块块根减产 40%～70%，含糖量降低 3～4 度。该病的发生对我国甜菜生产造成一定的威胁。

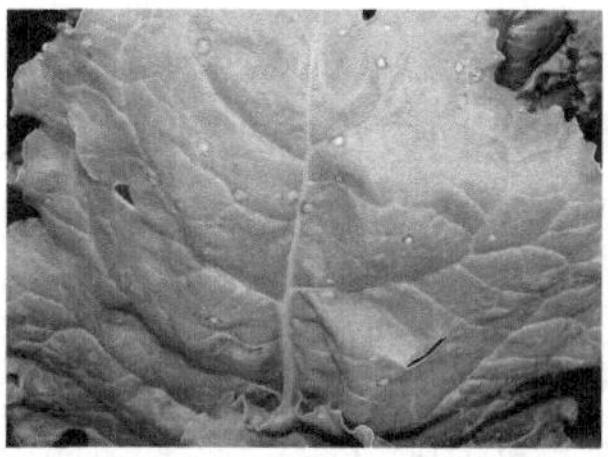

图 8-28　甜菜褐斑病

1. 症状　可危害甜菜叶片、叶柄、茎秆、根头、花枝、种球，但以侵染一定生理成熟的叶片为主，新叶很少发病。故一般多自外层老叶开始发病，向内层发展蔓延。开始病斑很小，圆形或不规则形，呈褐色或紫褐色，以后逐渐扩大。病斑直径为 1～8 mm，一般为 3～4 mm，病斑红色、褐色至紫色，周围有褐色至深紫色的边缘，中心有时褪为灰色并变薄变脆，易破裂或穿孔脱落(图 8-28)。发病严重时，病斑连成片，叶片干枯而死亡、脱落，再生新叶受害，引起甜菜根头伸长，使整个植株的根冠粗壮肥大，形似菠萝。叶柄上的病斑褐色，呈卵形或菱形。病斑大小因品种和条件的不同而异。在高温多雨的环境条件下，病斑小而密，无明显的边缘，表现为黑褐色的小点，但后期可以融合连接成片。在采种株上，先在叶片上产生病斑，其后茎部也出现褐色长圆形病斑，花期病菌侵染花器，使种球带菌。

2. 病原　为甜菜尾孢(*Cercospora beticola* Sacc.)，属有丝分裂孢子真菌中的尾孢属。

菌丝橄榄色，有隔膜，在寄主细胞间扩展蔓延，在寄主表皮下集结成垫状菌丝团，由此丛生分生孢子梗。分生孢子梗从气孔伸出，束生、不分枝，褐色，顶端色浅；老的分生孢子梗可以产生分隔。分生孢子着生于分生孢子梗的顶端，无色透明，细长呈鞭形或披针状，基部较粗，向上逐渐变细，略弯曲。初时分生孢子无隔膜或有 1 个隔膜，成熟后有 6～12 个隔膜，大小为 50～360 μm ×2.5～4.5 μm。分生孢子的大小、形状与形成时的湿度、温度及甜菜的不同发育期有明显的关系，因此不能作为此菌进一步分类的根据。分生孢子发育的最适温度为 25～28℃，高于 37℃或低于 5℃停止生长，致死温度为 45℃；萌发时湿度要求较高，在 98%～100%相对湿度下较好萌发，在水滴中最好。甜菜褐斑病病菌有生理小种分化现象，但在我国尚无定论。

3. 病害循环　病菌主要以菌丝团在母根根头、种球或病残体上越冬，成为翌年初侵染源。种球可带有菌丝块和分生孢子，在 15～20℃的干燥仓库中，种球上所带的病菌可保持生活力一年以上；受病母根能携带大量菌丝块入窖越冬，翌年种植便成为留种株发病菌源；病株残体内部存留的菌丝块对外界不良环境有很强的抵抗力，菌丝块随病叶保留在 20 cm 以上的土层中，可存活 1.5 年，如埋在 20 cm 以下的土壤中则很快死亡。病菌对低温的抵抗力很强，如在黑龙江冬季最低气温为－30～－20℃时病组织内的菌丝块仍可存活一年以上；另外粪肥和野生寄主，如蒲公英、车前草、龙葵等也可作为初侵染来源。春季温度、湿度适宜时可以产生分生孢子借风雨传播进行再侵染。分生孢子在叶片上的水滴或露滴中萌发产生芽管，在气孔处形成附着胞，产生侵入丝从气孔侵入，在细胞间隙扩展蔓延，形成吸器伸入到活体细胞中，吸收营养。经过一定的潜育期便形成新的病斑，再形成分生孢子，如此往复可以进行多次再侵染。潜育期的长短主要取决于温度和寄主状况，一般是气温在 20℃以上时潜育期短，为 5～8 天，气温在16℃以下则长达20～30天。叶片的不同生理年龄对潜育期也有影响，如植株5片真叶时潜育期为13天，16片真叶时为9天。病菌可随种子远距离传播，在田间，多借助于风雨、流水、昆虫和农事操作传播。

4. 发病条件 此病的发病程度与品种抗性、生育状况、越冬病菌数量和环境条件等因素密切相关。

(1) 品种抗病性和植株生育状况。目前尚未发现免疫品种，不同甜菜品种对于褐斑病的抗病性差异明显，一般国外品种感染甜菜褐斑病比国内的品种发病早、发病重。国内的品种以甜研系列表现出较强的抗性。植株长势强，比较抗病；苗期及新生叶基本不感病；一般植株长出15片真叶后感染褐斑病。

(2) 病菌数量。甜菜褐斑病越冬菌源的数量是病害扩展的基础，在适宜温度和湿度条件下，病菌数量越多，病害发生越重。多年种植甜菜的地区、连作或邻近上年甜菜地块和当年采种地的田块种植甜菜，田间越冬病菌数量多，发病重，而新种植区发病轻。种植感染褐斑病的种子发病早。

(3) 环境条件。甜菜褐斑病的流行主要取决于气候条件。高温高湿条件下发病重，当平均气温在19～23℃(最高温度不超过29℃，最低温度在13℃以上)时，潜育期最短，为5～8天，如果平均气温升高或降低，或最高气温升高、最低气温降低，都可使潜育期延长。降雨量直接影响孢子的形成和分散传播。甜菜褐斑病的孢子形成，需要在相对湿度98%以上，因此只有降雨和灌溉才能满足高湿度要求。同时，降雨时，由于雨滴的飞溅可使分生孢子分散传播。一般连续降雨后的15～20天，便可出现1次病势扩展高峰。温度也会影响甜菜叶片气孔的开张，为孢子侵入打开门户。

5. 病害控制 应采取以选用抗病品种为主，辅助药剂防治及农业防治。具体应抓好以下环节。

(1) 选用抗病品种。甜菜品种间对褐斑病抗性有明显差异，但无高抗及免疫类型，同一品种在不同地区抗病性也不一样。因此在褐斑病严重发生区，应因地制宜选用抗病的品种，如甜研3、动研4、甜研6、双丰、双8、双303、范育1、范育2等。

(2) 减少菌源。收获后及时清除病叶、青头等，集中烧毁或作饲料、沤粪，以减少越冬菌源。

(3) 合理轮作。与禾本科等非寄主作物实行4年以上的轮作，原料甜菜地要和老病田、采种地离开500 m以上，以免传病。

(4) 药剂防治。做好测报工作，掌握防治适期，选用适宜药剂。于发病初期喷施百菌清、多菌灵、甲基硫菌灵、敌力脱、苯菌灵等杀菌剂。应注意采用多种药剂交替使用，药剂浓度尽量降低，避免抗药性的产生。

(二) 甜菜根腐病

甜菜根腐病(sugarbeet root rot)是甜菜块根生育期间受几种真菌或细菌侵染后引起腐烂的一类根病的总称，是甜菜主要病害之一。根腐病在我国各甜菜产区均有发生，尤其是多年种植甜菜的地区发病较重。一般地块发病率为10%～40%，含糖量显著下降，严重地块发病率高达60%～100%，甚至导致绝产。

1. 症状 甜菜根腐病为土传病害，是甜菜生育期间块根多种腐烂病的总称(图8-29)。不同病原菌引起的症状不同，主要表现为以下5种。

(1) 镰孢菌根腐病。又称镰孢菌萎蔫病，主要侵染根体或根尾。甜菜维管束变为浅褐色，木质化。病菌从主根或侧根、支根侵入，经过薄壁组织进入导管，造成导管褐变或硬化。块根呈黑褐色干腐状，根内出现空腔。发病轻的生长缓慢，叶丛萎蔫，严重的块根溃烂，叶丛干枯或死亡。

(2) 丝核菌根腐病。又称根颈腐烂病，根冠和叶柄基部先发病，产生褐色斑点，逐渐扩展腐烂，凹陷并在病斑上形成裂痕。病组织呈褐色或黑色，严重的整个根部腐烂，有时病部可见稠密的褐色菌丝。

(3) 蛇眼菌黑腐病。根体或根冠处现黑色云纹状斑块，略凹陷，从根内向外腐烂。表皮腐烂后出现裂口，除导管外全都变黑。

图 8-29　甜菜根腐病

(4) 白绢型根腐病。又称菌核菌白绢病，根头先染病，后从根头开始向下蔓延，病组织开始变软凹陷，呈水渍状腐烂，外表皮或根冠土表处长出白色绢丝状菌丝体，后期其上长出油菜籽大小深褐色的小菌核。

(5) 细菌性尾腐根腐病。细菌从根尾、根梢侵入，病组织呈暗灰色至铅黑色水浸状软腐，由下向上扩展，造成全根烂腐，常溢出黏液，散出腐败酸臭味。

2. 病原　上述 5 种根腐病的前 4 种由真菌引起，后 1 种由细菌引起。

(1) 镰孢菌根腐病的病原为黄色镰孢[*Fusarium culmorum* (W. G. Smith) Sacc.]，属有丝分裂孢子真菌中的镰孢属。分生孢子镰刀形，无色，具隔膜 3～5 个，厚垣孢子间生或顶生。该菌出现频率最多。此外茄病镰孢(*F. solani* Sacc.)、尖镰孢(*F. oxysporum* Schlecht.)也能引起甜菜根腐病。

(2) 丝核菌根腐病的病原为立枯丝核菌(*Rhizoctonia solani* Kühn)，属有丝分裂孢子真菌中的丝核菌属。菌丝体初无色，后期淡褐色，分枝处常缢缩，并通常有一分隔，多呈直角分枝。菌核深褐色，扁圆形，表面粗糙，大小不一。

(3) 蛇眼菌黑腐病的病原为甜菜茎点霉(*Phoma betae* Frank)，属有丝分裂孢子真菌中的茎点霉属。病菌与甜菜蛇眼病的病菌相同。有性型是甜菜格孢腔菌(*Pleospora betae*)，属子囊菌门格孢腔菌属。分生孢子器球形至扁球形，埋生于寄主表皮下，内含有许多分生孢子。分生孢子成熟后从顶端孔口逸出，分生孢子单胞无色，圆形或椭圆形。

(4) 白绢型根腐病的病原为齐整小核菌(*Sclerotium rolfsii* Sacc.)，属于有丝分裂孢子真菌中的小核菌属。其有性型为罗耳阿太菌[*Athelia rolfsii* (Curzi) Tu et Kimbrough]，属担子菌门、阿太菌属。在 PDA 培养基上菌丝体白色，茂盛，呈辐射状扩展；菌丝直径 2～8 μm，分枝不成直角，具隔膜。菌核初为乳白色，后变浅黄色至茶褐色，球形至卵球形，大小为 1～2 mm，表面光滑有光泽。

(5) 细菌性尾腐根腐病的病原为胡萝卜欧文氏菌甜菜亚种(*Erwinia carotovora* subsp. *betavasculorum* Thomson，Hildebrad et Schroth)，属薄壁菌门、欧文氏杆菌属。菌体杆状，大小为 1.2～2.5 μm×0.6～0.8 μm，单生、双生或链状。无荚膜，无芽孢，周生 2～6 根鞭毛，革兰氏染色阴性，兼性嫌气性。

3. 病害循环　引起甜菜根腐病的几种真菌主要以菌丝、菌核或厚垣孢子在土壤、病残体上越冬；病原细菌在土壤及病残体中越冬。翌年几种病菌借耕作、雨水、灌溉水传播。主要从根部伤口侵入或其他的损伤处侵入。6 月中下旬开始发生，7 月中旬至 8 月中旬进入发病盛期。

4. 发病条件　根腐病的发生与土壤、环境、甜菜生育状况和品种抗病性等因素关系密切。

(1) 土壤。土壤结构不良，土质黏重，则根腐病发生较重；低洼地块，地下水位高，排水不畅，透水透气性差的地块，根腐病发病重；春季土壤温度低，甜菜生长缓慢，植株根系的细胞渗透压在低温中影响水分通过，造成细胞原生质被破坏，根系生长缓慢或停滞或损伤，而导致发病。

(2) 环境。高温高湿有利于甜菜根腐病的发生，其中湿度高对病害的发生影响较大，7～8月气温高，雨多、土壤含水量较高，发病严重。土壤过干也易诱发该病的发生。

(3) 甜菜生育状况。在田间生育不良的根、畸形根、虫伤根、人为造成的伤根均有利于病菌侵入。

(4) 品种抗病性。不同甜菜品种对根腐病的抗病性差异较大。目前我国尚无高抗甜菜根腐病品种。

(5) 伤口与雨水。甜菜伤口多，或者是雨水多、排水不良地块，细菌引起的尾腐根腐病发病重。

5. 病害控制　应采取以农业防治为主，选育抗病品种和药剂防治为辅的综合措施。

(1) 选育和利用抗/耐根腐病的甜菜品种。甜研 301、甜研 302、甜研 303、甜研 4、甜研 5，双丰 1、范育 1、范育 2 等甜菜品种对根腐病抗性较强，可选择种植。

(2) 加强栽培管理。选择土壤肥沃、轮作时间长的平地或地下水位低的田块，避免重茬和迎茬；改进耕作栽培方法，地势低洼的地块要高畦栽培；改善栽培环境，注意深耕、深松土，做到及时中耕，破除土壤板结层。加强肥水管理，要合理施肥，施足基肥，增施种肥，增强植株的抗病能力，干旱严重时要及时灌水，可减轻镰孢菌根腐病的发生。

(3) 药剂防治。用恶霉灵、菌毒清或敌磺钠等药剂以种子重量的 0.8%拌种，可以有效地消灭种子上的病菌；育苗移栽时用敌磺钠进行土壤消毒。应用荧光假单胞杆菌防治甜菜根腐病有一定效果。防治细菌引起的根腐病从注意选择地块、防治地下害虫、减少伤口入手。

(三) 甘蔗黑粉病

甘蔗是世界上最为重要的糖料作物，盛产于热带和亚热带，其在巴西种植面积最大，印度其次，中国居第三位。中国蔗区主要分布在广西、云南、广东、海南、福建等地。

甘蔗黑粉病(sugarcane smut)，又称甘蔗鞭黑穗病、黑穗病、灰包病或公甘蔗。于 1877 年在南非纳塔尔首次被发现，1940 年后从东半球植蔗国家扩展到西半球。20 世纪 70～90 年代，美国的夏威夷、佛罗里达和摩洛哥、澳大利亚等地相继有该病害发生的报道。我国广州于 1932 年有该病害发生的报道。近年来，随着我国蔗种无性繁殖栽培技术的推广和频繁调运，蔗田长期连作同一品种，宿根蔗年限的逐渐延长，造成甘蔗黑穗病在广西、云南、广东、福建等蔗区发生日趋严重。目前，甘蔗黑穗病已成为世界各甘蔗产区普遍发生的一种甘蔗病害，在旱地甘蔗和宿根蔗上发生尤为严重，导致感病品种蔗茎产量和糖分的严重损失。

1. 症状　感染早期的蔗株叶片淡绿、细长，分蘖增多，茎细小，萌芽增生。典型症状为蔗株梢头长出一条黑穗。在适宜的环境条件下，罹病蔗株在病菌侵染 2～4 个月开始形成黑穗，侵染 6～7 个月黑穗长度可达到顶峰。黑穗长短因品种而异，短为几厘米，直或弯曲，长至几十厘米，向下弯卷成圈，有些品种可达 1 m 以上。黑穗由寄主组织和病菌组织共同组成，中间 1 条心柱由寄主薄壁细胞和维管束细胞构成，初期呈白色，软脆，后期逐渐变成黑色，坚韧。

2. 病原　甘蔗黑穗病菌(*Ustilago scitaminea* Syd.)，属担子菌亚门、黑粉菌属真菌。营养菌丝无色，具分隔分枝。营养菌丝可分离成单个产孢小菌块，形成厚垣孢子堆。厚垣孢子单胞，近圆形，棕色或黑色，具乳突，表面密生细刺。在温度 25～30℃，相对饱和湿度时，厚垣孢子萌发最好，当相对湿度低于 80%时，在任何温度下都不萌发。在干燥条件下厚垣孢子可存活 2～3 年，萌发力不会衰退，但是在潮湿条件下，半个月便失去萌发能力。厚垣孢子萌发产生大小不一的担子，担子具 3～4 个细胞，每个担子细胞产生 1 至数个担孢子，担孢子透明，椭圆形。一个甘蔗黑穗估计最高可产生 10^{11} 个厚垣孢子，最幼嫩的孢子在鞭的基部，黑褐色的成熟孢子在鞭上部，越往上孢子成熟度越高。

病菌有生理小种分化现象。夏威夷有 2 个小种，巴西、巴基斯坦有多个小种，我国大陆报道有 2 个小种，台湾地区有 3 个小种。

3. 发病规律

遗留在蔗田的枯叶、残根、残茎上和土壤里越冬的病菌以及带菌蔗种、田间的宿根病蔗为主要的初侵染源。病菌主要借气流、雨水、灌溉水、农事活动等在田间传播扩散。此外，带菌蔗种的调运可引起远距离传播。越冬存活的病菌经媒介在蔗田传播扩散，落到蔗芽鳞片的病菌在适宜的温度、湿度条件下萌发产生担孢子，担孢子萌发产生侵染菌丝侵入到寄主体内，寄生于寄主的分生组织和细胞间隙。侵染菌丝产生吸孢穿破寄主细胞壁进入寄主细胞，吸取寄主体内的营养物质并在蔗株细胞内随着蔗株的生长而扩展，随着蔗株生长点的向上生长而逐渐向上蔓延。寄主的生长点受到寄主体内的病菌刺激，生长锥加快分化，节间徒长，蔗株末梢顶端抽出细长的鞭状物，并产生大量的厚垣孢子。厚垣孢子借气流、雨水等对田间蔗株形成再次侵染。

冬春长期干旱而夏季雨水偏多的气候条件以及大量种植感病的甘蔗品种常造成病害暴发流行。目前生产上种植的 ROC22、桂糖 12、闽糖 69-421、云蔗 103 等品种较为感病。

（四）甘蔗黄斑病

甘蔗黄斑病又名赤斑病、黄点病，是重要的甘蔗叶部病害之一，对甘蔗生产危害较大。严重的蔗田呈一片黄赤色，感病叶片早期衰弱干枯，植株生长停滞，同时还发生蔗飞虱危害，造成甘蔗减产。此病除危害甘蔗外，还危害野生蔗。

1. 症状　甘蔗黄斑病最明显的症状是叶面出现黄色病斑。首先危害甘蔗植株中下部叶片，一般在苗期蔗株顶端的 3 片叶不发病或少病，随着蔗株的生长，下部叶片病斑逐渐增加。病斑初期出现大小不一、边缘不规则的小斑。后期病斑逐渐扩大和融合成片，病斑变为赤红色，故又称赤斑病。通常蔗叶上黄、赤两色病斑同时存在。病害严重时，可使叶片大部分变红枯死。病叶从叶尖开始干枯，随后整个叶片自上而下地逐渐枯死。在潮湿天气，病斑背面往往长出灰白色茸毛状霉（菌丝）和淡灰色的粉状霉（分生孢子梗及分子孢子）等霉状物。

2. 病原　病原为散梗尾孢（*Cercospora koepkei* Kruger），属有丝分裂孢子真菌中的尾孢属。菌丝分隔并为半透明至淡黄色，内含小粒体。菌丝平均长 15.82 μm，宽 3.27 μm。分生孢子梗一般从气孔长出，有时也直接从表皮长出，单生或 3～10 枝丛生，淡灰色或淡褐色，下部明显膝状弯曲。分生孢子单独顶生，薄壁，无色或半透明，1～5 个分隔，胞内富含粒状物，纺锤形，稍直，长 20～55 μm，宽 4.3～8 μm，分生孢子萌发时长出 1～2 个无色的芽细胞。病菌生长温度范围为 13～34℃。分生孢子萌发的最适温度为 28℃，在 13℃的低温下仍能生长。一般情况下，分生孢子可存活 2～3 周。

3. 病害循环　病菌以菌丝体在病叶组织内越冬。埋在土中病叶上的分生孢子能存活 3 周以上。分生孢子借气流和风雨传播，萌芽后从气孔或直接侵入叶片，产生病斑。在适宜条件下，病斑上产生大量分生孢子，不断引起再侵染。本病在条件适宜时发展非常迅速，一块蔗田能在几天之内严重发病，呈现一片锈黄色。

4. 发病条件

(1) 环境条件。本病在高温、高湿的环境条件下，最易发生流行。在适温范围内，湿度是病害发生流行的主要因素。高温、高湿，蔗株生长繁茂，透光性差，病害发生严重。在同一块蔗田里，上风位甘蔗较下风位的发病轻；湿度较低，不利发病。

(2) 品种抗病性。不同品种抗病性不同。感病品种有印度 419、台糖 134、爪哇 3016、爪哇 2878、海蔗 5 号、粤糖 57-423、华南 56-12 等。此外，凡属爪哇 2878、印度 290、台糖 134 的杂交后代均容易感病。抗病品种有印度 331、印度 997，粤糖 64-395、65-1279、54-176、63-237，选三等。

(3) 栽培措施。甘蔗多年连片大面积种植，有利于土壤中菌源大量积累，故发病严重，反之发病较轻。偏施氮肥降低甘蔗抗病能力，在雨季多施钾肥能减轻病害发生。宿根蔗比新植蔗发病严重。

5. 病害控制　见甘蔗病害综合防治。

(五) 烟草黑胫病

烟草黑胫病(tobacco black shank)，又称烟草疫病，是烟草生产上最具毁灭性的病害之一。在我国各主要产烟区均有不同程度发生，其中安徽、山东、河南、云南、贵州、四川、湖南、广东、广西、福建等省(自治区)普遍发生，危害严重。南方烟区多与烟草青枯病混合发生，一般发病率为 10%～15%，重病区或重病田块可达 75%以上，严重影响烟草的产量和品质。在部分南方烟区，该病常与青枯病或根结线虫病等混合发生，造成更大的损失。

1. 症状　苗床及大田成株均可发生，以成株期的茎基部和根系发病危害最重。

苗期发病常引起猝倒症状，导致烟苗成片死亡。初期病斑首先表现在茎基部或底部叶片，呈黑色。在高温、高湿条件下，这些病斑沿茎或叶柄上下扩展，引起幼苗全株腐烂，后期在病部产生白色霉状物，严重时造成整片烟苗死亡。空气干燥时，病苗呈黑褐色枯死(图 8-30A)。

成株期发病，先在茎基部出现黑斑，并沿茎向上扩展，病斑有时可扩展至病株的 1/3～1/2，病株叶片自下而上逐渐变黄，若遇大雨后天气骤晴高温，则整株叶片呈现不可逆凋萎，烟农形象地称之为“穿大褂”、“腰烂病”、“黑秆疯”等。纵剖病茎，可见髓部呈黑褐色，干缩呈碟片状，碟片之间伴有稀疏的白色霉状物(图 8-30B、图 8-30C)。根部发病后可使整个根系呈黑色腐烂，又称“黑根”。多雨季节，中下部叶片常发生大型病斑，俗称“猪屎斑”。病斑圆形、水渍状暗绿色，直径可达 5 cm，并有浓淡相间的轮纹，多个病斑连接，叶片腐烂。

2. 病原　病原为寄生疫霉烟草致病型(*Phytophthora nicotianae* var. *nicotianae* Waterh.)，属于卵菌门、鞭毛菌亚门、疫霉属。菌丝无色透明，无隔膜，具分枝(图 8-30D)。孢囊梗分化不明显，与菌丝相似，粗细不均，常从病组织的气孔伸出，单生或 2～3 根束生。孢子囊顶生或侧生，梨形或椭圆形，顶部有一乳头状突起(图 8-30E)。未成熟的孢子囊为白色，老熟后为灰白色至淡黄色，遇适宜条件，可产生 5～30 个游动孢子(图 8-30F)。游动孢子圆形或肾形，侧生 2 根长短不一的鞭毛，鞭毛遇寄主时脱落，游动孢子萌发产生芽管侵入寄主。在老熟病残体上，菌丝体通过形成圆形或卵形的褐色厚垣孢子越冬。在我国自然条件下未发现卵孢子。

病菌喜高温、高湿。菌丝体生长温度范围为 10～36℃，最适温度为 28～32℃；孢子囊产生的适温为 20～28℃，在该温度条件下，生长健壮的菌丝经 0.1%的硝酸钾溶液浸泡 3 天后，可产生大量的孢子囊，然后再经低温刺激可诱导孢子囊释放大量的游动孢子。游动孢子活动和

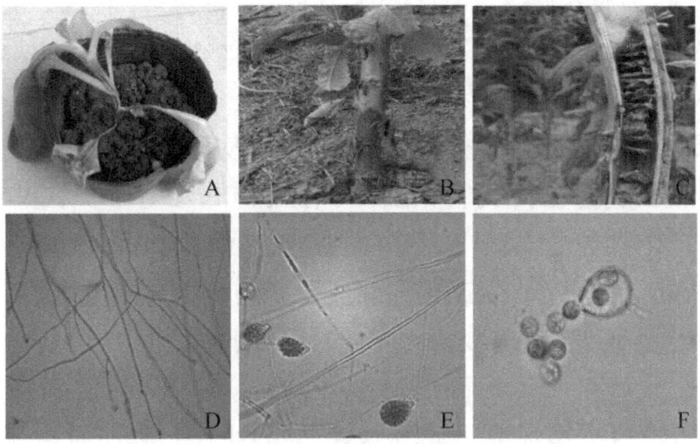

图 8-30　烟草黑胫病症状及病原图（刘廷利博士　提供）

A. 苗期；B. 成株期根部；C. 茎剖面；D. 病菌菌丝；
E. 游动孢子囊；F. 游动孢子释放

萌发的温度范围为 7～34℃，最适温度为 20℃。在 pH 4.4～9.6 时，病菌均可生长，但以 pH 7.0～8.0 最为适宜。

研究发现，黑胫病菌存在生理分化现象，国外已发现有 4 个生理小种，分别是 0 号、1 号、2 号、3 号。其中南非有 0 号、1 号、2 号小种；美国有 0 号、1 号、2 号、3 号小种；在我国烟区，烟草黑胫病菌已发现 0 号和 1 号 2 个小种，其中 0 号小种为优势小种。但在辽宁，1 号小种似乎比 0 号小种出现频次更高。

自然条件下，病菌只侵染烟草，但在人工接种条件下，可侵染苋菜、西芹、落葵、长豇豆、扁豆、南瓜、丝瓜、黄瓜、西葫芦、笋瓜、甘蓝、茄子、番茄和辣椒等作物以及大狗尾草、狗尾草、马唐、芒稷和千金子等禾本科杂草。

3. 发病规律　病菌主要以菌丝体或厚垣孢子随病残体在土壤或未腐熟的堆肥中越冬，当带病残体的土壤或堆肥被带入烟田后，即成为主要初侵染来源。通常情况下，病菌主要分布在 5 cm 以上的土层中，15 cm 以下土层含菌量很少，一般在土壤内可存活 3～5 年。条件适宜时，厚垣孢子可直接萌发，并从寄主的伤口或表皮侵入。受初侵染发病的烟草病株上产生的孢子囊或游动孢子经风、雨水传播后，可进行多次再侵染。病株死亡后，病原菌又随病株残体在土壤及粪肥中越冬，成为翌年病害的初侵染源。在田间，风雨、灌溉水、农事操作等过程均可传播该病害，烟草苗的调运是该病害远距离传播的主要途径。

黑胫病的流行与寄主抗病性、气象条件及栽培管理措施等因素有较大关系。烟草不同种对黑胫病的抗性不同，感病品种在不同生育阶段的抗病性也有显著差异，苗期至现蕾期为易感病阶段，且苗龄越小，越易感病。现蕾以后，因茎基部木质化，植株的抗病性较前期明显增强，病害显著减轻。高温、高湿条件有利于该病害的大面积发生与流行，一般月平均温度在 25℃以上，相对湿度维持在 95%左右，即可造成大面积的危害，而当平均气温低于 20℃时，该病害很少发生。由于烟草黑胫病为土传病害，因此长期连作田块发病重，轮作则发病轻。根结线虫危害严重的田块，容易造成利于病菌侵入的伤口，病害发生严重。此外，地势低洼、排水不良、长期连作的田块发病重，相反，则发病较轻。

4. 病害控制　应采用以选育和利用抗病品种为主，辅以栽培管理及药剂防治的综合治理策略。

(1) 选育抗病品种。目前，已发现美国的烤烟品种 Coker371-Gold、NC71 等对黑胫病高抗，而我国选育的高抗品种有豫烟 2、中烟 9203、NC82、单育 3、革新 3 等。中抗品种有国外引进的 K346、K326、G-28、Coker371、NC37NF 及国内育成的云烟 85、云烟 87 等，生产上可因地制宜选用适宜品种。

(2) 加强栽培管理。培育壮苗、适时移栽，使烟草易感病阶段避开高温多雨季节，可有效减轻病菌危害。烟草黑胫病为土传病害，轮作可有效降低发生率。在北方烟区，可采取烟草和大豆、高粱、玉米等经济作物轮作(3～4 年)，而在南方烟区可采取烟草与水稻轮作的栽培方式，两者均可达到较好的防病效果。加强田园管理，维持烟田卫生，及时清除病株、病叶，可有效减少初侵染来源。提倡高垄、高畦栽培，加强烟田的排水能力，可有效降低病害的发生。合理施肥，增施磷肥、钾肥及有机肥以提高烟草植株的抗病能力，降低病害的发生。

(3) 药剂防治。35%精甲霜灵 0.8 g/m^2，拌适量细土于播种时撒施，移栽前兑水喷施，做到带药移栽。移栽时，用药 800 g/hm^2 与干细土拌匀穴施或兑水浇灌，做到栽后无病苗。在烟株生长前期与中期，对于发病初期的田块，可使用 75%的银法利兑水(500 倍液)于烟草茎基部喷雾或浇灌防治。常用药剂还有 25%甲霜灵、35%精甲霜灵、50%氟吗啉、75%银法利、80%烯酰吗啉等。

(六) 烟草赤星病

烟草赤星病(tobacco brown spot)，俗称“红斑”、“褐斑”、“火泡斑”，是我国烟草生产上的主要病害之一，在我国各主产烟区均普遍发生，一般田块发病率为 5%～10%，重病田块发病率在 50%以上，危害十分严重。近年来，随着烟草生产水平的改进，特别是施肥水平的提高、烟草生长期的人为延长及感病品种的种植等因素，使得该病害的发生和危害呈现逐年上升趋势，严重制约了我国烟草的产量和品质，给生产上造成了严重的经济损失。

1. 症状　烟草赤星病多发生于烟叶成熟期，一般在烟株打顶后，下部叶片进入成熟阶段开始发病。赤星病主要危害叶片，严重时茎秆、花梗、蒴果也受危害。叶片发病多数先从烟株下部叶片开始，病斑随着叶片的成熟，向上逐步发展。病斑初为黄褐色圆形小斑点，以后扩大成为褐色圆形或近圆形斑(图 8-31A)。病斑的大小与湿度有关，湿度大时病斑大，反之则病斑小。发病早期斑点一般不足 0.1 cm，以后逐渐扩大，直径可达 1～2 cm，并伴有明显的赤褐色同心轮纹。病斑边缘明显，外围有淡黄色晕圈。环境湿度大时病斑上可产生深褐色或黑色霉状物。病害严重时，多个病斑可相互连接合并，致使叶片大面积枯焦脱落，进而造成整个叶片破碎脱落而减产。茎秆、蒴果、花梗等感病时，也会产生深褐色或黑色圆形、椭圆形凹陷病斑。

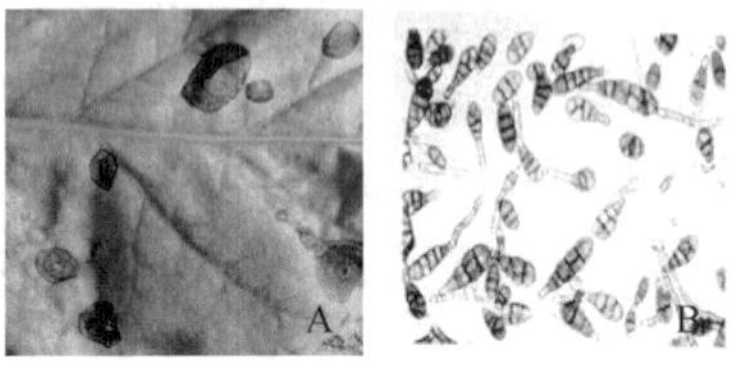

图 8-31　烟草赤星病症状及病原形态
A. 叶片症状；B. 病菌的分生孢子

2. 病原　为链格孢[*Alternaria alternata* (Fries) Keissler]，属有丝分裂孢子真菌中的链格孢属。在自然条件下，分生孢子梗单生或簇生，不分枝，直或弯曲，黄褐色，光滑，有分隔。分生孢子褐色，呈链状串生于孢子梗顶端，呈倒棍棒形或倒梨形，光滑或有刺突，基部大，顶端较细，多有喙，具 1～4 个纵隔和 3～8 个横隔(图 8-31B)。病菌对低温及高温均具有较强的抵抗能力，在冰冻条件下可存活 100 天左右，其分生孢子及菌丝经高温烘烤后仍有部分能保持生活力。在人工培养条件下，病菌最适生长温度为 25～30℃，低于 5℃或高于 38℃病菌停止生长；病菌在 pH 3.0～10.2 均可生长，最适 pH 5.5。

3. 发病规律　病菌主要以菌丝在田间病残体或杂草上越冬，翌年春天气温升高、湿度大时，病残体上的菌丝体即开始产生分生孢子，并借气流、风雨传播至中下部叶片，萌发成芽管侵入烟草，形成第一次侵染。在一个生长季节中，当条件适宜时，定植后的病菌很快再产生分生孢子，形成多次侵染，最后造成大面积发病。后期，病菌又随烟田的病残体或杂草越冬。

赤星病的发生与年份间气候条件有密切关系，烟草生长季节的温度和湿度对该病害的发生和流行具有决定作用。赤星病在日均温 20℃以上即可发病，发病最适温度 24～28.5℃，各产烟区的温度条件基本都适于该病的发生。因此，在此期间，烟田的相对湿度是制约该病发病流行的最重要因素。而在我国山东、河南、安徽等省，夏季降雨主要集中在 7～8 月，而此时正值大部分烟叶处于感病阶段，同时，因气温偏高，病菌潜育期短，再侵染次数多，是病害发生与流行的关键时期。若此阶段雨量大、雨日多、烟田湿度大，常导致病害流行。此外，有些地区虽然降雨不多，但由于昼夜温差大，夜间在烟草叶片上形成大量结露，也会造成该病的流行。

移栽期和栽培管理方式对病害发生有一定影响，播种早、移栽早、成熟早的发病轻，反之则发病重。烟田植株种植密度过大，田间打顶过早，通风透光不好，造成局部湿度大，也容易发生赤星病。土壤肥力和肥料种类、使用量都对赤星病的发生具有很大的影响。土壤肥力过大或氮肥过多，易造成烟株营养不协调，生长过于幼嫩，贪青晚熟，抗病性降低，易导致病害流行。增施磷肥、钾肥，提高植株抗病性，可有效降低病害的发生与流行。

烟草品种的抗病性是影响赤星病流行的主导因素之一。目前国内推广品种中尚未发现免疫品种，但品种间的抗性存在差异，比较抗病的品种有净叶黄、革新 3、歪把子等。此外，烟株抗性具有明显的阶段抗病性特点，一般幼苗期抗病性强，随着烟叶的成熟，抗病性逐渐下降，成熟期为高度感病阶段。

4. 病害控制　应采取选种抗病品种及加强田间栽培管理为主，辅以化学药剂防治的综合治理措施。

（1）选种抗/耐病品种。根据各烟区的气候特点及种植模式，大量推广适合当地种植的抗/耐病品种，以提高烟草的产量和品质。目前，我国推广种植的烤烟品种中，抗性较好的品种有中烟 90、中烟 98、中烟 9203、单育 3、许金 4、革新 3、安农 1、辽烟 10、净叶黄、厚节马、中卫 1、乌江 3、CF965、G28、K346 等，各地可因地制宜选用。

（2）加强栽培管理。适期早栽，地膜覆盖，及时采收和烘烤，使烟草感病阶段避开雨季。适当加大行距，改善通风透光条件，降低田间湿度，可减少发病。合理施肥，尤其注意氮肥用量不可过多，防止贪青晚熟。改进栽培措施，针对老病区的春烟，可采取早育苗、早移栽，使叶片成熟期避开赤星病高发期。合适的种植密度（一般在 18 000 株/hm^2 左右），注重平衡配方施肥，根据烟田土壤养分比例，适当增施磷肥、钾肥，在团棵期、旺长期、掐顶期喷施 1%磷酸二氢钾，可增强烟草的抗病性。科学打顶、适量留叶、及时清除底部脚叶，带出田外深埋或晒干销毁，减少侵染源，可防止病害发生蔓延。实行轮作，可有效减少土壤中的含菌量，搞好田间卫生，可显著降低病菌再侵染，减轻赤星病危害。

（3）药剂防治。烟草赤星病化学防治适期应选择在发病初期，可摘除底部脚叶然后施药。施药时间间隔视天气情况而定，若施药后出现连续降雨、湿度大、雾期长等利于发病的天气条件，就应及时进行连续喷药保护，间隔 5～7 天喷药 1 次，连续喷 2～3 次，反之，则可减少施药量。施药过程中要做到均匀、全面，着重保护中部、下部叶片，自下而上喷施，烟叶正反面都要布满药液。目前，可选用 40%灰核宁、3%宝丽安（多抗霉素）、40%菌核净、50%退菌特、50%扑海因、43%戊唑醇、50%咪鲜胺等药剂喷雾防治，均可取得良好的防治效果。

（周洪友　吴毅歆　高智谋　郭　敏　编写）

二、细菌病害

烟草青枯病(tobacco bacterial wilt),俗称“烟瘟”、“半边疯”,最早于1880年在美国北卡罗来纳州发现,随后逐步扩展蔓延,成为热带、亚热带地区烟草的重要病害。烟草青枯病是我国最严重的烟草细菌病害之一,分布广泛。据1989～1991年全国烟草侵染性病害普查结果,除黑龙江和吉林两省无该病外,其他种烟省(自治区)都有发生,是南方各地烟区,如广东、广西、湖南、四川、福建、浙江等省(自治区)的主要病害之一。近年来,青枯病有向北扩展的趋势。田间青枯病、根结线虫病常混合发生,危害十分严重,发病率达50%以上,特别严重时发病率达100%,完全绝收。

1. 症状　烟草青枯病是典型的维管束病害,根、茎、叶等部位都能受害。典型症状是植株枯萎。初发病时,病株多向一侧枯萎,但仍为青色,故称为“青枯病”。这种青枯现象在阴雨或到了傍晚后可恢复,但仅能维持2～3天。发病中前期,病株一直表现一侧叶片枯萎,另一侧生长正常,这种半边枯萎的症状是与其他根茎类病害的重要区别。拔出病株后,可以看到发病的一侧支根变黑腐烂,未显症的一侧根系大部分正常。有的先在叶片支脉间局部叶肉产生病变,茎上出现长形黑色条斑,有的条斑扩展到病株顶部或枯萎的叶柄上。发病中期全部叶片萎蔫,条斑表皮变黑腐烂,根部也变黑腐烂,横剖病茎用力挤压切口,从导管溢出黄白色菌脓,病株茎和叶脉导管变黑。后病菌侵入髓部,茎髓部呈蜂窝状或全部腐烂形成空腔,仅留木质部(图8-32)。

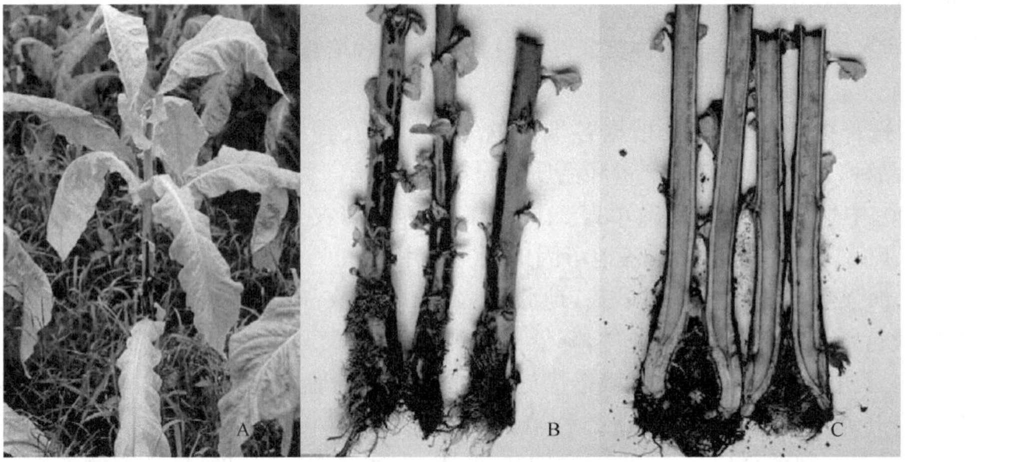

图8-32　烟草青枯病的症状

A. 大田危害状;B. 茎部变黑;C. 髓部变褐

2. 病原　为茄青枯劳尔氏菌[*Ralstonia solanacearum*(Smith)Yabuuchi et al.],属劳尔氏菌属细菌。菌体短杆状,两端钝圆,大小为0.9～2 μm×0.5～0.8 μm,具极生鞭毛1～3根,无芽孢和荚膜,革兰氏染色阴性。病菌为好气性细菌,在琼脂培养基上菌落圆形,表面平滑有光泽,初为污白色,后变褐色。病菌生长的温度为18～37℃,致死温度为52℃、10 min。病菌生长的pH 4～8,最适pH 6.6。病菌在培养基中培养很快失去活力。据报道,通常连续移植5次达20天后病菌的致病力就完全丧失。该菌寄主范围很广。

青枯病菌具有明显的生理分化现象。根据寄主植物差异可将其分为4个生理小种,侵染烟草的多属于1号小种。根据青枯病菌的生理生化反应差异又可将病菌分为4个生物型,一般认为生物型Ⅲ和Ⅳ相当于1号生理小种，生物型Ⅱ相当于3号生理小种，生物型Ⅰ相当于1号或2号生理小种。近年来，有人根据DNA探针和限制性片段长度多态性（restriction fragment length polymorphism，RFLP）分析，可将测试菌株分为2个亚类，亚类Ⅰ主要来源于亚洲，亚类Ⅱ主要来源于美洲。

3. 病害循环　病菌主要在土壤中及遗落在土壤中的病残体上越冬。病株种子一般不带菌。病害的主要初侵染来源是土壤、病残组织和肥料中的病菌。病菌借流水、肥料、病苗或附在幼苗上的病土，以及人畜和生产工具带菌传播。病田流水是病害再侵染和传播的最重要方式。

病菌一般从根部伤口侵入，自下而上发展。病菌从根部侵入后3～5周，烟株地上部即可表现出青枯症状。病菌进入寄主组织后繁殖，并进入维管束，向其他组织扩展，产生一种含复杂多糖的黏液，阻塞导管，导致病株凋萎。病菌分泌果胶酶和纤维素酶，使寄主细胞的中胶层溶解，引起细胞分离和寄主皮层及髓部组织腐烂崩溃。病组织腐烂后，病菌遗留在土壤中或粪肥中越冬，成为翌年的初侵染源。湖南省湘南烟区5月下旬开始发病，湘北烟区6月中旬开始发病。

4. 发病条件　烟草青枯病的发生与土壤类型、移栽期和地理环境等因素有关。

不同土壤类型青枯病的发病程度差异较大。一般情况下，水旱轮作烟草发病较轻，旱地烟草发病较重，土质黏重易板结或土壤含沙量过高都易诱发病害，沙壤土发病较轻。通常地势高的烟地发病较轻，地势低的烟地发病较重，低洼积水处更重，田块的入水口或流水经过处也较重。另外，青枯病在偏酸性的土壤发病稍重，在碱性土壤上发病较轻。

移栽期对青枯病的发生也有影响。一般移栽期早，可使成熟采收期避开发病盛期，造成的损失较小，反之损失较大。土壤肥力和肥料种类、数量都对青枯病的发生有较大的影响。土壤肥力过大或氮肥过多，易造成烟株营养不协调，生长过于幼嫩，贪青晚熟，降低了烟株自身的抗病性，往往导致该病严重流行。硝态氮对烟草生长有利，铵态氮对烟草生长不利，所以施用铵态氮的地块发病也较重。硼肥是烟株维管束发育所必需的微量元素，如果烟草生长过程中缺硼，会导致维管束发育不良，顶芽萎缩，植株不壮，易受危害。

由于各地地理环境和气候条件不同，所以，青枯病在各地区的发生消长动态存在很大差异。青枯病呈由北向南、由西向东始病期逐渐提早、危害程度逐渐加重的趋势。例如，福建、广东、广西东部4月上旬或更早可见发病，6月初或更早进入盛发期；湖南、江西、安徽（南部）等省，最早可在5月上旬开始发病，在7月以后进入盛发期。同一省（自治区）平原与山区发病时期也不同，山区比平原发病稍晚一些。品种抗性有明显差异，但大多数栽培品种为感病品种。

5. 病害控制　应采用以利用抗病品种为主，辅助农业措施和药剂防治的综合治理衡策略。

（1）因地制宜选用抗病品种。目前我国大面积种植的烟草品种中，K326抗病性较强，夏抗1、夏抗3、Coker176、Va707、Va770、Nc89、Nc2326、台烟、抵字101、G80、TT6、K394、C411、贝尔93、莱姆森、柯克316、柯克319等品种也有一定抗性。但迄今为止所选育的抗青枯病品种大多数品质都不太理想，所以在选用和推广某抗病品种前，必须经过严格的区域试验与示范试验。

（2）轮作。在有条件的烟区，可推行烟草与禾本科作物轮作，特别是水旱轮作。对于种植面积大、不能进行有效轮作的烟区，可大力推广种植黑麦、燕麦、光叶苕子、苜蓿等冬季绿肥，通过半轮作的方式，既可减少土壤病菌数量，又可改良土壤物理和化学性状。对于pH＜5.5的烟田，可施用生石灰或白云石粉来调节土壤酸碱度。

(3) 加强田间管理。对常规育苗来说,要严格按照技术规程搞好土壤消毒处理和客土假植;对漂浮育苗来说,要搞好苗棚、苗池、营养液及剪叶工具消毒,按规定进行剪叶剔苗,并根据苗情和天气状况进行炼苗。发病高峰躲过雨季可减少受害。在青枯病发生严重的地区,可通过栽地膜烟或膜下烟来预防,一般可将烟叶移栽期提早至5月上中旬,移栽时烟苗要带水、带肥、带药,高起垄深栽。田间发现病株要及时拔除再用生石灰消毒病穴。采用高畦栽培,雨后及时排水,防止湿气滞留。雨季,病菌随地表流水传播是土传病害蔓延的重要途径之一,因此,凡是病区烟田都要深挖排水沟,并合理布局排水沟渠。搞好田园卫生。在有条件的地方,最好选择砂壤土且排灌方便的田块栽烟。在地势较低湿度大的地区要起高垄。

(4) 药剂防治。发病初期喷洒或浇灌硫酸链霉素或14%络氨铜、77%可杀得、47%加瑞农。灌根时,每株用兑好的药液400~500 mL,隔10天1次,连灌2~3次。有些生防菌对烟草青枯病的防效较好,建议选用。

(戴良英　编写)

三、病毒病害

(一) 甜菜丛根病

甜菜丛根病(sugarbeet *Rhizomania*)是世界主要糖用甜菜种植地区的一种毁灭性病毒病害,在欧洲、美洲、亚洲传播蔓延。我国内蒙古、黑龙江、吉林、新疆、山西等甜菜产区均有丛根病发生,以内蒙古、山西和新疆受害较重。该病害使甜菜块根产量和含糖量大幅度下降,病株产量损失30%~80%,含糖量下降4°~9.6°,甚至绝产绝收,是甜菜生产的潜在威胁。

1. 症状 甜菜丛根病为土传病害,典型症状为根系坏死和丛生。先是甜菜侧根变褐、变细、坏死、脱落,继而主根维管束变褐,后期自下而上腐烂,未腐烂的块根在侧根坏死脱落后的根茬上丛生大量次生侧根,侧根和根毛成团集结,状如胡须。地上部症状多变,但主要包括有坏死黄脉型、黄化型、黄色焦枯型和黑色焦枯型4种类型。

(1) 坏死黄脉型。在叶片上沿叶脉呈鲜黄色至橙黄色,后沿叶脉形成褐色坏死,后扩展至全叶,植株萎缩枯死,根部具典型的丛根症状。

(2) 黄化型。叶片变淡黄色、黄绿色至黄化,严重时变成白色,类似缺肥黄化,叶片变薄,叶片直立或狭长,呈波状皱缩,植株矮化,根部有丛根症状。

图8-33　甜菜丛根病的症状(黄色焦枯型)

(3) 黄色焦枯型。叶片主脉间出现大面积褐色坏死,连成黑褐色斑块,叶片下垂,中午烈日下暂时萎蔫,早上可恢复,由于根部侧根的坏死及其他微生物的复合侵染,叶片很快焦枯、内卷,最后整个叶片变黑枯死,根部具严重的丛根症状(图8-33)。

(4) 黑色焦枯型。叶片叶脉间出现黑褐色焦枯,初期表现为零散的黑色或褐色、大小不等的不规则形枯斑,叶片通常直立向上卷曲,根部根毛大量坏死,但丛根症状不明显。

2. 病原 病原有两种。① 甜菜坏死黄脉病毒(*Beet necrotic yellow vein virus*, BNYVV)。病毒粒体直杆状,长度分长、中、短3种类型,长粒体的长度为360~420 nm,中粒体的长度为 215～320 nm，短粒体的长度为 80～120 nm。粒体宽度较一致，直径为 16～25 nm。该病毒是引起坏死黄脉型、黄化型、黄色焦枯型 3 种症状的病原。有人根据病毒在鉴别寄主番杏叶片上的症状差异，又将 BNYVV 分为 4 个株系，这种划分与病毒粒体的形态差异没有关系。②番茄黑环斑病毒（*Tomato black ring virus*，TBRV）的一个株系。TBRV 粒体球状，直径30 nm，由长针线虫传播，引起甜菜丛根黑色焦枯型。病原病毒的寄主范围较窄，只侵染甜菜、野生甜菜、菠菜、昆诺阿藜、苋色藜、藜、头状藜、番杏及千日红。

3. 病害循环 BNYVV 只能由甜菜多黏菌（*Polymyxa betae* Keshin）传播，甜菜多黏菌寄生在甜菜侧根表皮细胞内。休眠孢子初期无色至淡黄色，成熟后褐色至深褐色，球形或多角形，直径 4.6～5 μm，多集结成孢子堆。休眠孢子萌发产生游动孢子，游动孢子圆形、椭圆形或洋梨形，直径 4.2～5.6 μm，具鞭毛两根。游动孢子鞭毛消失，变成阿米巴体，以伪足在基质表面移动，接触根毛时，长出管状物穿过寄主表皮进入细胞内。细胞内的部分阿米巴体逐渐形成围膜，把菌体包围起来，很快进行核分裂，最后形成一个多核菌体——游动孢子囊。游动孢子囊不规则球形或卵圆形，成熟后长出逸出管，穿出表皮释放第二代游动孢子。细胞内部分裸露的阿米巴体与第二代游动孢子接合，产生新的休眠孢子。病毒只能存活在甜菜多黏菌及其游动孢子和休眠孢子中，并随多黏菌侵染甜菜而进入寄主细胞。

病土和病株残体地下部是休眠孢子栖居场所，因而是翌年初侵染的主要来源。用病土垫猪羊圈，或病残体混入土杂肥中，则这些粪杂肥也可成为初侵染来源，扩大病区。种子内部是不带毒的，但黏附在种子上或混杂于种子间的病土、病残体也可成为新区病毒来源，但对老病区意义不大。

4. 发病条件 丛根病的发病程度与土壤中多黏菌的数量、品种抗性和土壤条件等因素密切相关。

（1）土壤中多黏菌的数量。甜菜丛根病发生程度与土壤中甜菜多黏菌休眠孢子和游动孢子数量呈正相关，每 100 g 土中含 49 个以上的休眠孢子堆时，则造成明显危害。据测定，每毫升干土含休眠孢子 178 个以上就可引致发病，因此甜菜连作地发病重。

（2）品种抗性。目前种植的绝大多数品种为感病类型，这是该病危害日趋严重的重要原因之一。

（3）土壤条件。土壤温度、湿度影响甜菜多黏菌休眠孢子萌发和游动孢子的活动周期，当温度 18～22℃时，水中休眠孢子 1～2 天萌发产生游动孢子，28℃条件下数分钟后游动孢子就失去鞭毛变成阿米巴体。当土壤湿润、10 cm 土层温度在 22～26℃内，病害发展迅速。土壤物理性质、化学性质与发病程度也有明显相关性。沙质土、有效磷含量低、硝态氮含量高及偏碱性土壤发病较重。

5. 病害控制 防治策略主要应采取以农业防治为主的综合防治措施。

（1）利用抗/耐病品种。尚未发现可供生产用的高抗品种，目前推广的单粒光号和德国的 5007、5075 对丛根病有一定抗性。

（2）加强栽培管理。合理密植，培育壮苗，增强品种抗性。增加土壤肥力，增施充分腐熟的有机肥和磷肥，以改善土壤物理、化学条件；甜菜收获后及时翻耕，提倡施用生理酸性肥料，如硫酸铵等。在有条件的地方可试用硫黄降低土壤 pH。轮作倒茬，轻病区实行 4～5 年，重病区 10 年以上的轮作，适当选择与非藜科作物轮作；及时清除田间杂草，尤其是藜科杂草。避开病地采种，适时早播。

（3）药剂防治。土壤熏蒸剂和杀线虫剂氯化苦、D-D 混剂等效果较好，但费用高，难于大面积推广应用；对黑色焦枯型丛根病，则应从杀灭传播该病的长针线虫入手。

（二）甜菜黄化病

甜菜黄化病又称为甜菜坏死黄化病、蚀纹黄化病。1951 年最先发现于美国，目前广泛分布于世界多数甜菜产区，包括欧洲、美洲、亚洲及澳大利亚。甜菜黄化病在我国的东北、内蒙古、甘肃、宁夏、新疆、河北、山西、陕西等地发生普遍，并有进一步蔓延趋势。一般年份甜菜黄化病的发病率为 50％～60％，块根减产 20％～25％，含糖率下降 2％～3％，染病种子减产 30％。因此，甜菜黄化病是影响世界甜菜生产的主要病害之一。

1. 症状 根据甜菜黄化病毒病在甜菜上的症状表现可分为花叶型、黄化型、坏死黄脉型和黑色焦枯型 4 大类型，其中花叶型又分为黄色泡斑花叶、系统环斑花叶和黄脉皱缩花叶 3 个类型(图 8-34)。甜菜黄化毒病为系统性病害，田间植株染病后，通常下层靠近底部的叶片首先表现出症状，靠近叶尖、叶缘部分出现清晰的明脉。随后叶脉间出现褪色斑块，边缘出现不明显的漩涡状鲜黄色斑。黄斑随后扩大，愈合成片，逐渐向叶下部发展，整叶变成黄色。叶片变黄并增厚、僵硬，质地变脆，易折断。在天气干旱时，健叶萎垂而病叶则直立。在一些严重发病的病叶上，叶背主脉上可见有变黑坏死情形。病叶全部变黄后，渐转变为黯淡，形成无数黑褐色枯斑，病斑近“回”字形或不规则状，有时有轮纹，病叶最后枯萎卷曲而死。

2. 病原 甜菜黄化病由甜菜黄化病毒(*Beet yellowing virus*，BYV)侵染引起。BYV 为长线形病毒属(*Closterovirus*)的代表种。病毒粒体丝状，丝状体直径约 15 nm，长约 1250 nm(图 8-35)。基因组为单链正义 RNA(＋ssRNA)，全长 15 480 个核苷酸。病毒粒体上有两种外壳蛋白，主要外壳蛋白(major capsid protein)分子质量为 22～28 kDa，次要外壳蛋白(minor capsid protein)分子质量为 24～26 kDa，位于病毒粒体尾部。粒体中核酸占重量的 5.0％～6.0％，蛋白质占重量的 94.0％～95.0％。其体外存活期 2～3 天，钝化温度 45～55℃，稀释限点为1×10^{-3}。

图 8-34 甜菜感染 BYV 的症状(花叶型)

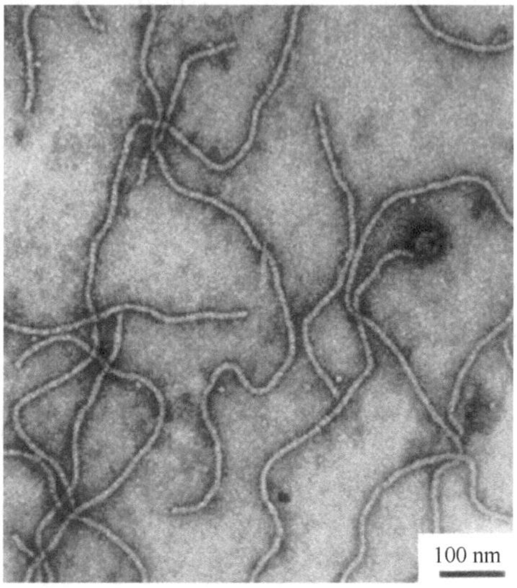

图 8-35 BYV 粒子形态

3. 病害循环 BYV 主要在甜菜留种株、菠菜及一些杂草，特别是藜科和苋科杂草上越冬。一般先在采种母株上发病，再由蚜虫以半持久性传播到原料甜菜地里。在田间的两个主要介体是桃蚜和豆蚜。病毒不能经过种子传播，可以机械传播，但是极为困难。

4. 发病条件　环境条件影响蚜虫的发生与活动，因而影响病害的发生。气候干旱，蚜虫繁殖快，活动性强，病害发生重。肥料和发病也有关系，缺磷肥、钾肥的甜菜，发病特别严重；而多施绿肥或有机肥，则病害较轻。种植密度和发病有关，适当密植可以减轻发病。由于病株耗水量大，发病后勤加灌溉，可以减轻损失。

5. 病害控制　防治甜菜黄化病的主要措施有隔离甜菜病根及病种，铲除病毒越冬的寄主植物，控制媒介等。

(1) 隔离。采种区与普通生产区隔离是防治甜菜黄化病毒病的主要措施。采种母根区与原料甜菜地距离 1000 m 以上，且采种地安排在下风口。

(2) 消灭传毒蚜虫。根据当地气候条件和蚜虫的发生规律，在蚜虫出现期和迁飞期喷施农药，减少田间传染。

(3) 改进栽培技术。适当密植可以降低蚜虫的危害，增加产量。每亩栽植应不少于 4500 株，在肥料充足的情况下最好达到 6000 株。适当增施磷肥、钾肥，以提高甜菜本身的抗病力。及时清除杂草，减少毒源。

(4) 选育和种植抗病品种。不同品种对黄化病的抗性有显著差别，因此，应积极选育和选种抗病育种。

（三）烟草花叶病

烟草花叶病是烟草重要病害，在世界各烟区普遍发生。一般年份，田间株发病率为 5%～20%；病害流行年份，有的田块发病率高达 90%～100%。早期发病的田块损失可达 50%～70%，甚至绝收。烟株感染花叶病后，烤晒后颜色不均，烟叶品质变劣、等级下降，极大地影响烟叶品质和经济效益。

1. 病原　病原主要有烟草花叶病毒(*Tobacco mosaic virus*，TMV)、黄瓜花叶病毒(*Cucumber mosaic virus*，CMV)和马铃薯 Y 病毒(*Potato virus* Y，PVY)。

TMV 为烟草花叶病毒属(*Tobamovirus*)代表种。病毒粒体为直杆状，直径约 18 nm，长约 300 nm；核酸占病毒粒体的 5%左右，蛋白质占病毒粒体的 95%左右；基因组为一条正单链 RNA，长 6395 个核苷酸。TMV 至少编码 4 种蛋白质：复制酶(2 个组分)、外壳蛋白和运动蛋白，其中外壳蛋白含 158 个氨基酸，分子质量约为 17.5 kDa。

CMV 为雀麦花叶病毒科(*Bromoviridae*)黄瓜花叶病毒属(*Cucumovirus*)的代表种。病毒粒体为球状，直径约 29 nm。病毒粒体中核酸含量约为 18%，蛋白质含量约为 82%，无类脂等物质。基因组由 RNA1、RNA2 和 RNA3 3 条正单链 RNA 组成。在病毒粒体中还包含有 RNA4，这是由 RNA3 的 3′端转录产生的亚基因组组分，其翻译产物为外壳蛋白，分子质量约为 24 kDa。有的 CMV 分离物中存在卫星 RNA，必须依赖 CMV 才能复制。卫星 RNA 序列与 CMV 的 RNA 虽无同源性，但能影响 CMV RNA 的复制。在病汁液中病毒粒体的热钝化温度为 55～70℃，稀释限点为 10^{-6}～10^{-5}，体外存活期为 1～10 天。

PVY 为马铃薯 Y 病毒科(*Potyviridae*)马铃薯 Y 病毒属(*Potyvirus*)的代表种。病毒粒体为弯曲线状，长约 700 nm，直径 11 nm。基因组为单链正义 RNA(＋ssRNA)，全长约 9700 个核苷酸。基因组 5′端具有基因组结合蛋白(VPg)，3′端带有 poly(A)尾。以多聚蛋白的策略进行基因表达。外壳蛋白由 267 个氨基酸组成，分子质量约为 30 kDa。粒体中核酸占重量的 5.4%～6.4%，蛋白质占重量的 93.6%～94.6%。其体外存活期 2～6 天，钝化温度 50～

62℃，稀释限点为 10^{-6}～10^{-2}（依株系而变）。

图 8-36　烟草花叶病的症状

A. 烟草花叶病毒（TMV）；B. 黄瓜花叶病毒（CMV）；C. 马铃薯 Y 病毒（PVY）

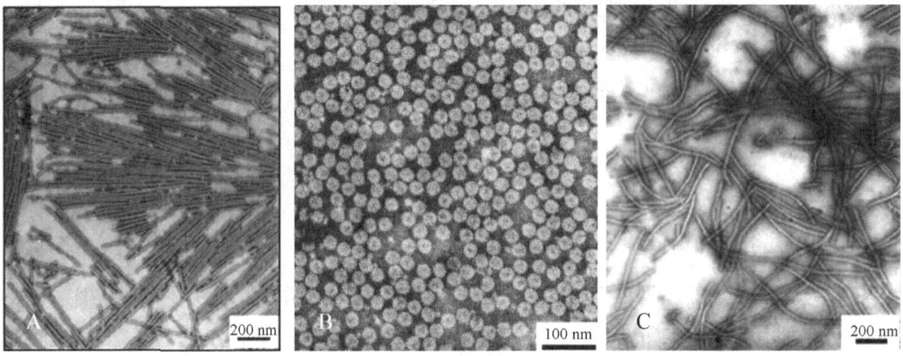

图 8-37　病毒粒子形态

A. 烟草花叶病毒（TMV）；B. 黄瓜花叶病毒（CMV）；C. 马铃薯 Y 病毒（PVY）

2. 症状　感染 TMV 后，烟草幼嫩叶片侧脉及支脉组织呈半透明状（即明脉），叶脉两侧叶肉组织呈淡绿色，以后形成局部枯死或失绿的斑驳，数天后形成典型的“花叶”症状。发病重的叶片皱缩、畸形、扭曲，缺刻较深。

感染 CMV 初期，烟草叶脉透明，叶色浓淡不均，出现黄绿相间的“花叶”症状。严重时，叶片变窄、扭曲，伸直呈拉紧状，表皮茸毛脱落，失去光泽等。CMV 与 TMV 的症状区别在于：感染 TMV 的叶片边缘时常向下翻卷不伸长，叶基松散，叶面绒毛不脱落，泡斑多而明显，有缺刻；而感染 CMV 的叶片边缘时常向上翻卷，叶基拉长，叶面绒毛脱落，泡斑相对较少，两侧叶肉几乎消失，叶尖呈鼠尾状，有的病叶粗糙，如革质。

由于株系不同，感染 PVY 的烟草表现出不同症状，主要有脉斑型、脉带型和褪绿斑点型。脉斑型：下部叶片发病，叶片呈黄褐色，主侧脉从叶基开始呈灰黑色或红褐色坏死，叶柄发脆，维管束变褐，茎秆上出现红褐色或黑色坏死条纹。脉带型：在烟株上部叶片呈黄绿花叶斑驳，脉间色浅，叶脉两侧深绿，形成明显的脉带，严重时出现卷叶或灼斑，成熟叶片色泽不均，品质下降，烟株矮化。褪绿斑点型：初期与脉带型相似，但上部叶片有褪绿斑点，后期中下部叶出现褐色或白色小坏死斑，病斑不规则，严重时整叶斑点密集，形成穿孔或脱落。所有株系均可在受侵染的细胞质中产生风轮状内含体。

3. 病害循环　TMV 自然传播，不需要生物介体，主要通过带病汁液接触传播。在农事操作中沾染了病株汁液的手或工具接触健苗可传播 TMV。由于 TMV 的抗逆性很强，混有病株残体的肥料、种子、土壤，甚至烤过的烟叶、烟末都可以成为病害的初侵染来源。这些初侵染源或移入大田的病苗，通过各种接触媒介引起再侵染，使病害在田间扩展蔓延。

CMV 在自然界主要依赖多种蚜虫以非持久性方式传毒，大约有 75 种蚜虫能传播 CMV，主要有桃蚜和棉蚜等。蚜虫的试探性取食能有效地传播病毒。CMV 也可经汁液接触。有些寄主种子可传毒，种传率一般可达 4%～8%，少数高达 28%。大量的野生寄主是 CMV 在田间的主要毒源。

PVY 可在茄科植物和多种杂草（地樱桃等）上越冬。温暖地区和保护地栽培情况下，PVY 可在寄主植物上连续侵染。PVY 可由 25 种以上的蚜虫以非持久性方式传播，其中桃蚜传毒效率最高；PVY 也可经种子或机械摩擦传毒。

4. 发病条件　影响烟草花叶病的因素包括烟叶生长环境、耕作栽培措施和品种抗病性等。

(1) 气候因素。烟草花叶病的主要发生流行时间是在苗床期至大田现蕾期，这一阶段的气候条件对病害发生和流行影响很大；温度和光照很大程度上影响病情扩散和流行速度，高温和强光可缩短潜育期。

(2) 品种抗病性。不同品种的烟草有抗病性差异。目前尚未发现高抗的烟草栽培品种。

(3) 栽培管理。连作或与茄科作物套种使毒源增多，发病率和发病程度明显增加。在老苗床、菜园地育苗及与其他十字花科和茄科蔬菜同地育苗，容易引起苗期感染与相互感染。田间农事操作不当，不注意栽培卫生，病健株间相互接触，会使病害加重。肥水管理不当，尤其是氮肥过多时，发病重。

5. 病害控制　对烟草花叶病的防治，须严格实行“预防为主、综合防治”的植保方针。目前，采取的防治措施主要有以下 6 种。

(1) 合理轮作或套作。不与茄科植物间作、套作，适宜与禾本科作物轮作 2～3 年。有条件的地区也可适当推行麦烟套种，结合土壤改良、种植绿肥、秸秆还田等可有效防治烟草花叶病。

(2) 选用抗/耐病品种。选长势强、发育速度快、适宜当地条件的耐病品种。应特别注意高抗品种的选育。

(3) 科学移栽。适期移栽，严禁早栽。提高移栽质量，做到壮苗移栽，杜绝拔苗移栽，抢墒湿栽。刨大穴，适施窝肥，肥土拌匀，防止烧根。

(4) 加强田间管理。加强苗床卫生管理，培育无病壮苗。大田管理应先健株，后病株，发现三级以上病株及时拔除，带至田外销毁。及时把病残叶、底脚叶、烟杈、烟花带到田外处理。烟叶采收结束后尽早拔出烟秆。10 月下旬及时进行烟田耕耙。田间操作时，事先要用肥皂水洗手，工具要消毒，禁止吸烟。打顶抹杈要在雨露干后进行。

(5) 增施有机肥，平衡施肥，提高植株抗病能力。根据烟田实际情况，合理增施有机肥料；氮、磷、钾平衡施肥，N∶P∶K＝1∶(1～1.5)∶(2～3)；保证烟株营养协调，生长健壮，提高烟株自身抗性。

(6) 药剂防治。喷施药剂，减少蚜虫传播；苗期喷施病毒抑制剂（如菌克毒克、病毒必克等），移栽后 7～30 天内，再喷施 2～3 次，施药时注意对叶正面、背面同时喷施。

（朱常香　周洪友　编写）

四、病害综合防治

（一）甜菜病害

我国种植甜菜已有100多年的历史，由于种植年限长，病虫害发生频繁，严重影响甜菜的产量和品质。目前，甜菜上主要病害有立枯病、根腐病、黄化病毒病、褐斑病、丛根病等，病害的防治应以种植抗病品种为主，结合栽培和药剂防治等措施。

1. 选用抗病品种 当前对根腐病表现抗性的品种有甜研4、甜研5、范育1、范育2、HI0135、HI0479等；对褐斑病表现抗性的品种有HI0479、HI0305、KWS0143等；对丛根病表现抗性的品种有HM1631和HI0466。

2. 合理轮作 实行4～5年或以上的轮作，当年甜菜地与去年甜菜地应保持50 m以上的距离。

3. 加强栽培管理 选择地下水位较低、排水良好、肥力中等、地势平坦的土地，注意深耕，及时中耕；适时播种、适当浅播，当5 cm地温稳定在5℃时开始播种，播种质量要贯彻“浅点种、薄盖土”的方针；合理施肥，增加磷肥的投入，适当提高氮磷比；及时定苗、中耕，提高地温。

4. 药剂预防 用0.8%的敌克松拌种，可有效消灭种子上携带的侵染源。病毒病的防治可选用菜病灵、宁南霉素、菌毒克星；褐斑病的防治可用多菌灵、甲基硫菌灵等。

（二）甘蔗病害

1. 选育抗病品种 利用抗病性品种是防治甘蔗病害的一项最有效的措施。目前引进或选育的抗病品种有粤糖63-237、桂糖11、粤糖57/423、印度997、新台糖1、新台糖10、新台糖16等新良种。同时，实行早熟、中熟、晚熟高产高糖品种合理搭配，实行良种多样化，改变品种单一化和熟期单一化的不合理局面。

2. 严格植物检疫 甘蔗宿根矮化病、花叶病、斐济病、白条病等为重要的检疫对象。需要依据《中华人民共和国进出境动植物检疫法》等国家植物检疫法规，对甘蔗的种子、苗木的调运进行检查，以防检疫性病害传播和蔓延。

3. 种植健康种苗 甘蔗长期用蔗茎做种，病菌会长期在蔗茎中累积，造成种性退化。通过脱毒技术对甘蔗茎尖组织培养可获得无毒种苗。在实生苗育种过程中，对品种材料、砍蔗刀、耕作机具等进行消毒处理培育无病种苗。此外，在甘蔗生产中尽量选留无病蔗株为蔗种苗。

4. 农业防治 清除田间的病枯叶、残根、残茎、病宿根以及深翻土壤，减少翌年侵染危害蔗株的侵染源。在蔗种下种前施足基肥，在蔗株各个生长期合理施用氮肥、磷肥、钾肥，适时灌溉，及时培土，防止蔗株倒伏，促使蔗株生长健壮，提高蔗株抵抗病菌侵害的能力。此外，发现田间蔗株表现早期症状时及时拔除病株，以免后期病害进一步扩展蔓延。蔗田可以通过水、旱轮作，与水稻、玉米、甘薯、花生、黄豆、苜蓿等作物进行轮作以避免病菌长期侵染危害甘蔗作物。甘蔗是重要的糖料作物。甘蔗上的病害主要有黑粉病、黄斑病（黄点病）、凤梨病、虎斑病、褐条病、眼点病、赤腐病、嵌纹病、斐济病、白条病、宿根矮化病、花叶病等，病害的危害造成甘蔗产量和糖分不同程度的损失。甘蔗病害综合防治措施包括农业防治、化学防治、生物防治、机械防治和植物检疫等。

5. 药剂防治 黄点病、环斑病和褐条病等发病初期，可用多菌灵、甲基硫菌灵等药剂防治。鞘腐病可用1∶1∶100倍波尔多液(即硫酸铜∶石灰∶水)喷叶鞘各部位。

(三) 烟草病害

烟草是重要的经济作物，是国家和地方财税的重要经济来源。随着农事活动的加剧，大面积种植同一品种，连作重茬，大量滥用杀菌剂等，造成烟草病害日趋加重，成为影响烟草生产的关键。烟草上的常见病害有黑胫病、赤星病、青枯病、角斑病、黑腐病、野火病、病毒病、白粉病、根结线虫病、气候斑病等。烟草病害的防治，应坚持预防为主，协调应用各种综合防治措施。

1. 选用抗病良种　选用抗病品种是防治烟草病害最经济有效的途径。目前培育或引进的抗烟草黑胫病的品种有NC89、K326、K346、G80等；抗烟草赤星病的品种有中烟90、辽烟10、单育2、中烟86等；抗病毒病的品种有NC89、H-423、辽烟6号、辽烟9号、C151、C152、C212等；抗烟草野火病和角斑病的品种有G80、益延1号、Kutsaga110、白肋21等。

2. 实行轮作　实行合理轮作对烟草黑胫病、根黑腐病、青枯病、根结线虫病和普通花叶病等土传病害的防效显著，对烟草叶斑病也有较好防效。一般实行烟草与谷类禾本科作物轮作，杜绝与茄科(茄子、番茄、辣椒)、十字花科(白菜、油菜、萝卜)、葫芦科(黄瓜、南瓜、冬瓜)间套种植，以实行3年轮作为宜。

3. 加强栽培管理　烟草苗床应选择生茬地，并远离菜园、烤房和村旁等场所，苗床土壤要进行熏蒸消毒处理；彻底清除大田中的病株残叶、烟田及附近杂草，烟田要冬耕晒垡，施用无病净肥；科学配方施肥，施用氮肥要适量，应注重增施磷肥、钾肥、饼肥，适量喷施微肥，特别是要提高钾肥施用量；采取高畦或起垄栽培，并进行中耕培土、开沟排水等各项措施；在烟草团棵期和发病初期，及时摘除烟株下部3～4片脚叶，并带出田外妥善处理。

4. 药剂防治　烟草黑胫病、炭疽病、猝倒病、赤星病、蛙眼病等真菌性病害可用甲霜灵、瑞锰锌、克菌丹、退菌特、代森锌、菌核净、朴海因、百菌清、粉锈灵等药剂防治。烟草青枯病、野火病、角斑病等细菌性病害可用叶枯净、链霉素、DT可湿性粉剂防治。烟草病毒病害可用病毒必克、菌毒清、金叶宝、植病灵、NS-83增抗剂等药剂防治。烟草根结线虫病可用茎线灵、克线磷、铁灭克等穴施预防。

(朱常香　编写)

思考题

1. 怎样辨别和区分棉花黄萎病、枯萎病？棉花黄萎病、枯萎病菌的致病机制是什么？
2. 棉花上危害严重的线虫病害的种类和症状有哪些？麻类作物上危害严重的线虫病害的种类和症状有哪些？
3. 为何线虫病害会加重真菌或细菌病害的侵染概率和程度？
4. 在实际生产中普遍应用种衣剂来防治大豆根腐病，但是经常出现同一种种衣剂在某些地区有效，而在另一些地区无效的现象，分析其原因，如何解决这一问题？
5. 生产上一般是以使用抗病品种来控制大豆灰斑病，但抗病品种使用几年后会丧失抗性，原因是什么？如何解决？
6. 防治霜霉病有哪些要点？
7. 怎样识别菌核病？又如何综合防治菌核病？
8. 怎样识别与防治花生叶斑病？

9. 阐述花生青枯病的致病机理。
10. 简述甜菜丛根病的侵染过程。
11. 简述甜菜根腐病的症状特点。
12. 甜菜褐斑病的识别和防治要点是什么?
13. 试拟定烟草黑胫病的控制策略和措施。
14. 怎样抓好烟草赤星病的防治?
15. 如何区分烟草青枯病与其他根茎类病害?
16. 如何防治烟草花叶病?

第九章　蔬菜病害

蔬菜是与人们日常生活及身体健康关系最为密切的一类食用植物。随着人们环境意识和农产品安全生产意识的不断增强，对蔬菜种植和蔬菜产品的质量要求也随之提高，由原来的"绿色蔬菜"、"无公害蔬菜"，发展到更高水平的"有机蔬菜"。蔬菜及其产品的质量安全，既涉及蔬菜种植者和科技工作者，也涉及蔬菜管理部门。其中植保人员指导种植者在病虫害过程中合理用药、安全用药责任重大。随着我国农业种植结构的调整，蔬菜种植面积不断扩大，尤其是高山蔬菜、设施栽培蔬菜种植面积迅速扩展。据统计，目前全国蔬菜种植面积达 2.95 亿亩，蔬菜种植业已成为农民的主要经济来源和地方政府重点扶植的支柱产业。

我国蔬菜种类繁多，近年来特种蔬菜和水生蔬菜也不断发展。在不同类别蔬菜种植过程中，影响其产量和产品质量的因素很多，其中病害的发生危害是其最重要的因素之一。蔬菜从苗期到大田生长期再到储运过程中，病害种类繁多，不同地域因地理环境条件差异和种植对象不同，病害发生的主次也不尽相同，因其耕作制度的改变，病害的演替也呈现明显变化。某些次要病害上升为生产上的主要问题，如十字花科蔬菜根肿病，在 20 世纪 60 年代曾在我国局部菜区广泛发生，此后较为少见。近年来，根肿病在全国许多蔬菜种植区普遍严重发生，尤其是对高山蔬菜造成严重经济损失，已成为制约蔬菜生产的重要障碍之一。

据记载，蔬菜病害多达 500 余种，但真正具有经济重要性的病害为 30～50 种。发生较为普遍，并造成不同经济损失的主要有病毒病、霜霉病、青枯病、枯萎病、灰霉病、苗床期根茎腐烂病以及各类叶斑病等。在蔬菜生产的各个环节，重视病害防控，对蔬菜产业的可持续发展具有重要意义。

第一节　真菌和卵菌病害

真菌和卵菌是蔬菜病害的重要病原物，在蔬菜的育苗期和大田生长期均可引起危害。苗床期危害，导致幼苗生长发育不良，或造成死苗。大田期危害，通常在叶片或果实上产生各种类型的病斑，致使叶片枯死或植株萎蔫，或果实腐烂，严重影响蔬菜的产量和品质。

由真菌和卵菌引起的蔬菜病害种类很多，其中发生较为普遍、危害较为严重的主要有霜霉病、白粉病、灰霉病、炭疽病、枯萎病等。十字花科蔬菜根肿病是近年来我国蔬菜上发生普遍且危害严重的病害，全国南北蔬菜产区均有发生，尤其是高山蔬菜病情更为严重，造成的经济损失也十分惨重。

一、霜霉病

霜霉病(downy mildew)是十字花科蔬菜和葫芦科蔬菜等普遍严重发生的重要病害，在露地和设施栽培蔬菜中均较为常见。北方地区大白菜受害尤为严重，秋季气候冷凉，昼夜温差大，多雨天气，往往加重病情。一般流行年份该病可造成损失 20%～30%，重者损失可达 50%以上，甚至绝收。

1. 症状　苗期至成株期均可发生。主要危害叶片，也可危害茎蔓、花梗和种荚等部位。

叶片受害，初在正面产生水渍状褪绿斑点，逐渐扩大至黄褐色多角形或不规则形病斑，背面产生白色霜状霉层，条件适宜时，病斑连片，叶片变黄、干枯（图 9-1）。花梗受害，表现为肥肿，弯曲畸形，丛聚而生，呈龙头拐状。花器受害，也表现为肥大畸形，花瓣变绿，易脱落。种荚受害，荚呈黄褐色，细小，弯曲，结实不良，常未成熟先开裂或不结实。受害花梗、花器和种荚病部均可产生白色霉层（孢囊梗和孢子囊）。

图 9-1　蔬菜霜霉病

A. 白菜叶片正面；B. 白菜叶片背面；C. 黄瓜叶片正面；D. 黄瓜叶背面霉层

霜霉病在不同寄主上的症状特点大体相似。在黄瓜等蔬菜作物的受害部位产生的霉层有时呈紫黑色。

2. 病原　十字花科蔬菜霜霉病的病原为寄生霜霉[*Peronospora parasitica*（Pers.）Fr.]和芸薹霜霉（*Peronospora brassicae* Gäum.），异名分别为 *Hyaloperonospora parasitica*（Pers.）Constant. 和 *Hyaloperonospora brassicae*（Gäum.）Göker，Voglmayr，Riethm.，属假菌界、卵菌门的霜霉属。菌丝无隔，无色，寄生于细胞间隙，产生球形或囊状的吸器伸入寄主细胞内吸取养分。无性繁殖时在菌丝上产生孢囊梗，从气孔伸出，无色，无隔，状如树枝，具 6～8 次二叉状分枝，顶端的小梗尖细，向内弯曲，略呈钳状，各着生一个孢子囊。孢子囊无色，单胞，长圆形至卵圆形。孢子囊萌发时直接产生芽管。有性孢子为卵孢子，在罹病的叶、茎、花薹和荚果中都可以形成，尤以花薹等肥厚组织中为多。卵孢子黄色至黄褐色，近球形，壁厚，表面光滑或有皱纹（图 9-2）。卵孢子萌发直接产生芽管。

寄生霜霉发育要求较低的温度和较高的湿度。菌丝发育适温为 20～24℃；孢子囊形成适温 8～12℃，萌发温度范围 3～35℃，适温 7～13℃。在水滴中和适温下，孢子囊经 3～4 h 即可萌发。病菌侵染适温为 16℃；温度为 10～15℃和 RH 为 70%～75%时有利于卵孢子的形成。卵孢子萌发对温度的要求与孢子囊基本一致。

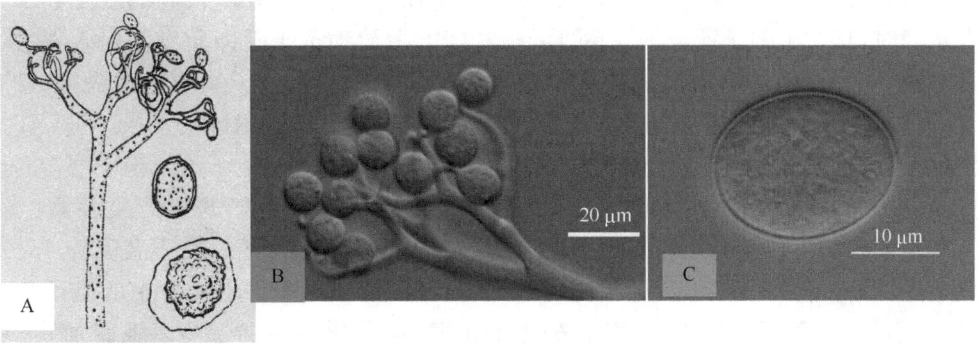

图 9-2 寄生霜霉

A. 孢囊梗、孢子囊及卵孢子；B. 孢囊梗及孢子囊；C. 孢子囊

寄生霜霉为专性寄生菌，有明显的生理分化现象。比较一致的看法是分为 3 个变种：①芸薹属变种（*P. parasitca* var. *brassicae*），异名为 *Hyaloperonospora brassicae* f. sp. *brassicae*，对芸薹属蔬菜侵染力强，对萝卜侵染力较弱，不侵染芥菜；②萝卜属变种（*P. parasitca* var. *raphani*），异名为 *Hyaloperonospora brassicae* f. sp. *raphani*，对萝卜侵染能力强，对芸薹属蔬菜侵染能力极弱，不侵染芥菜；③芥菜属变种（*P. parasitca* var. *capsellae*），异名为 *Hyaloperonospora parasitica*，仅侵染芥菜，不侵染其他十字花科蔬菜。

瓜类霜霉病的病原为古巴假霜霉[*Pseudoperonospora cubensis*（Berk. & M. A. Curtis）Rostovzev]，属假菌界、卵菌门、假霜霉属卵菌。菌丝无隔膜，无色，在寄主细胞间扩展蔓延。病菌为专性寄生菌，以卵形或指状分枝的吸器伸入寄主细胞内吸收养分。无性繁殖产生孢囊梗和孢子囊。孢囊梗由寄主叶片的气孔伸出，单生或 2～5 根丛生，无色，基部稍膨大，主干上有 3～5 次锐角分枝，分枝顶端产生孢子囊。孢子囊淡褐色，椭圆形或卵圆形，顶端具乳突（图 9-3）。孢子囊在水中萌发产生 6～8 个游动孢子（大型孢子囊可产生 15～22 个）。游动孢子无色，圆形或卵形，有 2 根鞭毛，在水中游动 30～60 min 后形成休止孢，再萌发产生芽管，从寄主气孔侵入。孢子囊在高温和低湿条件下，也可直接萌发产生芽管侵入寄主。以色列 Cohen 和Rubin（2012）报道古巴假霜霉属异宗配合，存在 A1 和 A2 两种交配型，只有两种交配型交配后才能产生卵孢子。卵孢子无色，球形，壁光滑（图 9-3）。

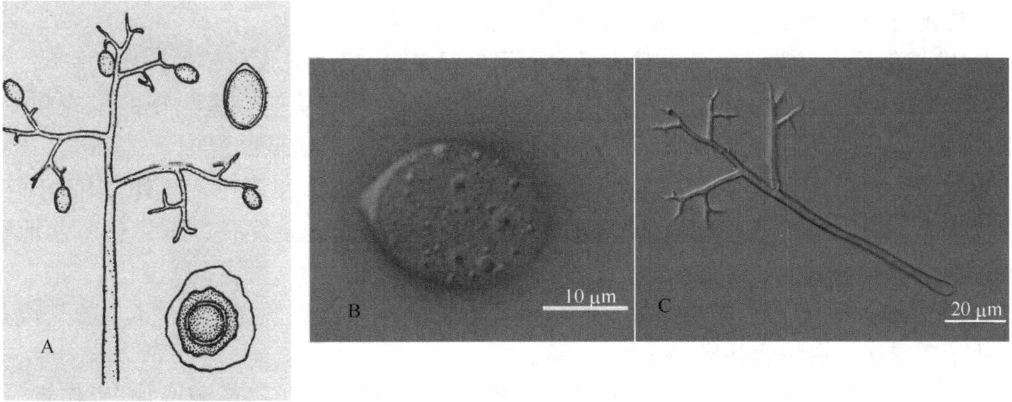

图 9-3 古巴假霜霉

A. 孢囊梗、孢子囊及卵孢子；B. 孢子囊；C. 孢囊梗

古巴假霜霉的孢子囊其产生、萌发,游动孢子的萌发、侵入均要求很高的湿度和水分。叶片上有水膜时,15℃下孢子囊经 1.5 h 即可萌发,2 h 后游动孢子随即萌发并侵入寄主。若叶片上无水膜,即使接种病菌也很难发病。在高湿时病斑上产生孢子囊的速度快、数量大。例如,空气 RH 在 83%以上,并维持 4 h,病斑上就能产生孢子囊,若 RH 为 50%～60%时,则不能产生孢子囊。在饱和湿度或叶面有水膜的条件下,可产生大型孢子囊。孢子囊在 5～32℃范围内都可萌发,萌发适温为 15～22℃,温度升高孢子囊可直接萌发产生芽管。病菌在 10～28℃范围内均可侵染寄主,侵入适温为 16～22℃,孢子囊产生的最适温度为 15～20℃。孢子囊抗逆性差,寿命短,一般只存活 1～5 天。24～25℃干燥条件下病叶上的孢子囊只存活 2～3 天。病叶于－30℃下经 45 天孢子囊仍可萌发。孢子囊在 10%二甲基亚砜加 5%脱脂乳混合液中预先－20℃冷冻 24 h,然后放入－70℃冰箱保存,12 个月后仍能萌发。孢子囊的形成要求光照和黑暗交替,增加光照,特别是红光和蓝光照有利于孢子囊的产生。含有卵孢子的悬浮液接种在离体叶片于 16.5℃,光暗交替 12 h,能够萌发并侵染黄瓜、香瓜和南瓜并产生 F_1 代的孢子囊。

病菌有明显的生理分化,已报道有 6 种致病型,其中来自以色列的致病型 VI 有 A1 和 A2 两种交配型的分化,病菌主要危害黄瓜和香瓜,但南瓜、西葫芦、笋瓜、丝瓜、冬瓜、苦瓜等也可受害。

3. 病害循环 霜霉病主要发生在春、秋两季。在北方,病菌主要以卵孢子随病残体在土壤中越冬,翌春萌发侵染春菜,如小白菜、油菜等。在南方地区,全年均有寄主蔬菜栽培,病菌以孢子囊在各茬蔬菜上不断侵染危害,周年循环。华北、东北、西北等地,冬季病菌在保护地蔬菜上侵染危害,第二年逐渐传播到露地蔬菜上危害,病斑上产生大量孢子囊进行再侵染。此外,病菌也可以菌丝体在采种株内越冬,或以卵孢子附于种子表面或以病残体混在种子中越冬,第二年播种后侵染幼苗。卵孢子在土壤中可存活 1～2 年。春菜发病中后期,叶片病组织内、采种株被害花梗及种荚内,均可形成大量卵孢子。只要条件适宜,卵孢子经 1～2 个月的短期休眠即可萌发,侵染当年秋季的大白菜、萝卜和甘蓝等。在北方地区,卵孢子是春、秋两季十字花科蔬菜发病的主要初侵染源。而在冬季田间种植十字花科蔬菜的地区,病菌可直接在寄主体内越冬,而以卵孢子在病残体、土壤和种子表面越夏,以后侵染秋菜,以此形成周年危害。卵孢子萌发后产生芽管,从寄主气孔或表皮直接侵入。菌丝在细胞间隙扩展,引起寄主植物病变。以后产生孢子梗及孢子囊,从气孔伸出,形成霜霉层。病斑上产生的孢子囊主要通过气流和雨水传播,进行多次再侵染,从而导致病害不断扩大蔓延。

4. 发病条件 霜霉病的发生和流行主要受气候条件、栽培措施和品种抗性的影响。

(1) 气候条件。以温度、湿度的影响最为重要。其中温度决定病害出现的早晚和发展的速度,雨量决定病害发展的严重程度。孢子囊的产生与萌发喜较低的温度,气温低于 18℃,昼夜温差较大和多雨高湿或雾大、露重的条件,最适于此病的发生和流行。此外,田间小气候的影响也很大。田间郁密高湿,夜间经常结露,即使无雨,病情也会发展。华北和东北地区,如 8 月上旬、中旬降雨多,大白菜从拉十字期即开始发病,莲座期(9 月上旬)至包心期(10 月上旬)的气候条件对病害流行影响更大。冷凉山区若长期处于低温阴湿、雾大露重的气候条件,特别适于霜霉病和白锈病并发,使危害加重。

(2) 栽培条件。蔬菜连作,有利于卵孢子在土壤中的积累,初侵染源增加,发病重。轮作尤其水旱轮作,可促使病残体腐烂分解,发病轻。北方秋白菜播种过早,包心期提早,利于发病。此外,播种过密、间苗过迟、蹲苗过长、整地不平、地势低洼积水、通风不良、追肥不及时或偏施氮肥等均有利于病害发生。

(3) 品种抗病性。品种间抗性差异显著，且对病毒病和霜霉病的抗性较为一致。疏心直筒型品种，因外叶较直立，垄间不易荫蔽，发病轻；圆球型、中心型品种则发病较重。柔嫩多汁的白帮品种发病较重；青帮品种发病轻。感染了病毒病的植株更易感染霜霉病。

二、白粉病

蔬菜白粉病(powdery mildew)在我国各蔬菜产区普遍发生危害。该病主要危害葫芦科中的瓜类，茄科和十字花科蔬菜也可受害。在植株生长中期、后期发病严重，可以导致叶片干枯、植株死亡。近年来，随着我国设施蔬菜种植面积的扩大，白粉病逐年加重，该病已成为影响蔬菜产量和品质的重要障碍之一。

1. 症状 白粉病一般发生在蔬菜生长的中期、后期，主要危害叶片，叶柄和茎也可受害。

瓜类白粉病，初在叶片或幼茎上出现白色、近圆形的小粉斑，以叶正面为多。条件适宜时，粉斑迅速扩大，相互连接成边缘不明显的大片白粉区，甚至布满整个叶面(图 9-4)，后期白粉状物变成灰白色。随后病叶枯黄、卷缩，一般不脱落。有时，病斑上形成黄褐色或黑褐色的小粒点，即闭囊壳，尤以秋季病斑上的闭囊壳为多。

番茄叶片发病时，一般下部叶片先发病，逐渐向上部发展。发病初期，叶面出现褪绿小点，扩大后呈近圆形或不规则形病斑，表面着生白色粉状物，严重时布满整个叶片(图 9-5)，后期不产生闭囊壳。其他蔬菜受害，叶片症状与瓜类相似，有的也产生闭囊壳。

图 9-4 黄瓜白粉病

图 9-5 番茄白粉病

2. 病原 瓜类白粉病的病原有 2 种：苍耳单囊壳[*Podosphaera xanthii* (Castagne) U. Braun & Shishkoff]和奥隆特戈洛文白粉菌[*Golovinomyces orontii* (Castagne) V. P. Heluta]，均属真菌界、子囊菌门、白粉菌科。苍耳单囊壳菌丝无色，附着器乳头状，分生孢子含有明显的纤维体，串生，卵圆形。芽管通常较短，个别叉状，末端加粗。分生孢子梗直立，透明；闭囊壳散生至聚生，暗褐色，壁细胞呈不规则多角形；附属丝 10～36 根，丝状，偶尔分枝，褐色，或靠近顶尖处颜色变淡；子囊单个，椭圆形，内含 8 个子囊孢子(图 9-6)。瓜类白粉病菌存在明显的致病性分化，目前国内外报道有 6 个种。

番茄白粉病的病原也有 2 种：新番茄粉孢(*Oidium neolycopersici* L. Kiss)和番茄粉孢(*O. lycopersici* Cooke & Massee)，我国主要是前一种。新番茄粉孢的分生孢子椭圆形至圆形(图 9-7)，单生于分生孢子梗的顶端，其着生基部平且略有缢缩。分生孢子一端萌发产生裂片状芽管，顶端有裂瓣形或简单附着胞；分生孢子梗直立，不分枝，脚胞柱形，上接 1～2 个短细胞；菌丝无色，有隔，附着胞瓣形，单生或对生；吸器球形。未发现有性型。

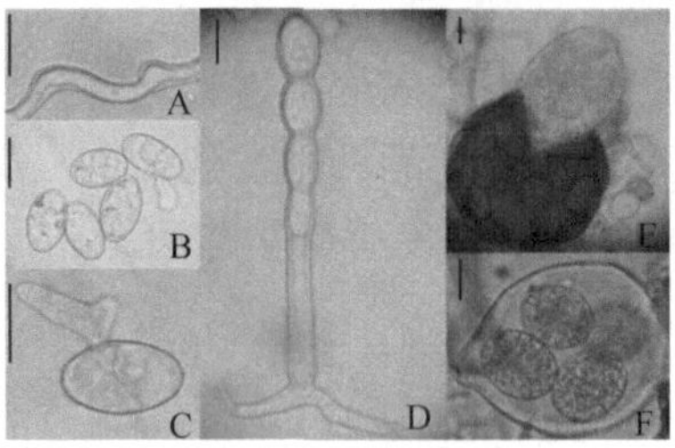

图 9-6　苍耳单囊壳

A. 附着器；B. 分生孢子；C. 芽管；D. 分生孢子梗；E. 闭囊壳和子囊；F. 子囊及子囊孢子（刘淑艳等，2011）

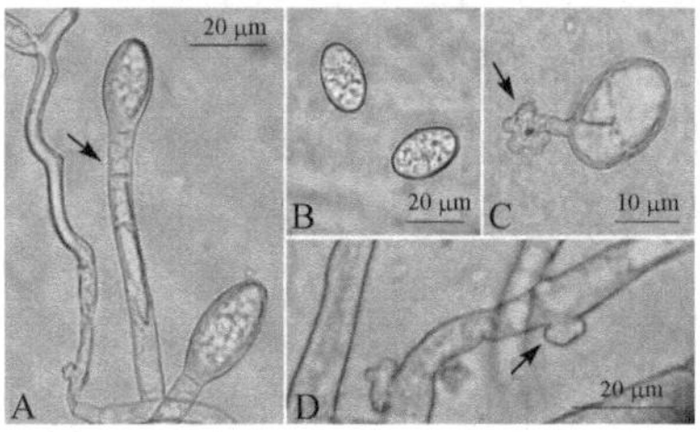

图 9-7　新番茄粉孢

A. 分生孢子梗；B. 分生孢子；C. 萌发的分生孢子；D. 附着器（姜文涛等，2012）

茄子白粉病主要由辣椒拟粉孢[*Oidiopsis taurica*（Lév.）E. S. Salmon]引起，也有报道由 *Oidium melongena* Zaprometov、*Oidium cichoracearum*、*Oidiopsis tropaeoli*（Berger.）引起。

辣椒白粉病的病原有性型为鞑靼内丝白粉菌[*Leveillula taurica*（Lév.）G. Arnaud]，属子囊菌门、内丝白粉菌属，无性型为 *Oidiopsis taurica*（Lév.）E. S. Salmon。

3. 病害循环　在温暖地区或温室内，病菌无明显的越冬现象，菌丝及分生孢子可在病株上存活，分生孢子不断产生，辗转危害。在寒冷地区，病菌主要以闭囊壳随病株残留土表或以菌丝体侵入多年生植物内越冬，翌年春暖后产生子囊孢子引起初侵染。虽然各地的初侵染来源不尽相同，但均以病斑上的分生孢子进行再侵染。分生孢子具有很强的致病性，主要靠气流传播，特别是可被大风吹到很远的地方，萌发必须有水膜存在，萌发后以侵染丝直接侵入寄主表面细胞。蔬菜生长中期、后期发病较多，露地多在 8 月中旬、下旬至 9 月上旬天气干旱时易流行。有些白粉菌在生长晚期，菌丝聚集，产生有性的闭囊壳，度过不良的环境，成为下一年的初侵染源。

4. 发病条件　白粉病的发病程度与品种、环境条件、栽培管理等因素密切相关。

(1) 品种抗病性。目前尚未发现免疫品种，但不同蔬菜、不同品种间的抗/耐病性存在较大差异。葫芦科植物中黄瓜、西葫芦、南瓜、冬瓜、甜瓜、香瓜等较感病，几乎年年会有不同程度的发生，其次是西瓜、苦瓜和瓠瓜，而丝瓜的抗病性最强。瓜类中津研 2 号、4 号，津杂 1 号、2 号等津研系统品种，以及宁阳刺瓜、唐七秋瓜等老品种，对白粉病的抗性较强。近年来育成的新品种，如秋棚 1 号、2 号，中农 4 号，碧香也比较抗病。番茄几乎没有抗白粉病的品种。我国对番茄白粉病抗性研究目前尚处于起步阶段，其他蔬菜抗白粉病的品种也很少。因此，种植多抗性或耐热、耐寒、耐涝的蔬菜品种，加强肥水管理，提高植物的生长势，是防治白粉病较有效的方法。

(2) 环境条件。白粉菌分生孢子萌发适宜温度 20～28℃，最适 25℃左右，RH 在 50%～80%。该条件有利于病害的发生和流行，而长时间降雨则会抑制病害蔓延。凡枝叶荫蔽，通风不好，光照不足，排水不良，株间湿度大，植株长势弱，偏施氮肥及邻近温室、大棚的田块易于发病，尤以高温时晴雨交替，天气闷热更易于流行。温室和大棚蔬菜通常比露地蔬菜发病早且重，主要原因是室内和棚内湿度大，温度高，有利于分生孢子的大量繁殖和病害的迅速蔓延。

(3) 栽培管理。偏施化肥，尤其是偏施速效氮肥，会导致植株徒长，抗病性降低；而以有机肥为主，增施磷肥、钾肥，植株生长健壮，抗病性增强，发病轻且果实品质好。温室内光照不足、通风不良、空气相对湿度大、种植密度大、施肥不合理、灌水量过大等，都有利于发病。

(4) 植株生长期。不同生长阶段,植物对白粉病的抗性不同。瓜类白粉病和番茄白粉病从苗期到成株期均可发病,生长后期发病更为严重。辣椒白粉病经常最先在第 6～10 叶位叶片上发病,随着植株生长,抗病性逐渐减弱,结果期比初花期和幼苗期的植株更易感病。

三、瓜类枯萎病

瓜类枯萎病(cucurbits *Fusarium* wilt),又称蔓割病、萎蔫病,是瓜类蔬菜上的一种重要土传病害。全国各地均有发生。黄瓜、冬瓜发病最重,南瓜很少发病。黄瓜发病率一般为 10%～30%,严重时可达 80%～90%,甚至绝收,对生产造成的损失因病情的轻重和发病期的早晚而异。近年来,由于生产上应用嫁接技术,该病害有所减缓。

1. 症状 幼苗发病,子叶变黄萎蔫,重病株枯萎,茎基部变褐缢缩,多呈猝倒状。成株期发病,一般在开花结果后表现症状。初期病株叶片由下向上凋萎,似缺水状,中午尤为明显,早晚可恢复正常,数日后全株凋萎下垂,不再恢复。茎蔓基部稍缢缩,常纵裂,溢出琥珀色胶体物。在潮湿环境下,病株茎基部上常产生白色或粉红色的霉层。纵剖茎基部,维管束呈褐色(图 9-8)。

2. 病原 瓜类枯萎病由镰孢属真菌侵染所致。经鉴定我国有 2 个种,即尖镰孢(*Fusarium oxysporum* E. F. Sm. & Swingle)和球茎状镰孢瓜萎变种[*Fusarium bulbigenum* var. *niveum* (E. F. Sm) Wollenw]。我国大部分地区的瓜类枯萎病由尖镰孢引起。气生菌丝白色,绒毛状,在 PDA 培养基上底部呈淡黄色或淡紫色。小型分生孢子无色,数量多,卵圆形或肾形,假头状着生在产孢细胞上,单胞,偶有双胞;大型分生孢子无色,纺锤形或镰刀形,1～5 个隔膜(多为 3 个),顶端细胞较长,渐尖,足胞有或无;产孢细胞单瓶梗;厚垣孢子产生慢,量少,顶生或间生,淡黄色,圆形(图 9-9)。

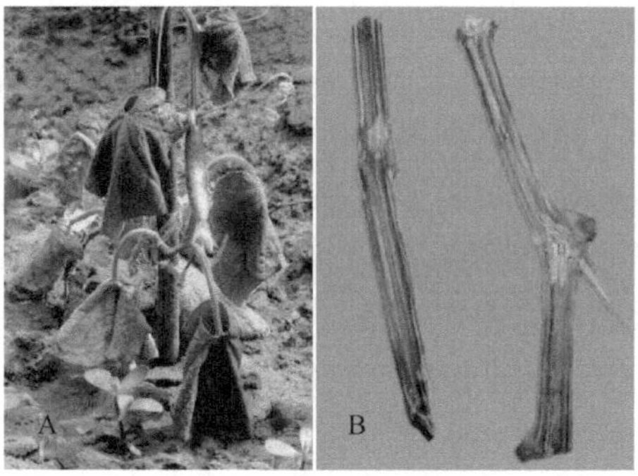

图 9-8 黄瓜枯萎病
A. 植株受害状;B. 维管束变褐

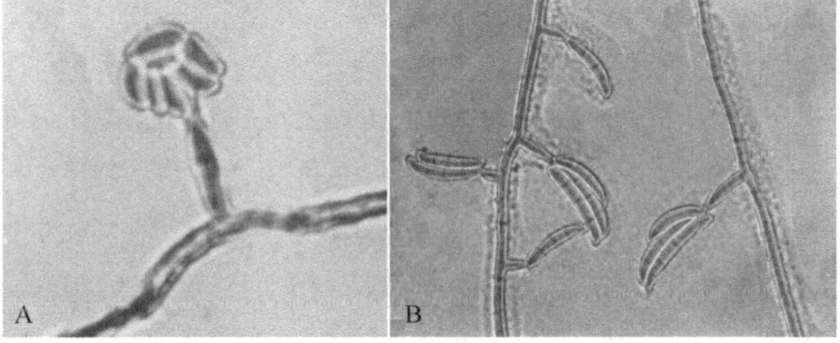

图 9-9 尖镰孢
A. 小型分生孢子头状着生在分生孢子梗上;B. 大型分生孢子着生在分生孢子梗上

根据对不同瓜类的致病性差异,尖镰孢又分为 4 个专化型。①黄瓜专化型(*F. oxysporum* f. sp. *cucumerinum* J. H. Owen):主要危害黄瓜,人工接种对甜瓜的致病力较强,轻度侵染西瓜和冬瓜。②西瓜专化型(*F. oxysporum* f. sp. *niveum* W. C. Snyder & H. N. Hansen):主要侵染西瓜,轻度侵染甜瓜,很少侵染黄瓜。③甜瓜专化型(*F. oxysporum* f. sp. *melonis* W. C. Snyder & H. N. Hansen):对甜瓜致病力极强,轻度侵染黄瓜,不侵染西瓜。

④丝瓜专化型(*F. oxysporum* f. sp. *luffae* Kawai，Suzuki & Kawai)：主要侵染丝瓜。

吉林省和上海市的黄瓜枯萎病菌为瓜萎镰孢。在PDA培养基上气生菌丝繁茂，絮状，子座黄色、紫红色或玫瑰色，小型分生孢子椭圆形、卵形、近梭形，无色，不分隔或有1个隔；大型分生孢子梭形、镰刀形，无色，两端尖，顶细胞圆锥形，有时微呈钩状，有足胞，3～5个隔膜；厚垣孢子多，顶生或间生，球形，单胞。病菌发育和侵染温度范围4～34℃，适温24～27℃；pH 2.3～9.0，最适pH 4.5～5.8。

3. 病害循环　病菌主要以菌丝体、厚垣孢子和菌核在土壤中、病残体、种子及未腐熟的肥料中越冬，成为翌年主要初侵染源。病菌的生活力极强，在土壤中可存活5～6年，厚垣孢子通过牲畜的消化道后仍能存活。在老病区，种子带菌作为初始侵染源并不重要，但通过调种远距离传往新病区的作用不可忽视。枯萎病菌的传播要借助灌溉水和农事操作及地下害虫和线虫。地下线虫既可以传病，又可以制造伤口，能加重病菌传染和危害。病菌主要通过根部伤口或直接从侧根分枝处的裂缝及幼苗茎基部裂口处侵入。先在寄主薄壁细胞间和细胞内生长蔓延，然后进入维管束，在导管内发育繁殖，阻碍水分运输；同时分泌果胶酶和纤维素酶，分解破坏细胞，使导管内积累果胶类物质，堵塞导管，引起植株萎蔫；另外，病菌还能分泌毒素，干扰寄主代谢系统，积累许多醌类化合物，使植物细胞中毒，进而导致导管变褐和寄主死亡。

研究表明，黄瓜根部分泌的肉桂酸能明显增加发病率，在接种尖镰孢前用肉桂酸处理，能增大维管束的褐变指数和营养液中镰孢菌的群体数量。枯萎病具有潜伏侵染现象，幼苗早期感病外观可不表现症状，往往在植株开花结瓜后，条件适宜时才显症。

4. 发病条件　瓜类枯萎病是一种典型的土传病害，发生与危害程度与土壤性质及耕作、水肥等有密切关系。

(1) 耕作制度。瓜类枯萎病的发生程度与瓜类蔬菜，特别是黄瓜连作的年限呈正相关，由于病菌可在土壤中长期存活，当土壤中病菌连年积累、菌源量大时，发病加重。同一地区，无论露地或温室，连作年限越长病害越重。与非寄主轮作，尤其是水旱轮作，可在一定程度上减轻病害。

(2) 土壤条件。土壤温度、湿度以及pH对枯萎病的发生均有较大影响。高温利于病菌孢子萌发和缩短潜育期，通常病菌在8～34℃均能致病，以24～28℃为侵染适温，多造成成株发病；16～18℃时多发生苗期猝倒。土温15℃时，病害潜育期为15天，20℃时为9～12天，25～30℃时仅为4～6天；超过30℃时发病减轻，甚至不发病。分生孢子在pH 4.5～9均可萌发，最适pH 5.5～6.0，可见酸性土壤有利于病菌的活动，但不利于瓜类作物生长，故在pH 4.5～6.0时枯萎病发生重，pH 3.5以下及pH 9.0以上则不发病。

(3) 栽培管理。瓜类属喜温的浅根作物，土壤肥沃、保水保肥、通透性良好，利于植株根系发育，增强抗病性；反之，地势低洼、排水不良、土壤冷湿、土层瘠薄、整地不平等均利于病害发生而不利于植株健壮生长。平畦比起垄发病重；大水漫灌或正午高温时灌水发病重。中耕不当会损伤根系，病菌易侵入，有利于病害发生；施用未腐熟的带菌肥料发病也重；地下害虫或线虫多时，易造成伤口，病菌侵染概率较高也会加重发病。

(4) 品种抗性。瓜类蔬菜中，南瓜高抗枯萎病。而在黄瓜品种中，目前尚未发现免疫或高抗的品种，且不同品种间具明显的抗病性差异。长春密刺、杨行、沪58和中农1101、津春3号、安宁刺瓜等为感病品种。

四、炭疽病

炭疽病(anthracnose)是一种危害严重的世界性病害,病原菌主要是炭疽菌属(*Colletotrichum*)的真菌。炭疽病可以发生在各种作物上,尤其是果树和蔬菜,十字花科、茄科、葫芦科、豆科等蔬菜受害严重。炭疽病主要危害植物叶片和近成熟的果实,造成落叶和烂果,对果蔬生产的威胁很大。

1. 症状　叶片上病斑小,圆形,初为苍白色水渍状,后变灰褐色,边缘褐色并微隆起。最后病斑中央灰白色,半透明状,易穿孔。叶脉上的病斑多发生于叶背面,褐色条状,稍凹陷。叶柄上病斑为椭圆形或纺锤形,褐色,稍凹陷。叶片被害严重时,病斑可达百余个,互相汇合可引起叶片早枯。果实发病,初现暗绿色水渍状小点,后扩大为圆形或椭圆形、暗褐色、凹陷病斑,凹陷处常龟裂,果实歪曲、开裂。发生严重时,病果在田间就可以腐烂脱落。受侵染后未发病的果实在采收后储藏、运输和销售期间可陆续显症,使腐烂果实不断增多。豆科蔬菜受害后,豆荚初为褐色小点,扩大后为圆形或近圆形,褐色至黑褐色斑,边缘稍隆起,四周常有红褐色或紫褐色晕环。后期病部表面有同心轮纹并密生黑色小粒点,潮湿时溢出粉红色黏质物(图 9-10)。

图 9-10　蔬菜炭疽病

A、B. 菜豆炭疽病;C. 白菜炭疽病;D～F. 辣椒炭疽病;G. 茄子炭疽病;H. 黄瓜炭疽病;I. 番茄炭疽病

2. 病原　有性型为围小丛壳(*Glomerella cingulata* var. *orbicularis*),属子囊菌门、小丛壳属,自然条件下少见。无性型为 *Colletotrichum* spp.,属有丝分裂孢子真菌中的刺盘孢属,其中希金斯刺盘孢(*C. higginsianum*)引起十字花科蔬菜炭疽病;葫芦科刺盘孢(*C. orbicu-*

lare)引起黄瓜、丝瓜、甜瓜、西瓜等炭疽病；豆刺盘孢(*C. lindemuthianum*)引起菜豆、蚕豆、豇豆等炭疽病；辣椒刺盘孢(*C. capsici*)引起辣椒、茄子等炭疽病。

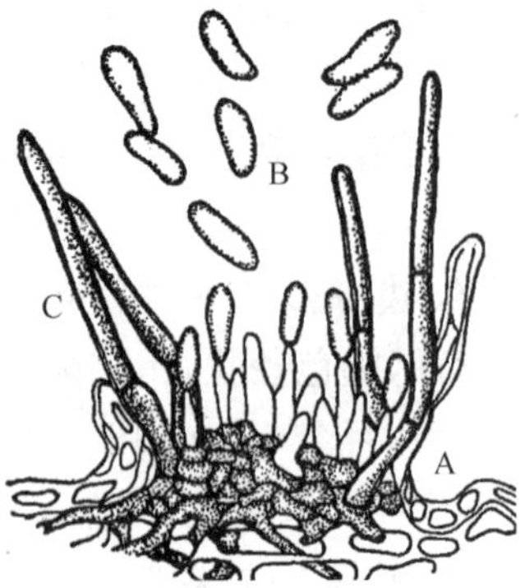

图 9-11　炭疽病菌
A. 分生孢子梗；B. 分生孢子；C. 刚毛

病部所见黑色小粒点，是病菌的分生孢子盘，常丛生，初埋生于寄主表皮下，成熟后突破表皮而外露，黑色，盘状或垫状。分生孢子盘上着生稀疏的刚毛，刚毛较粗壮，褐色至暗褐色，多弯曲，具 2～4 个隔膜。病部的粉红色黏稠状物是病菌的分生孢子团，有大量的分生孢子。分生孢子梗短圆柱形，呈栅栏状排列，无色，单胞；分生孢子长椭圆形或新月形，单胞，无色，有时内有 1～2 个油球(图 9-11)。

病菌发育适温为 12～34℃，最适温度 27℃左右，要求适宜 RH 在 95%以上；若 RH 低于 70%，即使温度适宜也不适合其发育。分生孢子萌发的适宜温度为 25～30℃，要求 RH 在 95%以上。病菌种内可划分为不同的生理小种，来源于不同地域的菌株其最适生长温度差异很大。这可能与不同来源菌株栖居地的温度有关，来自于高温地区的菌株在较高温度下生长速度快，而来自于较低温度地区的菌株则在较低温度下生长速度较快。

病菌的寄主范围较广，可危害十字花科、茄科、葫芦科、豆科等多种蔬菜。炭疽病最显著的特点是产生凹陷的病斑，这是受侵染组织发生死亡和细胞解析产生的典型特征。炭疽菌能产生多种酶类，降解植物组织结构，有些甚至能杀死植物细胞，其中有的酶能够降解碳水化合物，溶解细胞壁和水解角质层，也有的酶可协助侵染和离析寄主组织。炭疽菌只危害近成熟或采收后的果实。未成熟果实中含有毒性化合物(如真菌二烯)，并且能产生植保素，会抑制病菌侵入。

3. 病害循环　病菌主要以菌丝体在病株残体内越冬，也可以分生孢子附着在种子表面，或以菌丝潜伏在种子内部越冬。播种带菌种子，可引起幼苗染病，在子叶或幼茎上产出分生孢子，借雨水、昆虫传播；病株残体内越冬的菌丝体，在适宜条件下产生分生孢子，引起田间初次侵染。发病后病斑上产生大量分生孢子，借风、雨、昆虫或农事操作传播进行再侵染。分生孢子萌发后产生芽管，从伤口或直接从寄主表皮侵入，经 4～7 天潜育即出现病害症状。

4. 发病条件　炭疽病的发生与气象因素，尤其与温度、湿度关系密切。病菌喜高温和潮湿，一般温暖多雨的年份和地区有利于此病害的发生发展。病菌发育的适温为 12～34℃，不同生理小种的最适发育温度有差异。RH 在 95%以上时，分生孢子才能萌发。因此，温室内有露、雾大，易发此病，此外蔬菜地潮湿、排水不良、种植过密、株行间通风透光差、肥料不足或偏施氮肥、果实受损伤或因落叶而造成果实日灼伤等，均易加重病害的发生。一般成熟过或过成熟果实容易受害，幼果很少发病。

五、疫病

疫病(*Phytophthora* blight)，俗称“死秧”，在葫芦科和茄科蔬菜作物上常有危害。

瓜类疫病在我国是 20 世纪 70 年代后严重发生的一种病害，全国各蔬菜产区均有发生，通常南方发病重于北方。在瓜类作物上，该病来势很猛，蔓延迅速，常常造成多种瓜类大面积死亡，甚至毁种。华北地区的夏、秋黄瓜受害较重，尤其是秋黄瓜生产上的主要障碍。在南方的杭州、武汉一带以春黄瓜受害重。在新疆和甘肃，此病是厚皮甜瓜的主要病害之一。90 年代末，设施栽培黄瓜、西瓜、甜瓜也相继发病，目前已成为棚室蔬菜中的重要病害。

辣椒疫病是辣椒生产上的一种世界性分布的毁灭性病害。美国 1918 年首次报道此病，目前在美国、日本、阿根廷等许多国家危害严重。我国 1940 年在江苏首次报道此病发生，20 世纪 80 年代中期以来连年发生，河北、新疆、陕西、山西、辽宁、甘肃、山东、江西、湖南、湖北和海南等省(自治区、直辖市)发生日趋严重。其特点是发病周期短、流行速度快，一旦发病，3～5 天内即可引起全株死亡。病重时，田间植株成片死亡，损失严重。露地发生尤为严重，一般病株率为 20%左右，重者可达 50%～80%，甚至绝收，目前已成为瓜类和辣椒生产上具有严重威胁的重要病害。

1. 症状 在作物整个生育期均能发生。植株茎秆、叶片和果实都能受疫病危害，以结果后受害损失最重。

瓜类秧苗期感病，多在嫩尖发生，子叶初呈水渍状暗绿色圆形斑，中央部分逐渐变成红褐色，湿度大时，病斑迅速扩展，造成全叶腐烂，最后干枯呈秃尖状。幼苗茎基部受害，近地面处呈暗绿色水渍状软腐，病部缢缩，直至倒伏枯死。成株期感病，茎蔓基部的根颈部先易受害。发病初期产生暗绿色水渍状斑点，病斑迅速扩展环绕茎基部，呈软腐状、缢缩、全株萎蔫枯死，叶片呈青枯状，维管束不变色，有别于枯萎病。有时在主根中下部发病，产生类似症状，病部软腐，地上部青枯。潮湿时，出现暗褐色腐烂，病部以上的茎蔓及叶片凋萎下垂。叶片受害，初生暗绿色水渍状斑点，很快扩展为圆形或不规则形的大型黄褐色病斑，边缘不明显，后期病斑中央呈灰白色。湿度大时，迅速扩展，病部变软腐烂，似开水烫状青枯；干燥后，病叶呈淡褐色，干枯脆裂易于破碎。卷须、叶柄的症状与叶片的相同。果实受害，果面上形成暗绿色近圆形凹陷的水渍状病斑，并迅速扩展到整个果面，病果软腐，病部表面长出白色霉状物，后期果实腐烂(图 9-12)。

图 9-12 西瓜疫病

A. 茎蔓；B. 果实；C. 叶片

辣椒幼苗受害，多发生在近根茎基部，病部水渍状，易造成幼苗猝倒腐烂；有的茎基部呈黑褐色，幼苗枯萎而死。叶片发病，病斑初呈水渍状、暗绿色，后扩展成近圆形或不规则形病斑，直径 2～3 cm，边缘黄绿色，中央暗褐色，潮湿时病斑迅速扩及全叶，腐烂凋萎，甚至脱落。茎秆受害，多从茎基部及分杈处发生，水渍状、长条状，皮层软化腐烂，常导致整株急性凋萎死亡，干燥后形成暗褐色条斑，病部以上枝叶迅速凋萎。果实发病，多始于蒂部，初生暗绿色水浸状斑，迅速向果面和果柄扩展，病果灰绿色，以后变灰白色软腐状，湿度大时表面长出白色的霜状霉层，严重时果肉和种子也变褐色，后期病果脱落或呈淡褐色僵果残挂于枝条上（图 9-13）。

图 9-13　辣椒疫病
A. 尖椒；B. 圆椒

上述症状常因发病时期、栽培条件的差异而略有不同。塑料棚或北方露地，初夏发病多，首先危害茎基部，症状表现在茎秆各部，以分杈处变为黑褐色或黑色最常见；造成地上部倒折，植株凋萎死亡。

2. 病原　瓜类疫病病原为瓜疫霉（*Phytophthora melonis* Katsura），属于假菌界、卵菌门的疫霉属。病部产生的白色霉状物为病菌的孢囊梗和孢子囊。病菌菌丝体无色，具有分枝；幼龄菌丝一般无隔，老龄菌丝常长出内部充满原生质的不规则球状体。菌丝或球状体上可长出孢囊梗，与菌丝无明显差异。

瓜疫霉的孢囊梗细长，宽 1.5～3.0 μm，长达 100 μm，中间偶现间轴分枝，个别形成隔膜；孢子囊顶生，卵球形或长椭圆形，无色，顶端有乳状突起。孢子囊萌发产生游动孢子，游动孢子无色，近球形或卵圆形。卵孢子淡黄色或黄褐色、淡黄色。

辣椒疫病病原为辣椒疫霉（*Phytophthora capsici* Len.），孢囊梗丝状、较短、无色，顶端产生孢子囊。孢子囊单胞，圆形或椭圆形，顶端有乳头状突起。卵孢子球形、淡褐色，自然界中很少见到。

瓜类疫病菌的生长适温为 28～32℃，最高 37℃，最低 9℃。病菌除危害西瓜和甜瓜外，还可侵染冬瓜、南瓜、黄瓜和西葫芦等葫芦科蔬菜。

辣椒疫病菌生长适温为 25～30℃，最高 38℃，最低 10℃。病菌寄主范围广泛，可侵染辣椒、茄子、黄瓜、西葫芦、菜豆、洋葱、大白菜、马铃薯等 8 科 19 种以上植物。

3. 病害循环　病菌主要以菌丝体或卵孢子随病残体组织在土壤中和未腐熟的肥料中越冬，卵孢子在土壤中可以存活 2～3 年，成为翌年主要的初侵染来源。厚垣孢子在土壤中也可存活数月，种子也可以带菌，但带菌率低。田间条件适宜时，越冬后的卵孢子和厚垣孢子通过雨水、灌溉水传播到寄主上，经雨水飞溅或灌溉水传播到茎秆基部，形成孢子囊。孢子囊在适宜条件下产生游动孢子，附着在茎、叶和果实上，从伤口、气孔和细胞间隙侵入，形成发病中心。发病后，病斑上产生的孢子囊和游动孢子又借雨水飞溅、农事操作等传播，进行再侵染。病菌侵入后，菌丝先在寄主皮层薄壁细胞中延伸、扩展，然后在细胞间或细胞内蔓延，随后形成卵孢子在病组织内越冬。

4. 发病条件 疫病的发生和流行与气候条件、田间管理等多种因素密切相关。

(1) 气候条件。高温、高湿利于病害的发生和流行。露地栽培，在发病适温范围内，雨季的长短、降雨量的多少，成为病害流行的决定因素。通常雨季来得早、雨量大、雨日持续的时间长，空气 RH 高，病害发生早，发展迅速。因此，田间发病高峰往往紧接在雨量高峰之后。6 月下旬至 7 月中旬，气温 25～30℃，特别是超过 30℃，RH 高于 85%时，发病重，土壤湿度 95%以上，持续 4～6 h，病菌即完成侵染。田间灌水不当，或降雨后突然转晴、气温急剧上升，病害会暴发流行，造成全田死秧烂瓜。在适宜的温度、湿度条件下，病害的潜育期只需 2～3 天，且病菌的再侵染频繁。

棚室栽培瓜类，多在 8 月育苗，气候高温，苗床上时有发病；10 月中下旬至 11 月上中旬棚室内地温较高，发病较重；至 12 月中旬以后，地温下降，发病减轻。早春茬甜瓜、西瓜于 12 月在温棚中育苗，苗床地温不高，发病很轻。春节后定植，进入 3 月后，天气转暖，棚温增高，3 月下旬至 4 月上旬开始发病。

南方春种辣椒菜区，常在 4 月下旬发病，5～8 月气温较高，又值雨季，降水量常在 200 mm 以上，疫病在降雨后 3～7 天病情会急剧上升，一般在 6～7 月为发病高峰期。北方地区一般在 7 月下旬至 8 月为发病盛期。一般雨季或大雨后天气突然转晴，气温急剧上升，病害易于流行。发病中心多形成在棚内低洼积水、土壤黏重或棚膜漏雨处。

(2) 田间管理。重茬连作、低洼积水菜地，施用未腐熟的有机肥或施用氮肥过多，浇水过多，地势低洼，排水不良，土质黏重，畦面高低不平，雨后易积水的田块，发病严重。定植过密、通风透光不良、植株长势衰弱等，均会导致发病加重。保护地栽培，在郁密闷湿的条件下，叶面结露或叶缘吐水、光照不足，易于发病。对于瓜类和茄果类作物，品种间抗病性均有差异。

六、灰霉病

蔬菜灰霉病(grey mold)是 20 世纪 80 年代伴随设施栽培的发展而逐年加重的、在多种蔬菜上普遍发生的一类重要病害，主要侵染茄科蔬菜和葫芦科蔬菜，也可危害菜豆、莴笋、韭菜和草莓等多种作物。此病发生时间早、持续时期长，加之主要危害果实，故损失极大。近年来北方菜区茄子灰霉病的危害也呈上升趋势。该病发生后一般减产 20%～30%，流行年份大量烂果，严重地块可致减产 50%以上。而且该病在采后的储藏和运输过程中还可继续造成严重危害。

1. 症状 幼苗至成株期均可发生，叶片、茎秆、花器及果实等器官部位均可受害，以果实受害损失严重。

苗期发病，叶片、叶柄或幼茎上呈水浸状，变褐腐烂，逐渐干枯，常自病部折断枯死，表面生出灰色霉层(分生孢子梗和分生孢子)，严重时幼苗腐烂、倒折、死苗。

成株期受害，常是残花败叶染病后脱落至叶片或果实上，造成侵染。叶片发病，多从叶尖或叶缘开始，病斑水浸状，青褐色，圆形至半圆形，或呈“V”字形向内扩展，直径 1 cm 左右；在瓜类和菜豆叶片上，病斑可达 3 cm 左右；湿度大时产生稀疏的土灰色至浅灰色霉层；干燥时病斑变灰褐色，隐约可见轮纹。果实发病，以青果受害严重，常先从果尖部(残花处)、果基萼片处或果柄基部开始，初时果皮水浸状、灰白色，很快软化腐烂，瓜类受害常易造成花瓜；病部表面密生厚厚的灰色霉层；病果一般不脱落。果实发病后经果面接触相互感染扩大蔓延，导致整个果穗的果实全部受害腐烂。严重时茎秆也可染病，由水浸状小点扩展成长椭圆形或条形斑，湿度大时长满灰色霉层，使茎秆变褐腐烂（图 9-14）。

图 9-14　蔬菜灰霉病

A. 番茄；B. 茄子；C. 黄瓜

2. 病原　有性型为富氏核盘菌[*Sclerotinia fuckeliana*（de Bary）Whetzel]，属子囊菌门、核盘菌属。无性型为灰葡萄孢（*Botrytis cinerea* Pers.），属于有丝分裂孢子真菌中的葡萄孢属。

分生孢子梗较长，多数根丛生，直立，淡褐色，有隔，顶端具 1～2 次分枝；分枝顶端膨大呈头状，其上密生小柄，产生大量分生孢子，如同葡萄穗状，故而得名；分生孢子球形至卵球形，无色，单胞。后期病部可形成黑色、片状或不规则形的小型菌核。

病菌的子囊盘 2～3 个束生于菌核上；子囊圆筒形或棍棒状，侧丝具隔膜；子囊孢子卵形至椭球形，无色，单胞。病菌在自然条件下难以进行有性繁殖，故有性态在灰霉病的发生发展中不起主要作用。

病菌菌丝发育温度范围为 2～32℃，适宜温度为 18～23℃；分生孢子及菌核形成的适温为 15～20℃，7～8℃也可产生分生孢子；分生孢子萌发温度范围为 5～30℃，适温为 13～23℃，以偏低温度为适宜；分生孢子耐旱能力较强，但其萌发对湿度要求很高，一般在水中最易萌发，RH 低于 95%时分生孢子不能萌发。

3. 病害循环　病菌主要以分生孢子、菌丝体或菌核在病残体上和土壤中越冬，保护地的土壤、病残体四周、棚膜、架材、工具上，均可带菌而越冬。病菌分生孢子适应性很强，喜湿且耐干燥，在室内干燥下放置 3 个月仍可存活；在病残体上可存活 4～5 个月，所以在温暖的保护地内可安全越冬，成为翌年病害的初侵染源。翌春条件适宜时，越冬的以及菌丝体上和菌核上产生的新分生孢子，借助气流和雨水进行传播，菌核可通过带有病残体的粪肥进行传播，分生孢子萌发后，从寄主伤口或从残花以及衰弱组织部位直接侵染。蘸花是重要的人为传播途径。花期是侵染高峰期，穗果膨大期浇水后，病果剧增，是烂果高峰期。发病后，病部产生大量分生孢子，再借气流、雨水、露滴、农事操作（如蘸花、整枝）和人员走动等传播蔓延，导致叶片、茎秆及果实等发病。后期病菌落入土中或形成菌核越冬，成为翌年或下个生长季的侵染来源。

4. 发病条件　灰霉病菌属寄生性较弱的真菌，寄主植株生长健壮时，抗病性较强，不易被侵染；当寄主处于生长衰弱的状况下时，抗病性降低，易于感病。田间发病程度，以温度、湿度条件的影响最为重要。

（1）气候因素。病菌喜低温、高湿、弱光条件。在北方，主要是外界气候对保护地的小气候影响较大。北方菜区冬春温室和大棚内低温、高湿、光照不足，尤其湿度较大，是影响灰霉病发生流行的主要因素。一般12月至翌年5月，春季遇倒春寒或保护地内温度在20℃以下，遇有连续阴天或雨雪天气，则会光照不足，或在加温温室刚停火时，棚室内气温低，结露时间长，RH持续95%以上，病害发生严重。当棚温高于31℃时，不利于病菌生长，产孢量下降，孢子萌发速度缓慢，病情明显缓解。

(2) 栽培管理。重茬地、土壤黏重、植株密度过大、绑架不及时、用药不当、氮肥过多或不足、管理粗放、灌水过多过勤、保护地湿度过大、密度过大、通风透光不良等，不利植株生长，降低抗病力，又利于病菌繁殖，灰霉病会严重发生。由于季节影响，春季番茄等作物，植株第一果穗期最易感病，且病害侵染大多发生在果柄、果蒂、果缝处。

七、腐霉病

蔬菜腐霉病（*Pythium* disease）具有受害寄主范围广、分布地区广、多个种致病危害等特点。受害寄主包括十字花科、茄科、葫芦科、豆科等各类蔬菜。蔬菜苗期和成株期均受危害，苗期危害尤其严重，是蔬菜苗期主要病害之一，另外，产后储运期也会受害。该病害为世界性病害，我国各地区也均有发生，设施栽培蔬菜危害尤其严重。由于腐霉可以存活于土壤和根围，病原物不易控制，因此病害防治较为困难。

1. 症状 蔬菜腐霉病根据受害部位分为种腐、根腐、茎基腐、茎腐和果腐；根据受害幼苗易倒伏、受害部位易形成白色絮状霉层的症状特点，分别被称为猝倒病（damping-off）和绵腐病（cottony leak）。

病害症状随病菌侵染时植株的生长期而异。种子受侵染不能发芽，导致烂种。种子发芽后但未露土前受侵染，受感染部位水渍状凹陷，迅速扩大，露土后不久子叶和胚茎很快变褐死亡。露土后幼苗则常在茎基部受感染，形成水渍状坏死斑。随后病部变黄褐色，缢缩软化，因不能支撑整个植株而倒伏，即猝倒，倒伏后植株病害继续扩展，导致整苗凋萎死亡。

大苗和成株受侵染导致根腐和茎基腐。受害植株根和茎基部形成浅褐色水渍状病斑，后绕茎或根茎扩展，病部凹陷，严重时绕茎一周，茎基缢缩，皮层腐烂。地上部逐渐黄化，顶部叶片萎蔫，中午时症状表现尤其明显，几天后植株萎蔫倒伏。老植株危害不严重时只表现植株生长受限，矮化。

开花后成株受侵染导致茎腐和果腐。一般近地面枝条和果实先发病。受害茎秆形成褐色、凹陷病斑，枝条与茎秆连接处受害后病部缢缩，枝条易折断。受害果实初呈水渍状病斑，随后迅速扩展，形成褐色斑块，表皮破裂，病部甚至整个果实褐化腐烂。

蔬菜腐霉病一旦发生，蔓延非常迅速，尤其是苗期猝倒病，个别苗发病后，几天内即可导致成片发病死苗。在高温高湿时，绵腐病果实、猝倒病病株的病部或病苗附近的地面上可见白色絮状霉层（菌丝体）。

2. 病原 病原为假菌界、卵菌门、腐霉属。腐霉属的多个种能引起蔬菜腐霉病，包括瓜果腐霉、畸雌腐霉、刺腐霉和终极腐霉等。其中，优势种因不同环境条件而异，在高温、高湿条件下，瓜果腐霉出现频率较高。不同国家和地区、国内各地区的优势种也会因地理和生态环境的不同而有差异。

病菌营养体为无隔菌丝体，有的可形成菌丝膨大体和附着胞。无性繁殖产生游动孢子囊，从不分化的菌丝上产生，与菌丝间常有一隔膜隔开；游动孢子在泡囊内形成。有性生殖产生藏卵器和雄器，形成卵孢子。腐霉属各种的形态特征如图9-15所示。

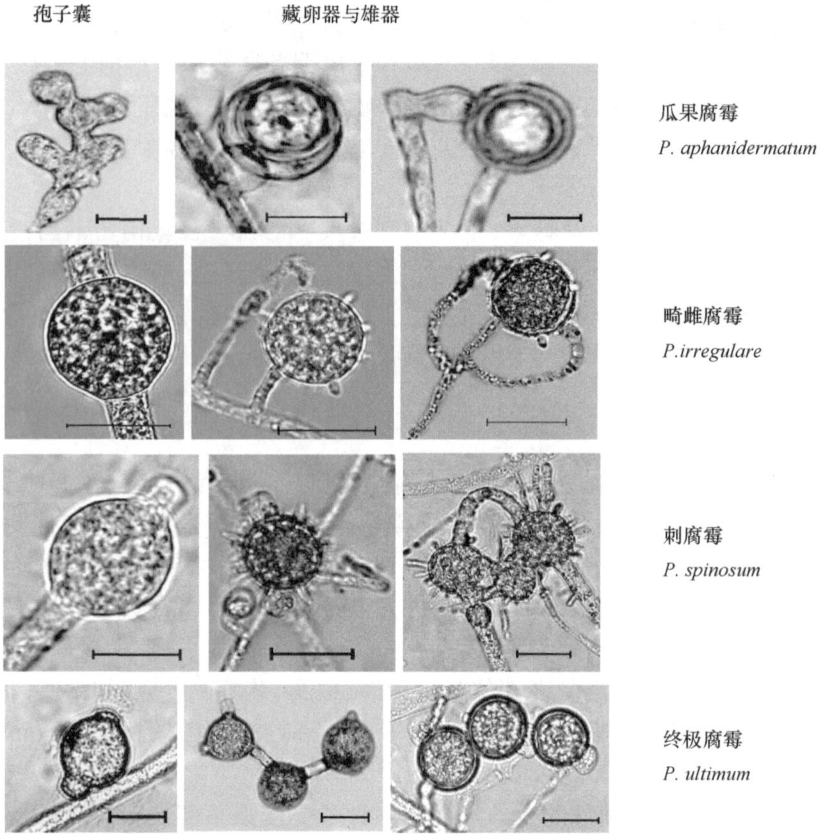

图 9-15 蔬菜腐霉病菌

除刺腐霉孢子囊的标尺为 10 μm 外，其他均为 20 μm(楼兵干提供)

(1) 瓜果腐霉[*Pyhtium aphanidermatum* (Edson) Fitzpa]。孢子囊为不规则分枝的裂片状复合体。成熟时孢子囊上形成一个排孢管，顶端膨大形成球形泡囊，内生 6～26 个游动孢子。游动孢子肾形，中间凹陷处侧生两根鞭毛，游动 0.5 h 后休止，鞭毛消失，变成球形，萌发形成芽管，侵入寄主植物组织。孢子囊在 20～30℃下均能形成游动孢子。藏卵器球形，表面光滑，大多顶生。雄器多间生，有时顶生，桶状、曲颈状、袋状或近球状，同丝生或异丝生，以顶端与藏卵器相接触，每个藏卵器大多具 1 个雄器，少数 2 个。卵孢子球形，表面光滑，不满器。病菌喜高温、高湿环境，菌丝生长适温 35℃，45℃仍能生长。

(2) 畸雌腐霉(*P. irregulare* Buisman)。孢子囊球形、柠檬形或卵圆形，顶生或间生，室温下未见产生游动孢子。藏卵器球形、亚球形至不规则形，大小悬殊，直径 15.0～25.6 μm，顶生或间生，有时 2～5 个串生，壁光滑，或具 1～8 个，多为 1～3 个乳头状、指状或钝锥状突起，长短不等。每个藏卵器具 1～2 个雄器，多数同丝生，具柄，偶见无柄或下位生，少数异丝生，雄器呈弯曲的棍棒状或镰刀状，以顶端接触藏卵器。卵孢子球形，表面光滑，不满器或近乎满器。菌丝生长温度 5～40℃，适温为 30℃。藏卵器上突起物的多少因环境条件而异，33℃以上高温降低具有突起物的藏卵器的数目；与固体培养基相比，水培促进形成具突起物的藏卵器。

(3) 刺腐霉(*P. spinosum* Sawada)。孢子囊球形、亚球形或柠檬形，顶生或间生，室温下未见游动孢子形成。藏卵器球形、亚球形，顶生、间生或切生，表面具长短不等，但上下粗细均匀、顶钝无隔的指状突起，分布均匀。每个藏卵器大多具 1 个雄器，罕见 2～3 个，典型同丝生，偶见异丝生，雄器细胞稍膨大或呈弯曲的棍棒状，以顶端接触藏卵器。卵孢子球形，表面光滑，满器或近满器。菌丝生长温度 5～35℃，适温为 25℃。

(4) 终极腐霉(*P. ultimum* Trow)。孢子囊球形、亚球形，顶生或间生。藏卵器球形，表面平滑，常顶生，较少间生，每个藏卵器上具 1～3 个雄器，多数 1 个，典型同丝生，大多数无柄紧挨藏卵器，少数有柄异丝生或下位生。雄器细胞棒状、袋状。卵孢子球形，不满器。菌丝生长温度 5～40℃，适温为 25℃。腐霉菌寄主范围极为广泛，各种蔬菜、花卉、谷类、果树、草皮和森林树木皆受其害。尤以苗床发芽的种子和幼苗受害最重。

3. 病害循环　腐霉是典型的土壤习居菌，腐生性很强，可在土壤中长期存活。主要以卵孢子或菌丝体在土壤及遗落在土中的病残体上存活越冬，带菌的植物残体、病土和病肥为主要初侵染源。在大棚、温室等保护地一年四季均有寄主植物的存在，病原菌无需越冬，可反复在不同寄主上侵染危害。病菌在田间主要借助灌溉水和雨水溅射传播，带菌堆肥和农具也可传播病害。导致蔬菜成株期的茎腐和果腐病其侵染源为土壤中的病菌，通过雨水溅射和农事操作接触传播。越冬的卵孢子通过萌发产生游动孢子，或直接长出芽管侵入寄主。越冬的菌丝体先产生孢子囊，再形成游动孢子，侵害寄主。游动孢子不仅是初侵染的接种体，也是再侵染的接种体。病菌一旦侵入寄主，即迅速扩展蔓延，在病组织中形成孢子囊，进而形成游动孢子，进行再侵染，后期在病组织中形成卵孢子越冬。

4. 发病条件　蔬菜腐霉病是典型的土传病害，其发病程度与土壤环境条件、栽培管理、气候条件和寄主生育期等因素密切相关。

(1) 土壤环境。土壤温度、湿度是腐霉病发病的主要影响因子。苗床土壤温度、湿度影响苗期猝倒病的发生；移栽定植地土壤温度、湿度则影响成株期根腐、茎基腐和果腐病的发生。土壤高湿或过分干燥均有利于病害发生。因为多种腐霉菌均可引起蔬菜苗期猝倒病，而不同腐霉菌的生长适温各不相同，整体上适应范围广，而且蔬菜育苗苗床土温一般都能达到 15℃以上，因此土温不是蔬菜苗期猝倒病的限制因子，但可能决定导致该病害的腐霉菌的具体种类，如热带等高温地区的病菌多为瓜果腐霉。对于成株期根腐、茎基腐和果腐病，高温、高湿条件有利于病害发生。原因是土壤湿度高一方面有利于土壤中腐霉菌孢子囊萌发、游动孢子形成和侵入寄主组织，另一方面抑制了植株根系的生长发育，降低了抗病性。

(2) 栽培管理。凡是有利于病原物生长繁殖和传播，同时不利于寄主植株生长，导致植物抗病力下降的栽培条件和管理措施，均导致发病严重。例如，苗床和移栽定植地地势低洼、土壤黏重、通风不足、排水不畅等栽培条件，以及播种过密、间苗不及时、浇水和灌溉过频过量、大水漫灌、偏施氮肥、苗床加温高低变化频繁等管理措施，均有利于病害发生。

(3) 气候条件。对于露天栽培菜地，因降雨频繁、昼夜温差大、多露，导致土壤持水量大，利于发病。高温多雨天气，利于成株期根腐、茎基腐和果腐病发生。光照不足，植株生长衰弱，抗病力差，有利于发病。

(4) 寄主生育期。寄主苗期易感猝倒病，发生根腐和茎基腐；成株期则发生根腐、茎基腐和果腐病。播种后至出苗期为最易感病时期，此时子叶中养分已耗尽，但新根尚未扎实，幼茎尚未木质化，幼苗抗病力最低，极易发生猝倒病。新根的发育与土壤温度和养分有关，土壤温度高、养分充足则新根扎得快。反之，新根扎得慢，幼苗体内养分易被消耗亏空，抗病力差。此时如遇阴雨天气，养分消耗亏空现象更加明显，幼苗生长衰弱，导致病重。

八、根肿病

蔬菜根肿病(club root)，又称天冬根，早在 13 世纪的欧洲就有记载。19 世纪后期在俄罗斯圣彼得堡甘蓝根肿病大流行，造成大面积甘蓝绝收。1878 年，俄国生物学家米哈伊尔·沃罗宁经鉴定明确该病的病原物是一种原生生物，并定名为 *Plasmodiophora brassicae*。该病在全世界分布很广，尤其是欧洲和北美洲，普遍严重发生。我国最早于 1936 年在台湾的大白菜上发生，1955 年在内地发现，目前在我国南部和中部省市发生较普遍，并且有向北部地区扩展蔓延的趋势。该病主要危害十字花科蔬菜，国外最为普遍而严重受害的是甘蓝。国内，广州主要危害白菜和芥菜类；华中地区则为大白菜，红菜薹、榨菜等也有发生。感病蔬菜在苗期和成株期均可受害，严重时导致菜苗死亡以至全田毁株。成株受害后，根部肿大，很快腐烂，甚至使全株枯萎死亡。田块发病率一般为 10%～30%，重者高达 50%以上，造成严重产量损失和品质下降。

1. 症状　主要危害植株根部，标志性特征是受害根形成纺锤形或不规则形、大小不一的肿瘤。发病初期，植株地上部症状不明显。但随着病害的发展，受害根部逐渐膨大，根的生理机能逐渐受阻，导致病株叶片褪绿、无光泽、叶边黄化，整个病株生长缓慢、矮化，基部叶片常在中午萎蔫，似缺水状，早晚恢复。至后期，基部叶片整叶变黄、枯萎，重病植株整株枯死。植株受侵生长期越早，发病越严重。病菌刺激病株根系薄壁细胞大量分裂和增大，形成肿瘤。肿瘤的发生部位、大小和形状因受害寄主而异。白菜、甘蓝、芥菜等受害后，肿瘤多发生于主根和侧根，主根的肿瘤体大而量少，侧根的肿瘤则体小而量多；肿瘤大多呈纺锤形、手指形或不规则形；大如鸡蛋，小如米粒(图 9-16)。萝卜及芜菁等根菜类受害，肿瘤多发生于侧根，主根常不变形，或仅于根端生瘤；肿瘤表面初期光滑，后期粗糙、龟裂，易受软腐菌等其他杂菌入侵，导致腐烂发臭。

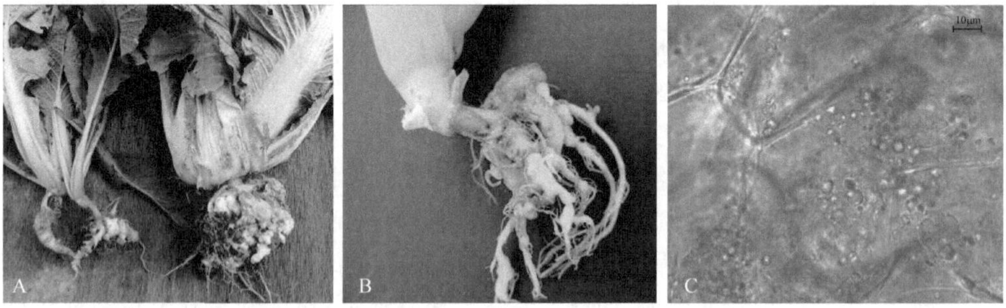

图 9-16　蔬菜根肿病

A、B. 大白菜根肿病的症状；C. *Plasmodiophora brassicae* 的休眠孢子囊(谢关林提供)

2. 病原　为芸薹根肿菌(*Plasmodiophora brassicae* Woronin)，其分类地位尚有争议。目前认为该菌隶属原生动物界(Protozoa)、丝足虫门(Cercozoa)、根肿菌纲(Phytomyxea)、根肿菌目(Plasmodiophorida)、根肿菌科(Plasmodiophoraceae)。

芸薹根肿菌营养体是一团无色、不定形、裸露的原生质体，称为原质团，内含许多无色小粒体、油点和液胞。繁殖阶段在寄主根部薄壁组织细胞内形成孢子囊，球形或扁圆形，单胞，无色或略带灰色，胞壁光滑，散生，常密集呈鱼卵块状。孢子囊抗逆性强，能在土壤中休眠存活多年，故又称休眠孢子囊(图 9-16)。孢子囊萌发时体积膨胀数倍，常从胞壁的裂口产生单一游动孢子，称为初生游动孢子(primary zoospore)。初生游动孢子卵形、梨形或不定形，具一长一短两根鞭毛，并借助鞭毛在水中不规则游动，与寄主的根毛接触后，鞭毛收缩，静止形成休止孢。休止孢萌发，形成管状结构，进行初次侵染，侵入根毛细胞内，形成初生原质团(primary plasmodia)。初生原质团切割成游动孢子囊(zoosporangia)，每个形成 4～16 个次生游动孢子

(secondary zoospores),释放进入土壤中。次生游动孢子形态上与初生游动孢子相似,但部分为双核。初次侵染不导致植物产生明显病状。次生游动孢子起始次生侵染阶段,穿透根表皮,通过导管、筛管等组织,侵入形成层,导致次生原质团(secondary plasmodia)的形成。次生侵染导致根肿症状。次生原质团成长后,可充塞整个寄主细胞,每个形成数百万个休眠孢子。肿瘤组织破裂后,大量休眠孢子释放进入土壤。

病菌的休眠孢子囊抗逆性很强,可在土壤中存活10～20年,生命半衰期约为4年,稍经休眠或不经休眠均能萌发。孢子囊萌发需要充足的氧气以及45%以上的土壤含水量,后者以70%为最适,100%时则不能萌发。碱性条件(pH 7.2以上)下孢子囊很少或不萌发;腐殖质土壤浸出液和无机盐溶液加速其萌发。孢子囊萌发和侵染的土温为6～30℃,最适温度为18～25℃;土壤适宜湿度下维持18～24 h,休眠孢子囊即可萌发和侵入寄主体内。

蔬菜根肿病菌分化明显,有多个生理小种或致病型。国外对来自16个国家的124份标样鉴定,分为9个生理小种。我国根据侵染甘蓝和不侵染甘蓝分为2个致病型。

该菌属专性寄生菌,自然条件下,主要侵染十字花科植物,包括甘蓝、白菜、大白菜、芥菜、花椰菜、芜菁、萝卜、榨菜、油菜、拟南芥和荠菜等。人工接种时还能侵染虞美人、木樨草、草地生黑麦草和红三叶草等非十字花科植物。

3. 病害循环 根肿菌生活史主要分3个阶段:休眠孢子囊在土壤中的存活、根毛侵染以及皮层侵染。病根腐烂后,肿瘤组织内的大量休眠孢子囊在土壤、堆肥或病残体中越冬或越夏,成为下季主要初侵染源。病菌主要通过雨水、灌溉水、昆虫、土壤线虫、农具和人畜等在田间传播,也可借助带病菜苗、菜株或带菌泥土的转运进行远距离传播。条件适宜时,休眠孢子囊萌发产生游动孢子,从根毛侵入寄主表皮细胞内,发育形成原质团,穿过各种组织进入根部形成层,或随寄主细胞的分裂进入新细胞扩展蔓延,最后形成大量休眠孢子囊。受此刺激,寄主薄壁细胞大量分裂和增大,导致根部畸形肿大、维管束组织发育不正常,致使植株发育迟缓、叶片萎蔫等症状。此外,病菌也可从次生根或茎部的伤口入侵寄主植物。从病菌侵入根毛到表现根肿症状,一般历时9～10天。后期每一原质团可形成大量休眠孢子囊。当病根腐烂后,其内大量休眠孢子囊随病残物落在土壤或堆肥中,进行再侵染或休眠。

4. 发病条件 蔬菜根肿病的发生与土壤酸碱度和温度、湿度关系密切,并受土壤含菌量的显著影响。

(1) 土壤酸碱度和温度、湿度。土壤酸碱度和温度、湿度严重影响根肿病的发生。当土壤pH为5.4～6.5、土温为18～25℃、土壤湿度为60%左右时,最适于病菌孢子的萌发和侵入,寄主发病和受害最重;而当土壤pH 7.2以上、土温12℃以下或27℃以上、土壤湿度45%以下或98%以上时,不适于病菌的萌发和侵入,病害不发生或发生轻微。在寄主作物栽培季节中,土壤温度一般能满足病菌的入侵和发育要求,故发病程度取决于湿度。土壤湿度达60%～70%并保持18～24 h,病菌即可完成萌发和侵入。侵入以后,病害的发展则不再受土壤湿度的影响。

(2) 栽培条件。土壤黏重的田块易积累病菌,十字花科作物连作会导致土壤中菌量增多,发病重;实行4～5年轮作或水旱轮作,可减轻发病。幼苗定植后的天气情况显著影响发病。晴天种菜或定植后连续约半个月晴天,根肿病较少发生;反之,若雨天种菜或定植后下雨较多,植株发病率通常较高。施用石灰可降低土壤酸度,但其防病效果与土质有关,黏重土壤效果好,但沙性土壤防效差。此外,氮肥过量,或磷肥、钾肥偏多偏少,加重发病。施用钙、镁和硼肥,减少发病。

(3) 品种抗病性。不同作物、不同品种或品系间的抗病性均有明显差异。甘蓝、大白菜和某些芜菁品种较感病。除了芥菜等,大多数芸薹属作物都有抗性种质资源,抗性分别由主效基因和数量性状微效基因控制,但尚未有抗性基因被克隆鉴定。品种的抗病性与病菌生理小种和致病型的区系分布密切相关。

九、病害综合防治

真菌和卵菌是蔬菜病害最重要的病原物,包括专性寄生和非专性寄生两大类,其中,以非专性寄生为主,病原物的基本特点是寄主范围广、初侵染来源途径多、再侵染频率高。有的病原物抗逆性强,能在土壤中长期存活,一旦发病后,难以根除。因此,在防治上应采取以清除菌源为重点,选用抗病品种为基础,加强栽培管理为核心,适时药剂防治为辅的综合防治策略。

1. 清除菌源　真菌和卵菌几乎在不同类别和不同种植模式的蔬菜上均可致病。且土壤和病残体带菌是其主要初侵染源。因此,及时清除遗留在田间或其他场所的病残体,并集中销毁,对降低田间初侵染和减轻病害的发生危害效果显著。在蔬菜育苗或移栽后,注意尽可能清除病残体,清除的病残体不要用于沤肥,以免未经充分腐熟的病残体随肥料返田后再次成为其侵染来源。例如,枯萎病菌和根肿病菌均可随病残体在土壤中长期存活,土壤一旦带菌,随着菌源量的累积,病情会逐年加重,这时用常规方法防治效果较差,尤其枯萎病菌为系统侵染,寄主范围更为广泛,初期通常不显症,中后期一旦发病施用化学农药几乎没有明显效果。因此,在蔬菜生产上,重视清除病残体,不论是对苗床期危害根茎部的多种病害,还是大田的不同病害均具有较好的控制效果。

2. 选用抗病品种　不同类别的蔬菜或同一类别蔬菜的不同品种,对由真菌或卵菌引起的不同病害均表现明显不同的抗性。在同一地域环境条件下,当某种病害流行时,感病品种往往会严重发病。而抗病品种发病很轻,甚至不发病。因此,在蔬菜生产上,可以选用抗病品种控制病害的发生危害,是最为经济安全的重要手段。

蔬菜品种的抗感病性易受外界环境条件的影响,某一抗病品种通常会随种植年限的延长而抗性逐渐衰退。病菌生理小种致病性的差异也是影响品种抗性的重要因素,某品种在甲地抗病,在乙地不一定抗病,这就是不同地区病菌生理小种组成和致病性差异所致。此外,良好的栽培管理条件有利于维持品种的持久抗性。

由于蔬菜种类和品种繁多,加之不同蔬菜产区的病害种类、地域条件和种植模式也不尽相同,种植者可因地制宜的选用抗病良种。

3. 加强栽培管理　合理的农业管理技术措施不仅有利于蔬菜的健壮生长,而且对控制病害的发生危害具有良好效果。在蔬菜生产过程中,肥水管理与病害发生的关系最为密切。在施肥方面,重视施足基肥和实施配方施肥,有利于促进植株体内磷氮比平衡,可起到控制病菌繁殖扩展、增强植株的抗病性、减轻病害发生的作用。在管水方面,蔬菜从苗床期到大田生长期,科学管水是重要的生产环节。田间长期积水,蔬菜生长衰弱,植株抗性降低,有利于病菌侵染,加重了病害发生。因此,要注意雨后及时清沟排渍,防止积水,降低田间湿度,可有效控制病害的发生危害。

耕作制度也会影响到某些病害的发生危害程度,尤其土传病害与耕作制度关系较为密切。危害苗期的根茎部病害和枯萎病,其初侵染来源主要是土壤带菌,长期连作,土壤中的菌量逐年累积,通常会加重这类病害的发生。在病区合理轮作,有条件的地方,休闲田块进行淹水,可降低田间菌源数量,从而减轻病害的发生。

此外，在蔬菜田间进行农事操作过程中，注意摘除病叶减少田间菌源，可有效降低气传病害的再侵染频率，从而减轻发病。同时，蔬菜的种植密度也在一定程度上影响病情。凡种植密度过大，田间郁闭，湿度大，通风透光差，会加重病害，反之亦然。因此，蔬菜栽培中，注意合理密植，既有利于蔬菜的生长发育，也有利于控制病害的发生危害。

4. 生态防治　所谓生态防治法是利用寄主与病原菌生长发育对环境条件要求不同，人为地创造有利于寄主生长发育，而抑制病原菌繁殖致病来达到防病目的一种防治方法。例如，保护地黄瓜可采用生态防治来控制霜霉病。具体方法是上午日出后使棚温迅速上升至25～30℃，湿度降到75%左右，有条件的可在早晨排湿30 min，实现温度、湿度双控制，既抑制了发病，同时又满足了黄瓜光合作用的条件，增强了抗病性。下午，温度上升时即放风，使温度控制在20～25℃，湿度降到70%左右，实现温度单控制。傍晚，放风2～3 h，使上半夜温度降至15～20℃，湿度保持在70%左右，既控制了湿度，不利发病，又创造了利于光合产物输送和转化的温度条件。下半夜由于不通风，湿度上升至85%以上，但温度降至12～13℃，低温对霜霉病的发生不利，对黄瓜生理活动也无影响，当夜间温度高于12℃时，即可整夜通风，实现温度、湿度双控制。

此外，还可采用高温闷棚，选择晴天中午，将棚室密闭，使黄瓜生长点部位温度迅速上升至44～45℃，保持2 h，然后多点缓慢放风降温，可抑制病菌生长繁殖。例如，高温闷杀与化学防治、灌水相结合，防效更好。

5. 化学防治　在真菌和卵菌引起的蔬菜病害中，化学药剂是重要的防病手段。这类病害的传播途径大体可分为土传和气传两类。前者病菌主要残存在土壤中，结果引起苗床期根茎部腐烂导致死苗，病菌也可从根部侵入，在寄主的维管束中繁殖扩展，中后期表现出症状，通常导致植株萎蔫死亡，如枯萎病。后者病菌多在病残体上或活体寄主组织上存活，条件适宜时发病，经气流传播，引起病害扩大蔓延并造成严重损失。

针对土传病害的防治，应采取土壤熏蒸和发病初期喷药相结合。土壤熏蒸主要针对苗床，床土消毒通常在播种前处理。常用的药剂有拌种灵、恶霉灵、福啶胺、敌磺钠与代森锌等量混合，也可用40%甲醛50倍液喷洒床土，薄膜覆盖4～5天，揭膜后7～10天待药剂充分挥发播种。针对苗床期和大田生长期危害根茎和叶部的气传病害，应掌握在发病初期及时施药。

总之，蔬菜病害的化学防治必须做到合理用药，安全用药，严禁使用违禁农药，重视生物农药的应用，以确保蔬菜的安全生产。

6. 生物防治　生物防治就是利用自然界中的有益微生物及其天然代谢产物来防治有害生物，从而达到农作物不受损失的目的。研究发现，哈茨木霉SQR-T037能够减缓黄瓜连作种植系统中耕作压力，降解根部分泌的化感物质(allelochemicals)，该菌株分泌的抗菌化合物能有效抑制连作土壤中尖镰孢菌丝生长、分生孢子产生和萌发以及镰刀菌酸的产生。同时，使用混有大量有益微生物的有机肥能有效地防控枯萎病。此外，根部施用芸薹素内酯可改变根表面微生物群体，也能缓解尖镰孢对根部微生物群体的影响。

（侯明生　刘志恒　蔡　丽　梁　晨　蔡新忠　刘淑艳　编写）

第二节　细菌病害

一、青枯病

青枯病(bacterial wilt)又称细菌性枯萎病，是一种世界性的重要细菌病害，广泛分布于温暖、潮湿、雨水充沛的热带、亚热带和部分温带地区。该病在我国华东、华中、华南、中南和西南等蔬菜产区均有分布。近年来，北方等蔬菜种植区保护地面积明显扩大，青枯病在局部范围有危害加重趋势。在茄科蔬菜中一般以番茄危害最重，马铃薯、茄子次之，辣椒受害较轻。此外，生姜和沙姜青枯病在局部地区危害也较严重。青枯病在我国每年造成巨大的经济损失。

1. 症状 不同植物的青枯病均为系统性感染。一般在幼苗期较少显症，多在现蕾开花后表现急性显症。染病植株比健株稍矮，叶色较淡，在晴天高温的日间，病株茎和叶片自上而下萎垂，晚间和清晨尚可恢复，经 3～4 天或更短时间全株茎叶萎蔫枯死，但病株在短期内仍保持青绿颜色，叶片不脱落。横切病株茎部可见到维管束变褐，用手挤压有污白色菌脓从切口处溢出，田间可以此方法快速诊断青枯病(图 9-17)。

图 9-17 茄科青枯病

A. 辣椒青枯病；B. 番茄青枯病前期；C. 番茄青枯病后期；D. 茄子青枯病；
E. 马铃薯青枯病的病薯块上可见乳白色菌脓；F. 病株维管束变褐(左)，健株维管束仍为绿色(右)

2. 病原 为茄科劳尔氏菌[*Ralstonia solanacearum*(Smith) Yabuuchi et al.]，异名 *Pseudomonas solanacearum*(Smith)Nov. Comb，属于薄壁菌门细菌。青枯病菌寄主范围极广，已发现可侵染包括农作物、果树、蔬菜、林木、花卉、药材、牧草和杂草等 50 多科 300 多种植物。

菌体短杆状，两端钝圆，极生鞭毛 1～4 根；不产生荚膜，无芽孢；革兰氏染色阴性；好气性。在马铃薯或牛肉汁琼脂培养基上，菌落圆形，直径 2～5 mm，光滑，稍突起，乳白色，具荧光反应，培养 6～7 天后渐变为褐色；在氯化三苯基四氮唑选择性培养基上，可区分致病型和非致病型两种菌落：致病型菌落较大，流动性，圆形或不规则形，粉红色，边缘乳白色；非致病型菌落较小，圆形，深红色或玫瑰红色。

病菌生长温度为 10～40℃，适温为 30～37℃，致死温度为 52～54℃；适宜生长的 pH 6～8，最适 pH 6.6；适宜含盐量为 0.1%～0.5%，含盐量达 1%时病菌生长受到抑制。在干燥条件下 10 min 或病株暴晒 2 天或阴干 3 天，病菌全部死亡；水浸 60 h 失去致病力。青枯病菌在培养基上极易丧失致病力，且致病力随菌种移植次数而下降。用灭菌水密封法或矿物油浸渍法保存菌种 10 年，其致病力和生活力无明显变化。

青枯病菌的不同菌系存在明显的致病性差异。根据对不同寄主植物的致病性反应，可分为 5 个小种。1 号小种侵染番茄、烟草等茄科及其他植物，寄主范围较广；2 号小种侵染香蕉、赫蕉、大蕉、海里康；3 号小种侵染马铃薯、番茄，对其他植物致病力弱；4 号小种侵染生姜，对其他植物侵染力弱或不侵染；5 号小种侵染桑树，对其他植物不侵染。目前我国长江流域及大部分地区以 1 号小种为主，2 号小种国内尚未发现。

根据对 3 种二碳糖（麦芽糖、纤维二糖、乳糖）和 3 种己醇（甘露醇、山梨醇、甜醇）的氧化作用，青枯菌可区分为 5 个生化型，中国茄科蔬菜上已发现 3 个生化型：生化型Ⅱ、Ⅲ、Ⅳ，其中以生化型Ⅲ和Ⅳ占优势，是我国长江流域及其以南地区的优势菌系。

青枯菌的致病机理较为复杂，研究证明，青枯菌在导管中生长时可产生大量胞外多糖，影响和阻碍植物体内的水分运输，造成植物萎蔫；还可于细胞外分泌各种细胞壁降解酶（果胶酶类和纤维素酶类），破坏导管组织，引起枯萎死亡。青枯病菌的另一致病因子——胞外蛋白，也可能有助于青枯病菌从根系侵入，在细菌穿越薄壁组织和导管组织时起重要作用。

3. 病害循环　青枯病是一种土传病害，病菌在土壤中能存活 1～8 年。病菌可在土壤、病残体和带菌的肥料中越冬，也可在马铃薯的种薯、种姜、番茄和辣椒种子上越冬，并可随种子调运进行远距离传播。病菌主要从寄主植物的根部、茎部伤口或自然孔口侵入，通过皮层进入维管束并在维管束内蔓延，分泌大量的胞外多糖，堵塞导管，造成植物青枯和萎蔫。同时，病菌还分泌胞外降解酶，如果胶酶等，分解植物细胞的中胶层，导致寄主植物崩解腐烂，病菌分散于土壤中，进而通过流水、人畜、农具或昆虫传播进行再侵染。

不同植物青枯病的传播途径可大体分为 3 种类型：①土壤传播型，如茄科及大多数植物的青枯病；②苗木及无性繁殖材料传播型，如桑青枯、草莓、姜、马铃薯、甘薯等植物的青枯病；③机械传播型，如切过带菌马铃薯的切刀也可传播青枯病。

4. 发病条件　青枯病的发生和流行主要受气候条件、耕作制度和品种抗病性的影响，与土壤类型、栽培管理也有一定关系。

（1）气候条件。温度、湿度与青枯病的流行关系较为密切。高温、高湿环境有利于病害的发生和流行，因此在我国南方地区发病严重，北方则很少发生。当旬平均气温稳定在 20℃以上，5 cm 处土温稳定在 22℃以上约 7 天后，病害即开始发生；旬平均气温稳定在 25～36℃，5 cm处土温达到 30℃以上，土壤潮湿或多雨时，发病进入高峰期。时晴时雨、久雨骤晴或久旱暴雨都容易满足发病要求，故降雨往往是影响发病轻重的决定性因素。

（2）土壤类型。土壤颗粒大，孔隙多，通气性强，呈中性到微酸性环境，有利于青枯病菌生长繁殖，发病往往较重；保水、保肥力差，有机质含量低的贫瘠土壤病害发生重；土质疏松、排水良好、有机质含量高的沙质土壤、鱼鳞细土、黄壤土、湖泥土等发病较少，甚至不发病。

（3）栽培管理。与非寄主作物轮作 1～2 年，能抑制病害发展，特别是蔬菜与水稻轮作，青枯病极少发生或不发病，而连作地病害发生严重；一般高畦栽培发病轻，平畦栽培不利排水发病重；肥力不足、积水、串灌、管理粗放、杂草多、地下虫害及线虫多、中耕除草造成伤根等均有利于病害发生；增施尿素作种肥或增施石灰、茶枯饼肥、草木灰、塘泥等，可减轻病害发生。田间出现病株后整枝，会增加病害传播和侵染概率，从而加重发病。

（4）品种抗性。不同品种间抗病性存在明显差异，同一品种在不同的土温和地区抗性表现也有差异。研究发现，番茄不同品种根表的菌体附着量相近，但根内菌量随品种抗性不同而有显著差异。我国已培育出了一批抗病性较好的番茄、马铃薯和辣椒品种。

青枯病的抗性遗传机制比较复杂，有多基因控制和单基因控制两种不同的观点。通常表现为结构抗性（抗侵入）和化学抗性（抗扩展）。不同学者研究认为，番茄青枯病的抗性遗传规律为隐性遗传、以加性效应为主的不完全显性；也有学者认为抗性在幼龄植株中表现不完全显性，在成株中则为隐性等不同的观点；马铃薯青枯病的群体抗性分离变异范围较大，抗病性表现复杂，多受隐性多基因控制；茄子中许多栽培品种不含抗病基因，故不抗青枯病，其抗病基因主要存在于野生种和半栽培种中。

二、软腐病

蔬菜软腐病(bacterial soft rot)俗称“烂疙瘩”、“水烂病”，是世界性的重要细菌病害之一，我国各蔬菜产区均有不同程度发生危害。该病害可危害所有的十字花科蔬菜，以白菜、甘蓝、萝卜、花椰菜受害较重。此外，番茄、马铃薯、辣椒、洋葱、胡萝卜、芹菜、莴苣等蔬菜也可受害。软腐病的危害期长，在蔬菜的生长、储藏和运输过程中均可发生，窖藏期发生可引起蔬菜烂窖。

1. 症状 在蔬菜的柔软多汁部分，被害部初呈水渍状，后渐呈灰色和灰褐色，以后快速蔓延，多汁部黏滑软腐，有恶臭味，病部和健部有明显的界限，随后寄主萎蔫死亡。不同寄主受害症状略有差异。

大白菜和甘蓝在田间多在包心期开始发病。通常外叶基部先发病，病部呈水浸状微黄色病斑，后扩大呈黄褐色而腐烂，呈黏滑软腐状，并发出恶臭味。之后，外叶萎垂脱落，叶球外露，病组织内充满污白色或灰黄色黏稠物质。发病严重时，叶柄基部和根茎处心髓组织完全腐烂，造成整株死亡(图 9-18)。腐烂病叶在干燥环境下失水变成透明薄纸状。

图 9-18 十字花科软腐病

A. 大白菜软腐病；B. 结球甘蓝软腐病；C. 萝卜软腐病

萝卜软腐病在我国南方发生严重，尤其 8～10 月遇忽晴忽雨或天气闷热时易发病。多从根尖的虫伤或切伤开始发病，初呈水渍状，很快并发展呈褐色软腐，病健部分界明显，并常有汁液渗出。叶片青黄色萎蔫，贴于地面，植株死亡。留种株受害，往往老根外观完好，而心髓组织呈黄褐色与灰褐色黏滑状腐烂，仅存空壳。

菜心、菜薹、芥蓝、莴苣等蔬菜受害，多发生在生长中后期，病部初灰黄色或灰褐色水浸状，邻近叶片萎蔫，早晚尚可恢复，后叶片贴于地面，植株死亡。叶柄、花薹和根茎内组织呈污白色或黄褐色黏滑状腐烂。

花菜、西兰花多在花球形成后发生，主要危害花球，主茎和叶柄也可受害。花球被害，初为黄褐色分散状斑点样腐烂(青花菜小花蕾褪绿变灰，后灰褐色有水渍感)，继而迅速扩展与相互融合，致使花球病部呈黄褐色至灰褐色黏滑状腐烂。青花菜主茎多从采收造成的伤口侵染，初暗绿色水渍状，迅速扩展并呈灰褐色软腐，直至植株塌倒溃烂。

2. 病原 为胡萝卜软腐欧氏杆菌胡萝卜亚种(*Erwinia carotovora* subsp. *carotovora*)，属薄壁菌门、欧氏杆菌属细菌。

菌体短杆状，周生鞭毛 2～8 根，无荚膜，不产生芽孢，革兰氏染色阴性，兼性嫌气。琼脂培养基上菌落为灰白色，圆形或变形虫状，稍带荧光性，边缘清晰；埋在牛肉汁培养基中的菌落，多半为圆形或长圆形。

病菌在4～36℃时均能生长发育，适温为25～30℃，致死温度为50℃；对氧气要求不严格；在pH 5.3～9.2时均能生长，最适pH 7.2。病菌不耐干燥和日光，在室温干燥条件下2 min即死亡；将培养皿中菌落日光下晒2 h，大部分细菌死亡；病菌脱离寄主在土壤中只能存活15天左右。牲畜食用后，病菌经消化道后依然存活。

软腐病细菌能分泌消化寄主细胞中间层(果胶质)的酶，使细胞分离，组织崩溃，细胞汁液流出。同时，在腐烂的过程中易遭受腐败性细菌的侵染，分解细胞蛋白胨，产生吲哚，因而发出臭味。

引起蔬菜软腐病的细菌，除胡萝卜欧氏杆菌外，还有菊欧氏杆菌(*Erwinia chrysanthemi* Sabet)。两者均能产生许多具有降解活性的酶，包括果胶酶、纤维素酶、蛋白酶、磷脂酶、木聚糖酶等，能导致植物细胞壁成分的降解。

3. 病害循环 在我国北方，软腐病菌主要在病株、窖藏菜株、昆虫体内及遗留在土壤中未腐烂的病残体组织中越冬。春天带病的采种株、病残体沤制的堆肥及土壤中的病残体，均带有大量病菌，成为主要的初侵染来源。在南方温暖菜区，多种蔬菜寄主终年交替存在，无明显越冬间隔期，病菌从伤口、自然孔口、病裂痕处侵入在田间辗转传播蔓延。病菌通过雨水、灌溉水、带菌肥料和昆虫等传播。储藏窖中的菜株受冻或受热，通过“倒菜”、“摘菜”作业活动传播。此外，土壤中的软腐病菌可以从萌发中的幼芽和整个生育期的根系侵入，以根毛区侵入为主，细菌侵入后可向地上部转运，然后在维管束中潜伏，白菜潜伏带菌率有时高达95%。潜伏在维管束中的细菌，在白菜生长前期和正常通氧条件下，与寄主间形成一种平衡，白菜外观不表现症状，但到白菜生长后期或通气条件不良或厌氧条件下，抗病性减弱，原来平衡关系遭到破坏，潜伏的细菌首先在维管束中大量繁殖，然后通过果胶酶的作用，导管薄壁部分被破坏，细菌通过崩溃的导管进入薄壁细胞，进一步分解中胶层，扩大危害而形成水渍状斑。由于病菌的寄主范围广，所以能从春到秋在田间各种蔬菜上传染繁殖，不断危害，最后传到白菜、甘蓝、萝卜等秋菜上。

4. 发病条件 蔬菜软腐病的发生和流行主要与气候因素、蔬菜不同生育期的愈伤能力、害虫的危害等因素关系密切。

(1) 气候因素。气候是影响软腐病发生发展的重要因素，其中以温度和雨水作用最大，两者均影响菜株的愈伤速度、传媒昆虫的发生期和发生量以及病菌的繁殖与传播。雨水多，发病重。雨水多易使叶片基部处于浸水和缺氧状态，伤口不易愈合，植株的抗病力下降，给病菌的繁殖和传播蔓延创造了有利条件，通常露多或湿度大的天气促使病害发生严重；白菜进入包心期以后，气温降低，低温(15～20℃)易使害虫向植株内钻蛀，引发伤口且有利于病菌传播。

(2) 蔬菜生育期。蔬菜不同生育期的愈伤能力不同，寄主愈伤组织形成的快慢直接影响病害发生的轻重。据研究，白菜在幼苗期和莲座期受伤，其伤口的木栓化能力差异很大，幼苗期伤口3 h即开始木栓化，经24 h木栓化后，即可达到阻止病菌侵入的程度；而莲座期后伤口在12 h才开始木栓化，需经72 h木栓化才能达到细菌不能侵入的程度。而且白菜不同生育期愈伤能力对环境温度的反应也不同。幼苗期对温度不敏感，在15℃和32℃下，伤口细胞木栓化的速度差异不大，而成株期的愈伤能力却对温度很敏感，26～32℃需经6 h伤口才开始木栓化，15～20℃则需12 h，7℃时需24～48 h才能达到同等程度。由于软腐病菌从伤口侵入，愈伤能力低常常造成植株易于感病，因此软腐病通常在白菜包心期后危害最重。

(3) 害虫。蔬菜田间害虫的活动与软腐病发生关系密切。一方面害虫在蔬菜上造成伤口，有利于软腐病菌侵入；另一方面有的害虫体内、体外携带病菌，直接起到传染和接种的作用。据报道，有多种害虫可以传带病菌，如黄条跳甲、花菜椿象的成虫、菜青虫、小菜蛾、菜旗、大猿叶甲幼虫的口腔、肠管道、粪便中均有软腐细菌。麻蝇、花蝇体外带菌，传播能力很强，可作远距离传播。凡是虫口密度高的地块发病就重。金针虫、蝼蛄、金龟子幼虫等地下害虫造成的伤口对传病也起很大作用。弹尾目棘跳虫科及长角跳虫科的跳虫，可食细菌及传播细菌。可见防治地下害虫、菜青虫及弹尾目跳虫等对防治软腐病有极重要意义。

(4) 栽培管理。耕作栽培措施是影响病害扩展的重要条件。

①耕作茬口。前茬为大麦、小麦、豆类、葱蒜等非寄主作物时，发病轻；与十字花科、茄科、葫芦科连作地块则发病重。前茬作物害虫多，容易使蔬菜受害，会增加传病机会。

②栽培方式。高畦(垄)栽培，排水良好，可避免灌溉水或雨水浸渍菜颈，减少细菌侵入；土壤通气良好，有利于寄主愈伤组织形成，可减少病菌侵染机会；同时促进根系发育，增强植株长势，发病较轻(但盐碱地或秋风大的地区不宜实行)。反之，平畦栽培发病重。

③播种时期。播种期早，白菜包心早，感病期也相应提早，发病较重。尤其雨水多时，影响更为明显。播种前翻地、晒土、浇底水，改善土壤性状，加速土壤中病残体分解，同时将一些病菌翻到土表，经太阳晒 15 天后，可直接杀死病菌。翻耕又可减少土壤中的害虫。

④田间管理。施用未腐熟肥料会加重病害，尤其在追肥时迎头泼浇更为显著。此外，地势低洼，排水不良，土质黏重，大水漫灌，浇水不及时，忽干忽湿，土壤龟裂，折断毛根，锄地中耕伤根，追肥、喷药时碰断菜帮造成伤口，植株生长不良，发病均会加重。

(5) 品种抗性。白菜品种间存在着抗病性差异。通常疏心直筒形外叶直立，垄间通风良好，比牛心形长圆形外叶贴地的品种抗病性好。一般早熟白帮品种易感病，青帮品种抗病性好。通常抗霜霉病和病毒病的品种，对软腐病具有较好的抗性。

三、黄瓜细菌性角斑病

细菌性角斑病(bacterial angular leaf spot)是黄瓜上的重要病害之一，在我国北方地区发生较多，主要危害叶片和瓜条，严重时导致叶片干枯，果实腐烂，造成严重减产。该病害在田间常与黄瓜霜霉病混合发生，病斑比较接近，有时容易混淆。

图 9-19　黄瓜细菌性角斑病

1. 症状　该病在苗期至成株期均可发生，主要危害叶片、叶柄、卷须和果实。幼苗期子叶发病，初期产生近圆形水渍状凹陷病斑，然后变褐干枯。成株叶片受害，初呈针头大小水渍状斑点，病斑扩大受叶脉限制呈多角形，黄褐色；湿度大时，叶片背面病斑上产生乳白色黏液，干后形成一层白色菌膜；病斑后期质脆，易形成穿孔(图 9-19)。茎、叶柄及幼瓜条上病斑也呈水渍状，近圆形至椭圆形，后呈淡灰色，病斑常开裂，潮湿时瓜条病部有菌脓溢出，病斑向瓜条内部扩展，维管束周围的果肉变色，一直延伸到种子，引起种子带菌。患病瓜条后期腐烂，有臭味，幼瓜被害后常因腐烂而早落。

2. 病原　为丁香假单胞杆菌黄瓜致病变种[*Pseudomonas syringae* pv. *lachrymans* (Smith et Bryan) Yong, Dye & Wilkie]，属薄壁菌门、假单胞杆菌属细菌。菌体短杆状，一端

生有1～5根鞭毛，有荚膜，无芽孢，革兰氏染色阴性，生长最适温度为25～28℃，致死温度50℃。除侵染黄瓜外，人工接种还能侵染葫芦、甜瓜、西葫芦和丝瓜。

3. 病害循环 病菌随病残体在土壤中越冬，或以带菌种子越冬，成为翌年初次侵染源。种子上的病菌在种皮和种子内部能存活1～2年，播种后可直接侵染子叶，病菌在细胞间繁殖，借助雨水反溅、棚顶水珠下落、昆虫等方式进行传播，从寄主气孔、水孔等自然孔口和伤口侵入，经过7～10天潜育后出现病斑。在一个生长季内，角斑病可通过风雨、昆虫和农事操作等传播方式进行多次重复侵染。

4. 发病条件 该病喜凉爽、高湿环境。发病适温为24～28℃。RH在80%以上，叶面有水膜时极易发病。棚室栽培时，空气湿度大，黄瓜叶面常结露，病部菌脓可随叶缘吐水及棚顶落下的水珠飞溅传播蔓延，反复侵染。因此，当黄瓜吐水量多，结露持续时间长时，有利于该病的侵入和流行。露地栽培时，随雨季到来及田间浇水，病情扩展迅速，北方露地黄瓜7月中下旬达高峰。病斑大小与湿度有关，夜间饱和湿度持续超过6 h者，病斑大。湿度低于85%，或饱和湿度时间少于3 h，病斑小。昼夜温差大，结露重，而且时间长时，发病重。

四、果斑病

细菌性果斑病(bacterial fruit blotch)是西瓜等葫芦科作物的毁灭性病害，在世界西瓜、甜瓜等各产区均有发生。该病于20世纪90年代初期在美国首次发现，病瓜由于受病斑影响，表皮凹凸不平，尽管仍可食用，但病瓜已丧失商品价值，因此，发病瓜田经济损失严重。目前，该病害已成为葫芦科作物(尤其是西瓜和甜瓜)的重要病害。

1. 症状 细菌性果斑病主要危害近成熟的葫芦科植物的果实。以西瓜为例，病原细菌感染西瓜子叶和真叶的背面，初呈水渍状，然后逐渐至干枯坏死。果斑病的特征病斑出现于将要采收的成熟果实上。开花后14～21天的果实最容易被感染。果实上症状随西瓜品种不同而异，典型症状是在瓜皮上形成水渍状或者油渍状病斑，病斑分布于瓜果的顶端和两侧，而与土壤接触的部位则不形成病斑，发病初期病变只局限在瓜皮，瓜肉内部正常。随着病害的进一步扩展，病斑表面褐化、凹凸不平，并且出现裂痕(图9-20)。有时会有黏性的褐色菌脓渗出，裂痕的产生加大了其他微生物进入西瓜的机会，结果导致瓜内产生气体，呈现泡沫状释放，当内部瓜肉液化或腐烂后，会发出嘈杂的爆炸声。瓜蔓、叶柄和根部通常不被侵染。

图9-20 西瓜细菌性果斑病的症状
(引自Ron R. Walcott, 2005)

2. 病原 为燕麦嗜酸菌西瓜亚种(*Acidovorax avenae* subsp. *citrulli*)，革兰氏阴性菌，单根极生鞭毛，严格好氧，最适生长温度为28℃。

3. 病害循环 细菌在患病西瓜的种子内，或在田间自生自长的西瓜植株(由丢弃在田间的瓜果长出来的秧苗)上越冬，并成为翌年主要的初侵染来源。病菌于低温下在种子上可存活较长时间，实验发现，带菌种子于12℃储存1年，传病率并无显著降低。种子发芽后病菌可以感染幼苗的子叶和真叶，在背面引发黑色水渍状病斑，病菌侵染叶片并不会毁掉植株，但通过繁殖，可以作为初始侵染物侵染更多的花和果实。病原菌侵入后会进入寄主维管系统。在西瓜开花至坐果阶段，果斑病菌容易自幼瓜的气孔侵入，经较长潜伏期，直至收获前，病菌才被激活，在西瓜的瓜皮上形成典型症状。病斑有时会龟裂，并分泌出淡褐色的菌脓，进行二次侵染。采收后，西瓜很少再形成病斑，在运输与储藏期间，已形成的病斑也不再扩展。病瓜如果继续留在田间，最终腐烂而释放出带菌种子。带病菌的种子散落田间后长出的瓜秧、与残留在田间的染病瓜皮，以及田间可能带菌的葫芦科杂草，均是感染下茬西瓜的重要菌源。

4. 发病条件 细菌性果斑病的发生危害受菌源因素、品种抗性和气候条件等综合影响。

（1）菌源。带菌种子和遗留在田间的病残体是该病的重要侵染来源。通常种子带菌率高，田间遗留的病残体多，往往苗期感病概率相对高，从而进一步加重后期发病。选用无病种子，及时清除病残体，可有效减轻病害发生危害。

（2）品种抗病性。选育和种植抗病品种是控制果斑病流行的有效途径。西瓜不同品系对该病的抗性差异很大，整体而言，三倍体西瓜较二倍体抗病，而浅色瓜皮品系通常较深色者易感病。在哈密瓜栽培品种中，新金雪莲抗细菌性果斑病能力较强，金凤凰等品种则高感。

（3）气候因素。西瓜细菌性果斑病喜温暖、湿润的环境。在炎热、强光照及雷雨过后，叶片和果实上的病斑迅速扩展；如果气候凉爽，该病害则一般不会显著发生。在 28～32℃的适温条件下，3～5 天就可形成明显的斑块。雨水和大水漫灌，病菌容易在植株间传播，有利于病害在田间的扩展和蔓延。

五、黑腐病

蔬菜黑腐病(black rot)是一种世界性的重要病害，在我国主要危害甘蓝、结球白菜、不结球白菜、薹菜、芥菜、花椰菜、球茎甘蓝、芥蓝、青花菜、孢子甘蓝、芜青甘蓝、羽衣甘蓝、紫甘蓝、萝卜、荠菜等 10 多种十字花科蔬菜。此外还会对桂香竹、紫罗兰等花卉造成危害。1973 年该病在美国各地流行，造成严重的损失。在我国 20 世纪 70 年代即有发生，但至 80 年代才严重起来，北起黑龙江，南至海南岛均有分布。在甘蓝等叶菜类上一般引起外叶枯死，叶球变小，严重的可使产量下降 70%。危害结球白菜时，除直接造成外叶枯死外，还可诱发软腐病，造成大量的烂菜。1987 年北京市郊结球白菜黑腐病大流行，重病田损失达 60%。目前该病已成为十字花科蔬菜的主要病害之一。

1. 症状 黑腐病是一种细菌性维管束病害，在幼苗和成株期均可发病，使维管束坏死变黑。种子出土前染病不能出苗；出土后受害子叶呈水浸状，逐渐枯死，或蔓延至真叶，叶脉上出现黑点状斑或黑色条纹，根髓部变黑，幼苗枯死。成株期叶片发病多从叶缘开始，向内扩展形成“V”字形黄褐色病斑，周围组织变黄；有时病菌沿叶脉向里扩展，形成网状黑脉或黄褐色大斑块；叶柄染病，病菌沿维管束向上扩展，使部分菜帮淡褐色干腐，叶片歪向一侧，半边叶片或植株发黄，外叶干枯脱落，甚至瘫倒。湿度大时病部产生黄褐色菌溢或油浸状湿腐。重者茎基部腐烂，植株萎蔫，髓部中空，黑色干腐。种株发病，叶部病斑也呈“V”字形，叶片脱落，花薹髓部暗褐色，最后枯死。萝卜受害叶片也产生“V”字形褐色病斑，块根外观症状不明显但维管束变黑，内部组织黑色干腐，严重者形成空心(图 9-21)。在田间黑腐病有时和软腐病并发加剧病情，但此病腐烂时无臭味，可与后者区别。

2. 病原 为野油菜黄单孢杆菌野油菜黑腐病致病型[*Xanthomonas campestris* pv. *campestris*(Pam.) Dowson]。

菌体杆状，极生单鞭毛，无芽孢，有荚膜，菌体单生或链生，革兰氏染色阴性。在牛肉汁琼脂培养基上菌落近圆形，初呈淡黄色，后变为蜡黄色，边缘完整，略凸起，薄或平滑，具光泽，老龄菌落边缘呈放线状。

图 9-21　蔬菜黑腐病

A. 大白菜；B. 花菜；C. 萝卜病茎；D. 萝卜叶片

该菌能使明胶液化，费美液中生长很少，孔氏液中不生长。氧化酶阴性，接触酶阳性，能水解吐温 80，产生硫化氢，不产生吲哚，硝酸盐不还原，能水解淀粉，尿酶阳性。该菌对 pH 适应范围为 6.1～6.8，生长发育最适 pH 6.4。病菌生长发育温度为 5～39℃，适温为25～30℃，致死温度 51℃，耐干燥，在干燥条件下能成活 2～3 年。

黑腐病菌在最适温度和湿度条件下，能很快进入寄主的维管系统，产生大量的胞外多糖-黄原胶(xanth)。病原菌和多糖堵塞木质部导管，限制了疏导系统中水分的流动，从而导致了"V"字形缺绿性损伤。同时，黑腐病菌侵染后，往往会导致其他病菌的再侵染，所以通常会有黑腐病以外的症状发生，如水渍状和软腐症状。研究发现，黄单胞菌的胞外蛋白酶对寄主有致病作用。

3. 病害循环　病菌可在种子上或遗留在土壤中的病残体内及采种株上越冬，成为下一年的初侵染来源。自然条件下，黑腐病菌随种子或病残体可存活 2～3 年。例如，播种带病种子，幼苗出土时依附在子叶上的病菌从子叶边缘的水孔或伤口侵入，引起发病。成株叶片染病，病原细菌在薄壁细胞内繁殖，再迅速进入维管束，引起叶片发病，再从叶片维管束蔓延至茎部维管束，引致系统侵染。采种株染病，细菌由株柄沿维管束侵入，进入种子皮层或经荚皮的维管束进入种脐，致种内带菌。此外也可随病残体碎片混入或附着在种子上，致使种外带菌，带菌的种子是黑腐病菌远距离传播的主要途径。在蔬菜的生长期，病菌主要通过病株、带菌的肥料，经风雨、农事操作以及昆虫等媒介传播蔓延，在大白菜、甘蓝、花椰菜、萝卜等蔬菜上进行交互侵染(图 9-22)。

4. 发病条件　病菌喜高温高湿，生长发育适温为 25～30℃。人工接种表明，温度与病菌侵染关系密切，但与接种时的湿度更为密切。病菌一旦进入水孔，与环境的湿度关系就不大了。这时与温度的关系较大，在适温范围内，温度越高发病越快。因此，高温多雨、叶面结露、叶缘吐水均有利于病害的流行。低洼地块，排水不良，浇水过多，病害严重。此外，播期偏早，与十字花科蔬菜连作，水肥管理不当，植株衰弱，害虫防治不及时，病害发生严重。环境条件适宜时，病菌大量繁殖，再侵染频繁，遇暴风雨后，病害极易流行。不同蔬菜品种间对黑腐病的抗性有一定的差异，如结球白菜类，一般长筒形的较抗病。

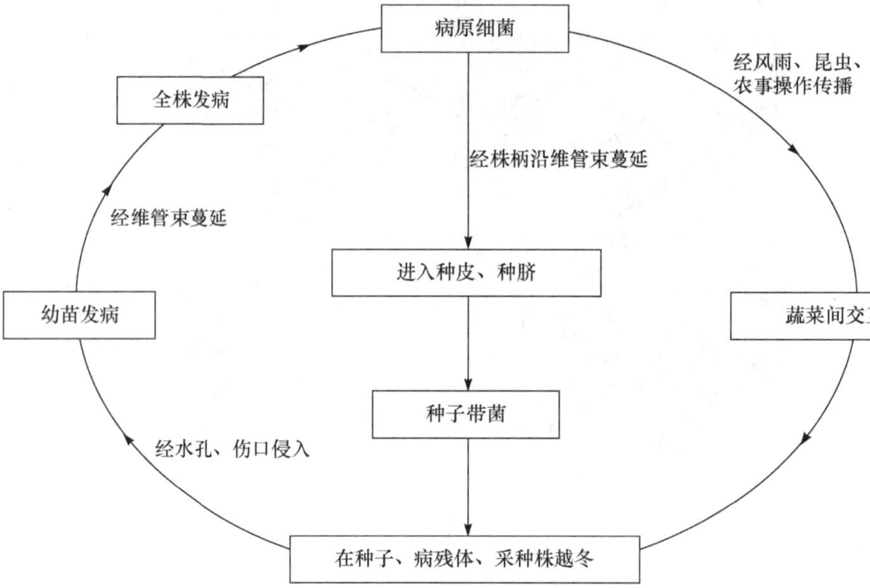

图 9-22 蔬菜黑腐病病害循环

六、病害综合防治

在蔬菜细菌性病害中，青枯病和软腐病是发生最为普遍、危害最为严重的病害。青枯病主要在中后期显症，一旦发病难以防治，软腐病和黑腐病在生长期和储藏期均可危害，并造成严重损失。

病原细菌主要通过伤口侵入和雨水传播，细菌可在土壤和病残体上营腐生生活，且能长期存活，其侵染来源途径较多，在蔬菜的整个生产过程中，均能造成危害。蔬菜细菌病害的防治，应采取以“选育抗病品种为基础，控制初侵染来源为前提，优化农业管理措施为重点，适时药剂防治为辅助”的综合防治策略。

1. 选育抗病品种 选育和利用优良抗病品种，不仅对蔬菜增产增收效果最为显著，而且对控制病害的发生危害具有十分重要的作用。不同蔬菜因其病害种类和危害程度不同，在不同蔬菜产区应结合当地的具体实际，开展针对性良种选育和试验推广工作。要以青枯病和软腐病为主要对象，以常规选育和现代育种技术相结合。建立自然鉴定病圃是一种简便易行的有效方法，在历年发病田块，设立自然诱发病圃，种植不同蔬菜品种，系统观察记载不同病害发生危害情况，评价对不同病害的抗感病性，从中筛选鉴定出适合本地种植的抗病良种，通过试验示范，进一步在生产上推广应用。利用抗病品种，应重视提纯复壮，以维持抗性的持久。抗病品种的引进是缩短选育周期的有效途径，由于不同地区病菌生理小种组成和致病性存在差异，致使同一品种在不同地域的抗性表现不完全相同。因此，开始引种时不宜大批量引进，引种应首先试种，进行抗病性和丰产性综合评价，之后再在生产上推广应用。

在我国不同蔬菜产区，蔬菜类别和品种繁杂，在不同蔬菜上，细菌性病害发生危害主次存在明显差异，如何选用抗病良种，不能一概而论。在生产实践中，应立足自选、自繁为主，引进为辅的基本原则。此外，要重视和加强品种抗病性监测，因地制宜地选用适合本地种植的优良抗病品种，才能有效发挥品种防病控病和增产增收的作用。

2. 控制初侵染来源 初侵染来源与病害发生与否关系较为密切。通常越冬或越夏的病菌量和初侵染来源途径较多,往往有利于病害发生危害。蔬菜细菌性病害的初侵染主要来自带病种子、土壤和病残体3个方面。因此,重视清除这些场所的菌源,减少初侵染来源,对控制蔬菜细菌病害的发生与危害具有十分明显的效果。

青枯病是蔬菜的重要细菌病害,该病除土壤传病外,种子也可带菌传病,其他蔬菜细菌病害的初侵染来源主要是土壤和病残体。因此,清除病残体尤为重要,在蔬菜苗床和大田生长期,一旦出现发病株,应及时拔除,并带出田外,集中销毁,防止病菌进一步扩散。蔬菜收获后,遗留在田间的病残体,是下季或下年的重要侵染来源,在苗床和大田期侵染危害,并引起病害的扩散蔓延。因此,结合农事操作,清除病残体可有效降低菌源基数,进而减轻病害的发生危害。

重视控制种子和土壤带菌,不仅对蔬菜细菌病害,而且对很多其他病害,均具有较好防治效果。在生产实践中,最有效的手段,就是对种子和苗床土进行化学药剂消毒。

3. 优化管理措施 良好的栽培管理措施,不仅有利于蔬菜健壮生长,增产增收,而且可控制蔬菜病害的发生危害。

(1) 科学肥水管理。肥水管理是蔬菜生产的关键农业措施之一,肥水管理水平与蔬菜病害关系极为密切。不论在蔬菜苗床期,还是大田生长期,重视施足基肥,避免重施或偏施氮肥,注意肥料的合理配合使用,有利于促进蔬菜生长发育,增强植株抗性,减轻病害发生危害。在管水方面,串灌、漫灌是土壤中细菌扩散的主要途径,尤其是在干旱条件下,大水漫灌很容易造成伤根,从而为细菌的侵入创作了有利条件。

(2) 高垄深沟栽培。露地蔬菜和设施蔬菜,实行窄厢、起垄、开沟栽培,有利于降低地下水位和田间通风透光,促进植株生长健壮,同时,土壤和田间的生态条件,在一定程度上可控制细菌的繁殖、侵染和病害发生危害。

(3) 合理轮作。长期连作的蔬菜田块,土壤中的菌量逐年累积,实行轮作是控制青枯病等土传病害的重要农业措施。由于青枯病寄主范围较广,轮作时应与非寄主植物轮作,有条件的地方实行水旱轮作防病效果最好。

(4) 安全储运。有些病菌除在蔬菜生长期危害外,也可在储藏运输期继续危害,所造成的经济损失,甚至超过大田期。例如,十字花科蔬菜软腐病,在储运过程中可造成大量腐烂。因此,蔬菜收获时,应尽量避免人为造成伤口,减少病健株相互传病。储藏窖可预先用40%甲醛12倍液对窖内壁进行消毒,储运期用氯霉素150～200 μg/L喷洒,以防病害蔓延。储运时,注意轻拿轻放,剔除虫伤株和病株,以确保蔬菜储运安全,降低因病害造成的损失。

4. 化学防治 根据蔬菜细菌病害的侵染来源,化学药剂防治应在做好种子和苗床土壤消毒的基础上,及早合理使用药剂,控制病害发生危害。

(1) 种子消毒。一般蔬菜种子可用温水浸种,或1%盐酸水消毒。种用马铃薯、生姜等,播前应严格汰除带病薯种和生姜,并用有关化学药剂或生防制剂处理种用材料。

(2) 苗床土消毒。在蔬菜育苗前,对苗床土壤进行药剂处理,可有效减少前期病菌侵染,对控制大田期发病可收到明显效果。常用的土壤消毒药剂主要有甲醛、棉隆、万克氯等,也可选用枯草芽孢杆菌等生防制剂。土壤消毒应严格按产品说明操作,避免产生药害。

(3) 药剂防病。防治蔬菜细菌病害,应在发生初期用药,对以危害叶片或果实为主的局部侵染危害,如角斑病、黑斑病等,可直接喷施药剂;危害地下块茎(根)或维管束系统侵染病害,如青枯病、软腐病等，采用药液灌蔸处理效果更好，常用的化学药剂主要有硫酸链霉素、氢氧化铜、胶氨酮、氧氯化铜，以及枯草芽孢杆菌等生防制剂。

（侯明生　李桂华　蔡　丽　编写）

第三节　病毒病害

病毒病是影响蔬菜产量和质量的重要制约因素，我国不同蔬菜产区，病毒病的毒源种类和症状表现不尽相同，生产上常见的主要有花叶病、黄化曲叶病、蕨叶病等，其中花叶病发生最为普遍，凡是蔬菜栽培的地区几乎都有发生，受害蔬菜包括十字花科、葫芦科、茄科、豆科蔬菜及杂菜等所有蔬菜种类。黄化曲叶病主要侵染茄科蔬菜，是近 10 年来迅速蔓延并在生产上造成毁灭性危害的新病害。

1. 症状

（1）花叶病。蔬菜病毒病常见的症状有花叶、黄化曲叶、坏死（条）斑、蕨叶等，在田间几种病毒常复合侵染，往往在同一植株上出现几种不同的症状。花叶是最常见的症状，由于病毒种群或株系、被害蔬菜的种或品种以及环境条件的不同，症状的表现也有差异。

在十字花科蔬菜上，大白菜田间幼苗受害，首先心叶出现明脉及沿脉失绿，继而出现花叶和皱缩。重病株叶片皱缩成团，叶变硬脆，叶片正面和叶背叶脉上有褐色坏死条斑，并出现裂痕，病株严重矮化、畸形，不结球。受害最轻的只有轻微花叶和皱缩，能正常结球。甘蓝受病幼苗叶片上生褪绿圆斑，直径 2～3 mm，迎光检视非常明显。后期叶片呈淡绿色与黄绿色的斑驳或明显的花叶症状。老叶背面有黑色的坏死斑。萝卜、小白菜、芜菁、油菜和榨菜等植物的症状与大白菜上的基本相同。

在茄科蔬菜上，苗期和成株期均可受侵，田间常见的症状有两种：一种是轻微花叶或微显斑驳。叶片平展、大小正常，植株不矮化、不变形，对产量影响不大。另一种是明显花叶或称重花叶。叶片凹凸不平，扭曲畸形，叶片变小，新生叶上花叶症状尤为明显，植株矮化，果小，质劣，多呈花脸状，对产量影响较大。

在葫芦科蔬菜上，各种瓜类病毒病的症状大同小异。一般受病叶片呈深绿与浅绿相间的斑驳，进而发展成花叶，并出现深绿色疣状隆起斑，叶脉皱缩、变小、畸形，尤以嫩叶病状表现明显。瓜果也表现畸形，果面凹凸不平，有深浅绿色斑驳。植株明显矮化。西葫芦病株除表现花叶症状外，有的表现为黄化皱缩型症状，植株上部叶片先表现沿脉失绿，并出现黄绿斑点，继而整株黄化，皱缩下卷，病株节间缩短，矮化。

番茄条斑病的条形坏死斑是一个比较特殊的症状表现，由于叶片也同时表现花叶，因此归于花叶病类。受病毒侵染的番茄植株的茎、叶和果实形成条形坏死斑是该病的主要特征，亦称条纹病。

（2）蕨叶病。蕨叶病主要发生在番茄上，症状多发生在植株上部，上部新叶发黄、细长呈线状且卷曲，展开比健叶慢，叶片十分狭小，叶肉组织严重退化，甚至不长叶肉，仅存主脉，病株一般矮化。有时中部、下部叶片向上卷起，主脉微现扭曲，叶背叶脉呈淡紫色，叶肉薄而色淡。全株腋芽所发出的侧枝都生蕨叶状小叶，上部复叶节间短缩，呈丛枝状。

（3）黄化曲叶病。黄化曲叶病是茄科植物尤其是番茄上近年发生严重的病毒病害，局部地区侵染辣椒，发病植株严重矮化或停止生长，节间显著变短，无法正常生长，心叶严重皱缩、簇状,新叶片变小变厚,叶片有褶皱,边缘向上卷曲并呈鲜黄色,叶尖端弯曲成钩状,叶质脆硬,植株上部叶片症状比较典型,下部老叶症状不明显。枝条直立呈丛簇状,植株顶部形似菜花;番茄植株在开花前感染病毒,常造成花蕊脱落,结果稀少,果实偏小,成熟期果实着色不均匀或果实不能转色,僵硬,商品性差,严重时造成植株绝产。

2. 病原 蔬菜花叶病的病毒病原较为复杂,我国不同菜区,不同蔬菜种类的毒源种类不尽相同,各地报道的主要病毒病原有以下5种。

(1) 烟草花叶病毒(*Tobacco mosaic virus*,TMV)。该病毒的寄主范围有36科200多种植物,传播不需介体生物,靠植株间的接触传播。有些情况下,种子浅表可以带毒。病毒粒体直杆状,长300 nm。对外界环境抵抗能力强,为抗性最强的植物病毒,钝化温度92~97℃,稀释限点10^{-7}~10^{-4},体外保毒期6个月以上,在干燥病组织内存活力可达50年。

引起番茄条斑病的病原一般认为是TMV的条斑株系,主要特点为在番茄、辣椒上表现系统条斑症状。也有资料认为,该坏死症状是由TMV和马铃薯X病毒(*Potato virus X*,PVX)复合侵染引起的,或者是由番茄花叶病毒(*Tomato mosaic virus*,ToMV)侵染所致。

(2) 黄瓜花叶病毒(*Cucumber mosaic virus*,CMV)。该病毒除危害十字花科蔬菜外,也能侵染葫芦科、藜科等多种蔬菜和杂草,自然寄主有67科470多种植物。病毒粒体球状(正20面体),直径28 nm。钝化温度为55~70℃,稀释限点为10^{-5}~10^{-3},体外保毒期3~10天。黄瓜花叶病毒由蚜虫传播,如桃蚜、棉蚜等多种蚜虫都可传染,但以桃蚜为主。有些植物的种子可以传播CMV。CMV存在明显的株系分化,在不同蔬菜上,病毒株系症状表现有差别,在十字花科蔬菜上和茄科蔬菜上表现为花叶和蕨叶症状;在葫芦、笋瓜、黄瓜上引起黄化皱缩;甜瓜上引起黄化,黄瓜上为系统花叶。

(3) 芜菁花叶病毒(*Turnip mosaic virus*,TuMV)。主要侵染十字花科蔬菜,还能侵染菠菜、茼蒿、荠菜、蔊菜及车前草等杂草。病毒粒体线条状,长700 nm左右。钝化温度55~66℃,稀释限点2×10^{-3}~5×10^{-3},体外保毒期为1~7天。病毒可通过蚜虫和汁液摩擦传播,不能种传。

(4) 西瓜花叶病毒(*Watermelon mosaic virus*,WMV)。以前称为西瓜花叶病毒2号,钝化温度55~65℃,稀释限点10^{-5}~10^{-3},体外保毒期10~50天,可由汁液摩擦传播,也可由桃蚜和棉蚜等19种蚜虫传播,不能经种子传播。只侵染葫芦科植物,在甜瓜上呈系统花叶;在西葫芦上叶片斑驳、畸形(鸡爪形),果实上有绿色条纹或黄色云斑,显著凸起;在西瓜上表现为花叶和叶畸形(小叶或皱叶)。

(5) 小西葫芦黄花叶病毒(*Zucchini yellow mosaic virus*,ZYMV)。属于马铃薯Y病毒属(*Potyvirus*)。病毒粒体线状,长约750 nm。病毒的钝化温度为55~60℃,体外保毒期3~5天,稀释限点10^{-5}~10^{-4},由桃蚜、棉蚜以及其他多种蚜虫以非持久性方式传毒,机械摩擦可以传毒,种子可带毒。

此外,侵染蔬菜并引起花叶症状的病毒还有南瓜花叶病毒(*Squash mosaic virus*,SqMV)、番木瓜环斑病毒西瓜株系(*Papaya ringspot virus* type W,PRSV-W)、黄瓜绿斑驳花叶病毒(*Cucumber green mottle mosaic virus*,CGMMV)、马铃薯X病毒(*Potato virus X*,PVX)、马铃薯Y病毒(*Potato virus Y*,PVY)、烟草蚀纹病毒(*Tobacco etch virus*,TEV)、苜蓿花叶病毒(*Alfalfa mosaic virus*,AMV)以及马铃薯纺锤块茎类病毒(*Potato spindle tube viroid*,PSTVd)等。

十字花科蔬菜病毒病的毒原主要以TuMV为主,其次是TMV、CMV等;茄科蔬菜引起花叶症状的病毒毒原主要以 TMV 为主，其次是 CMV 等；葫芦科蔬菜病毒病毒原主要以 CMV 和 WMV 为主，其次是 ZYMV、CGMMV 和 PRSV-W 等。

蕨叶病由黄瓜花叶病毒侵染引起。为三分体病毒，编码三条基因组 RNA（RNA1、RNA2、RNA3）。CMV 主要通过蚜虫传播，有 70 多种蚜虫能够传毒，但以桃蚜和棉蚜为主，传毒方式为非持久性，病毒在介体内无循环期，不增殖，也不经卵传染，少数植物种子可带毒。

黄化曲叶病由番茄黄化曲叶病毒（*Tomato yellow leaf curl virus*，TYLCV）侵染所致，属于双生病毒科（*Geminiviridae*），菜豆金色花叶病毒属（*Begomovirus*）。因该属病毒在自然条件下只能由烟粉虱（*Bemisia tabaci*）以持久方式传播，又被称为粉虱传双生病毒，是一类具有孪生颗粒形态的植物 DNA 病毒。病毒粒子大小为 18 nm×30 nm，无包膜，由两个不完整的二十面体组成。病毒基因组为单组分单链环状 DNA，大小为 2.7 kb。

TYLCV 最早发现于以色列，广泛分布于热带和亚热带地区，茄科蔬菜尤其是番茄是其主要寄主。除烟粉虱传毒外，TYLCV 也可经嫁接传播，但不能经机械摩擦或种子传毒。引起番茄黄化曲叶病的其他双生病毒还有：中国番茄黄化曲叶病毒（*Tomato yellow leaf curl China virus*，TYLCCV）、中国番木瓜曲叶病毒（*Papaya leaf curl China virus*，PaLCuCNV）等，仅在国内局部地区有分布。

3. 侵染循环 引起花叶病的很多病毒的寄主范围十分广泛，如 TMV、CMV 有数百种自然寄主。北方地区，尽管露地作物在严冬无法生存，但很多杂草是病毒越冬寄主，均可作为初侵染来源，有些病毒，如 TMV、CMV、ZYMV、CGMMV、SqMV 等都可以种子带毒而成为初侵染来源，虫传病毒的生物媒介可带毒在田间和保护地中周年危害越冬，也是重要的初侵染源。

引起蕨叶病的 CMV 的寄主范围很广，可侵染 67 科 470 种植物，大多数蔬菜都能被其侵染，还能危害多种花卉、杂草及一些树木，因此 CMV 可以在多种植物寄主上越冬，春季蚜虫迁飞传毒。除了田间其他蔬菜外，也可以在杂草上越冬。

TYLCV 主要通过 B 型烟粉虱传播，烟粉虱在作物和蔬菜以及杂草上发生十分普遍，危害茄科、葫芦科、豆科等多种植物。烟粉虱获毒后终生带毒，但不经卵传给下一代。南方地区气温较高，拱棚等保护地栽培也很普遍，烟粉虱周年发生和传毒。在保护地栽培条件下，烟粉虱在北方能够安全越冬并周年发生，成为该病发生严重的重要原因。

4. 发病条件 蔬菜病毒病发生危害与气象因素、栽培管理和品种抗性等关系密切。

(1) 气候因素。一般高温、干旱年份有利传毒蚜虫和烟粉虱等媒介的迁飞、传毒以及病毒的增殖，而且对病毒的增殖、潜育期的缩短、田间再侵染数量的增加等都有影响。干旱也降低了植株的抗病性，导致病毒病发病重。针对虫传病毒病，有翅蚜虫的高峰期同蔬菜苗期相吻合的时期越长，发病越重。气温高低也影响症状的表现，在有效温度范围内，温度高则症状重，但气温太高，有些病毒病会导致隐症。晚秋不凉、暖冬、春天气温回升早，有利于烟粉虱等害虫的越冬、繁殖和传毒，黄化曲叶病发生严重。在北方，一般越夏番茄发病最重，其次是秋延迟番茄，早春番茄发病最轻，与烟粉虱的消长相对应。寿光蔬菜产区春季 4 月、5 月该病开始发生，6 月后发病逐渐加重，7 月、8 月进入发病高峰，气温为 27～35℃，病害感病程度最高。

花叶病的发生还与降雨有关。蔬菜定植后如降雨量较大，并且雨后连续晴天，会促进病毒病的流行。这是由于阴雨造成土壤湿度大，地面板结，土温降低，影响蔬菜根系的生长发育，雨后高温，植株生理机能失调，降低了植株的抵抗力。除气温外，土壤温度和湿度与病毒病的发生也有关系。在同样受侵染的情况下，土温高、土壤湿度低时，病毒病发生较重。

(2) 栽培管理。通过汁液传染的病毒病，农事操作中沾染病株汁液的手或工具接触健株后，通过微伤口即可传染，很多措施，如移苗、绑蔓、整枝、打杈等都能导致病株、健株的相互摩擦，增加病株汁液传染机会。

定植期的迟早与发病也有关系。早播、早定植的发病轻，迟播、晚定植的发病重。定植时苗龄过小，幼苗徒长，或栽后连续灌水，或果实膨大期缺水受旱，发病也较严重。菜田杂草丛生，多种蔬菜和作物混种，由于毒源多，发病也重。此外，土壤瘠薄、排水不良、追肥不及时，花叶病发生较重，反之，发病较轻。土壤中缺少钙、钾等元素，能助长花叶病的发生，用硝酸钾作根外追肥，可以减轻花叶病的发生，钾可提高寄主的抗病性。前期肥水不足，幼苗根系发育弱，发病重。

茄科蔬菜收获后留在田间的病株根茬中，TMV 的侵染活力可以保持 36 个月，因此黏重而含腐殖质多的土壤中其病残体保存毒力时间较长，病害发生重。

带毒种苗调运也是传播病毒病途径之一。目前主要蔬菜产区，工厂化育苗非常普及，跨地区甚至跨国空运的种苗交易非常频繁。一旦在育苗期染上病毒，病毒就会随种苗远距离传播，随后在当地被烟粉虱侵染后再近距离传播循环。

黄化曲叶病是由烟粉虱传播的，露地番茄临近保护地的，黄化曲叶病往往发生较重。番茄定植期的迟早与发病也有关系。春番茄定植早的发病轻，定植晚的发病重。番茄定植时苗龄过小，幼苗徒长，或栽后连续灌水，或果实膨大期缺水受旱，发病也较严重。

(3) 品种。蔬菜品种类型与花叶病发生危害关系十分密切。大白菜的青帮品种比白帮抗病；杂交品种比一般品种抗病。油菜中的甘蓝型抗病力高于芥菜型，芥菜型高于白菜型。黄瓜中的原始型品种及亚洲长型黄瓜都具有不同程度的耐病性，如山东宁阳刺瓜和北京大刺瓜均较耐病，瓜形长而细、刺多而皮硬、色泽青黑的品种较耐病。西葫芦中邯郸西葫芦、天津 25、早青一代、阿泰西葫芦、花叶西葫芦等对病毒病比较耐病。甜瓜中的薄皮甜瓜抗病力比厚皮甜瓜稍强。辣椒(甜椒)中一般早熟有辣味的品种较晚熟无辣味品种抗病。番茄品种对 TMV 存在明显抗病性差异。冬春茬番茄可选用佳粉 1 号、鲁番茄 3 号、苏抗 5 号、苏抗 8 号、西粉 3 号、早魁和早丰等；秋延后栽培可选用强丰、中蔬 4 号、毛粉 802、佳粉 15、佳粉 10 号、拉比、冀番 5 号等。番茄品种间对黄化曲叶病的抗性存在明显差异，目前抗病基因主要有 *Ty1* 、*Ty2* 、*Ty3* 、*Ty3 a* 等，抗病品种一般不能抗病毒侵入，但发病轻，发病后期生长恢复快，产量损失少。大红果番茄抗黄化曲叶病的品种有齐达利、佳红 8 号、拉比、格里、雪利等，粉果番茄抗病品种有浙粉 701、浙粉 702、浙粉 708、欧冠、欧瑾等，串收番茄有红贝贝、佳西那，樱桃番茄主要有安得利 2 号、安源，千粉 1106 为主流品种。其中齐达利在早春、越夏、秋延迟三个茬口都能种植，产量高，商品性好，是目前保护地番茄的主流品种。

5. 病害控制 应以选用抗病品种和农业防治为主的综防措施。

(1) 轮作及深耕。实施 2～3 年的轮作。感染烟草花叶病毒的病株残体是土壤感染的主要来源，定植前进行土壤深翻，促进土壤中的带毒病残体和残根茬的腐烂，也可于土壤中施用石灰，石灰有助于残根的腐烂，使 TMV 钝化而失去侵染力。

(2) 选用抗病品种。根据种植地的条件和病毒病发生情况，有针对性地选用抗病毒病的品种。也可以根据不同种植茬口交替选用品种，如保护地栽培地区，冬春番茄种植期间，烟粉虱发生轻，可以适当选择农艺性状好、抗病性稍差的品种以提高效益，越夏和秋延迟番茄选择抗病性好的品种以减少损失。

(3) 种子处理。TMV、CMV、CGMMV、ZYMV、SqMV 等可以由种子携带，因此对种子尤其是茄科和葫芦科蔬菜种子要进行处理。播种前先用清水浸泡 3～4 h，再用 10%磷酸三钠(Na_3PO_4)溶液浸种 20～30 min，捞出后用清水冲洗干净，催芽播种。也可以用肥皂水代替磷酸三钠浸种，浸种时最好用手搓洗一下种子，使消毒更彻底。

(4) 定植前后的防病措施。把好种苗关，留种地应远离蔬菜地，适时播种，培育壮苗。育苗床应与生产田分开，严格控制育苗环境，在育苗温室通风口加装 50～60 目防虫网，并定期在育苗温室外围和内部喷洒杀虫剂，育苗前彻底清除杂草和病残体。订购种苗时选择正规育苗厂。定植时酌情蹲苗 5～6 天，使根系发育旺盛，提高幼苗抗病力。在整枝、打杈、摘果等操作时，先处理健株，后处理病株，注意手和工具要充分消毒，减少人为传播。接触过病株的手、刀剪等工具，应以肥皂水或磷酸三钠溶液充分洗擦。

晚打杈、早采收。茄科蔬菜前期适当晚打杈，可相应地促进根系发育、幼苗早发，同时也减少和推迟了人为接触传染。果实快成熟时应提早采收，这样可以调节体内营养的分配，增强植株耐病性。

加强肥水管理。瓜类多为喜温作物，5 叶期后生长发育较快，因此，要施足底肥及菌肥，增施磷肥、钾肥，结果期叶面喷施 0.2%～0.3%磷酸二氢钾。土壤中缺少钙、钾等元素，能助长茄科蔬菜花叶病和条斑病的发生。底肥增施磷肥、钾肥，发病初期用 1%过磷酸钙或 1%硝酸钾作根外追肥，可一定程度减轻病害发生。硼肥缺乏较普遍，砂性土壤尤为明显，缺硼易促发病毒病，在缺硼土壤中施硼可防病增产。

(5) 防治蚜虫和烟粉虱。早期防治田间的蚜虫，找准防治的关键时期，针对大白菜，幼苗 7 叶期以前防治最为关键；针对番茄，苗床子叶期及大田定植后至第一层果实膨大期，防治效果最好，成本也最低。根据蚜虫对银色的忌避性，应用银色反光膜驱蚜，也可悬挂白色聚乙烯塑料带驱蚜。对于黄化曲叶病，保护地和育苗时必须用 50～60 目的防虫网进行隔离。烟粉虱成虫有趋黄色特性，可在棚内植株顶部略高处设黄板诱杀，每亩设 40～60 个。

(6) 钝化剂及诱导剂的施用。一些钝化剂对病毒有较强的抑制作用，诱导剂可以通过促进发病植株的生长和抗病性的产生，补偿和减少损失。故可在发病初期采用病毒抑制剂和生长促进剂配合施用的方法，减少发病损失。常用的病毒钝化剂和诱导剂有植病灵、吗啉胍乙酮、病毒 A、NS-83 增抗剂、氨基寡糖素、嘧肽霉素等。

豆浆、牛奶和脱脂奶粉在发病前定期喷洒叶片也能防病和使症状减轻，主要原因是喷洒脱脂奶粉后，能在茎叶上形成一层很薄的蛋白膜，推测这种蛋白膜能钝化病毒，从而达到减轻病害发生的目的。同样，用高脂膜在植株表面喷涂上一层物理膜，或将矿物油喷于植株上也有阻止蚜虫非持久性传毒的作用。此外，用 1∶10～20 的黄豆粉或皂角粉水溶液，在番茄分苗、定植、绑蔓等操作时喷洒，也可减少农事操作时的接触传染概率。

(7) 弱毒疫苗以及病毒卫星的利用。国内成功应用到生产上的弱毒疫苗是番茄花叶病毒的弱毒疫苗 N_{14}，1979 年由中国科学院微生物研究所研制成功，该疫苗在全国 20 多个省(自治区)的番茄地进行交互保护防病试验，效果明显。后来该所又研制了 CMV 生防制剂卫星病毒 S_{52}，可以单独使用也可与 N_{14} 混合使用，可使青椒和番茄病情指数降低 50%左右，果实增产 30%左右。田间实验表明 S_{52} 或 N_{14} 混合疫苗有良好的防病增产效果。

(竺晓平　编写)

第四节　线 虫 病 害

一、蔬菜根结线虫病

蔬菜根结线虫病(vegetable root-knot nematode disease)在世界各国均有发生,在我国的主要蔬菜产区均有分布,是我国南方露地蔬菜和北方温室大棚蔬菜的突出问题。根结线虫病可寄生危害多种蔬菜作物,包括葫芦科、茄科、豆科、十字花科蔬菜,其中葫芦科的黄瓜等和茄科的番茄等蔬菜上的根结线虫病问题尤其严重。

1. 症状　根结线虫侵染蔬菜根部,以侧根和须根最容易受害。受害蔬菜根部形成大小与形状不等的瘤状物(根结)。根部根结的大小因不同线虫种类和寄主蔬菜种类不同而有所差别(图 9-23)。瓜类蔬菜受害后在主根、侧根上形成较大的串珠状根结,根肿大、粗糙,而十字花科蔬菜受害后,则在新生根尖产生较小的根结。蔬菜根部的瘤状物或根结是此病的特异性症状,但要注意豆科蔬菜上产生的根结与固氮根瘤的区别,也要注意十字花科产生的根结与十字花科根肿病的区别。由根结线虫引起的蔬菜根部的根结被剖视时,可见许多苹果形的白色雌虫,有时也可见蠕虫形雄虫。蔬菜地上部分多无特异性症状,通常表现为营养不良、植株矮小、生长衰弱、叶片褪绿黄化、结果少而小、品质差,发病严重时整株蔬菜萎蔫死亡。如果土壤中根结线虫的密度太高,蔬菜苗期阶段可能被严重侵染引起死亡。

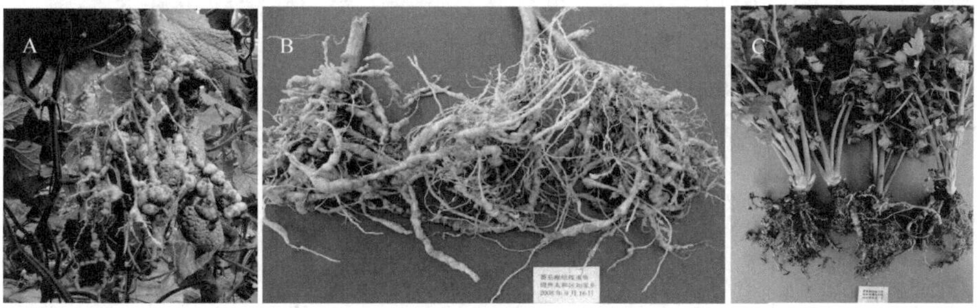

图 9-23　蔬菜根结线虫病

A. 黄瓜;B. 番茄;C. 芹菜(段玉玺、陈立杰提供)

2. 病原　病原线虫属于根结线虫属,包括以下几种根结线虫:南方根结线虫、爪哇根结线虫、花生根结线虫、北方根结线虫和象耳豆根结线虫,其中分布最为普遍而又重要的种类是南方根结线虫。近年来的研究表明,象耳豆根结线虫也是我国华南地区危害蔬菜的重要种类之一,由于其寄主范围较广,并且能够克服作物携带 *Mi* 基因,应引起重视。

(1) 南方根结线虫(*Meloidogyne incognita*)。雌虫虫体梨形,后部不隆起;口针长 15～16 μm,基部球圆,缢缩;会阴花纹背弓相对较高,没有侧线。2 龄幼虫体长 350～450 μm;半月体在 S-E 孔前面或与其相邻;尾细,长 43～65 μm,透明尾长 6～14 μm,前端有明显的环纹,尾端圆。雌虫酯酶表型为 L1 型,苹果酸脱氢酶表型为 N1 型。

(2) 爪哇根结线虫(*M. javanica*)。雌虫虫体梨形,后部不隆起;口针长 14～18 μm,基部球卵圆形,缢缩;会阴花纹圆,侧线明显;2 龄幼虫体长 400～560 μm;半月体在排泄孔前端或与其相连;尾细,长 47～60 μm,透明尾长 9～18 μm,端细圆。雌虫酯酶表型为 J3 型,苹果酸脱氢酶表型为 N1 型。

(3) 花生根结线虫(*M. arenaria*)。雌虫虫体梨形,后部不隆起;口针长 13～17(16)μm,

口针基部球形，向后倾斜；会阴花纹圆，背弓低，环纹清楚，侧线常常不明显；2 龄幼虫体长 400～600 μm；半月体在排泄孔前端与其相邻；尾细，长 45～70 μm，透明尾长 6～15 μm，前端通常光滑，端渐圆至尖。雌虫酯酶表型为 A1 型、A2 型和 A3 型，苹果酸脱氢酶为 N1 型和N3 型。也有一些不典型的酯酶表型未被描述。

(4) 北方根结线虫(*M. hapla*)。雌虫虫体梨形，后部不隆起；口针长 13～17(15)μm，基部球相对较小，圆，缢缩；会阴花纹圆，背弓低，纹细，有侧线，肛门上通常有小刻点。2 龄幼虫体长 360～500 μm；半月体在 S-E pore 前端与其相邻；尾细，长 48～70 μm，透明尾长 12～19 μm，形状常常不规则，前部的环纹不清晰，端细圆。雌虫酯酶表型为 H1 型，苹果酸脱氢酶表型为 H1 型。

(5) 象耳豆根结线虫(*M. enterolobii*)。雌虫虫体梨形；口针长 13.2～18(15.1) μm，基部球粗大；会阴花纹卵圆形或椭圆形，线纹细且较平滑，背弓低或高，大多数会阴花纹无侧线，少数具 1 条或 2 条不清晰的侧线。2 龄幼虫体长 380～442 μm；尾细长，长 45～57 μm，透明尾形状常常不规则，前部的环纹不清晰，端细圆。雌虫酯酶表型为 VS1-S1 型，苹果酸脱氢酶表型为 N1a 型。

3. 病害循环 蔬菜根结线虫主要以卵囊中的卵和卵内的幼虫在土壤中和植物病残体内越冬，在蔬菜种植季节，孵出的侵染期 2 龄幼虫侵入寄主根中危害并完成生活史。一般适宜蔬菜生长的环境条件也适合根结线虫的繁殖。根结线虫在一个作物生长季节内能完成几个世代；在适宜的季节里完成一个世代需 30～40 天。根结线虫在蔬菜根部多次再侵染导致严重的根结症状。根结线虫主要分布于蔬菜根围土壤中，一般以 10～20 cm 土层中最多。根结线虫主动移动的距离有限，主要依靠被动扩散传播。随带线虫的农具、灌溉水、雨水等在田间作近距离传播与蔓延，随种子、种苗和块茎等植物材料的调运作长距离扩散与传播。

4. 发病条件 该病的发生与栽培制度、土壤条件等关系密切。

(1) 栽培制度。连作会增加蔬菜根结线虫的严重程度，连作年限越长，土壤中根结线虫的虫口密度越高，病害会更加严重。保护地蔬菜根结线虫发生严重与连年种植感病蔬菜寄主有直接关系。

(2) 土壤质地条件。一般砂性土壤根结线虫病的发生程度较黏性土壤严重。在土壤结构较疏松、含水量较低(40%左右)、地势高的地方根结线虫发生轻些，而在潮湿、结构板结的土壤则不利于根结线虫的发生发展。

(3) 温度。温度影响线虫的存活、发育、孵化、运动和侵染等。北方根结线虫一般适合在 15～25℃发生发展，而南方根结线虫、花生根结线虫、爪哇根结线虫和象耳豆根结线虫则在 25～30℃更为适合。我国南方地区气温高，蔬菜根结线虫发生的世代多，危害时间长，所以一般南方地区蔬菜根结线虫比北方地区严重。大棚蔬菜比露地蔬菜一般土温升温早，线虫初侵染时间提前，繁殖世代增加。因此，该病在我国温室大棚的发病要重于露地蔬菜。

(4) 土壤水分。根结线虫一般具好气性，氧气不足，将引起其窒息死亡。在土壤水分潮湿或水浸情况下，寄生于蔬菜的各种根结线虫虫口密度大为降低，发病较轻，但如果天气干旱，土壤长时间缺水，根结线虫将处于缺水或失水的状态，因而根结线虫的发生也会受到抑制，土壤太干也不利于线虫的孵化。因此，土壤水分条件适中有利于根结线虫的发生发展。

二、线虫病害综合防治

由于根结线虫有广泛的寄主，而且发病初期极为隐蔽，使用单一方法难以奏效，因此，在蔬菜生产中一般多采用抗线虫品种、栽培管理、土壤处理、药剂防治、生态控制和生物防治等多种方法综合运用，才有可能在一定程度上控制蔬菜根结线虫病。

1. 抗线虫品种　利用抗性品种防治线虫病是最为经济有效的防治措施，目前国内外部分蔬菜已育成一些抗根结线虫品种，国外已经有抗线虫番茄和茄子蔬菜品种的商品化销售和种植使用。例如，国外引进的抗线虫番茄品种 CC779、W733、Nematex、瑞光和瑞星等，我国育成的抗根结线虫仙客系列番茄品种(仙客 1 号、5 号、6 号)、园艺先锋、粉太郎 1 号和 2 号等。另外，近年来有些地方利用抗性砧木托鲁巴姆嫁接番茄，取得较好的防治效果。黄瓜没有筛选到抗病品种，在北方温室大棚使用黑籽南瓜和白籽南瓜做砧木，对南方根结线虫具有一定的耐病性。

2. 栽培管理　栽培防病措施包括：①水肥管理，即不用受到病田污染的灌溉水，少施氮肥，增施腐熟有机肥或农家肥；②用非寄主植物或耐病植物进行轮作，也可以进行水旱轮作，蔬菜与水稻轮作通常可以取得良好的防治蔬菜根结线虫病的效果；③换茬时清理田间受线虫侵染的病株与病残体，集中晒干焚毁，避免乱丢乱弃造成病原扩散；④土壤改良，重茬病害严重的温室大棚可以采用更换土壤的方法，但一定要加强管理，避免线虫再度猖獗；或者使用含甲壳素的土壤改良剂或生物碳改良土壤，减轻线虫的危害。

3. 土壤消毒处理　土壤消毒处理降低线虫密度是防治蔬菜根结线虫病的有效方法。保护地蔬菜土壤在种植前，可以利用太阳能进行高温闷棚处理。具体方法是，在高温季节，先把棚里土壤深翻后，撒上 3～5 cm 的碎稻秆或其他作物秸秆，再均匀撒上石灰水，深翻土壤30 cm后浇水，用塑料薄膜(黑色薄膜效果更好)覆盖土壤，再把大棚封严，密闭 15～16 天。露地蔬菜地也可参照此法进行阳光消毒处理。东北地区的温室可以利用冬季的严寒进行“敞棚冻地”处理，在最寒冷的 12 月至 1 月敞开大棚的塑料膜，使土壤冻结 15～20 天，能够非常有效地杀死土壤中大部分的南方根结线虫，北方露地蔬菜就没有南方根结线虫的危害。

4. 药剂防治　目前在我国瓜类和番茄上登记使用的杀线虫剂主要是 0.5%阿维菌素颗粒剂和 10%噻唑膦颗粒剂(商品名为福气多)，主要在移栽时进行沟施、穴施或撒施。对一些经济效益高的蔬菜，在种植前 15 天左右也可使用 98%棉隆微粒剂进行土壤熏蒸处理。其他高毒剧毒的化学杀线剂已被禁用，如呋喃丹、涕灭威(铁灭克)、克线膦、甲拌膦等都不允许在蔬菜上使用。生物农药中目前仅有淡紫拟青霉和厚孢轮枝菌有产品注册。目前市场上也有用多种微生物复合菌肥防控根结线虫病，但防效不如阿维菌素和福气多。

(段玉玺　编写)

思考题

1. 阐述蔬菜疫病危害后的症状和发生流行的主要特点。
2. 蔬菜灰霉病流行的主要特点有哪些？
3. 简述蔬菜腐霉病的症状和病原特点，防治该病害的要点是什么？
4. 蔬菜根肿病症状和病原的特点是什么？ 如何防治？
5. 蔬菜青枯病的病害循环有何特点？

6. 影响蔬菜软腐病发生的主要因素有哪些？如何进行防治？

7. 如何防治蔬菜黑腐病？

8. 如何区别豆科蔬菜的根结线虫病与固氮根瘤？如何区别十字花科根结线虫病与根肿病？

9. 论述目前我国蔬菜生产中危害严重的根结线虫种类及其鉴别特征。如何防控蔬菜根结线虫病？

10. 试述不同蔬菜炭疽病的症状特征，它们有哪些相似之处？

第十章　果 树 病 害

据初步估计，全球栽培的果树有数千种，其中广泛种植且具有经济重要性的也有100余种。每种重要果树上发生的病害都在几十种甚至更多，它们在不同程度上影响着果树的正常生长发育，降低果实产量和品质，引起经济损失。限于篇幅，本章只能扼要介绍我国栽培的主要果树上发生普遍并危害严重的一些病害，对于那些本书中未提及的其他果树病害，可在有关著作或网络上查取。

第一节　苹果和梨病害

苹果和梨是我国北方广泛栽培的核果类果树，是我国的主要果品来源。两种果树上的病害种类在100种以上，其中发生普遍和造成严重危害的有黑星病、锈病、轮纹病、炭疽病、白粉病和腐烂病等。

一、梨(苹果)黑星病

梨黑星病(pear scab)，又称疮痂病、黑霉病等，是我国梨树上的一种主要病害。主要危害果实和叶片，使果实失去商品价值，并导致早期落叶，严重削弱树势。梨黑星病在鸭梨、酥梨、白梨等感病品种上发生较重，病害流行年份，能导致早期大量落叶，果实严重发病，产量损失达80%以上。

1. 症状　常危害梨树和苹果树绿色幼嫩组织，如果实、叶片、叶柄、芽、花序、新梢及一年生枝条等部位，其中以叶片和果实受害最常见。症状特点是在受害部位产生墨绿色至黑色霉层。

(1) 叶片。梨黑星病主要发生在叶片背面，发病初期病斑为1～2 mm黄色病斑，2～3天后产生墨绿色霉层，霉层放射状或沿叶脉扩展，形成圆形或网状病斑(图10-1)。发病严重时，叶片枯黄，脱落。叶柄、主脉受害，病斑呈长条形或梭形，中部凹陷，表面产生霉层，严重时叶脉断裂，叶柄变黑。叶柄和主脉受害后，叶片很快脱落。

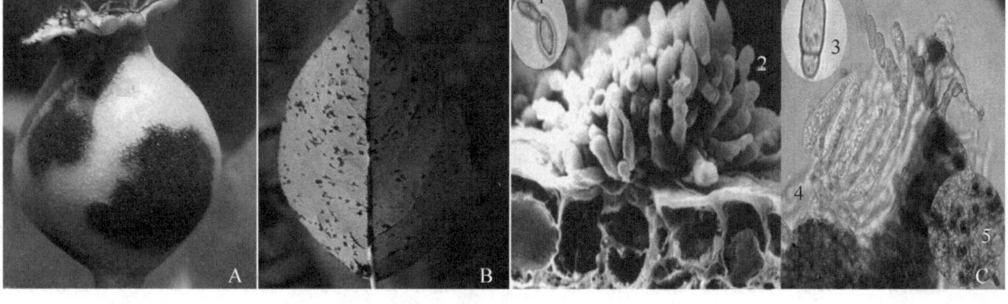

图10-1　梨黑星病症状和病原菌

A. 病幼果；B. 病叶；C. 病原菌：1. 萌发的分生孢子；2. 分生孢子梗与分生孢子；3. 子囊孢子；4. 假囊壳与子囊；5. 病叶上的假囊壳

(2) 果实。梨果实从落花至采收期均可发病，其中幼果和近成熟的果实感病。刚落花的梨果发病，在果柄或果面形成黑色或墨绿色近圆形霉斑，稍大梨幼果受害，果面产生淡黄色斑点，圆形或不规则形，病斑上产生黑霉(图 10-1)。膨大前果实受害，病部组织停止生长，果实严重畸形、开裂，成为“猴头果”。膨大期果实受害，病斑凹陷，表面木栓化、开裂。近成熟期果实受害，病斑淡黄绿色，直径 1～3 mm，随后产生稀疏的墨绿色霉层。果实采收后，病斑停止发展。病斑易被杂菌腐生，产生银灰色霉层。

(3) 病梢。病梢由病芽萌发形成，又称“病芽梢”，从梨树萌芽开始出现。梨芽受侵染，部分病芽鳞片变黑，产生黑色霉层，形成典型病芽；部分受侵染的芽当年不发病，病斑于翌年梨树萌芽时出现，随新梢的生长扩展而蔓延，在梢基部或整个梢部形成病斑，有时长达 30 cm，病斑布满浓密的墨绿色至黑色霉层。

2. 病原 有性型为梨黑星菌(*Venturia nashicola* Tanaka et Yamumoto)，属子囊菌门黑星菌属；无性型为梨黑星孢[*Fusiclasium pirimum*(Lib.)Fuckel]。

有性型在越冬后的病叶上产生假囊壳，聚生于叶背面。假囊壳圆球形或扁圆形，黑褐色，喙部突出，大小为 95.7～220.1 μm×81.3～201.0 μm。子囊棍棒状，聚生于假囊壳底部，无色透明，大小为 37.1～91.0 μm×6.2～13.0 μm，每个子囊内含有 8 个鞋底状子囊孢子。子囊孢子淡黄绿色或淡黄褐色，双胞，大小为 11.1～18.0 μm×3.7～7.0 μm(图 10-1)。

病斑上的黑色霉层为病菌的分生孢子梗和分生孢子。分生孢子梗丛生，暗褐色，粗而短，无分枝，直立或弯曲，大小为 8.0～32.0 μm×3.2～6.4 μm。分生孢子着生于孢子梗的顶端或中部，脱落后留有瘤状的孢痕。分生孢子淡褐色或橄榄色，葵花籽形、纺锤形、椭圆形或卵圆形，单胞，但少数在萌发时可产生一个隔膜，大小为 8.0～24.0 μm×4.8～8.0 μm。

梨黑星病菌菌丝生长温度范围为 5～28℃，适温 21～23℃。分生孢子萌发温度范围为 2～30℃，适温 21℃。分生孢子抗逆性强，在－14～－8℃下保存 3 个月，萌发率仍达 50%。自然条件下，落叶上的分生孢子能够存活 4～7 个月。

3. 病害循环 病菌主要以未成熟的假囊壳在落叶上，或以菌丝体在病芽内越冬。分生孢子虽能越冬，但越冬存活率低，在初侵染中的作用不大。

假囊壳的形成不需要特殊的条件，北方梨园中，80%的落地病叶上都能检查到假囊壳。子囊孢子自 4 月中旬，即梨树的初花期开始释放，5 月达释放高峰，6 月下旬梨园内仍能捕捉到子囊孢子。在病芽内越冬的菌丝体，第二年春季随梨芽萌发形成病梢，产生分生孢子，成为该病的重要初侵染来源。病梢最早出现在梨树展叶后，5 月上旬、中旬大量产孢，病梢可连续产孢 25～57 天。

病菌的分生孢子主要靠风雨传播，距离较近，一般为 10～30 m。子囊孢子从假囊壳弹射出来后，随气流传播，传播距离相对较远。由子囊孢子侵染所形成的病斑，在梨园中随机分布，无明显的发病中心，且多出现在叶片正面。

病菌孢子萌发后从角质层直接侵入寄主组织。菌丝主要在角质层与表皮细胞间及叶脉的薄壁细胞间生长扩展，最短潜育期为 13 天。潜育期长短与寄主抗病性、温度和湿度密切相关。在 4～5 月，潜育期一般为 20～30 天。病菌侵染老叶形成的病斑，潜育期较长，部分病斑直到落叶也不显症。降雨和结露能促进病斑显症，秋季连续的大雾，能促使果实上的潜伏病斑大量显症。因此，梨黑星病有“雾病”之称。梨黑星病的再侵染频繁，流行性强。

4. 发病条件 受寄主抗病性和气候条件的影响，梨黑星病的流行动态存在明显的季节性变化。4～5 月是初侵染期，发病的早晚，主要取决于梨树萌芽后第一次降雨的时间。梨树萌芽，如遇雨量超过 2 mm、使叶面持续结露 7 h 以上的降雨，经 20～30 天的潜育期，叶果上会产生初侵染病斑。初侵染病斑发病后，再遇 1～2 次使叶面结露持续 12 h 以上的降雨，病叶率在第 2 或第 3 个世代即可增长至 30%以上，于 6 月、7 月出现第 1 个发病高峰，导致早期大量落叶。春季干旱少雨或越冬菌源量偏低，病害流行期延迟。

7～8 月，叶果的抗病性明显增强，温度偏高，不适合病害发展。9 月果实再次感病，果实采收前，若遇连绵阴雨或连续大雾，常造成果实大量发病，严重时病果率高达 90%，形成全年的第 2 个发病高峰。

(1) 侵染条件。在各种气候因素中，降雨是决定病菌能否侵染及侵染量大小的关键因子。梨黑星病菌的分生孢子只有在水中或近饱和湿度(RH＞97%)下才能萌发。在 20℃时，经 3.5 h，分生孢子萌发率达 50%，经 6 h，少量分生孢子侵入寄主，引致发病。

一般来说，超过 2 mm 的降雨才能传播病菌孢子，使叶面结露 7 h 以上的降雨才能使分生孢子完成侵染，导致发病。如果符合上述条件的降雨次数多，且分布均匀，发病则重。在实际生产中可根据这一标准预测梨黑星病菌能否侵染及侵染量的大小。

(2) 寄主抗病性。梨不同品种间抗病性差异很大，一般中国梨最感病，日本、韩国梨抗病，西洋梨免疫。发病重的品种有鸭梨、京白梨、秋白梨、黄梨、安梨、麻梨、宝珠梨、莱阳茌梨、砀山酥梨、黄县长把梨等，其次是雪花梨、黄密等；而近年来引进的丰水、秀水、二十世纪、黄金梨、红巴梨等高抗梨黑星病。

叶片和果实都存在明显的个体发育抗病性。梨叶片自完全展开算起，5 日龄内的幼叶高度感病，用分生孢子接种，正面和背面都能发病，病斑圆形，较大，产孢多；随叶龄期的增长，抗病性逐渐增强；40 日龄后，抗病性明显增强，用分生孢子接种，很少显症。梨果实的抗病性在 4～5月最弱，6～8 月较强，9 月再次下降。接近成熟期的果实抗病性最差。

5. 病害控制 防治黑星病主要注意两个关键环节，即清除越冬菌源和药剂防治。

(1) 清除越冬菌源。具体措施包括如下几个。①清除落叶：梨树落叶后至发芽前，采取先树上，后树下的方法，彻底清扫落叶，集中烧毁和深埋；对难以清扫的残余落叶，通过翻耕果园土壤的方法，尽量将其埋入土下，促进其腐烂分解。②芽萌动期喷药：在花露红期喷洒 1 次稍高浓度的内吸性杀菌剂，一方面抑制病芽内菌丝生长，降低病芽显症率和产孢量；另一方面保护花期梨树幼嫩组织，不受黑星病菌的侵染。③摘除病梢：梨树萌芽后及时发现并摘除病梢，可明显降低初侵染菌量，延缓该病的流行。

(2) 生长期药剂防治。喷施化学药剂是防治黑星病的主要措施，化学防治的效果主要取决于用药时期、药剂种类和施药技术。

①4～6 月病害防治。结合锈病、轮纹病等病害的防治，喷施 2～3 次保护性杀菌剂；北方地区，6 月中旬雨季到来前要喷施 1 次耐雨水冲刷的保护性杀菌剂，此外在梨黑星病发生较重的梨园，分别以梨树落花后的第 7～10 天、第 25～30 天和 6 月下旬为关键喷药时间点。在每个关键用药时间点之前的 15～20 天内，若降雨量大于 10 mm，持续超过 12 h 的降雨，且雨前 7 天内没有喷施过杀菌剂，需补喷高效的内吸性杀菌剂。

②7～8 月病害防治。黑星病的防治可随其他病害一起进行，一般每 10～15 天施药 1 次，连喷 3～5 次，内吸剂和保护剂交替使用，保护剂以黏着性强药剂为主。

③后期病害防治。如果 7～8 月果园内黑星病较重，且防治不及时，需在果实采收前 30 天喷施 1 次高效的内吸性杀菌剂，以控制后期病害的发生。

(3) 防治药剂。三唑类药剂，如氟硅唑、苯醚甲环唑、烯唑醇、腈菌唑等是防治梨黑星病的有效内吸治疗剂，尤其是氟硅唑，是防治梨黑星病的特效药。三唑类药剂易产生抗性，应在病害防治的关键时期施用，每个生长季节，使用次数不能超过 3 次。代森锰锌、代森锌、退菌特、代森铵等药剂是防治黑星病有效的保护剂，需在发病前使用，但这些药剂易产生药害，幼果期应用时要多加小心。高质量的代森锰锌，如大生 M-45、喷克等，药害轻可在幼果期使用。1～2：200～240 倍波尔多液和其他铜制剂，对黑星病的保护效果较好，且耐雨水冲刷，尤其是波尔多液，但是易发生药害，幼果期不宜使用，阴雨连绵的季节慎用。

(4) 套袋栽培。果实套袋是防治梨黑星病的有效措施，梨黑星病危害严重的梨园，建议采用套袋栽培技术。

二、苹果炭疽病

苹果炭疽病(apple anthracnose)，又称苦腐病、晚腐病，是苹果上重要的果实病害，在我国分布普遍，其中以夏季高温多雨地区，如江苏、安徽、河南、浙江等省发病较重，病果率可达 30%～70%，造成很大损失。北部果区一般受害较轻，但山东、河北、辽宁沿海地区遇多雨年份时，个别品种也发病较多。

1. 症状　主要危害果实，也可侵染枝条和果台等。

果实受害主要在近成熟期和储藏期，发病初期在果面出现针头大小的淡褐色小斑点，后逐渐扩大成褐色圆形病斑，边缘清晰、中部凹陷、呈现深浅相同的同心轮纹，病果肉自表面向果心呈圆锥状(或漏斗状)变褐腐烂，与好果肉界限明显。当病果直径达 1～2 cm 时，表面长出轮纹状排列的小黑点(分生孢子盘)，潮湿时涌出粉红色黏液(分生孢子团，图 10-2)。病果上病斑数目不等，但多数不扩展而成为小干斑，直径为 1～2 mm，稍凹陷，呈褐色或暗褐色；少数病斑能够扩大，可扩大到整个果面的 1/3～1/2，几个病斑可相互融合而导致全果腐烂。

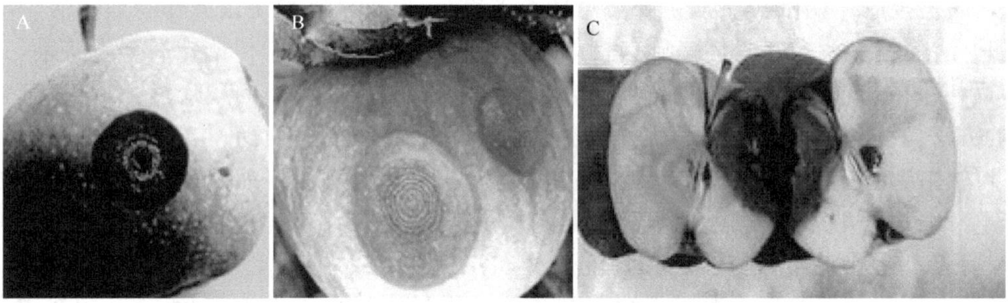

图 10-2　苹果炭疽病症状

A、B. 苹果炭疽病病果；C. 解剖 V 形腐烂向深部发展

枝干发病，多发生在病虫枝及细弱枝条的基部等处。主要危害韧皮部。被害初期呈不规则深褐色病斑，逐渐扩大，形成溃烂、龟裂，使木质部外露，严重时病部以上枝条逐渐枯死。病部表面也同样产生黑色突起小粒点。

果台发病多自顶端开始，病部呈深褐色，从顶端向下蔓延，严重时副梢不能抽出，以致干枯死亡。

2. 病原　有性型为围小丛壳[*Glomerella cingulata* (Stonem) Schrenk et Spauld]，属子囊菌门小丛壳属真菌，在自然条件下很少发生，可在人工培养基上产生；无性型为胶孢炭疽菌[*Collectotrichum gloeosporioides* (Penz.) Penz. et Sacc.]。

子囊壳近球形，暗褐色，外部附有毛状菌丝，直径为 85～300 μm；子囊棍棒形，平行排列于子囊壳内，大小为55～70 μm × 9 μm，内含8个子囊孢子；子囊孢子单胞无色，椭圆形，稍弯曲，大小为12～22 μm ×3.5～5.0 μm。分生孢子盘初埋生在寄主表皮下，后逐渐突破表皮外露，刚毛较少。分生孢子梗单胞无色，大小为15～20 μm × 1.5～2.0 μm，栅状排列。分生孢子单胞无色，长圆柱形，两端各含1个油球，大小为10～35 μm × 3.7～7.0 μm(图10-3)，分生孢子集结成团时呈粉红色。

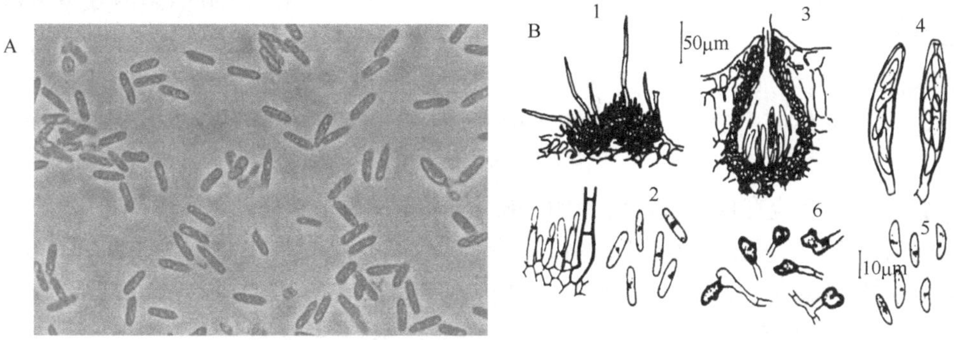

图10-3 苹果炭疽病菌

A. 分生孢子；B：1. 分生孢子盘；2. 分生孢子梗及分生孢子；3. 子囊壳；4. 子囊；5. 子囊孢子；6. 附着胞

病菌菌丝生长温度范围为12～40℃，最适温度为28℃；分生孢子形成的温度范围为25～28℃，RH在80%以上；分生孢子萌发的温度范围为12～40℃，最适温度为28～32℃，RH在95%以上；分生孢子在蒸馏水中不能萌发，在20%苹果浸汁中萌发率最高。

炭疽病菌除危害苹果外，还可侵染海棠、梨、葡萄、桃、核桃、山楂、柿、枣、栗等多种果树以及刺槐等树木。

3. 病害循环 病菌以菌丝体、分生孢子盘在苹果树上的病果僵果、果台、干枯枝、病虫危害的破伤枝条等处越冬，此外，还能在葡萄、梨、枣、核桃、刺槐等寄主上越冬。翌年春季，越冬病菌形成的分生孢子，进行初次侵染。病菌孢子主要经雨水飞溅传播，某些蝇类也能传病。分生孢子落到果面上，经伤口、皮孔或直接侵入果实，在适宜条件下，经5～10 h即可完成侵染过程。

果实自幼果期至成熟期均可感染，感病期长达5个月之久。病害发生时期因各地气候条件、品种不同而异，一般从6～7月开始发病，发病盛期在8月。高温、高湿、多雨有利于炭疽病的发生流行。病害的潜育期因品种、果龄、温度和侵染途径等不同而异。果实发病后产生大量分生孢子，可引起再侵染，加重危害。此病也具有潜伏侵染特性，苹果幼果期感染后，病菌常在果皮中潜伏，不引起发病，在果实成熟时或储运期才发病。防治上应注意苹果炭疽病有明显的发病中心，即果园内有中心病株，树上有中心病果并由此向周围树上蔓延。由中心病果向下呈伞状扩展，树冠内膛较外部病果多，中部较上部多，而且多数发生在果实的肩部。

4. 发病条件 该病的发生与气候因素、品种抗性、果园管理关系密切。

(1) 气候条件。夏季高温、高湿、多雨是造成此病害流行的主要原因。通常情况下，温度条件基本能满足病害发生需求，因此，生长季节中，雨湿条件对病害的流行起决定作用。幼果期(5～6月)如遇到雨水多、空气湿度大等不利条件，则有利于病菌分生孢子的形成及再侵染，一般病害发生较早，扩展速度快。果实膨大期(7～8月)，一般在降雨之后，均可出现分生孢子释放高峰期，若连续阴雨，即可造成病害发生与蔓延；反之，则发病轻。

(2) 品种抗病性。苹果不同品种对炭疽病的抗性存在差异。红姣、红玉、祥玉、国光、大国光、倭锦、印度、旭、鸡冠、甘露、秦冠、早生旭等品种易感病，金冠、元帅、红星、白龙、富士、红魁、生娘、黄魁等品种则较抗病，祝光、柳玉、伏花皮等早熟品种则很少发病(避病)。另外，同一品种在不同地区的抗性表现也不完全一致，金冠、元帅等在北京地区较抗病，但在河南则表现为感病。

(3) 栽培及果园管理。果园地势低洼、土壤黏重、通风不良、栽培密度大、树冠郁闭、氮肥使用过量等都会加大果园或树冠内的湿度，从而利于发病。清园不彻底，园内残留丰富的病残体可为病害的发生与流行提供初侵染源，是直接导致病害发生的关键因素。此外，因昆虫和农事操作等造成伤口可加重病害。果园管理不到位，施肥水平偏低，导致植株长势较弱，一般易感病。此外，该病原菌能危害刺槐、核桃等树木，因此，以这些树木作为防风林的果园，一般发病早而重。

5. 病害控制 应在加强栽培管理的基础上，重点进行药剂防治和套袋保护。

(1) 清除侵染来源。结合冬季修剪，清除僵果、病枝、枯死枝集中烧毁或深埋，早春临近苹果萌芽前，对树枝喷施一次铲除剂(40%福美砷 100 倍液或 3～5°Be 石硫合剂)，以减少初侵染来源。发病期及时摘除病果，清除地面病叶及落果，以减少再侵染。

(2) 加强栽培管理。果园选址时尽量选择土质疏松、排水良好且向阳的地段，这样可有效降低田间空气湿度，创造不利于病害发生的条件，从而有效控制病害的发生。合理密植和整枝修剪，及时去除徒长枝条，改善树冠的通风透光条件，同时，结合农事操作，及时清除果园行道杂草，改善果园通风透光条件，降低湿度。增施有机肥，合理配施氮肥、磷肥、钾肥，防止枝叶徒长及果树长势衰弱。建立健全果园排灌体系，及时在雨后对果园进行排水，降低田间湿度。果园再建立防风带时应避免使用刺槐、核桃等寄主树木作防风林。

(3) 喷药保护。重病果园，可在早春萌芽前对树体进行药剂防治，消灭越冬菌源。可选用 40%福美砷 100 倍液或 3～5°Be 石硫合剂进行防治。在果实生长季节中，从幼果期(5 月下旬左右)开始，每隔 7～10 天喷施 1 次，连续喷 3～4 次。可选药剂有 70%代森锰锌、40%灭菌丹、80%炭疽福美、64%杀毒矾(恶霜锰锌)、89%乐牛耕、77%可杀得、80%大生或喷克(Penke)等。此外，据中国农业大学试验，在果实生长初期喷布无毒高脂膜 200 倍液，隔 15 天 1 次，连续 5～6 次，可有效保护果实免受侵染，对病害的控制有很好的效果。

(4) 果实套袋。落花后 1 个月内套完，每果 1 袋。套袋前，对果树进行疏果，并全面彻底地喷施内吸性杀菌剂 1 次。

(5) 药剂浸果。在果实采摘后，用 45%特克多或 50%施保克浸果 2 min 后，晾干包装。可控制储运期间烂果。

(6) 储运管理。对储藏仓库和运输车辆喷洒 5%福尔马林，或用硫黄熏蒸 24 h 进行消毒。

三、苹果早期落叶病

苹果早期落叶病(apple leaf spot)是各种引致苹果树早期落叶的叶部病害的总称，主要包括褐斑病、轮斑病、灰斑病、圆斑病和斑点病。它们在我国各苹果产区均有分布，其中以褐斑病、轮斑病和斑点病危害性较大。苹果树受害后引起早期落叶，严重影响树势，降低产量、品质。褐斑病菌除危害苹果外，还能侵染海棠、沙果、山定子等。轮斑病菌除危害苹果外，还能危害梨树。

1. 症状

(1) 褐斑病(apple brown leaf spot)。主要危害叶片,也可侵染果实。叶片上的病斑呈褐色,边缘绿色不整齐,后期褐斑产生小黑点(分生孢子盘)。根据病斑边缘扩展和小黑点排列情况,可分为同心轮纹型、针芒型和混合型 3 种症状类型。

①同心轮纹型。发病初期在叶片正面形成黄褐色小点,扩大后成为近圆形,中央暗褐色,四周黄色,边缘有黄绿色晕环的病斑。后期病斑表面产生呈同心轮纹状排列的小黑点(分生孢子盘),叶背病斑中央暗褐色,周围浅褐色,无明显边缘(图 10-4A)。

②针芒型。病斑深褐色,呈放射状(针芒状)向外扩展。病斑小,但数量较多,常遍布叶片。后期病斑渐变黄,但病斑周围和背部仍保持绿色。

③混合型。病斑较大,近圆形或联合成不规则形,其外缘呈针芒状,后期病斑中部为灰白色,周围为暗褐色,外缘仍保持绿色,其上散生许多小黑点。

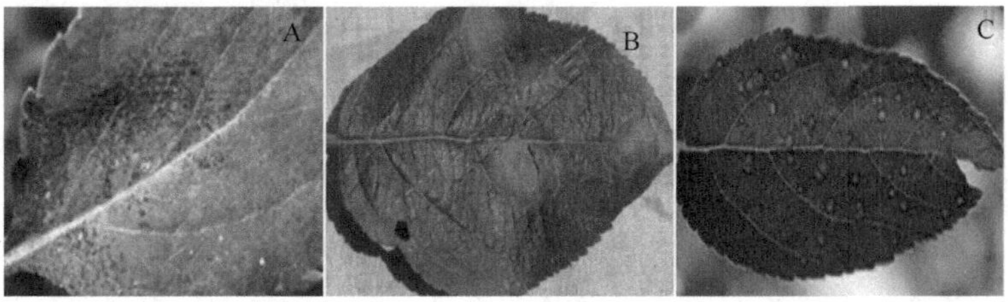

图 10-4 苹果早期落叶病的症状

A. 褐斑病;B. 轮斑病;C. 斑点病

(2) 轮斑病(apple ring spot)。病斑较大,圆形或半圆形。边缘清晰整齐、暗褐色,有明显的轮纹。潮湿时,病斑背面产生黑色霉状物(分生孢子梗和分生孢子,图 10-4B)。

(3) 斑点病(apple *Alternaria* leaf spot)。主要危害叶片,也能危害嫩梢和果实。叶片病斑初为褐色小点,后逐渐扩大,直径可达 3～6 mm,红褐色,边缘颜色深。病斑中央常有一深褐色小点,外围有深褐色环纹,状如鸟眼(图 10-4C)。潮湿时,病部正反面产生墨绿色至黑色霉状物(分生孢子梗和分生孢子)。发病中后期,病斑中央多呈灰褐色至灰白色。在高温多雨季节,病斑迅速扩展,或数斑联合,形成不规则的褐色大斑,其后叶片焦枯脱落。秋梢嫩叶染病后,叶片上常可见许多大小不等的病斑,连在一起呈云朵状,叶尖干枯,叶片扭曲畸形。果实病斑圆形褐色,直径 1～5 mm,稍凹陷,果肉变褐,呈木栓化干腐。

2. 病原

(1) 褐斑病。有性型为苹果双壳菌(*Diplocarpon mali*),属子囊菌门;无性型为苹果盘二孢(*Marssonina coronaria*),属于有丝分裂孢子真菌。分生孢子盘初埋生于表皮下,成熟后突破表皮外露。分生孢子梗栅状排列,无色、单胞,棍棒状。分生孢子顶生,近倒葫芦形,无色、双胞(偶有单胞),分隔处缢缩,上胞较大而圆,下胞较窄而尖,内含 2～4 个油球。子囊盘在越冬的落叶上形成,肉质,钵状。子实层由子囊和侧丝组成。子囊阔棍棒状,有囊盖,内生 8 个子囊孢子。子囊孢子香蕉形,双胞,无色,一端略弯曲,成熟后有隔膜。

(2) 轮斑病。为苹果链格孢(*Alternaria mali*),属于有丝分裂孢子真菌中的链格孢属。分生孢子梗从气孔伸出,呈束状,暗褐色,弯曲,多胞,大小为 16.8～65.0 μm×4.8～5.2 μm。

分生孢子顶生，暗褐色，短棒槌状，具 2～5 个横隔，1～3 个纵隔，具短柄，大小为 36～46 μm×9～13.7 μm。

（3）斑点病。为链格孢苹果专化型（*Alternaria alternata* f. sp. *mali*），属于有丝分裂孢子真菌中的链格孢属。分生孢子梗从气孔伸出，呈束状，橄榄色至暗褐色，弯曲，多孢。分生孢子顶生，有喙或无喙，5～13 个（通常 5～8 个）串生，椭圆形或肾形至倒棍棒形，淡褐色至深褐色，有 1～9 个横隔，0～6 个纵隔。

3. 病害循环

（1）褐斑病。病菌以菌丝体、菌索、分生孢子盘或子囊盘在落叶和病梢中越冬。翌春产生子囊孢子或分生孢子（以子囊孢子为主），借风雨传播，从叶片气孔（以叶背面为主）或伤口侵入，也可直接侵入。分生孢子在接触寄主后萌发产生芽管，芽管顶端形成附着胞和侵染丝，直接从叶面表面（叶背为主）侵入。潜育期随气温升高而缩短，一般为 6～12 天。病菌从侵入至引起落叶需 13～55 天。田间一般 5～6 月开始发病，7～8 月进入盛发期。在苹果生长季节，病菌可通过产生分生孢子完成再侵染。

（2）轮斑病。病菌以菌丝体和分生孢子在落叶上越冬。翌年分生孢子通过风雨传播，多从叶片伤口侵入。发病时期比褐斑病晚，在 7～8 月雨季发生最多。高温、高湿有利于病害发生。矮锦、红玉等品种易感病，祝光、鸡冠等较抗病。

（3）斑点病。病菌主要以菌丝体和分生孢子在病落叶、病枝等病残体和秋梢顶芽上越冬。翌春产生分生孢子，随气流、风雨传播。病菌可直接侵入，也可从伤口或气孔侵入。在生长季节中，病菌主要侵染展叶后 20 天以内的嫩叶和新生的嫩梢，潜育期 1～3 天。病害发生时间因地区而异，一般 5～6 月及 9 月为盛发期。10 月中旬、下旬发病结束。

4. 发病条件　褐斑病的发生流行与气候条件、树势、品种、栽培措施密切相关。潮湿是落叶上病菌形成子囊盘的必要条件。春雨早而多，有利于病害的发生和流行。夏季、秋季，雨季提前，降雨量大可加重病害。

轮斑病发病时期比褐斑病晚，一般在 7～8 月，常因雨水充沛、空气湿度大等因素，造成该病害的大流行。

斑点病的发生与气候条件（主要是降雨）关系密切。在苹果生长期中，降雨早、雨日多、雨量大，发病提前、发病重。偏施氮肥，枝条徒长，导致树势衰弱，发病较重。

苹果不同品种对上述病害的抗性存在差异，元帅、红星、金星、金冠和红玉等品种较感褐斑病，国光、倭锦和青香蕉等发病较轻，黄魁、祝光和旭等品种较抗病。红星、红冠、元帅、富士、印度、青香蕉和陆奥等品种高度感染斑点病，金冠、国光为中度感病。红玉抗病性较强。同一品种对不同叶斑病抗感反应不一致，如青香蕉褐斑病发病轻，但高感斑点病。红玉对斑点病较抗，但易感褐斑病和轮斑病。

5. 病害控制　采取减少越冬菌源、加强栽培管理、增强树势和适期喷药等综合治理措施是控制上述 3 种早期落叶病的关键。

（1）改善果园管理水平。加强肥水管理，增施有机肥，种植绿肥，合理配施氮肥、磷肥、钾肥，增强树势，提高植株抗病性。合理修剪，改善通风透光条件，降低果园湿度。低洼果园要做好排水工作，以降低园内湿度，创造不利于病害发生的小气候。

（2）清除越冬菌源。结合秋季、冬季的果树修剪，及时清理果园内病落叶、病残体，然后带出果园集中烧毁或沤肥。

(3) 喷药保护。在果树生长季节中，各地可根据早期落叶病的种类及气候条件决定喷药时间及用药次数。一般在 5 月中旬至 8 中下旬为喷药保护时期，该时期为防治重点期。发病前半个月第 1 次喷药，此后连续喷药 3～4 次。常用药剂有 1∶2∶200 波尔多液、70%甲基硫菌灵、65%代森锰锌、75%百菌清、50%扑海因等。

四、苹果树腐烂病

苹果树腐烂病(apple *Valsa* canker)是我国苹果树的重要病害之一，俗称烂皮病、臭皮病、串皮病。在华北、东北、西北和西南地区发生普遍。近年来，随着苹果种植面积的扩展，几乎所有苹果种植区包括华东、华中均有发病。该病主要危害成龄树，造成树势衰弱、枝干枯死、死树，甚至毁园，目前是我国北方和冷凉苹果产区危害最为严重的病害之一，也是对苹果生产威胁最大的毁灭性病害。在我国苹果种植面积较大的陕西、甘肃两省，腐烂病发生非常普遍，已成为制约当地苹果产业发展的瓶颈。该病在日本和韩国发生也比较严重。

1. 症状　主要危害枝干，可表现为溃疡型和枝枯型两类症状，有时也可危害果实。

(1) 溃疡型。多发生在主干、主枝上，春季一般首先在向阳面出现新病斑。发病初期病部表面红褐色、水浸状、略隆起，随后皮层腐烂，常溢出黄褐色汁液。病组织松软，湿腐状，有酒糟味。表面产生许多小黑点。根据观察，病斑一年四季，只要遇有降雨、浓雾或降雪的天气，小黑点都可溢出橘黄色卷须状孢子角。溃疡型症状的特点可概括为：皮层烂，酒糟味，小黑点，冒黄丝。

(2) 枝枯型。多发生在 2～4 年生的小枝及剪口、果台、干枯桩和果柄等部位。病斑红褐色或暗褐色，形状不规则，边缘不明显，病部扩展迅速，全枝很快失水干枯死亡。后期病部表面也产生许多小黑点，遇湿溢出橘黄色孢子角。枝枯型症状往往是由于枝的基部被病斑环绕，然后枝干因养分和水分的疏导受到影响，而后病斑迅速扩展，导致整个枝干发病的一种表现(图 10-5)。

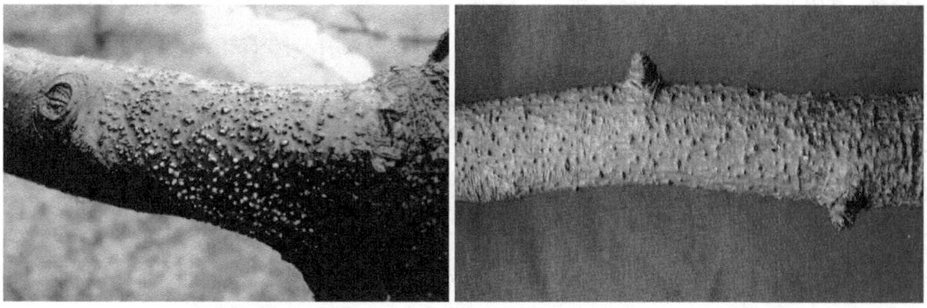

图 10-5　苹果树腐烂病的溃疡型症状和枝枯型症状(曹克强摄)

(3) 果实症状。人工制造伤口侵染果实后，在果实上产生近圆形或不规则形，黄褐色与红褐色相间的轮纹病斑。病斑边缘清晰，病组织软腐状，有酒糟味。后期病斑表面产生略呈轮纹状排列的小黑点，遇湿涌出橘黄色孢子角。在自然界，很少见果实发病。

2. 病原　有性型为角精黑腐皮壳(*Valsa ceratosperma* sensu Kobayash)，异名为苹果黑腐皮壳(*V. mali*)；无性型为壳囊孢[*Cytospora sacculus* (Schwein.) Gvrtischvili]。子座瘤形或球状，位于寄主韧皮部内，子座(病斑表面的"小黑点")着生位置较浅，菌丝则可以深达木质部并沿木质部导管上下蔓延一定距离。分生孢子器和子囊壳均位于子座内。分生孢子器呈花瓣状分成几个腔室，有一个共同的孔口；分生孢子梗排列紧密，呈栅栏状；分生孢子单胞、无色、腊肠状，大小为 3.6～8.0 μm×0.8～1.7 μm。子囊壳烧瓶形或球形，具长颈，内壁着生子囊层，子囊长椭圆形，子囊孢子排列成两行或无规则排列，无色，单胞，香蕉形，比分生孢子稍大，大小为 7.5～10.0 μm×1.0～1.8 μm(图 10-6)。

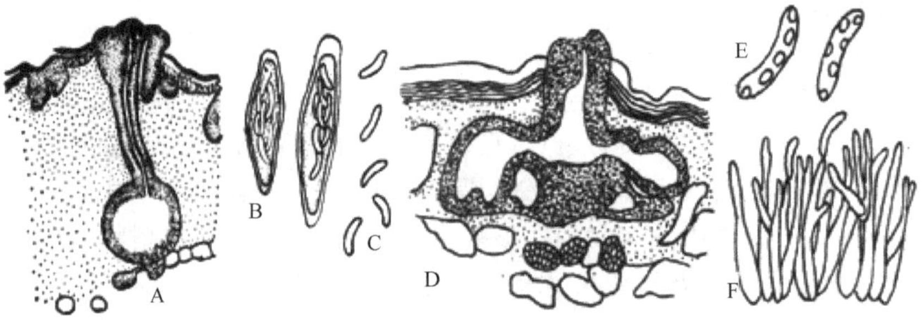

图 10-6　苹果树腐烂病菌

A. 着生在子座组织内的子囊壳；B. 子囊；C. 子囊孢子；D. 分生孢子器；E. 分生孢子；F. 分生孢子梗

菌丝生长温度范围为 5～38℃，最适温度 28～29℃，分生孢子萌发最适温度为 23℃左右。研究表明，在 5℃条件下，处理 6 天，孢子萌发率可达 90%以上，在 0℃条件下处理 18 天也有 67%的孢子能够萌发，因此，在冬季变温条件下，分生孢子具备萌发和侵染的能力。分生孢子和子囊孢子在蒸馏水或雨水中不易萌发，当给予一定的营养(苹果汁、苹果树皮煎汁、麦芽糖或蔗糖等)后，萌发良好。

3. 病害循环　病菌以菌丝体、分生孢子器和子囊壳在田间病株、病残体上越冬。在降雨、降雪、大雾等高湿天气条件下，病斑上的“小黑点”(子座)便可释放孢子角(孢子与胶质物共同形成的黄色须状物)，内含大量分生孢子(或子囊孢子)，孢子通过雨水冲刷、飞溅后随风雨传播和扩散。分生孢子随孢子角释放出来以后，可经伤口造成侵染；子囊孢子在病害循环中所发挥的作用至今还不是很清楚。

病菌主要从伤口侵入，主要包括冻伤、修剪伤、机械伤和日灼伤等，其中以剪锯口和冻伤导致发病最多。苹果腐烂病菌为弱寄生菌，可长期潜伏在植株体内。菌丝可以在树体内长期生存而不致病。病菌侵入后，首先在侵入点潜伏生存，如果树势健壮、抗病力强时，病原菌就不能进一步扩展致病，而长期潜伏。当树体或局部组织衰弱，抗病力降低时，潜伏菌丝才得以进一步扩展致病。病菌在扩展时，首先产生有毒物质杀死侵入点周围的活细胞，而后才能向四周扩展，致使树皮坏死腐烂。

落皮层也是病菌侵入的途径之一，所谓“落皮层”是指树体表面翘起、鳞片状、容易脱落的褐色坏死皮层组织。落皮层一般在 6 月上中旬开始形成，7 月上旬逐渐变色死亡。由于落皮层组织处于死亡状态，并含有较多较丰富的水分和养分，为病菌生存扩展提供了良好的基质。因此，落皮层是腐烂病菌潜伏生存的重要场所，也是枝干腐烂病发生的主要菌源地。

4. 流行规律

(1) 周年流行动态。该病一般一年有大小两次高峰，即春季发病大高峰和秋季发病小高峰。春季发病高峰一般出现在 3～4 月。此时树体经过越冬消耗，树干营养水平降低；再加萌芽、展叶、开花，枝干营养大量向芽转移，营养状况更加恶化，导致树体抗病能力急剧降低。由于冬季造成很多剪锯口和病菌的侵染，随气温上升，病斑扩展加快，新病斑出现数量增多，外观症状明显，病组织软腐状，酒糟味浓烈，对树体危害加重。据调查，3～4 月出现的新病斑数量和同一病斑的扩展量均可占全年总量的70%左右。秋季发病高峰一般出现在7～9月，此时由于花芽分化，果实加速生长，枝干营养水平及抗病能力又一次降低，夏季修剪和扭梢等也容易造成一些新伤口，所以到秋季新病斑又开始少量出现，旧病斑又有一次扩展，形成全年第2个发病高峰，新病斑出现数量及旧病斑扩展量占全年总量的20%左右。

(2) 发病条件。此病发生轻重与多个因素有关，其中最重要的是伤口的数量及状态。此外，还与树势强弱、果园的病菌数量，以及当年的气候等有密切关系。

①伤口。腐烂病菌主要通过伤口侵入，尤其是新造成的伤口，最容易被病菌侵入。经过一段时间愈合的老伤口不易被侵入。一年四季中春季、夏季、秋季三个季节造成的伤口相对容易愈合，一般经过半个月以后即不容易再被侵染，而冬季造成的伤口则长期不能愈合，研究发现冬季造成的伤口经过一个月后再接种仍有50%以上的发病率。

剪锯口是最重要的侵入途径，也是最重要的发病部位。经在陕西、甘肃、山东、河北苹果产区调查发现，80%以上的腐烂病均发生在剪锯口部位。由于苹果的修剪主要在冬季进行，冬季的伤口最不容易愈合，而冬季空气湿度大时，病菌依然可释放分生孢子，形成侵染。

②树势。腐烂病是一种典型的潜伏侵染病害。树势强壮时，抗侵入及抗扩展能力强，病菌处于潜伏状态，虽然树体带菌但很少发病；树势衰弱时，抗扩展能力急剧降低，潜伏病菌迅速扩展蔓延，导致该病严重发生。幼龄树壮，发病轻；老龄树相对较弱，发病重。幼年树营养充分，树势壮，发病轻；老年树营养缺乏，树势衰弱，发病重。施肥合理，尤其是增施钾肥，能够提高抗病力，发病较轻；施肥不合理，尤其是缺肥或偏施氮肥，抗病能力降低，发病较重。

③病菌数量。果园中病斑不及时治疗，产生大量孢子，分散传播，增加树体的潜伏菌量，导致果园中病菌基数高，只要出现适宜条件，就会导致严重发病；不及时刨除死树、去除病死枝、将病死枝在果园中堆积存放或作支架等，都会明显增加果园中的病菌基数。

④气候条件。冻害与该病的关系最为密切。冻害使树体抗病性降低，树体发生冻害之年及以后2～3年，往往是该病大发生之年。我国东北、西南和新疆苹果产区，由冻害导致的腐烂病要高于其他苹果产区。

5. 病害控制 以加强栽培管理，壮树防病为中心；以保护剪锯口为关键；以清除病菌，降低果园菌量为基础；以及时治疗病斑，防止死枝死树为辅助；同时结合保护树体、防止日灼和冻害等措施，预防和治疗相结合，进行综合治理。

(1) 壮树防病。①合理施肥：提倡秋施肥，增施有机肥，氮、磷、钾合理配合施用，防止偏施氮肥。②合理灌水：秋季控制灌水，有利于枝条成熟，可以减轻冻害；早春适当提早浇水，可增加树皮的含水量，降低病斑的扩展速度；雨季注意防涝。③合理负载：及时疏花疏果，控制结果量，不但能增强树势，减轻腐烂病，也能提高果品品质，增加经济效益。④保叶促根：加强果园土壤管理，为根系发育创造良好条件，培育壮树；及时防治叶部病虫害，避免早期落叶，削弱树势。

(2) 加强剪锯口保护。建议在不误农时的前提下，尽可能推迟冬季修剪的时间，或将冬剪改为早春修剪，这样有利于伤口的愈合。还要注意修剪避免在大雾或降雪天气进行，防止病菌产生的孢子角随着修剪工具进行人为的传播。对于剪锯口，尤其是锯口，一定要进行涂药保护。做好这项措施，可以在很大程度上预防腐烂病的发生。

(3) 清除菌源。①果园卫生。及时清除病死枝、残桩，刨除死树。修剪下来的枝干要运出果园，以降低果园菌量，控制病害蔓延。②休眠期喷药。苹果树落叶后和发芽前喷施铲除性药剂可直接杀灭枝干表面及树皮浅层的病菌，对控制病情有明显效果。效果较好的药剂有代森铵、噻霉酮等。

(4) 病斑治疗。及时治疗病斑是防止死枝死树的关键，主要采用刮治法，即用刮刀将病组织彻底刮除并涂药保护。刮治法技术关键有 3 点：一是彻底将变色组织(韧皮部和木质部)刮干净，往外再刮 1～2 cm；二是尽量缩小伤口，并且外缘要圆滑，不要“拐直角”，刮面要光滑，不留毛茬；三是涂药，保护伤口的药剂要有 3 个特点，即具有铲除作用、无药害和促进愈合。

3～4 月为春季高峰期，也是刮治病斑最为关键的时期。其他季节，只要发现病斑就要及时刮治，由于腐烂病菌有在木质部深层扩展的特点，刮治越晚，越不易治愈，病斑复发率也会越高。

五、轮纹病

轮纹病(ring rot)是苹果和梨树上的重要病害，主要危害枝干和果实。在枝干上有 2 种症状类型：干腐型和轮纹型，即传统上的枝干干腐病和轮纹病。

苹果树干腐病又称胴枯病，一般危害衰弱的老树和定植后管理不善的幼树。梨树干腐病主要危害苗木和幼树。

枝干轮纹病俗称粗皮病、瘤皮病，2008 年我国苹果枝干轮纹病总体发病率达 77.6%，在山东、河南和北京的发生尤其严重。在果实上，苹果轮纹病又称果腐病、白腐病或轮纹烂果病，是世界性的苹果病害，在我国一般果园轮纹烂果病发病率为 20%～30%，重者达 50%以上；梨轮纹病俗称水烂。该病除危害苹果和梨外，还危害桃、杏、樱桃、山楂、枣等多种果树。

1. 症状　干腐病主要危害主枝和侧枝，也可危害主干。病斑初为圆形或不规则形，紫红色，表面湿润，常溢出褐色汁液。扩展后病斑黑褐色，干缩凹陷，病健交界处常开裂，病皮翘起而病斑表面有纵横裂纹；后期在病斑表面生密集细小的小黑点。轮纹病危害各级枝干，先以皮孔为中心形成扁圆形、红褐色病斑，中间突起呈瘤状，边缘开裂；翌年病斑中央产生小黑点，边缘裂缝加深，翘起呈马鞍形；以病斑为中心连年向外扩展，形成同心轮纹状大斑，使枝干表皮变得十分粗糙。通常果实近成熟期开始发病，而在鸭梨、雪花梨、酥梨等梨品种上，症状多出现在采收后。发病初期以皮孔为中心形成水渍状近圆形褐色斑点，周缘常有红褐色晕圈；病斑向四周扩展很快，形成的典型病斑具有深浅褐色相间的同心轮纹，病斑不凹陷，病果肉软腐，严重时 5～6 天即可全果腐烂，常溢出褐色黏液，有酸臭气味；发病后期一些病斑上散生稀疏的黑色小粒点(图 10-7)。

图 10-7　轮纹病在不同部位的症状

A. 苹果干腐病；B. 苹果枝干轮纹病；C. 苹果果实轮纹病；D. 梨果实轮纹病

2. 病原　苹果和梨轮纹病病原的有性型均为多主葡萄座腔菌[*Botryosphaeria dothidea* (Moug. Fr.)Ces. & de Not.]，曾用异名包括 *B. berengeriana* de Not(俗称干腐病菌)、*B.*

berengeriana f. sp. *piricola*(Nose)Koganezawa & Sakuma(俗称轮纹病菌)、*Physalospora piricola* Nose(梨生囊孢壳)。病菌在枝干病组织中形成子座,子座内产生多个或单个子囊壳。子囊壳球形或扁球形,黑褐色,大小为 170～310 μm×230～310 μm,具孔口,内生多个子囊,藏于侧丝之间。侧丝无色,多细胞。子囊无色,长棍棒状,顶端膨大,具孔口,内生 8 个子囊孢子。子囊孢子单胞,无色,椭圆形,大小为 24.5～26.0 μm×9.5～10.5 μm。无性时期可产生大茎点型(*Macrophoma*)或小穴壳型(*Dothiorella*)等类型的分生孢子器。分生孢子器散生或与子囊壳混生于同一子座内,扁圆形或椭圆形。分生孢子为单胞,无色,长椭圆形、纺锤形或梭形,大小为 20.0～30.0 μm×5.0～8.0 μm(图 10-8)。

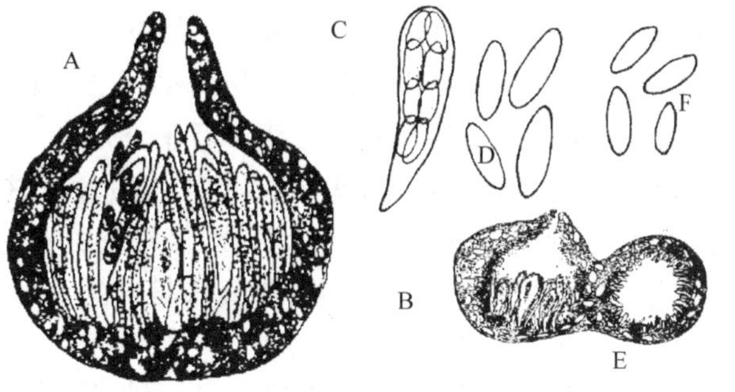

图 10-8　轮纹病菌

A、B. 子囊壳;C. 子囊;D. 子囊孢子;E. 分生孢子器;F. 分生孢子

病菌能在多种天然或半组合培养基上生长和产生分生孢子器,形成分生孢子器需要光照。菌丝生长、分生孢子形成和萌发的适宜温度均为 28℃左右,分生孢子萌发无须供给外源营养,在自由水中萌发最好,在 99%以上的相对湿度下也能很好萌发。

来源于不同地理区域或寄主植物的轮纹病菌在致病性上存在一定差异,但均能侵染苹果和梨果实而引起轮纹烂果病症状。而轮纹病菌侵染枝干引发干腐病和轮纹病 2 种症状,可能与其侵入部位和侵染扩展时树体的抗性状态有关。

3. 病害循环　病菌以菌丝体、分生孢子器及子囊壳在病枝上越冬。越冬后,遇降雨分生孢子器或子囊壳吸水膨胀,释放出黏液状的孢子团。孢子团随雨水冲溅传播。从伤口、皮孔、芽痕等处侵入枝干,可引起干腐症状。侵入后病菌先在伤口处已死亡的寄主组织中生活一段时间,之后再侵染寄主的活组织,即具有潜伏侵染特性。在北方果园中,苹果干腐病一年有两次发病高峰,通常出现在 6 月和 10 月。病菌从皮孔侵入后,当树体不缺水,果树抗性相对较高时主要引发轮纹病。轮纹病当年形成的病斑不产生分生孢子,因而无再侵染。

从落花后到采收,只要遇雨,来自枝干干腐病和轮纹病斑上的分生孢子器和子囊壳吸水后释放孢子团,孢子团随雨水传播,传播距离可达 10～30 m。病菌孢子萌发后经皮孔和伤口侵入果实。病菌具有潜伏侵染的特点,即前期侵入果实的病菌可在皮孔内的死细胞层中长期潜伏,只有当果实进入成熟期后,含酚量降低,含糖量升高,才扩展致病。幼果无伤接种的潜育期可长达 80～150 天。采收期出现发病高峰,果实储藏 1 个月左右,出现第 2 个发病高峰。在同一生长季节病菌对果实可发生多次侵染,均属于初次侵染。

4. 发病条件　树势衰弱,伤口多,树体缺水,干旱少雨,干腐病容易发生和流行。树势衰弱、雨早、雨多、空气湿度大,有利于枝干轮纹病的发生。品种间的抗病性存在差异,富士、金冠、红星、华冠等品种易感染枝干轮纹病,而国光、秦冠、祝光等品种对枝干轮纹病有较强的抗性。随着树龄的增大，枝干轮纹病发生趋于加重，4～10 年、11～17 年、18～24 年和 25 年以上树龄的苹果树，发病率分别为 56.7%、78.7%、91.5%和 100.0%，病情指数分别为 37.0、53.8、70.8 和 95.3。

果实在不同的生长发育期对轮纹病的抗性存在很大差异，幼果期至果实迅速膨大期(5～7月)最易受侵染。由于在幼果期果实含酚量高而含糖量低，病菌侵入后不扩展或扩展极慢；果实进入成熟期，含酚量减少至 0.04%以下，而含糖量则增加到 6%以下，潜伏的病菌便迅速扩展、致病。

多雨、高湿是果实轮纹病流行的主导因素。果实感病期内雨日多、雨量大，特别是出现阴雨连绵的年份，果实轮纹病发生就重。相反，气候干旱，尤其是果实感病期内干旱、少雨，发病则轻。果园内干腐病和枝干轮纹病发生重，病树、残桩、枯枝多，均能为果实轮纹病的发生提供大量初侵染源，从而加重病害发生。果实虫伤、刺伤等伤口多，轮纹病发生重。

不同苹果品种对果实轮纹病的抗性存在差异，其中富士、红星、金冠、元帅、王林、新乔纳金、千秋等品种感病，而国光、祝光、首红、红玉、秦冠、新红星等品种较抗病。抗病性差异主要与皮孔的大小及组织结构有关:凡皮孔密度大、细胞结构疏松的品种感病重，反之则感病轻。在梨的不同种群间，砂梨对果实轮纹病的抗病性最强，其次是白梨和秋子梨，新疆梨和西洋梨抗性最差，而种群内品种间抗性存在较大差异。

5. 病害控制　以选用无病苗木为基础，以增强树势、提高抗病能力为中心，以搞好果园卫生为重点，以枝干病斑治疗和果实喷药保护为保障，进行综合防治。

(1) 培育和选用无病苗木。加强苗圃的规范化管理，培育健康壮苗，特别注意对嫁接口、修剪伤等伤口的保护(可涂 1%硫酸铜)。移栽时，尽可能少伤根并浇足水，以缩短缓苗时间。

(2) 加强栽培管理。加强肥水管理，深翻扩穴，促使根系发育；合理修剪，控制结果量，以稳定树势。

(3) 清除果园菌源。及时清除病残枝干和修剪枝，运出果园烧毁；避免用树木枝干做果园围墙篱笆或用带皮木棍做支棍或顶柱。冬春季节结合树体管理，刮除枝干轮纹病病瘤，结合腐烂病的防治，在生长旺季进行重刮皮，清除侵染菌源；发芽前全园喷布 1 次铲除剂，如石硫合剂等，杀灭树干表面和浅层病菌；6 月枝干施药可明显减少病菌孢子的释放量。

(4) 及时治疗干腐病斑。干腐病斑多限于表皮，可采用刮治法、割治法等，及时处理病斑，并涂抹药剂保护伤口。

(5) 果实套袋。落花后 30～45 天进行套袋，可以在很大程度上减少果实轮纹病的发生。

(6) 生长期喷药保护。对于果实不套袋的果园，落花后 10 天开始施药，每隔 10～15 天喷药 1 次，直到 9 月上旬。在多雨年份及晚熟品种上可适当增加喷药次数。可选择以下药剂交替使用:波尔多液、代森锰锌、代森联、苯醚甲环唑、氟硅唑、甲基硫菌灵、多菌灵、乙膦铝等。对于套袋的果园，套袋前一般用药 3 次，套袋后结合其他叶部病害进行联防兼治。套袋果对果品质量要求高，而套袋前幼果正处于药物敏感期，因此必须选择优质安全的杀菌剂，避免使用波尔多液，以免污染果面。前两遍药可选用保护性或内吸性杀菌剂，但套袋前需要喷一遍甲基硫菌灵或苯醚甲环唑等内吸性药剂，待药液干燥后马上套袋。

(7) 药剂浸果。果实储藏前，用噻菌灵、咪鲜胺、乙磷铝等药液处理果实，可减轻果实轮纹病在储藏期的发生。

六、苹果和梨锈病

苹果和梨锈病(pear and apple rust)又称赤星病、黄斑病,俗称"羊胡子",在我国各产区均有发生。严重时造成大量早期落叶和果实畸形,在一些年份造成的产量损失高达60%。

1. 症状　危害果树的叶片、幼果、新梢等绿色幼嫩部位。叶片受害,先在叶片正面产生橘黄色小斑点,后逐渐扩大成近圆形橙黄色病斑,周围有黄色晕圈。随着病斑的扩大,病斑中央初为蜜黄色、微红色,后变为黑色的小粒点(性孢子器),潮湿时小粒点上溢出淡黄色黏液(性孢子)。之后病斑组织变肥厚,正面略凹陷,背面隆起,在隆起斑上长出数根灰白色或淡黄色的细管状物(锈孢子器)。细管状物也可产生在叶片正面的主脉上。发病严重时,病叶干枯,早期脱落。幼果受害,出现黄色近圆形病斑,之后在其中央长出小粒点和细管状物,病组织坚硬,生长停滞。在叶柄、果柄和新梢上,发病后均可产生橙黄色纺锤形病斑、小粒点和细管状物。苹果和梨锈病的诊断要点可以概况为:病部橙黄,肥厚凹凸,初生黄点后变黑,后长灰白毛细长(图10-9)。

图 10-9　梨锈病

A. 叶片正面病斑及性孢子器;B. 背面隆起病斑;C. 细管状锈孢子器;D. 桧柏上的冬孢子角

桧柏、欧洲刺柏、龙柏、圆柏等是锈菌的转主寄主,锈菌侵入这些寄主后,夏季在针叶、叶腋或小枝上形成淡黄色病斑,秋季黄化隆起,翌春形成瘤状菌瘿,破裂后露出红褐色冬孢子角。冬孢子角遇雨吸水后膨大成橙黄色胶体,圆锥形、楔形或舌状(图10-9D)。

2. 病原　苹果锈病病原为山田胶锈菌(*Gymnosporangium yamadae* Miyabe),梨锈病病原为亚洲胶锈菌(*G. asiaticum* Miyabe et Yamada),均为转主寄生菌,产生4种类型的孢子。在苹果和梨上产生性孢子、锈孢子,在桧柏等转主寄主上产生冬孢子和担孢子,无夏孢子阶段。性孢子器扁瓶形或扁球状,埋生在苹果、梨等叶片正面病部的表皮下,孔口外露,内生许多无色、单胞、纺锤形或椭圆形的性孢子,苹果锈病菌的性孢子大小为3～8 μm×1.8～3.2 μm,梨锈菌的性孢子大小为8.0～12 μm×3～3.5 μm。锈孢子器主要丛生于苹果、梨等叶部病斑的背面,细圆筒形,长5～12 mm,内生大量锈孢子。锈孢子球形或近球形,黄色或栗褐色,表面生有瘤状或疣状突起,苹果锈病菌的直径为15～25 μm,梨锈病菌大小为18～20 μm×19～24 μm。冬孢子角红褐色或深褐色,圆锥形或鸡冠状,遇水膨胀后,变为橙黄色或鲜黄褐色,呈楔状、舌状或瓣状;冬孢子纺锤形或长椭圆形,双胞,黄褐色,具细长柄,外被胶质,苹果锈菌大小为32～53 μm×16～22 μm,梨锈菌大小为33～62 μm×14～28 μm。冬孢子萌发形成具4个细胞的担子,每个细胞生1小梗,每小梗顶端生1担孢子;担孢子卵形,淡黄色或无色,单胞,苹果锈病菌大小为12～16 μm×7～11 μm,梨锈病菌大小为10～15 μm×8～9 μm(图10-10)。

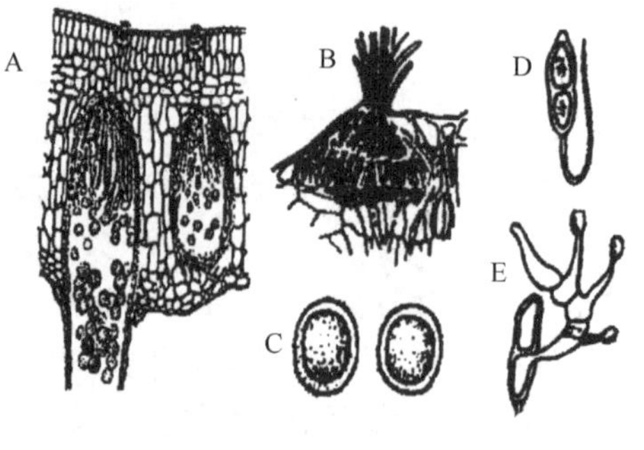

图 10-10　胶锈病菌
A. 锈孢子器及锈孢子；B. 性孢子器；
C. 锈孢子；D. 冬孢子；E. 冬孢子萌发产生担子和担孢子

亚洲胶锈菌和山田胶锈菌冬孢子萌发的温度范围分别为 5～28℃和 7～30℃，适温分别为 16～20℃和 16～22℃。亚洲胶锈菌担孢子萌发需要水，萌发适温为 15℃，在自然条件下，担孢子最多存活 2 天。锈孢子萌发的适温：亚洲胶锈菌为 27℃，山田胶锈菌为 20℃。

3. 病害循环　以菌丝体在桧柏病部组织内越冬。一般在翌年春季 3 月间冬孢子角开始露出，遇雨膨胀，冬孢子萌发产生有隔膜的担子，并形成担孢子。4 月下旬至 5 月间，担孢子随风飞散，散落在苹果、梨等寄主的嫩叶、新梢和幼果上，萌发产生侵染丝，直接从表皮细胞侵入或从气孔侵入。20 日龄内的叶片容易感染。潜育期一般为 6～13 天。在苹果、梨等寄主上扩展发病，先后形成性孢子器和锈孢子器，产生锈孢子。锈孢子随风传播至桧柏等转主寄主上侵染针叶和嫩梢，在其上寄生越夏后，于 10～12 月出现症状。以后病菌即以菌丝体在桧柏等转主寄主上的菌瘿内越冬。该病菌无夏孢子阶段，无再侵染。

4. 发病条件　锈病发生轻重与两类寄主的相隔距离、气候条件、品种抗性等密切相关。担孢子产生的时间较集中，且担孢子寿命不长，传播距离为 2.5～5.0 km，因此两类寄主植物相距越近，或在担孢子有效传播距离内两类寄主植物彼此的数量越多，越容易发病。当苹果或梨萌芽展叶期，如遇多雨和适于冬孢子和担孢子萌发的温度等条件，且风向和风力有利于担孢子从桧柏等寄主向苹果或梨等寄主的传播，则发病重。因此，4～5 月，是否降雨、降雨大小以及气温状况是影响苹果和梨锈病发生与否及轻重的重要因素。在梨树品种中，中国梨最感病，日本梨次之，西洋梨最抗病。

5. 病害控制　在控制转主寄主（初侵染源）的基础上，及时喷药保护。

（1）选址建园，控制转主寄主。苹果和梨园选址应远离公路、公园和苗圃，使果树与桧柏等转主寄主的距离不少于 5 km。若城郊不可避免有两类寄主共存时，则应选用抗病性较强的品种，以减轻发病。

（2）控制初侵染源。在春雨前彻底剪除桧柏等寄主上的冬孢子角。在梨树、苹果萌芽前，在桧柏等寄主上喷药 1～2 次，以铲除冬孢子或抑制冬孢子的萌发和担孢子的产生。可选择的药剂有 0.5°Be 石硫合剂、1∶1～2∶100～160 波尔多液。

（3）药剂防治。在 4～6 月，在发病前结合苹果和梨其他病害的防治，喷施代森锰锌、异菌脲、百菌清或波尔多液等广谱性杀菌剂进行保护。自果树展叶开始，如遇降雨和叶面较长时间的结露，则在 5 天内喷施内吸性杀菌剂。常用的内吸性杀菌剂有氟硅唑、苯醚甲环唑、烯唑醇、腈菌唑、三唑酮等三唑类以及嘧菌酯等。从 7 月开始，注意喷药保护桧柏等转主寄主，可使用波尔多液、1°Be 石硫合剂等药剂。

七、苹果和梨白粉病

苹果白粉病（powdery mildew of apple）为世界性病害，在我国的西北和西南果区危害严重。在管理粗放的果园，倭锦等感病品种的病梢率可达 30%～50%，严重者达 80%以上。梨树白粉病为梨上的常见病害，但因其发病盛期在秋季，一般危害不重。

1. 症状　苹果白粉病主要危害苹果的幼芽、新梢、嫩叶、花和幼果。发病后，病芽瘦长尖细，鳞片松散，表面绒毛少，严重者则干枯死亡；新梢发病，病梢瘦弱，节间短缩；发出的叶片细长质脆，变淡黄或微红，叶缘上卷，初期表面布满白色粉状物，后期粉状物逐渐变为褐色，并在叶背的主脉、支脉，叶柄及新梢上产生成堆的小黑点，受害嫩叶布满白粉；病果多在萼洼或梗洼处产生白色粉斑，病部变硬。

梨白粉病主要危害叶片，叶背产生白色霉斑，后期产生初为黄色、后为黄褐色至黑色的小粒点(图 10-11)。

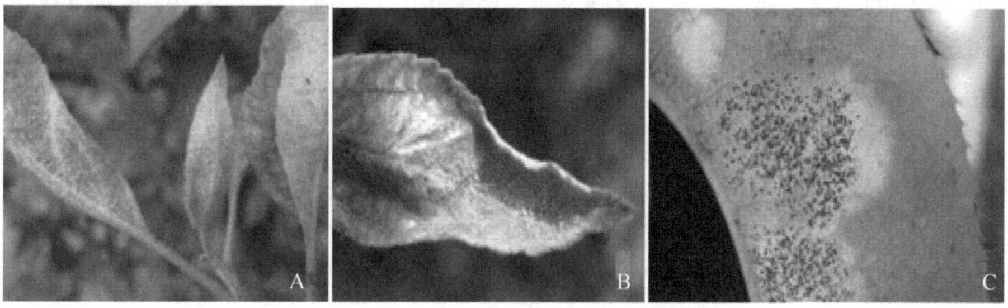

图 10-11　苹果和梨白粉病

A、B. 受害苹果叶片；C. 梨叶片上产生的闭囊壳

2. 病原　苹果白粉的病原有性型为白叉丝单囊壳[*Podosphaera leucotricha*(Ellis & Everh.)E. S. Salmon]，闭囊壳多聚生，近球形或梨形；附属丝生于闭囊壳的顶部和基部，顶部附属丝 3～10 根，顶端常不分枝，或作叉状分枝 1～2 次，基部附属丝短，呈丛状；子囊单个，椭圆形或球形，大小为 50.4～55.0 μm×45.5～51.5 μm，内含 8 个子囊孢子；子囊孢子单胞，无色，椭圆形，大小为 16.8～22.8 μm×12.0～13.2 μm。无性型为苹果粉孢霉(*Oidium farinosum* Cooke)，分生孢子梗棍棒形，顶端串生分生孢子；分生孢子无色，单胞，椭圆形，大小为 16.4～26.4 μm×14.4～19.2 μm。菌丝生长适温为 20℃，分生孢子在 33℃以上即失去活力。分生孢子萌发适温为 21℃左右，最适相对湿度为 100%。分生孢子在水滴中常吸水涨裂，不能萌发。

梨白粉的病原有性型为梨球针壳[*Phyllactinia pyri*(Cast.)Homma]，闭囊壳具基部膨大、顶端尖的针状附属丝 5～18 根；子囊 15～21 个，有柄，大小为 54～98 μm×24～44 μm；子囊孢子 2 个，椭圆形、卵形或矩圆形，大小为 29.5～42.5 μm×14.8～24.6 μm。无性型为拟小卵孢属真菌(*Ovulariopsis* sp.)，分生孢子梗单生，不分枝，具 0～3 个隔膜，顶端着生分生孢子；分生孢子瓜子形或棍棒形，单胞，无色，表面粗糙，中部稍缢缩，大小为 34～38 μm×17～22 μm。

3. 病害循环　苹果白粉病菌以菌丝在芽的鳞片内越冬，顶芽带菌率高于侧芽。翌年春季随着芽的萌动，病菌开始活动并产生分生孢子。分生孢子随风传播后，侵染嫩芽、嫩叶和幼果；菌丝表生，多以吸器侵入寄主内部获取营养。发病后产生的分生孢子可进行多次再侵染。4～9 月为病菌侵染期，在我国的西部和中东部侵染盛期分别发生在 4～5 月和 5～6 月，6～8 月略作停顿，秋后再侵染秋梢。梨白粉病菌主要以闭囊壳在落叶上越冬，翌年子囊孢子成熟，随风雨传播，进行侵染；7 月开始发病，随着天气转凉，病害发展非常迅速，秋季(通常 9～10 月)为发病盛期。

4. 发病条件　偏施氮肥或钾肥不足而枝条细弱，种植过密而树冠郁闭，果园积水而小气候湿度过高，均有利于白粉病的发生。春季温暖干旱、夏季多雨凉爽、秋季晴朗有利于苹果白粉病的发生；在我国陕西果区，病害流行适宜日均温 12℃左右；日均温 21℃以上，则对病害发生不利。苹果品种间抗病性差异十分明显，倭锦、王林、国光、信浓红等品种感病，而秦冠、秋锦、寒富、鸡冠、元帅、富士、粉红女士、乔纳金、华冠等品种抗病。定植过密、通风透光不良、雨后积水、偏施氮肥的梨园容易发生白粉病。梨品种间抗性有差异，在茌梨、雪梨、花盖梨、波梨、丰水等品种上白粉病发生较重。

5. 病害控制 在加强栽培管理和清除菌源的基础上，及时喷药防治。

(1) 加强栽培管理。施足基肥，控制氮肥，增施磷肥、钾肥；合理密植，控制灌水；合理修剪使树冠通风透光，以增强树势，提高树体的抗病能力。

(2) 清除菌源。对于苹果白粉病，结合冬剪，剪除病梢、病芽；早春复剪，剪掉新发病的枝梢，集中烧毁或深埋；对于梨白粉病，秋后彻底清除果园地面的落叶，集中烧毁或深埋，以减少病害的侵染来源。

(3) 药剂防治。早春萌芽前喷施石硫合剂或硫胶悬剂。在苹果上，春季开花前(最好在中心花露红时)和落花后各喷一次杀菌剂，之后(5～6 月)酌情用药 1～3 次，用药间隔 10～15 天；在梨上，于发病初期喷 1～2 次杀菌剂。杀菌剂可选用硫黄、百菌清、代森锰锌、三唑酮、烯唑醇、氟硅唑、腈菌唑、苯丙醚环唑、烯肟菌胺、吡唑醚菌醋、甲基硫菌灵等。

八、病害综合防治

苹果和梨病害的综合防治所遵循的原则和具体的技术措施基本相似。一般来讲，果树病害的综合防治可划分为 3 个阶段，即冬春季防治、幼果期防治和雨季防治。每一阶段果树生长发育的特点不同，病害的种类不同，考虑的问题不同，所采取的措施也不相同。

1. 冬春季防治 自果树落叶至第二年初花期属于果树病害冬春季防治阶段。与大田作物不同，果树属于多年生作物，果树上几乎所有病害的初侵染菌源都来自枝干、枝条和果园内的病落叶。苹果腐烂病、轮纹病、炭疽病、白粉病、梨黑星病等病菌都在枝干上或芽内越冬，苹果褐斑病、斑点落叶病、梨黑星病等叶部病害的病菌则主要在落叶上越冬。冬春季修剪是果园管理的一项重要管理措施，修剪后的剪锯口为病菌的侵染提供了便利的侵染途径，保护剪锯口也是冬春病害防治的一项重要内容。因此，果园冬春季防治以农业措施为主，目的是铲除越冬的菌源，减少生长季节的初侵染菌源量，其次是化学防治。以胶东地区苹果园为例，冬春季防治的主要措施如下。

(1) 刮除腐烂病斑。3～4 月在苹果腐烂病的高发期，全面检查树体上有无腐烂病斑产生，出现新病斑后需及时刮除，或将病枝剪除，并涂药保护刮口或剪口。刮除腐烂病斑的作用有两个：一是防止病斑继续扩展造成更大的危害；二是防止腐烂病斑在生长季节大量产孢侵染其他健康枝条。

(2) 剪除死枝、病芽，刮除死皮和病瘤。随春季修剪，剪除树上的枯死枝、果苔枝、瘦弱枝条、白粉病芽等，刮除枝干上的死皮、干腐病斑、轮纹病瘤等。病枝、病芽和死皮潜带有大量的轮纹病菌、炭疽病菌和白粉病菌。

(3) 清除落叶。清除果园内和果园周围 20 m 范围内的苹果落叶，就地填埋或带出果园焚毁。落叶上潜带有大量褐斑病菌、斑点落叶病菌和潜叶蛾的蛹。

(4) 涂药保护剪口和伤口。伤口是腐烂病菌和轮纹病菌的主要侵染途径。2011 年调查发现，80%以上的腐烂病疤都源自剪锯口。剪锯口可涂油漆、带有成膜剂的涂抹剂等耐雨水冲刷的保护膜。

(5) 花前喷药。在苹果花露红期,随红蜘蛛、蚜虫、蚧类等害虫的防治喷施一遍较高浓度的内吸性杀菌剂。花前喷药可达到两个目的:①清除苹果枝干表层残存的病原菌,如越冬芽上所带的白粉病菌;②保护苹果叶片和花器在花期不受锈病、白粉病、花腐烂、霉心病等病菌的侵染。常用的药剂主要有甲基硫菌灵和三唑类药剂,药剂的用量可较生长季节提高20%～50%。

2. 幼果期防治　自果树谢花至6月上旬苹果和梨果实套袋,经30～40天的时间,属于幼果期。幼果期是幼果、新梢和叶片迅速生长期,对各种病菌敏感,条件适宜,会导致病菌的大量侵染,造成生长前期病害的流行,或为后期病害的流行积累大量菌源。同时,5月幼果处于细胞分裂期,对外界刺激敏感,用药不当,会造成各种药害,损伤果实表皮细胞,导致果面形成锈斑,使幼叶和新梢生长发育不良,影响果实产量和品质。北方果树幼果期需要防治的病害包括苹果霉心病、轮纹病、锈病、褐斑病、疫腐病、斑点落叶病、白粉病、腐烂病、梨黑星病等。

自果树谢花至果实套袋,对于经济效益稍高的果园,依据病害的发生情况用药2～4次。具体用药的次数和时间主要根据病害发生种类、危害程度、生长发育期、降雨时间和套袋时间确定。用药的种类依据病虫种类、危害程度和气象条件确定。仍以胶东地区苹果园为例,幼果期防治的具体措施如下。

(1) 谢花后第1次用药。幼果期第1次用药以防治苹果霉心病、白粉病、锈病为主,同时兼顾轮纹病、腐烂病、斑点落叶病、疫腐病和褐斑病等病害。苹果花期前后,若遇较长时间的低温多雨天气,花后应重点针对霉心病喷施一些具有内吸治疗效果的杀菌剂。若苹果开花前后,天气干旱、无降雨,需喷施保护性杀菌剂,保护叶果免受锈病菌、轮纹病菌、斑点落叶病菌的危害。若花期前后天气长期干旱,白粉病严重,花后应重点针对白粉病用药。苹果谢花后第1次用药的时间一般在苹果谢花后的10天内,若需兼治害虫和害螨,用药时间可根据苹果主要害螨的种类和发育时期确定。在烟台苹果产区用药时间为5月上中旬。

(2) 谢花后第2次用药。谢花后第2次用药重点保护叶片和果实不受锈病、斑点落叶病、褐斑病、白粉病、轮纹病等病菌的侵染。如果第1次用药后天气干旱,没有降雨,第2次用药应喷施保护性杀菌剂;若出现过雨量大于10 mm持续时间长于12 h的降雨过程,应喷施具有内吸性的杀菌剂。若天气干旱,长期无雨,白粉病严重,应重点针对白粉病用药。疫腐病发病严重的果园应考虑混加对疫霉有较好防效的药剂。谢花后第2次用药一般于苹果谢花后的第25～30天进行,与第1次用药的间隔时间为10～20天。在烟台苹果产区,用药时间一般为5月下旬。

(3) 套袋前用药。苹果套袋前用药,主要目的是杀灭果实表面的各种病菌,并保护果实在套袋后不受病菌的侵染,是套袋苹果管理中必不可缺少的药剂,杀菌剂同时具备内吸治疗和保护效果。套袋前药剂一般在果实套前的1～2天使用。

(4) 农业防治措施。苹果谢花后,对炭疽病和轮纹病发病较重的果园应特别注意剪除树体上枯死的果苔枝、弱小枝条和干腐病枝等,以减少苹果炭疽病菌和干腐病菌的侵染源。同时剪除离地面50 cm以下的枝条和叶片,特别是主干基部的丛生枝,以防止褐斑病菌从地面向上传播。

(5) 补喷药剂。苹果幼果生长期,若遇雨量大于20 mm时间长于48 h的降雨,且雨前的5天内没有使用过杀菌剂,应考虑在降雨后的5天之内全面喷施一遍三唑类杀菌剂,以防治在降雨过程中侵染的各种病原菌。

在干旱地区，苹果幼果生长期若降雨很少，且白粉病的发病较轻，幼果期的第一次杀菌剂和第二次杀菌剂可以省略。

用药应遵循的原则：苹果幼果期用药应遵循“广谱高效，安全第一”的原则。应选用分散度高、悬浮性好、杀菌谱广、杀灭力强、可混性好、刺激性小的药剂，禁止添加增效剂。喷药过程，要求机械压力适中，雾化程度良好，定期更换新的喷片，适度远离幼果，喷头由下而上，喷洒细致均匀，喷施杀菌剂时特别注意照顾到枝条、枝干和主干，以防枝干腐烂病菌和轮纹病菌的侵染。

3. 雨季防治　自6月中下旬，北方苹果产区进入6～8月雨季。雨季的高温、高湿气候条件，不但适宜苹果生长发育，也有利于各种有害生物的生长繁殖。进入雨季后，苹果褐斑病、斑点落叶病、轮纹病、炭疽病、腐烂病、梨黑星病、轮纹病、白粉病、黑斑病等主要病害开始大量产孢，并随雨水传播侵染，8月达高峰期，9月随气温降低后逐渐减缓。6月中旬雨季到来之前，苹果、梨等都已套袋，果实已处于纸袋的保护中，很少能直接接触化学药剂。叶片抗逆性相对较强，对化学药剂的敏感性降低，扩大了药剂种类的选择范围。但7月、8月频繁的降雨，影响了喷药时间的选择空间，而且对药剂的黏附性和持效期提出了更高的要求。

对于苹果，自果实套袋至采收，依据病虫的发生程度用药3～6次。具体用药的次数和时间主要根据病虫害种类、危害程度、降雨时间、苹果生长发育期确定。用药的种类依据病虫种类、危害程度和气象条件确定。以山东烟台苹果产区为例，病害的防治经历为如下。

(1) 6月药剂防治。6月中旬前后，我国北方地区有一个持续降雨期，此次降雨为褐斑病、轮纹病、腐烂病、炭疽病、斑点落叶病等病菌的产孢、孢子传播和病菌的侵染提供了非常有利的环境条件，能导致大量病原菌的侵染。因此，6月上中旬，果实套袋后，持续降雨来临前，果园内需全面喷布一次保护性杀菌剂。若6月上中旬没有喷施保护性杀菌剂，或虽喷施杀菌剂，但降雨次数较多和(或)持续时间较长，需在6月下旬或7月上旬喷施一次内吸性杀菌剂，以铲除已侵染的病菌。

(2) 7月药剂防治。7月是降雨相对集中的季节，同时也是各种病虫害发生最严重的时期，需用药2次。7月中旬前后果园内应全面喷施一次黏附性强的保护性杀菌剂，主要目的是铲除形成的病菌孢子，保护叶片和枝条在后期免受病菌侵染。7月下旬或8月上旬需喷施一次内吸性杀菌，铲除已侵入叶片和枝条内的病菌。

(3) 8～9月药剂防治。8月是北方地区全年降雨最多的一个月，也是褐斑病菌、轮纹病菌和腐烂病菌等侵染量最大的月份。褐斑病和(或)轮纹病危害严重的果园，8～9月需喷施2次杀菌剂。第1次在8月中旬前后喷施，以保护性杀菌剂为主，主要目的是铲除已产生的病菌孢子，其次是保护枝叶免受病菌侵染。第2次在9月上旬和中旬喷施1次内吸性铲除剂，铲除已侵入枝干或叶片上的病原菌。

雨季用药原则：苹果套袋后，选择药剂以广谱长效为主，药剂安全性退位第二。对于杀菌剂，要求黏着性强，耐雨水冲刷，以保证较长持效期；雨前以喷施保护性杀菌剂为主，雨后以喷施内吸治疗性杀菌剂为主；保护性杀菌剂和内吸治疗性杀菌剂应交替使用，以提高防治效果，减少内吸性杀菌剂用量。同一种内吸性杀菌剂的年用药次数最多不能超过3次。

喷药过程，要求机械压力适中，雾化程度良好，定期更换新的喷片，喷洒均匀周到，提倡机械喷药。在此特别强调，每次用药一定要将药液喷布到枝条、枝干和主干上。枝干喷施的目的是防治腐烂病菌和枝干轮纹病。

(4) 农业防治措施。6～8月，结合夏剪及时疏除旺长枝，增加果园内通风透光条件，及时摘除病果、虫果，剪除枯枝、死枝，刮除腐烂病斑，以减少果园内的菌源和虫源。

4. 幼树期枝干病害的防治 果树幼树期枝干病害的病菌主要来自苗木，幼树栽培后病原菌大量繁殖，并逐年积累，3～5年后病斑布满枝干，难以防除，如苹果轮纹病和腐烂病。如果能彻底清除苗木上所带的病菌，保证树体在前2～3年内（轮纹病和腐烂病的产孢期为3年）不发生枝干病害，以后病菌通过气流传入的概率很小。

苹果苗木上，90%以上的轮纹病菌都来自枯死桩和病瘤，如果能有效清除枯桩和病瘤上所带的病菌，并防治残存的病菌再次侵染，就能有效控制幼树期轮纹病和腐烂病的发生。具体措施如下。

(1) 栽植前剔除病苗，剪除枯死桩。剔除枝干上有轮纹病瘤的苹果苗，或者单独栽植，或者废弃，但不能与健康苗木混栽。若枝干上有病瘤产生，说明苹果苗已被轮纹病菌侵染，枝干上潜藏有大量病菌。

嫁接口以上的枯死桩内潜伏有大量轮纹病菌、腐烂病菌和其他危害枝干的病菌。苹果苗定植前，剪除嫁接口上部的枯死桩，并涂防治腐烂病的药剂（含有成膜剂的）或油漆，以防止抽干和病菌再侵染。

(2) 定植后涂药保护主干。定植后发芽前，整树涂波尔多浆、腐植酸铜或腐植酸，波尔多液的配比为$CuSO_4$∶CaO∶H_2O=1∶3∶16，加1%～1.5%的动物油或豆粉。涂药的主要目的是保护剪锯口和枝干，防止轮纹病菌和腐烂病菌侵染。

6月中下旬，雨季到来之前主干涂波尔多液、腐植酸铜或腐植酸，配比同上。涂药的主要作用是保护幼树的主干和主枝在整个雨季不受病原菌侵染。药剂涂布的面积越大越好。

(3) 定植后第2和第3年的防治。每年3月，苹果树修剪后，全树涂波尔多浆、腐植酸铜或腐植酸，也可以喷施一遍高浓度的波尔多液或石硫合剂。涂药或喷药时应特别注意新的剪锯口处要着药。高浓度波尔多液的配比为$CuSO_4$∶CaO∶H_2O=1∶2～4∶80～100倍。

6月中下旬，主干主枝涂刷1次波尔多液、腐植酸铜或腐植酸，以防止雨季病菌的侵染。

（高智谋　李保华　赵洪海　胡同乐　潘月敏 编写）

第二节 柑橘病害

柑橘是我国最重要的果树及经济作物之一，在我国南方各省地广泛栽培，尤其是近几年来在重庆、广西、江西、浙江和福建等地新建立了一些柑橘种植带，使之成为这些地方的主要经济产业，也使得我国成为世界上最大的柑橘生产国和出口国。迄今已发现和记载危害柑橘的病害超过100种，在我国发生和危害较严重的有柑橘黄龙病、溃疡病、炭疽病、疮痂病和青霉病等，其中柑橘黄龙病和溃疡病为我国的植物检疫对象。

一、柑橘黄龙病

柑橘黄龙病（citrus Huanglongbing），又称黄梢病、青果病。主要分布于亚洲、非洲和美洲，是严重威胁柑橘产业发展的重要病害。我国于20世纪20年代首次在广东省汕头地区发现柑橘黄龙病，后逐渐扩展到福建、广西和台湾等省（自治区），自20世纪80年代以后，随着柑橘产业的大发展，病区不断扩大，目前包括四川攀西、江西赣南、云南、广东、福建、广西、台湾、海南、浙江、湖南和贵州11个柑橘产区均已受到黄龙病危害。果园发生黄龙病后轻者影响柑橘产量和品质，重者造成柑橘树枯死，严重发病的产区只能将病树挖除烧毁。据不完全统计，截至 2003 年，我国广东、广西和福建等地累计有 4000 余万株病树因感染黄龙病被砍除，广西 2006～2009 年累计砍除黄龙病树约 2000 万株。

1. 症状　感染柑橘黄龙病的植株，其枝、叶、花、果及根部均可显症，尤以夏梢、秋梢症状最明显。

新梢叶片黄化是黄龙病的典型症状，常见有 3 种类型的黄化，即斑驳黄化、缺素状黄化和均匀黄化(图 10-12)。幼年树和初期结果树感病，其症状主要表现为部分春梢叶片黄化，出现“黄梢”，黄梢最初出现在树冠顶部，后渐扩展至全株新叶均匀黄化；夏梢、秋梢发病则是新梢叶片在转绿过程中逐渐均匀黄化，叶片淡黄无光泽。感病的成年树常在整片柑园中表现个别或部分植株树冠上少数枝条的新梢叶片黄化，农民称“鸡头黄”或“插金花”，经 1～2 年后黄化枝条扩大至全株，树体衰退，主要表现为以下症状：在叶片转绿后，春梢先在叶脉基部转黄后部分叶肉褪绿，叶脉逐渐黄化，叶片出现不规则黄绿斑块，且有淀粉积累现象；夏梢症状多在嫩叶期不转绿呈均匀黄化，叶片硬化失去光泽，似缺氮状，有的叶脉呈绿色，叶肉黄化，呈细网状，似缺铁症状，有的叶片出现不规则、边缘不明显的绿斑；老叶表现黄化，多从中脉和侧脉开始，叶肉变厚、硬化，叶表无光泽，叶脉木栓化肿大，有些肿大的叶脉背面破裂，似缺硼症状。

图 10-12　柑橘黄龙病

A. 斑驳黄化；B. 缺素状黄化；C. 均匀黄化；D. 青果

病害可从一个主枝扩展到另一个主枝，最后引起全部枝梢发病，直至整株枯死。感病植株的花、果及根系也表现异常。病树在春季提前开花，花小畸形；病果小，长椭圆形，果脐常偏向一边，着色始于果梗部位且不均匀，橘类常表现“红鼻子果”，橙类表现果皮青绿无光泽的“青果”，常伴随落果；病根腐烂，其严重程度与地上枝梢相对称，发病初期须根开始腐烂，后期蔓延到侧根和主根，皮层破碎，与木质部分离。

2. 病原　柑橘黄龙病由变形菌门(Proteobacteria)、韧皮部杆菌属(*Liberibacter*)细菌引起。根据细菌对热的敏感性、虫媒、地理分布和病原在 16S rDNA 及 β-操纵子基因序列上的差异，又将其分为亚洲种(*Candidatus Liberibacter asiaticum*)、非洲种(*Candidatus Liberibacter africanum*)和美洲种(*Candidatus Liberibacter americanus*)。其中，亚洲种和美洲种由亚洲柑橘木虱(*Diaphorina citri*)传播，非洲种由非洲柑橘木虱(*Trioza erytreae*)传播。亚洲种和美洲种属耐热型，在 22～24℃和 27～32℃均可发病；非洲种属热敏感型，在 22～24℃症状严重，30℃以上症状则减轻或消失。我国的柑橘黄龙病菌由亚洲韧皮杆菌引起，电镜下多为椭圆形、短杆状或不规则形，大小为

图 10-13　柑橘黄龙病菌 (Michael, 2008)

30～60 nm×500～1400 nm(图 10-13)，革兰氏染色阴性，对四环素族抗生素和青霉素敏感。该菌属专性寄生菌，尚不能人工培养。

病菌除危害芸香科的柑橘属(*Citrus*)、金柑属(*Fortunella*)和枳属(*Poncirus*)植物外，还可侵染芸香科的酒饼簕(*Severinia buxifolia*)、九里香(*Murraya paniculata*)和黄皮(*Clausena lansium*)。而且经罹病菟丝子(*Cuscuta campestris*)还可将病菌传至长春花(*Catharanthus roseus*)、烟草(*Nicotiana tabacum*)和番茄(*Lycopersicon esculentum*)等植物。

3. 病害循环 初侵染源主要包括田间病株、带病苗木和带菌木虱。近距离传播主要靠带菌柑橘木虱，远距离传播则是通过带菌苗木的调运。病菌在田间柑橘组织中越冬后，条件适宜时借助媒介昆虫柑橘木虱辗转传播。柑橘木虱单头成虫就能传病，在柑橘上发病率高达80%，带菌成虫在柑橘上传病需 5 h 以上，1～3 龄若虫不传病，4～5 龄若虫传病。除由柑橘木虱传播外，病菌也可通过嫁接传播。植株发病后 3～4 年内可使果园发病率高达 70%～90%。

4. 发病条件 柑橘黄龙病的蔓延及流行与病菌初侵染源及木虱种群数量、生态气候环境、品种抗性及栽培管理措施等因素密切相关。

(1) 初侵染源及木虱种群数量。田间病株率、苗木带毒率及木虱的数量是决定黄龙病流行蔓延的主要因素。通常情况下，田间植株感病率 20%以上或新果园苗木带菌率 10%以上，如遇木虱大发生，病害则发生严重、流行迅速；相反，如果果园内没有木虱发生，即使发病严重，也不会迅速蔓延、流行。

(2) 生态气候环境。该病的流行与气温、日照、海拔等生态气候因子关系紧密。病菌生长温度范围为 3～35℃，低气温、短日照、高湿度、高海拔生态环境不利于木虱繁殖和传播，因而发病少，病害扩展慢；而温度 22～28℃ 和 RH 在 80%～90%有利于发病；当日均温度高于25℃，RH>80%时最有利于该病的发生和流行。

(3) 品种抗性及栽培管理措施。目前尚未发现柑橘黄龙病的抗性品种，但不同种类和品种的柑橘品系抗/耐病性存在差异。其中，宽皮橘类、椪柑、蕉柑、福橘最为感病，病害蔓延迅速，常导致植株成片死亡；中晚熟温州蜜柑及柚类较耐病，可延缓病害发生；枳及其杂种较为抗病，但作为砧木品种时，并不增加接穗品种的抗病性。各种树龄柑橘树均能感病，其中 6 年生以下的幼树最为感病，且一旦发病就很快衰老死亡，而成龄树感病较轻，发病后还可维持 2～3 年时间，所以新果园比老果园更快受到摧毁，故有“先种后死，后种先死”的说法。

在黄龙病发生区应选择较为耐病的品种，在新种植区应彻底铲除酒饼簕等柑橘黄龙病的次要寄主。果树生长期间，严格苗木检疫管理，切实做好木虱的监测与防治，加强肥水管理及病虫害防治，增强植株抗逆性，均可阻止病害流行。

5. 病害控制 针对各地区的实际情况采取不同的防治策略。建立无病苗圃，培养无病苗木是预防黄龙病的基础；加强植物检疫是保护新区的重要措施；对已有零星发病的地区应加强监控和管理，一旦发现疫情，及时扑灭；在病害流行区则坚持“隔离、消毒、防疫”的防控方针，推广种植无病苗木，加强栽培管理，严格防治柑橘木虱并及时挖除病株是控制黄龙病的关键。

(1) 加强苗木检疫。严格种苗调运制度，杜绝病苗、病接穗传入无病区。严禁病区的接穗和苗木流入无病区和新区，从发生区调出种苗时应向当地植物检疫部门申请检疫，经检疫部门检疫合格，确保无黄龙病后，凭植物检疫证书调运。未经检疫的柑橘种苗不得外调。在市场销售的柑橘苗木必须具有合格的植物检疫证书。

(2) 建立无病母本园和苗圃。母本园和苗圃最好选择在无柑橘木虱发生的无病区，并用40 目防虫网全封闭隔离；建立母本园或苗圃之前，要彻底清理圃内(园内)及附近的零星柑橘类植物及九里香和黄皮等柑橘木虱的寄主植物；苗圃的砧木种子和接穗等繁殖材料应采自无病母本园品质优良、生长健壮且丰产的柑橘树，从外地调入的繁殖材料必须具有植物检疫证书；苗圃及周围地区应加强对柑橘木虱的监测，一旦发现应及时喷药彻底扑灭；苗圃定期开展产地检疫检查，由植物检疫部门会同有关技术人员在苗木夏梢、秋梢转绿后和出圃前进行检查，如有生长异常的苗木要及时挖除烧毁，检疫检查合格的由植物检疫部门出具产地检疫合格证，苗木出圃外调时必须具有调运植物检疫证书。

(3) 种植无病壮苗。选用脱毒苗，用无病苗木进行繁殖。利用柑橘茎尖微芽嫁接法是脱除柑橘黄龙病极有效的方法。除此之外，热处理、四环素处理、实生种子热处理等也可以达到脱毒的效果。新建柑橘园应种植经过检疫合格的健康苗木，防止黄龙病随有病苗木传播扩散至无病区或新区。新果园距离病果园越远越好，在平原区至少要 3 km 以上，也可种植非芸香科植物作自然隔离屏障，阻隔柑橘木虱的迁移。

(4) 防治柑橘木虱。柑橘木虱是柑橘黄龙病重要的传病虫媒，加强柑橘木虱的调查监测，准确发布虫情预报，及时防治柑橘木虱是预防柑橘黄龙病发生的重要环节。在果园内可悬挂黄色诱虫板和荧光灯诱杀成虫，并抓好两个用药防治时期：一是每年春芽萌动前，结合冬季清园，喷施杀虫剂防除；二是每次新梢抽发期，尽早抹除零星新梢，加强肥水，促进新梢整齐萌发，并喷两次杀虫剂防除。柑橘木虱在粤东 1 年发生 11～14 代，在华南发生 6～8 代。一般第一代发生在 3 月中旬至 5 月上旬，末代发生在 10 月上旬至 12 月上旬，药剂可选用高效低毒、低残留的农药，如 10%吡虫啉、26%虫螨脲、22%奥杀螨、50%甲氰丙溴等，可与拟除虫菊酯类、阿维菌素等轮换交替使用。

(5) 挖除病树，消除菌源，更新柑橘园。柑橘园内一旦发现病株要立即整株挖除并烧毁，挖除前全园喷施一次杀虫剂防止柑橘木虱起飞。发病率＜10%为低发病率，挖除病株后的空穴可在翌年春季补种无病大苗；发病率＞10%为高发病率，实际感染率＞25%为临界值，依据流行病学发病率进入迅速增长阶段；发病率在 20%～30%的重病园应将病株全部挖除，改种其他果树或隔 2～3 年再种植无病苗。

(6) 加强栽培管理。在防止病害蔓延的前提下，加强栽培管理，创造柑橘生长的优良农业生态环境。控制冬(芽)梢的萌发，对夏梢、秋梢要通过尽早抹梢控梢，统一放梢，控制虫源，加强肥水管理，增施有机肥，合理搭配氮、磷、钾的比例，增强树势。

二、柑橘溃疡病

柑橘溃疡病(citrus canker)是一种世界性病害，也是我国柑橘产区的重要病害之一，为国内外植物检疫对象。主要发生于亚洲、非洲、太平洋和印度洋岛国、南美洲和美国共 30 多个国家和地区。在我国多个省均有不同程度的发生或流行，其中以南方各省受害最为严重。

1. 症状 主要危害叶片、枝梢、果实和萼片，形成木栓化稍隆起的病斑。发病严重时，常引起落叶、枝梢枯死和落果。果实受害，影响外观，降低果实品质，降低商品价值。

叶片发病，初期在叶背出现圆形、针头大、黄色或暗绿色油渍状微突起的斑点，随后叶片正面和背面均隆起成为圆形或近圆形、米黄色海绵状病斑，周围有明显的黄色或黄绿色晕环，其后，病部隆起更显著，病斑逐步木栓化隆起并粗糙开裂，灰白色或灰褐色，中心凹陷，形似火山口状，这是柑橘溃疡病的特征性症状。病部与晕环之间，常有褐色油渍状的釉光边缘。随着叶片老化，黄色晕环消失。病斑直径一般为 3～5 mm，最大可达 7～8 mm，常数个病斑相连，呈不规则形大病斑，常有轮纹或螺纹。老叶上的病斑，周围的黄色晕环有时不明显。老病斑后期常穿孔、破裂(图 10-14)。

图 10-14 柑橘溃疡病病叶、病果和病菌菌落

枝梢以夏梢、秋梢发病严重。病斑多发生于嫩梢上,与叶片病斑相似,初呈油渍状小圆点,暗绿色或蜡黄色,扩大后的病斑木栓化程度较高,突起明显,多数环绕枝梢,无黄色晕环。病害严重时引致叶片脱落,枝梢枯死,苗木受害更严重。

果实上的病斑与叶片和枝梢病斑相似,但病斑较大,一般为 4~5 mm,最大可达 12 mm。病斑木栓化程度更高,火山口状开裂、隆起更显著。

溃疡病在多雨潮湿的环境下,病斑常有菌脓溢出。溃疡病在发病初期易与疮痂病相混淆,这两种病害在叶片上的症状,主要区别是:溃疡病病斑表里穿破,呈现于叶的两面,病斑较圆,中间稍凹陷,边缘显著隆起,外圈有黄色晕环,中间呈火山口状裂开,病叶不变形。而疮痂病病斑仅呈现于叶的一面,一面凹陷,一面突起,叶片表里不穿破,病斑外围无黄色晕环,病叶常变畸形。

2. 病原 为地毯草黄单胞菌柑橘致病变种[*Xanthomonas axonopodis* pv. *citri*(Hasse) Vaut.]。异名为柑橘黄单胞菌 *X. citri*(Hasse)Dowson 和野油菜黄单胞菌柑橘致病变种 *X. campestris* pv. *citri*(Hasse)Dye。此菌归属于黄单胞菌属。

菌体短杆状,两端圆,常连成链状,大小为 1.5~2.0 μm×0.5~0.7 μm,极生单鞭毛,能运动,有荚膜,无芽孢。好气性,革兰氏阴性菌。在牛肉汁蛋白胨琼脂培养基上,菌落圆形,蜡黄色,有光泽,全缘,微隆起,黏稠。在 PDA 培养基上,菌落亮黄色,周围有狭窄白色带。

病菌生长温度 5~39℃,最适温度 28~30℃;致死温度 50~60℃,10 min。适于生长发育的酸碱度为 pH 6.1~8.8,最适 pH 6.6。耐干燥和低温,但不耐高温、高湿,在 30℃,饱和湿度下,24 h 后全部死亡。

菌株间存在生理与致病性分化现象。根据柑橘溃疡病菌的地理分布和对柑橘类植物的相对致病性不同,通常将柑橘溃疡病菌分为 5 个菌系,分别为 A、B、C、D 以及引起美国佛罗里达州苗圃型溃疡或细菌性斑点病的 E 菌系。其中,菌系 A 对葡萄柚、来檬和甜橙的致病性最强,菌系 B 对柠檬的致病性较强,而菌系 C 仅侵染墨西哥莱檬,又称为墨西哥莱檬专化型。1989 年 Gabriel 等根据收集菌系的染色体 DNA 限制性酶切片段长度多态性(RFLP)分析,对菌系的划分提出了不同观点。我国的柑橘溃疡病菌以 A 菌系为主。

3. 病害循环 病菌主要在病树病组织内越冬,在气温适宜有水滴时,病菌从病部溢出,借风雨、昆虫、枝叶接触以及人和工具传播,从寄主的气孔、水孔、皮孔或伤口侵入,在皮层组织间迅速繁殖,充满细胞间隙,刺激细胞增生,使组织肿胀,最后形成溃疡。春梢期的潜育期为 13~28天,夏梢、秋梢期为 6~10 天。高温多雨尤其是台风、大雨有利于病菌的繁殖、传播和侵入,导致病害发生严重。病菌的远距离传播主要通过带菌的接穗、嫁接苗、砧木实生苗和果实,带菌的包装物、工具和土壤也可以传病。种子一般不传病。

病菌一般只侵染一定发育阶段的寄主幼嫩组织，刚抽生的嫩梢、嫩叶和刚形成的幼果以及老熟的组织都不感病或不易感病。新梢在萌发后 20～60 天和幼果在落花后 35～80 天，病菌容易侵染，当新梢停止伸长、叶片革质化和果实开始着色后，病菌不能侵染。已侵入的病菌不能侵染寄主的老化组织，病斑停止扩大。柑橘抽梢次数多，抽梢重叠不整齐时，会加重病害的发生。病菌在枝条的病斑中可以存活数年，在未脱落的叶片和果实的病斑上也可存活。落叶如果不腐烂，其病斑中的病菌可以存活几个月；在干燥叶片病斑中，病菌可以存活 1 年多。溢出病斑的病菌在寄主表面存活期短，在阳光下约 2 h，在土壤中可存活几天。

4. 发病条件

(1) 气象因素。高温有雨与感病的寄主幼嫩组织相配合是病害流行的重要条件，当时如遇大风，增加寄主伤口，加剧病菌传播，致使病害加重。

(2) 寄主感病性。此菌的寄主范围较广，可侵染芸香科的柑橘属、枳属和金柑属植物。其中，甜橙、酸橙、葡萄柚、柚、来檬、枳和枳橙高度感病，柠檬中度感病，宽皮柑橘较抗病，香橼和金柑高度抗病或免疫。抗病品种若单独种植时，一般不发病，但温州蜜柑和椪柑等品种与感病品种混栽时，发病也相当严重。

(3) 栽培管理。潜叶蛾等害虫危害寄主造成伤口，明显加剧发病。肥水管理不当，引起新梢多次发生或延缓其老化也会加剧病害发生。

5. 病害控制

(1) 实行严格检疫。禁止从病区输入柑橘苗木、接穗、砧木、种子、果实等。若必须从病区引进柑橘的繁殖材料，则应在隔离区试种。经 1～2 年，证实无溃疡病后方可在无病区种植。一旦发现病情，应立即加以扑灭。对外来的柑橘苗木和接穗等繁殖材料也要经过严格检疫和消毒。

(2) 建立无病苗圃，培育无病苗木。无病区内要种植柑橘，最可靠的方法是建立无病苗圃，自行培育无病苗木。苗圃应设在无病区内或周围 1 km 以上无柑橘类的植物。砧木种子应采自无病果实，接穗采自无病区或无病果园。砧木及接穗都要经过消毒才能进入无病苗圃。砧木种子消毒是先将种子装入纱布袋或铁丝笼内，放入 50～52℃热水中预热 5 min，后转入 55～56℃恒温热水中浸 50 min，晾干后播种。接穗消毒是把接穗在每毫升含 700 单位硫酸链霉素和 1%乙醇的混合液中浸 30 min，取出静置 20～30 min，清水冲洗、晾干，用清洁草纸包装保温储藏或嫁接。育苗期间发现病株应及时烧毁，并喷药保护附近的健苗，出圃的苗木要经严格检疫，确证无病后，才允许出圃。

(3) 苗木处理。若种植的苗木是来自非无病苗圃的柑橘苗，种植前应对每株柑橘苗仔细检查，将有病斑的叶片及枝条一律剪除后，用上述处理接穗的方法进行处理，方可种植。

(4)加强管理。冬季做好清园工作，每年收果后，收集落叶、落果和枯枝，加以烧毁。早春结合修剪，除去病虫枝、病叶、徒长枝、弱枝等，以减少病害侵染来源。喷 1～2 次 0.5°Be 的石硫合剂。平时也要注意做好清园工作。尤其在春梢、秋梢期的新梢抽出前，先把病枝、病叶尽量清除，病斑很多的大枝条也要剪除，集中烧毁。坚持做到先清园，才放新梢。柑橘抽夏梢时正值高温、高湿的季节，溃疡病容易大发生。因此，要通过合理施肥及水分管理，控制夏梢的生长，使其抽梢统一整齐，以利于喷药保护。在每次抽梢期，尤其是秋梢期应及时做好潜叶蛾的防治。若发现有病株应及时挖除、烧毁，并喷药保护周围的健苗，再用无病苗补种。对结果树要通过合理的肥水管理，培育春梢及秋梢。控制夏梢的抽梢，可通过人工或药物把夏梢去除。同时，在每次抽梢期应及时做好潜叶蛾的防治。

(5) 化学防治。喷药保护应按幼龄树和结果树不同而区别对待。苗木及幼龄树以保梢为主。结果树以保护幼果为主,保梢为辅。保护新梢应在萌芽后 20～30 天(梢长 1.5～3 cm)时,第 1 次喷药,叶片转绿期(萌芽后 50～60 天)喷第 2 次药。保护幼果在谢花后 20 天、35 天和 50 天各喷药 1 次。台风雨前后应及时喷药,以保护幼果及嫩梢。

主要防治药剂有:①86.2%氧化亚铜,间隔 7～10 天再施用 1 次,连续施用 2～3 次;②40%氧氯化铜;③铜皂液(硫酸铜 1 kg,松脂合剂 4 kg,水 400 L);④铜氨合剂(硫酸铜 1 份,石灰 2 份,碳酸氢铵 3 份,水 6 份),混合密封 5 天后方可使用,使用时,再加水稀释 200 倍。这样就可以很好地防治柑橘溃疡病。

三、柑橘疮痂病

柑橘疮痂病(citrus scab),又名痢头疤、钉子果,我国各柑橘产区均有发生,以温带柑橘产区发病严重。主要危害柑橘嫩叶、新梢和幼果,也可危害花萼和花瓣,严重时会导致果实畸形,进而导致减产。

1. 症状 叶片受害,最初出现水渍状、黄褐色的圆形小斑点,随后逐渐扩大,颜色变为蜡黄色,继而病斑木质化而凸起,多向叶背面突出而叶面凹陷,叶背面部位突起呈圆锥形的疮痂,似牛角或漏斗状,表面粗糙,病斑直径为 0.3～2 mm。病斑多发生于叶片背面,有时很多病斑汇集在一起,使叶片畸形扭曲并凋落。后期病部大面积坏死,呈癣皮状剥落,下面组织木栓化,皮层较薄,久晴骤雨易开裂。天气潮湿时病斑上有一层灰色霉状物(分生孢子)。

新梢上的症状与叶片上的相似,但病斑周围组织凸起没有叶片上的明显,病斑分散或连成一片,染病枝梢短小、扭曲。花萼和花瓣受害后变黑,很快脱落。

幼果在谢花后不久即可发病,受害的幼果,病斑初期很小、褐色,以后扩大,在果皮上形成黄褐色、圆锥形、木质化的疣状凸起,表面粗糙。受害严重的幼果病斑密布,引起早期落果。受害较轻的幼果,多数发育不良,表面粗糙,果小、味酸、皮厚,或成为畸形果。果实膨大后发病,病斑不明显,但果实小、皮厚、汁液少。空气潮湿时,在病斑表面长出灰色的粉状物(分生孢子)。该病不侵染已成熟的枝叶和将成熟的果实。

此病在发病初期易与柑橘溃疡病相混淆,这两种病害在叶片上症状的主要区别是:疮痂病病斑仅呈现于叶的一面,一面凹陷,一面突起,叶片表里不穿破,病斑外围无黄色晕环,病叶常变畸形。而溃疡病病斑表里穿破,呈现于叶的两面,病斑较圆,中间稍凹陷,边缘显著隆起,外圈有黄色晕环,中间呈火山口状裂开,病叶不变形(图 10-15)。

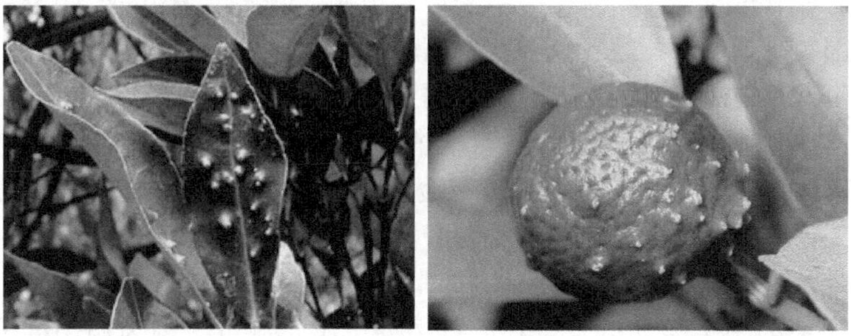

图 10-15 柑橘疮痂病的症状

2. 病原 有性型为柑橘痂囊腔菌(*Elsinoe fawcettii* Bitanc. et Jenk.),属子囊菌门真菌,

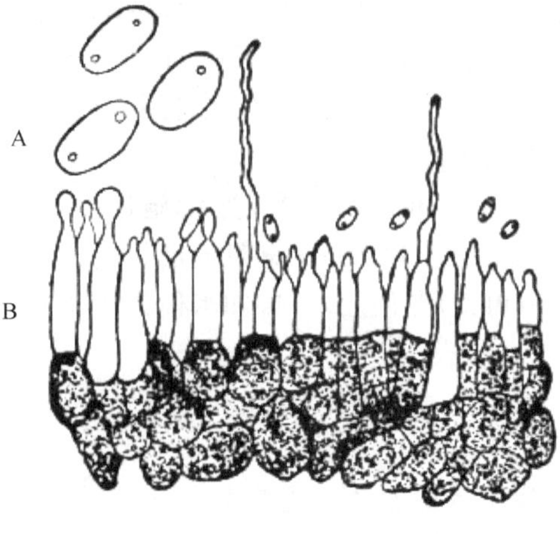

图 10-16　柑橘疮痂病菌
A. 分生孢子；B. 分生孢子梗

在我国尚未发现。无性型为柑橘痂圆孢(*Sphaceloma fawcettii* Jenk.)，属于有丝分裂孢子真菌；分生孢子盘散生或多数聚生，近圆形；分生孢子梗很短，圆筒形，不分枝，具有 0～2 个隔膜，大小为 12～22 μm×3～4 μm，无色或灰色。分生孢子着生于分生孢子梗顶端，无色，单胞，长椭圆形、卵形或略似肾形，大小为 6～8.5 μm×2.5～3.54 μm(图 10-16)。病菌在人工培养基上生长缓慢，菌丝生长的温度范围为 13.5～32℃，最适温度为 21℃；分生孢子形成的温度范围为 10～28℃，最适温度为 20～24℃；分生孢子在 13～32℃下均能萌发，最适温度为 24～28℃。

3. 病害循环　病菌主要以菌丝体在病组织内越冬。翌年春季，当气温回升到 15℃以上，并出现阴雨高湿的天气时，在老病斑上越冬的菌丝体即可产生分生孢子。分生孢子借风雨或昆虫传播到幼嫩组织上，萌发的孢子从春梢嫩叶、花和幼果的表皮直接侵入寄主体内，潜育期一般为 10 天左右，但春梢嫩叶上的潜育期较短，仅为 3～5 天。若温度、湿度合适，新病斑上又可产生分生孢子进行再侵染。雨露多、湿度大的天气有利于发病；该病害要求温和的温度(20～24℃)，超过 28℃时，病害基本停止扩展。如此不断危害夏梢、秋梢和冬梢。最后以菌丝体在病组织内越冬。

4. 发病条件　不同柑橘种类和品种的抗病性差异很大，一般橘类最感病，柑类、柠檬、柚类中度感病，甜橙、金柑则抗病。

在我国栽培的柑橘品种中，最易感病的有温州蜜柑、早橘、本地早、南丰蜜橘、福橘、衢橘、乳橘、柠檬及天草等；其次是椪柑、蕉柑、枸头橙、小红橙等；比较抗病的有柚类、梗橘和大多数杂柑类品种；甜橙类品种在我国表现高度抗病。但在阿根廷、美国等地已发现另一种疮痂病菌和新的生物型，可使甜橙类品种严重发病。

病菌只侵染感病品种的幼嫩组织，初抽出来的新梢幼叶尚未展开前及刚落花后的幼果最易感病，随着组织的老熟，抗病性也随之提高，至果实接近成熟时则不易感病。苗木和幼树由于抽梢次数多，抽梢期长，幼嫩组织暴露的时间长，因此常常比壮年树发病重。

温度和湿度对该病的发生和流行关系密切。该病的发病温度范围为 15～30℃，最适温度为 20～24℃，超过 28℃时，病害发生缓慢，发病轻。所以该病在北亚热带地区发生多而严重，而在中亚热带和南亚热带地区发生较轻。在北亚热带地区，该病 3 月上旬至 12 月上旬均可发生，但以春梢和幼果期发病最为严重，夏梢、秋梢发病较少；在中亚热带和南亚热带地区，该病则只在早春和晚秋时有所发生。在北亚热带地区，4～6 月正值梅雨季节，此时雨量多而湿度大，温度适合，又有幼嫩组织存在(正值春梢和开花与结果期)，因而发病严重。叶片的发病盛期是 4～6 月，高峰期是 5 月；幼果的发病盛期是 5～7 月。

在合适的温度范围内，该病的发生和流行主要取决于湿度。因为病菌的分生孢子主要借助风雨传播，孢子的萌发和侵入都需要水滴，所以在阴雨连绵的梅雨季节、清晨雾大露重的天气、低洼而潮湿的环境，该病往往发生较严重。果园管理的好坏，直接影响到柑橘树抗病能力的强弱和抽梢的整齐度，因而也会影响到发病的程度。

5. 病害控制

(1) 加强果园管理。①剪除病梢病叶:冬季和早春结合修枝整形,剪除病枝病叶和过密的枝叶,春梢发病后也及时剪除病梢,使柑橘树通风透光;同时清除地面枯枝、落叶,以减少初侵染来源。②加强检疫:新开柑橘园要采用无病苗木,防止病菌带入。另外,也要防止国外新的疮痂病菌种类和生物型传入国内。③及时防治其他病虫害,增强树势,使柑橘树抽梢整齐,以缩短感病时间。

(2) 药剂防治。目的是保护好柑橘的幼嫩组织和器官,防止病菌侵染。成年结果树以保护幼果为重点;苗木和幼龄树,以保护新梢为主。成年结果树喷药,第一次应在春梢嫩芽开始萌动、幼芽长 2 mm 左右开始,第二次应在谢花 2/3 时喷药,发病条件特别有利时可在半个月后再喷一次。春芽期(芽长 2 mm)最好根据预报来决定是否用药。有效的药剂品种主要有 75%百菌清、50%托布津、70%甲基硫菌灵、0.5%波尔多液、50%多菌灵、55%硫菌霉威、50%多霉清、77%可杀得、80%必备、80%大生 M-45、30%二元酸铜、20%龙克菌(杀菌铜)、12%绿菌灵等。可选用其中的几种药剂交替使用。

四、柑橘炭疽病

柑橘炭疽病(citrus anthracnose)是世界性分布的弱寄生性真菌病害,俗称爆皮病,几乎遍布高温多湿的热带和亚热带柑橘产区。在我国柑橘主产区普遍发生,通常引起落叶、落果、枝梢枯死、树皮爆破,严重时导致树体整株死亡,若果实感病,在运输储藏过程中还会引起腐烂。

1. 症状　可危害柑橘叶片、枝梢、大枝、主干、花、果梗及果实。根据发病时间及发病部位不同,其症状主要有以下表现。

(1) 叶枯或叶斑。在极端气候条件和栽培管理不当时,叶部有时表现急性型病斑,即叶枯型。叶枯型多发生于新梢嫩叶,始于叶尖,并迅速向中下部蔓延,病斑初呈水渍状淡褐色,似开水烫伤,后变为深褐色云纹状,边缘界线不清晰。病部组织坏死后,常呈现"V"字形病斑,病斑正反两面散生肉红色黏质小点,极易出现落叶(图 10-17A)。叶斑型即慢性型,病斑不规则形或近圆形,直径为 0.2～1.4 cm,多出现在成年叶或老叶近叶缘处,微凹陷,边缘褐色至深褐色,中心淡灰色或灰白色,病健组织分界明显,病部具同心轮纹状小黑点(分生孢子盘,图 10-17B),湿度大时,现朱红色黏性小液滴(分生孢子)。

图 10-17　柑橘炭疽病症状(陈国强提供)

A. 叶枯型;B. 叶斑型;C. 枝枯型;D. 梢枯型;E. 果梗枯;F. 果腐

(2) 枝枯或梢枯。枝梢感病的典型症状主要表现为枯枝或枯梢。表现枯枝型症状的枝梢染病始于叶柄基部腋芽处,病斑初呈淡褐色,椭圆形至长梭形,病部环枝一周时,病部以上变成灰白色枯死并散生小黑点(图 10-17C)。嫩梢尤其是徒长梢感病,如遇连续低温阴雨,自顶端迅速向下蔓延,形成回枯现象,呈烫伤状,病健交界线不明显,病部表面长出许多肉红色黏质小点,后变深暗,即枯梢型(图 10-17D)。除以上典型症状外,大枝或主干感病,病斑长椭圆形或条状，小斑 1～3 cm，大斑可达 1～2 m，致病皮爆裂脱落，剥开感病树体枝干基部皮层，即可见褐色病变组织，常形成梭形或长条形干疤；苗木多在距离地表 7～10 cm 或嫁接口处开始发病，病斑深褐色，向四周扩展，病部以上枯死。

(3) 果梗枯。主要发生于果实成熟以后，受害果梗褪绿发黄变褐，最后成灰白色干枯，病斑沿果梗蔓延至果蒂时，引起蒂枯，果实提前转色脱落，常造成大量落果(图 10-17E)。

(4) 果腐。在果实储藏中后期，从蒂部或从干疤发展成腐烂，深入到果实内部，并逐步扩展至全果，腐烂组织呈水渍状软腐，表面长出炭疽病菌分生孢子(图 10-17F)。

2. 病原　为胶孢炭疽菌[*Colletotrichum gloeosporioides* (Penz.) Penz. et Sacc.]，属于有丝分裂孢子真菌中的炭疽菌属。

病组织表面所产生的肉红色至黑褐色黏质小粒点为真菌的分生孢子盘(图 10-18)。分生孢子盘顶端透明，初埋生于寄主表皮下，后突破表皮外露。分生孢子梗直立栅状排列，单胞，无色，柱形，大小为 9.8～29.4 μm×2.2～4.9 μm。分生孢子长椭圆形，顶端弯，无色，单胞，大小为 8.4～18 μm×4.5～6.0 μm，内常有 1～2 个折光性稍强的油球(图 10-18)。

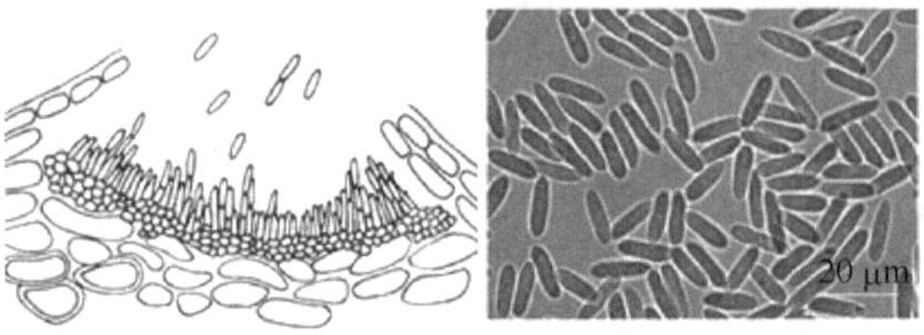

图 10-18　柑橘炭疽病菌(示分生孢子盘和分生孢子)

病菌生长温度范围为 6～37℃，适温为 21～28℃；分生孢子萌发适温为 22～27℃，在清水中萌发率低，而在 5%葡萄糖溶液中萌发率极高。萌发的孢子首先在中部形成一个隔膜，产生一根或长或短的芽管，随之芽管顶端膨大，并在膨大部位的基部产生一个隔膜，膨大细胞变为暗黑褐色，形成一个圆球形、椭圆形或不规则裂瓣形的附着胞，紧密黏附于寄主或硬质基物表面。附着胞的生命力及抗逆力均极强，条件不适宜时处于休眠状态，条件适宜时便迅速萌发，底部产生一根纤细的侵入丝穿透寄主角质层和表皮细胞壁，侵入表皮细胞内，发育为营养菌丝，并向临近细胞扩展蔓延，引起发病。

3. 病害循环　病菌主要以菌丝体和分生孢子在病枝梢、病叶和病果上越冬，果园的初侵染源主要来自枯死枝梢和病果梗。翌年温度、湿度适宜时，越冬分生孢子和新产生的分生孢子借风雨、昆虫及枝叶接触传播至寄主组织表面，萌发形成芽管或附着胞，借助气孔、皮孔、伤口或直接穿透寄主表皮侵入，危害健康植株。病菌可潜伏侵染，当寄主组织衰弱或衰老死亡时，附着胞迅速发展为侵染钉和菌丝，在皮层细胞中扩展危害，引起植株组织病变。环境适宜时形成分生孢子盘，产生大量分生孢子完成再侵染。

4. 发病条件　病菌是一种弱寄生菌，人工接种健康组织很难引起发病，而接种衰弱组织时则迅速产生典型症状。该病的危害程度与菌源数量、植株抗性、环境条件等因素密切相关。

(1) 菌源数量。已有柑橘炭疽病发病史的果园，如果管理粗放、残枝病叶不能及时清理、果园环境卫生得不到改善，则导致大量病菌累积。遇到适宜气候条件，这些病菌就会成为病害的初侵染源，加重病害发生。

(2) 植株抗逆性。目前已知的柑橘品种对炭疽病菌均没有明显的抗性，但不同柑橘品种对柑橘炭疽病的抗/耐性存在差异，其中甜橙、柠檬、椪柑、年橘、温州蜜柑等较为感病，此外，种植单一品种容易导致柑橘炭疽病大流行。炭疽病菌属于非原发性病原物，即衰弱组织的次生侵入者，长势较弱或处于垂死状态的植株抗病弱，受冻害或干旱的植株树体衰弱，容易导致炭疽病发生和危害。寄主对病菌的抗病性随植株各部分组织的成长而增强，但果实多在成熟期或成熟后期严重受害。

（3）环境条件。柑橘炭疽病在高温多湿条件下易发病。分生孢子发生量，常取决于雨日多少及降雨持续时间，一般春梢生长后期开始发病，夏梢、秋梢期盛发。

5. 病害控制 加强果园栽培管理，增强树势，提高植株抗病性是防治该病的有效措施。

（1）消灭初侵染源。及时剪除病枝和纤弱枝，清除病残体，以减少菌源。铲除果园及周边杂草。必要时在冬季清园时喷 1 次 0.8～1°B 石硫合剂，同时可兼治其他病虫。

（2）加强橘园管理，改善果园环境。合理修剪，夏季根据树势实施短截修剪，保证果园通风透光；及时疏果，控制挂果量，提升树体的抗病性；深翻改土，增施有机肥，改良土壤的理化性质，创造有利于根系生长的良好条件；及时排灌，确保土壤孔隙，维持植株根系的正常呼吸。

（3）药剂防治。根据果园历年炭疽病的发生情况采取不同的防治措施。新梢发病严重的果园，在新梢萌发期和抽生期喷药保护，减少或阻止病菌直接侵入和形成附着胞；采前落果较为严重的果园和老果园，坐果后每隔 10～15 天喷药 1 次，连续施药 3 次，特别注重梅雨季节的药物防治；果实成熟前一个月起，视雨水及气候条件再施药保护 2 次，保护果梗免受病菌侵染。

防治柑橘炭疽病的有效药剂有：25％咪鲜胺＋80％代森锰锌、10％甲苯醚环唑、80％福·福锌、36％甲基硫菌灵、50％锰锌·多菌灵、25％溴菌腈、25％咪鲜胺、30％醚菌酯等。

（4）储藏期保护。防止储藏期果实发病首先应注意尽量减少机械损伤，实施保鲜处理，创造有利于保鲜的低恒温和高湿度储藏环境条件。除此之外，用 45％特克多液或 75％抑菌唑硫酸盐＋50％苯莱特＋72％ 2,4-D 的混合液浸果 1～2 min，对控制柑橘炭疽病效果较好。

五、柑橘青霉病

柑橘青霉病(citrus blue mold)是柑橘储运过程中的主要病害。据统计，由青霉病导致的采后柑橘损失高达 30％之多，严重影响柑橘产业的发展。

1. 症状 只危害果实，引起果实腐烂霉变，发病初期果面产生水渍状病斑，组织湿润柔软且易破裂。2～3 天病斑表面长出白色霉状物（菌丝体），很快扩展为白色圆形病斑，随后于霉斑中央长出青色霉层（分生孢子梗和分生孢子）。随着发病组织不断扩大，病斑深入果肉，之后全果腐烂。青霉病多发生于储藏前期，白色霉层带较窄，1～3 mm，呈粉状，病部水渍状外缘明显，整齐且窄，病果会发出霉味（图 10-19）。

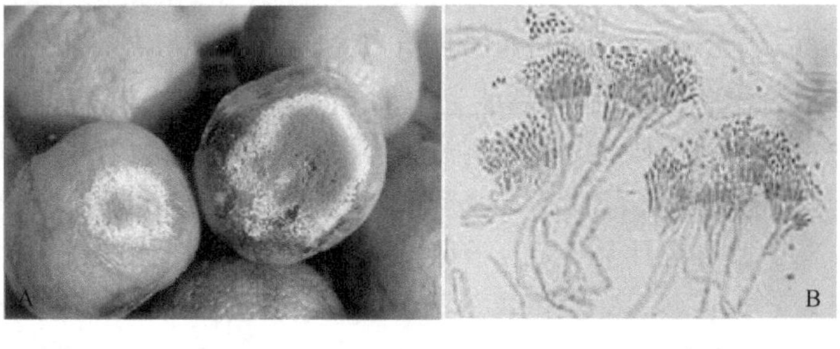

图 10-19 柑橘青霉病症状及病原菌

A. 果实症状；B. 病原菌形态

2. 病原　为意大利青霉（*Penicillium italicum*），属有丝分裂孢子真菌中的青霉属。分生孢子梗从表生菌丝生出，无色，大小为 200～400 μm×3～4.5 μm，顶端呈规则或不规则 3 层轮生的帚状分枝；先端具 2～5 个瓶状分枝（常为产孢细胞），瓶梗圆筒形，末端尖细，顶端形成串生的分生孢子。分生孢子圆筒形，单胞无色，大小为 3.1～6.2 μm×2.9～6.0 μm（图 10-19）。菌丝在 6～33℃均可生长，最适温度为 27℃；分生孢子的生长温度范围为 15～30℃，最适温度为 20℃。环境中 CO_2 浓度过高时，分生孢子的形成受到抑制。

3. 病害循环　病菌可以在各种有机物上营腐生生活，产生大量分生孢子，借气流传播，病菌萌发后通过果实表皮伤口侵入危害，并迅速繁殖，引起果腐。病组织又可产生大量分生孢子对其他果实进行再侵染。果实腐烂产生大量的 CO_2，被空气中的水蒸气吸收产生稀碳酸而腐蚀果皮，使果皮表面 pH 呈酸性环境，可促进病菌侵染，从而导致大量烂果。在储藏库中，青霉病菌侵入果皮后，分泌一种挥发性物质，将健果果皮损伤，引起接触传染。

4. 发病条件　影响柑橘果实发病的环境条件主要有温度与湿度等环境因素。一般来讲，青霉病菌的生长温度范围为 3～32℃，发病的最适温度范围为 18～26℃。相对湿度达 95%～98%时有利于发病。在雨后、重雾或露水未干时采收的果实，因果面湿度大，果皮含水量较多，又容易擦伤，所以发病往往较为严重。充分成熟的果实较未成熟的果实抗病。

5. 病害控制　青霉病菌一般需借助果皮的各种伤口侵入果实，因此，在果实的采收、运输及储藏过程中应减少果实受伤，降低发病率。

（1）加强田间管理。在柑橘生产过程中，对于果园中携带有柑橘青霉病的病果应及时予以处理，减少病原的积累和再侵染。

（2）适时采收。柑橘果实对青霉病的耐病性与果实成熟程度及果实风味紧密相关，采摘时机一般以果实八成熟最佳。除此之外，选择晴天采果，不宜在雨后、重雾或者露水未干时采收。

（3）减少伤口。在田间防治角肩蝽象、夜蛾类等害虫以减少其对柑橘果实及表皮的损害。在果实采摘运输期间，尽量避免果实因机械损伤造成伤口。

（4）采摘、储藏及其用具消毒。选用 50%多菌灵或 70%甲基硫菌灵对采果剪、采果袋、采果篮等工具进行消毒，晾干后使用；运输车厢和储藏库可选用 10 g/m^3 硫黄密闭熏蒸 24 h，或选用 50%甲基硫菌灵消毒，也可用 40%双胍三辛烷基苯硫酸盐或 42%噻菌灵，药剂处理后 3～4天，打开门窗通风 2～3 天待药气散尽后即可储藏果实；储藏期间应定期检查，发现病果及时予以清除。

（5）改善储藏环境。科学控制储藏室内温度、湿度。通常情况下，储藏室温度维持在 5～10℃，湿度保持在 80%～85%，定期通风换气，有利于柑橘长时间保存。改进包装，选用聚乙烯塑料薄膜单果包装保鲜，增强防腐效果。

（6）药剂防治。果实采前喷药：在果实采摘前半个月左右对树冠进行喷药，减少果实带病率，通常选用 50%多菌灵、70%甲基硫菌灵、25%阿米西达等药剂，施药前加入 50～100 mg/kg的 2,4-D 混合使用，有助于保持果蒂新鲜，提高果实耐病性。采摘后果实浸药：用 25%抑霉唑 350 mg/kg、45%咪鲜胺 250 mg/kg 以及 50%苯莱特、25%施保克等药剂浸果，浸果前加入 2,4-D 100～200 mg/kg 浸泡 1～2 min，置于阴凉通风处自然晾干。采用化学防治的同时，合理选用有益酵母菌、大蒜提取液、芽孢杆菌等生物源农药均可有效提高柑橘青霉病防治效果。

六、病害综合防治

我国柑橘的栽培历史悠久，地域广阔，病害种类多。不同地区、不同季节及不同果园，病害发生的种类及轻重程度可能差别很大，重点防治的病害对象也就各不相同，应根据具体情况，在综合治理的各种措施中，有所侧重，灵活应用。

柑橘溃疡病的防治原则是保护新果区和无病区，改造老病区，建立无病苗圃。疮痂病具有多次再侵染现象，重点是减少初次侵染来源，同时结合药剂保护。黄龙病在防治上应实施检疫、隔离种植、彻底扑灭传病昆虫柑橘木虱和及时处理病树以杜绝菌源等综合治理措施。炭疽病菌具有潜伏侵染特点，广泛存在于柑橘植株的各个部位，在防治上应采取以加强栽培管理为主，提高植株抵抗力的综合治理措施。青霉病是柑橘果实储藏期的重要病害，其防治原则是采前加强果园管理、采收适期、减少果实损伤、采后药剂处理和改善储藏条件等。

总之，柑橘病害的防治仍然坚持"预防为主，综合防治"的植保方针，积极采取各种行之有效的措施，将病害控制在经济允许水平之下。主要防治措施如下。

1. 加强检疫，种植抗病品种 黄龙病和溃疡病是国内外检疫对象，一旦传入很难彻底消灭。因此，应严格执行植物检疫制度，建立无病苗圃，控制其蔓延和危害。当前生产上还未能找到能同时抗多种常见病害的品种，可根据当地的主要病害，有针对的选择种植，如在溃疡病常发区，应减少种植感病的甜橙、柚类等品种，增加抗病的柑橘类品种。而在黄龙病常发区，则应减少种植感病的柑橘类品种，增加种植抗病的甜橙、柚类等品种。

2. 使用无病种苗，挖除病树更新果园 种植无病种苗防治黄龙病、溃疡病、疮痂病等效果较好。应在无病区建立苗圃，选用的种子或者接穗应先经过消毒。表面消毒可使用一般化学药剂，如强氯精、福尔马林、施保克等，而要杀死组织内部的病原物，一般需要进行热力消毒，如在 55℃ 热水浸种 50 min，49℃湿热空气处理接穗或苗木，可杀死组织内的黄龙病菌和溃疡病菌，在 48℃热水浸根可以杀死根内线虫等。有技术条件的可进行茎尖嫁接脱毒防治病毒病。对于黄龙病、衰退病及其他病毒病，在未投产的新柑园或轻病柑园，一经发现病株立即挖除，注意在挖除前全园喷布一次杀虫剂杀死柑橘木虱和蚜虫。若发病较重，大多数植株失去经济栽培价值时，实行全园淘汰，重新种植无病苗。

3. 加强栽培管理，搞好果园卫生 合理施肥，增施钾肥，以增强树势，提高抗病耐病能力。水田柑橘园应起畦种植，注意排水。荫蔽的果园应疏删过密的枝条，改善通风透光条件。用抹芽控梢办法，促使新梢抽发整齐，减少染病机会。在冬季或早春柑橘抽梢前，结合修剪，彻底剪除病枝叶，清除落地枯枝落叶和残果，并集中烧毁。对重病枝条应进行重剪，重新培养树冠。修剪后可用石硫合剂或波尔多液保护伤口。这对防治溃疡病、疮痂病和炭疽病等是有效的。

4. 防治传病昆虫，及时药剂防治 黄龙病由木虱传播，衰退病由蚜虫传播，在病区控制这些传病昆虫的数量是很重要的环节。可依据这些昆虫的消长规律适时用杀虫剂防治。药剂防治主要保护柑橘新梢、幼果不受溃疡病、疮痂病、炭疽病等侵害，于谢花 2/3 时喷药保护。苗木和幼树应以保梢为主，在芽长 2 mm 时喷药 1 次，10～15 天后再喷 1 次。结果树以保果为主，在落花后 1 个月内，每隔 10 天左右喷药 1 次，连续喷 2～3 次。根据不同病害选用不同药剂。为了防治青霉病等柑橘果实储藏期病害，要在果实采收前后用药剂进行处理，防止病菌侵入；从采收到储运的全过程中，要保护好果实以免机械损伤。

线虫病区，每年春天，将树冠下的表土扒开 15 cm 深，撒施杀线剂，然后覆土淋水。采果后用杀菌剂和 2,4-D 药液处理可减少储藏期病害。

5. 改善储藏条件　对于柑橘青霉病等柑橘果实储藏期病害，要改善储藏环境条件，库房应经过药剂消毒，控制库房温度在5～10℃，注意通风换气。有条件的可实行塑料袋或包装纸单果包装，减少接触传染的机会。

（周而勋　青　玲　余　洋　编写）

第三节　葡萄病害

葡萄是世界上栽培面积最大的果树，在我国南北各地栽培较广泛。葡萄是具有重要经济价值的果树作物，也是葡萄酒工业的原料作物。葡萄病害是影响葡萄生产的重要限制因子之一，全世界已知的葡萄病害有100种以上，我国有60多种，其中发生普遍而危害严重的有葡萄霜霉病、炭疽病、白粉病、褐斑病和轮纹病等。

一、葡萄霜霉病

葡萄霜霉病(grape downy mildew)是全球第一大葡萄病害。20世纪80年代起，葡萄霜霉病在我国部分产区开始大面积发生，特别是在春季、夏季多雨潮湿地区，发生尤其严重。葡萄受害后，轻则可使叶片早衰、早落，削弱树势，影响果实品质，重则影响花序分化，果粒脱落，产量下降。据报道，在我国葡萄栽培大省新疆的昌吉、玛纳斯、霍城、伊犁等地，葡萄霜霉病发病率高达90%以上，年减产50%以上，而且还影响翌年的葡萄产量。

1. 症状　主要危害叶片，其次也危害新梢、叶柄、果梗、卷须、花序、幼果等。霜霉病最明显的病征是空气潮湿时在叶片背面、果实病斑、花序或果梗上产生白色的霜状霉层。叶片受害初期首先产生浅黄色、水浸状、边缘模糊的小斑点，后斑点颜色逐渐加深至黄褐色并扩展为受叶脉限制的角斑，多个角斑相连可构成不定形的大斑。病叶易提早脱落。新梢、叶柄、果梗受害时，最初形成浅黄色或黄色水浸状斑点，之后发展为黄褐色或褐色、稍凹陷、形状不定的病斑。花序、幼果感病时，先形成浅绿色的近圆形病斑，后期病斑颜色加深，呈深褐色、凹陷、僵化，严重时，易引起落花落果(图10-20)。

图10-20　葡萄霜霉病的症状

A. 叶片背面；B. 叶片正面；C. 果实

2. 病原　为葡萄生单轴霜霉[*Plasmopara viticola* (Berk. & Curtis.)Berk et de Toni]，属于卵菌门、单轴霜霉属，为专性寄生菌。

病部肉眼所见的霜霉状物即是病菌的孢囊梗和孢子囊(图10-21)。孢囊梗成簇从气孔伸出，无色、透明，单轴分枝3～6次，分枝处呈直角，分枝末端伸出2～4个小梗，小梗上着生孢子囊。孢子囊无色，单胞，卵形或椭圆形，顶端有乳状突起。孢子囊在有水滴、高湿度和适温条件下萌发产生数个游动孢子。游动孢子肾形，侧生双鞭毛，能在水中游动。一般情况下，半小时后鞭毛收缩，游动孢子呈圆形，成为静止孢子，再经 15 min 左右，开始萌发产生芽管，由气孔侵入寄主。侵入寄主细胞间的无隔菌丝通过瘤状吸器进入细胞内吸收营养。生长后期在寄主组织内形成卵孢子。卵孢子呈圆球形，褐色，壁厚，有利于病菌度过不良环境条件。

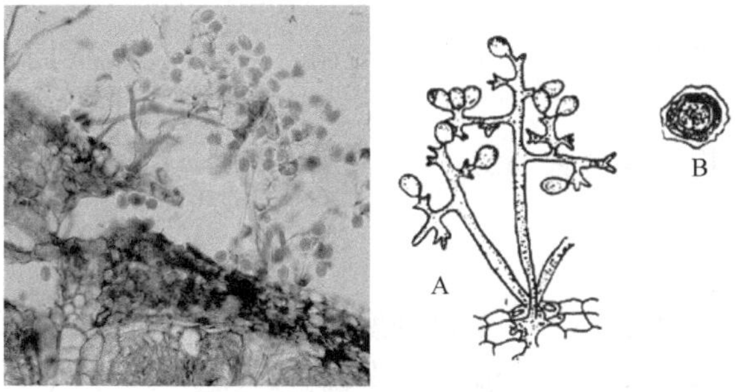

图 10-21 葡萄霜霉病菌

A. 孢子囊梗及孢子囊；B. 卵孢子

3. 病害循环 病菌主要以卵孢子在落叶中越冬。在冬季温暖的地区或年份病菌也可以菌丝在芽或未落的叶片上越冬。卵孢子越冬存活量与土表湿度有密切关系。越冬后，当温度达 12℃时，卵孢子在水中或高湿条件下萌发产生芽管和孢子囊，后孢子囊萌发产生游动孢子，游动孢子借助空气和雨水传到寄主绿色组织上，由气孔或水孔侵入，完成初侵染。经 8～12 天的潜育期，形成新的孢子囊，进行再侵染。

4. 发病条件

(1) 初始菌源。在常年种植葡萄的地区，如果果园内的枯枝落叶和病残组织没有及时清除，霜霉病菌积累量就会较多；冬季雨雪多的年份和地区，病菌越冬基数则大。

(2) 气候因素。霜霉病的发生和流行与温度、湿度和降雨等密切相关，其中湿度是主要的流行因子。孢子囊形成的温度范围为 12～28℃，最适温度为 15℃。孢子囊萌发的温度范围为 4～21℃，最适温度为 10～15℃。游动孢子萌发的温度范围为 12～30℃，最适温度为 18～24℃。温度高于 30℃或低于 10℃都会抑制霜霉病的发生。孢子囊形成的最适湿度为 95%～100%。潮湿的冬天，紧接多雨的春天，连上高温、高湿的夏天，会导致霜霉病发生早且重，因为潮湿的冬天卵孢子越冬基数大，多雨的春天导致病害发生早，夏季丰沛的雨水不但提供了暴发的条件，而且会刺激新梢、幼叶的生长和组织含水量的增加，使植株更加感病，从而导致病害流行和大暴发。

(3) 栽培条件。促使果园通风透光不良、增加湿度的栽培环境及措施，如地势低洼、土质黏重、栽培密度过大、棚架低矮、管理粗放等，都会使霜霉病发生严重。

(4) 品种抗病性。一般美洲种葡萄对霜霉病抗性较强，而欧亚种葡萄易感霜霉病。研究表明，叶片气孔密而大的品种，易感病。反之叶片气孔稀而少、且气孔周围有白色堆积物的品种，抗病性强。

5. 病害控制 防治该病的关键在于降低湿度和水分，减少初侵染源和施药保护相结合的综合防治措施。

(1) 清除菌源，减少初侵染。秋末和冬季，应彻底的清园，及时剪除病、弱枝梢，病果，清扫枯枝落叶，将其集中烧毁或深埋。将土壤深翻后，可在近地面喷施 1 次 3～5°B 的石硫合剂，可清除大量越冬菌源。

(2) 加强果园管理。应选择地势平坦、土质疏松、通风透光良好处建园。建园时要规划好田间灌排系统，降低果园湿度；合理密植，及时整枝，行向与风向平行。施足底肥，适时追肥，避免过量施用氮肥，保持植株良好的生长状态。

(3) 选用抗病品种。生产上常用的抗病品种有红富士、巨峰、先锋、新玫瑰香、信农乐、森田尼无核、金星无核等。

(4) 药剂防治。应注重早期诊断、预防和控制。当田间出现利于霜霉病发生的条件时及时喷洒第 1 次药，以后每隔 10～15 天喷药 1 次。可用药剂有 1∶0.7∶200 波尔多液、70%烯酰吗啉、72%克露、72%甲霜灵锰锌、58%瑞毒霉锰锌等。

二、葡萄炭疽病

葡萄炭疽病(grape anthracnose)，又名晚腐病、苦腐病，是葡萄近成熟期、成熟期的重要病害之一。我国各葡萄产区均有分布。流行年份，病穗率达 50%以上，一些感病品种病穗率高达 70%左右。多雨年份常引起果实大量腐烂，严重影响葡萄产量。该病除危害葡萄外，也侵染苹果、梨等多种果树。

1. 症状　一般常发生在着色或近成熟的果实上。病菌也能侵染幼果、新蔓、叶柄和卷须等绿色组织，但无明显症状。着色后的果实受害初期形成褐色圆形小斑点，后病斑逐渐扩大并开始凹陷，在病斑表面生出轮纹状排列的小黑点(分生孢子盘)。天气潮湿时，小黑点变为粉红色黏质团(分生孢子团)，这是炭疽病的典型症状(图 10-22)。病斑可扩展到半个或整个果面，果粒软腐易脱落，病果酸而苦；或逐渐干缩成为僵果。当年的新枝蔓、穗轴、叶柄、卷须染病时，一般不表现症状或症状不明显，是病菌的潜伏场所。翌年有雨水时产生分生孢子盘，并释放分生孢子，成为最主要的初侵染源。

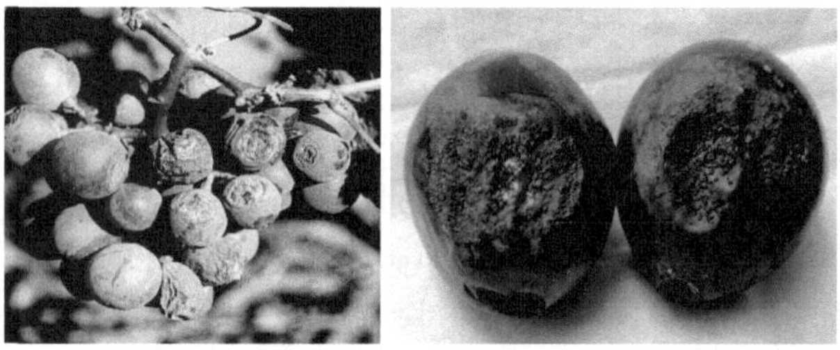

图 10-22　葡萄炭疽病

2. 病原　为胶孢炭疽菌[*Colletotrichum gloeosporioides* (Penz.) Sacc.]和尖孢炭疽菌(*C. acutatum*)，我国以前者为主。无性型属于有丝分裂孢子真菌中的炭疽菌属。分生孢子盘黑色，初埋生于寄主表皮下，成熟后突破表皮外露。分生孢子梗密生、无色、单胞，圆筒形或棍棒形，大小为 12.0～26.0 μm×3.5～4.0 μm。分生孢子无色、单胞，圆筒形或椭圆形，大小为 10.3～15.0 μm×3.3～4.7 μm，附着孢扁球形(图 10-23)。有性型为围小丛壳[*Glomerella cingulata* (Ston.) Spauld. & Schrenk]，极少见，属子囊菌门、小丛壳属。子囊壳聚生，在病斑上排列为轮纹状。子囊棍棒状，子囊孢子椭圆、略弯、无色、单胞。

病菌在 7～35℃内均可生长，最适温度为 25～28℃。葡萄糖、果糖、蔗糖为病菌生长的良好碳源，含糖量 6%时生长最好。潮湿条件下，分生孢子在 10～35℃均可形成和萌发，适温为 28～32℃。

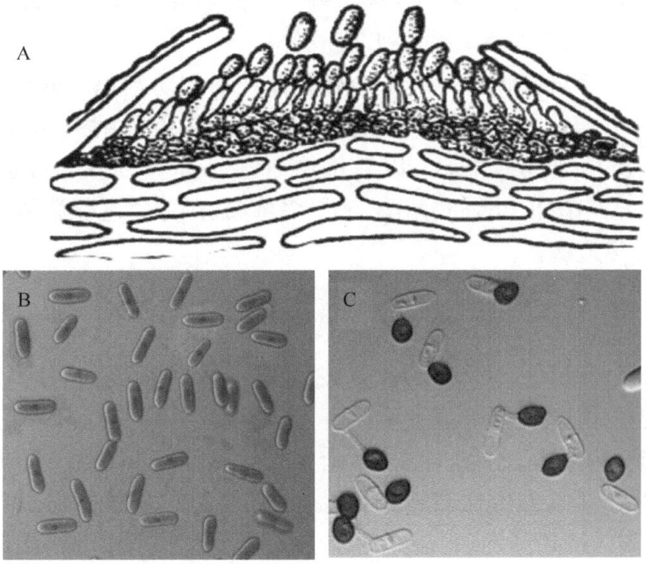

图 10-23　胶孢炭疽菌
A. 分生孢子盘；B. 分生孢子；C. 孢子萌发形成附着孢

3. 病害循环　主要以菌丝体在结果母枝、一年生枝蔓表层组织越冬，也可在残留在植株上的病果穗、穗轴、叶柄等处越冬，成为翌年病害的初侵染源。翌春，病组织上产生分生孢子，借雨水飞溅、空气流动或昆虫传播到新梢、叶片、卷须、果柄、果穗及果实上，引起初侵染。分生孢子可萌发形成芽管、附着胞，可直接侵入或通过皮孔、伤口侵入。病斑上新产生的分生孢子传到邻近健康的新梢、果实等组织上进行再侵染。除果实外，其他受侵染的组织基本不发病，病菌潜伏其中成为翌年的初侵染源。

4. 发病条件　病害发生轻重取决于越冬菌源基数、品种抗病性、气候和栽培条件等。

(1) 越冬菌源基数。一般情况下，上一年的病果穗、病果粒及枝条、卷须、叶柄等是下一年病菌的主要来源。越冬病菌在 6～7 月形成大量分生孢子，通过风、雨、昆虫等传播。

(2) 气候条件。水分是炭疽病菌侵入葡萄的必要条件。研究表明，连续湿润 7～12 h，病菌能在果穗或果粒上完成侵入；连续湿润 9 h，带菌的枝条上可以产生分生孢子。因此，多雨、高湿、高温及多雾天气，病害易于流行。

(3) 栽培条件。黏土、壤土、株行距过密、地势低洼、地下水位高、雨后积水、环境潮湿等都易于病害的发生和流行。

(4) 品种抗病性。刺葡萄对炭疽病有较好抗性，其次是巨峰、意大利、红富士、黑奥林等。贵人香、长相思、无核白、白牛奶、无核白鸡心、葡萄园皇后、玫瑰香、龙眼等品种对炭疽病比较敏感，在炭疽病的高发区不建议大面积种植。

5. 病害控制　采取以清除菌源为中心，及时药剂防治的病害控制措施。

(1) 清除菌源。葡萄生长季节，及时修剪病穗、病枝，摘除病果，减少侵染源。冬季彻底清除遗留在果园里的枝梢、枯叶、僵果、果穗、残蔓、卷须等，集中烧毁或深埋，减少翌年果园初侵染源。

(2) 加强果园管理。做好果园雨后排水工作，防止园内积水。生长期及时摘心和处理副梢，及时绑蔓，使果园通风透光，减轻发病。氮、磷、钾配合施用，提高植株的抗病力。

(3) 选用抗病品种。不同的品种抗病性不同，因此应在炭疽病发病严重的地区选择抗病性较强的品种进行栽培，如刺葡萄、意大利、巨峰等。

(4) 药剂防治。防治炭疽病的关键是做好花前花后的防治以及转色期和成熟期的保护。在葡萄发芽后到花序分离，应根据天气情况使用药剂。如果雨水多，可用 80％福美双重点喷“结果母枝”，其次是新梢、叶柄、卷须。以后每隔 10～15 天喷 1 次，连续 3～5 次。药剂可用 25％咪鲜胺、25％吡唑醚菌酯、25％嘧菌酯、50％多菌灵、70％甲基硫菌灵等。

(5) 套袋。参考黑痘病。

三、葡萄白腐病

葡萄白腐病(grape white rot)，俗称水烂或烂穗，是一种世界性病害，最早于 1887 年在意大利发现，而后相继在法国、美国等地发生危害，是葡萄生产中发生较重的病害之一。在我国的黑龙江、吉林、辽宁、内蒙古、北京、山东、河南、山西、陕西、安徽、江苏、浙江、上海等省(自治区、直辖市)都有发生。病害发生比较普遍，危害也较严重。一般年份可损失 15％～20％，发生较严重时损失为 20％～40％，病害流行的年份损失可达 60％以上。该病目前已成为一些葡萄产区的主要病害，对葡萄的产量和质量影响严重。

1. 症状　主要危害幼茎、叶柄、叶片、卷须、花序、果梗及果实等部位，以果穗受害最为严重。果实发病，病菌主要从小果梗或穗轴侵入，病斑初为水渍状、淡褐色、边缘不明显的斑点，后病斑扩展蔓延到整个果粒。受害果粒变成灰褐色，腐烂，表面着生灰白色的小粒点(分生孢子器)。发病严重的果粒皱缩、干枯成为有明显棱角的僵果(图 10-24)。果实上浆前发病，病果易失水干枯，黑褐色的僵果往往挂在树上不脱落。果实上浆后感病，病果不易干枯，碰撞时极易脱落。

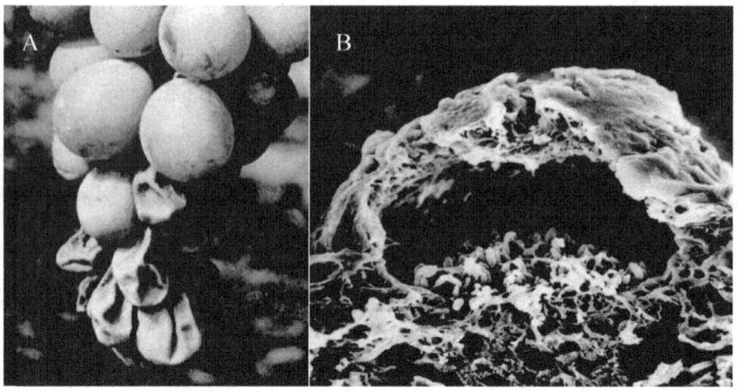

图 10-24　葡萄白腐病

A. 果实症状；B. 分生孢子器

枝梢发病，常在机械伤口处发生，初期呈水浸状病斑，数天后逐渐干枯、凹陷，呈灰褐色，并生灰白色粒点；发病较重时，病斑纵横扩展，以纵向扩展较快，病斑绕枝蔓一周，病部缢缩，纵裂呈麻状，皮层易剥离，病部下端呈瘤状隆起，上部枝梢枯死。

叶片发病，从叶缘、叶尖开始，初生水浸状黄褐色病斑，逐渐向叶中心扩展成同心环纹，干枯、易破裂，并生灰白色小粒点，以叶背、叶脉处较多。

2. 病原　为白腐垫壳孢[*Coniella diplodiella* (Speg.) Petrak & Sydow]。属有丝分裂孢子真菌中的垫壳孢属。分生孢子器顶端稍突起，暗褐色，具孔口，直径为 95～160 μm。分生孢子器壁由 2～3 层细胞组成(图 10-24)。

分生孢子器基部有枕状或柱状凸起的菌丝垫。产孢细胞较长，第一枚孢子是全壁芽生，后续的分生孢子产生方式是内壁芽生瓶梗式产孢，成熟的分生孢子单胞，淡褐色至暗褐色，椭圆形或卵形，一端稍尖或钝圆，另一端稍平截，内含 1 至多个油球，表面光滑，大小为 7.8～13.3 μm×4.3～6.0 μm。

3. 病害循环 主要以分生孢子器、分生孢子、菌丝体随病果、病叶等病残组织落入土壤中或在病枝蔓上越冬，成为翌年的主要初侵染源。在自然情况下，土壤中病残体内的病菌能存活 2 年以上，葡萄园土壤从地表至 20 cm 土层的越冬病菌数量占总数量的 70%～80%，以表土 5 cm范围内最多，土壤越深病菌数量越少，但 30 cm 处仍有病菌存在。

散落在地表和土壤中的病组织，第二年春季环境适宜时，子座可形成新的分生孢子器和分生孢子，靠雨水飞溅传播，通过伤口侵入或从蜜腺侵入果实，引起初侵染。混在微小土粒上的分生孢子，也能随风传到果穗、叶片、新梢上。病菌经伤口侵入。病部长出的分生孢子器遇降雨条件释放出大量的分生孢子，进行再次侵染，无论小雨、大雨都可完成再侵染，7～8 月再侵染次数多。

此病潜育期的长短与果实状况和气候条件密切相关。一般为 5～6 天，在高温、高湿条件下，近成熟果实上的潜育期只有 3～4 天。发病时期因各地气候条件不同而异，华中、华东地区为 6 月上中旬，华北地区为 6 月中下旬，西北地区为 6 月下旬，东北地区为 6 月下旬至 7 月上旬。

4. 发病条件 白腐病发生的主要影响因素为葡萄的生育期、温度、湿度和降雨量。研究表明，葡萄出芽后 69～81 天（着色期和成熟期），或有效积温达到 5500℃，或降雨量超过 330 mm就会发生病害。

（1）寄主的生育期。葡萄果实进入着色期和成熟期，病菌的营养物质丰富，繁殖快，病害严重程度逐渐增加。

（2）气候条件。高温高湿是病害发生和流行的主导因素。分生孢子萌发的温度范围为 13～40℃，最适温度为 28～30℃。因此，高温有利于分生孢子的萌发、侵入与繁殖。同时，分生孢子萌发要求 RH 在 95%以上，92%以下时不能萌发。因而较高的湿度有利于病菌孢子的萌发和侵入。所以，多雨年份发病重，高湿、通风透光不良的果园发病重，特别在发病季节偶遇风、雨或雹害，果梗、果穗受伤，有利于病害侵染，常导致病害的流行。

（3）品种抗性。不同的葡萄品种对白腐病的抗病性上也有一定的差异，如黑虎香等高度抗病，紫玫瑰香、保尔加尔、巨峰、瑰宝等抗病性较强。红玫瑰香、龙眼等易感病。

5. 病害控制 由于病害的初侵染源主要来自土壤中的病残体，并且多雨高湿有利于病害的流行，因此必须采取综合防治措施。

（1）清除病残体。春季葡萄出土后，把树干上翘起的老皮撕下，集中烧毁后深埋；生长季节及时摘除病果、病叶、剪除病蔓，并集中焚烧和销毁。

（2）加强栽培管理。合理修剪，及时在晴天对新梢摘心，以改善通风透光条件，使伤口及时干缩，减少病菌侵染机会。病菌的初次侵染主要是靠雨水反溅传播到近地面葡萄幼嫩部位上，因此提高结果部位效果显著，一般距地面 40～50 cm 或以下不留果穗。多施有机肥，适量施用氮肥，抑制枝条徒长。雨季要及时排积水，保证架下干燥通风。

（3）药剂防治。较好药剂有 25%吡唑醚菌酯、60%氟硅唑、吡唑醚菌酯+代森联、25%嘧菌酯、10%苯醚甲环唑等。25%甲硫·腈菌、50%多菌灵、70%甲基硫菌灵、75%百菌清等也有较好的防治效果。一般在发病前或发病初期施药，效果好。在夏季连续多雨气候条件下，雨后要及时打药。特别是受到冰雹、大风等伤害后，要及时施药进行防治，减少损失。以上药剂可交替轮换使用，避免单一使用某一种药剂而产生抗药性。

四、葡萄黑痘病

葡萄黑痘病(grape elsinoë anthracnose)，又名疮痂病、鸟眼病，是南北葡萄产区普遍发生的一种真菌性病害。尤以多雨潮湿地区和季节发病严重。严重发生时，常导致大量叶片干枯并提前脱落，新梢枯死，果实失去商品价值，造成巨大经济损失。在我国南方春夏多雨的地区和北方的多雨年份几乎每年都有大量发生，特别是南方产区，往往可导致减产20%～30%，严重时可造成果实损失70%～80%，甚至颗粒无收。

1. 症状　主要危害葡萄的绿色幼嫩部分，如果粒、果梗、果柄、叶片、叶脉、叶柄、穗轴、新梢等绿色幼嫩部分，其中以果粒、叶片、新梢为主(图10-25)。幼果受害，初期果面出现深褐色的圆形小斑点，后逐渐扩大成直径2～8 mm、中央灰白色且稍凹陷、外部深褐色、周缘紫褐色的病斑，形似"鸟眼"状。多个病斑可连接成不规则大斑。后期病斑硬化、龟裂，果实小，味酸，失去食用价值。成熟果粒受害时，在果皮表面出现木栓化斑，病斑仅限于表皮，不深入果肉。当环境潮湿时，病斑上产生粉红色黏质物(分生孢子团)。幼叶发病时，初期可见针头大小的红褐色或黑褐色斑点，后逐渐发展形成中央灰白色，稍凹陷，边缘暗褐色或紫色的近圆形或不规则的病斑，直径1～4 mm。干燥时病斑中央易破裂穿孔，但外围仍保持淡黄色晕圈。叶脉上的病斑呈菱形或梭形，病斑常凹陷开裂，中央灰色或灰褐色，边缘暗褐色，严重时造成叶片扭曲、皱缩或枯死。果梗、果柄、穗轴、叶柄、新梢、卷须受害后的共同特点是病斑初期呈褐色、圆形或近圆形的小斑，后期发展为中央灰黑色、边缘深褐色或紫色、中部明显凹陷并开裂的近椭圆形病斑，扩大后多呈长条形、梭形或不规则形。果梗、果柄、穗轴染病后，常使小分穗或全穗发育不良，甚至枯死。

图10-25　葡萄黑痘病

A. 病叶；B. 病果；C. 病枝；D. 病菌分生孢子盘

2. 病原　有性型为葡萄痂囊腔菌[*Elsinae ampelina*(de bary)Shear]，属子囊菌门、痂囊腔菌属真菌，我国尚未发现有性型。子囊着生在子囊座内，子囊座内有多个腔穴，每个腔穴内着生 1 个子囊。子囊无色，近球形，内含 4～8 个无色、香蕉形、具隔膜的子囊孢子。无性态为葡萄痂圆孢(*Sphaceloma ampelimum* de Bary)，属于有丝分裂孢子真菌中的痂圆孢属，在我国较常见。分生孢子盘黑色、瘤状，基部埋生于寄主组织中。分生孢子梗圆筒形、短小、无色，顶端着生分生孢子。分生孢子无色，单胞，卵形或长圆形，稍弯曲，内含 1～2 个油球(图 10-25)。

病菌在 10～40℃范围内都能生长，最适温度为 30℃。在高湿度下，分子孢子形成和萌发的适温为 24～25℃。

3. 病害循环 病菌主要以菌丝体潜伏在病组织内越冬，如病梢、病蔓、病果及叶片的病痕等都是病菌越冬的场所。我国北方果区，病残体为主要越冬场所，菌丝在病组织中可存活 3～5 年。南方果区，由于多雨潮湿，病残体易分解，病菌主要在病株上越冬。翌春形成分生孢子，借风、雨传播到幼嫩组织上，萌发产生芽管直接侵入寄主引起初侵染。侵入寄主后，菌丝体在寄主表皮下蔓延或侵入到细胞内，形成分生孢子盘，后突破表皮，产生新的分生孢子，引起多次再侵染，导致病害流行。

4. 发病条件 主要与气候、栽培因素和品种抗性有关。

(1) 气候因素。黑痘病的流行与春季及初夏雨水多少，持续期长短关系最大。长期多雨高湿不仅有利于病菌的生长发育，也有利于葡萄叶、果、梢等绿色幼嫩组织的生长发育，提供大量感病组织，致使黑豆病发生和流行。天旱年份以及少雨地区，新梢抽出缓慢，感病组织少，病害减轻。在不同地区，黑痘病发病规律不同。华南地区，3 月下旬至 4 月下旬，病害开始出现。6 月中下旬，病害可达到高峰。7～8 月，气温超过 30℃时病害发生受到抑制。华北地区，一般 5 月中下旬发病，高温多雨的 6～8 月为发病盛期，9 月后，气温降低，天气干旱，病害停止发展。

(2) 栽培条件。凡引起果园湿度增大、幼嫩组织增多的因素，如地势低洼，排水不良，速效氮肥过多，修剪不合理、幼嫩组织多等，都会导致病害大发生。

(3) 品种抗病性。品种抗病性差异很大。一般欧亚种葡萄品种的抗性存在抗病和感病两种类型。欧美杂交种和美洲种抗性普遍较强。

5. 病害控制 应采取清除菌源，及时药剂防治的综合措施。

(1) 清除菌源，减少初侵染。在生长期中，应及时清除病叶、病果及病梢。冬季修剪时，剪除病梢、僵果，刮除主蔓上的枯皮并对果园内的枯枝、落叶、烂果等残体进行彻底清理，集中将其深埋或烧毁。

(2) 选用抗病品种。因地制宜选用农艺性状良好的抗病品种。常见的高感葡萄品种有红地球、美人指、黑大粒、无核白、龙眼等；中感病品种有意大利、玫瑰香等；轻微感病的品种有吉姆沙、佳里酿等；抗病品种有红富士、巨峰、黑奥林、先锋等。

(3) 加强果园管理。夏季修剪时细心摘除病组织，减少再侵染源。合理施肥，追肥应使用含氮、磷、钾及微量元素的全肥，避免单独、过量施用氮肥。加强枝梢管理，及时绑蔓，修剪，去除副梢、卷须和过密的叶片，改善通风透光条件。地势低洼的葡萄园和南方多雨地区，应做好开沟排水工作。

(4) 药剂防治。在多雨年份或地区，对黑痘病的化学防治应做到早防、勤防。葡萄芽鳞膨大，还尚未出现绿色组织时施用 1 次铲除剂。常用的铲除剂有 3～5°B 石硫合剂、80％五氯酚钠原粉稀释 200～300 倍＋3°B 石硫合剂混合液。葡萄展叶后开始喷第 1 次药，开花前和落花后是防治黑痘病的最关键时期，可根据降雨及病情决定喷药次数。有效药剂有等量式波尔多液、50％多菌灵、80％代森锰锌、5％亚胺唑、25％咪鲜胺、25％嘧菌酯等。需要注意的是，代森锰锌不能和波尔多液混合使用。

(5) 套袋。在果实直径长至 1 cm 左右时即可进行套袋。套袋前应适当疏果，并全面彻底地喷施内吸剂 1 次。常用内吸剂有 25%嘧菌酯、10%苯醚甲环唑、70%甲基硫菌灵、50%咪鲜胺等。果实成熟前 20 天左右可解除果袋，并即时选用上述药剂之一再次喷药给予保护。

五、葡萄白粉病

葡萄白粉病(powdery mildew of grape)是葡萄上的一种主要病害之一，在我国葡萄产区发生普遍，有时造成严重损失。

1. 症状　主要危害叶片、枝梢及果实等部位，以幼嫩组织最敏感。葡萄展叶期叶片正面产生大小不等的不规则形黄色或褪绿色小斑块，病斑正反面均可见一层白色粉状物，粉斑下叶表面呈褐色花斑，严重时全叶枯焦；新梢和果梗及穗轴初期表面产生不规则灰白色粉斑，后期粉斑下面形成雪花状或不规则的褐斑，可使穗轴、果梗变脆，枝梢生长受阻；幼果先出现褐绿斑块，果面出现星芒状花纹，其上覆盖一层白粉状物，病果停止生长，有时变成畸形，果肉味酸，开始着色后果实在多雨时感病，病处裂开，后腐烂(图 10-26)。

图 10-26　葡萄白粉病

A. 病叶；B、C. 病果；D. 病原菌形态

2. 病原　有性型为葡萄钩丝壳(*Erysiphe necator*)，属子囊菌门、白粉菌属；无性型为托氏葡萄粉孢霉，属于有丝分裂孢子真菌。闭囊壳直径 84～100 μm，附属丝 10～30 根，多隔膜，顶端卷曲。子囊 4～6 个，椭圆形，大小为 50～60 μm×25～35 μm，子囊孢子 4～6 个，椭圆形，大小为 20～25 μm×10～12 μm(图 10-25)。

3. 病害循环　以菌丝体在受害组织或芽鳞内越冬，翌年春产生分生孢子，借风雨传播，穿透表皮进行初次侵染，生长季节可进行多次再侵染。干旱的夏季和温暖而潮湿、闷热的天气有利于白粉病的大发生。一般 6 月开始发病，7 月中下旬至 8 月上旬发病达盛期，9～10 月停止发病。

4. 病害控制　控制葡萄白粉病主要是加强果园栽培管理和采用药剂防治。

(1) 农业防治。秋末彻底清除病叶、病果、病枝，集中烧毁或深埋；在生长期要及时摘心、绑蔓、除副梢，改善通风、透光条件；雨季注意排水防涝，喷磷酸二氢钾等叶面肥和根施复合肥，增强树势，提高抗病力；在初果期套袋，可有效隔离白粉菌分生孢子，从而避免侵染。

（2）药剂防治。①在葡萄芽膨大而未发芽前喷3～5°B石硫合剂或45%晶体石硫合剂；②6月开始，每隔15天喷1次波尔多液，连续喷2～3次进行预防；③发病初期喷3亿CFU/g哈茨木霉菌、氟硅唑、甲基硫菌灵、乙嘧酚、多·硫、醚菌酯、三唑酮·硫（三唑酮·硫黄）、嘧菌酯百菌清等。

六、病害综合防治

造成葡萄危害和经济损失的主要是真菌性病害，实践证明，许多化学杀菌剂都能有效地控制葡萄病害。但在葡萄病害防治中，应尽量采用以果园栽培管理技术措施为主的无害化措施，这些措施对果实产品和环境污染较小。

1. 选用抗病品种 据栽培试验表明，巨峰系葡萄中的红富士对黑痘病和霜霉病的抗性较高，巨峰、国宝、高尾、奥林匹亚、高墨和京超抗性中等，黑奥林等抗性较弱；京超、红伊豆和奥林匹亚对炭疽病的抗性较强，红瑞宝抗性中等，国宝和红富士抗性较弱。而无核早红则表现不抗黑痘病和炭疽病。表现抗霜霉病的葡萄品种有摩尔多瓦等，不抗霜霉病的品种有巨玫瑰等。

2. 适时清园，减少菌源 秋冬季结合修剪，彻底剪除病果穗、病枝蔓，刮除可能带病菌的老树皮，清除园中枯枝、落叶、病果穗等，并集中烧毁。早春萌芽前对树体及其周围的土面喷1次铲除剂，减少越冬菌源。常用的铲除剂有3～5°B石硫合剂、0.3%五氯酚钠+3°B石硫合剂等。在生长季节发现病害危害时，也要及时观察，仔细地剪除病枝、果穗、果粒和叶片，并立即销毁，防止再传播蔓延。

3. 加强管理，提高抗性

（1）合理修剪，改善通风透光条件。采用科学的整形修剪技术，及时摘心，绑蔓，为了有效控制枝蔓数量，生长季节必须加强夏季修剪，成年树萌芽后每个芽眼只保留1个健壮芽，现蕾后按14～17 cm的梢间距及时定梢，花前5～10天在末花穗上留3～6片叶摘心，顶端副梢留3～4片叶反复摘心，其余的副梢留1～2叶反复摘心。

（2）合理施肥，改善土壤条件。合理增施有机肥和钾肥，避免偏施氮肥，防止植株徒长。多雨季节应根据地块肥力流失情况和葡萄长势，适加肥量，要以“少吃多餐”的方法，薄肥勤施。且结合喷药根外施肥，效果很好。另外，雨季要抓紧雨天间隙，对葡萄园中耕，以增加土壤的通透性。

（3）搞好果园开沟排水，降低田间湿度。地势低洼的果园，要注意排水防涝，促进植株根系正常生长，有利于增强树体抗逆性。

（4）提高结果部位，减少病菌侵染机会。将果穗位置控制在90～120 cm，接近地面的果穗，可用绳子适当高吊，以防止病虫危害。

（5）合理调节植株挂果量，增强树势。葡萄植株产量不加控制，将使树体营养不良，树势变差，对病害的抗性降低。要根据果园的肥力水平，进行修剪和疏果，适量负载，控制产量。每亩控产在1500 kg左右。

4. 物理防治 多种葡萄病害的病原菌主要在土壤中或病植株体上越冬，翌年夏季通过气流传播引起葡萄叶片和果实侵染，因此借物理阻隔方法可有效地预防侵染发病。例如，①春季铺地膜，可阻止土壤中的病菌孢子传播；②幼果期套袋，可有效预防果实发病。

5. 药剂防治

（1）立足早防，科学喷药。葡萄病害防重于治，发病后喷药防治，效果较差。对葡萄病害的防治应做到早防、勤防、巧防。早春萌芽前喷1次0.3%五氯酚钠+3°B石硫合剂，消灭隐藏在芽鳞内的病菌。喷药时期应掌握在芽鳞膨大，尚未露出幼嫩组织前进行，过早效果差，过迟易产生药害。

(2) 抓住时机，适时用药。葡萄黑痘病防治的关键时期是展叶后至果实着色前。在葡萄萌芽1周后，喷3～5°B石硫合剂，在展叶后到果实着色前，喷1∶0.7∶200波尔多液或40%氟硅唑(福星)，一般7～10天喷药1次，如连续阴雨天应抢晴喷药。花蕾期至坐果期重点防治霜霉病和黑痘病。发病前喷68.75%恶酮·锰锌(易保)，每隔7～10天喷1次，连续喷2次。霜霉病发生初期，喷72%霜脲氰(克露)或50%甲霜锰锌，每隔5～7天喷1次，喷2～3次。坐果后至着色期，重点防治黑痘病、炭疽病、白腐病，用1∶0.7∶200倍液波尔多液或78%波尔·锰锌或50%苯菌灵或50%福美双，以上药剂交替使用2～3次。果实采收期重点防治霜霉病、白腐病、炭疽病，用80%代森锰锌或50%多菌灵或80%炭疽福美。酿酒葡萄可喷施78%波尔·锰锌。果实采收后重点防治霜霉病、黑痘病。例如，秋季雨露多，霜霉病严重，在采收后还应喷1次波尔多液，防止大量落叶促进枝条成熟。

(3) 正确选药，交替用药。波尔多液是保护性杀菌剂，既经济又保险，对葡萄黑痘病、霜霉病、炭疽病有良好的防治效果，但对白腐病效果较差。可于花前喷1次1∶0.5∶240倍液，花后喷1次1∶0.7∶220倍液，葡萄膨大期时喷1次1∶0.7∶200倍液，葡萄采收后喷1次1∶1∶180倍液，秋后喷1～2次1∶1∶160倍液。葡萄黑痘病发病前交替使用20%噻菌铜(龙克菌)、50%多菌灵、80%代森锰锌、75%百菌清等保护性药剂。发病后改用治疗性药剂，如10%苯醚甲环唑、400g氟硅唑(福星)、清菌唑、烯唑醇等，交替用药2～3次。60%唑醚·代森联、25%吡唑醚菌酯、72%锰锌·霜脲以及乙膦铝、甲霜灵等对葡萄霜霉病均有很好的防效。防治炭疽病可选择菌百克(史百克)、苯醚甲环唑(世高)、退菌特等农药。白腐病可用退菌特或波尔·锰锌等。长期单独使用某种药剂，会降低防效，尤其是内吸杀菌剂的连续使用不可超过2次，各种药剂应轮换交替使用。

(谭万忠　龚国淑　王　伟　余　洋　编写)

第四节　其他果树病害

果树种类繁多，每种果树都受到多种病害的危害。除前述各类主要果树病害外，还有其他多种果树病害，本节将介绍几种重要的其他果树病害。

一、桃根癌病

桃根癌病(peach crown gall)，又称冠瘿病，是一种世界性病害，在我国各桃产区均有不同程度的发生危害。该病对桃树的影响主要是削弱树势，但个别的也有致使桃树死亡的情况。果园和苗圃均可受害，但造成的损失以后者为重。发病严重时，苗木出圃时的病株率可高达90%左右。

1. 症状　主要侵染桃树的根颈部，也可侵染侧根和支根，严重时可侵入主干及主枝基部等部位。典型症状是发病部位形成癌瘤，尤以从根颈长出的大根形成的癌瘤最为典型(图10-27)。病菌从伤口侵入，刺激侵入点周围细胞增生和异常分裂，形成球形或扁球形的癌瘤，相互愈合后呈不规则形。癌瘤形成初期为乳白色或略带红色，表面光滑，光滑的嫩瘤增长很快，以后逐渐变褐、变硬并木栓化，其表面粗糙，凹凸不平。瘤的大小各异，小的要用放大镜才能看清，大的直径有 30 cm 左右。瘤的外部色泽和寄主树皮相一致，内部色泽和寄主正常木质相同，后期瘤坏死开裂。病株地上部表现为植株矮小，叶色浅黄，结果少，果形小，树龄缩短。

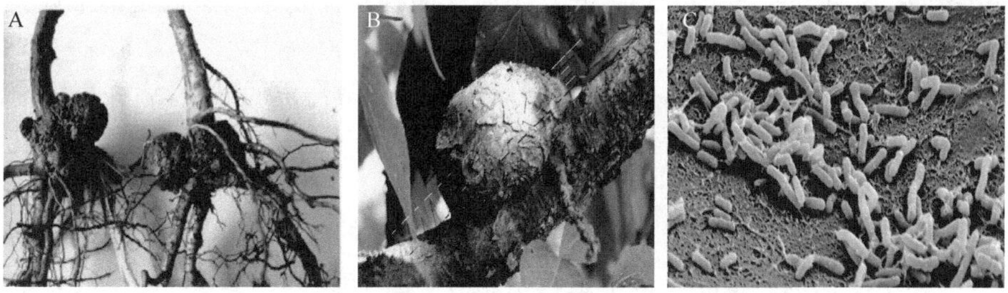

图 10-27　桃树根癌病

A. 根部症状；B. 茎秆症状；C. 杆状病原细菌

2. 病原　为根癌土壤杆菌[*Agrobacterium tumefaciens*(Smith et Townsend)Conn.]，属原核生物界、普罗特斯门、土壤杆菌属。

细菌菌体短杆状，两端略圆，单生或链生，大小为 1.2～5.0 μm×0.6～1 μm，具 1～4 根周生边毛，有荚膜，无芽孢，革兰氏染色阴性(图 10-27)。在肉汁琼脂培养基上菌落白色，圆形，光亮，透明；在液体培养基上微呈云状浑浊，表面有一层薄膜；不液化明胶，不分解淀粉。最适生长温度为 25～28℃，60 min 可形成一代。病菌体内带有核外诱癌质粒，称为 Ti-质粒。DNA 中的 G+C 含量为 57%～63%。

病菌寄主范围很广，除核果类果树外，还可侵染苹果、梨、葡萄、枣等 90 科 600 多种植物。根据生物化学、血清学反应和致病性，确定其有 3 个生态型。

3. 病害循环　病菌在癌瘤组织皮层内越冬越夏，当癌瘤组织瓦解或破裂后，病菌则在土壤中生活和越冬。病菌短距离传播主要通过雨水、灌溉水、地下害虫，线虫、土壤的移动及农事操作也可传播；远距离传播主要通过苗木调运。病菌侵入的主要途径是各种伤口，也可侵染未损伤的桃根，通常在它的皮孔上形成小瘤，但一般很难察觉到。环境条件适宜，侵入后 20 天左右即可出现癌瘤，有的则需 1 年左右。病害在苗圃发生最多。

Ti 质粒是根癌土壤杆菌染色体外能自我复制的遗传因子，由共价闭合环状的 DNA 组成，它控制病菌的致病性。在 Ti 质粒中一段转移 DNA(T-DNA)上携带诱癌基因，能编码生长素和细胞分裂素的合成。寄主上的各种创伤有利于病菌的定植和促进病菌 DNA 的转移。病菌侵入寄主后 T-DNA 具有自动向寄主细胞基因组转移和整合的特性，使寄主细胞脱离正常的代谢途径，转变成具有无限增生能力的肿瘤型细胞，从而形成肿瘤。

4. 发病条件　病害的发生与土壤温度、湿度、土壤理化性质、嫁接方式等密切相关。22℃左右的土壤温度和 60%的土壤湿度最适合病菌的侵入和癌瘤的形成，超过 30℃时不形成癌瘤。中性至碱性土壤有利于发病，pH≤5 的土壤，即使病菌存在也不发生侵染。土壤黏重、排水不良的果园发病多，土质疏松、排水良好的砂质壤土发病少。各种创伤有利于病害的发生，细菌通常是从树的裂口或伤口侵入，断根处是细菌集结的主要部位。此外苗木嫁接方式及嫁接后管理都与病害发生程度有关。一般切接、枝接比芽接发病重。此外，耕作不慎或地下害虫危害，使根部受伤，也会增加发病机会。

5. 病害控制

(1) 汰除病苗，选用无病苗木。选择无病菌污染的地块作苗圃，起苗时淘汰病苗；移栽时应选用健全无病苗木，这是控制病害传入果园的重要措施。

(2) 苗木消毒，及时处理癌瘤。苗木定植前，用1%硫酸铜将嫁接口以下的部位浸泡5 min再转到2%石灰水中浸泡1 min，防止苗木及土壤带菌。发现病株，及时采用外科手术的方法切除癌瘤，用抗菌剂402等作切口处理，再涂波尔多浆保护。切下的癌瘤要集中烧毁。用热中子辐射处理桃苗可提高抗性。

(3) 处理土壤，药剂防治病瘤。用硫黄降低中性土和碱性土的碱性，病株根际灌浇抗菌剂402进行消毒处理，对减轻危害都有一定作用。次氯酸钠、乙蒜素、硫酸妥布霉素、乳酸环丙沙星、硫酸庆大霉素及其混用对桃树根癌病有明显防效。

(4) 生物防治，抑制病菌生长。与根癌土壤杆菌同属的放射土壤杆菌(*Agrobacterium radiobacter*)K_{84}株系能在桃树根际土壤中生长繁殖，产生的抗生素 Agrocin 84 可有效抑制根癌土壤杆菌的生长。澳大利亚、美国现已有商品出售，用菌液浸种、浸根或浸插条，都可以有效防止根癌病的发生，但只有在发病前使用才能获得良好防效。

(5) 防治地下害虫。地下害虫危害后造成根部受伤，其伤口会增加发病机会。因此，及时防治地下害虫，可以减轻发病。主要地下害虫为小地老虎，可以采用人工捉虫和毒饵防治相结合的方法防治。

二、桃褐腐病

桃褐腐病(peach brown rot)，又名菌核病、果腐病、实腐病等，是一种世界性分布的病害。我国从南到北各桃产区均有发生，在核果类果树中以桃受害较重。浙江、山东、长江流域一带发病最重，北方桃园则多在多雨年份发生流行。褐腐病在春季开花展叶期如遇低温多雨，引起严重的花腐和叶枯；在生长后期如遇多雨潮湿天气，引起果腐，使果实丧失经济价值。除在果园发生外，在运输、储藏期间也易发生，造成严重的损失。

1. 症状　主要危害果实，也可危害花、叶及枝梢。果实自幼果期至成熟期均可受害，越接近成熟期受害越重。果实症状大多出现于生长后期，尤其是采收前的一段时间。果实发病初期，在果面上形成褐色圆形病斑，随后如遇适宜条件，病斑迅速蔓延扩展至全果，并使果肉变褐软腐，病部表面产生同心轮纹状排列的灰褐色绒球状霉丛，最后病果大部或完全腐烂脱落，或干缩成僵果悬挂枝上经久不落(图10-28)。

花受害，初形成水渍状褐色病斑，后扩展至全花，使其变褐软腐，此即花腐，并在病部丛生灰色霉层。病花最后变干，呈木乃伊状附着于枝上，不脱落。春季花器最先受害，病菌可侵染雄蕊、柱头、花瓣和萼片。嫩叶受害自叶缘开始发病，病叶变褐萎垂，状若霜害，残留枝上。枝条受害，病菌多是从病花、病叶扩展到花梗或叶柄，再向下蔓延至枝梢，形成边缘紫褐色、中央灰褐色稍凹陷的长圆形溃疡斑，并常伴有流胶，湿度大时产生灰色霉层(分生孢子梗和分生孢子)。病斑环绕枝条使上部枝梢枯死。枝梢受害往往以病花等为中心形成病斑。

2. 病原　病原主要有2种：①核果链核盘菌[*Monilinia laxa*(Aderh. et Ruhl.)Honey]，无性型为桃褐腐丛梗孢(*Monilia cinerea* Bon.)；②果生链核盘菌[*Monilinia fructigena*(Aderh. et Ruhl.)Honey]，无性型为仁果丛梗孢(*Monilia fructigena* Pers.)。两种病菌的有性型均属子囊菌门、链核盘菌属。无性型为有丝分裂孢子真菌中的丛梗孢属。

两种病菌的形态特征基本相似，但危害特征、分生孢子形成萌发的温度以及培养性状等略有差异。分生孢子无色，单胞，柠檬形至椭圆形，串生；分生孢子梗较短，分枝或不分枝，顶端串生分生孢子。落地越冬的僵果(假菌核)上可产生子囊盘。成熟的子囊盘紫褐色，漏斗状，盘径为1～1.5 cm，具柄，柄长20～30 mm。子囊盘上生有子囊层。子囊为长棍棒状至圆筒形，顶端圆，基部稍细。子囊之间有侧丝，侧丝丝状，单生或有分枝，具有数个隔膜。子囊内生 8 个子囊孢子，斜行排列。子囊孢子无色，单胞，柠檬形至椭圆形或球形(图 10-28)。

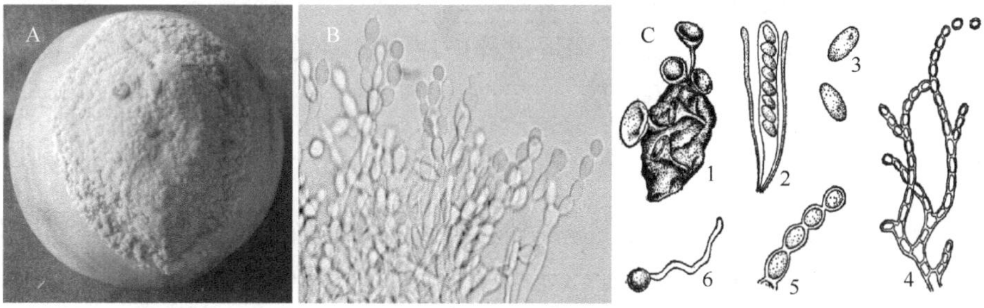

图 10-28　桃褐腐病

A. 果实症状；B. 分生孢子梗和分生孢子；C. 病原菌：1. 僵果及子囊盘；2. 子囊及侧丝；3. 子囊孢子；4. 分生孢子梗及分生孢子链；5. 分生孢子链一部分；6. 萌发的分生孢子

果生链核盘菌分生孢子的形成与萌发温度要求较核果链核盘菌高，前者主要危害桃果实，引起果腐，后者主要侵害桃花，引起花腐。在 PDA 培养基上，果生链核盘菌菌落边缘齐整，偶有同心轮纹；核果链核盘菌菌落边缘裂片状，菌落中央的菌丝体有时有色。

3. 病害循环　主要以菌丝体在僵果或病枝溃疡部越冬。翌年春季当气温回升到 10℃以上时，悬挂在树上或落地的僵果表面及溃疡病斑表面产生大量的分生孢子，借风雨或昆虫传播，进行初侵染。国内尚未发现病菌的有性型，因此分生孢子在初次侵染中起主要作用。越冬的分生孢子发芽率较高，一般可达 70%左右。初侵染多发生于初花期至落花期，潜伏期约 24 h。孢子萌发产生芽管直接侵染花和叶，经虫伤、机械伤口或皮孔侵入果实，也可直接从柱头、蜜腺侵入花器造成花腐，再蔓延到果柄和枝梢。适宜条件下，病果、病花表面会长出大量分生孢子，引起再侵染。在储运期病果与健果接触，可引起果实的大量腐烂。

4. 发病条件　桃树开花期及幼果期低温潮湿，容易发生花腐；果实近成熟期温暖多雨多雾，易引起果腐。虫害的发生程度和病害的危害轻重密切相关。食心虫、蝽象和桃象甲等害虫的危害不仅直接传播病菌而且造成大量虫伤，增加果实感病机会，加重病害的发生程度。管理粗放、修剪粗糙、枝叶过密、树势衰弱、地势低洼、排水不良等都会加重发病程度。桃、杏、李混栽，因为杏、李开花较桃早，如果杏、李花腐发生多，桃树病害发生也多。品种间发病程度有明显差异。凡成熟后质地柔软、味甜、皮薄的品种较易感病；表皮角质层厚，果实成熟后组织坚硬的品种较抗病。

5. 病害控制　在病害发生严重地区，如遇降雨频繁、湿度大的年份，单靠喷布药剂防治褐腐病有一定的困难。因此彻底清除越冬菌源，注意果园的卫生，及时防治虫害，加强果园管理，对减轻病害有重要作用。

(1) 清洁果园。结合修剪，彻底清除树上和地面的僵果、病枝和枯枝落叶，集中烧毁或深埋。冬天进行此项工作，越彻底越好。将地面清扫以后再进行深翻，将地面病果等翻入土中，减少越冬菌源。

(2) 加强栽培管理。注意桃园的通风透光和排水，增施磷肥、钾肥，提高植株抗病性。加强对桃蛀螟、桃蝽象、桃象虫、桃食心虫等害虫的防治，减少伤口，减轻危害。发病严重地区，可实施套袋措施。

(3) 药剂防治。桃树萌芽前喷布 80%五氯酚钠＋石硫合剂或 1∶1∶100 波尔多液，但发芽展叶后，绝对不能用波尔多液，以免引起药害。在花腐多的地方，可于初花期喷1次药。在多雨高湿情况下，要及时抓紧短暂的晴天及时喷药。落花后10天至采收前20天可喷施70%甲基硫菌灵、50%多菌灵、75%百菌清、50%乙霉威等。

(4) 加强储运期管理。果实采收、储运过程中应尽量避免造成伤口；发现病果，及时拣出处理。

三、桃穿孔病

桃穿孔病(peach hole disease)是桃树上最常见的叶部病害。在世界各桃产区都有发生。该病包括细菌穿孔、霉斑穿孔和褐斑穿孔3种(图10-29)。其中以细菌性穿孔最为常见，并广泛分布于全国各桃产区。桃树感染此病可造成大量叶片穿孔脱落，枝梢枯死，严重削弱树势，影响花芽分化，造成巨大损失。3种穿孔病除危害桃外，还危害李、杏、樱桃等核果类果树。

1. 症状

(1) 细菌性穿孔。危害叶片、枝条和果实。叶片受害，初期多在叶脉两侧产生水渍状小斑点，渐扩大成褐色或紫褐色的近圆形病斑，周围有黄绿色晕圈，潮湿时背面溢出黄白色胶状黏液，后期病斑干枯脱落，形成穿孔，穿孔边缘破碎，不整齐。枝梢受害，形成春季溃疡和夏季溃疡两种不同病斑。春季溃疡发生在上年夏季抽出的枝条上，初期产生水浸状褐色疱疹，后期病斑扩大，春末病部表皮破裂，流出黄色黏液，为当年的初侵染源；夏季溃疡发生在当年嫩枝上，以皮孔为中心，形成水渍状圆形或椭圆形的暗紫色病斑，后变褐，稍凹陷，很快干枯。果实受害，初生褐色小斑，渐扩展为近圆形紫褐色斑，边缘水浸状，中央凹陷，后期干裂，潮湿时溢出黄白色黏液。

(2) 霉斑穿孔。危害叶片、枝梢、花芽和果实。叶片上病斑初淡黄绿色，后变为红褐色或褐色斑点，圆形或不规则形，直径2～6 mm，具红晕，最后坏死的中央部位脱落穿孔，病叶随后脱落。穿孔边缘整齐，不残留坏死组织。幼叶受害，大多焦枯，不形成穿孔。湿度高时，在病斑背面长出灰色霉状物，即病菌分生孢子梗及分生孢子，有的延至脱落后产生。枝梢受害，以芽为中心形成长椭圆形病斑，边缘紫褐色，并发生裂纹和流胶。果实受害形成初为紫色，渐变褐色，边缘红色，中央凹陷的病斑。

(3) 褐斑穿孔。危害叶片、新梢和果实。在叶片两面发生圆形或近圆形的病斑，边缘紫色或红褐色，略带环纹，大小为1～4 mm；后期病斑上长出灰褐色霉状物，中部干枯脱落，形成穿孔，穿孔的边缘整齐，穿孔外常有一圈坏死组织。在新梢和果实上形成褐色、凹陷、边缘红褐色的病斑，上生灰色霉状物。

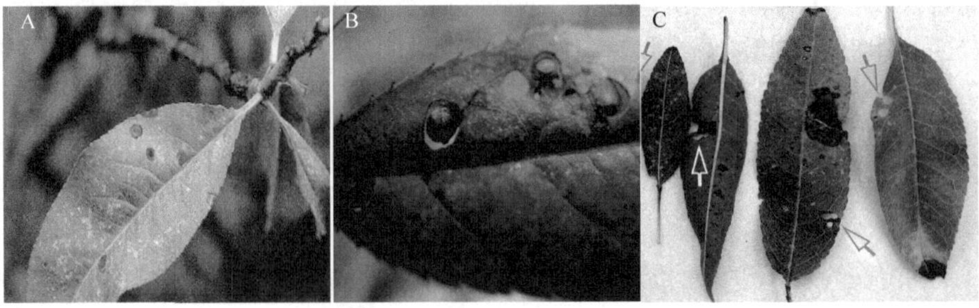

图10-29　3种桃树穿孔病

A. 细菌性穿孔病；B. 褐斑穿孔病；C. 霉斑穿孔病

2. 病原(图 10-30)

(1) 细菌性穿孔。为油菜黄单胞菌李致病型[*Xanthomonas arboricola* pv. *pruni*(Smith) Dye.],属原核生物界、普罗特斯菌门、黄单胞菌属。异名为 *Xanthomonas pruni*(Smith)Dowson。菌体短杆状,大小为 1.4～1.8 μm×0.4～0.8 μm。极生鞭毛,革兰氏染色阴性,好气性。在肉汁琼脂培养基上菌落黄色,圆形,光滑,边缘整齐;液化明胶,胨化牛乳。发育适温为 25℃。

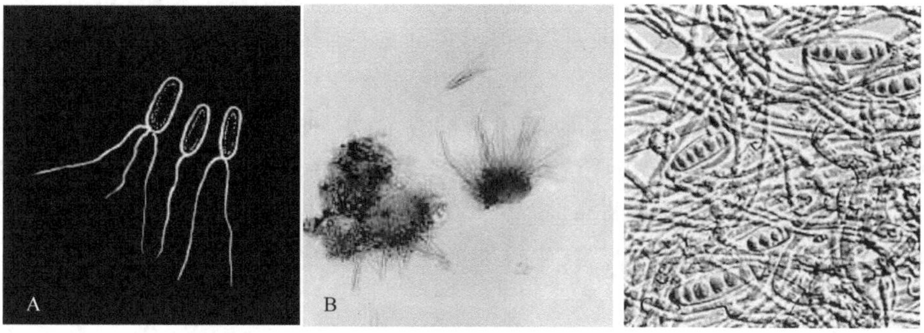

图 10-30 桃树穿孔病病原

A. 油菜黄单胞菌李致病型;B. 核果假尾孢;C. 嗜果刀孢

(2) 霉斑穿孔。为嗜果刀孢[*Clasterosporium carpophilum*(Lév.)Aderh.],属有丝分裂孢子真菌中的刀孢属。分生孢子梗丛生,有分隔。分生孢子棍棒形或纺锤形,3～6 个分隔,稍弯曲,无色或淡褐色,大小为 30～56 μm×6～7 μm。

(3) 褐斑穿孔。为核果假尾孢[*Pseudocercospora circumscissa*(Sacc.)Liu et Guo],属有丝分裂孢子真菌中的假尾孢属。常见异名为 *Cercospora circumscissa* Sacc.。分生孢子梗丛生,不分枝,直或微弯,橄榄色。有 0～2 个隔膜,大小为 6.5～35.0 μm×2.5～4.0 μm。分生孢子细长,鞭状或倒棍棒状,直或微弯,浅青黄色,3～9 个隔膜,大小为 25.0～80.0 μm×2.0～4.0 μm。

3. 病害循环

(1) 细菌性穿孔病。病菌在病枝条组织内越冬,翌春开始活动。桃树开花前后,病菌从病组织中溢出,借风雨或昆虫传播,经叶片的气孔、枝条的芽痕和果实的皮孔侵入,潜育期 7～14 天。春季溃疡斑是该病的主要初侵染源。夏季气温高,湿度小,溃疡斑易干燥,外围的健康组织容易愈合,所以溃疡斑中的病菌在干燥条件下经 10～13 天即死亡。

(2) 霉斑穿孔病。病菌以菌丝体或分生孢子在被害叶、枝梢或芽内越冬。桃树枝条或芽外覆有胶质层,利于病菌抵抗低温。翌年越冬病菌产生分生孢子,借风雨传播,先从幼叶侵入,产生新的分生孢子后,才侵入枝梢或果实。该病潜育期因温度不同差异较大,叶部潜育期一般为 5～14 天,枝条上 7～11 天。

(3) 褐斑穿孔病。病菌以菌丝体在病叶或枝梢组织内越冬,翌春气温回升,降雨后产生分生孢子,借风雨传播,侵染叶片及枝梢和果实。以后,病部产生的分生孢子进行再侵染。

4. 发病条件

(1) 细菌性穿孔病。气温 19～28℃、RH 在 70%～90%利于发病。该病一般于 5 月出现,7～8 月发病严重。该病的发生与气候、树势、管理水平及品种有关。温度适宜,雨水频繁或多雾、重雾季节发病重。树势强,发病较轻且较晚,病害潜育期可达 40 天。果园地势低洼、排水不良、通风透光差、偏施氮肥等发病重。早熟品种比晚熟品种发病轻。

(2) 霉斑穿孔病。低温多雨利于发病，一年当中病害的发病高峰一般出现在雨水多的时期。

(3) 褐斑穿孔病。病菌发育温度为 7～37℃，适温为 25～28℃。低温多雨利于病害发生和流行。

5. 病害控制

(1) 加强果园管理，增强树势。合理施肥，增施有机肥，避免偏施氮肥；对地下水位高或土壤黏重的桃园，要改良土壤，及时排水；合理整形修剪，结合冬剪，及时剪除病枝，彻底清除病叶，集中烧毁或深埋。

(2) 药剂防治。早春桃树萌芽前喷石硫合剂或 1∶1∶100 的波尔多液、30%绿得保、80%五氯酚钠，喷药时间最好选择在天晴无风时；展叶后喷药防治，有效药剂有 65%代森锌、50%多菌灵、70%甲基硫菌灵、40%百菌净、硫酸锌石灰液(0.5 kg 硫酸锌，2 kg 石灰，100～125 kg 水)、72%的农用链霉素和硫酸链霉素；生长期多雨季节喷灭菌丹、克菌丹或代森锰锌等。

四、香蕉枯萎病

香蕉枯萎病(*Fusarium* wilt of banana)是我国香蕉种植区近年来才传入的一种外来入侵植物病害，严重地威胁我国的橡胶产业。

1. 症状 香蕉的各个生长期，从幼小的吸芽至成株期都能发病。由于各个生长期土壤类型等情况的不同，外部症状也有些差异；病原菌的不同小种，也会导致不完全相同的症状。

(1) 外部症状。在感病的品种(如大密歇尔)上，成株期病株起初在下部的叶片及在外边的叶鞘先呈现特异的黄色，这种黄色病变初表现于叶片边缘，后逐渐向中肋扩展，发病后的叶子迅速萎蔫，叶柄在靠近叶鞘外折曲下来，在几天之内，其他叶子相继下垂，由黄色变褐色而干枯。也有一些叶子没有变黄便垂挂下来，倒挂于假茎的四周。一般假茎中心的最后一片顶叶，往往很迟伸出或不能抽出。经过一段时间后，整株枯死，形成一条枯杆，倒挂着干枯的叶子。有些病株假茎外面近地面处还常表现一条或长或短的纵裂缝。

(2) 内部症状。该病属于侵染维管束的病害，横剖罹病初期病株下部根茎，可见中柱髓部和皮层薄壁组织间有黄色或红棕色的斑点。这是被病原菌侵染后坏死的维管束。这种变色也有集中在髓部和外皮层之间的，内皮层内面维管束形成一圈坏死。若纵向剖开病株根茎，可看到初发病的组织有黄红色病变的维管束，近茎基部，病变颜色很深，越向上病变颜色渐渐变淡。在根部木质导管上，常产生红棕色病变，一直延伸至根茎部；至后期，大部分根变黑褐色而干枯。病茎旁所生吸芽的导管也会受侵染，纵剖球茎，可以看到红棕色的维管束从母株延伸侵染的迹象。病害严重的植株，整个球茎内部明显地变为深红色及棕褐色，中柱和内层的叶鞘变褐色；剖开病组织，有一种特异气味。只有在其他微生物再次侵染后，才腐烂发臭。

2. 病原 为尖镰孢古巴变种(*Fusarium oxysporum* f. sp. *cubense*)的 4 号生理小种(图 10-31)。病菌在 PDA 上能迅速生长，培养 7 天时菌落直径达 2.5～3.8 cm；15～20 天培养基底面变成橙色；气生菌丝体绒状、白色，能产生大型、小型两种分生孢子，大型分生孢子镰刀形，无色，有 3 个至多个隔膜，一般为 3 个隔膜，3 个隔膜的分生孢子大小为 27.8(11.9～50.3) μm×3.6(2.4～4.1)μm；小型分生孢子数量多，在产孢体上呈假头状着生，单胞或双胞，大小为6.8(4.3～11.8)μm×2.6(1.8～4.1)μm；厚垣孢子椭圆形或球形，顶生或间生，单生、2 个联生或多个串生，大小为 8.1(4.4～12.8)μm×6.9(4.1～12.2)μm。

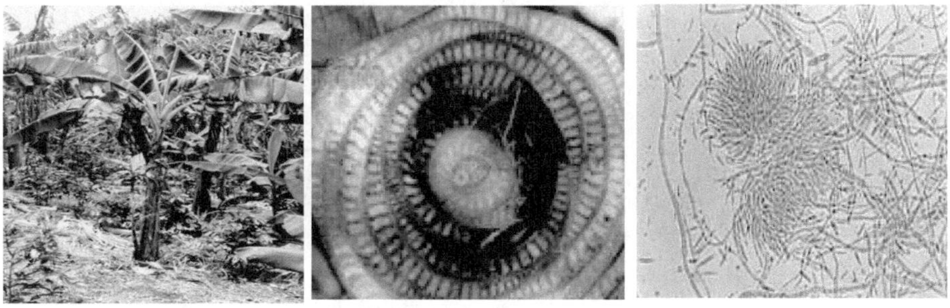

图 10-31 香蕉枯萎病的症状和病原菌

3. 病害循环 主要是从发病蕉树的根茎通过吸芽的导管延伸至繁殖用的吸芽内，当引用有病的吸芽进行繁殖时，病害就会传播开来。病蕉根部周围的土壤，也是病菌存留的场所。在环境条件适宜时，在感病寄主的病部能产生分生孢子。例如，在带病的土壤上种植蕉苗，病菌可以从根部侵入，并通过寄主维管束向茎上发展。土壤中病菌侵入寄主的方式一般是通过受伤或无伤的幼根，或受伤的根茎，进而向假茎及叶部蔓延。在茎基部侵入病菌可以沿着导管系统而进入吸芽。当母株发病枯萎后，吸芽还可以带病继续生长一段时间。全株枯死后，病原菌能在土壤中营腐生生活。

4. 病害控制

(1) 严格执行检疫制度。限制蕉苗和马尼拉麻苗及其所附带的土壤由病区输入。

(2) 选栽无病种苗和抗病品种。选栽无病蕉苗，从没有香蕉枯萎病的地区引种，尽可能选用抗枯萎病的品种。

(3) 隔离病区，毁灭病株。例如，在蕉园发现病株后，应将病区封锁，禁止带病材料及农具转移到附近无病的蕉区。已发病的植株，应掘起烧毁。

(4) 病土处理。病土处理是一项重要措施，可清除侵染来源，杜绝传播机会。

(5) 药剂防治。发病初期喷洒 41%聚砹・嘧霉胺，喷雾时应尽量把药液喷到基部叶背。发病中后期喷洒 41%聚砹・嘧霉胺；3～7 天用药 1 次。或用 38%恶霜菌酯药液喷到基部叶背。

五、枣疯病

枣疯病(Jujube Witches’ broom)是枣树上的毁灭性病害，严重时能造成枣树大量死亡甚至毁园，又称枣聋、扫帚病、丛枝病、公枣树等。由于没有有效的防治方法，被称为枣树上的“癌症”。一旦发病，翌年就很少结果，所以病树又叫“公枣树”，发病 3～4 年后整株即可死亡，对生产威胁极大。除盐碱地区没有或发病较轻外，我国南北方各地枣区都不同程度地受到枣疯病的危害。河北、河南和山东等地发生普遍，以四川、广西、云南、重庆等地发病最重。特别是四川、广西等枣区近几年来枣疯病相继暴发成灾，并日趋严重。

1. 症状 病害发病初期，先在枣树的上部个别枝条上出现症状，而后发展至全株。枝叶丛生、叶片黄化及花器退化、果实畸形(图 10-32)、根皮腐烂是该病的主要特征。

(1) 开花后出现初始症状，表现为花器退化和芽不正常萌发，长出的叶片狭小，形成枝叶丛生，嫩叶表现明脉、黄化和卷曲呈匙状。开花后症状更加明显，一种为小叶型，叶片多发，丛生纤细、叶小、黄化；另一种为花叶型，叶片呈黄绿不均、凹凸不平的花叶，而后叶肉变黄，逐渐

图 10-32　枣疯病
A. 花器退化；B. 丛枝

整个叶片黄化，边缘上卷，明脉，后期变硬且脆，暗淡无光。

(2) 病树的主芽和副芽同时萌发形成发育枝，产生大量新枝，新枝上的芽可多次萌发，形成细弱、节间短、叶片小而黄的丛生枝。病枝一般不结果，疯枝上的叶片，冬季不易脱落。

(3) 病树坐果率低，果实大小不一，多呈畸形，表面凹凸不平，着色不匀，呈花脸型，果肉组织松软，质量差。

(4) 病树的花器出现返祖现象，花梗、萼片、花瓣、雄蕊、雌蕊退化成细弱的枝、叶等营养器官，花梗变长 4～5 倍，萼片、花瓣、雄蕊均可变为小叶，雌蕊能变成小枝，致使结果枝变成细小密集的丛生枝。

(5) 病树根部不定芽萌发，即表现出丛生状，同一条根上多处出现丛根，枯死后呈刷状。后期病根皮层腐烂，从而导致全株死亡。

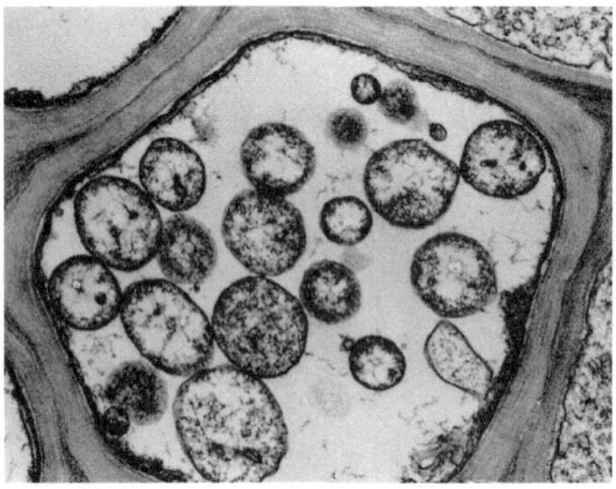

图 10-33　枣疯病植原体(引自 Jana Franova，2005)

2. 病原　枣疯病病原为植原体(phytoplasma)，原来称类菌质体(MLO)，是介于病毒和细菌之间的多形态的质粒。病原体单细胞，无壁，具质膜，多为椭圆形或不规则形，只有约 10 nm 厚的单位膜所包围(图 10-33)。其繁殖方式有二均分裂和出芽繁殖，在细胞内部生成许多小体再释放出来。目前枣疯病植原体已根据系统进化关系分析被归为榆树黄化组(elm yellows group)，即第五组 B 亚组成员(16SrV-B)，并定名为一个候选种 *Candidatus Phytolasma ziziphi*。

3. 侵染循环　枣疯病的植原体在植株地上部和根部均可越冬，翌年春季气温回升后大量增殖发病。枣疯病传播存在 3 类典型代表方式。①以根蘖苗传播为主，不同树龄的母子树根系相连和母树断根长出根蘖苗，均可表现为典型的全株丛枝症状。②以介体叶蝉传播为主，传病昆虫主要包括中国拟菱纹叶蝉(*Hishimonoides chinensis* Anufriev)、凹缘菱纹叶蝉(*Hishimonus sellatus* Uhler)、闪光小叶蝉(*Typhlocyba* sp.)、橙带拟菱叶蝉(*Hishimonoides aurifaciales* Kuch)等在病树上吸食后再到健树上取食，成为传播植原体的媒介。其中凹缘菱纹叶蝉一旦摄入枣疯病植原体后，可终生带菌，陆续传染许多枣树。③嫁接传播，病菌可通过各种嫁接传染，皮接、芽接、枝接、根接等各种嫁接方式均可传病。只要砧木或接穗一方带病，即可使嫁接树发病。

植原体侵染枣树后，多分布在树体韧皮部的筛管细胞中，其次在伴胞中，可经过筛板孔，随树体养分运转侵染全树。病原侵入树体后 7～10 天向下运行到根部，增殖后再从下而上到树冠，病原通过韧皮部的筛管运转，病树的病枝上有病原，而健枝上基本没有，生长季病枝和根部均有病原，而休眠期，地上部病枝中基本没有病原，而根部一直存在病原。

枣疯病的潜育期长短不一，最短的只有 25 天，长的则可超过 1 年。潜育期的长短受多种因素的影响，如感病时期、品种间的抗病性差异、树龄和树体状态、田间肥水管理及修剪情况等。

4. 发病条件

(1) 枣树品种的抗病性。枣树品种之间的抗病性差异很大，有些品种对枣疯病具有很强的抗病性，如河南的鸡心枣、九月青、灵宝大枣、山东的长红枣等抗性较强。而金丝小枣等品种感病率较高。

(2) 媒介昆虫、中间寄主的存在及其越冬数量。枣园内杂草丛生，枣园周围有松、柏、刺槐、榆树、构树、桑树、泡桐等中间寄主，适合凹缘菱纹叶蝉、传毒叶蝉等在田间生活和越冬，从而使虫口密度增大，会加重枣疯病的发生。

(3) 枣园管理水平。枣园管理精细，病害发生轻，管理粗放、树势衰弱的枣园病害发生重。

(4) 枣树苗木来源。用自生根蘖苗建园的枣区，发病快，病情较重。用有种仁的酸枣或大枣作砧木获得的嫁接苗建园的枣区，病株率低，病害发生轻。

5. 病害控制

(1) 加强苗木检疫工作。在苗木调运时，要做到不从病区调苗，尽量不调根蘖苗，防止携带枣疯病病原的苗木扩散。

(2) 使用抗病品种与合适的砧木。选择骏枣 1 号、星光、醋枣等高抗枣疯病或对枣疯病免疫的品种，在生产上引用和推广。同时，选用抗枣疯病的酸枣和有枣仁的大枣作砧木，培育抗病的嫁接苗。

(3) 加强枣园管理。通过深翻改土，增施有机肥，科学整形修剪，合理疏果、留果，使树势保持健壮，从而提高抵抗枣疯病的能力。

(4) 早期处理病株。对 3 年生以下的幼龄感染枣疯病的树木，要及早连根挖出，不留隐患；对 3 年生以上的大龄枣树，感病轻的，同时除去连着病枝的健枝，并对伤口进行消毒。枣树周围有感病酸枣树时，也要完整地将植株刨除，与园内枣树上去掉的病枝一起在园外焚烧。

(5) 化学防治。特别是 7 年生以上的枣树，除去病枝后，可用四环素族药物每年治疗 2 次。第 1 次于春季树液流动前，在干基 4 个方位，用钻打直径为 0.6 cm 左右、与树干夹角 45°、深度达树髓的孔。每个孔注入 1000 万单位土霉素 100 mL，然后，用酒精棉球塞严。第 2 次在秋季树液回流根部前，再取出棉球，照上法再注入药液 1 次。

(6) 防除传病媒介昆虫。铲除枣园杂草，切断蝉类昆虫的寄主或中间寄主，可有效减轻枣疯病的发生与转播。使用药剂，杀灭传病昆虫，一般要进行 4 次施药。第 1 次在枣树发芽展叶期，防治中华拟菱纹叶蝉初龄幼虫、凹缘菱纹叶蝉越冬转株成虫，可用 1.8%阿维菌素、5.7%氟氯氰菊酯+25%灭幼脲的混合液喷树体。第 2 次在枣树始花期，可用 10%吡虫啉、5%氟虫腈防治中华拟菱纹叶蝉第 1 代若虫和凹缘菱纹叶蝉成虫。第 3 次在落花后，用吡虫啉防治中华拟菱纹叶蝉成虫。第 4 次在幼果期，用 10%吡虫啉+1.8%阿维菌素的混合液，防治中华拟菱纹叶蝉和凹缘菱纹叶蝉。

（李新凤 王 伟 余 洋 编写）

思考题

1. 试列举苹果和梨的主要病害，并指出各种病害的主要传播途径。

2. 常见的苹果早期落叶病害有哪些？如何对其进行综合治理？

3. 为什么苹果轮纹病在枝干会出现两种症状表现？苹果和梨套袋栽培中果实轮纹病控制的关键环节是什么？

4. 在梨和苹果园附近是否可以种植桧柏？为什么？在哪些情况下锈病发生严重？

5. 简述梨和苹果树病害的综合控制技术。请上网搜索，查阅本节未曾讨论的苹果和梨树上的其他病害及其综合控制。

6. 列出重要的柑橘病害种类。柑橘黄龙病病原细菌有哪几个种？各有何生物学特点？简述柑橘黄龙病和溃疡病的症状特征。

7. 柑橘溃疡病和黄龙病是检疫对象吗？试设计它们的综合防控技术。如何区别柑橘溃疡病和疮痂病？

8. 试根据柑橘病害的发生规律制定柑橘病害的综合防控技术。

9. 桃根癌病的发病条件与防治措施之间的关系如何？根癌病菌可以侵染哪些果树？试拟定果树根癌病的综合控制技术。

10. 如何识别和防治桃褐腐病？

11. 枣疯病的发生与传播途径的关系如何？

12. 简述香蕉枯萎病的症状特征和防控技术措施。

参考文献

白金铠. 1995. 杂粮作物病害(第 1 版). 北京:中国农业出版社.

白雪亮,王金菊,周维,等. 2007. 水稻条纹叶枯病的研究进展. 生物学通报,42(8):4-6.

曹若彬. 1997. 果树病理学(第 3 版). 北京:农业出版社.

柴荣耀,金敏忠. 1998. 变色稻谷上分离获得的三种主要真菌的致病性研究. 中国农业大学学报,(3):17-21.

陈剑平,陈炯,郑滔,等. 2004. 禾谷多黏菌传麦类病毒研究进展. 植物保护,30(2):13-18.

陈剑平. 1992. 大麦黄花叶病及其真菌介体禾谷多黏菌的研究进展. 中国病毒学,7:1-9.

陈捷,宋佐衡. 1995. 玉米茎腐病侵染规律的研究. 植物保护学报,22(2):117-122.

陈捷. 2007. 现代植物病理学研究方法. 北京:中国农业出版社.

陈利锋,徐敬友. 2001. 农业植物病理学(第 1 版). 北京:中国农业出版社.

陈利锋,徐敬友. 2007. 农业植物病理学(第 2 版). 北京:中国农业出版社.

陈万权,秦庆明,陈杨林,等. 2001. 我国 40 个小麦品种抗叶锈性研究. 植物病理学报,31(1):16-25.

陈莹,李伟,张晓祥,等. 2009. 中国北纬 33 度地区小麦纹枯病菌的群体组成及致病力研究. 麦类作物学报,29(6):1110-1114.

陈友德,高杜娟,李友荣,等. 2012. 湖南省水稻新品种稻曲病抗性鉴定研究. 作物研究,26(4):331-333.

陈志谊,刘永峰,刘凤权,等. 2009. 江苏省水稻品种细菌性条斑病抗性评价与病原菌致病力分化. 植物保护学报,3(4):315-318.

戴法超,王晓鸣,朱振东,等. 1998. 玉米弯孢菌叶斑病研究. 植物病理学报,28(2):123-129.

戴雷,张道环,于立繁,等. 2011. 水稻粒黑粉病研究进展. 中国农学通报,27(12):261-265.

稻麦重要病毒病株系鉴定和防控技术研究课题组. 2009. 稻麦主要病毒病识别与控制. 北京:中国农业出版社.

董建力,惠红霞,黄丽丽,等. 2009. 小麦全蚀病抗性鉴定方法的优化及抗源筛选研究. 西北农林科技大学学报(自然科学版),37(3):159-162.

董金皋. 2001. 农业植物病理学(北方本). 北京:中国农业出版社.

董金皋. 2007. 农业植物病理学(第 2 版). 北京:中国农业出版社.

段玉玺. 2011. 植物线虫学. 北京:科学出版社.

范国成,刘波. 2009. 中国黄龙病研究 30 年. 福建农林学报,24(2):183-190

范怀忠,王焕如,陈育新. 1980. 植物病理学. 北京:农业出版社:93-97.

高必达,陈捷. 2006. 生理植物病理学. 北京: 科学出版社.

高军,王朝华,张书敏. 2007. 小麦禾谷胞囊线虫病研究进展. 中国植保导刊,5:1-13.

葛起新. 1991. 浙江植物病虫志(病害篇). 上海: 上海科学技术出版社.

郭荣,周国辉,张曙光. 2010. 水稻南方黑条矮缩病发生规律及防控对策初探. 中国植保导刊,30(8):17-20.

国立耘,李金云,李保华,等. 2009. 中国苹果枝干轮纹病发生和防治情况. 植物保护,35(4):120-123.

何忠全,张志涛. 2001. 我国水稻主要病虫害综合防治技术研究取得新进展. 面向 21 世纪的植保发展战略. 北京:中国科学技术出版社.

洪健,李德葆,周雪平. 2001. 植物病毒分类图谱. 北京:科学出版社.

侯明生,黄俊斌. 2006. 农业植物病理学. 北京:科学出版社.

华中农业大学. 1999. 蔬菜病理学(第 2 版). 北京: 中国农业出版社.

姜文涛,刘淑艳,王丽兰. 2012. 甘肃加工番茄白粉病病原菌的鉴定. 植物保护学报,39(1):93,94.

库克 B M,加雷思 · 琼斯 D,凯 B. 2008. 植物病害流行学. 王海光,马占鸿译. 北京:科学出版社.

赖传雅,袁高庆. 2008. 农业植物病理学. 华南本(第 2 版). 北京:科学出版社.

李怀方,刘凤权,黄丽丽. 2009. 园艺植物病理学(第 2 版). 北京:中国农业大学出版社.

李庆孝. 1999. 西瓜甜瓜病虫草鼠防治手册. 北京:中国农业出版社.

李人柯,饶雪琴. 2004. 我国南方 12 月至翌年 2 月主要蔬菜病虫防治. 中国蔬菜,6:59.

李人柯,饶雪琴. 2005. 我国南方 3～6 月主要蔬菜病虫无公害防治. 中国蔬菜,2:51,52.
李扬汉. 1998. 中国杂草志. 北京:中国农业出版社.
李毅,陈章良. 2001. 水稻病毒的分子生物学. 北京:科学出版社.
李振岐,商鸿生. 2005. 中国农作物抗病性及其利用. 北京:中国农业出版社.
理查德·斯特兰奇. 2007. 植物病理学导论. 北京:化学工业出版社.
梁巧兰,徐秉良,颜惠霞,等. 2010. 南瓜白粉病病原菌鉴定及寄主范围测定. 菌物学报,29(5):636-643.
刘冰,黄丽丽,康振生,等. 2007. 小麦内生细菌对全蚀病的防治作用及其机制. 植物保护学报,34(2):221,222.
刘成. 2010. 水稻病虫害综合防治. 四川农业科技,3:46.
刘大群,董金皋. 2007. 植物病理学导论. 北京:科学出版社.
刘宏谋,杨发泽,李明周,等. 1996. 西瓜甜瓜病虫草害防治. 郑州:河南科学技术出版社.
刘欢,倪越群,饶黎霞,等. 2013. 南方水稻黑条矮缩病毒单克隆抗体的制备及其检测应用. 植物病理学报,43(1):27-34
刘利华,吴祖建,林奇英,等. 2000. 水稻条纹叶枯病细胞病理变化的观察. 植物病理学报,30(4):306-311.
刘淑艳,刘微,姜文涛. 2012. 新番茄粉孢菌 *Oidium neolycopersici* 生物学特性的研究. 菌物学报,31(1):68-73.
刘淑艳,王丽兰,姜文涛,等. 2011. 中国长春瓜类白粉菌 *Podosphaera xanthii* 形态学和分子系统学研究(英文). 菌物学报,30(5):702-712.
刘铁志,段永平,杨俊平. 2009. 新番茄粉孢——我国番茄白粉病菌一新记录. 菌物学报,28(3):463-465.
刘万才,刘宇,郭荣. 2010. 南方水稻黑条矮缩病发生现状及防控对策. 中国植保导刊,3:17,18.
刘微,刘淑艳,李玉,等. 2009. 番茄白粉病的病原菌鉴定. 植物病理学报,39(1):11-15.
刘维志. 2000. 植物病原线虫学. 北京:中国农业出版社.
卢庆善. 1999. 高粱学(第 1 版). 北京:中国农业出版社.
陆家云. 2004. 植物病害诊断. 北京:农业出版社.
吕佩珂,李明远,吴钜文,等. 1992. 中国蔬菜病虫原色图谱. 北京:农业出版社.
吕佩珂,苏慧兰,庞震,等. 2010. 中国现代果树病虫害原色图谱. 北京:蓝天出版社.
吕佩珂. 1999. 中国粮食作物、经济作物、药用植物病虫原色图鉴(上). 呼和浩特:远方出版社.
马占鸿. 2010. 植病流行学. 北京:科学出版社.
戚佩坤. 1994. 果蔬贮运病害. 北京:农业出版社.
仇元,王守正,王清和. 1979. 农业植物病理学. 北京:农业出版社:34-42.
裘维蕃. 1984. 植物病毒学(修订版). 北京:中国农业出版社.
商鸿生. 2010. 植物免疫学(第 2 版). 北京:中国农业出版社.
孙秀华,孙亚杰,张春山,等. 1994. 钾、硅肥对玉米茎腐病的防治效果及其理论依据. 植物保护学报,21(2):102.
王存兴,李光武. 2010. 植物病理学. 北京:化学工业出版社.
王海妮,吴云锋,安凤秋,等. 2007. 枣疯病和酸枣丛枝病植原体 16S rDNA 和 *tuf* 基因的序列同源性分析. 中国农业科学,40(10):2200-2205.
王晓鸣,晋齐鸣,石洁,等. 2006. 玉米病害发生现状与推广品种抗性对未来病害发展的影响. 植物病理学报,36(1):1-11.
王运兵,徐小娃. 2010. 无公害果园农药使用指南. 北京:化学工业出版社.
吴定尧. 2010. 柑橘黄龙病及综合防治. 广州:广东科技出版社.
肖悦岩,季伯衡,杨之为. 1998. 植物病害流行与预测,北京:中国农业大学出版社.
谢辉. 2005. 植物线虫分类学. 第 2 版. 北京:高等教育出版社.
谢联辉,林奇英. 2004. 植物病毒学(第 2 版). 北京:中国农业出版社.
谢联辉. 2006. 普通植物病理学. 北京:科学出版社.

谢联辉. 2013. 普通植物病理学(第 2 版). 北京:科学出版社.

邢来君,李明春,魏东盛. 2010. 普通真菌学(第 2 版). 北京:高等教育出版社.

熊如意,吴建祥,周益军,等. 2009. 水稻条纹病毒 *NS*2 基因原核表达产物多克隆抗体制备及受侵染水稻和灰飞虱体内 *NS*2 检测. 植物病理学报,39(1):95-99.

许志刚. 2009. 普通植物病理学. 第 4 版. 北京:高等教育出版社.

阴 筱,朱芹芹,许斐斐,等. 2013. 水稻黑条矮缩病毒检测体系的优化及田间寄主检测. 植物病理学报,43(6):647-650.

尹敬芳,刘西莉,李健强. 2005. 9 种杀菌剂对不同来源辣椒疫霉病菌的毒力比较初探. 植物病理学报,35(1):84-86.

余永年. 1998. 中国真菌志(第六卷 · 霜霉目). 北京:科学技术出版社.

曾士迈. 2005. 宏观植物病理学. 北京:中国农业出版社.

曾士迈. 2004. 品种布局防治小麦条锈病的模拟研究. 植物病理学报,34(3):261-271.

曾士迈,杨演. 1986. 植物病害流行学. 北京:农业出版社.

曾士迈,赵美琦,肖长林. 1994. 植保系统工程导论. 北京:北京农业大学出版社.

翟保平,周国辉,陶小荣,等. 2011. 稻飞虱暴发与南方水稻黑条矮缩病流行的宏观规律和微观机制. 应用昆虫报,48(3):480-487.

张管曲,相建业,谢芳芹,等. 2007. 西瓜甜瓜病虫害识别与无公害防治. 北京:中国农业出版社.

张荣意. 2009. 热带园艺植物病理学. 北京:农业科学技术出版社.

张绍升. 1999. 植物线虫病害诊断与治理. 福州:福建科学技术出版社.

章元寿. 1996. 植物病理生理学. 南京:江苏科学技术出版社.

中国农业百科全书总编辑委员会植物病理学卷编辑委员会. 1996. 中国农业百科全书植物病理学卷. 北京:农业出版社.

周超英. 2012. 西瓜、甜瓜病虫害及其防治. 上海:上海科学技术出版社.

周国辉,温锦君,蔡德江,等. 2008. 呼肠孤病毒科斐济病毒属一新种:南方水稻黑条矮缩病毒. 科学通报,53(20):2500-2508.

周国辉,张曙光,邹寿发,等. 2010. 水稻新病害南方水稻黑条矮缩病发生特点及危害趋势分析. 植物保护,36(1):144-146.

宗兆锋,康振生. 2010. 植物病理学原理(第 2 版). 北京:中国农业出版社.

Afolabi C G,Ojiambo P S,Ekpo E J A,et al. 2008. Novel sources of resistance to Fusarium stalk rot of maize in tropical Africa. Plant Disease,92 (5):772-780.

Agrios G N. Plant Pathology(第 5 版). 2005. 沈崇尧译. 北京:中国农业大学出版社.

Allen R F. 1933. The spermatia of corn rust,Puccinia sorghi. Phytopathology,23:923-925.

Axel C,Zannini E,Coffey A,et al. 2012. Ecofriendly control of potato late blight causative agent and the potential role of lactic acid bacteria:A review. Applied Microbiological Biotechnology,96(1):37-48.

Bahar O,De La Fuente L,Burdman S. 2010. Assessing adhesion,biofilm formation andmotility of Acidovorax citrulli using microfluidic flow chambers. FEMS Microbiology Letters,312(1):33-39.

Bergquist R R. 1974. The determination of physiologic races of sorghum rust in Hawaii. Proc Am Phytopathol Soc,1:67.

Bhasin H,Bhatia D,Raghuvanshi S,et al. 2012. New PCR-based sequence-tagged site marker for bacterial blight resistance gene Xa38 of rice. Molecular Breeding,30(1):607-611.

Bryce W F,James H T. 1998. Biology and molecular biology of viruses in the genusTenuivirus. Annual Review of Phytopathology,36:139-163.

Chen L H,Cui Y Q,Yang X M,et al. 2012. An antifungal compound from Trichoderma harzianum SQR-T037 effectively controls Fusarium wilt of cucumber in continuously cropped soil. Australasian Plant Pathol,41:

239-245.

Chen L H, Yang X M, Raza W, et al. 2011. Trichoderma harzianum SQR-T037 rapidly degrades allelochemicals in rhizospheres of continuously cropped cucumbers. Appl Microbiol Biotechnol, 89: 1653-1663.

Chen Y, Halterman D A. 2011. Phenotypic characterization of potato late blight resistance mediated by the broad-spectrum resistance gene RB. Phytopathology, 101(2): 263-270.

Cotten T, Munkvold G. 1998. Survival of Fusarium moniliforme, F. proliferatum, and F. subglutinans in maize stalk residue. Phytopathology, 88 (6): 550-555.

Cummins G B. 1941. Identity and distribution of three rusts of corn. Phytopathology, 31: 856-857.

Cuomo C A, Güldener U, Xu J R, et al. 2007. The Fusarium graminearum genome reveals a link between localized polymorphism and pathogen specialization. Science, 317 (5843): 1400-1402.

Dean R A, Talbot N J, Ebbole D J, et al. 2005. The genome sequence of the rice blast fungus Magnaporthe grisea. Nature, 434: 980-986.

Ding J, Shi K, Zhou H Y, et al. 2009. Microbial community responses associated with the development of Fusarium oxysporum f. sp. cucumerinum after 24-epibrassinolide applications to shoots and roots in cucumber. Eur J Plant Pathol, 124: 141-150.

Ebbole D J. 2007. Magnaporthe as a model for understanding host-pathogen interactions. Annu Rev Phytopathol, 45: 437-456.

Escuredo O, Seijo M C, Fernandez-Gonzalez M, et al. 2011. Effects of meteorological factors on the levels of Alternaria spores on a potato crop. International Journal of Biometeorology, 55(2): 243-252.

Fauquet C M, Mayo M A, Maniloff J, et al. 2005. Virus Taxonomy. New York: Elsevier Academic Press.

Fernández-Aparicio M, Yoneyama K, Rubiales D. 2011. The role of strigolactones in host specificity of Orobanche and Phelipanche seed germination. Seed Sci Res, 21: 55-61.

Francis R, Burgess L W. 1975. Surveys of Fusarium and other fungi associated with stalk rot of maize in eastern Australia. Crop and Pasture Science, 26 (5): 801-807.

Gwary D M, Garba I, Gwary S D. 2007. Evidence of pathogenic variation in Sclerospora graminicola populations from pearl millet regions of Nigeria. International Journal of Agricurlture & Biology, 9(1): 94-97.

Harman G E, Howell C R, Viterbo Ada, et al. 2004. Trichoderma species-opportunistic, avirulent plant symbionts. Nature Reviews Microbiology, 2 (1): 43-56.

Hawkworth D L, Kirk P M, Sutton B C, et al. 1995. Ainsworth & Bisby's Dictionary of the Fungi. 8th Editon. Oxon, UK, CAB International.

Hayakawa T, Zhu Y, Itoh K, et al. 1992. Genetically engineered rice resistant to rice stripe virus, an insect-transmitted virus. Proceeding of the National Academy of Science USA, 89(20): 9865-9869.

Hooker A L. 1962. Additional sources of resistance to Puccinia sorghi in the United States. Plant Dis Rep, 46: 14-16.

Huang X, Wang L, Xu M, et al. 2003. Microsatellite mapping of the powdery midew resistance gene *Pm5e* in common wheat (*Triticum aestivum* L.). Theoretical and Applied Genetics, 106(5): 858-865.

Hull R. 2002. Matthews' Plant Virology (Fourth Edition). San Diego: Academic Press.

Hummel A W, Doyle E L, Bogdanove A J. 2012. Addition of transcription activator-like effector binding sites to a pathogen strain-specific rice bacterial blight resistance gene makes it effective against additional strains and against bacterial leaf streak. New Phytologist, 195(4): 883-893.

Hwang S F, Strelkov S E, Feng J, et al. 2012. Plasmodiophora brassicae: A review of an emerging pathogen of the *Canadian canola* (*Brassica napus*) crop. Molecular Plant Pathology, 13(2): 105-113.

Jia Y, McAdams S A, Bryan G T, et al. 2000. Direct interaction of resistance gene and avirulence gene products confers rice blast resistance. EMBO, 19: 4004-4014.

Jones D B, Forste R K, Rebell G. 1972. Fusarium solani Keratitis Treated With Natamycin (Pimaricin) Eighteen Consecutive Cases. Archives of Ophthalmology, 88(2): 147.

Karkanis A, Bilalis D, Efthimiadou A. 2012. Effects of field bindweed (Convolvulus arvensis L.) and powdery mildew [Leveillula taurica (Lev.) Arn.] on pepper growth and yield. Horticultural Science, 39 (3): 135-138.

Khang C H, Berruyer R, Giraldo M C, et al. 2010. Translocation of Magnaporthe oryzae effectors into rice cells and their subsequent cell-to-cell movement. Plant Cell, 22(4): 1388-1403.

King A M Q, Lefkowitz E, Adams M J, et al. 2012. Virus Taxonomy: Ninth Report of the International Committee on Taxonomy of Viruses. San Diego: Elsevier.

Mansfield J, Genin S, Magori S, et al. 2012. Top 10 plant pathogenic bacteria in molecular plant pathology. Molecular Plant Pathology, 13(6): 614-629.

Martin F N, Loper J E. 1999. Soilborne plant diseases caused by *Pythium* spp.: Ecology, epidemiology, and prospects for biological control. Critical Reviews in Plant Sciences, 18(2): 111-181.

Michel L, Richard A S, John B. 2005. Plant Parasitic Nematodes in Subtropical and Tropical Agriculture. 2nd edition. UK: CABI Publishing.

Miranda L M, Murphy J P, Marshall D, et al. 2006. *Pm*34: A new powdery mildew resistance gene transferred from *Aegilops tauschii* Coss. to common Wheat (*Triticum aestivum* L.). Theoretical and Applied Genetics, 113(8): 1497-1504.

Nakagwa A, Miyazaki N, Taka J, et al. 2003. The atomic structure of R dwarf virus reveals the self-assembly mechanism of component proteins. Structure, 11: 1227-1238.

Nino-Liu D O, Ronald P C, Bogdanove A J. 2006. Xanthomonas oryzae pathovars: Model pathogens of a model crop. Molecular Plant Pathology, 7(5): 303-324.

Osunlaja S. 1990. Effect of organic soil amendments on the incidence of stalk rot of maize. Plant and Soil, 127(2): 237-241.

Palacio-Bielsa A, Cambra M A, López M M. 2009. PCR detection andidentification of plant pathogenic bacteria. Journal of Plant Pathology, 91(2): 249-297.

Qiu M H, Zhang R F, Xue C, et al. 2012. Application of bio-organic fertilizer can control Fusarium wilt of cucumber plants by regulating microbial community of rhizosphere soil. Biol Fertil Soils on Line.

Ramirez B C, Haenni A L. 1994. Molecular biology of tenuiviruses: A remarkable group of plant viruses. Journal of General Virology, 75(1): 467-475.

Reifman V G, Pinsker N I, Rivera C T, et al. 1966. Grassy stunt disease of rice and its transmision by the planthopper Nilaparvata Lugens Stal. Plant Disease Report, 50: 453.

Reithner B, Brunner K, Schuhmacher R, et al. 2005. The G protein alpha subunit Tga1 of Trichoderma atroviride is involved in chitinase formation and differential production of antifungal metabolites. Fungal Genetics and Biology, 42 (9): 749-760.

Rietman H, Bijsterbosch G, Cano L M, et al. 2012. Qualitative and quantitative late blight resistance in the potato cultivar Sarpo Mira is determined by the perception of five distinct RXLR effectors. Molecular Plant Microbe Interaction, 25(7): 910-919.

Roelfs A P, Bushnell W R. 1985. The Cereal Rusts. Orlando: Academic Press, INC.

Roland N P, Maurice M. 2006. Plant Nematology. 简恒译. 北京: 中国农业大学出版社.

Savary S, Nelson A, Sparks A H, et al. 2011. International agricultural research tackling the effects of global and climate changes on plant diseases in the developing world. Plant Disease, 95(10): 1204-1216.

Scholthof K B, Adkins S, Czosnek H, et al. 2011. Top 10 plant viruses in molecular plant pathology. Molecular Plant Pathology, 12: 938-954.

Schulthess F, Cardwell K F, Gounou S. 2002. The effect of endophytic Fusarium verticillioides on infestation of two maize varieties by lepidopterous stemborers and coleopteran grain feeders. Phytopathology, 92(2): 120-128.

Sharma R, De Leon C, Payak M M. 1993. Diseases of maize insouth and south-east Asia: Problems and progress. Crop Protection, 12(6): 414-422.

Shoresh M, Harman G E. 2008. The molecular basis of shoot responses of maize seedlings to *Trichoderma harzianum* T22 inoculation of the root: A proteomic approach. Plant Physiology, 147(4): 2147-2163.

Summerell B A, Leslie J F, Liew E C Y, et al. 2011. Fusarium species associated with plants in Australia. Fungal Diversity, 46(1): 1-27.

Takahashi M, Toriyama S, Kikuchi Y, et al. 1990. Complementarity between the 5′-and 3′-terminal sequences of rice stripe virus RNAs. Journal of General Virology, 71(12): 2817-2821.

Talbot N J, Kershaw M J, Wakley G E, et al. 1996. *MPG*1 encodes a fungal hydrophobin involved in surface interactions during infection-related development of Magnaporthe grisea. Plant Cell, 8: 985-999.

Tanaka E, Ashizawa T, Sonoda R, et al. 2008. *Villosiclava virens* gen. nov., comb. nov., teleomorph of *Ustilaginoidea virens*, the causal agent of rice false smut. Mycotaxon, 106: 491-501.

Thind B, Payak M. 1985. A review of bacterial stalk rot of maize in India. International Journal of Pest Management, 31 (4): 311-316.

Toriyama S. 1986. Rice stripe virus: Prototype of a new group of viruses that replicate in plants and insects. Microbiol Sci, 3(11): 347-351.

Trail F. 2009. For blighted waves of grain: Fusarium graminearum in the post genomics era. Plant physiology, 149 (1): 103-110.

van der Plank J E. 1963. Plant Diseases: Epidemics and Control.

Van Poelwijk F, Prins M, Goldbach R. 1997. Completion of the genome sequence of impatiens necrotic spot virus and genetic comparison of the L proteins within the family Bunyaviridae. Journal of General Virology, 78(3): 543-546.

Weber B N, Jansky S H. 2012. Resistance to Alternaria solani in hybrids between a *Solanum tuberosum* haploid and *S. raphanifolium*. Phytopathology, 102(2): 214-221.

Webster R K, Gunnell P S. 1992. Compendium of Rice Diseases. APS Press: 1-62.

William W B, Robert L B, Robert M H, et al. 2010. Compendium of Wheat Diseases and Pests. 3rd Edition. APS Press.

Wolfe M S. 1984. Trying to understand and control powdery mildew. Plant Pathol, 33: 451-466.

Xie C J, Sun Q X, Ni Z F, et al. 2003. Chromosomal location of a *Triticum dicoccoides*-derived powdery mildew resistance gene in common wheat by using microsatellite markers. Theoretical and Applied Genetics, 106(2): 341-345.

Xu J R, Hamer J E. 1996. MAP kinase and cAMP signaling regulate infection structure formation and pathogenic growth in the rice blast fungus *Magnaporthe grisea*. Genes Dev, 10: 2696-2706.

Yazdani M, Moosavi J A. 2011. Histopathology of corn infected by *Ustilago maydis* casual agent of common corn smut. Iran J Plant Path, 47(3): 65-67.

Ye S F, Yu J Q, Peng Y H, et al. 2004. Incidence of Fusarium wilt in *Cucumis sativus* L. is promoted by cinnamicacid, an autotoxin in root exudates. Plant and Soil, 263: 143-150.

Yin X, Zheng F Q, Zhu Q Q, et al. 2011. Molecular characterization of the genomic segments S7 to S10 of a southern rice black-streaked dwarf virus isolate from maize in northern China, Virologica Sinica, 26(1): 47-53.

Zhang SR, Hao ZM, Dong JG, et al. 2012. *StRas*2 regulates morphogenesis, conidiation and appressorium development in *Setosphaeria turcica*. Microbiological Research, 167(2012): 478-486.

Zhao S A, Du C M, Tian C Y, 2012. Suppression of Fusarium oxysporum and induced resistance of plants involved in the biocontrol of Cucumber Fusarium Wilt by Streptomyces bikiniensis HD-087. World J Microbiol Biotechnol, 28: 2919-2927.

Zheng H, Yu L, Wei C, et al. 2000. Assembly of double-sheled, virus-like particles in transgenic rice plants expressing two major structural proteins of Rice dwarfvirus. Journal of Virology, 74: 9808-9810.

Zhou G H, Xu D L, Xu D G, et al. 2013. Southern rice black-streaked dwarf virus: A white-backed planthopper-transmitted fijivirus threatening rice production in Asia. Frontiers in Microbiology, 4: 270.